企业网上法务部
请个法律顾问？——No，一个律师，专业有限，应付不了！
公司设立法务部？——No，太浪费！
合同谈判，文件起草，法律风险防范，仲裁诉讼……怎么办？
Yes！我的法务网
www.myfawu.com
中小企业的网上法务部
在线法律服务管家
◇ 企业法务自助：类型化法规、案例、问答，定制/浏览
◇ 专家在线服务：法务下单，在线申请/回复
◇ 在线法务管家：拟订 签署 执行 法务过程，跟踪管理
◇ 在地化服务：绑定在地法务专员，定期访谈服务
法务资讯平台
法务管理系统

行天下 长久远
股份有限公司
股票成功上市

安能ane
安能官微
40010-40088
www.ane56.com

安能　无限可能

传递信任，成就梦想

安能定位于5公斤以上（包含5公斤）的零担货运领域，于 2010 年 6 月 1 日在上海成立，通过整合传统物流专线、零担快运网络和信息技术平台，创造新的颠覆性商业模式，致力成为商业流通领域最有效率的连接者。

截至目前，配送网络已覆盖全国98%GDP区域。已在全国建立170 多个分拨中心，拥有 10000 多名员工和 8000 多家认证加盟商和合作伙伴,全国转运中心运营场地总面积达 100 多万平米，运输车线达 2000 余条，服务于全国 30 多个省市、1000 多个市县（区）。

我们持续创新，始终坚持加盟网点建设的优化管理、自购进口车辆、搭建合理线路，优化运力成本。“以客为本，聚创共赢”作为安能核心价值观，是全体安能人所坚持的根本价值导向，致力为客户提供贴心、安全、高效、成本最优的高品质公路快运服务，助力客户创造更大的价值。

社会贸易形成5大中心。即以华清国际（香港）公司为运营主体，融合国际贸易供应链，打通境内外贸易物流通道，建设形成“香港中心”；以上海秦淞国际贸易公司，陕煤化国际物流上海分公司、上海青浦分公司为运营主体，打造“贸易+金融”模式，建设形成“上海中心”；以天津秦海国际贸易公司、青岛秦鲁海联国际贸易公司，陕煤化国际物流天津分公司、肥乡分公司为运营主体，打造“贸易+产业链”模式，建设形成“天津中心”；以陕煤化国际物流西安浐灞分公司、卤阳分公司为运营主体，打造“贸易+物流园区”模式，向西对接丝路经济带，建设形成“西安中心”；以陕煤化国际物流重庆分公司为运营主体，寻求新的战略发展机遇，扩大贸易规模 ，建设形成“重庆中心”。

供应链物流形成5大中心。即以陕煤化物资储运公司、彬长矿区、神南矿区、黄陵矿区、榆林矿区为运营主体，借助区位及自身优势，打造专业化物流及增值服务，建设形成区域社会物流中心。

两条主线融合发展形成3大服务平台。即以香港中心为依托，搭建境外融资与融资租赁平台，使公司打通进出口贸易通道、扩大大宗商品贸易、建设境外低成本融资渠道、开展境内融资租赁业务，并为海外发债及海外兼并搭建平台；以采购中心为运营主体，搭建集采服务平台，运用供应链思维整合社会市场资源，不断扩大平台容纳度，形成“大集采、大平台”；以陕煤化物资集团进出口公司为运营主体，搭建进出口贸易综合服务平台，打造陕煤化集团在“一带一路”上的新亮点。

工程咨询服务板块。以陕西秦源招标公司、陕西秦源项目管理公司、陕西建安工程监理公司为主体，加快工程咨询服务板块的社会化、专业化运营，形成新的利润源。

2015年，公司实现营业收入479亿，完成了陕北地区首家公用型保税库、“煤炭行业示范工程”物资采供信息化系统等重点项目建设，先后被评为“全国物流行业先进集体”“西部物流百强企业”“陕西省物流与采购行业先进单位”“质量、信用、服务3A企业”。

未来，公司将继续秉承“务实、尽责、诚信、合作”的企业精神，以管理创新驱动和提质转型发展为抓手，打造集“贸易+金融”“贸易+物流园区”“贸易+产业链”为一体的千亿级国际化物流集团。

潜力巨大的空间发展优势。园区总规划面积为84平方千米，辖金霞、沙坪、鹅秀、高岭、青竹湖五个组团。金霞组团定位为湖南省现代综合物流中心，重点发展现代物流业和电子商务业；高岭组团定位为区域物流商贸中心，主要发展第五代商贸物流市场群；沙坪组团定位为“高、精、清”的都市工业园，大力发展加工贸易和都市工业；鹅秀组团定位为区域生活服务中心，主要发展滨江高端房地产业；青竹湖组团定位为生态宜居区，重点发展服务外包、文化创意、教育培训、休闲娱乐等产业。

独具特色的区位平台优势。园区拥有金霞保税物流中心和长沙新港、长沙铁路货运中心、传化智能公路港等核心物流平台，打通了两大水、陆出海通道和一道出境通道。园区内京广铁路、石长铁路、京港澳高速、湘渝高速、107国道、319国道等与市、区内“八纵十横”的市政道路，交织成一张“四通八达”的交通网络。传化智能公路港全面解决“物流最后一公里”问题。中国石化油品管道是长株潭城市群和周边地区油品管道运输的枢纽。目前，园区已形成水路、铁路、公路“三港”互动，正着手打造多式联运物流体系。

多元开放的外联通道优势。园区是长沙推动城市沿江北上发展的核心区域，被列为长沙市东部开放型走廊的临港（铁）片区。长沙新港开通了至上海港的“五定班轮”，开通了至欧美、韩、日的国际集装箱航线7条；长沙火车货运中心开通了至广州、深圳的“五定班列”和到德国杜伊斯堡、俄罗斯莫斯科、乌兹别克斯坦塔什干的中欧国际班列货运快线，启用了“无水港”；建成了联检大厅，实现了“一次报关、一次验收、一次放行”。

活力迸发的产业集聚优势。园区以现代物流为基础，拓展延伸商贸市场、跨境贸易、建筑工业化、大健康产业。现代物流：入驻企业98家，其中5A级10家、4A级7家，形成了粮食、能源、医药、钢贸等物流产业集群；商贸市场：突出打造了引领中部的商贸物流产业生态圈，高岭国际商贸城入驻商户2500家；跨境贸易板块：打造中部跨境产贸城，入驻企业87家，长沙金霞保税店建成开业，将向湖南十三个地州市复制推广；建筑工业化板块:打造了湖南省优质的“两型”住宅产业化基地，入驻工业企业86家。

“十三五”期间，长沙金霞经开区将全面践行创新、协调、绿色、开放、共享五大发展理念，全力推进“五型园区”建设。

1.实力型园区，实现财政收入、工业产值、利税总额、进出口贸易等指标年均增长15%以上；2.品质型园区，优化空间结构和产业布局，完善基础设施条件，强化生态文明建设，提升园区承载力、产业竞争力、要素吸纳力和综合服务能力；3.开放型园区，完善多式联运体系，升级大平台，打通大通道，建成大口岸，推进大通关，发展大外贸，建设内陆开放型经济新高地；4.创新型园区，大力发展众创空间，引进创新型企业，浓厚创新创业氛围，聚集创新因子，激发创新活力，打造创新高地、创业乐土和创客天堂；5.智慧型园区，完善园区信息化系统，以“互联网+物流”“互联网+商贸”“互联网+科技”的无限融合，加快构建“互联网+产业”体系，加快实现产业化与信息化的融合。

FedEx® Express
客户远近不同，如何转瞬即达？
亚洲、欧洲，同样触手可及。我们的强大网络覆盖超过
220个国家及地区，无论您要把货件托运到亚洲地区
还是地球另一端，我们都能为您全力送达。
更多详情请登录 fedex.com/cn/reach。
联邦快递　物流智道
国际快递：800.988.1888
国内服务：400.889.1888

福田智科物流专用运输车
iFOTON

鲜易供应链
XIANYI SUPPIY CHAIN

关于鲜易供应链

河南鲜易供应链有限公司定位于中国温控供应链集成服务商，公司依托网络化温控仓储及冷链运输配送系统两大基石，以物联网技术、供应链金融为核心服务手段，通过构建云仓网、干线网、共配网、信息网，围绕供应链优化，开展仓运配+金融供应链一体化服务，引领整合产业资源，帮助客户实现商流、物流、信息流及资金流同步，打造统一、安全、高效、协同的温控供应链系统。

公司资质荣誉

仓运配一体化服务解决方案

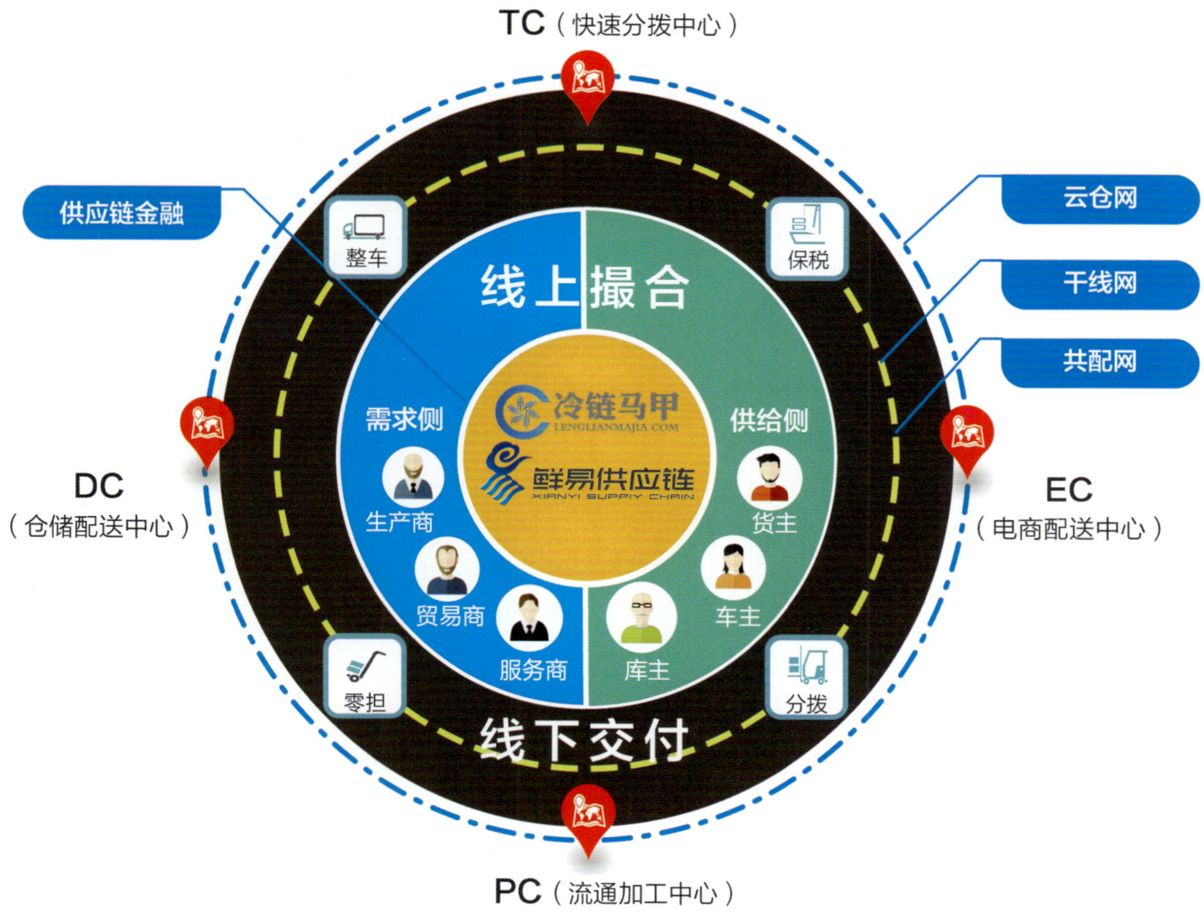

河南鲜易供应链有限公司
服务热线：400 693 7978
公司地址：河南省郑州市郑东新区商务内环路1号
公司网址：www.hnxianyi.com

乾龙物流全国百园互联工程

携手 交通运输部科学研究院现代物流研发中心
交科院（北京）交通技术有限公司 **共同打造**

“全国百园互联工程面向能够提供高端物流服务的现代物流园区，通过采用互联网云技术实现园区物流的信息化、智能化、动态化和标准化的服务与管理，实现对物流园区与运输、仓储以及生产企业间的信息整合，提供信息交换和交易、物流金融等服务，为有网络化物流服务需求的客户（如电商等客户）提供物流实体的资源共享；响应国家有关政策要求，有效对接国家级、省级交通物流公共信息平台以及行业相关系统，符合现代物流发展趋势。”期待与全国同行携手合作，共同推动中国物流业转型升级！

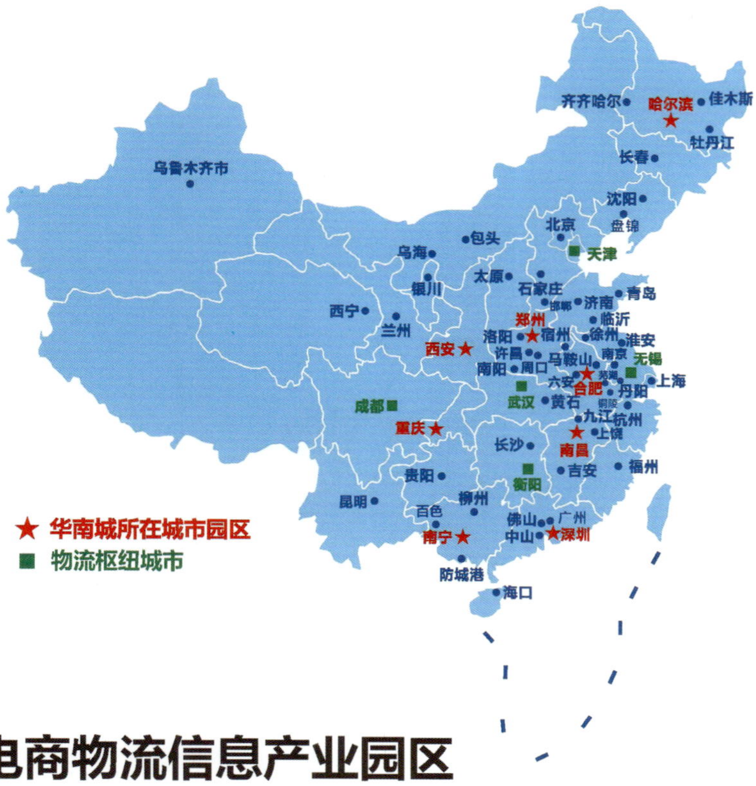

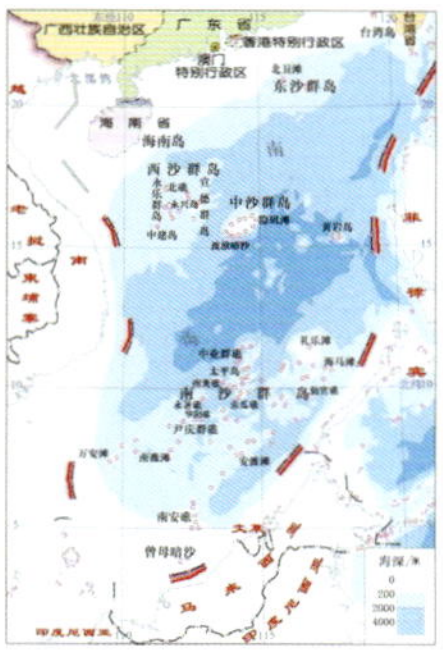

自建自营的电商物流信息产业园区

郑州乾龙电商物流信息产业园
致力于提升园区智慧化运营功能，打造综合性智慧物流园
位于郑州市新郑市，一期占地面积约550亩。

深圳乾龙电商物流信息产业园
珠三角地区货物运输的枢纽和关键节点
位于深圳市龙岗区，共30万平方米。

西安乾龙电商物流信息产业园
辐射西北地区的现代化电商物流集散中心
位于西安市港务区，规划总建筑面积15万平方米。

南宁乾龙电商物流信息产业园
链接东盟自由贸易区，打造现代科技物流园
位于南宁市江南区，一期建筑面积约10万平方米。

哈尔滨乾龙电商物流信息产业园
扩至东北地区，深度影响俄罗斯、朝鲜半岛等东北亚地区，构建全新的欧亚物流大陆桥
位于哈尔滨市道外区，一期占地面积约17万平方米。

南昌乾龙电商物流信息产业园
2014年度江西物流行业最佳典范品牌
位于南昌市红谷滩新区，一期占地面积约320亩。

合肥乾龙电商物流信息产业园
打造安徽省规模大、业态广的现代化智慧物流园
位于合肥市肥西县，一期建筑面积约50万平方米。

即将建设：

重庆乾龙电商物流信息产业园
位于重庆市渝北区，规划建筑面积约500亩。

天津乾龙电商物流信息产业园
位于天津市北辰区，规划建筑面积约300亩。

无锡乾龙电商物流信息产业园
位于无锡市惠山区，规划建筑面积约500亩。

重大项目建设情况：

1. 物流网点建设：布局全国网络，与一批在业内优势明显、实力强大的央企、名企合作，实现优势互补，在华东、西南、华北、华中、东北、西北、华南建成七大区域中转仓，通过链接上海、成都、天津、武汉、沈阳、西安、广州等各区域枢纽城市辐射周边区域，改变了传统的运输、调货模式，这一项目的落地为五粮液集团提供更为高效、便捷、经济的运输保障。

2. 宜宾物流中心建设：根据“十二五”规划，宜宾物流中心正在加快推进中。宜宾物流中心包括运营中心（A 区和 B 区）、甩挂仓库（C 区）两部分，预计 2016 年下半年竣工投入使用。

所获荣誉：

全国物流行业先进集体、全国先进物流企业、中国物流百强企业、中国十大竞争力物流企业、中国（行业）品牌十大创新企业、中国服务企业 500 强、全国实施卓越绩效模式先进企业、四川企业 100 强、四川优势物流企业、四川省服务名牌企业等荣誉。

“十三五”期间，四川安吉物流集团将继续以服务五粮液主业为依托，抢滩外部物流市场，打造白酒产业一体化供应链，提供综合物流服务；拓展食品、冷链物流等业务市场，丰富物流服务内涵；加快仓储管理、城际配送等业务建设，发展供应链金融、第四方物流解决方案等增值业务，提高市场占有率和物流运作效益，立足西南，逐步成长为全国领先的 5A 级综合型物流企业。

www.anjilog.com

宝湾物流控股有限公司是深圳赤湾石油基地股份有限公司（股票代码：200053）与中国南山开发（集团）股份有限公司联合打造的高端物流投资平台。宝湾物流通过标准仓储设施开发和客户定制化仓储设施开发，以及仓储装卸、设备租赁、流通加工、运输配送、物流金融、供应商库存管理、物流信息管理等增值业务，服务于来自国内外优秀的第三方物流提供商、制造商、零售商、电商和快运企业。

宝湾物流不断在中国主要的物流枢纽节点城市和经济热点区域的中心城市加速开发步伐，相继在北京、上海、广州、深圳、天津、成都、武汉、南京、合肥、西安、苏州、长沙、重庆、青岛、沈阳、郑州、宁波等27个城市投资开发并运营41个高端化、现代化的物流园区，形成了以中国沿海、长江沿线、主要铁路干线为主轴的物流园区网络。

如今，宝湾物流已累计开发物流园区土地面积超过8000亩，已建成高端物流仓储设施面积179万平方米，在建仓储设施面积81万平方米，规划建设中的仓储设施面积超过200万平方米。

整体规模在全国高标准仓储设施运营商中位居前三。未来，宝湾物流将继续加大投资力度，全面完善物流设施服务网络，计划在2018年建成高标准仓储设施面积到500万平方米。

镇江宝湾国际物流园，位于镇江市镇江新区大港片区，临近物流大厦。园区占地面积386亩，建有9栋高标准仓库，总仓储面积14万平方米。

无锡宝湾国际物流园，位于无锡市惠山经济开发区风电科技产业园。园区占地面积328亩，建有5栋高标准仓库，总仓储面积11.3万平方米。

北京顺义宝湾国际物流园，位于北京市顺义区大孙各庄，京平高速薛家庄出口1.3公里处。园区占地面积160亩，建有6栋高标准仓库，总仓储面积5万平方米。

青岛胶州宝湾国际物流园，位于青岛市胶州经济开发区，处于交大大道与尚德大道之间。园区占地面积398亩，建有8栋高标准仓库，总仓储面积17.6万平方米。预计2017年5月完工并投入运营。

山东物流集团有限公司
SHANDONG LOGISTICS GROUP CO.,LTD.

公司概况

山东物流集团有限公司成立于2013年，注册资金28亿元，是一家按照现代物流业理念、组织形式和管理技术建立的创新型、综合型、服务型现代大型物流集团。集团下设山东物流集团（青岛）有限公司、青岛大宗商品交易中心有限公司、山东物流集团清恒能源有限公司、山东清达新能源发展有限公司、鲁润石化泰安市泰山区石油化工有限公司、山东龙融招投标代理有限公司等子公司。

集团以“引领推动全省物流业提质增效和转型升级”为使命，秉持“融聚、跨越、超凡”的发展理念，推进现代物流与清洁能源产业发展。“十三五”期间，将建成以物流网络、物流信息平台、清洁能源为主的新型陆港航物流体系。

现代物流板块：在全省内建设物流体系，整合省内物流资源，投资控股30家以上有区位优势的物流企业及园区，管理运营10000辆以上运输车辆和两条铁路专用线，高效运营10万吨级的龙口宏港公司深水码头。同时，整合产业链上下游信息资源，倾力打造物流云信息平台、物流智卡金融平台，为全省物流园区提供一站式整体解决方案。

清洁能源板块：以综合能源站建设和油气经营业务为主，推进省政府批准的山东物流集团在省内17个地市物流园区建设、运营清洁能源加气站规划，通过自建、收购、租赁等方式，构建以LNG加气站业务为主导、其他能源为补充、多种能源并举的网络化、智能化清洁能源运营体系。

企业荣誉

- 中国5A级物流企业
- 中国物流学会产学研基地
- 2016中国物流企业50强
- 2015中国绿色能源物流企业
- 山东省物流与交通运输协会会长单位
- 中国交通运输协会能源物流产业联盟副主席单位
- 中国物流与采购联合会常务理事单位
- 中国商贸物流标准化行动联盟副主席单位

微信公众平台

电话：0531-81797171　官网：www.sd56jt.com

天地华宇
全心承递
未来已来 易到家
上楼服务有保障 全程时效有保障
家居安装有保障 免费核销有保障
400-808-6666
网上下单: www.hoau.net | 手机下单: m.hoau.net
天地华宇
全心承递

秀山物流园
XiuShan Logistics Park

秀山(武陵)现代物流园区

XIUSHAN (WULING) MODERN LOGISTICS PARK

秀山（武陵）现代物流园区是重庆市率先挂牌的“市级重点物流园区”“中国物流示范基地”，2014~2016年连续3年被评为“全国优秀物流园区”。

园区以“买武陵卖全国，买全国卖武陵”为总体思路，以“立足秀山，服务武陵，辐射全国”为发展理念，依托成都铁路局300万吨战略装卸点和集装箱中转站，占地6平方公里（一期3.5平方公里，投资约98亿元），建设集交易、配送、仓储、加工、会展等功能为一体的综合性物流园区。到2020年，年货运量达到1500万吨，年交易额突破500亿元，有效服务周边300公里范围内18个区县近1000万人口。

园区现引进24家开发企业、25个项目入驻，完成投资80亿元，基本完成一期3.5平方公里建设，家居、副食品、福广建材、3C等7个专业批发市场投入使用。依托门类齐全的专业批发市场、功能完善的仓储配送体系和先进的智慧物流管理系统，以农产品开发、产品质量追溯、农村物流为核心的农村电商平台——“武陵生活馆”已覆盖秀山城乡，正遍布武陵山区。集批发交易、物流仓储、加工配送、会议会展、信息金融、文化旅游、电子商务等多功能为一体的综合性现代商贸之城初具规模。

成都铁路局秀山300万吨战略装卸点

仓储物流中心

武陵钢材市场

武陵永康机电城

武陵板材型材批发市场

秀山物流园官方网站　新浪官方微博:@秀山物流园　微信公众号:秀山物流园　微信朋友圈:秀山物流园

地址：秀山（武陵）现代物流园区

Add:XIUSHAN(WULING)MODERN LOGISTICS PARK

招商热线/Investment Hotline：

023-76895888 023-76895123(传真)

邮编/P.C：409900

www.chinaxiushan.com

SWIRE COLD CHAIN LOGISTICS
太古冷链物流

太古冷链物流现已有上海、廊坊、广州、宁波、南京五座冷库正在运营，另有成都、厦门、武汉三座冷库正在建设中。太古冷链物流（上海）有限公司作为在华的总部所在，是其他分部的联络中心。到2020年，太古冷链物流计划建13个冷库实现冷链物流全国联网，通过提供高效冷链物流服务体系来保障食品安全。

太古冷链物流旗下的所有公司都是太古冷藏仓库有限公司的子公司。冷藏业务是太古集团核心发展的业务之一，以仓储量计算，为全球第三大冷链物流运营商。（*国际冷藏仓库协会公布数据）在全球各地（美国、澳大利亚、中国大陆、越南及斯里兰卡等）拥有超过50座冷库，具有60年冷链物流运营管理经验。太古冷链物流服务范围包括：常温、冷藏和冷冻的储存、分拣、交叉转运、订单配货、增值物流服务整合和导入/导出管理方案，以及为合作伙伴提供量身定做的专用设施，致力为客户提供先进的冷冻冷藏设施及冷链物流服务。

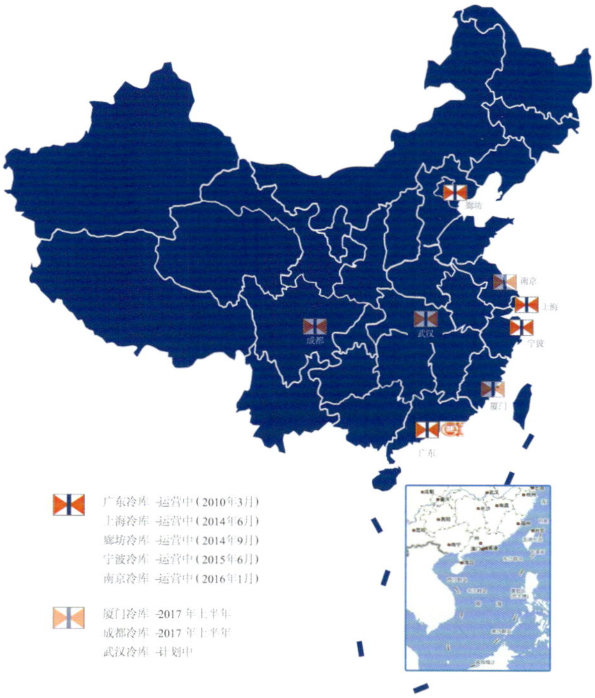

广东冷库 -运营中（2010年3月）
上海冷库 -运营中（2014年6月）
廊坊冷库 -运营中（2014年9月）
宁波冷库 -运营中（2015年6月）
南京冷库 -运营中（2016年1月）

厦门冷库 -2017 年上半年
成都冷库 -2017 年上半年
武汉冷库 -计划中

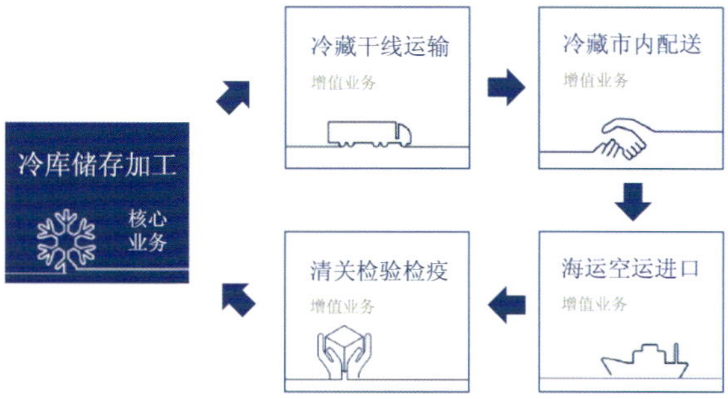

www.spcschina.com

青海省物资产业集团总公司

青海物产朝阳物流产业集群

做精做强三大板块
做优做大三大园区

青海省物资产业集团总公司是1995年由原青海省物资管理局成建制转体组建的国有独资公司，是青海省政府国资委监管的工业物流大型企业，是“中国服务业企业500强”和“青海企业50强”之一。占地面积2000多亩，拥有4.3公里铁路专用线。所属二级全资子公司8户，控股子公司3户。被确认为国家A级物流企业的子公司4户，其中，国家AAAA级物流企业1户，国家AAA级物流企业3户。

曹家堡保税物流国际商务区

三大板块主要由现代物流、工业项目、内外贸易组成。现代物流主要包括仓储物流、商贸物流、货运物流、冷链物流、保税物流、金融物流、信息物流；工业项目主要包括铝及铝加工产业链、混装炸药产业链；内外贸易主要包括生产货物经销贸易、商品货物购销贸易、境外货物转口贸易、进出口货物国际贸易。

三大园区主要由朝阳物流园区、北川工业物流园、曹家堡保税物流国际商务区组成。实现三大园区的资源共享、互联互通、协调发展。

www.qhwcjt.com
电话：0971-5501020
传真：0971-5512498
邮箱：admin@qhwcjt.com
地址：青海省西宁市朝阳东路34-2号物产大厦
邮编：810003

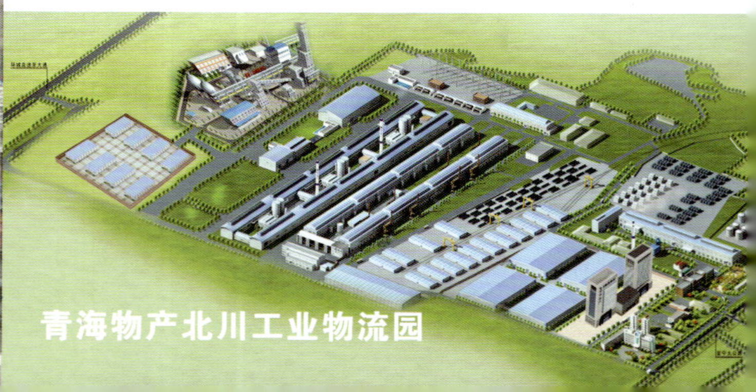

青海物产北川工业物流园

临沂天源国际物流有限公司

公司简介

天源国际物流园是省级重点建设项目，由山东顺和商贸集团投资兴建，位于临西九路与双岭路交会处，园区占地面积1000余亩，建筑面积70多万平方米，投资35亿元，现有经营户1000余家，在国内外设立运营网点5000多个，拥有运营车辆15万辆，年货物吞吐量7000万吨，年交易额600多亿元，是临沂市规划面积最大的集物流仓储、物流信息服务、三方物流、国际贸易、国际物流、停车、维修、餐饮住宿等配套功能于一体的高档商贸物流园区，运营线路覆盖全国三十多个省市自治区的大中城市及港澳台地区。现为中国物流与采购联合会常务理事单位，被评为国家“AAAAA”级物流企业、中国物流示范基地、中国物流实验基地、AAA信用企业，荣获中国先进物流企业、中国十佳物流诚信市场示范单位、山东省物流业综合实力50强、山东省服务名牌等称号。

地址：山东省临沂市临西九路与双岭路交会路南200米

电话：0539-3119606　3119666

玉柴物流
YUCHAI LOGISTICS
供应链一体化综合服务商
国家 AAAAA 级物流企业
交通运输部重点联系道路运输企业
100 多家公司
200 多个营运网点
货运汽车 3500 辆
仓储面积 235000 平方米
全国近 20 条货物运输对流线路
广西 89 个县市全区域覆盖
广西玉柴物流股份有限公司
热线 ： 0771-2370033
地址 ： 广西南宁市西乡塘区科园东十一路 9 号
网址 ： http://www.yuchailogistics.com/

中国物流年鉴

2016（上册）

CHINA LOGISTICS YEARBOOK 2016

CFLP

中国物流与采购联合会编

中国财富出版社
CHINA FORTUNE PRESS

图书在版编目（CIP）数据

中国物流年鉴．2016：全2册/中国物流与采购联合会编．—北京：中国财富出版社，2016.9

ISBN 978－7－5047－6173－6

Ⅰ．①中…　Ⅱ．①中…　Ⅲ．①物流—中国—2016—年鉴　Ⅳ．①F259.22－54

中国版本图书馆CIP数据核字（2016）第237457号

策划编辑　郑欣怡　　**责任编辑**　张　茜

责任印制　何崇杭　　**责任校对**　杨小静　梁　凡　　**责任发行**　敬　东

出版发行	中国财富出版社		
社　　址	北京市丰台区南四环西路188号5区20楼	**邮政编码**	100070
电　　话	010－52227568（发行部）		010－52227588转307（总编室）
	010－68589540（读者服务部）		010－52227588转305（质检部）
网　　址	http://www.cfpress.com.cn		
经　　销	新华书店		
印　　刷	北京垄玺印刷有限公司		
书　　号	ISBN 978－7－5047－6173－6/F·2664		
开　　本	880mm×1230mm　1/16	**版　　次**	2016年9月第1版
印　　张	44.25　　彩色　5	**印　　次**	2016年9月第1次印刷
字　　数	1221千字	**定　　价**	480.00元（全2册）

《中国物流年鉴》（2016）编委会

顾　问

陆　江　中国物流与采购联合会原名誉会长

丁俊发　中国物流与采购联合会原顾问

编委会主任

何黎明　中国物流与采购联合会会长

编委会副主任

崔忠付　中国物流与采购联合会副会长兼秘书长

周林燕　中国物流与采购联合会副会长

任豪祥　中国物流与采购联合会副会长

蔡　进　中国物流与采购联合会副会长、中国物流信息中心主任

贺登才　中国物流与采购联合会副会长

余　平　中国物流与采购联合会党委副书记、中国拍卖协会会长

戴定一　中国物流与采购联合会专家委员会主任、中国物流学会专家委员会主任

李建平　中铁现代物流科技股份有限公司总经理

编委会委员（按姓氏笔画排序）

王义栋　鞍钢股份有限公司总经理、鞍钢汽车运输有限责任公司董事长

王文举　北京物资学院院长

王玉柱　天津物产集团有限公司党委书记、董事长

王玉辉　青海省物资产业集团总公司总经理

王拥军　安能物流董事长

王忠行　济南铁路经营集团有限公司董事长兼总经理

王宗喜　解放军后勤学院物流工程实验室主任、教授

王建志　河南鲜易供应链有限公司副总经理

牛　斌　中国西部现代物流港党工委书记、管委会主任

尹国杰　湖南星沙物流投资有限公司董事长
邓小波　天地华宇总裁
邓德艾　湖南现代物流职业技术学院院长
古堂生　广西玉柴物流股份有限公司董事长
冉　旭　平安银行现代物流金融事业部总裁
乐　岩　武汉商贸职业学院物流学院院长
刘秉镰　南开大学校长助理，经济与社会发展研究院院长、教授、博导
刘景福　中物华商集团股份有限公司董事长
江　健　北京福田智科物流有限公司总经理
孙　杰　中国仓储与配送协会会长
杨永圣　湖南粮食集团有限责任公司副董事长、总裁
杨应龙　长沙金霞经济开发区党工委书记
李光甫　国药控股股份有限公司副总裁
李国伟　河南中原铁道物流有限公司副总经理
李金平　广东林安物流集团董事长
轩玉彬　亳州市天运物流有限责任公司总经理
何明珂　北京工商大学国际交流与合作处处长、教授、博导
宋远方　中国人民大学商学院教授、博导
汪　鸣　国家发展和改革委员会综合运输研究所所长、研究员
张玉庆　希杰荣庆物流供应链有限公司董事长
陈嘉良　联邦快递（中国）有限公司中国区总裁
陈镜治　香港物流协会会长
武　勇　广州铁路（集团）公司董事长、总经理
郑松兴　华南城控股有限公司联席主席、执行董事
房新胜　青岛铁路经营集团有限公司董事长、总经理
孟庆欣　国家统计局贸易外经统计司司长
赵玉玺　临沂天源国际物流有限公司董事长
赵红鹰　中铁物资集团有限公司党委书记、董事长
赵希和　江西新华发行集团有限公司副总经理、江西蓝海物流科技有限公司总经理
赵沪湘　中国国际货运代理协会会长
钟荣钦　台湾物流协会秘书长

施文进　惠龙易通国际物流股份有限公司董事长
姜超峰　中国物资储运协会名誉会长
徐佳梅　普洛斯投资管理（中国）有限公司企业传播部副总裁
徐胜明　四川安吉物流集团有限公司董事长
郭戈平　中国连锁经营协会会长
郭旭东　陕西煤业化工物资集团有限公司执行董事、总经理
黄有方　上海海事大学校长、教授、博导
黄郑明　上海郑明现代物流有限公司总裁
盖守岭　山东聊城盖氏邦晔物流有限公司董事长
盖忠琳　山东盖世国际物流集团有限公司党委书记、总经理
梁伟华　中国物流有限公司董事长、党委书记
舒　谦　宝湾物流控股有限公司总经理
鲁友水　山东物流集团有限公司副董事长
蓝宝生　太古冷链物流（上海）有限公司董事总经理
赖展京　南光物流有限公司董事长
甄忠义　乌鲁木齐铁路局局长
雷钧友　秀山华渝物流投资有限公司总经理
翟玉峰　武汉东西湖保税物流中心有限公司董事长
薄世久　北京长久物流股份有限公司董事长

特别支持单位

中国远洋物流有限公司

依维柯（中国）商用车销售有限公司

平安银行现代物流金融事业部

上海安能聚创供应链管理有限公司

陕西煤业化工物资集团有限公司

长沙金霞经济开发区

河南鲜易供应链有限公司

北京福田智科物流有限公司

南光物流有限公司

联邦快递（中国）有限公司

华南城控股有限公司

惠龙易通国际物流股份有限公司

《中国物流年鉴》（2016）

主　　　办　中国物流与采购联合会

承　　　办　《中国物流与采购》杂志社

主　　　编　何黎明

副　主　编　崔忠付　蔡　进　贺登才

编辑部主任　刘乃杰

编辑部副主任　徐小青

编　　　辑　崔　冬　朱贝特　常　俏　杜　林　贾　丽

发　　　行　高　威

广告设计　阳光设计工作室

编　辑　部　010－68392774　010－68392214（兼传真）

邮　　　箱　xxq6429@163.com　gwrshk@126.com

zgwlnj@126.com

发　　　行　010－68391021　010－63738995　010－68392214

传　　　真　010－83203997

《中国物流年鉴》（2016）供稿者

（按姓氏笔画排序）

万　莹　王　迪　王　涛　王文浩　王国文　王佳昀　王莉莎　王萧懿　文德华　甘凯龙　田　征
冯耕中　曲洪伟　朱　正　朱冬蕾　刘汉才　刘伟华　刘学德　刘缨缨　闫　鸣　闫淑君　孙景亮
杨恩缘　李大伟　李丹妮　李红梅　肖　虹　余栋梁　谷桂林　沈　玲　沈志安　张　洁　张晋姝
陈　彬　季夏冰　周庆特　胡一焱　俞苏宸　施忆忆　姜　旭　秦玉鸣　耿祥伟　夏　坚　顾宁军
晏庆华　徐　勇　徐秀丽　徐梦馨　郭剑阳　桑昌营　盖忠琳　蒋长兵　韩兆轩　程博竟　温宇恒
谢文卿　谢雨蓉　谢满华　靳　伟　谭颜铭　樊一江　潘增友　穆宏志

国家发展改革委、国家发展改革委综合运输研究所、河北省发展改革委、内蒙古自治区发展改革委、内蒙古自治区统计局、吉林省发展改革委、吉林省统计局、江苏省经信委、安徽省发展改革委、山东省经信委、山东省统计局、河南省发展改革委、河南省统计局、南京市商务局、常州市经信委、扬州市发展改革委、镇江市经信委、青岛市交通运输委、威海市经信委、湘潭市商务局、湘潭市统计局、郴州市发展改革委、郴州市统计局、中国国际货运代理协会、中国粮食行业协会、中国木材与木制品流通协会、内蒙古自治区物流协会、吉林省物流与采购联合会、河南省物流与采购联合会、四川省现代物流协会、陕西省物流与采购联合会、宁夏回族自治区现代物流协会、湘潭市物流与采购联合会、郴州市物流与采购联合会、中国物流信息中心、中物联汽车物流分会、中物联冷链委、中物联电商物流与快递分会、中物联大宗商品交易市场流通分会、中物联网络事业部、中物联行业事业部、中物联教育培训部、中物联标准委、中物联托盘专业委员会、中物联评估办、中国汽车技术研究中心、中国工程机械工业协会工业车辆分会、上海国际航运研究中心、快递物流咨询网、北京物资学院、上海海事大学、西安交通大学、天津大学、浙江工商大学、东方海外天津分公司、中国出版传媒商报社、中远网络物流信息科技有限公司、国药集团医药物流有限公司、宝湾物流控股有限公司、林安物流集团、上海安能聚创供应链管理有限公司、河南鲜易供应链有限公司、希杰荣庆物流、中物华商国际物流（安徽）有限公司、聊城盖氏邦晔物流有限公司、中铁现代物流科技股份有限公司、山东盖世国际物流集团、CSCMP（美国供应链管理专业协会）中国代表处

《中国物流年鉴》（2016）
广告提供单位

上册

平安银行股份有限公司
依维柯（中国）商用车销售有限公司
东风柳州汽车有限公司
我的法务网
北京长久物流股份有限公司
上海安能聚创供应链管理有限公司
陕西煤业化工物资集团有限公司
中铁现代物流科技股份有限公司
长沙金霞经济开发区管理委员会
上海郑明现代物流有限公司
南光物流有限公司
联邦快递（中国）有限公司
希杰荣庆物流供应链有限公司
北京福田智科物流有限公司
河南鲜易供应链有限公司
华南城控股有限公司
四川安吉物流集团有限公司
宝湾物流控股有限公司
林安物流集团
湖南粮食集团有限责任公司
中物华商集团股份有限公司
普洛斯投资管理（中国）有限公司
山东物流集团有限公司
中铁物资集团有限公司
山东盖世国际物流集团有限公司
惠龙易通国际物流股份有限公司
中国西部现代物流港管理委员会
天地华宇
快虎物流有限公司
秀山华渝物流投资有限公司
湖南星沙物流投资有限公司
鞍钢汽车运输有限责任公司
太古冷链物流（上海）有限公司
国药集团医药物流有限公司
上海领鲜物流有限公司
青海省物资产业集团总公司
天津物产集团有限公司
临沂天源国际物流有限公司
亳州市天运物流有限责任公司
广西玉柴物流股份有限公司

下册

平安银行股份有限公司
依维柯（中国）商用车销售有限公司
东风柳州汽车有限公司
中国物流有限公司
广州铁路（集团）公司
乌鲁木齐铁路局
济南铁路经营集团有限公司
河南中原铁道物流有限公司
青岛铁路经营集团有限公司
聊城盖氏邦晔物流有限公司
江西蓝海物流科技有限公司
漳州漳龙物流园区开发有限公司
东莞市百安石化仓储有限公司
广东秦粤物流有限公司
湖南现代物流职业技术学院
武汉商贸职业学院物流学院
《中国物流与采购》杂志
中国物流与采购联合会网
《现代物流报》
《物流》杂志
《中国储运》杂志
万联网
上海安能聚创供应链管理有限公司
中国远洋物流有限公司
北京福田智科物流有限公司
武汉东西湖保税物流中心有限公司
北京长久物流股份有限公司
黑龙江农垦北大荒物流集团有限公司
大冶有色物流有限公司

编辑说明

一、《中国物流年鉴》（以下简称《年鉴》）是中国物流与采购联合会主办、《中国物流与采购》杂志社承办的大型文献性工具书。自2012年创办至今，已经连续出版发行了十五年。十五年来，《年鉴》的编纂质量不断提升，发行量持续扩大，获得了业界广泛好评。《年鉴》具有的权威性、可读性和资料性，使其成为业界人士查询、引用、论证、存档不可或缺的“工具”。

二、2015年，在经济下行压力加大的背景下，我国物流业保持了中高速增长，运行效率有所提升，发展动力正在转换，为国民经济“稳增长”“调结构”“惠民生”提供了重要的产业支撑和物流保障。

一年来行业中发生的每一个变化都是社会经济发展的必然结果，更是行业深化改革转型发展的真实写照。客观真实地记录下这些变化是《年鉴》义不容辞的职责。

三、2016年版《年鉴》的组稿、编纂工作得到了国家发展和改革委、商务部、交通运输部、国家统计局等部门和部分省市自治区政府部门、物流相关行业协会，中国物流信息中心、全国物流标准化技术委员会等机构，以及中铁现代物流科技股份有限公司、中远网络物流信息科技有限公司、中物华商国际物流股份有限公司等知名企业的大力支持。对此我们表示衷心的感谢。

四、对不符合《年鉴》编辑要求的来稿，编辑人员作了谨慎、认真地删改，由于时间原因这部分稿件来不及请作者核校，希予见谅。

五、因编辑部人员水平有限，如有不妥之处，恳请批评指正。

六、2017年版《年鉴》在框架结构和主体内容上将延续2016年版的风格，力求真实地展示行业发展变化的全貌，继续加大数据和图表的内容，扩充地区物流的篇幅，使其更具可读性、资料性。

欢迎大家继续对2017年版《年鉴》的组稿和编辑工作给予支持！

《中国物流年鉴》编辑部

二〇一六年八月二十五日

前　　言

2015 年是“十二五”规划的收官之年。我国物流业在经济下行压力不断加大的情况下，保持了中高速增长。社会物流总额为 219. 2 万亿元，比 2014 年增长 5. 8%；社会物流总费用与 GDP 的比率为 16. 0%，比 2014 年下降 0. 6 个百分点。物流业为“稳增长”“调结构”“惠民生”发挥了支撑和保障作用。

“十二五”时期，我国物流业在市场需求和国家政策的推动下取得了新的进展。主要表现为以下几点：

第一，市场规模持续扩大。“十二五”时期，我国已成为全球最具成长性的物流市场。2015 年，我国物流业总收入约为 7. 6 万亿元，全国货运量达 417. 1 亿吨。其中，公路货运量、铁路货运量、港口货物吞吐量多年来都居世界第一位。快递业务量突破 200 亿件，冷链物流市场规模超过 1500 亿元，各类细分市场规模不断扩大。

第二，需求结构加快调整。五年来，我国单位与居民物品物流总额年均增速接近 30%，并呈持续加快态势。快递快运、电商物流、冷链物流等生活消费性物流保持快速增长，成为市场投资热点。工业物流需求总体下降，特别是钢铁、煤炭、建材等大宗生产资料物流需求严重下滑。铁路货运改革深入推进，在批量零散货物、铁路快运和集装箱运输等方面大幅增长。

第三，市场主体加速分化。物流企业通过兼并重组、战略调整、联盟合作等多种方式，市场集中度显著提高。四大航运央企启动重组，市场向强势企业进一步集中；“中国物流企业 50 强”的主营业务收入近 8000 亿元，第 50 名入选企业门槛比 2010 年提高 3. 5 亿元。截至 2015 年年底，我国 A 级物流企业总数已达 3500 多家，其中 5A 级企业 214 家。伴随着互联网时代的到来，我国各类物流互联网平台大量涌现。

第四，创新驱动模式变革。“十二五”时期，一批通过技术创新、管理创新、组织创新实现模式变革的企业，影响并引领传统企业转变观念，加速变革。

第五，国际物流双向开放。作为我国加入世界贸易组织（WTO）以来开放最早的服务行业，物流业已经实现了全面开放。开放的市场环境吸引了大批跨国企业全面进入国内市场。随着“走出去”战略实施，国内物流企业积极拓展国际市场，电商和快递企业纷纷参股国际快递企业、投资海外仓储设施、打造物流通关渠道带动跨境电商发展。2014 年，国家提出“一带一路”战略，物流设施建设和网络布局加快落地。自 2011 年渝新欧班列首次全程运行以来，截至 2015 年 10 月底，中欧班列开行已超过 1000 列。上海、天津、福建、广东等自由贸易试验区陆续获批，对外开放新格局为物流业开辟了新的空间。

第六，基础设施扩容提挡。截至 2015 年年底，我国高速公路和高速铁路里程分别突破 12 万公里和 1. 9 万公里，比 2010 年分别增长 62% 和 127% ，双双居世界第一。全国高速公路 ETC（不停车电子收费系统）实现联网，统一收费成为可能。水路、航空等运输服务能力稳步增长，高效便捷的综合运输体系初步成型。

第七，信息技术普及应用。“十二五”时期，物联网、云计算、大数据等新兴技术在物流行业得到推广应用。嵌入物联网技术的物流设施设备快速发展，车联网技术从传统的车辆定位向车队管理、车辆维修、智能调度、金融服务延伸。大数据分析帮助快递企业预测运力需求，缓解了“双 11”等高峰时期的“爆仓”问题，快递基础业务的信息化管理水平进一步提升。

第八，绿色物流已见行动。“十二五”时期，交通运输领域落实推进节能减排低碳发展行动，2015 年起“国四”排放标准正式实施，黄标车淘汰力度加大。新能源汽车在货运行业得到推广应用，一些城市新能源快递配送车辆获得通行准入。LNG（液化天然气）等清洁能源汽车快速发展，太阳能发电屋顶在仓储行业开始使用。

第九，基础工作稳步推进。《物流标准化中长期发展规划》印发执行，一批新的物流国家标准开始实施；物流统计调查制度不断完善，采购经理人指数（PMI）的国内外影响力进一步扩大，物流业景气指数、公路物流运价指数、中国仓储指数等陆续发布；物流教育培训工作迅猛发展，截至 2015 年我国已有 443 所本科院校、954 所高职高专院校、900 多所中职院校开设了物流专业，“物流管理与工程”正式进入教育部全国学科目录一级学科。物流基础理论研究和产学研结合取得新成果。

第十，政策环境持续向好。“十二五”时期，党中央、国务院重视物流业发展。国务院出台了《物流业发展中长期规划》和《促进物流业发展三年行动计划》；各部门从自身职能定位出发，密集出台支持物流业发展的政策措施。全国现代物流工作部际联席会议坚持问题导向，着力解决制约物流业发展、亟待跨部门协调解决的重点问题。支持物流业发展的部门间合力逐步加强，行业政策环境持续改善。

不可否认，“十二五”时期我国物流业在快速发展的同时，还有一些制约行业发展的问题有待解决。总体来看，“十三五”时期我国物流业仍然处于可以大有作为的战略机遇期。物流业将从追求规模速度增长向质量效益增长转变，从铺摊子、上项目向整合资源、做优存量转变，从成本要素驱动向效率提升、创新驱动转变，行业将进入以转型升级为主线的发展新阶段。我国虽然是物流大国，但还不是物流强国，实现“物流大国”向“物流强国”的转变是业界人士共同的梦想，需要全体同人不懈的努力。中国物流与采购联合会作为行业社团组织，将不遗余力地加强调查研究、积极反映企业诉求、协助政府推进政策落地，为加快物流业发展做出积极的贡献。

《中国物流年鉴》是中国物流与采购联合会主办、《中国物流与采购》杂志社承办的大型文献性工具书。十几年来，《中国物流年鉴》坚持用数据和事实反映物流业发展变化的轨迹、记录我国物流业发展的历程，赢得了业界好评。面对我国物流业不断发展变化的新形势，《中国物流年鉴》将继续以求真务实、严谨负责的态度做好资料收录工作。同时，真诚地希望业界同人提出宝贵意见，使其越做越精、越做越好。

二〇一六年八月三十日

目　　录

上　册

第一部分　物流政策法规

第二部分　物流统计

第三部分　物流产业

下 册

第四部分 行业物流

第五部分 地区物流

第六部分 物流技术与装备

第七部分 物流教育、信息化、标准化

第八部分 部分优秀物流企业及经典案例

第九部分 物流综合

第一部分

物流政策法规

2015年发布的物流相关重要政策法规

国务院和国务院办公厅发文

中华人民共和国政府采购法实施条例

中华人民共和国国务院令

（第658号）

《中华人民共和国政府采购法实施条例》已经2014年12月31日国务院第75次常务会议通过，现予公布，自2015年3月1日起施行。

中华人民共和国政府采购法实施条例

第一章 总 则

第一条 根据《中华人民共和国政府采购法》（以下简称政府采购法），制定本条例。

第二条 政府采购法第二条所称财政性资金是指纳入预算管理的资金。

以财政性资金作为还款来源的借贷资金，视同财政性资金。

国家机关、事业单位和团体组织的采购项目既使用财政性资金又使用非财政性资金的，使用财政性资金采购的部分，适用政府采购法及本条例；财政性资金与非财政性资金无法分割采购的，统一适用政府采购法及本条例。

政府采购法第二条所称服务，包括政府自身需要的服务和政府向社会公众提供的公共服务。

第三条 集中采购目录包括集中采购机构采购项目和部门集中采购项目。

技术、服务等标准统一，采购人普遍使用的项目，列为集中采购机构采购项目；采购人本部门、本系统基于业务需要有特殊要求，可以统一采购的项目，列为部门集中采购项目。

第四条 政府采购法所称集中采购，是指采购人将列入集中采购目录的项目委托集中采购机构代理采购或者进行部门集中采购的行为；所称分散采购，是指采购人将采购限额标准以上的未列入集中采购目录的项目自行采购或者委托采购代理机构代理采购的行为。

第五条 省、自治区、直辖市人民政府或者其授权的机构根据实际情况，可以确定分别适用于本行政区域省级、设区的市级、县级的集中采购目录和采购限额标准。

第六条 国务院财政部门应当根据国家的经济和社会发展政策，会同国务院有关部门制定政府采购政策，通过制定采购需求标准、预留采购份额、价格评审优惠、优先采购等措施，实现节约能源、保护环境、扶持不发达地区和少数民族地区、促进中小企业发展等目标。

第七条 政府采购工程以及与工程建设有关的货物、服务，采用招标方式采购的，适用《中华人民共和国招标投标法》及其实施条例；采用其他方式采购的，适用政府采购法及本条例。

前款所称工程，是指建设工程，包括建筑物和构筑物的新建、改建、扩建及其相关的装修、拆除、修缮等；所称与工程建设有关的货物，是指构成工程不可分割的组成部分，且为实现工程基本功能所必需的设备、材料等；所称与工程建设有关的服务，是指为完成工程所需的勘察、设计、监理等服务。

政府采购工程以及与工程建设有关的货物、服务，应当执行政府采购政策。

第八条 政府采购项目信息应当在省级以上人民政府财政部门指定的媒体上发布。采购项目预算金额达到国务院财政部门规定标准的，政府采购项目信息应当在国务院财政部门指定的媒体上发布。

第九条 在政府采购活动中，采购人员及相关人员与供应商有下列利害关系之一的，应当回避：

（一）参加采购活动前 3 年内与供应商存在劳动关系；

（二）参加采购活动前 3 年内担任供应商的董事、监事；

（三）参加采购活动前 3 年内是供应商的控股股东或者实际控制人；

（四）与供应商的法定代表人或者负责人有夫妻、直系血亲、三代以内旁系血亲或者近姻亲关系；

（五）与供应商有其他可能影响政府采购活动公平、公正进行的关系。

供应商认为采购人员及相关人员与其他供应商有利害关系的，可以向采购人或者采购代理机构书面提出回避申请，并说明理由。采购人或者采购代理机构应当及时询问被申请回避人员，有利害关系的被申请回避人员应当回避。

第十条 国家实行统一的政府采购电子交易平台建设标准，推动利用信息网络进行电子化政府采购活动。

第二章 政府采购当事人

第十一条 采购人在政府采购活动中应当维护国家利益和社会公共利益，公正廉洁，诚实守信，执行政府采购政策，建立政府采购内部管理制度，厉行节约，科学合理确定采购需求。

采购人不得向供应商索要或者接受其给予的赠品、回扣或者与采购无关的其他商品、服务。

第十二条 政府采购法所称采购代理机构，是指集中采购机构和集中采购机构以外的采购代理机构。

集中采购机构是设区的市级以上人民政府依法设立的非营利事业法人，是代理集中采购项目的执行机构。集中采购机构应当根据采购人委托制定集中采购项目的实施方案，明确采购规程，组织政府采购活动，不得将集中采购项目转委托。集中采购机构以外的采购代理机构，是从事采购代理业务的社会中介机构。

第十三条 采购代理机构应当建立完善的

政府采购内部监督管理制度，具备开展政府采购业务所需的评审条件和设施。

采购代理机构应当提高确定采购需求，编制招标文件、谈判文件、询价通知书，拟订合同文本和优化采购程序的专业化服务水平，根据采购人委托在规定的时间内及时组织采购人与中标或者成交供应商签订政府采购合同，及时协助采购人对采购项目进行验收。

第十四条 采购代理机构不得以不正当手段获取政府采购代理业务，不得与采购人、供应商恶意串通操纵政府采购活动。

采购代理机构工作人员不得接受采购人或者供应商组织的宴请、旅游、娱乐，不得收受礼品、现金、有价证券等，不得向采购人或者供应商报销应当由个人承担的费用。

第十五条 采购人、采购代理机构应当根据政府采购政策、采购预算、采购需求编制采购文件。

采购需求应当符合法律法规以及政府采购政策规定的技术、服务、安全等要求。政府向社会公众提供的公共服务项目，应当就确定采购需求征求社会公众的意见。除因技术复杂或者性质特殊，不能确定详细规格或者具体要求外，采购需求应当完整、明确。必要时，应当就确定采购需求征求相关供应商、专家的意见。

第十六条 政府采购法第二十条规定的委托代理协议，应当明确代理采购的范围、权限和期限等具体事项。

采购人和采购代理机构应当按照委托代理协议履行各自义务，采购代理机构不得超越代理权限。

第十七条 参加政府采购活动的供应商应当具备政府采购法第二十二条第一款规定的条件，提供下列材料：

（一）法人或者其他组织的营业执照等证明文件，自然人的身份证明；

（二）财务状况报告，依法缴纳税收和社会保障资金的相关材料；

（三）具备履行合同所必需的设备和专业技术能力的证明材料；

（四）参加政府采购活动前 3 年内在经营活动中没有重大违法记录的书面声明；

（五）具备法律、行政法规规定的其他条件的证明材料。

采购项目有特殊要求的，供应商还应当提供其符合特殊要求的证明材料或者情况说明。

第十八条 单位负责人为同一人或者存在直接控股、管理关系的不同供应商，不得参加同一合同项下的政府采购活动。

除单一来源采购项目外，为采购项目提供整体设计、规范编制或者项目管理、监理、检测等服务的供应商，不得再参加该采购项目的其他采购活动。

第十九条 政府采购法第二十二条第一款第五项所称重大违法记录，是指供应商因违法经营受到刑事处罚或者责令停产停业、吊销许可证或者执照、较大数额罚款等行政处罚。

供应商在参加政府采购活动前 3 年内因违法经营被禁止在一定期限内参加政府采购活动，期限届满的，可以参加政府采购活动。

第二十条 采购人或者采购代理机构有下列情形之一的，属于以不合理的条件对供应商实行差别待遇或者歧视待遇：

（一）就同一采购项目向供应商提供有差别的项目信息；

（二）设定的资格、技术、商务条件与采购项目的具体特点和实际需要不相适应或者与合同履行无关；

（三）采购需求中的技术、服务等要求指

向特定供应商、特定产品；

（四）以特定行政区域或者特定行业的业绩、奖项作为加分条件或者中标、成交条件；

（五）对供应商采取不同的资格审查或者评审标准；

（六）限定或者指定特定的专利、商标、品牌或者供应商；

（七）非法限定供应商的所有制形式、组织形式或者所在地；

（八）以其他不合理条件限制或者排斥潜在供应商。

第二十一条 采购人或者采购代理机构对供应商进行资格预审的，资格预审公告应当在省级以上人民政府财政部门指定的媒体上发布。已进行资格预审的，评审阶段可以不再对供应商资格进行审查。资格预审合格的供应商在评审阶段资格发生变化的，应当通知采购人和采购代理机构。

资格预审公告应当包括采购人和采购项目名称、采购需求、对供应商的资格要求以及供应商提交资格预审申请文件的时间和地点。提交资格预审申请文件的时间自公告发布之日起不得少于5个工作日。

第二十二条 联合体中有同类资质的供应商按照联合体分工承担相同工作的，应当按照资质等级较低的供应商确定资质等级。

以联合体形式参加政府采购活动的，联合体各方不得再单独参加或者与其他供应商另外组成联合体参加同一合同项下的政府采购活动。

第三章 政府采购方式

第二十三条 采购人采购公开招标数额标准以上的货物或者服务，符合政府采购法第二十九条、第三十条、第三十一条、第三十二条规定情形或者有需要执行政府采购政策等特殊情况的，经设区的市级以上人民政府财政部门批准，可以依法采用公开招标以外的采购方式。

第二十四条 列入集中采购目录的项目，适合实行批量集中采购的，应当实行批量集中采购，但紧急的小额零星货物项目和有特殊要求的服务、工程项目除外。

第二十五条 政府采购工程依法不进行招标的，应当依照政府采购法和本条例规定的竞争性谈判或者单一来源采购方式采购。

第二十六条 政府采购法第三十条第三项规定的情形，应当是采购人不可预见的或者非因采购人拖延导致的；第四项规定的情形，是指因采购艺术品或者因专利、专有技术或者因服务的时间、数量事先不能确定等导致不能事先计算出价格总额。

第二十七条 政府采购法第三十一条第一项规定的情形，是指因货物或者服务使用不可替代的专利、专有技术，或者公共服务项目具有特殊要求，导致只能从某一特定供应商处采购。

第二十八条 在一个财政年度内，采购人将一个预算项目下的同一品目或者类别的货物、服务采用公开招标以外的方式多次采购，累计资金数额超过公开招标数额标准的，属于以化整为零方式规避公开招标，但项目预算调整或者经批准采用公开招标以外方式采购除外。

第四章 政府采购程序

第二十九条 采购人应当根据集中采购目录、采购限额标准和已批复的部门预算编制政府采购实施计划，报本级人民政府财政部门备案。

第三十条 采购人或者采购代理机构应当在招标文件、谈判文件、询价通知书中公开采购项目预算金额。

第三十一条 招标文件的提供期限自招标文件开始发出之日起不得少于5个工作日。

采购人或者采购代理机构可以对已发出的招标文件进行必要的澄清或者修改。澄清或者修改的内容可能影响投标文件编制的，采购人或者采购代理机构应当在投标截止时间至少15日前，以书面形式通知所有获取招标文件的潜在投标人；不足15日的，采购人或者采购代理机构应当顺延提交投标文件的截止时间。

第三十二条 采购人或者采购代理机构应当按照国务院财政部门制定的招标文件标准文本编制招标文件。

招标文件应当包括采购项目的商务条件、采购需求、投标人的资格条件、投标报价要求、评标方法、评标标准以及拟签订的合同文本等。

第三十三条 招标文件要求投标人提交投标保证金的，投标保证金不得超过采购项目预算金额的2%。投标保证金应当以支票、汇票、本票或者金融机构、担保机构出具的保函等非现金形式提交。投标人未按照招标文件要求提交投标保证金的，投标无效。

采购人或者采购代理机构应当自中标通知书发出之日起5个工作日内退还未中标供应商的投标保证金，自政府采购合同签订之日起5个工作日内退还中标供应商的投标保证金。

竞争性谈判或者询价采购中要求参加谈判或者询价的供应商提交保证金的，参照前两款的规定执行。

第三十四条 政府采购招标评标方法分为最低评标价法和综合评分法。

最低评标价法，是指投标文件满足招标文件全部实质性要求且投标报价最低的供应商为中标候选人的评标方法。综合评分法，是指投标文件满足招标文件全部实质性要求且按照评审因素的量化指标评审得分最高的供应商为中标候选人的评标方法。

技术、服务等标准统一的货物和服务项目，应当采用最低评标价法。

采用综合评分法的，评审标准中的分值设置应当与评审因素的量化指标相对应。

招标文件中没有规定的评标标准不得作为评审的依据。

第三十五条 谈判文件不能完整、明确列明采购需求，需要由供应商提供最终设计方案或者解决方案的，在谈判结束后，谈判小组应当按照少数服从多数的原则投票推荐3家以上供应商的设计方案或者解决方案，并要求其在规定时间内提交最后报价。

第三十六条 询价通知书应当根据采购需求确定政府采购合同条款。在询价过程中，询价小组不得改变询价通知书所确定的政府采购合同条款。

第三十七条 政府采购法第三十八条第五项、第四十条第四项所称质量和服务相等，是指供应商提供的产品质量和服务均能满足采购文件规定的实质性要求。

第三十八条 达到公开招标数额标准，符合政府采购法第三十一条第一项规定情形，只能从唯一供应商处采购的，采购人应当将采购项目信息和唯一供应商名称在省级以上人民政府财政部门指定的媒体上公示，公示期不得少于5个工作日。

第三十九条 除国务院财政部门规定的情形外，采购人或者采购代理机构应当从政府采购评审专家库中随机抽取评审专家。

第四十条 政府采购评审专家应当遵守评审工作纪律，不得泄露评审文件、评审情况和评审中获悉的商业秘密。

评标委员会、竞争性谈判小组或者询价小组在评审过程中发现供应商有行贿、提供虚假材料或者串通等违法行为的，应当及时向财政部门报告。

政府采购评审专家在评审过程中受到非法干预的，应当及时向财政、监察等部门举报。

第四十一条 评标委员会、竞争性谈判小组或者询价小组成员应当按照客观、公正、审慎的原则，根据采购文件规定的评审程序、评审方法和评审标准进行独立评审。采购文件内容违反国家有关强制性规定的，评标委员会、竞争性谈判小组或者询价小组应当停止评审并向采购人或者采购代理机构说明情况。

评标委员会、竞争性谈判小组或者询价小组成员应当在评审报告上签字，对自己的评审意见承担法律责任。对评审报告有异议的，应当在评审报告上签署不同意见，并说明理由，否则视为同意评审报告。

第四十二条 采购人、采购代理机构不得向评标委员会、竞争性谈判小组或者询价小组的评审专家作倾向性、误导性的解释或者说明。

第四十三条 采购代理机构应当自评审结束之日起 2 个工作日内将评审报告送交采购人。采购人应当自收到评审报告之日起 5 个工作日内在评审报告推荐的中标或者成交候选人中按顺序确定中标或者成交供应商。

采购人或者采购代理机构应当自中标、成交供应商确定之日起 2 个工作日内，发出中标、成交通知书，并在省级以上人民政府财政部门指定的媒体上公告中标、成交结果，招标文件、竞争性谈判文件、询价通知书随中标、成交结果同时公告。

中标、成交结果公告内容应当包括采购人和采购代理机构的名称、地址、联系方式，项目名称和项目编号，中标或者成交供应商名称、地址和中标或者成交金额，主要中标或者成交标的的名称、规格型号、数量、单价、服务要求以及评审专家名单。

第四十四条 除国务院财政部门规定的情形外，采购人、采购代理机构不得以任何理由组织重新评审。采购人、采购代理机构按照国务院财政部门的规定组织重新评审的，应当书面报告本级人民政府财政部门。

采购人或者采购代理机构不得通过对样品进行检测、对供应商进行考察等方式改变评审结果。

第四十五条 采购人或者采购代理机构应当按照政府采购合同规定的技术、服务、安全标准组织对供应商履约情况进行验收，并出具验收书。验收书应当包括每一项技术、服务、安全标准的履约情况。

政府向社会公众提供的公共服务项目，验收时应当邀请服务对象参与并出具意见，验收结果应当向社会公告。

第四十六条 政府采购法第四十二条规定的采购文件，可以用电子档案方式保存。

第五章 政府采购合同

第四十七条 国务院财政部门应当会同国务院有关部门制定政府采购合同标准文本。

第四十八条 采购文件要求中标或者成交供应商提交履约保证金的，供应商应当以支票、汇票、本票或者金融机构、担保机构出具的保函等非现金形式提交。履约保证金的数额不得超过政府采购合同金额的10%。

第四十九条 中标或者成交供应商拒绝与采购人签订合同的，采购人可以按照评审报告推荐的中标或者成交候选人名单排序，确定下一候选人为中标或者成交供应商，也可以重新开展政府采购活动。

第五十条 采购人应当自政府采购合同签订之日起2个工作日内，将政府采购合同在省级以上人民政府财政部门指定的媒体上公告，但政府采购合同中涉及国家秘密、商业秘密的内容除外。

第五十一条 采购人应当按照政府采购合同规定，及时向中标或者成交供应商支付采购资金。

政府采购项目资金支付程序，按照国家有关财政资金支付管理的规定执行。

第六章 质疑与投诉

第五十二条 采购人或者采购代理机构应当在3个工作日内对供应商依法提出的询问作出答复。

供应商提出的询问或者质疑超出采购人对采购代理机构委托授权范围的，采购代理机构应当告知供应商向采购人提出。

政府采购评审专家应当配合采购人或者采购代理机构答复供应商的询问和质疑。

第五十三条 政府采购法第五十二条规定的供应商应知其权益受到损害之日，是指：

（一）对可以质疑的采购文件提出质疑的，为收到采购文件之日或者采购文件公告期限届满之日；

（二）对采购过程提出质疑的，为各采购程序环节结束之日；

（三）对中标或者成交结果提出质疑的，为中标或者成交结果公告期限届满之日。

第五十四条 询问或者质疑事项可能影响中标、成交结果的，采购人应当暂停签订合同，已经签订合同的，应当中止履行合同。

第五十五条 供应商质疑、投诉应当有明确的请求和必要的证明材料。供应商投诉的事项不得超出已质疑事项的范围。

第五十六条 财政部门处理投诉事项采用书面审查的方式，必要时可以进行调查取证或者组织质证。

对财政部门依法进行的调查取证，投诉人和与投诉事项有关的当事人应当如实反映情况，并提供相关材料。

第五十七条 投诉人捏造事实、提供虚假材料或者以非法手段取得证明材料进行投诉的，财政部门应当予以驳回。

财政部门受理投诉后，投诉人书面申请撤回投诉的，财政部门应当终止投诉处理程序。

第五十八条 财政部门处理投诉事项，需要检验、检测、鉴定、专家评审以及需要投诉人补正材料的，所需时间不计算在投诉处理期限内。

财政部门对投诉事项作出的处理决定，应当在省级以上人民政府财政部门指定的媒体上公告。

第七章 监督检查

第五十九条 政府采购法第六十三条所称政府采购项目的采购标准，是指项目采购所依据的经费预算标准、资产配置标准和技术、服务标准等。

第六十条 除政府采购法第六十六条规定的考核事项外，财政部门对集中采购机构的考核事项还包括：

（一）政府采购政策的执行情况；

（二）采购文件编制水平；

（三）采购方式和采购程序的执行情况；

（四）询问、质疑答复情况；

（五）内部监督管理制度建设及执行情况；

（六）省级以上人民政府财政部门规定的其他事项。

财政部门应当制订考核计划，定期对集中采购机构进行考核，考核结果有重要情况的，应当向本级人民政府报告。

第六十一条　采购人发现采购代理机构有违法行为的，应当要求其改正。采购代理机构拒不改正的，采购人应当向本级人民政府财政部门报告，财政部门应当依法处理。

采购代理机构发现采购人的采购需求存在以不合理条件对供应商实行差别待遇、歧视待遇或者其他不符合法律、法规和政府采购政策规定内容，或者发现采购人有其他违法行为的，应当建议其改正。采购人拒不改正的，采购代理机构应当向采购人的本级人民政府财政部门报告，财政部门应当依法处理。

第六十二条　省级以上人民政府财政部门应当对政府采购评审专家库实行动态管理，具体管理办法由国务院财政部门制定。

采购人或者采购代理机构应当对评审专家在政府采购活动中的职责履行情况予以记录，并及时向财政部门报告。

第六十三条　各级人民政府财政部门和其他有关部门应当加强对参加政府采购活动的供应商、采购代理机构、评审专家的监督管理，对其不良行为予以记录，并纳入统一的信用信息平台。

第六十四条　各级人民政府财政部门对政府采购活动进行监督检查，有权查阅、复制有关文件、资料，相关单位和人员应当予以配合。

第六十五条　审计机关、监察机关以及其他有关部门依法对政府采购活动实施监督，发现采购当事人有违法行为的，应当及时通报财政部门。

第八章　法律责任

第六十六条　政府采购法第七十一条规定的罚款，数额为10万元以下。

政府采购法第七十二条规定的罚款，数额为5万元以上25万元以下。

第六十七条　采购人有下列情形之一的，由财政部门责令限期改正，给予警告，对直接负责的主管人员和其他直接责任人员依法给予处分，并予以通报：

（一）未按照规定编制政府采购实施计划或者未按照规定将政府采购实施计划报本级人民政府财政部门备案；

（二）将应当进行公开招标的项目化整为零或者以其他任何方式规避公开招标；

（三）未按照规定在评标委员会、竞争性谈判小组或者询价小组推荐的中标或者成交候选人中确定中标或者成交供应商；

（四）未按照采购文件确定的事项签订政府采购合同；

（五）政府采购合同履行中追加与合同标的相同的货物、工程或者服务的采购金额超过原合同采购金额10%；

（六）擅自变更、中止或者终止政府采购合同；

（七）未按照规定公告政府采购合同；

（八）未按照规定时间将政府采购合同副本报本级人民政府财政部门和有关部门备案。

第六十八条　采购人、采购代理机构有下列情形之一的，依照政府采购法第七十一条、

第七十八条的规定追究法律责任：

（一）未依照政府采购法和本条例规定的方式实施采购；

（二）未依法在指定的媒体上发布政府采购项目信息；

（三）未按照规定执行政府采购政策；

（四）违反本条例第十五条的规定导致无法组织对供应商履约情况进行验收或者国家财产遭受损失；

（五）未依法从政府采购评审专家库中抽取评审专家；

（六）非法干预采购评审活动；

（七）采用综合评分法时评审标准中的分值设置未与评审因素的量化指标相对应；

（八）对供应商的询问、质疑逾期未作处理；

（九）通过对样品进行检测、对供应商进行考察等方式改变评审结果；

（十）未按照规定组织对供应商履约情况进行验收。

第六十九条　集中采购机构有下列情形之一的，由财政部门责令限期改正，给予警告，有违法所得的，并处没收违法所得，对直接负责的主管人员和其他直接责任人员依法给予处分，并予以通报：

（一）内部监督管理制度不健全，对依法应当分设、分离的岗位、人员未分设、分离；

（二）将集中采购项目委托其他采购代理机构采购；

（三）从事营利活动。

第七十条　采购人员与供应商有利害关系而不依法回避的，由财政部门给予警告，并处2000元以上2万元以下的罚款。

第七十一条　有政府采购法第七十一条、第七十二条规定的违法行为之一，影响或者可能影响中标、成交结果的，依照下列规定处理：

（一）未确定中标或者成交供应商的，终止本次政府采购活动，重新开展政府采购活动。

（二）已确定中标或者成交供应商但尚未签订政府采购合同的，中标或者成交结果无效，从合格的中标或者成交候选人中另行确定中标或者成交供应商；没有合格的中标或者成交候选人的，重新开展政府采购活动。

（三）政府采购合同已签订但尚未履行的，撤销合同，从合格的中标或者成交候选人中另行确定中标或者成交供应商；没有合格的中标或者成交候选人的，重新开展政府采购活动。

（四）政府采购合同已经履行，给采购人、供应商造成损失的，由责任人承担赔偿责任。

政府采购当事人有其他违反政府采购法或者本条例规定的行为，经改正后仍然影响或者可能影响中标、成交结果或者依法被认定为中标、成交无效的，依照前款规定处理。

第七十二条　供应商有下列情形之一的，依照政府采购法第七十七条第一款的规定追究法律责任：

（一）向评标委员会、竞争性谈判小组或者询价小组成员行贿或者提供其他不正当利益；

（二）中标或者成交后无正当理由拒不与采购人签订政府采购合同；

（三）未按照采购文件确定的事项签订政府采购合同；

（四）将政府采购合同转包；

（五）提供假冒伪劣产品；

（六）擅自变更、中止或者终止政府采购合同。

供应商有前款第一项规定情形的，中标、成交无效。评审阶段资格发生变化，供应商未依照本条例第二十一条的规定通知采购人和采购代理机构的，处以采购金额5‰的罚款，列入不良行为记录名单，中标、成交无效。

第七十三条 供应商捏造事实、提供虚假材料或者以非法手段取得证明材料进行投诉的，由财政部门列入不良行为记录名单，禁止其1至3年内参加政府采购活动。

第七十四条 有下列情形之一的，属于恶意串通，对供应商依照政府采购法第七十七条第一款的规定追究法律责任，对采购人、采购代理机构及其工作人员依照政府采购法第七十二条的规定追究法律责任：

（一）供应商直接或者间接从采购人或者采购代理机构处获得其他供应商的相关情况并修改其投标文件或者响应文件；

（二）供应商按照采购人或者采购代理机构的授意撤换、修改投标文件或者响应文件；

（三）供应商之间协商报价、技术方案等投标文件或者响应文件的实质性内容；

（四）属于同一集团、协会、商会等组织成员的供应商按照该组织要求协同参加政府采购活动；

（五）供应商之间事先约定由某一特定供应商中标、成交；

（六）供应商之间商定部分供应商放弃参加政府采购活动或者放弃中标、成交；

（七）供应商与采购人或者采购代理机构之间、供应商相互之间，为谋求特定供应商中标、成交或者排斥其他供应商的其他串通行为。

第七十五条 政府采购评审专家未按照采购文件规定的评审程序、评审方法和评审标准进行独立评审或者泄露评审文件、评审情况的，由财政部门给予警告，并处2000元以上2万元以下的罚款；影响中标、成交结果的，处2万元以上5万元以下的罚款，禁止其参加政府采购评审活动。

政府采购评审专家与供应商存在利害关系未回避的，处2万元以上5万元以下的罚款，禁止其参加政府采购评审活动。

政府采购评审专家收受采购人、采购代理机构、供应商贿赂或者获取其他不正当利益，构成犯罪的，依法追究刑事责任；尚不构成犯罪的，处2万元以上5万元以下的罚款，禁止其参加政府采购评审活动。

政府采购评审专家有上述违法行为的，其评审意见无效，不得获取评审费；有违法所得的，没收违法所得；给他人造成损失的，依法承担民事责任。

第七十六条 政府采购当事人违反政府采购法和本条例规定，给他人造成损失的，依法承担民事责任。

第七十七条 财政部门在履行政府采购监督管理职责中违反政府采购法和本条例规定，滥用职权、玩忽职守、徇私舞弊的，对直接负责的主管人员和其他直接责任人员依法给予处分；直接负责的主管人员和其他直接责任人员构成犯罪的，依法追究刑事责任。

第九章 附 则

第七十八条 财政管理实行省直接管理的县级人民政府可以根据需要并报经省级人民政府批准，行使政府采购法和本条例规定的设区的市级人民政府批准变更采购方式的职权。

第七十九条 本条例自2015年3月1日起施行。

国务院关于加快发展服务贸易的若干意见

（国发〔2015〕8号　2015年1月28日）

各省、自治区、直辖市人民政府，国务院各部委、各直属机构：

近年来，我国服务贸易发展较快，但总体上国际竞争力相对不足，仍是对外贸易“短板”。大力发展服务贸易，是扩大开放、拓展发展空间的重要着力点，有利于稳定和增加就业、调整经济结构、提高发展质量效率、培育新的增长点。为适应经济新常态，加快发展服务贸易，现提出以下意见：

一、总体要求

（一）指导思想。深入贯彻党的十八大和十八届二中、三中、四中全会精神，以深化改革、扩大开放、鼓励创新为动力，着力构建公平竞争的市场环境，促进服务领域相互投资，完善服务贸易政策支持体系，加快服务贸易自由化和便利化，推动扩大服务贸易规模，优化服务贸易结构，增强服务出口能力，培育“中国服务”的国际竞争力。

（二）基本原则。

深化改革，扩大开放。深化服务业改革，放宽服务领域投资准入，减少行政审批事项，打破地区封锁和行业垄断，破除制约服务业发展的体制机制障碍；坚持有序推进服务业开放，以开放促改革、促发展、促创新。

市场竞争，政府引导。发挥市场在服务贸易领域资源配置中的决定性作用，着力激发各类市场主体发展新活力；强化政府在制度建设、宏观指导、营造环境、政策支持等方面的职责，更好发挥政府引导作用。

产业支撑，创新发展。注重产业与贸易、货物贸易与服务贸易协调发展。依托制造业优势发展服务贸易，带动中国服务“走出去”；发挥服务贸易的支撑作用，提升货物贸易附加值。夯实服务贸易发展基础，增强服务业的国际竞争力。

（三）发展目标。服务业开放水平进一步提高，服务业利用外资和对外投资范围逐步扩大、质量和水平逐步提升。服务贸易规模日益扩大，到2020年，服务进出口额超过1万亿美元，服务贸易占对外贸易的比重进一步提升，服务贸易的全球占比逐年提高。服务贸易结构日趋优化，新兴服务领域占比逐年提高，国际市场布局逐步均衡，“一带一路”沿线国家在我国服务出口中的占比稳步提升。

二、主要任务

（四）扩大服务贸易规模。巩固旅游、建筑等劳动密集型服务出口领域的规模优势；重点培育运输、通信、金融、保险、计算机和信息服务、咨询、研发设计、节能环保、环境服务等资本技术密集型服务领域发展，既通过扩大进口满足国内需求，又通过鼓励出口培育产业竞争力和外贸竞争新优势；积极推动文化艺术、广播影视、新闻出版、教育等承载中华文化核心价值的文化服务出口，大力促进文化创意、数字出版、动漫游戏等新型文化服务出口，加强中医药、体育、餐饮等特色服务领域的国际交流合作，提升中华文化软实力和影响力。

（五）优化服务贸易结构。优化服务贸易行业结构，积极开拓服务贸易新领域，稳步提升资本技术密集型服务和特色服务等高附加值服务在服务进出口中的占比。优化国际市场布局，继续巩固传统市场，在挖掘服务出口潜力的同时，加大资本技术密集型服务进口力度；大力开拓"一带一路"沿线国家市场，提高新兴国家市场占比，积极发展运输、建筑等服务贸易，培育具有丝绸之路特色的国际精品旅游线路和产品，推进承载中华文化的特色服务贸易发展，提高资本技术密集型服务贸易占比。优化国内区域布局，巩固东部沿海地区的规模和创新优势，加快发展资本技术密集型服务贸易，发挥中西部地区的资源优势，培育特色产业，鼓励错位竞争、协同发展。

（六）规划建设服务贸易功能区。充分发挥现代服务业和服务贸易集聚作用，在有条件的地区开展服务贸易创新发展试点。依托现有各类开发区和自由贸易试验区规划建设一批特色服务出口基地。拓展海关特殊监管区域和保税监管场所的服务出口功能，扩充国际转口贸易、国际物流、中转服务、研发、国际结算、分销、仓储等功能。

（七）创新服务贸易发展模式。积极探索信息化背景下新的服务贸易发展模式，依托大数据、物联网、移动互联网、云计算等新技术推动服务贸易模式创新，打造服务贸易新型网络平台，促进制造业与服务业、各服务行业之间的融合发展。将承接服务外包作为提升我国服务水平和国际影响力的重要手段，扩大服务外包产业规模，增加高技术含量、高附加值外包业务比重，拓展服务外包业务领域，提升服务跨境交付能力。推动离岸、在岸服务外包协调发展，在积极承接国际服务外包的同时，逐步扩大在岸市场规模。

（八）培育服务贸易市场主体。打造一批主业突出、竞争力强的大型跨国服务业企业，培育若干具有较强国际影响力的服务品牌；支持有特色、善创新的中小企业发展，引导中小企业融入全球供应链。鼓励规模以上服务业企业走国际化发展道路，积极开拓海外市场，力争规模以上服务业企业都有进出口实绩。支持服务贸易企业加强自主创新能力建设，鼓励服务领域技术引进和消化吸收再创新。

（九）进一步扩大服务业开放。探索对外商投资实行准入前国民待遇加负面清单的管理模式，提高利用外资的质量和水平。推动服务业扩大开放，推进金融、教育、文化、医疗等服务业领域有序开放，逐步实现高水平对内对外开放；放开育幼养老、建筑设计、会计审计、商贸物流、电子商务等服务业领域外资准入限制。积极参与多边、区域服务贸易谈判和全球服务贸易规则制定。建立面向全球的高标准自由贸易区网络，依托自由贸易区战略实施，积极推动服务业双向互惠开放。基本实现内地与港澳服务贸易自由化。推动大陆与台湾服务业互利开放。

（十）大力推动服务业对外投资。支持各类服务业企业通过新设、并购、合作等方式，在境外开展投资合作，加快建设境外营销网络，增加在境外的商业存在。支持服务业企业参与投资、建设和管理境外经贸合作区。鼓励企业建设境外保税仓，积极构建跨境产业链，带动国内劳务输出和货物、服务、技术出口。支持知识产权境外登记注册，加强知识产权海外布局，加大海外维权力度，维护企业权益。

三、政策措施

（十一）加强规划引导。发挥规划的引领作用，定期编制服务贸易发展规划。指导地方做好规划工作，确立主导行业和发展重点，扶持特色优势行业发展。加强对重点领域的支持引导，制订重点服务出口领域指导目录。建立不同层级的重点企业联系制度。

（十二）完善财税政策。充分利用外经贸发展专项资金等政策，加大对服务贸易发展的支持力度，进一步优化资金安排结构，突出政策支持重点，完善和创新支持方式，引导更多社会资金加大对服务贸易发展的支持力度，拓宽融资渠道，改善公共服务。结合全面实施“营改增”改革，对服务出口实行零税率或免税，鼓励扩大服务出口。

（十三）创新金融服务。加强金融服务体系建设，鼓励金融机构在风险可控的前提下创新金融产品和服务，开展供应链融资、海外并购融资、应收账款质押贷款、仓单质押贷款、融资租赁等业务。鼓励政策性金融机构在现有业务范围内加大对服务贸易企业开拓国际市场、开展国际并购等业务的支持力度，支持服务贸易重点项目建设。鼓励保险机构创新保险品种和保险业务，探索研究推出更多、更便捷的外贸汇率避险险种，在风险可控的前提下采取灵活承保政策，简化投保手续。引导服务贸易企业积极运用金融、保险等多种政策工具开拓国际市场，拓展融资渠道。推动小微企业融资担保体系建设，积极推进小微企业综合信息共享。加大多层次资本市场对服务贸易企业的支持力度，支持符合条件的服务贸易企业在交易所市场上市、在全国中小企业股份转让系统挂牌、发行公司债和中小企业私募债等。

（十四）提高便利化水平。建立和完善与服务贸易特点相适应的口岸通关管理模式。探索对会展、拍卖、快递等服务企业所需通关的国际展品、艺术品、电子商务快件等特殊物品的监管模式创新，完善跨境电子商务通关服务。加强金融基础设施建设，便利跨境人民币结算，鼓励境内银行机构和支付机构扩大跨境支付服务范围，支持服务贸易企业采用出口收入存放境外等方式提高外汇资金使用效率。加强人员流动、资格互认、标准化等方面的国际磋商与合作，为专业人才和专业服务“引进来”和“走出去”提供便利。为外籍高端人才办理在华永久居留提供便利。

（十五）打造促进平台。支持商协会和促进机构开展多种形式的服务贸易促进活动，通过政府购买服务的形式整体宣传“中国服务”，提升服务贸易品牌和企业形象。支持企业赴境外参加服务贸易重点展会。积极培育服务贸易交流合作平台，形成以中国（北京）国际服务贸易交易会为龙头、以各类专业性展会论坛为支撑的服务贸易会展格局，鼓励其他投资贸易类展会增设服务贸易展区。积极与主要服务贸易合作伙伴和“一带一路”沿线国家签订服务贸易合作协议，在双边框架下开展务实合作。

四、保障体系

（十六）健全法规体系。加快推进相关服务行业基础性法律制修订工作，逐步建立和完善服务贸易各领域法律法规体系，规范服务贸易市场准入和经营秩序。研究制定或完善有关服务进出口的相关法规。鼓励有条件的地方出台服务贸易地方性法规。建立与国际接轨的服务业标准化体系。

（十七）建立协调机制。建立国务院服务贸易发展协调机制，加强对服务贸易工作的宏观指导，统筹服务业对外开放、协调各部门服务出口政策、推进服务贸易便利化和自由化。各地要将大力发展服务贸易作为稳定外贸增长和培育外贸竞争新优势的重要工作内容，纳入政府考核评价指标体系，完善考核机制。

（十八）完善统计工作。建立和完善国际服务贸易统计监测、运行和分析体系，健全服务贸易统计指标体系，加强与国际组织、行业协会的数据信息交流，定期发布服务贸易统计数据。创新服务贸易统计方法，加强对地方服务贸易统计工作的指导，开展重点企业数据直报工作。

（十九）强化人才培养。大力培养服务贸易人才，加快形成政府部门、科研院所、高校、企业联合培养人才的机制。加大对核心人才、重点领域专门人才、高技能人才和国际化人才的培养、扶持和引进力度。鼓励高等学校国际经济与贸易专业增设服务贸易相关课程。鼓励各类市场主体加大人才培训力度，开展服务贸易经营管理和营销服务人员培训，建设一支高素质的专业人才队伍。

（二十）优化发展环境。积极营造全社会重视服务业和服务贸易发展的良好氛围。清理和规范服务贸易相关法律法规和部门规章，统一内外资法律法规，培育各类市场主体依法平等进入、公平竞争的营商环境。推动行业协会、商会建立健全行业经营自律规范、自律公约和职业道德准则，规范会员行为，推进行业诚信建设，自觉维护市场秩序。

五、组织领导

（二十一）各地区、各有关部门要从全局和战略的高度，充分认识大力发展服务贸易的重要意义，根据本地区、本部门、本行业实际情况，制订出台行动计划和配套支持政策。各地区要建立工作机制，结合本地实际，积极培育服务贸易特色优势产业。各有关部门要密切协作，形成合力，促进产业政策、贸易政策、投资政策的良性互动，积极营造大力发展服务贸易的政策环境。

附件：重点任务分工及进度安排表

附件：

重点任务分工及进度安排表

序号	工作任务	负责部门	时间进度
1	在有条件的地区开展国际服务贸易创新发展试点。依托现有各类开发区和自由贸易试验区规划建设一批特色服务出口基地	商务部牵头，发展改革委、财政部、海关总署、质检总局参加	2015年上半年启动
2	拓展海关特殊监管区域和保税监管场所的服务出口功能，扩充国际转口贸易、国际物流、中转服务、研发、国际结算、分销、仓储等功能	海关总署牵头，发展改革委、财政部、商务部、人民银行、税务总局、质检总局等参加	持续实施
3	探索对外商投资实行准入前国民待遇加负面清单的管理模式	发展改革委、商务部牵头，相关部门参加	2015年3月实施
4	积极参与多边、区域服务贸易谈判和全球服务贸易规则制定。建立面向全球的高标准自由贸易区网络，依托自由贸易区战略实施，积极推动服务业双向互惠开放。基本实现内地与港澳服务贸易自由化。推动大陆与台湾服务业互利开放	商务部牵头，发展改革委、港澳办、台办参加	持续实施
5	支持各类服务业企业通过新设、并购、合作等方式，在境外开展投资合作，加快建设境外营销网络，增加在境外的商业存在	发展改革委、商务部牵头	持续实施
6	支持服务业企业参与投资、建设和管理境外经贸合作区。鼓励企业建设境外保税仓，积极构建跨境产业链，带动国内劳务输出和货物、服务、技术出口	商务部牵头，发展改革委、财政部、海关总署、贸促会参加	持续实施
7	支持知识产权境外登记注册，加强知识产权海外布局，加大海外维权力度，维护企业权益	知识产权局、商务部牵头	持续实施

续 表

序号	工作任务	负责部门	时间进度
8	发挥规划的引领作用，定期编制服务贸易发展规划。指导地方做好规划工作，确立主导行业和发展重点，扶持特色优势行业发展	商务部	持续实施
9	加强对重点领域的支持引导，制订重点服务出口领域指导目录	商务部	2015 年上半年实施
10	充分利用外经贸发展专项资金等政策，加大对服务贸易发展的支持力度，进一步优化资金安排结构，突出政策支持重点，完善和创新支持方式，引导更多社会资金加大对服务贸易发展的支持力度，拓宽融资渠道，改善公共服务	财政部、商务部	持续实施
11	结合全面实施“营改增”改革，对服务出口实行零税率或免税，鼓励扩大服务出口	财政部、税务总局牵头，商务部参加	持续实施
12	鼓励金融机构在风险可控的前提下创新金融产品和服务，开展供应链融资、海外并购融资、应收账款质押贷款、仓单质押贷款、融资租赁等业务	银监会牵头，人民银行、商务部参加	持续实施
13	鼓励政策性金融机构在现有业务范围内加大对服务贸易企业开拓国际市场、开展国际并购等业务的支持力度，支持服务贸易重点项目建设	银监会牵头，人民银行、商务部参加	持续实施
14	鼓励保险机构创新保险品种和保险业务，探索研究推出更多、更便捷的外贸汇率避险险种，在风险可控的前提下采取灵活承保政策，简化投保手续	保监会	持续实施
15	加大多层次资本市场对服务贸易企业的支持力度，支持符合条件的服务贸易企业在交易所市场上市、在全国中小企业股份转让系统挂牌、发行公司债和中小企业私募债等	证监会、发展改革委	持续实施

续　表

序号	工作任务	负责部门	时间进度
16	建立和完善与服务贸易特点相适应的口岸通关管理模式。探索对会展、拍卖、快递等服务企业所需通关的国际展品、艺术品、电子商务快件等特殊物品的监管模式创新，完善跨境电子商务通关服务	海关总署牵头，财政部、商务部、税务总局、质检总局、邮政局参加	持续实施
17	加强金融基础设施建设，便利跨境人民币结算，鼓励境内银行机构和支付机构扩大跨境支付服务范围，支持服务贸易企业采用出口收入存放境外等方式提高外汇资金使用效率	人民银行、外汇局	持续实施
18	加强人员流动、资格互认、标准化等方面的国际磋商与合作，为专业人才和专业服务“引进来”和“走出去”提供便利	商务部牵头，人力资源社会保障部、质检总局参加	持续实施
19	为外籍高端人才办理在华永久居留提供便利	公安部	持续实施
20	支持企业赴境外参加服务贸易重点展会。积极培育服务贸易交流合作平台，形成以中国（北京）国际服务贸易交易会为龙头、以各类专业性展会论坛为支撑的服务贸易会展格局，鼓励其他投资贸易类展会增设服务贸易展区	商务部牵头，贸促会参加	持续实施
21	积极与主要服务贸易合作伙伴和“一带一路”沿线国家签订服务贸易合作协议，在双边框架下开展务实合作	商务部	持续实施
22	研究制定或完善有关服务进出口的相关法规	商务部牵头，相关部门参加	持续实施

续 表

序号	工作任务	负责部门	时间进度
23	建立国务院服务贸易发展协调机制，加强对服务贸易工作的宏观指导，统筹服务业对外开放、协调各部门服务出口政策、推进服务贸易便利化和自由化	商务部	2015年上半年启动
24	建立和完善国际服务贸易统计监测、运行和分析体系，健全服务贸易统计指标体系，加强与国际组织、行业协会的数据信息交流，定期发布服务贸易统计数据。创新服务贸易统计方法，加强对地方服务贸易统计工作的指导，开展重点企业数据直报工作	商务部牵头，统计局、外汇局、贸促会参加	持续实施
25	鼓励高等学校国际经济与贸易专业增设服务贸易相关课程	教育部	持续实施

国务院关于大力发展电子商务加快培育经济新动力的意见

（国务院国发〔2015〕24号　2015年5月4日）

各省、自治区、直辖市人民政府，国务院各部委、各直属机构：

近年来我国电子商务发展迅猛，不仅创造了新的消费需求，引发了新的投资热潮，开辟了就业增收新渠道，为大众创业、万众创新提供了新空间，而且电子商务正加速与制造业融合，推动服务业转型升级，催生新兴业态，成为提供公共产品、公共服务的新力量，成为经济发展新的原动力。与此同时，电子商务发展面临管理方式不适应、诚信体系不健全、市场秩序不规范等问题，亟须采取措施予以解决。当前，我国已进入全面建成小康社会的决定性阶段，为减少束缚电子商务发展的机制体制障碍，进一步发挥电子商务在培育经济新动力，打造“双引擎”、实现“双目标”等方面的重要作用，现提出以下意见：

一、指导思想、基本原则和主要目标

（一）指导思想。全面贯彻党的十八大和十八届二中、三中、四中全会精神，按照党中央、国务院决策部署，坚持依靠改革推动科学发展，主动适应和引领经济发展新常态，着力解决电子商务发展中的深层次矛盾和重大问题，大力推进政策创新、管理创新和服务创新，加快建立开放、规范、诚信、安全的电子商务发展环境，进一步激发电子商务创新动力、创造潜力、创业活力，加速推动经济结构战略性调整，实现经济提质增效升级。

（二）基本原则。一是积极推动。主动作为、支持发展。积极协调解决电子商务发展中的各种矛盾与问题。在政府资源开放、网络安全保障、投融资支持、基础设施和诚信体系建设等方面加大服务力度。推进电子商务企业税费合理化，减轻企业负担。进一步释放电子商务发展潜力，提升电子商务创新发展水平。二是逐步规范。简政放权、放管结合。法无禁止的市场主体即可为，法未授权的政府部门不能为，最大限度减少对电子商务市场的行政干预。在放宽市场准入的同时，要在发展中逐步规范市场秩序，营造公平竞争的创业发展环境，进一步激发社会创业活力，拓宽电子商务创新发展领域。三是加强引导。把握趋势、因势利导。加强对电子商务发展中前瞻性、苗头性、倾向性问题的研究，及时在商业模式创新、关键技术研发、国际市场开拓等方面加大对企业的支持引导力度，引领电子商务向打造“双引擎”、实现“双目标”发展，进一步增强企业的创新动力，加速电子商务创新发展步伐。

（三）主要目标。到2020年，统一开放、竞争有序、诚信守法、安全可靠的电子商务大市场基本建成。电子商务与其他产业深度融合，成为促进创业、稳定就业、改善民生服务的重要平台，对工业化、信息化、城镇化、农业现代化同步发展起到关键性作用。

二、营造宽松发展环境

（四）降低准入门槛。全面清理电子商务领域现有前置审批事项，无法律法规依据的一律取消，严禁违法设定行政许可、增加行政许可条件和程序。（国务院审改办，有关部门按职责分工分别负责）进一步简化注册资本登记，深入推进电子商务领域由“先证后照”改为“先照后证”改革。（工商总局、中央编办）落实《注册资本登记制度改革方案》，放宽电子商务市场主体住所（经营场所）登记条件，完善相关管理措施。（省级人民政府）推进对快递企业设立非法人快递末端网点实施备案制管理。（邮政局）简化境内电子商务企业海外上市审批流程，鼓励电子商务领域的跨境人民币直接投资。（发展改革委、商务部、外汇局、证监会、人民银行）放开外商投资电子商务业务的外方持股比例限制。（工业和信息化部、发展改革委、商务部）探索建立能源、铁路、公共事业等行业电子商务服务的市场化机制。（有关部门按职责分工分别负责）

（五）合理降税减负。从事电子商务活动的企业，经认定为高新技术企业的，依法享受高新技术企业相关优惠政策，小微企业依法享受税收优惠政策。（科技部、财政部、税务总局）加快推进“营改增”，逐步将旅游电子商务、生活服务类电子商务等相关行业纳入“营改增”范围。（财政部、税务总局）

（六）加大金融服务支持。建立健全适应电子商务发展的多元化、多渠道投融资机制。（有关部门按职责分工分别负责）研究鼓励符合条件的互联网企业在境内上市等相关政策。（证监会）支持商业银行、担保存货管理机构及电子商务企业开展无形资产、动产质押等多种形式的融资服务。鼓励商业银行、商业保理机构、电子商务企业开展供应链金融、商业保理服务，进一步拓展电子商务企业融资渠道。（人民银行、商务部）引导和推动创业投资基金，加大对电子商务初创企业的支持。（发展改革委）

（七）维护公平竞争。规范电子商务市场竞争行为，促进建立开放、公平、健康的电子商务市场竞争秩序。研究制定电子商务产品质量监督管理办法，探索建立风险监测、网上抽查、源头追溯、属地查处的电子商务产品质量监督机制，完善部门间、区域间监管信息共享和职能衔接机制。依法打击网络虚假宣传、生产销售假冒伪劣产品、违反国家出口管制法规政策跨境销售两用品和技术、不正当竞争等违法行为，组织开展电子商务产品质量提升行动，促进合法、诚信经营。（工商总局、质检总局、公安部、商务部按职责分工分别负责）重点查处达成垄断协议和滥用市场支配地位的问题，通过经营者集中反垄断审查，防止排除、限制市场竞争的行为。（发展改革委、工商总局、商务部）加强电子商务领域知识产权保护，研究进一步加大网络商业方法领域发明专利保护力度。（工业和信息化部、商务部、海关总署、工商总局、新闻出版广电总局、知识产权局等部门按职责分工分别负责）进一步加大政府利用电子商务平台进行采购的力度。（财政部）各级政府部门不得通过行政命令指定为电子商务提供公共服务的供应商，不得滥用行政权力排除、限制电子商务的竞争。（有关部门按职责分工分别负责）

三、促进就业创业

（八）鼓励电子商务领域就业创业。把发展电子商务促进就业纳入各地就业发展规划和电子商务发展整体规划。建立电子商务就业和社会保障指标统计制度。经工商登记注册的网络商户从业人员，同等享受各项就业创业扶持政策。未进行工商登记注册的网络商户从业人员，可认定为灵活就业人员，享受灵活就业人员扶持政策，其中在网络平台实名注册、稳定经营且信誉良好的网络商户创业者，可按规定享受小额担保贷款及贴息政策。支持中小微企业应用电子商务、拓展业务领域，鼓励有条件的地区建设电子商务创业园区，指导各类创业孵化基地为电子商务创业人员提供场地支持和创业孵化服务。加强电子商务企业用工服务，完善电子商务人才供求信息对接机制。（人力资源社会保障部、工业和信息化部、商务部、统计局，地方各级人民政府）

（九）加强人才培养培训。支持学校、企业及社会组织合作办学，探索实训式电子商务人才培养与培训机制。推进国家电子商务专业技术人才知识更新工程，指导各类培训机构增加电子商务技能培训项目，支持电子商务企业开展岗前培训、技能提升培训和高技能人才培训，加快培养电子商务领域的高素质专门人才和技术技能人才。参加职业培训和职业技能鉴定的人员，以及组织职工培训的电子商务企业，可按规定享受职业培训补贴和职业技能鉴定补贴政策。鼓励有条件的职业院校、社会培训机构和电子商务企业开展网络创业培训。（人力资源社会保障部、商务部、教育部、财政部）

（十）保障从业人员劳动权益。规范电子商务企业特别是网络商户劳动用工，经工商登记注册取得营业执照的，应与招用的劳动者依法签订劳动合同；未进行工商登记注册的，也可参照劳动合同法相关规定与劳动者签订民事协议，明确双方的权利、责任和义务。按规定将网络从业人员纳入各项社会保险，对未进行工商登记注册的网络商户，其从业人员可按灵活就业人员参保缴费办法参加社会保险。符合条件的就业困难人员和高校毕业生，可享受灵活就业人员社会保险补贴政策。长期雇用5人及以上的网络商户，可在工商注册地进行社会保险登记，参加企业职工的各项社会保险。满足统筹地区社会保险优惠政策条件的网络商户，可享受社会保险优惠政策。（人力资源社会保障部）

四、推动转型升级

（十一）创新服务民生方式。积极拓展信息消费新渠道，创新移动电子商务应用，支持面向城乡居民社区提供日常消费、家政服务、远程缴费、健康医疗等商业和综合服务的电子商务平台发展。加快推动传统媒体与新兴媒体深度融合，提升文化企业网络服务能力，支持文化产品电子商务平台发展，规范网络文化市场。支持教育、会展、咨询、广告、餐饮、娱乐等服务企业深化电子商务应用。（有关部门按职责分工分别负责）鼓励支持旅游景点、酒店等开展线上营销，规范发展在线旅游预订市场，推动旅游在线服务模式创新。（旅游局、工商总局）加快建立全国 12315 互联网平台，完善网上交易在线投诉及售后维权机制，研究制定 7 天无理由退货实施细则，促进网络购物消费健康快速发展。（工商总局）

（十二）推动传统商贸流通企业发展电子商务。鼓励有条件的大型零售企业开办网上商城，积极利用移动互联网、地理位置服务、大数据等信息技术提升流通效率和服务质量。支持中小零售企业与电子商务平台优势互补，加强服务资源整合，促进线上交易与线下交易融合互动。（商务部）推动各类专业市场建设网上市场，通过线上线下融合，加速向网络化市场转型，研究完善能源、化工、钢铁、林业等行业电子商务平台规范发展的相关措施。（有关部门按职责分工分别负责）制定完善互联网食品药品经营监督管理办法，规范食品、保健食品、药品、化妆品、医疗器械网络经营行为，加强互联网食品药品市场监测监管体系建设，推动医药电子商务发展。（食品药品监管总局、卫生计生委、商务部）

（十三）积极发展农村电子商务。加强互联网与农业农村融合发展，引入产业链、价值链、供应链等现代管理理念和方式，研究制定促进农村电子商务发展的意见，出台支持政策措施。（商务部、农业部）加强鲜活农产品标准体系、动植物检疫体系、安全追溯体系、质量保障与安全监管体系建设，大力发展农产品冷链基础设施。（质检总局、发展改革委、商务部、农业部、食品药品监管总局）开展电子商务进农村综合示范，推动信息进村入户，利用“万村千乡”市场网络改善农村地区电子商务服务环境。（商务部、农业部）建设地理标志产品技术标准体系和产品质量保证体系，支持利用电子商务平台宣传和销售地理标志产品，鼓励电子商务平台服务“一村一品”，促进品牌农产品走出去。鼓励农业生产资料企业发展电子商务。（农业部、质检总局、工商总局）支持林业电子商务发展，逐步建立林产品交易诚信体系、林产品和林权交易服务体系。（林业局）

（十四）创新工业生产组织方式。支持生产制造企业深化物联网、云计算、大数据、三维（3D）设计及打印等信息技术在生产制造各环节的应用，建立与客户电子商务系统对接的网络制造管理系统，提高加工订单的响应速度及柔性制造能力；面向网络消费者个性化需求，建立网络化经营管理模式，发展“以销定产”及“个性化定制”生产方式。（工业和信息化部、科技部、商务部）鼓励电子商务企业大力开展品牌经营，优化配置研发、设计、生产、物流等优势资源，满足网络消费者需求。（商务部、工商总局、质检总局）鼓励创意服务，探索建立生产性创新服务平台，面向初创企业及创意群体提供设计、测试、生产、融资、运营等创新创业服务。（工业和信息化部、科技部）

（十五）推广金融服务新工具。建设完善移动金融安全可信公共服务平台，制定相关应用服务的政策措施，推动金融机构、电信运营商、银行卡清算机构、支付机构、电子商务企业等加强合作，实现移动金融在电子商务领域的规模化应用；推广应用具有硬件数字证书、采用国家密码行政主管部门规定算法的移动智能终端，保障移动电子商务交易的安全性和真实性；制定在线支付标准规范和制度，提升电子商务在线支付的安全性，满足电子商务交易及公共服务领域金融服务需求；鼓励商业银行与电子商务企业开展多元化金融服务合作，提升电子商务服务质量和效率。（人民银行、密码局、国家标准委）

（十六）规范网络化金融服务新产品。鼓励证券、保险、公募基金等企业和机构依法进行网络化创新，完善互联网保险产品审核和信息披露制度，探索建立适应互联网证券、保险、公募基金产品销售等互联网金融活动的新型监管方式。（人民银行、证监会、保监会）规范保险业电子商务平台建设，研究制定电子商务涉及的信用保证保险的相关扶持政策，鼓励发展小微企业信贷信用保险、个人消费履约保证保险等新业务，扩大信用保险保单融资范围。完善在线旅游服务企业投保办法。（保监会、银监会、旅游局按职责分工分别负责）

五、完善物流基础设施

（十七）支持物流配送终端及智慧物流平台建设。推动跨地区跨行业的智慧物流信息平台建设，鼓励在法律规定范围内发展共同配送等物流配送组织新模式。（交通运输部、商务部、邮政局、发展改革委）支持物流（快递）配送站、智能快件箱等物流设施建设，鼓励社区物业、村级信息服务站（点）、便利店等提供快件派送服务。支持快递服务网络向农村地区延伸。（地方各级人民政府，商务部、邮政局、农业部按职责分工分别负责）推进电子商务与物流快递协同发展。（财政部、商务部、邮政局）鼓励学校、快递企业、第三方主体因地制宜加强合作，通过设置智能快件箱或快件收发室、委托校园邮政局所代为投递、建立共同配送站点等方式，促进快递进校园。（地方各级人民政府，邮政局、商务部、教育部）根据执法需求，研究推动被监管人员生活物资电子商务和智能配送。（司法部）有条件的城市应将配套建设物流（快递）配送站、智能终端设施纳入城市社区发展规划，鼓励电子商务企业和物流（快递）企业对网络购物商品包装物进行回收和循环利用。（有关部门按职责分工分别负责）

（十八）规范物流配送车辆管理。各地区要按照有关规定，推动城市配送车辆的标准化、专业化发展；制定并实施城市配送用汽车、电动三轮车等车辆管理办法，强化城市配送运力需求管理，保障配送车辆的便利通行；鼓励采用清洁能源车辆开展物流（快递）配送业务，支持充电、加气等设施建设；合理规划物流（快递）配送车辆通行路线和货物装卸搬运地点。对物流（快递）配送车辆采取通行证管理的城市，应明确管理部门、公开准入条件、引入社会监督。（地方各级人民政府）

（十九）合理布局物流仓储设施。完善仓储建设标准体系，鼓励现代化仓储设施建设，加强偏远地区仓储设施建设。（住房城乡建设部、公安部、发展改革委、商务部、林业局）各地区要在城乡规划中合理规划布局物流仓储用地，在土地利用总体规划和年度供地计划中合理安排仓储建设用地，引导社会资本进行仓储设施投资建设或再利用，严禁擅自改变物流仓储用地性质。（地方各级人民政府）鼓励物流（快递）企业发展“仓配一体化”服务。（商务部、邮政局）

六、提升对外开放水平

（二十）加强电子商务国际合作。积极发起或参与多双边或区域关于电子商务规则的谈判和交流合作，研究建立我国与国际认可组织的互认机制，依托我国认证认可制度和体系，完善电子商务企业和商品的合格评定机制，提升国际组织和机构对我国电子商务企业和商品认证结果的认可程度，力争国际电子商务规制制定的主动权和跨境电子商务发展的话语权。（商务部、质检总局）

（二十一）提升跨境电子商务通关效率。积极推进跨境电子商务通关、检验检疫、结汇、缴进口税等关键环节“单一窗口”综合服务体系建设，简化与完善跨境电子商务货物返修与退运通关流程，提高通关效率。（海关总署、财政部、税务总局、质检总局、外汇局）探索建立跨境电子商务货物负面清单、风险监测制度，完善跨境电子商务货物通关与检验检疫监管模式，建立跨境电子商务及相关物流企业诚信分类管理制度，防止疫病疫情传入、外来有害生物入侵和物种资源流失。（海关总署、质检总局按职责分工分别负责）大力支持中国（杭州）跨境电子商务综合试验区先行先试，尽快形成可复制、可推广的经验，加快在全国范围推广。（商务部、发展改革委）

（二十二）推动电子商务走出去。抓紧研究制定促进跨境电子商务发展的指导意见。（商务部、发展改革委、海关总署、工业和信息化部、财政部、人民银行、税务总局、工商总局、质检总局、外汇局）鼓励国家政策性银行在业务范围内加大对电子商务企业境外投资并购的贷款支持，研究制定针对电子商务企业境外上市的规范管理政策。（人民银行、证监会、商务部、发展改革委、工业和信息化部）简化电子商务企业境外直接投资外汇登记手续，拓宽其境外直接投资外汇登记及变更登记业务办理渠道。（外汇局）支持电子商务企业建立海外营销渠道，创立自有品牌。各驻外机构应加大对电子商务企业走出去的服务力度。进一步开放面向港澳台地区的电子商务市场，推动设立海峡两岸电子商务经济合作实验区。鼓励发展面向“一带一路”沿线国家的电子商务合作，扩大跨境电子商务综合试点，建立政府、企业、专家等各个层面的对话机制，发起和主导电子商务多边合作。（有关部门按职责分工分别负责）

七、构筑安全保障防线

（二十三）保障电子商务网络安全。电子商务企业要按照国家信息安全等级保护管理规范和技术标准相关要求，采用安全可控的信息设备和网络安全产品，建设完善网络安全防护体系、数据资源安全管理体系和网络安全应急处置体系，鼓励电子商务企业获得信息安全管理体系认证，提高自身信息安全管理水平。鼓励电子商务企业加强与网络安全专业服务机构、相关管理部门的合作，共享网络安全威胁预警信息，消除网络安全隐患，共同防范网络攻击破坏、窃取公民个人信息等违法犯罪活动。（公安部、国家认监委、工业和信息化部、密码局）

（二十四）确保电子商务交易安全。研究制定电子商务交易安全管理制度，明确电子商务交易各方的安全责任和义务。（工商总局、工业和信息化部、公安部）建立电子认证信任体系，促进电子认证机构数字证书交叉互认和数字证书应用的互联互通，推广数字证书在电子商务交易领域的应用。建立电子合同等电子交易凭证的规范管理机制，确保网络交易各方的合法权益。加强电子商务交易各方信息保护，保障电子商务消费者个人信息安全。（工业和信息化部、工商总局、密码局等有关部门按职责分工分别负责）

（二十五）预防和打击电子商务领域违法犯罪。电子商务企业要切实履行违禁品信息巡查清理、交易记录及日志留存、违法犯罪线索报告等责任和义务，加强对销售管制商品网络商户的资格审查和对异常交易、非法交易的监控，防范电子商务在线支付给违法犯罪活动提供洗钱等便利，并为打击网络违法犯罪提供技术支持。加强电子商务企业与相关管理部门的协作配合，建立跨机构合作机制，加大对制售假冒伪劣商品、网络盗窃、网络诈骗、网上非法交易等违法犯罪活动的打击力度。（公安部、工商总局、人民银行、银监会、工业和信息化部、商务部等有关部门按职责分工分别负责）

八、健全支撑体系

（二十六）健全法规标准体系。加快推进电子商务法立法进程，研究制定或适时修订相关法规，明确电子票据、电子合同、电子检验检疫报告和证书、各类电子交易凭证等的法律效力，作为处理相关业务的合法凭证。（有关部门按职责分工分别负责）制定适合电子商务特点的投诉管理制度，制定基于统一产品编码的电子商务交易产品质量信息发布规范，建立电子商务纠纷解决和产品质量担保责任机制。（工商总局、质检总局等部门按职责分工分别负责）逐步推行电子发票和电子会计档案，完善相关技术标准和规章制度。（税务总局、财政部、档案局、国家标准委）建立完善电子商务统计制度，扩大电子商务统计的覆盖面，增强统计的及时性、真实性。（统计局、商务部）统一线上线下的商品编码标志，完善电子商务标准规范体系，研究电子商务基础性关键标准，积极主导和参与制定电子商务国际标准。（国家标准委、商务部）

（二十七）加强信用体系建设。建立健全电子商务信用信息管理制度，推动电子商务企业信用信息公开。推进人口、法人、商标和产品质量等信息资源向电子商务企业和信用服务机构开放，逐步降低查询及利用成本。（工商总局、商务部、公安部、质检总局等部门按职责分工分别负责）促进电子商务信用信息与社会其他领域相关信息的交换共享，推动电子商务信用评价，建立健全电子商务领域失信行为联合惩戒机制。（发展改革委、人民银行、工商总局、质检总局、商务部）推动电子商务领域应用网络身份证，完善网店实名制，鼓励发展社会化的电子商务网站可信认证服务。（公安部、工商总局、质检总局）发展电子商务可信交易保障公共服务，完善电子商务信用服务保障制度，推动信用调查、信用评估、信用担保等第三方信用服务和产品在电子商务中的推广应用。（工商总局、质检总局）

（二十八）强化科技与教育支撑。开展电子商务基础理论、发展规律研究。加强电子商务领域云计算、大数据、物联网、智能交易等核心关键技术研究开发。实施网络定制服务、网络平台服务、网络交易服务、网络贸易服务、网络交易保障服务技术研发与应用示范工程。强化产学研结合的企业技术中心、工程技术中心、重点实验室建设。鼓励企业组建产学研协同创新联盟。探索建立电子商务学科体系，引导高等院校加强电子商务学科建设和人才培养，为电子商务发展提供更多的高层次复合型专门人才。（科技部、教育部、发展改革委、商务部）建立预防网络诈骗、保障交易安全、保护个人信息等相关知识的宣传与服务机制。（公安部、工商总局、质检总局）

（二十九）协调推动区域电子商务发展。各地区要把电子商务列入经济与社会发展规划，按照国家有关区域发展规划和对外经贸合作战略，立足城市产业发展特点和优势，引导各类电子商务业态和功能聚集，推动电子商务产业统筹协调、错位发展。推动国家电子商务示范城市、示范基地建设。（有关地方人民政府）依托国家电子商务示范城市，加快开展电子商务法规政策创新和试点示范工作，为国家制定电子商务相关法规和政策提供实践依据。加强对中西部和东北地区电子商务示范城市的支持与指导。（发展改革委、财政部、商务部、人民银行、海关总署、税务总局、工商总局、质检总局等部门按照职责分工分别负责）

各地区、各部门要认真落实本意见提出的各项任务，于2015年年底前研究出台具体政策。发展改革委、中央网信办、商务部、工业和信息化部、财政部、人力资源社会保障部、人民银行、海关总署、税务总局、工商总局、质检总局等部门要完善电子商务跨部门协调工作机制，研究重大问题，加强指导和服务。有关社会机构要充分发挥自身监督作用，推动行业自律和服务创新。相关部门、社团组织及企业要解放思想，转变观念，密切协作，开拓创新，共同推动建立规范有序、社会共治、辐射全球的电子商务大市场，促进经济平稳健康发展。

国务院办公厅关于促进跨境电子商务健康快速发展的指导意见

（国办发〔2015〕46号　2015年6月16日）

各省、自治区、直辖市人民政府，国务院各部委、各直属机构：

近年来，我国跨境电子商务快速发展，已经形成了一定的产业集群和交易规模。支持跨境电子商务发展，有利于用“互联网+外贸”实现优进优出，发挥我国制造业大国优势，扩大海外营销渠道，合理增加进口，扩大国内消费，促进企业和外贸转型升级；有利于增加就业，推进大众创业、万众创新，打造新的经济增长点；有利于加快实施共建“一带一路”等国家战略，推动开放型经济发展升级。为促进我国跨境电子商务健康快速发展，经国务院批准，现提出以下意见：

一、支持国内企业更好地利用电子商务开展对外贸易。加快建立适应跨境电子商务特点的政策体系和监管体系，提高贸易各环节便利化水平。鼓励企业间贸易尽快实现全程在线交易，不断扩大可交易商品范围。支持跨境电子商务零售出口企业加强与境外企业合作，通过规范的“海外仓”、体验店和配送网店等模式，融入境外零售体系，逐步实现经营规范化、管理专业化、物流生产集约化和监管科学化。通过跨境电子商务，合理增加消费品进口。

二、鼓励有实力的企业做大做强。培育一批影响力较大的公共平台，为更多国内外企业沟通、洽谈提供优质服务；培育一批竞争力较强的外贸综合服务企业，为跨境电子商务企业提供全面配套支持；培育一批知名度较高的自建平台，鼓励企业利用自建平台加快品牌培育，拓展营销渠道。鼓励国内企业与境外电子商务企业强强联合。

三、优化配套的海关监管措施。在总结前期试点工作基础上，进一步完善跨境电子商务进出境货物、物品管理模式，优化跨境电子商务海关进出口通关作业流程。研究跨境电子商务出口商品简化归类的可行性，完善跨境电子商务统计制度。

四、完善检验检疫监管政策措施。对跨境电子商务进出口商品实施集中申报、集中查验、集中放行等便利措施。加强跨境电子商务质量安全监管，对跨境电子商务经营主体及商品实施备案管理制度，突出经营企业质量安全主体责任，开展商品质量安全风险监管。进境商品应当符合我国法律法规和标准要求，对违反生物安全和其他相关规定的行为要依法查处。

五、明确规范进出口税收政策。继续落实现行跨境电子商务零售出口货物增值税、消费税退税或免税政策。关于跨境电子商务零售进口税收政策，由财政部按照有利于拉动国内消费、公平竞争、促进发展和加强进口税收管理的原则，会同海关总署、税务总局另行制订。

六、完善电子商务支付结算管理。稳妥推进支付机构跨境外汇支付业务试点。鼓励境内银行、支付机构依法合规开展跨境电子支付业务，满足境内外企业及个人跨境电子支付需要。推动跨境电子商务活动中使用人民币计价结算。支持境内银行卡清算机构拓展境外业务。加强对电子商务大额在线交易的监测，防范金融风险。加强跨境支付国内与国际监管合作，推动建立合作监管机制和信息共享机制。

七、提供积极财政金融支持。鼓励传统制造和商贸流通企业利用跨境电子商务平台开拓国际市场。利用现有财政政策，对符合条件的跨境电子商务企业走出去重点项目给予必要的资金支持。为跨境电子商务提供适合的信用保险服务。向跨境电子商务外贸综合服务企业提供有效的融资、保险支持。

八、建设综合服务体系。支持各地创新发展跨境电子商务，引导本地跨境电子商务产业向规模化、标准化、集群化、规范化方向发展。鼓励外贸综合服务企业为跨境电子商务企业提供通关、物流、仓储、融资等全方位服务。支持企业建立全球物流供应链和境外物流服务体系。充分发挥各驻外经商机构作用，为企业开展跨境电子商务提供信息服务和必要的协助。

九、规范跨境电子商务经营行为。加强诚信体系建设，完善信用评估机制，实现各监管部门信息互换、监管互认、执法互助，构建跨境电子商务交易保障体系。推动建立针对跨境电子商务交易的风险防范和预警机制，健全消费者权益保护和售后服务制度。引导跨境电子商务主体规范经营行为，承担质量安全主体责任，营造公平竞争的市场环境。加强执法监管，加大知识产权保护力度，坚决打击跨境电子商务中出现的各种违法侵权行为。通过有效措施，努力实现跨境电子商务在发展中逐步规范、在规范中健康发展。

十、充分发挥行业组织作用。推动建立全国性跨境电子商务行业组织，指导各地行业组织有效开展相关工作。发挥行业组织在政府与企业间的桥梁作用，引导企业公平竞争、守法经营。加强与国内外相关行业组织交流合作，支持跨境电子商务企业与相关产业集群、专业商会在境外举办实体展会，建立营销网络。联合高校和职业教育机构开展跨境电子商务人才培养培训。

十一、加强多双边国际合作。加强与“一带一路”沿线国家和地区的电子商务合作，提升合作水平，共同打造若干畅通安全高效的电子商务大通道。通过多双边对话，与各经济体建立互利共赢的合作机制，及时化解跨境电子商务进出口引发的贸易摩擦和纠纷。

十二、加强组织实施。国务院有关部门要制订和完善配套措施，做好跨境电子商务的中长期总体发展规划，定期开展总结评估，支持和推动各地监管部门出台相关措施。同时，对有条件、有发展意愿的地区，就本意见的组织实施做好协调和服务等相关工作。依托现有工作机制，加强部门间沟通协作和相关政策衔接，全力推动中国（杭州）跨境电子商务综合试验区和海峡两岸电子商务经济合作实验区建设，及时总结经验，适时扩大试点。在此基础上，逐步建立适应跨境电子商务发展特点的政策体系和监管体系。

地方各级人民政府要按照本意见要求，结合实际情况，制订完善发展跨境电子商务的工作方案，切实履行指导、督察和监管责任。组建高效、便利、统一的公共服务平台，构建可追溯、可比对的数据链条，既符合监管要求，又简化企业申报办理流程。加大对重点企业的支持力度，主动与相关部门沟通，及时协调解决组织实施工作中遇到的困难和问题。

国务院关于积极推进“互联网 +”行动的指导意见

（国发〔2015〕40 号　2015 年 7 月 1 日）

各省、自治区、直辖市人民政府，国务院各部委、各直属机构：

“互联网 +”是把互联网的创新成果与经济社会各领域深度融合，推动技术进步、效率提升和组织变革，提升实体经济创新力和生产力，形成更广泛的以互联网为基础设施和创新要素的经济社会发展新形态。在全球新一轮科技革命和产业变革中，互联网与各领域的融合发展具有广阔前景和无限潜力，已成为不可阻挡的时代潮流，正对各国经济社会发展产生着战略性和全局性的影响。积极发挥我国互联网已经形成的比较优势，把握机遇，增强信心，加快推进“互联网 +”发展，有利于重塑创新体系、激发创新活力、培育新兴业态和创新公共服务模式，对打造大众创业、万众创新和增加公共产品、公共服务“双引擎”，主动适应和引领经济发展新常态，形成经济发展新动能，实现中国经济提质增效升级具有重要意义。

近年来，我国在互联网技术、产业、应用以及跨界融合等方面取得了积极进展，已具备加快推进“互联网 +”发展的坚实基础，但也存在传统企业运用互联网的意识和能力不足、互联网企业对传统产业理解不够深入、新业态发展面临体制机制障碍、跨界融合型人才严重匮乏等问题，亟待加以解决。为加快推动互联网与各领域深入融合和创新发展，充分发挥“互联网 +”对稳增长、促改革、调结构、惠民生、防风险的重要作用，现就积极推进“互联网 +”行动提出以下意见。

一、行动要求

（一）总体思路。

顺应世界“互联网 +”发展趋势，充分发挥我国互联网的规模优势和应用优势，推动互联网由消费领域向生产领域拓展，加速提升产业发展水平，增强各行业创新能力，构筑经济社会发展新优势和新动能。坚持改革创新和市场需求导向，突出企业的主体作用，大力拓展互联网与经济社会各领域融合的广度和深度。着力深化体制机制改革，释放发展潜力和活力；着力做优存量，推动经济提质增效和转型升级；着力做大增量，培育新兴业态，打造新的增长点；着力创新政府服务模式，夯实网络发展基础，营造安全网络环境，提升公共服务水平。

（二）基本原则。

坚持开放共享。营造开放包容的发展环境，将互联网作为生产生活要素共享的重要平台，最大限度优化资源配置，加快形成以开放、共享为特征的经济社会运行新模式。

坚持融合创新。鼓励传统产业树立互联网思维，积极与“互联网+”相结合。推动互联网向经济社会各领域加速渗透，以融合促创新，最大程度汇聚各类市场要素的创新力量，推动融合性新兴产业成为经济发展新动力和新支柱。

坚持变革转型。充分发挥互联网在促进产业升级以及信息化和工业化深度融合中的平台作用，引导要素资源向实体经济集聚，推动生产方式和发展模式变革。创新网络化公共服务模式，大幅提升公共服务能力。

坚持引领跨越。巩固提升我国互联网发展优势，加强重点领域前瞻性布局，以互联网融合创新为突破口，培育壮大新兴产业，引领新一轮科技革命和产业变革，实现跨越式发展。

坚持安全有序。完善互联网融合标准规范和法律法规，增强安全意识，强化安全管理和防护，保障网络安全。建立科学有效的市场监管方式，促进市场有序发展，保护公平竞争，防止形成行业垄断和市场壁垒。

（三）发展目标。

到2018年，互联网与经济社会各领域的融合发展进一步深化，基于互联网的新业态成为新的经济增长动力，互联网支撑大众创业、万众创新的作用进一步增强，互联网成为提供公共服务的重要手段，网络经济与实体经济协同互动的发展格局基本形成。

——经济发展进一步提质增效。互联网在促进制造业、农业、能源、环保等产业转型升级方面取得积极成效，劳动生产率进一步提高。基于互联网的新兴业态不断涌现，电子商务、互联网金融快速发展，对经济提质增效的促进作用更加凸显。

——社会服务进一步便捷普惠。健康医疗、教育、交通等民生领域互联网应用更加丰富，公共服务更加多元，线上线下结合更加紧密。社会服务资源配置不断优化，公众享受到更加公平、高效、优质、便捷的服务。

——基础支撑进一步夯实提升。网络设施和产业基础得到有效巩固加强，应用支撑和安全保障能力明显增强。固定宽带网络、新一代移动通信网和下一代互联网加快发展，物联网、云计算等新型基础设施更加完备。人工智能等技术及其产业化能力显著增强。

——发展环境进一步开放包容。全社会对互联网融合创新的认识不断深入，互联网融合发展面临的体制机制障碍有效破除，公共数据资源开放取得实质性进展，相关标准规范、信用体系和法律法规逐步完善。

到2025年，网络化、智能化、服务化、协同化的“互联网+”产业生态体系基本完善，“互联网+”新经济形态初步形成，“互联网+”成为经济社会创新发展的重要驱动力量。

二、重点行动

（一）“互联网+”创业创新。

充分发挥互联网的创新驱动作用，以促进创业创新为重点，推动各类要素资源聚集、开放和共享，大力发展众创空间、开放式创新等，引导和推动全社会形成大众创业、万众创新的浓厚氛围，打造经济发展新引擎。（发展改革委、科技部、工业和信息化部、人力资源

社会保障部、商务部等负责，列第一位者为牵头部门，下同）

1. 强化创业创新支撑。鼓励大型互联网企业和基础电信企业利用技术优势和产业整合能力，向小微企业和创业团队开放平台入口、数据信息、计算能力等资源，提供研发工具、经营管理和市场营销等方面的支持和服务，提高小微企业信息化应用水平，培育和孵化具有良好商业模式的创业企业。充分利用互联网基础条件，完善小微企业公共服务平台网络，集聚创业创新资源，为小微企业提供找得着、用得起、有保障的服务。

2. 积极发展众创空间。充分发挥互联网开放创新优势，调动全社会力量，支持创新工场、创客空间、社会实验室、智慧小企业创业基地等新型众创空间发展。充分利用国家自主创新示范区、科技企业孵化器、大学科技园、商贸企业集聚区、小微企业创业示范基地等现有条件，通过市场化方式构建一批创新与创业相结合、线上与线下相结合、孵化与投资相结合的众创空间，为创业者提供低成本、便利化、全要素的工作空间、网络空间、社交空间和资源共享空间。实施新兴产业“双创”行动，建立一批新兴产业“双创”示范基地，加快发展“互联网＋”创业网络体系。

3. 发展开放式创新。鼓励各类创新主体充分利用互联网，把握市场需求导向，加强创新资源共享与合作，促进前沿技术和创新成果及时转化，构建开放式创新体系。推动各类创业创新扶持政策与互联网开放平台联动协作，为创业团队和个人开发者提供绿色通道服务。加快发展创业服务业，积极推广众包、用户参与设计、云设计等新型研发组织模式，引导建立社会各界交流合作的平台，推动跨区域、跨领域的技术成果转移和协同创新。

（二）“互联网＋”协同制造。

推动互联网与制造业融合，提升制造业数字化、网络化、智能化水平，加强产业链协作，发展基于互联网的协同制造新模式。在重点领域推进智能制造、大规模个性化定制、网络化协同制造和服务型制造，打造一批网络化协同制造公共服务平台，加快形成制造业网络化产业生态体系。（工业和信息化部、发展改革委、科技部共同牵头）

1. 大力发展智能制造。以智能工厂为发展方向，开展智能制造试点示范，加快推动云计算、物联网、智能工业机器人、增材制造等技术在生产过程中的应用，推进生产装备智能化升级、工艺流程改造和基础数据共享。着力在工控系统、智能感知元器件、工业云平台、操作系统和工业软件等核心环节取得突破，加强工业大数据的开发与利用，有效支撑制造业智能化转型，构建开放、共享、协作的智能制造产业生态。

2. 发展大规模个性化定制。支持企业利用互联网采集并对接用户个性化需求，推进设计研发、生产制造和供应链管理等关键环节的柔性化改造，开展基于个性化产品的服务模式和商业模式创新。鼓励互联网企业整合市场信息，挖掘细分市场需求与发展趋势，为制造企业开展个性化定制提供决策支撑。

3. 提升网络化协同制造水平。鼓励制造业骨干企业通过互联网与产业链各环节紧密协同，促进生产、质量控制和运营管理系统全面互联，推行众包设计研发和网络化制造等新模式。鼓励有实力的互联网企业构建网络化协同制造公共服务平台，面向细分行业提供云制造服务，促进创新资源、生产能力、市场需求的集聚与对接，提升服务中小微企业能力，加快全社会多元化制造资源的有效协同，提高产业链资源整合能力。

4. 加速制造业服务化转型。鼓励制造企业利用物联网、云计算、大数据等技术，整合产品全生命周期数据，形成面向生产组织全过程的决策服务信息，为产品优化升级提供数据支撑。鼓励企业基于互联网开展故障预警、远程维护、质量诊断、远程过程优化等在线增值服务，拓展产品价值空间，实现从制造向“制造+服务”的转型升级。

（三）“互联网+”现代农业。

利用互联网提升农业生产、经营、管理和服务水平，培育一批网络化、智能化、精细化的现代“种养加”生态农业新模式，形成示范带动效应，加快完善新型农业生产经营体系，培育多样化农业互联网管理服务模式，逐步建立农副产品、农资质量安全追溯体系，促进农业现代化水平明显提升。（农业部、发展改革委、科技部、商务部、质检总局、食品药品监管总局、林业局等负责）

1. 构建新型农业生产经营体系。鼓励互联网企业建立农业服务平台，支撑专业大户、家庭农场、农民合作社、农业产业化龙头企业等新型农业生产经营主体，加强产销衔接，实现农业生产由生产导向向消费导向转变。提高农业生产经营的科技化、组织化和精细化水平，推进农业生产流通销售方式变革和农业发展方式转变，提升农业生产效率和增值空间。规范用好农村土地流转公共服务平台，提升土地流转透明度，保障农民权益。

2. 发展精准化生产方式。推广成熟可复制的农业物联网应用模式。在基础较好的领域和地区，普及基于环境感知、实时监测、自动控制的网络化农业环境监测系统。在大宗农产品规模生产区域，构建天地一体的农业物联网测控体系，实施智能节水灌溉、测土配方施肥、农机定位耕种等精准化作业。在畜禽标准化规模养殖基地和水产健康养殖示范基地，推动饲料精准投放、疾病自动诊断、废弃物自动回收等智能设备的应用普及和互联互通。

3. 提升网络化服务水平。深入推进信息进村入户试点，鼓励通过移动互联网为农民提供政策、市场、科技、保险等生产生活信息服务。支持互联网企业与农业生产经营主体合作，综合利用大数据、云计算等技术，建立农业信息监测体系，为灾害预警、耕地质量监测、重大动植物疫情防控、市场波动预测、经营科学决策等提供服务。

4. 完善农副产品质量安全追溯体系。充分利用现有互联网资源，构建农副产品质量安全追溯公共服务平台，推进制度标准建设，建立产地准出与市场准入衔接机制。支持新型农业生产经营主体利用互联网技术，对生产经营过程进行精细化、信息化管理，加快推动移动互联网、物联网、二维码、无线射频识别等信息技术在生产加工和流通销售各环节的推广应用，强化上下游追溯体系对接和信息互通共享，不断扩大追溯体系覆盖面，实现农副产品“从农田到餐桌”全过程可追溯，保障“舌尖上的安全”。

（四）“互联网+”智慧能源。

通过互联网促进能源系统扁平化，推进能源生产与消费模式革命，提高能源利用效率，推动节能减排。加强分布式能源网络建设，提高可再生能源占比，促进能源利用结构优化。加快发电设施、用电设施和电网智能化改造，提高电力系统的安全性、稳定性和可靠性。（能源局、发展改革委、工业和信息化部等负责）

1. 推进能源生产智能化。建立能源生产运行的监测、管理和调度信息公共服务网络，加强能源产业链上下游企业的信息对接和生产消费智能化，支撑电厂和电网协调运行，促进非化石能源与化石能源协同发电。鼓励能源企业运用大数据技术对设备状态、电能负载等数据进行分析挖掘与预测，开展精准调度、故障判断和预测性维护，提高能源利用效率和安全稳定运行水平。

2. 建设分布式能源网络。建设以太阳能、风能等可再生能源为主体的多能源协调互补的能源互联网。突破分布式发电、储能、智能微网、主动配电网等关键技术，构建智能化电力运行监测、管理技术平台，使电力设备和用电终端基于互联网进行双向通信和智能调控，实现分布式电源的及时有效接入，逐步建成开放共享的能源网络。

3. 探索能源消费新模式。开展绿色电力交易服务区域试点，推进以智能电网为配送平台，以电子商务为交易平台，融合储能设施、物联网、智能用电设施等硬件以及碳交易、互联网金融等衍生服务于一体的绿色能源网络发展，实现绿色电力的点到点交易及实时配送和补贴结算。进一步加强能源生产和消费协调匹配，推进电动汽车、港口岸电等电能替代技术的应用，推广电力需求侧管理，提高能源利用效率。基于分布式能源网络，发展用户端智能化用能、能源共享经济和能源自由交易，促进能源消费生态体系建设。

4. 发展基于电网的通信设施和新型业务。推进电力光纤到户工程，完善能源互联网信息通信系统。统筹部署电网和通信网深度融合的网络基础设施，实现同缆传输、共建共享，避免重复建设。鼓励依托智能电网发展家庭能效管理等新型业务。

（五）“互联网＋”普惠金融。

促进互联网金融健康发展，全面提升互联网金融服务能力和普惠水平，鼓励互联网与银行、证券、保险、基金的融合创新，为大众提供丰富、安全、便捷的金融产品和服务，更好满足不同层次实体经济的投融资需求，培育一批具有行业影响力的互联网金融创新型企业。（人民银行、银监会、证监会、保监会、发展改革委、工业和信息化部、网信办等负责）

1. 探索推进互联网金融云服务平台建设。探索互联网企业构建互联网金融云服务平台。在保证技术成熟和业务安全的基础上，支持金融企业与云计算技术提供商合作开展金融公共云服务，提供多样化、个性化、精准化的金融产品。支持银行、证券、保险企业稳妥实施系统架构转型，鼓励探索利用云服务平台开展金融核心业务，提供基于金融云服务平台的信用、认证、接口等公共服务。

2. 鼓励金融机构利用互联网拓宽服务覆盖面。鼓励各金融机构利用云计算、移动互联网、大数据等技术手段，加快金融产品和服务创新，在更广泛地区提供便利的存贷款、支付结算、信用中介平台等金融服务，拓宽普惠金融服务范围，为实体经济发展提供有效支撑。支持金融机构和互联网企业依法合规开展网络借贷、网络证券、网络保险、互联网基金销售等业务。扩大专业互联网保险公司试点，充分发挥保险业在防范互联网金融风险中的作用。推动金融集成电路卡（IC 卡）全面应用，提升电子现金的使用率和便捷性。发挥移动金融安全可信公共服务平台（MTPS）的作用，积极推动商业银行开展移动金融创新应用，促进移动金融在电子商务、公共服务等领域的规模应用。支持银行业金融机构借助互联网技术发展消费信贷业务，支持金融租赁公司利用互联网技术开展金融租赁业务。

3. 积极拓展互联网金融服务创新的深度和

广度。鼓励互联网企业依法合规提供创新金融产品和服务，更好满足中小微企业、创新型企业和个人的投融资需求。规范发展网络借贷和互联网消费信贷业务，探索互联网金融服务创新。积极引导风险投资基金、私募股权投资基金和产业投资基金投资于互联网金融企业。利用大数据发展市场化个人征信业务，加快网络征信和信用评价体系建设。加强互联网金融消费权益保护和投资者保护，建立多元化金融消费纠纷解决机制。改进和完善互联网金融监管，提高金融服务安全性，有效防范互联网金融风险及其外溢效应。

（六）“互联网 +” 益民服务。

充分发挥互联网的高效、便捷优势，提高资源利用效率，降低服务消费成本。大力发展以互联网为载体、线上线下互动的新兴消费，加快发展基于互联网的医疗、健康、养老、教育、旅游、社会保障等新兴服务，创新政府服务模式，提升政府科学决策能力和管理水平。（发展改革委、教育部、工业和信息化部、民政部、人力资源社会保障部、商务部、卫生计生委、质检总局、食品药品监管总局、林业局、旅游局、网信办、信访局等负责）

1. 创新政府网络化管理和服务。加快互联网与政府公共服务体系的深度融合，推动公共数据资源开放，促进公共服务创新供给和服务资源整合，构建面向公众的一体化在线公共服务体系。积极探索公众参与的网络化社会管理服务新模式，充分利用互联网、移动互联网应用平台等，加快推进政务新媒体发展建设，加强政府与公众的沟通交流，提高政府公共管理、公共服务和公共政策制定的响应速度，提升政府科学决策能力和社会治理水平，促进政府职能转变和简政放权。深入推进网上信访，提高信访工作质量、效率和公信力。鼓励政府和互联网企业合作建立信用信息共享平台，探索开展一批社会治理互联网应用试点，打通政府部门、企事业单位之间的数据壁垒，利用大数据分析手段，提升各级政府的社会治理能力。加强对“互联网 +”行动的宣传，提高公众参与度。

2. 发展便民服务新业态。发展体验经济，支持实体零售商综合利用网上商店、移动支付、智能试衣等新技术，打造体验式购物模式。发展社区经济，在餐饮、娱乐、家政等领域培育线上线下结合的社区服务新模式。发展共享经济，规范发展网络约租车，积极推广在线租房等新业态，着力破除准入门槛高、服务规范难、个人征信缺失等瓶颈制约。发展基于互联网的文化、媒体和旅游等服务，培育形式多样的新型业态。积极推广基于移动互联网入口的城市服务，开展网上社保办理、个人社保权益查询、跨地区医保结算等互联网应用，让老百姓足不出户享受便捷高效的服务。

3. 推广在线医疗卫生新模式。发展基于互联网的医疗卫生服务，支持第三方机构构建医学影像、健康档案、检验报告、电子病历等医疗信息共享服务平台，逐步建立跨医院的医疗数据共享交换标准体系。积极利用移动互联网提供在线预约诊疗、候诊提醒、划价缴费、诊疗报告查询、药品配送等便捷服务。引导医疗机构面向中小城市和农村地区开展基层检查、上级诊断等远程医疗服务。鼓励互联网企业与医疗机构合作建立医疗网络信息平台，加强区域医疗卫生服务资源整合，充分利用互联网、大数据等手段，提高重大疾病和突发公共卫生事件防控能力。积极探索互联网延伸医嘱、电子处方等网络医疗健康服务应用。鼓励有资质的医学检验机构、医疗服务机构联合互联网企业，发展基因检测、疾病预防等健康服务模式。

4. 促进智慧健康养老产业发展。支持智能健康产品创新和应用，推广全面量化健康生活新方式。鼓励健康服务机构利用云计算、大数据等技术搭建公共信息平台，提供长期跟踪、预测预警的个性化健康管理服务。发展第三方在线健康市场调查、咨询评价、预防管理等应用服务，提升规范化和专业化运营水平。依托现有互联网资源和社会力量，以社区为基础，搭建养老信息服务网络平台，提供护理看护、健康管理、康复照料等居家养老服务。鼓励养老服务机构应用基于移动互联网的便携式体检、紧急呼叫监控等设备，提高养老服务水平。

5. 探索新型教育服务供给方式。鼓励互联网企业与社会教育机构根据市场需求开发数字教育资源，提供网络化教育服务。鼓励学校利用数字教育资源及教育服务平台，逐步探索网络化教育新模式，扩大优质教育资源覆盖面，促进教育公平。鼓励学校通过与互联网企业合作等方式，对接线上线下教育资源，探索基础教育、职业教育等教育公共服务提供新方式。推动开展学历教育在线课程资源共享，推广大规模在线开放课程等网络学习模式，探索建立网络学习学分认定与学分转换等制度，加快推动高等教育服务模式变革。

（七）“互联网+”高效物流。

加快建设跨行业、跨区域的物流信息服务平台，提高物流供需信息对接和使用效率。鼓励大数据、云计算在物流领域的应用，建设智能仓储体系，优化物流运作流程，提升物流仓储的自动化、智能化水平和运转效率，降低物流成本。（发展改革委、商务部、交通运输部、网信办等负责）

1. 构建物流信息共享互通体系。发挥互联网信息集聚优势，聚合各类物流信息资源，鼓励骨干物流企业和第三方机构搭建面向社会的物流信息服务平台，整合仓储、运输和配送信息，开展物流全程监测、预警，提高物流安全、环保和诚信水平，统筹优化社会物流资源配置。构建互通省际、下达市县、兼顾乡村的物流信息互联网络，建立各类可开放数据的对接机制，加快完善物流信息交换开放标准体系，在更广范围促进物流信息充分共享与互联互通。

2. 建设深度感知智能仓储系统。在各级仓储单元积极推广应用二维码、无线射频识别等物联网感知技术和大数据技术，实现仓储设施与货物的实时跟踪、网络化管理以及库存信息的高度共享，提高货物调度效率。鼓励应用智能化物流装备提升仓储、运输、分拣、包装等作业效率，提高各类复杂订单的出货处理能力，缓解货物囤积停滞瓶颈制约，提升仓储运管水平和效率。

3. 完善智能物流配送调配体系。加快推进货运车联网与物流园区、仓储设施、配送网点等信息互联，促进人员、货源、车源等信息高效匹配，有效降低货车空驶率，提高配送效率。鼓励发展社区自提柜、冷链储藏柜、代收服务点等新型社区化配送模式，结合构建物流信息互联网络，加快推进县到村的物流配送网络和村级配送网点建设，解决物流配送“最后一公里”问题。

（八）“互联网+”电子商务。

巩固和增强我国电子商务发展领先优势，大力发展农村电商、行业电商和跨境电商，进一步扩大电子商务发展空间。电子商务与其他产业的融合不断深化，网络化生产、流通、消费更加普及，标准规范、公共服务等支撑环境基本完善。（发展改革委、商务部、工业和信

息化部、交通运输部、农业部、海关总署、税务总局、质检总局、网信办等负责）

1. 积极发展农村电子商务。开展电子商务进农村综合示范，支持新型农业经营主体和农产品、农资批发市场对接电商平台，积极发展以销定产模式。完善农村电子商务配送及综合服务网络，着力解决农副产品标准化、物流标准化、冷链仓储建设等关键问题，发展农产品个性化定制服务。开展生鲜农产品和农业生产资料电子商务试点，促进农业大宗商品电子商务发展。

2. 大力发展行业电子商务。鼓励能源、化工、钢铁、电子、轻纺、医药等行业企业，积极利用电子商务平台优化采购、分销体系，提升企业经营效率。推动各类专业市场线上转型，引导传统商贸流通企业与电子商务企业整合资源，积极向供应链协同平台转型。鼓励生产制造企业面向个性化、定制化消费需求深化电子商务应用，支持设备制造企业利用电子商务平台开展融资租赁服务，鼓励中小微企业扩大电子商务应用。按照市场化、专业化方向，大力推广电子招标投标。

3. 推动电子商务应用创新。鼓励企业利用电子商务平台的大数据资源，提升企业精准营销能力，激发市场消费需求。建立电子商务产品质量追溯机制，建设电子商务售后服务质量检测云平台，完善互联网质量信息公共服务体系，解决消费者维权难、退货难、产品责任追溯难等问题。加强互联网食品药品市场监测监管体系建设，积极探索处方药电子商务销售和监管模式创新。鼓励企业利用移动社交、新媒体等新渠道，发展社交电商、“粉丝”经济等网络营销新模式。

4. 加强电子商务国际合作。鼓励各类跨境电子商务服务商发展，完善跨境物流体系，拓展全球经贸合作。推进跨境电子商务通关、检验检疫、结汇等关键环节单一窗口综合服务体系建设。创新跨境权益保障机制，利用合格评定手段，推进国际互认。创新跨境电子商务管理，促进信息网络畅通、跨境物流便捷、支付及结汇无障碍、税收规范便利、市场及贸易规则互认互通。

（九）“互联网＋”便捷交通。

加快互联网与交通运输领域的深度融合，通过基础设施、运输工具、运行信息等互联网化，推进基于互联网平台的便捷化交通运输服务发展，显著提高交通运输资源利用效率和管理精细化水平，全面提升交通运输行业服务品质和科学治理能力。（发展改革委、交通运输部共同牵头）

1. 提升交通运输服务品质。推动交通运输主管部门和企业将服务性数据资源向社会开放，鼓励互联网平台为社会公众提供实时交通运行状态查询、出行路线规划、网上购票、智能停车等服务，推进基于互联网平台的多种出行方式信息服务对接和一站式服务。加快完善汽车健康档案、维修诊断和服务质量信息服务平台建设。

2. 推进交通运输资源在线集成。利用物联网、移动互联网等技术，进一步加强对公路、铁路、民航、港口等交通运输网络关键设施运行状态与通行信息的采集。推动跨地域、跨类型交通运输信息互联互通，推广船联网、车联网等智能化技术应用，形成更加完善的交通运输感知体系，提高基础设施、运输工具、运行信息等要素资源的在线化水平，全面支撑故障预警、运行维护以及调度智能化。

3. 增强交通运输科学治理能力。强化交通运输信息共享，利用大数据平台挖掘分析人口迁徙规律、公众出行需求、枢纽客流规模、车辆船舶行驶特征等，为优化交通运输设施规划与建设、安全运行控制、交通运输管理决策提供支撑。利用互联网加强对交通运输违章违规行为的智能化监管，不断提高交通运输治理能力。

（十）“互联网 +”绿色生态。

推动互联网与生态文明建设深度融合，完善污染物监测及信息发布系统，形成覆盖主要生态要素的资源环境承载能力动态监测网络，实现生态环境数据互联互通和开放共享。充分发挥互联网在逆向物流回收体系中的平台作用，促进再生资源交易利用便捷化、互动化、透明化，促进生产生活方式绿色化（发展改革委、环境保护部、商务部、林业局等负责）

1. 加强资源环境动态监测。针对能源、矿产资源、水、大气、森林、草原、湿地、海洋等各类生态要素，充分利用多维地理信息系统、智慧地图等技术，结合互联网大数据分析，优化监测站点布局，扩大动态监控范围，构建资源环境承载能力立体监控系统。依托现有互联网、云计算平台，逐步实现各级政府资源环境动态监测信息互联共享。加强重点用能单位能耗在线监测和大数据分析。

2. 大力发展智慧环保。利用智能监测设备和移动互联网，完善污染物排放在线监测系统，增加监测污染物种类，扩大监测范围，形成全天候、多层次的智能多源感知体系。建立环境信息数据共享机制，统一数据交换标准，推进区域污染物排放、空气环境质量、水环境质量等信息公开，通过互联网实现面向公众的在线查询和定制推送。加强对企业环保信用数据的采集整理，将企业环保信用记录纳入全国统一的信用信息共享交换平台。完善环境预警和风险监测信息网络，提升重金属、危险废物、危险化学品等重点风险防范水平和应急处理能力。

3. 完善废旧资源回收利用体系。利用物联网、大数据开展信息采集、数据分析、流向监测，优化逆向物流网点布局。支持利用电子标签、二维码等物联网技术跟踪电子废物流向，鼓励互联网企业参与搭建城市废弃物回收平台，创新再生资源回收模式。加快推进汽车保险信息系统、“以旧换再”管理系统和报废车管理系统的标准化、规范化和互联互通，加强废旧汽车及零部件的回收利用信息管理，为互联网企业开展业务创新和便民服务提供数据支撑。

4. 建立废弃物在线交易系统。鼓励互联网企业积极参与各类产业园区废弃物信息平台建设，推动现有骨干再生资源交易市场向线上线下结合转型升级，逐步形成行业性、区域性、全国性的产业废弃物和再生资源在线交易系统，完善线上信用评价和供应链融资体系，开展在线竞价，发布价格交易指数，提高稳定供给能力，增强主要再生资源品种的定价权。

（十一）“互联网 +”人工智能。

依托互联网平台提供人工智能公共创新服务，加快人工智能核心技术突破，促进人工智能在智能家居、智能终端、智能汽车、机器人等领域的推广应用，培育若干引领全球人工智能发展的骨干企业和创新团队，形成创新活跃、开放合作、协同发展的产业生态。（发展改革委、科技部、工业和信息化部、网信办等负责）

1. 培育发展人工智能新兴产业。建设支撑超大规模深度学习的新型计算集群，构建包括语音、图像、视频、地图等数据的海量训练资源库，加强人工智能基础资源和公共服务等创新平台建设。进一步推进计算机视觉、智能语音处理、生物特征识别、自然语言理解、智能决策控制以及新型人机交互等关键技术的研发和产业化，推动人工智能在智能产品、工业制造等领域规模商用，为产业智能化升级夯实基础。

2. 推进重点领域智能产品创新。鼓励传统家居企业与互联网企业开展集成创新，不断提升家居产品的智能化水平和服务能力，创造新的消费市场空间。推动汽车企业与互联网企业设立跨界交叉的创新平台，加快智能辅助驾驶、复杂环境感知、车载智能设备等技术产品的研发与应用。支持安防企业与互联网企业开展合作，发展和推广图像精准识别等大数据分析技术，提升安防产品的智能化服务水平。

3. 提升终端产品智能化水平。着力做大高端移动智能终端产品和服务的市场规模，提高移动智能终端核心技术研发及产业化能力。鼓励企业积极开展差异化细分市场需求分析，大力丰富可穿戴设备的应用服务，提升用户体验。推动互联网技术以及智能感知、模式识别、智能分析、智能控制等智能技术在机器人领域的深入应用，大力提升机器人产品在传感、交互、控制等方面的性能和智能化水平，提高核心竞争力。

三、保障支撑

（一）夯实发展基础。

1. 巩固网络基础。加快实施“宽带中国”战略，组织实施国家新一代信息基础设施建设工程，推进宽带网络光纤化改造，加快提升移动通信网络服务能力，促进网间互联互通，大幅提高网络访问速率，有效降低网络资费，完善电信普遍服务补偿机制，支持农村及偏远地区宽带建设和运行维护，使互联网下沉为各行业、各领域、各区域都能使用，人、机、物泛在互联的基础设施。增强北斗卫星全球服务能力，构建天地一体化互联网络。加快下一代互联网商用部署，加强互联网协议第 6 版（IPv6）地址管理、标志管理与解析，构建未来网络创新试验平台。研究工业互联网网络架构体系，构建开放式国家创新试验验证平台。（发展改革委、工业和信息化部、财政部、国资委、网信办等负责）

2. 强化应用基础。适应重点行业融合创新发展需求，完善无线传感网、行业云及大数据平台等新型应用基础设施。实施云计算工程，大力提升公共云服务能力，引导行业信息化应用向云计算平台迁移，加快内容分发网络建设，优化数据中心布局。加强物联网网络架构研究，组织开展国家物联网重大应用示范，鼓励具备条件的企业建设跨行业物联网运营和支撑平台。（发展改革委、工业和信息化部等负责）

3. 做实产业基础。着力突破核心芯片、高端服务器、高端存储设备、数据库和中间件等产业薄弱环节的技术瓶颈，加快推进云操作系统、工业控制实时操作系统、智能终端操作系统的研发和应用。大力发展云计算、大数据等解决方案以及高端传感器、工控系统、人机交互等软硬件基础产品。运用互联网理念，构建以骨干企业为核心、产学研用高效整合的技术产业集群，打造国际先进、自主可控的产业体系。（工业和信息化部、发展改革委、科技部、网信办等负责）

4. 保障安全基础。制定国家信息领域核心技术设备发展时间表和路线图，提升互联网安全管理、态势感知和风险防范能力，加强信息网络基础设施安全防护和用户个人信息保护。实施国家信息安全专项，开展网络安全应用示范，提高“互联网＋”安全核心技术和产品水平。按照信息安全等级保护等制度和网络安全国家标准的要求，加强“互联网+”关键领域重要信息系统的安全保障。建设完善网络安全监测评估、监督管理、标准认证和创新能力体系。重视融合带来的安全风险，完善网络数据共享、利用等的安全管理和技术措施，探索建立以行政评议和第三方评估为基础的数据安全流动认证体系，完善数据跨境流动管理制度，确保数据安全。（网信办、发展改革委、科技部、工业和信息化部、公安部、安全部、质检总局等负责）

（二）强化创新驱动。

1. 加强创新能力建设。鼓励构建以企业为主导，产学研用合作的“互联网+”产业创新网络或产业技术创新联盟。支持以龙头企业为主体，建设跨界交叉领域的创新平台，并逐步形成创新网络。鼓励国家创新平台向企业特别是中小企业在线开放，加大国家重大科研基础设施和大型科研仪器等网络化开放力度。（发展改革委、科技部、工业和信息化部、网信办等负责）

2. 加快制定融合标准。按照共性先立、急用先行的原则，引导工业互联网、智能电网、智慧城市等领域基础共性标准、关键技术标准的研制及推广。加快与互联网融合应用的工控系统、智能专用装备、智能仪表、智能家居、车联网等细分领域的标准化工作。不断完善“互联网+”融合标准体系，同步推进国际国内标准化工作，增强在国际标准化组织（ISO）、国际电工委员会（IEC）和国际电信联盟（ITU）等国际组织中的话语权。（质检总局、工业和信息化部、网信办、能源局等负责）

3. 强化知识产权战略。加强融合领域关键环节专利导航，引导企业加强知识产权战略储备与布局。加快推进专利基础信息资源开放共享，支持在线知识产权服务平台建设，鼓励服务模式创新，提升知识产权服务附加值，支持中小微企业知识产权创造和运用。加强网络知识产权和专利执法维权工作，严厉打击各种网络侵权假冒行为。增强全社会对网络知识产权的保护意识，推动建立“互联网+”知识产权保护联盟，加大对新业态、新模式等创新成果的保护力度。（知识产权局牵头）

4. 大力发展开源社区。鼓励企业自主研发和国家科技计划（专项、基金等）支持形成的软件成果通过互联网向社会开源。引导教育机构、社会团体、企业或个人发起开源项目，积极参加国际开源项目，支持组建开源社区和开源基金会。鼓励企业依托互联网开源模式构建新型生态，促进互联网开源社区与标准规范、知识产权等机构的对接与合作。（科技部、工业和信息化部、质检总局、知识产权局等负责）

（三）营造宽松环境。

1. 构建开放包容环境。贯彻落实《中共中央国务院关于深化体制机制改革加快实施创新驱动发展战略的若干意见》，放宽融合性产品和服务的市场准入限制，制定实施各行业互联网准入负面清单，允许各类主体依法平等进入未纳入负面清单管理的领域。破除行业壁垒，推动各行业、各领域在技术、标准、监管等方面充分对接，最大限度减少事前准入限制，加强事中事后监管。继续深化电信体制改革，有序开放电信市场，加快民营资本进入基础电信业务。加快深化商事制度改革，推进投资贸易便利化。（发展改革委、网信办、教育部、科技部、工业和信息化部、民政部、商务部、卫生计生委、工商总局、质检总局等负责）

2. 完善信用支撑体系。加快社会征信体系建设，推进各类信用信息平台无缝对接，打破信息孤岛。加强信用记录、风险预警、违法失信行为等信息资源在线披露和共享，为经营者提供信用信息查询、企业网上身份认证等服务。充分利用互联网积累的信用数据，对现有征信体系和评测体系进行补充和完善，为经济调节、市场监管、社会管理和公共服务提供有力支撑。（发展改革委、人民银行、工商总局、质检总局、网信办等负责）

3. 推动数据资源开放。研究出台国家大数据战略，显著提升国家大数据掌控能力。建立国家政府信息开放统一平台和基础数据资源库，开展公共数据开放利用改革试点，出台政府机构数据开放管理规定。按照重要性和敏感程度分级分类，推进政府和公共信息资源开放共享，支持公众和小微企业充分挖掘信息资源的商业价值，促进互联网应用创新。（发展改革委、工业和信息化部、国务院办公厅、网信办等负责）

4. 加强法律法规建设。针对互联网与各行业融合发展的新特点，加快“互联网＋”相关立法工作，研究调整完善不适应“互联网＋”发展和管理的现行法规及政策规定。落实加强网络信息保护和信息公开有关规定，加快推动制定网络安全、电子商务、个人信息保护、互联网信息服务管理等法律法规。完善反垄断法配套规则，进一步加大反垄断法执行力度，严格查处信息领域企业垄断行为，营造互联网公平竞争环境。（法制办、网信办、发展改革委、工业和信息化部、公安部、安全部、商务部、工商总局等负责）

（四）拓展海外合作。

1. 鼓励企业抱团出海。结合“一带一路”等国家重大战略，支持和鼓励具有竞争优势的互联网企业联合制造、金融、信息通信等领域企业率先走出去，通过海外并购、联合经营、设立分支机构等方式，相互借力，共同开拓国际市场，推进国际产能合作，构建跨境产业链体系，增强全球竞争力。（发展改革委、外交部、工业和信息化部、商务部、网信办等负责）

2. 发展全球市场应用。鼓励“互联网＋”企业整合国内外资源，面向全球提供工业云、供应链管理、大数据分析等网络服务，培育具有全球影响力的“互联网＋”应用平台。鼓励互联网企业积极拓展海外用户，推出适合不同市场文化的产品和服务。（商务部、发展改革委、工业和信息化部、网信办等负责）

3. 增强走出去服务能力。充分发挥政府、产业联盟、行业协会及相关中介机构作用，形成支持“互联网＋”企业走出去的合力。鼓励中介机构为企业拓展海外市场提供信息咨询、法律援助、税务中介等服务。支持行业协会、产业联盟与企业共同推广中国技术和中国标准，以技术标准走出去带动产品和服务在海外推广应用。（商务部、外交部、发展改革委、工业和信息化部、税务总局、质检总局、网信办等负责）

（五）加强智力建设。

1. 加强应用能力培训。鼓励地方各级政府采用购买服务的方式，向社会提供互联网知识技能培训，支持相关研究机构和专家开展“互联网＋”基础知识和应用培训。鼓励传统企业与互联网企业建立信息咨询、人才交流等合作机制，促进双方深入交流合作。加强制造业、农业等领域人才特别是企业高层管理人员的互联网技能培训，鼓励互联网人才与传统行业人才双向流动。（科技部、工业和信息化部、人力资源社会保障部、网信办等负责）

2. 加快复合型人才培养。面向“互联

网＋”融合发展需求，鼓励高校根据发展需要和学校办学能力设置相关专业，注重将国内外前沿研究成果尽快引入相关专业教学中。鼓励各类学校聘请互联网领域高级人才作为兼职教师，加强“互联网＋”领域实验教学。（教育部、发展改革委、科技部、工业和信息化部、人力资源社会保障部、网信办等负责）

3. 鼓励联合培养培训。实施产学合作专业综合改革项目，鼓励校企、院企合作办学，推进“互联网＋”专业技术人才培训。深化互联网领域产教融合，依托高校、科研机构、企业的智力资源和研究平台，建立一批联合实训基地。建立企业技术中心和院校对接机制，鼓励企业在院校建立“互联网＋”研发机构和实验中心。（教育部、发展改革委、科技部、工业和信息化部、人力资源社会保障部、网信办等负责）

4. 利用全球智力资源。充分利用现有人才引进计划和鼓励企业设立海外研发中心等多种方式，引进和培养一批“互联网＋”领域高端人才。完善移民、签证等制度，形成有利于吸引人才的分配、激励和保障机制，为引进海外人才提供有利条件。支持通过任务外包、产业合作、学术交流等方式，充分利用全球互联网人才资源。吸引互联网领域领军人才、特殊人才、紧缺人才在我国创业创新和从事教学科研等活动。（人力资源社会保障部、发展改革委、教育部、科技部、网信办等负责）

（六）加强引导支持。

1. 实施重大工程包。选择重点领域，加大中央预算内资金投入力度，引导更多社会资本进入，分步骤组织实施“互联网＋”重大工程，重点促进以移动互联网、云计算、大数据、物联网为代表的新一代信息技术与制造、能源、服务、农业等领域的融合创新，发展壮大新兴业态，打造新的产业增长点。（发展改革委牵头）

2. 加大财税支持。充分发挥国家科技计划作用，积极投向符合条件的“互联网＋”融合创新关键技术研发及应用示范。统筹利用现有财政专项资金，支持“互联网＋”相关平台建设和应用示范等。加大政府部门采购云计算服务的力度，探索基于云计算的政务信息化建设运营新机制。鼓励地方政府创新风险补偿机制，探索“互联网＋”发展的新模式。（财政部、税务总局、发展改革委、科技部、网信办等负责）

3. 完善融资服务。积极发挥天使投资、风险投资基金等对“互联网＋”的投资引领作用。开展股权众筹等互联网金融创新试点，支持小微企业发展。支持国家出资设立的有关基金投向“互联网＋”，鼓励社会资本加大对相关创新型企业的投资。积极发展知识产权质押融资、信用保险保单融资增信等服务，鼓励通过债券融资方式支持“互联网＋”发展，支持符合条件的“互联网＋”企业发行公司债券。开展产融结合创新试点，探索股权和债权相结合的融资服务。降低创新型、成长型互联网企业的上市准入门槛，结合证券法修订和股票发行注册制改革，支持处于特定成长阶段、发展前景好但尚未盈利的互联网企业在创业板上市。推动银行业金融机构创新信贷产品与金融服务，加大贷款投放力度。鼓励开发性金融机构为“互联网＋”重点项目建设提供有效融资支持。（人民银行、发展改革委、银监会、证监会、保监会、网信办、开发银行等负责）

（七）做好组织实施。

1. 加强组织领导。建立“互联网＋”行动实施部际联席会议制度，统筹协调解决重大问题，切实推动行动的贯彻落实。联席会议设办公室，负责具体工作的组织推进。建立跨领域、跨行业的“互联网+”行动专家咨询委员会，为政府决策提供重要支撑。（发展改革委牵头）

2. 开展试点示范。鼓励开展“互联网+”试点示范，推进“互联网+”区域化、链条化发展。支持全面创新改革试验区、中关村等国家自主创新示范区、国家现代农业示范区先行先试，积极开展“互联网+”创新政策试点，破除新兴产业行业准入、数据开放、市场监管等方面政策障碍，研究适应新兴业态特点的税收、保险政策，打造“互联网+”生态体系。（各部门、各地方政府负责）

3. 有序推进实施。各地区、各部门要主动作为，完善服务，加强引导，以动态发展的眼光看待“互联网+”，在实践中大胆探索拓展，相互借鉴“互联网+”融合应用成功经验，促进“互联网+”新业态、新经济发展。有关部门要加强统筹规划，提高服务和管理能力。各地区要结合实际，研究制定适合本地的“互联网+”行动落实方案，因地制宜，合理定位，科学组织实施，杜绝盲目建设和重复投资，务实有序推进“互联网+”行动。（各部门、各地方政府负责）

国务院办公厅关于同意在上海等 9 个城市开展国内贸易流通体制改革发展综合试点的复函

（国办函〔2015〕88 号　2015 年 7 月 29 日）

上海市、江苏省、浙江省、福建省、山东省、河南省、湖北省、广东省、四川省人民政府，商务部：

你们关于请求批准在上海等 9 个城市开展国内贸易流通体制改革发展综合试点的请示收悉。经国务院批准，现函复如下：

一、国务院同意在上海市、南京市、郑州市、广州市、成都市、厦门市、青岛市、黄石市和义乌市 9 个城市开展国内贸易流通体制改革发展综合试点。

二、试点工作要坚持市场化改革方向，以建设法治化营商环境为主线，以新的流通创新为引领，通过深化改革，推动政府转变职能、简政放权，打破地区封锁和行业垄断，充分发挥市场配置资源的决定性作用，优化内贸流通发展的体制机制，完善流通法规、规则和诚信体系，逐步形成政府依法行政、企业守法经营、中介组织规范自律、社会公众有效监督的法治化营商环境和分工明确、协调高效的内贸流通管理体制，增强内贸流通服务经济社会发展全局的能力。

三、试点城市人民政府要根据《国内贸易流通体制改革发展综合试点方案》，围绕探索建立创新驱动的流通发展机制、建设法治化营商环境、建立流通基础设施发展模式、健全统一高效的流通管理体制等主要任务，结合实际，突出特色，制订本市试点工作方案，报商务部备案。

四、试点城市人民政府要加强对试点工作的组织领导，搞好综合协调，强化政策保障，认真落实各项试点任务，及时总结报送试点工作进展及取得的经验。试点城市所在省级人民政府要高度重视，加强对试点工作的指导和政策支持。

五、商务部要会同发展改革委、工业和信息化部、财政部、交通运输部、工商总局、质检总局、邮政局和供销合作总社做好宏观指导和督察落实，适时开展考核评估，并将考核结果报国务院。

附件：国内贸易流通体制改革发展综合试点方案

附件：

国内贸易流通体制改革发展综合试点方案

为全面贯彻落实党中央、国务院的决策部署，推进国内贸易流通体制改革，建设法治化营商环境，促进流通产业创新发展，提高对经济发展的拉动力，特制定本方案。

一、总体要求

（一）指导思想。

深入贯彻党的十八大和十八届二中、三中、四中全会精神，认真落实党中央、国务院的决策部署，以市场化改革为方向，以建设法治化营商环境为主线，以创新转型为引领，以转变政府职能为重点，厘清政府与市场、中央与地方、政府部门之间、政府与中介组织的关系，探索建立规则健全、统一开放、竞争有序、畅通高效的内贸流通体系和分工明确、权责统一、协调高效的内贸流通管理体制，努力增强内贸流通服务经济社会发展能力。

（二）总体目标。

力争通过一年左右的探索，在流通创新发展促进机制、市场规制体系、基础设施发展模式、管理体制等方面形成一批可复制推广的经验和模式，为全国统一市场建设打好基础，为出台国内贸易流通体制改革总体意见和全面深化改革提供有益借鉴。需要出台法规规章的试点地区，试点时间可适当延长。

二、试点任务

（一）探索建立创新驱动的流通发展机制。

支持电子商务企业拓展业务领域和范围，创新电子商务发展模式，完善政府监管方式，营造有利于电子商务发展的良好环境。支持电子商务、连锁经营、物流配送等现代流通方式相互融合，促进线上线下互动发展，创新批发、零售供应链管理，推动传统流通企业加快转型升级。加强商贸物流网络建设，提升物流专业化、信息化、社会化、标准化水平，提高流通效率。统筹规划城乡商业网点建设，构建农产品、工业品双向畅通的流通网络，促进城乡一体化发展。推动建立内外贸统一的管理方式、结算方式和标准体系，构建内外贸一体化的商品流通体系。

（二）探索建设法治化营商环境。

推进地方流通法规建设，依法确立流通设施、流通秩序、市场监管以及促进流通产业发展等方面的基本制度。深化流通领域市场监管体制改革，利用现代信息技术提升监管执法效能，加强行政执法和刑事司法衔接，建立监管互认、执法互助、信息共享的综合监管与联合执法机制。建立以行政管理信息共享、社会化综合信用评价、第三方专业信用服务为核心的内贸流通信用体系。

（三）探索建立流通基础设施发展模式。

对于公益性农产品批发市场建设，通过多种形式建立投资保障、运营管理和监督管理机制，增强应对突发事件和市场异常波动的功能；对于微利经营的社区居民生活服务网点等设施，通过完善扶持政策，支持其加快发展；对于完全市场化的大型商场等设施，通过加强规划、建立预警机制和听证制度等，引导其合理布局、有序发展。

（四）探索健全统一高效的流通管理体制。

进一步转变政府职能，加快简政放权，优化职责分工，加强部门协作，建立适应大流通、大市场发展需要的新型流通管理体制。建立健全内贸流通行政管理权力清单、部门责任清单和市场准入负面清单，提高行政审批便利化水平，支持大众创业、万众创新。完善规范性文件合法性审查程序，加强行政垄断案件查处，建立打破地区封锁和行业垄断的长效机制，促进商品、要素自由流动和企业公平竞争。推动流通行业协会改革，制订政府职能转移目录、服务采购目录、行业组织资质目录，将部分工作事项交由行业协会承担，加大政府购买服务力度，推动行业协会与行政机关脱钩，充分发挥行业协会作用。适时推进药品流通领域改革。

试点城市要根据上述要求细化试点方案，在全面推进落实四项试点任务的同时，结合自身实际突出 1 ~2 个方面重点工作，形成可在全国复制推广的改革经验。

三、组织实施

各有关方面要加强组织领导，落实工作责任。试点城市人民政府作为试点工作的责任主体，负责试点工作的组织领导、实施推动、综合协调及措施保障。试点城市所在省级人民政府要加强对试点城市的指导和政策支持。商务部会同发展改革委、工业和信息化部、财政部、交通运输部、工商总局、质检总局、邮政局和供销合作总社负责宏观指导、督促推动、考核评估和跨部门政策协调，适时总结试点工作经验，组织复制推广，并将考核结果报国务院。

国务院关于推进国内贸易流通现代化建设法治化营商环境的意见

（国发〔2015〕49号 2015年8月26日）

各省、自治区、直辖市人民政府，国务院各部委、各直属机构：

国内贸易流通（以下简称内贸流通）是我国改革开放最早、市场化程度最高的领域之一，目前已初步形成主体多元、方式多样、开放竞争的格局，对国民经济的基础性支撑作用和先导性引领作用日益增强。做强现代流通业这个国民经济大产业，可以对接生产和消费，促进结构优化和发展方式转变。党中央、国务院高度重视内贸流通工作，对深化改革、开展内贸流通体制改革发展综合试点工作作了部署。为深入贯彻落实党中央、国务院的决策部署，现就推进内贸流通现代化、建设法治化营商环境提出以下意见。

一、总体要求

（一）指导思想。

全面贯彻党的十八大和十八届二中、三中、四中全会精神，按照国务院部署要求，主动适应和引领经济发展新常态，坚持问题导向与超前谋划相结合、顶层设计与基层探索相结合、整体推进与重点突破相结合，加快法治建设，推动体制机制创新，优化发展环境，完善治理体系，促进内贸流通发展方式转变，推动我国从流通大国向流通强国转变，更好地服务经济社会发展。

（二）基本原则。

坚持以市场化改革为方向。充分发挥市场配置资源的决定性作用，打破地区封锁和行业垄断，促进流通主体公平竞争，促进商流、物流、资金流、信息流自由高效流动，提高流通效率，降低流通成本。

坚持以转变政府职能为核心。进一步简政放权，加强事中事后监管，推进放管结合、优化服务，做好规划引导，完善促进政策，增强调控能力，增加公共产品和公共服务供给，推进信息公开和共享。

坚持以创新转型为引领。顺应“互联网+”的发展趋势，加快现代信息技术应用，完善促进创新的体制机制，推动内贸流通内涵式发展、可持续发展。

坚持以建设法治化营商环境为主线。健全内贸流通法律法规、标准、信用等制度体系，提升监管执法效能，依法规范市场主体行为，加快建设法治市场。

（三）主要目标。

到2020年，基本形成规则健全、统一开放、竞争有序、监管有力、畅通高效的内贸流通体系和比较完善的法治化营商环境，内贸流通统一开放、创新驱动、稳定运行、规范有序、协调高效的体制机制更加完善，使内贸流通成为经济转型发展的新引擎、优化资源配置的新动力，为推进内贸流通现代化夯实基础。

二、健全内贸流通统一开放的发展体系

（四）加强全国统一市场建设，降低社会流通总成本。

消除市场分割。清理和废除妨碍全国统一市场、公平竞争的各种规定及做法。禁止在市场经济活动中实行地区封锁，禁止行政机关滥用行政权力限制、排除竞争的行为。推动建立区域合作协调机制，鼓励各地就跨区域合作事项加强沟通协商，探索建立区域合作利益分享机制。

打破行业垄断。完善反垄断执法机制，依法查处垄断协议、滥用市场支配地位行为，加强经营者集中反垄断审查。禁止利用市场优势地位收取不合理费用或强制设置不合理的交易条件，规范零售商供应商交易关系。

（五）统筹规划全国流通网络建设，推动区域、城乡协调发展。

推进大流通网络建设。提升环渤海、长三角、珠三角三大流通产业集聚区和沈阳—长春—哈尔滨、郑州—武汉—长沙、成都—重庆、西安—兰州—乌鲁木齐四大流通产业集聚带的消费集聚、产业服务、民生保障功能，打造一批连接国内国际市场、发展潜力较大的重要支点城市，形成畅通高效的全国骨干流通网络。

推进区域市场一体化。推进京津冀流通产业协同发展，统筹规划建设三地流通设施，促进共建共享。依托长江经济带综合立体交通走廊，建设沿江物流主干道，推动形成若干区域性商贸物流中心，打造长江商贸走廊。将流通发展所需的相关设施和用地纳入城乡规划，实施全国流通节点城市布局规划，加强区域衔接。

推进城乡流通网络一体化。统筹规划城乡商业网点的功能和布局，提高流通设施利用效率和商业服务便利化水平。整合商务、供销、邮政等各方面资源，加强农村地区商业网点建设。加强对贫困地区、民族地区、边疆地区和革命老区市场建设的支持，保障居民基本商业服务需要。

创新流通规划编制实施机制。县级以上地方人民政府要将内贸流通纳入同级国民经济和社会发展规划编制内容，做好流通规划与当地土地利用总体规划和城乡规划的衔接，确保依法依规推进流通设施项目建设，各地制修订相关规划时应充分征求本行政区域流通主管部门的意见。探索建立跨区域流通设施规划编制协调机制和相关部门之间规划衔接机制，推动规划对接、政策联动和资源共享。

（六）构建开放融合的流通体系，提高利用国际国内两个市场、两种资源的能力。

实施流通“走出去”战略。加大对流通企业境外投资的支持，统筹规划商贸物流型境外经济贸易合作区建设，支持企业建设境外营销、支付结算和仓储物流网络，推动国内流通渠道向境外延伸，打造全球供应链体系。鼓励流通企业与制造企业集群式“走出去”，促进

国际产能和装备制造合作。鼓励电子商务企业“走出去”，提升互联网信息服务国际化水平。

创建内外贸融合发展平台。服务“一带一路”战略，促进国内外市场互联互通，打造内外贸融合发展的流通网络。培育一批经营模式、交易模式与国际接轨的商品交易市场。打造一批内外贸结合、具有较强国际影响力的大型会展平台。发展一批连接国际国内市场、运行规范有序的跨境贸易电子商务综合服务平台。

进一步提高内贸流通领域对外开放水平。放开商贸物流等领域外资准入限制，鼓励外资投向共同配送、连锁配送以及鲜活农产品配送等现代物流服务领域。更加注重引进国外先进技术、管理经验、商业模式和知名品牌，鼓励跨国公司在华设立采购、营销等功能性区域中心。

（七）完善流通设施建设管理体系，加强流通领域重大基础设施建设。

创新基础性流通设施建设模式。对于公益性农产品批发市场建设，通过多种形式建立投资保障、运营和监督管理新模式，增强应对突发事件和市场异常波动的功能。

完善微利经营的流通设施建设保障制度。落实新建社区商业和综合服务设施面积占社区总建筑面积的比例不得低于10%的政策，优先保障农贸市场、社区菜市场和家政、养老、再生资源回收等设施用地需求。加强大型物流节点和公共物流配送设施系统性布局、协同性建设，提升物流配送的集约化水平。

改进市场化商业设施建设引导方式。支持有条件的城市开展城市商业面积监测预警，定期发布大型商业设施供给信息，合理引导市场预期。统筹大型实体和网络商品交易市场建设，避免盲目重复建设。

三、提升内贸流通创新驱动水平

（八）强化内贸流通创新的市场导向。

推动新兴流通方式创新。积极推进“互联网+”流通行动，加快流通网络化、数字化、智能化建设。引导电子商务企业拓展服务领域和功能，鼓励发展生活消费品、生产资料、生活服务等各类专业电子商务平台，带动共享、协同、融合、集约等新兴模式发展。促进农产品电子商务发展，引导更多农业从业者和涉农企业参与农产品电子商务，支持各地打造各具特色的农产品电子商务产业链，开辟农产品流通新渠道。推广拍卖、电子交易等农产品交易方式。大力推进电子商务进农村，推广农村商务信息服务，培育多元化的农村电子商务市场主体，完善农村电子商务配送服务网络。促进电子商务进社区，鼓励电子商务企业整合社区现有便民服务设施，开展电子商务相关配套服务。

推动传统流通企业转型模式创新。鼓励零售企业改变引厂进店、出租柜台等经营模式，实行深度联营，通过集中采购、买断经营、开发自有品牌等方式，提高自营比例。鼓励流通企业通过兼并、特许经营等方式，扩大连锁经营规模，提高经营管理水平。鼓励流通企业发挥线下实体店的物流、服务、体验等优势，与线上商流、资金流、信息流融合，形成优势互补。支持流通企业利用电子商务平台创新服务模式，提供网订店取、网订店送、上门服务、社区配送等各类便民服务。引导各类批发市场自建网络交易平台或利用第三方电子商务平台开展网上经营，推动实体市场与网络市场协同发展。推动流通企业利用信息技术加强供应链管理，鼓励向设计、研发、生产环节延伸，促进产业链上下游加强协同，满足个性化、多样化的消费需求。大力发展第三方物流和智慧物流，鼓励物联网等技术在仓储系统中的应用，支持建设物流信息服务平台，促进车源、货源和物流服务等信息高效匹配，支持农产品冷链物流体系建设，提高物流社会化、标准化、信息化、专业化水平。

推动绿色循环低碳发展模式创新。鼓励绿色商品消费，引导流通企业扩大绿色商品采购和销售，推行绿色包装和绿色物流，推行绿色供应链环境管理，推动完善绿色商品认证制度和标准体系。鼓励旧货市场规范发展，促进二手商品流通。研究建立废弃商品回收的生产者、销售者、消费者责任机制，加快推进再生资源回收与垃圾清运处理网络体系融合，促进商贸流通网络与逆向物流体系（即商品废弃后，经消费端回到供应端的活动及过程，包括废物回收、再制造再加工、报废处理等）共享。制订内贸流通领域节能节水和环保技术、产品、设备推广目录，引导流通企业加快设施设备的节能环保改造。

推动文化培育传播形式创新。弘扬诚信文化，加强以诚信兴商为主的商业文化建设。加强对内贸流通领域传统技艺的保护，支持中华老字号创新发展，促进民族特色商品流通。鼓励商品创意设计创新，支持消费类产品提升新产品设计和研发能力，以创意设计增加消费品附加值。提升商业设施的文化内涵，引导流通企业在商品陈列、商场装饰、环境营造等方面突出创意特色，增加商业设施和商业街区的文化底蕴，推动现代商业与传统文化融合创新。建立健全品牌发展公共服务体系。促进传统节庆、民俗文化消费，培育健康文明的消费文化。

（九）增强内贸流通创新的支撑能力。

完善财政金融支持政策。加快设立国家中小企业发展基金，加大对包括流通领域在内的各领域初创期成长型中小企业创新创业的支持。支持发展创业投资基金、天使投资群体，引导社会资金和金融资本加大对流通创新领域的投资。完善流通企业融资模式，推广知识产权质押融资，依法合规开展股权众筹融资试点，支持创业担保贷款积极扶持符合条件的中小流通企业。

健全支撑服务体系。推动现代物流、在线支付等电子商务服务体系建设，鼓励各类创业孵化基地为电子商务创业人员提供场地支持和孵化服务，支持发展校企合作、商学结合等人才培养模式。支持专业化创新服务机构发展，创新产学研合作模式。完善创新成果交易机制，积极发展各类商贸服务交易平台。研究建立流通创新示范基地，鼓励创业创新基地提高对中小流通企业的公共服务能力和水平。

推动流通企业改革创新。加快发展内贸流通领域混合所有制经济，鼓励非公有资本和国有资本交叉持股、相互融合。鼓励流通企业通过兼并重组整合创新资源，提高创新能力。各地可根据实际情况，依法完善相关政策，按照主体自愿的原则，引导有条件的个体工商户转为企业。

（十）加大内贸流通创新的保护力度。

加强知识产权保护。严厉打击制售侵权假冒商品行为，加大对反复侵权、恶意侵权等行为的处罚力度。研究商业模式等新形态创新成果的知识产权保护办法。完善知识产权保护制度，健全知识产权维权援助体系，合理划分权利人举证责任，缩短确权审查、侵权处理周期。

引导电子商务平台健康发展。推动电子商务平台企业健全交易规则、管理制度、信用体系和服务标准，构建良好的电子商务生态圈。

加强区域间统筹协调，引导各地有序建设电子商务交易平台。

四、增强内贸流通稳定运行的保障能力

（十一）完善信息服务体系。

强化大数据在政府内贸流通信息服务中的应用。利用大数据加强对市场运行的监测分析和预测预警，提高市场调控和公共信息服务的预见性、针对性、有效性。推进部门间信息共享和信息资源开放，建立政府与社会紧密互动的大数据采集机制，形成高效率的内贸流通综合数据平台。夯实内贸流通统计基层基础，完善行业统计监测制度，建立完善电子商务、服务消费等统计调查制度，完善综合统计与部门统计协作机制，强化统计监测制度执行刚性。

推动内贸流通行业中介组织开展大数据的推广应用。利用政府采购、服务外包等方式，鼓励行业中介组织深入挖掘和研发大数据公共服务产品，加强对大数据技术应用的宣传和推广，服务流通企业创新转型和大数据产业发展需要。

鼓励流通企业开展大数据的创新应用。引导流通企业利用大数据技术推进市场拓展、精准营销和优化服务，带动商业模式创新。建立社会化、市场化的数据应用机制，推动第三方电子商务平台等企业开放数据资源，引导建立数据交换交易的规范与标准，规范数据交易行为。

（十二）创新市场应急调控机制。

完善市场应急调控管理体系。按照统一协调、分级负责、快速响应的原则，健全市场应急供应管理制度和协调机制。应对全国范围和跨区域市场异常波动由国务院有关部门负责，应对区域性市场异常波动主要由当地人民政府负责。

健全突发事件市场应急保供预案。细化自然灾害、事故灾难、公共卫生事件、社会安全事件等各类突发事件情况下市场应急保供预案和措施。根据突发事件对市场影响的范围和程度，综合运用信息引导、企业采购、跨区域调运、储备投放、进口组织、限量供应、依法征用等方式，建立基本生活必需品应急供应保障机制。

完善商品应急储备体系。建立中央储备与地方储备、政府储备与商业储备相结合的商品应急储备体系。建立储备商品定期检查检验制度，确保储备安全。推广商业储备模式，推进商业储备市场化运作和储备主体多元化。

增强市场应急保供能力。建设应急商品数据库，及时掌握相关应急商品产销和库存情况，保障信息传导畅通和组织调度科学有序。实施应急保供重点联系企业动态管理，保持合理库存水平，增强投放力量，合理规划设置应急商品集散地和投放网点。探索利用商业保险稳定生活必需品供应机制，推动重要生活必需品生产流通保险产品创新。

（十三）构建重要商品追溯体系。

建设重要商品追溯体系。坚持政府引导与市场化运作相结合，以食用农产品、食品、药品以及其他对消费者生命健康有较大影响的商品为重点，利用物联网等信息技术建设来源可追、去向可查、责任可究的信息链条，逐步增加可追溯商品品种。

完善重要商品追溯体系的管理体制。坚持统一规划、统一标准、分级建设、属地管理的原则，整合现有资源，建设统一的重要商品追溯信息服务体系，形成全国上下一体、协同运作的重要商品追溯体系管理体制。推进跨部

门、跨地区追溯体系对接和信息互通共享。地方各级人民政府要建立商品追溯体系持续有效运行的保障机制。

扩大重要商品追溯体系应用范围。完善重要商品追溯大数据分析与智能化应用机制，加大商品追溯信息在事中事后监管、行业发展促进、信用体系建设等方面的应用力度，提升追溯体系综合服务功能。

五、健全内贸流通规范有序的规制体系

（十四）加快推进流通立法。

完善流通法律制度。加快推进商品流通法立法进程，确立流通设施建设、商品流通保障、流通秩序维护、流通行业发展以及市场监管等基本制度。推动完善知识产权和商业秘密保护、网络信息安全、电子商务促进等法律制度。

健全流通法规规章。完善反垄断、反不正当竞争法律的配套法规制度，强化对市场竞争行为和监管执法行为的规范。加快制订内贸流通各行业领域的行政法规和规章，规范相关参与方行为，推动建立公平、透明的行业规则。对内贸流通领域与经济社会发展需要不相适应的现行法规、规章及规范性文件，及时予以修订或废止。

推进流通领域地方立法。坚持中央立法与地方立法相结合，鼓励地方在立法权限范围内先行先试。

（十五）提升监管执法效能。

加强流通领域执法。创新管理机制，加强执法队伍建设，合理配置执法力量，严格落实执法人员持证上岗和资格管理制度。健全举报投诉服务网络，完善受理、办理、转办和督办机制。开展商务综合行政执法体制改革试点。

推进行政执法与刑事司法衔接。建立信息共享、案情通报和案件移送制度，完善案件移送标准和程序，相关工作纳入中央、省、市、县四级人民政府统一建设的行政执法与刑事司法衔接信息共享平台。

创新市场监管方式。加强事中事后监管，坚持日常监管与专项治理相结合。加强大数据等现代信息技术在监管执法中的应用，推进行政处罚案件信息公开和流通企业信息公示，加强市场监管部门与行业协会商会、专业机构的合作，引入社会监督力量。创新企业产品质量执法检查方式，推行企业产品质量承诺制度。创新电子商务监管模式，健全消费者维权和交易争端解决机制。

（十六）加强流通标准化建设。

健全流通标准体系。加快构建国家标准、行业标准、团体标准、地方标准和企业标准相互配套、相互补充的内贸流通标准体系。扩大标准覆盖面、增强适用性，加强商贸物流、电子商务、农产品流通、居民生活服务等重点领域标准的制修订工作。

强化流通标准实施应用。建立政府支持引导、社会中介组织推动、骨干企业示范应用的内贸流通标准实施应用机制。推动建立经营场所服务标准公开公示制度，倡导流通企业以标准为依据规范服务、交易和管理行为。

完善流通标准管理。加快内贸流通标准管理信息化建设，简化行业标准制修订程序、缩短制修订周期。选择具备条件的社会团体开展团体标准试点。建立重点标准实施监督和评价制度，加强标准在认证认可、检验检测、市场准入、执法监督等行政管理中的使用。

（十七）加快流通信用体系建设。

推动建立行政管理信息共享机制。以统一

社会信用代码为基础，推动各地建设流通企业信用信息系统并纳入全国统一的信用信息共享交换平台，实现信息互通共享。建立健全企业经营异常名录、失信企业“黑名单”制度及跨部门联合惩戒机制，依法向社会提供信用信息查询服务。在行政管理中依法使用流通企业信用记录和信用报告，对企业实施信用分类管理。

引导建立市场化综合信用评价机制。在商品零售、居民服务等行业推动建立以交易信息为基础的企业信用评价机制。引导商品交易市场、物流园区以及第三方电子商务平台等建立入驻商户信用评价机制，鼓励按照信用级别向入驻商户提供差别化的信用服务。

支持建立第三方信用评价机制。支持信用调查、信用评估、信用保险、商业保理等信用服务行业加快发展，创新信用产品和服务。鼓励行业协会商会建立会员企业信用档案，推动具有上下游产业关系的行业协会商会建立信用信息共享机制。

六、健全内贸流通协调高效的管理体制

（十八）处理好政府与市场的关系。

明确政府职责。加强内贸流通领域发展战略、规划、法规、规章、政策、标准的制订和实施，整顿和规范市场经济秩序，推动信用建设，提供信息等公共服务，做好生活必需品市场供应应急调控，依法管理特殊流通行业。深化行政审批制度改革，依法界定内贸流通领域经营活动审批、资格许可和认定等管理事项，加快推广行政审批“一个窗口”受理，规范行政许可流程，取消涉及内贸流通的非行政许可审批。结合市场准入制度改革，推行内贸流通领域负面清单制度。

严格依法履职。建立健全内贸流通行政管理权力清单、部门责任清单等制度，公开涉及内贸流通的行政管理和资金支持事项。

（十九）合理划分中央与地方政府权责。

发挥中央政府宏观指导作用。国务院有关部门要研究制订内贸流通领域全国性法律法规、战略、规划、政策和标准，加强跨区域整顿和规范市场经济秩序、信用建设、公共服务、生活必需品市场供应应急调控，按国务院有关规定对特殊流通行业进行监督管理。

强化地方人民政府行政管理职责。地方各级人民政府要加强内贸流通领域全国性法律法规、战略、规划、政策和标准的贯彻实施，结合当地特点，制订本地区的规划、政策和标准，着力加强本行政区域整顿和规范市场秩序、信用建设、公共服务、应急保供等职责。

（二十）完善部门间协作机制。

进一步理顺部门职责分工。商务主管部门要履行好内贸流通工作综合统筹职责，加强与有关部门的沟通协调，完善工作机制，形成合力。探索建立内贸流通领域管理制度制定、执行与监督既相互制约又相互协调的行政运行机制。

探索建立大流通工作机制。鼓励有条件的地方整合和优化内贸流通管理职责，加强对电子商务、商贸物流、农产品市场建设等重点领域规划和政策的统筹协调。

（二十一）充分发挥行业协会商会作用。

推进行业协会商会改革。积极稳妥推进内贸流通领域行业协会商会与行政机关脱钩，厘清行业协会商会与行政机关的职能边界，创新行业协会商会管理体制和运行机制，推动建立政府与行业协会商会的新型合作关系。

支持行业协会商会加快发展。制订支持和

鼓励内贸流通领域行业协会商会发展的政策措施，提升行业服务和管理水平，发挥其在加强行业自律、服务行业发展、反映行业诉求等方面的作用。

各地区、各部门要充分认识推进内贸流通现代化、建设法治化营商环境的重要意义，切实抓好各项政策措施的落实，重要的改革要先行试点，及时总结和推广试点经验。各地区要结合本地实际，因地制宜制订实施方案，出台有针对性的具体措施，认真组织实施。各部门要明确分工，落实责任，加强协调，形成合力。商务部会同有关部门负责对本意见落实工作的统筹协调、跟踪了解、督促检查，确保各项任务措施落实到位。

国务院办公厅关于推进线上线下互动加快商贸流通创新发展转型升级的意见

（国办发〔2015〕72号　2015年9月18日）

各省、自治区、直辖市人民政府，国务院各部委、各直属机构：

近年来，移动互联网等新一代信息技术加速发展，技术驱动下的商业模式创新层出不穷，线上线下互动成为最具活力的经济形态之一，成为促进消费的新途径和商贸流通创新发展的新亮点。大力发展线上线下互动，对推动实体店转型，促进商业模式创新，增强经济发展新动力，服务大众创业、万众创新具有重要意义。为落实国务院决策部署，推进线上线下互动，加快商贸流通创新发展和转型升级，经国务院同意，现提出以下意见：

一、鼓励线上线下互动创新

（一）支持商业模式创新。包容和鼓励商业模式创新，释放商贸流通市场活力。支持实体店通过互联网展示、销售商品和服务，提升线下体验、配送和售后等服务，加强线上线下互动，促进线上线下融合，不断优化消费路径、打破场景限制、提高服务水平。鼓励实体店通过互联网与消费者建立全渠道、全天候互动，增强体验功能，发展体验消费。鼓励消费者通过互联网建立直接联系，开展合作消费，提高闲置资源配置和使用效率。鼓励实体商贸流通企业通过互联网强化各行业内、行业间分工合作，提升社会化协作水平。（商务部、网信办、发展改革委、工业和信息化部、地方各级人民政府）

（二）鼓励技术应用创新。加快移动互联网、大数据、物联网、云计算、北斗导航、地理位置服务、生物识别等现代信息技术在认证、交易、支付、物流等商务环节的应用推广。鼓励建设商务公共服务云平台，为中小微企业提供商业基础技术应用服务。鼓励开展商品流通全流程追溯和查询服务。支持大数据技术在商务领域深入应用，利用商务大数据开展事中事后监管和服务方式创新。支持商业网络信息系统提高安全防范技术水平，将用户个人信息保护纳入网络安全防护体系。（商务部、工业和信息化部、发展改革委、地方各级人民政府）

（三）促进产品服务创新。鼓励企业利用互联网逆向整合各类生产要素资源，按照消费需求打造个性化产品。深度开发线上线下互动的可穿戴、智能化商品市场。鼓励第三方电子商务平台与制造企业合作，利用电子商务优化供应链和服务链体系，发展基于互联网的装备远程监控、运行维护、技术支持等服务市场。支持发展面向企业和创业者的平台开发、网店建设、代运营、网络推广、信息处理、数据分析、信用认证、管理咨询、在线培训等第三方服务，为线上线下互动创新发展提供专业化的支撑保障。鼓励企业通过虚拟社区等多种途径获取、转化和培育稳定的客户群体。（商务部、工业和信息化部、网信办、地方各级人民政府）

二、激发实体商业发展活力

（四）推进零售业改革发展。鼓励零售企业转变经营方式，支持受线上模式冲击的实体店调整重组，提高自营商品比例，加大自主品牌、定制化商品比重，深入发展连锁经营。鼓励零售企业利用互联网技术推进实体店铺数字化改造，增强店面场景化、立体化、智能化展示功能，开展全渠道营销。鼓励大型实体店不断丰富消费体验，向智能化、多样化商业服务综合体转型，增加餐饮、休闲、娱乐、文化等设施，由商品销售为主转向“商品+服务”并重。鼓励中小实体店发挥靠近消费者优势，完善便利服务体系，增加快餐、缴费、网订店取、社区配送等附加便民服务功能。鼓励互联网企业加强与实体店合作，推动线上交流互动、引客聚客、精准营销等优势和线下真实体验、品牌信誉、物流配送等优势相融合，促进组织管理扁平化、设施设备智能化、商业主体在线化、商业客体数据化和服务作业标准化。（商务部、发展改革委）支持新型农业经营主体对接电子商务平台，有效衔接产需信息，推动农产品线上营销与线下流通融合发展。鼓励农业生产资料经销企业发展电子商务，促进农业生产资料网络营销。（农业部、发展改革委）支持零售企业线上线下结合，开拓国际市场，发展跨境网络零售。（商务部）

（五）加快批发业转型升级。鼓励传统商品交易市场利用互联网做强交易撮合、商品集散、价格发现和信息交互等传统功能，增强物流配送、质量标准、金融服务、研发设计、展览展示、咨询服务等新型功能。鼓励传统批发企业应用互联网技术建设供应链协同平台，向生产、零售环节延伸，实现由商品批发向供应链管理服务的转变。支持发展品牌联盟或建设品牌联合采购平台，集聚品牌资源，降低采购成本。深化电子商务应用，引导商品交易市场向电子商务园区、物流园区转型。以电子商务和现代物流为核心，推动大宗商品交易市场优化资源配置、提高流通效率。鼓励线上行业信息服务平台向综合交易服务平台转型，围绕客户需求组织线下展示会、洽谈会、交易会，为行业发展提供全方位垂直纵深服务。（商务部、工业和信息化部、发展改革委）

（六）转变物流业发展方式。运用互联网技术大力推进物流标准化，重点推进快递包裹、托盘、技术接口、运输车辆标准化，推进信息共享和互联互通，促进多式联运发展。大力发展智慧物流，运用北斗导航、大数据、物联网等技术，构建智能化物流通道网络，建设智能化仓储体系、配送系统。发挥互联网平台实时、高效、精准的优势，对线下运输车辆、仓储等资源进行合理调配、整合利用，提高物流资源使用效率，实现运输工具和货物的实时跟踪和在线化、可视化管理，鼓励依托互联网平台的“无车承运人”发展。推广城市共同配送模式，支持物流综合信息服务平台建设。鼓励企业在出口重点国家建设海外仓，推进跨境电子商务发展。（发展改革委、商务部、交通运输部、邮政局、国家标准委）

（七）推进生活服务业便利化。大力推动吃住行及旅游、娱乐等生活服务业在线化，促进线上交易和线下服务相结合，提供个性化、便利化服务。鼓励餐饮企业发展在线订餐、团购、外卖配送等服务。支持住宿企业开展在线订房服务。鼓励交通客运企业、旅游景点及文化演艺单位开展在线订票、在线订座、门票配送等服务。支持家政、洗染、维修、美发等行业开展网上预约、上门服务等业务。鼓励互联网平台企业汇聚线下实体的闲置资源，发展民宿、代购、合乘出行等合作消费服务。（商务部、旅游局、文化部、交通运输部）

（八）加快商务服务业创新发展。鼓励展览企业建设网上展示交易平台，鼓励线上企业服务实体展会，打造常态化交流对接平台，提高会展服务智能化、精细化水平。支持举办中国国际电子商务博览会，发现创新、引导创新、推广创新。提升商务咨询服务网络化水平。（商务部）提升知识产权维权服务水平。（知识产权局）积极探索基于互联网的新型服务贸易发展方式，培育服务新业态，推动服务贸易便利化，提升商务服务业国际化水平。（商务部）

三、健全现代市场体系

（九）推进城市商业智能化。深入推进智慧城市建设，鼓励具备条件的城市探索构建线上线下互动的体验式智慧商圈，支持商圈无线网络基础设施建设，完善智能交通引导、客流疏导、信息推送、移动支付、消费互动、物流配送等功能，健全商圈消费体验评价、信息安全保护、商家诚信积累和消费者权益保障体系。实施特色商业街区示范建设工程，鼓励各地基于互联网技术培育一批具有产业特色、经营特色、文化特色的多功能、多业态商业街区。（商务部、发展改革委、科技部、工业和信息化部、人民银行、工商总局、地方各级人民政府）

（十）推进农村市场现代化。开展电子商务进农村综合示范，推动电子商务企业开拓农村市场，构建农产品进城、工业品下乡的双向流通体系。（商务部、财政部）引导电子商务企业与农村邮政、快递、供销、“万村千乡市场工程”、交通运输等既有网络和优势资源对接合作，对农村传统商业网点升级改造，健全县、乡、村三级农村物流服务网络。加快全国农产品商务信息服务公共平台建设。（商务部、交通运输部、邮政局、供销合作总社、发展改革委）大力发展农产品电子商务，引导特色农产品主产区县市在第三方电子商务平台开设地方特色馆。（商务部、地方各级人民政府）推进农产品“生产基地＋社区直配”示范，带动订单农业发展，提高农产品标准化水平。加快信息进村入户步伐，加强村级信息服务站建设，强化线下体验功能，提高新型农业经营主体电子商务应用能力。（农业部）

（十一）推进国内外市场一体化。鼓励应用互联网技术实现国内国外两个市场无缝对接，推进国内资本、技术、设备、产能与国际资源、需求合理适配，重点围绕“一带一路”战略及开展国际产能和装备制造合作，构建国内外一体化市场。（商务部、发展改革委、网信办）深化京津冀、长江经济带、“一带一路”、东北地区和泛珠三角四省区（福建、广东、广西、海南）区域通关一体化改革，推进全国一体化通关管理。（海关总署）建立健全适应跨境电子商务的监管服务体系，提高贸易便利化水平。（商务部、海关总署、财政部、税务总局、质检总局、外汇局）

四、完善政策措施

（十二）推进简政放权。除法律、行政法规和国务院决定外，各地方、各部门一律不得增设线上线下互动企业市场准入行政审批事项。根据线上线下互动特点，调整完善市场准入资质条件，加快公共服务领域资源开放和信息共享。（有关部门按职能分工分别负责）简化市场主体住所（经营场所）登记手续，推进一照多址、一址多照、集群注册等住所登记制度改革，为连锁企业、网络零售企业和快递企业提供便利的登记注册服务。（工商总局）

（十三）创新管理服务。坚持促进发展、规范秩序和保护权益并举，坚持在发展中逐步规范、在规范中更好发展。注意规范方式，防止措施失当导致新兴业态丧失发展环境。创新管理理念、管理体制和管理方式，建立与电子商务发展需要相适应的管理体制和服务机制，促进线上线下互动，充分发挥流通在经济发展中的基础性和先导性作用。开展商务大数据建设和应用，服务监管创新，支持电子商务产品品牌推广。（商务部、工商总局、质检总局）在不改变用地主体、规划条件的前提下，各类市场主体利用存量房产、土地资源发展线上线下互动业务的，可在5年内保持土地原用途、权利类型不变，5年期满后确需办理变更手续的，按有关规定办理。（国土资源部）

（十四）加大财税支持力度。充分发挥市场在资源配置中的决定性作用，突出社会资本推动线上线下融合发展的主体地位。同时发挥财政资金的引导作用，促进电子商务进农村。（财政部、商务部）营造线上线下企业公平竞争的税收环境。（财政部、税务总局）线上线下互动发展企业符合高新技术企业或技术先进型服务企业认定条件的，可按现行税收政策规定享受有关税收优惠。（财政部、科技部、税务总局）积极推广网上办税服务和电子发票应用。（税务总局、财政部、发展改革委、商务部）

（十五）加大金融支持力度。支持线上线下互动企业引入天使投资、创业投资、私募股权投资，发行企业债券、公司债券、资产支持证券，支持不同发展阶段和特点的线上线下互动企业上市融资。支持金融机构和互联网企业依法合规创新金融产品和服务，加快发展互联网支付、移动支付、跨境支付、股权众筹融资、供应链金融等互联网金融业务。完善支付服务市场法律制度，建立非银行支付机构常态化退出机制，促进优胜劣汰和资源整合。健全互联网金融征信体系。（人民银行、发展改革委、银监会、证监会）

（十六）规范市场秩序。创建公平竞争的创业创新环境和规范诚信的市场环境，加强知识产权和消费者权益保护，防止不正当竞争和排除、限制竞争的垄断行为。推进社会诚信体系建设，强化经营主体信息公开披露，推动行政许可、行政处罚信息7个工作日内上网公开。建立健全电子商务信用记录，纳入“信用中国”网站和统一的信用信息共享交换平台，完善电子商务信用管理和信息共享机制。切实加强线上线下一体化监管和事中事后监管，健全部门联动防范机制，严厉打击网络领域制售假冒伪劣商品、侵犯知识产权、传销、诈骗等违法犯罪行为。（商务部、发展改革委、工业和信息化部、公安部、工商总局、质检总局、

食品药品监管总局、知识产权局）

（十七）加强人才培养。鼓励各类企业、培训机构、大专院校、行业协会培养综合掌握商业经营管理和信息化应用知识的高端紧缺人才。支持有条件的地区建设电子商务人才继续教育基地，开展实用型电子商务人才培训。支持开展线上线下互动创新相关培训，引进高端复合型电子商务人才，为线上线下互动企业创新发展提供服务。（商务部、人力资源社会保障部、地方各级人民政府）

（十八）培育行业组织。支持行业协会组织根据本领域行业特点和发展需求制订行业服务标准和服务规范，倡导建立良性商业规则，促进行业自律发展。发挥第三方检验检测认证机构作用，保障商品和服务质量，监督企业遵守服务承诺，维护消费者、企业及个体创业者的正当权益。（商务部、工商总局、质检总局）

各地区、各部门要加强组织领导和统筹协调，结合本地区、本部门实际制订具体实施方案，明确工作分工，落实工作责任。商务部要会同有关部门做好业务指导和督促检查工作，重大情况及时报告国务院。

国务院关于促进快递业发展的若干意见

（国发〔2015〕61号 2015年10月23日）

各省、自治区、直辖市人民政府，国务院各部委、各直属机构：

快递业是现代服务业的重要组成部分，是推动流通方式转型、促进消费升级的现代化先导性产业。近年来，我国快递业发展迅速，企业数量大幅增加，业务规模持续扩大，服务水平不断提升，在降低流通成本、支撑电子商务、服务生产生活、扩大就业渠道等方面发挥了积极作用。但与此同时，快递业发展方式粗放、基础设施滞后、安全隐患较多、国际竞争力不强等问题仍较为突出。为促进快递业健康发展，进一步搞活流通、拉动内需，服务大众创业、万众创新，培育现代服务业新增长点，更好发挥快递业对稳增长、促改革、调结构、惠民生的作用，现提出以下意见。

一、总体要求

（一）指导思想。以解决制约快递业发展的突出问题为导向，以“互联网+”快递为发展方向，培育壮大市场主体，融入并衔接综合交通体系，扩展服务网络惠及范围，保障寄递渠道安全，促进行业转型升级和提质增效，不断满足人民群众日益增长的寄递需求，更好服务于国民经济和社会发展。

（二）基本原则。

市场主导。遵循市场发展规律，进一步开放国内快递市场，用市场化手段引导快递企业整合提升，鼓励企业持续提高服务能力和服务质量。进一步简政放权，发挥法律法规、规划、标准的规范引导作用，形成有利于快递业发展的市场环境。

安全为基。进一步强化安全生产红线意识，加强寄递安全制度体系建设，落实企业主体责任，夯实快递业安全基础。依靠科技手段创新管理方式、提升监管能力，保障寄递渠道安全。

创新驱动。鼓励不同所有制资本在快递领域交叉持股、相互融合，激发市场主体活力和创造力。支持快递企业加快推广应用现代信息技术，不断创新商业模式、服务形式和管理方式。

协同发展。推动快递业加快融入生产、流通和消费环节，充分发挥服务电子商务的主渠道作用，联通线上线下，实现与先进制造业、现代农业、信息技术等产业协同发展。

（三）发展目标。到2020年，基本建成普惠城乡、技术先进、服务优质、安全高效、绿色节能的快递服务体系，形成覆盖全国、联通国际的服务网络。

——产业规模跃上新台阶。快递市场规模稳居世界首位，基本实现乡乡有网点、村村通快递，快递年业务量达到500亿件，年业务收入达到8000亿元。

——企业实力明显增强。快递企业自主航空运输能力大幅提升，建设一批辐射国内外的航空快递货运枢纽，积极引导培育形成具有国际竞争力的大型骨干快递企业。

——服务水平大幅提升。寄递服务产品体系更加丰富，国内重点城市间实现48小时送达，国际快递服务通达范围更广、速度更快，服务满意度稳步提高。

——综合效益更加显著。年均新增就业岗位约20万个，全年支撑网络零售交易额突破10万亿元，日均服务用户2.7亿人次以上，有效降低商品流通成本。

二、重点任务

（四）培育壮大快递企业。鼓励各类资本依法进入快递领域，支持快递企业兼并重组、上市融资，整合中小企业，优化资源配置，实现强强联合、优势互补，加快形成若干家具有国际竞争力的企业集团，鼓励“走出去”参与国际竞争。大力提升快递服务质量，实施品牌战略，建立健全行业安全和服务标准体系，加强服务质量监测，降低快件延误率、损毁率、丢失率和投诉率，引导快递企业从价格竞争向服务竞争转变。积极推广快递保险业务，保障用户权益。支持骨干企业建设工程技术中心，开展智能终端、自动分拣、机械化装卸、冷链快递等技术装备的研发应用。

（五）推进“互联网+”快递。鼓励快递企业充分利用移动互联、物联网、大数据、云计算等信息技术，优化服务网络布局，提升运营管理效率，拓展协同发展空间，推动服务模式变革，加快向综合性快递物流运营商转型。引导快递企业与电子商务企业深度合作，促进线上线下互动创新，共同发展体验经济、社区经济、逆向物流等便民利商新业态。积极参与涉农电子商务平台建设，构建农产品快递网络，服务产地直销、订单生产等农业生产新模式。发挥供应链管理优势，积极融入智能制造、个性化定制等制造业新领域。支持快递企业完善信息化运营平台，发展代收货款等业务。

（六）构建完善服务网络。实施快递“向下、向西、向外”工程，建设快递专业类物流园区、快件集散中心和快递末端服务平台，完善农村、西部地区服务网络，构建覆盖国内外的快件寄递体系。支持快递企业加强与农业、供销、商贸企业的合作，打造“工业品下乡”和“农产品进城”双向流通渠道，下沉带动农村消费。鼓励快递企业发展跨境电商快递业务，加大对快递企业“走出去”的服务力度，在重点口岸城市建设国际快件处理中心，探索建立“海外仓”。鼓励传统邮政业进一步加快转型发展，支持邮政企业和快递企业创新合作模式，充分利用现有邮政网点优势，提高邮政基础设施利用效率。

（七）衔接综合交通体系。实施快递“上车、上船、上飞机”工程，加强与铁路、公路、水路、民航等运输企业合作，制定并实施快递设施通用标准，强化运输保障能力。在铁路枢纽配套建设快件运输通道和接驳场所，建立健全利用中欧班列运输邮（快）件机制。稳妥推进公路客运班车代运快件试点和快件甩挂运输方式，因地制宜发展快件水路运输，大力推动快件航空运输。在交通运输领域，完善快件处理设施和绿色通道，辐射带动电子商务等相关产业集聚。鼓励快递企业组建航空货运公司，在国际航线、航班时刻、货机购置等方面给予政策支持。

（八）加强行业安全监管。实施寄递渠道安全监管“绿盾”工程，全面推进快递企业安全生产标准化建设，落实邮政业安全生产设备配置规范等强制性标准，明确收寄、分拣、运输、投递等环节的安全要求。落实快递企业和寄件人安全责任，完善从业人员安全教育培训制度，筑牢寄递渠道安全基础。强化安全检查措施，严格执行收寄验视制度，加强对进出境快件的检疫监管，从源头防范禁寄物品流入寄递渠道。积极利用信息技术提升安全监管能力，完善快递业安全监管信息平台，健全信息采集标准和共享机制，实现快件信息溯源追查，依法严格保护个人信息安全。落实寄递渠道安全管理工作机制，加强跨部门、跨区域协作配合，提升安全监管与应急处置能力。

三、政策措施

（九）深入推进简政放权。深化快递行业商事制度改革，探索对快递企业实行同一工商登记机关管辖范围内“一照多址”模式。简化快递业务经营许可程序，改革快递企业年度报告制度，精简企业分支机构、末端网点备案手续。发挥电子口岸、国际陆港等“一站式”通关平台优势，扩大电子商务出口快件清单核放、汇总申报通关模式的适用地域范围，实现进出境快件便捷通关。

（十）优化快递市场环境。充实监管力量，创新监管方式，强化事中事后监管，全面提升市场监管能力。建立健全用户申诉与执法联动机制，依法查处违法违规行为，规范市场经营秩序。发挥行业自律和社会监督作用，利用企业信用信息公示系统和行业监管信息系统，建立违法失信主体“黑名单”及联合惩戒制度，营造诚实守信的市场环境。

（十一）健全法规规划体系。加快制定快递条例和相关法规规章，提高快递业法治化、标准化水平。编制快递业发展“十三五”规划和重点区域规划，与综合交通运输、物流业、现代服务业、电子商务、物流园区等专项规划做好衔接。有关方面要将发展快递业纳入国民经济和社会发展规划，在城乡规划、土地利用规划、公共服务设施规划中合理安排快递基础设施的布局建设。

（十二）加大政策支持力度。中央预算内投资通过投资补助和贴息等方式，支持农村和西部地区公益性、基础性快递基础设施建设，各级财政专项资金要将符合条件的企业和项目纳入支持范围。快递企业可按现行规定申请执行省（区、市）内跨地区经营总分支机构增值税汇总缴纳政策，依法享受企业所得税优惠政策。各地区要在土地利用总体规划和年度用地计划中统筹安排快递专业类物流园区、快件集散中心等设施用地，研究将智能快件箱等快递服务设施纳入公共服务设施规划。鼓励金融机构创新服务方式，开展适应快递业特点的抵押贷款、融资租赁等业务。快递企业用电、用气、用热价格按照不高于一般工业标准执行。

（十三）改进快递车辆管理。制定快递专用机动车辆系列标准，及时发布和修订车辆生产企业和产品公告。各地要规范快递车辆管理，逐步统一标志，对快递专用车辆城市通行和临时停靠作业提供便利。研究出台快递专用电动三轮车国家标准以及生产、使用、管理规定。各地可结合实际制定快递专用电动三轮车用于城市收投服务的管理办法，解决“最后一公里”通行难问题。

（十四）建设专业人才队伍。引导高等学校加强物流管理、物流工程等专业建设，支持职业院校开设快递相关专业。探索学校、科研机构、行业协会和企业联合培养人才模式，建立一批快递人才培训基地。实施快递人才素质提升工程，建立健全人才评价制度，落实就业创业和人才引进政策。支持快递企业组织从业人员参加相关职业培训和职业技能鉴定，对符合条件的企业和人员可按规定给予补贴。

四、组织实施

各地区、各有关部门要充分认识促进快递业健康发展的重要意义，加强组织领导，健全工作机制，强化协同联动，加大支持力度，为快递业发展营造良好环境。各地区要根据本意见，结合本地区实际情况研究出台有针对性的支持措施并认真抓好落实。各有关部门要各负其责，按照职责分工抓紧制定相关配套措施。交通运输部、发展改革委、邮政局会同有关部门负责对本意见落实工作的统筹协调、跟踪了解、督促检查。

国务院办公厅关于促进农村电子商务加快发展的指导意见

（国办发〔2015〕78 号　　2015 年 10 月 31 日）

各省、自治区、直辖市人民政府，国务院各部委、各直属机构：

农村电子商务是转变农业发展方式的重要手段，是精准扶贫的重要载体。通过大众创业、万众创新，发挥市场机制作用，加快农村电子商务发展，把实体店与电商有机结合，使实体经济与互联网产生叠加效应，有利于促消费、扩内需，推动农业升级、农村发展、农民增收。经国务院批准，现就促进农村电子商务加快发展提出以下意见：

一、指导思想

全面贯彻党的十八大和十八届三中、四中、五中全会精神，落实国务院决策部署，按照全面建成小康社会目标和新型工业化、信息化、城镇化、农业现代化同步发展的要求，深化农村流通体制改革，创新农村商业模式，培育和壮大农村电子商务市场主体，加强基础设施建设，完善政策环境，加快发展线上线下融合、覆盖全程、综合配套、安全高效、便捷实惠的现代农村商品流通和服务网络。

二、发展目标

到 2020 年，初步建成统一开放、竞争有序、诚信守法、安全可靠、绿色环保的农村电子商务市场体系，农村电子商务与农村一、二、三产业深度融合，在推动农民创业就业、开拓农村消费市场、带动农村扶贫开发等方面取得明显成效。

三、重点任务

（一）积极培育农村电子商务市场主体。充分发挥现有市场资源和第三方平台作用，培育多元化农村电子商务市场主体，鼓励电商、物流、商贸、金融、供销、邮政、快递等各类社会资源加强合作，构建农村购物网络平台，实现优势资源的对接与整合，参与农村电子商务发展。

（二）扩大电子商务在农业农村的应用。在农业生产、加工、流通等环节，加强互联网技术应用和推广。拓宽农产品、民俗产品、乡村旅游等市场，在促进工业品、农业生产资料下乡的同时，为农产品进城拓展更大空间。加强运用电子商务大数据引导农业生产，促进农业发展方式转变。

（三）改善农村电子商务发展环境。硬环境方面，加强农村流通基础设施建设，提高农村宽带普及率，加强农村公路建设，提高农村物流配送能力；软环境方面，加强政策扶持，加强人才培养，营造良好市场环境。

四、政策措施

（一）加强政策扶持。深入开展电子商务进农村综合示范，优先在革命老区和贫困地区实施，有关财政支持资金不得用于网络交易平台的建设。制订出台农村电子商务服务规范和工作指引，指导地方开展工作。加快推进信息进村入户工作。加快推进适应电子商务的农产品分等分级、包装运输标准制定和应用。把电子商务纳入扶贫开发工作体系，以建档立卡贫困村为工作重点，提升贫困户运用电子商务创业增收的能力，鼓励引导电商企业开辟革命老区和贫困地区特色农产品网上销售平台，与合作社、种养大户等建立直采直供关系，增加就业和增收渠道。

（二）鼓励和支持开拓创新。鼓励地方、企业等因地制宜，积极探索农村电子商务新模式。开展农村电子商务创新创业大赛，调动返乡高校毕业生、返乡青年和农民工、大学生村官、农村青年、巾帼致富带头人、退伍军人等参与农村电子商务的积极性。开展农村电子商务强县创建活动，发挥其带动和引领作用。鼓励供销合作社创建农产品电子商务交易平台。引导各类媒体加大农村电子商务宣传力度，发掘典型案例，推广成功经验。

（三）大力培养农村电商人才。实施农村电子商务百万英才计划，对农民、合作社和政府人员等进行技能培训，增强农民使用智能手机的能力，积极利用移动互联网拓宽电子商务渠道，提升为农民提供信息服务的能力。有条件的地区可以建立专业的电子商务人才培训基地和师资队伍，努力培养一批既懂理论又懂业务、会经营网店、能带头致富的复合型人才。引导具有实践经验的电子商务从业者从城镇返乡创业，鼓励电子商务职业经理人到农村发展。

（四）加快完善农村物流体系。加强交通运输、商贸流通、农业、供销、邮政等部门和单位及电商、快递企业对相关农村物流服务网络和设施的共享衔接，加快完善县乡村农村物流体系，鼓励多站合一、服务同网。鼓励传统农村商贸企业建设乡镇商贸中心和配送中心，发挥好邮政普遍服务的优势，发展第三方配送和共同配送，重点支持老少边穷地区物流设施建设，提高流通效率。加强农产品产地集配和冷链等设施建设。

（五）加强农村基础设施建设。完善电信普遍服务补偿机制，加快农村信息基础设施建设和宽带普及。促进宽带网络提速降费，结合农村电子商务发展，持续提高农村宽带普及率。以建制村通硬化路为重点加快农村公路建设，推进城乡客运一体化，推动有条件的地区实施农村客运线路公交化改造。

（六）加大金融支持力度。鼓励村级电子商务服务点、助农取款服务点相互依托建设，实现优势互补、资源整合，提高利用效率。支持银行业金融机构和支付机构研发适合农村特点的网上支付、手机支付、供应链贷款等金融产品，加强风险控制，保障客户信息和资金安全。加大对电子商务创业农民尤其是青年农民的授信和贷款支持。简化农村网商小额短期贷款手续。符合条件的农村网商，可按规定享受创业担保贷款及贴息政策。

（七）营造规范有序的市场环境。加强网络市场监管，强化安全和质量要求，打击制售假冒伪劣商品、虚假宣传、不正当竞争和侵犯知识产权等违法行为，维护消费者合法权益，促进守法诚信经营。督促第三方平台加强内部管理，规范主体准入，遏制“刷信用”等欺诈行为。维护公平竞争的市场秩序，推进农村电子商务诚信建设。

五、组织实施

各地区、各部门要进一步提高认识，加强组织领导和统筹协调，落实工作责任，完善工作机制，切实抓好各项政策措施的落实。

地方各级人民政府特别是县级人民政府要结合本地实际，因地制宜制订实施方案，出台具体措施；充分发挥农村基层组织的带头作用，整合农村各类资源，积极推动农村电子商务发展。同时，加强规划引导，防止盲目发展和低水平竞争。

各部门要明确分工，密切协作，形成合力。商务部要会同有关部门加强统筹协调、跟踪督查，及时总结和推广经验，确保各项任务措施落实到位。

国务院办公厅关于加快发展生活性服务业促进消费结构升级的指导意见

(国办发〔2015〕85号　2015年11月19日)

各省、自治区、直辖市人民政府，国务院各部委、各直属机构：

国务院高度重视发展服务业。近年来，我国服务业发展取得显著成效，成为国民经济和吸纳就业的第一大产业，稳增长、促改革、调结构、惠民生作用持续增强。当前我国进入全面建成小康社会的决胜阶段，经济社会发展呈现出更多依靠消费引领、服务驱动的新特征。但总体看，我国生活性服务业发展仍然相对滞后，有效供给不足、质量水平不高、消费环境有待改善等问题突出，迫切需要加快发展。与此同时，国民收入水平提升扩大了生活性服务消费新需求，信息网络技术不断突破拓展了生活性服务消费新渠道，新型城镇化等国家重大战略实施扩展了生活性服务消费新空间，人民群众对生活性服务的需要日益增长、对服务品质的要求不断提高，生活性服务消费蕴含巨大潜力。

生活性服务业领域宽、范围广，涉及人民群众生活的方方面面，与经济社会发展密切相关。加快发展生活性服务业，是推动经济增长动力转换的重要途径，实现经济提质增效升级的重要举措，保障和改善民生的重要手段。为加快发展生活性服务业、促进消费结构升级，经国务院同意，现提出以下意见。

一、总体要求

(一) 指导思想。

全面贯彻党的十八大和十八届二中、三中、四中、五中全会精神，认真落实国务院部署要求，以增进人民福祉、满足人民群众日益增长的生活性服务需要为主线，大力倡导崇尚绿色环保、讲求质量品质、注重文化内涵的生活消费理念，创新政策支持，积极培育生活性服务新业态新模式，全面提升生活性服务业质量和效益，为经济发展新常态下扩大消费需求、拉动经济增长、转变发展方式、促进社会和谐提供有力支撑和持续动力。

(二) 基本原则。

坚持消费引领，强化市场主导。努力适应居民消费升级的新形势新要求，充分发挥市场配置资源的决定性作用，更好发挥政府规划、政策引导和市场监管的作用，挖掘消费潜力，增添市场活力。

坚持突出重点，带动全面发展。加强生活性服务业分类指导，聚焦重点领域和薄弱环节，综合施策，形成合力，实现重点突破，增强示范带动效应。

坚持创新供给，推动新型消费。抢抓产业跨界融合发展新机遇，运用互联网、大数据、云计算等推动业态创新、管理创新和服务创新，开发适合高中低不同收入群体的多样化、个性化潜在服务需求。

坚持质量为本，提升品质水平。进一步健全生活性服务业质量管理体系、质量监督体系和质量标准体系，推动职业化发展，丰富文化内涵，打造服务品牌。

坚持绿色发展，转变消费方式。加强生态文明建设，促进服务过程和消费方式绿色化，推动生活性服务业高水平发展，加快生活方式转变和消费结构升级。

（三）发展导向。

围绕人民群众对生活性服务的普遍关注和迫切期待，着力解决供给、需求、质量方面存在的突出矛盾和问题，推动生活性服务业便利化、精细化、品质化发展。

1. 增加服务有效供给。鼓励各类市场主体根据居民收入水平、人口结构和消费升级等发展趋势，创新服务业态和商业模式，优化服务供给，增加短缺服务，开发新型服务。城市生活性服务业要遵循产城融合、产业融合和宜居宜业的发展要求，科学规划产业空间定位，合理布局网点，完善服务体系。农村生活性服务业要以改善基础条件、满足农民需求为重点，鼓励城镇生活性服务业网络向农村延伸，加快农村宽带、无线网络等信息基础设施建设步伐，推动电子商务和快递服务下乡进村入户，以城带乡，尽快改变农村生活性服务业落后面貌。

2. 扩大服务消费需求。深度开发人民群众从衣食住行到身心健康、从出生到终老各个阶段各个环节的生活性服务，满足大众新需求，适应消费结构升级新需要，积极开发新的服务消费市场，进一步拓展网络消费领域，加快线上线下融合，培育新型服务消费，促进新兴产业成长。加强生活性服务基础设施建设，创新设计理念，体现人文精神。提升服务管理水平，拓展服务维度，精细服务环节，延伸服务链条，发展智慧服务。积极运用互联网等现代信息技术，改进服务流程，扩大消费选择。培育信息消费需求，丰富信息消费内容。改善生活性服务消费环境，加强服务规范和监督管理，健全消费者权益保护体系。深度挖掘我国传统文化、民俗风情和区域特色的发展潜力，促进生活性服务“走出去”，开拓国际市场。

3. 提升服务质量水平。营造全社会重视服务质量的良好氛围，打造“中国服务”品牌。鼓励服务企业将服务质量作为立业之本，坚持质量第一、诚信经营，强化质量责任意识，制定服务标准和规范。推进生活性服务业职业化发展，鼓励企业加强员工培训，增强爱岗敬业的职业精神和专业技能，提高职业素质。积极运用新理念和新技术，改进提高服务质量。优化质量发展环境，完善服务质量治理体系和顾客满意度测评体系。

经过一个时期的努力，力争实现生活性服务业总体规模持续扩大，新业态、新模式不断培育成长；生活性服务基础设施进一步完善，公共服务平台功能逐步增强；以城带乡和城乡互动发展机制日益完善，区域结构更加均衡，消费升级取得重大进展；消费环境明显改善，质量治理体系进一步健全，职业化进程显著加快，服务质量和服务品牌双提升，国内顾客和国外顾客双满意。

二、主要任务

今后一个时期，重点发展贴近服务人民群众生活、需求潜力大、带动作用强的生活性服务领域，推动生活消费方式由生存型、传统型、物质型向发展型、现代型、服务型转变，促进和带动其他生活性服务业领域发展。

（一）居民和家庭服务。

健全城乡居民家庭服务体系，推动家庭服务市场多层次、多形式发展，在供给规模和服务质量方面基本满足居民生活性服务需求。引导家庭服务企业多渠道、多业态提供专业化的生活性服务，推进规模经营和网络化发展，创建一批知名家庭服务品牌。整合、充实、升级家庭服务业公共平台，健全服务网络，实现一网多能、跨区域服务，发挥平台对城乡生活性服务业的引导和支撑作用。完善社区服务网点，多方式提供婴幼儿看护、护理、美容美发、洗染、家用电器及其他日用品修理等生活性服务，推动房地产中介、房屋租赁经营、物业管理、搬家保洁、家用车辆保养维修等生活性服务规范化、标准化发展。鼓励在乡村建立综合性服务网点，提高农村居民生活便利化水平。

（二）健康服务。

围绕提升全民健康素质和水平，逐步建立覆盖全生命周期、业态丰富、结构合理的健康服务体系。鼓励发展健康体检、健康咨询、健康文化、健康旅游、体育健身等多样化健康服务。积极提升医疗服务品质，优化医疗资源配置，取消对社会办医的不合理限制，加快形成多元化办医格局。推动发展专业、规范的护理服务。全面发展中医药健康服务，推广科学规范的中医养生保健知识及产品，提升中医药健康服务能力，创新中医药健康服务技术手段，丰富中医药健康服务产品种类。推进医疗机构与养老机构加强合作，发展社区健康养老。支持医疗服务评价、健康管理服务评价、健康市场调查等第三方健康服务调查评价机构发展，培育健康服务产业集群。积极发展健康保险，丰富商业健康保险产品，发展多样化健康保险服务。

（三）养老服务。

以满足日益增长的养老服务需求为重点，完善服务设施，加强服务规范，提升养老服务体系建设水平。鼓励养老服务与相关产业融合创新发展，推动基本生活照料、康复护理、精神慰藉、文化服务、紧急救援、临终关怀等领域养老服务的发展。积极运用网络信息技术，发展紧急呼叫、健康咨询、物品代购等适合老年人的服务项目，创新居家养老服务模式，完善居家养老服务体系。加快推进养老护理员队伍建设，加强职业教育和从业人员培训。大力发展老年教育，支持各类老年大学等教育机构发展，扩大老年教育资源供给，促进养教结合。鼓励专业养老机构发挥自身优势，培训和指导社区养老服务组织和人员。引导社会力量举办养老机构，通过公建民营等方式鼓励社会资本进入养老服务业，鼓励境外资本投资养老服务业。鼓励探索创新，积极开发切合农村实际需求的养老服务方式。

（四）旅游服务。

以游客需求为导向，丰富旅游产品，改善市场环境，推动旅游服务向观光、休闲、度假并重转变，提升旅游文化内涵和附加值。大力发展红色旅游，加强革命传统教育，弘扬民族精神。突出乡村特色，充分发挥农业的多功能性，开发一批形式多样、特色鲜明的乡村旅游产品。进一步推动集观光、度假、休闲、娱乐、海上运动于一体的滨海旅游和海岛旅游。丰富老年旅游服务供给，积极开发多层次、多样化的老年人休闲养生度假产品。引导健康的旅游消费方式，积极发展休闲度假旅游、研学旅行、工业旅游，推动体育运动、竞赛表演、健身休闲与旅游活动融合发展。适应房车、自驾车、邮轮、游艇等新兴旅游业态发展需要，合理规划配套设施建设和基地布局。开发线上线下有机结合的旅游服务产品，推动旅游定制服务，满足个性化需求，深化旅游体验。开发特色旅游路线，加强国际市场营销，积极发展入境旅游。加强旅游纪念品在体现民俗、历史、区位等文化内涵方面的创意设计，推动中国旅游商品品牌建设。

（五）体育服务。

大力推动群众体育与竞技体育协同发展，促进体育市场繁荣有序，加速形成门类齐全、结构合理的体育服务体系。重点培育健身休闲、竞赛表演、场馆服务、中介培训等体育服务业，促进康体结合，推动体育旅游、体育传媒、体育会展等相关业态融合发展。以足球、篮球、排球三大球为切入点，加快发展普及性广、关注度高、市场空间大的运动项目。以举办2022年冬奥会为契机，全面提升冰雪运动普及度和产业发展水平。大力普及健身跑、自行车、登山等运动项目，带动大众化体育运动发展。完善健身教练、体育经纪人等职业标准和管理规范，加强行业自律。推动专业赛事发展，丰富业余赛事，探索完善赛事市场开发和运作模式，实施品牌战略，打造一批国际性、区域性品牌赛事。有条件的地方可利用自然人文特色资源，举办汽车拉力赛、越野赛等体育竞赛活动。推动体育产业联系点工作，培育一批符合市场规律、具有竞争力的体育产业基地。鼓励体育优势企业、优势品牌和优势项目“走出去”。

（六）文化服务。

着力提升文化服务内涵和品质，推进文化创意和设计服务等新型服务业发展，大力推进与相关产业融合发展，不断满足人民群众日益增长的文化服务需求。积极发展具有民族特色和地方特色的传统文化艺术，鼓励创造兼具思想性艺术性观赏性、人民群众喜闻乐见的优秀文化服务产品。加快数字内容产业发展，推动文化服务产品制作、传播、消费的数字化、网络化进程，推进动漫游戏等产业优化升级。深入推进新闻出版精品工程，鼓励民族原创网络出版产品、优秀原创网络文学作品等创作生产，优化新闻出版产业基地布局。积极发展移动多媒体广播电视、网络广播电视等新媒体、新业态。推动传统媒体与新兴媒体融合发展，提升先进文化的互联网传播吸引力。完善文化产业国际交流交易平台，提升文化产业国际化水平和市场竞争力。

（七）法律服务。

加强民生领域法律服务，推进覆盖城乡居民的公共法律服务体系建设。大力发展律师、公证、司法鉴定等法律服务业，推进法律服务的专业化和职业化。提升面向基层和普通百姓的法律服务能力，加强对弱势群体的法律服务，加大对老年人、妇女和儿童等法律援助和服务的支持力度。支持中小型法律服务机构发展和法律服务方式创新。统筹城乡、区域法律服务资源，建立激励法律服务人才跨区域流动机制。加快发展公职律师、公司律师队伍，构建社会律师、公职律师、公司律师等优势互补、结构合理的律师队伍。规范法律服务秩序和服务行为，完善职业评价体系、诚信执业制度以及违法违规执业惩戒制度。强化涉外法律服务，着力培养一批通晓国际法律规则、善于处理涉外法律事务的律师人才，建设一批具有国际竞争力和影响力的律师事务所。完善法律服务执业权利保障机制，优化法律服务发展环境。

（八）批发零售服务。

优化城市流通网络，畅通农村商贸渠道，加强现代批发零售服务体系建设。合理规划城乡流通基础设施布局，鼓励发展商贸综合服务中心、农产品批发市场、集贸市场以及重要商品储备设施、大型物流（仓储）配送中心、农村邮政物流设施、快件集散中心、农产品冷链物流设施。推动各类批发市场等传统商贸流通企业转变经营模式，利用互联网等先进信息技术进行升级改造。发挥实体店的服务、体验优势，与线上企业开展深度合作。鼓励发展绿色商场，提高绿色商品供给水平。大力发展社区商业，引导便利店等业态进社区，规范和拓展代收费、代收货等便民服务。积极发展冷链物流、仓储配送一体化等物流服务新模式，推广使用智能包裹柜、智能快件箱。依照相关法律、行政法规规定，加强对关系国计民生、人民群众生命安全等商品的流通准入管理，健全覆盖准入、监管、退出的全程管理机制。

（九）住宿餐饮服务。

强化服务民生的基本功能，形成以大众化市场为主体、适应多层次多样化消费需求的住宿餐饮业发展新格局。积极发展绿色饭店、主题饭店、客栈民宿、短租公寓、长租公寓、有机餐饮、快餐团餐、特色餐饮、农家乐等满足广大人民群众消费需求的细分业态。大力推进住宿餐饮业连锁化、品牌化发展，提高住宿餐饮服务的文化品位和绿色安全保障水平。推动住宿餐饮企业开展电子商务，实现线上线下互动发展，促进营销模式和服务方式创新。鼓励发展预订平台、中央厨房、餐饮配送、食品安全等支持传统产业升级的配套设施和服务体系。

（十）教育培训服务。

以提升生活性服务质量为核心，发展形式多样的教育培训服务，推动职业培训集约发展、内涵发展、融合发展、特色发展。广泛开展城乡社区教育，整合社区各类教育培训资源，引入行业组织等参与开展社区教育项目，为社区居民提供人文艺术、科学技术、幼儿教育、养老保健、生活休闲、职业技能等方面的教育服务，规范发展秩序。大力加强各类人才培养，创新人才培养模式，坚持产教融合、校企合作、工学结合，强化专业人才培养。加快推进教育培训信息化建设，发展远程教育和培训，促进数字资源共建共享。鼓励发展股份制、混合所有制职业院校，允许以资本、知识、技术、管理等要素参与办学。建立家庭、养老、健康、社区教育、老年教育等生活性服务示范性培训基地或体验基地，带动提升行业整体服务水平。逐步形成政府引导、以职业院校和各类培训机构为主体、企业全面参与的现代职业教育体系和终身职业培训体系。

在推动上述重点领域加快发展的同时，还要加强对生活性服务业其他领域的引导和支持，鼓励探索创新，营造包容氛围，推动生活性服务业在融合中发展、在发展中规范，增加服务供给，丰富服务种类，提高发展水平。

三、政策措施

围绕激发生活性服务业企业活力和保障居民放心消费，加快完善体制机制，注重加强政策引导扶持，营造良好市场环境，推动生活性服务业加快发展。

（一）深化改革开放。

优化发展环境。建立全国统一、开放、竞争、有序的服务业市场，采取有效措施，切实破除行政垄断、行业垄断和地方保护，清理并废除生活性服务业中妨碍形成全国统一市场和公平竞争的各种规定和做法。进一步深化投融资体制改革，鼓励和引导各类社会资本投向生活性服务业。进一步推进行政审批制度改革，简化审批流程，取消不合理前置审批事项，加强事中事后监管。取消商业性和群众性体育赛事审批。健全并落实各类所有制主体统一适用的制度政策，切实解决产业发展过程中存在的不平等问题，促进公平发展。支持各地结合实际放宽新注册生活性服务业企业场所登记条件限制，为创业提供便利的工商登记服务。积极探索适合生活性服务业特点的未开业企业、无债权债务企业简易注销制度，建立有序的市场退出机制。

扩大市场化服务供给。积极稳妥推进教育、文化、卫生、体育等事业单位分类改革，将从事生产经营活动的事业单位逐步转为企业，规范转制程序，完善过渡政策，鼓励其提供更多切合市场需求的生活性服务。加快生活性服务业行业协会商会与行政机关脱钩，推动服务重心转向企业、行业和市场，提升专业化服务水平。创建全国服务业创新成果交易中心，加快创新成果转化和产业化进程。总结推广国家服务业综合改革试点经验，适应新形势新要求，开展新一轮试点示范工作，力争在一些重点难点问题上取得突破。稳步推进电子商务进农村综合示范。开展拉动城乡居民文化消费试点工作，推动文化消费数字化、网络化发展。

提升国际化发展水平。统一内外资法律法规，推进文化、健康、养老等生活性服务领域有序开放，提高外商投资便利化程度，探索实行准入前国民待遇加负面清单管理模式。支持具备条件的生活性服务业企业“走出去”，完善支持生活性服务业企业“走出去”的服务平台，提升知名度和美誉度，创建具有国际影响力的服务品牌。鼓励中华老字号服务企业利用品牌效应，带动中医药、中餐等产业开拓国际市场。增强境外投资环境、投资项目评估等方面的服务功能，为境外投资企业提供法律、会计、税务、信息、金融、管理等专业化服务。

（二）改善消费环境。

营造全社会齐抓共管改善消费环境的有利氛围，形成企业规范、行业自律、政府监管、社会监督的多元共治格局。鼓励弹性作息和错峰休假，强化带薪休假制度落实责任，把落实情况作为劳动监察和职工权益保障的重要内容。推动生活性服务业企业信用信息共享，将有关信用信息纳入国家企业信用信息公示系统，建立完善全国统一的信用信息共享交换平台，实施失信联合惩戒，逐步形成以诚信为核心的生活性服务业监管制度。深入开展价格诚信、质量诚信、计量诚信、文明经商等活动，强化环保、质检、工商、安全监管等部门的行政执法，完善食品药品、日用消费品等产品质量监督检查制度。严厉打击居民消费领域乱涨价、乱收费、价格欺诈、制售假冒伪劣商品、计量作弊等违法犯罪行为，依法查处垄断和不正当竞争行为，规范服务市场秩序。完善网络商品和服务的质量担保、损害赔偿、风险监控、网上抽查、源头追溯、属地查处、信用管理等制度，引入第三方检测认证等机制，有效保护消费者合法权益。

（三）加强基础设施建设。

适应消费结构升级需求，加大对社会投资的引导，改造提升城市老旧生活性服务基础设施，补齐农村生活性服务基础设施短板，提升生活性服务基础设施自动化、智能化和互联互通水平，提高服务城乡的基础设施网络覆盖面，以健全高效的基础设施体系支撑生活性服务业加快发展和结构升级。围绕旅游休闲、教育文化体育和养老健康家政等领域，尽快组织实施一批重大工程。改善城市生活性服务业发展基础设施条件，鼓励社会资本参与大中城市停车场、立体停车库建设。在符合城市规划的前提下，充分利用地下空间资源，在已规划建设地铁的城市同步扩展地下空间，发展购物、餐饮、休闲等便民生活性服务。统筹体育设施建设规划和合理利用，推进企事业单位和学校的体育场馆向社会开放。

（四）完善质量标准体系。

提升质量保障水平。健全以质量管理制度、诚信制度、监管制度和监测制度为核心的服务质量治理体系。规范服务质量分级管理，加强质量诚信制度建设，完善服务质量社会监督平台。加强认证认可体系建设，创新评价技术，完善生活性服务业重点领域认证认可制度。健全顾客满意度、万人投诉量等质量发展指标。加快实施服务质量提升工程和监测基础建设工程，规范集贸市场、餐饮行业、商品超市等领域计量行为，完善涉及人身健康与财产安全的商品检验制度和产品质量监管制度。实施服务标杆引领计划，发挥中国质量奖对服务企业的引导作用。

健全标准体系。制定实施好国家服务业标准规划和年度计划。实施服务标准体系建设工程，加快家政、养老、健康、体育、文化、旅游等领域的关键标准研制。完善居住（小）区配套公共设施规划标准，为生活性服务业相关设施建设、管理和服务提供依据。积极培育生活性服务业标准化工作技术队伍。继续开展国家级服务业标准化试点，总结推广经验。

（五）加大财税、金融、价格、土地政策引导支持。

创新财税政策。适时推进“营改增”改革，研究将尚未试点的生活性服务行业纳入改革范围。科学设计生活性服务业“营改增”改革方案，合理设置生活性服务业增值税税率。发挥财政资金引导作用，创新财政资金使用方式，大力推广政府和社会资本合作（PPP）模式，运用股权投资、产业基金等市场化融资手段支持生活性服务业发展。对免费或低收费向社会开放的公共体育设施按照有关规定给予财政补贴。推进政府购买服务，鼓励有条件的地区购买养老、健康、体育、文化、社区等服务，扩大市场需求。

拓宽融资渠道。支持符合条件的生活性服务业企业上市融资和发行债券。鼓励金融机构拓宽对生活性服务业企业贷款的抵质押品种类和范围。鼓励商业银行在商业自愿、依法合规、风险可控的前提下，专业化开展知识产权质押、仓单质押、信用保险保单质押、股权质押、保理等多种方式的金融服务。发展融资担保机构，通过增信等方式放大资金使用效益，增强生活性服务业企业融资能力。探索建立保险产品保护机制，鼓励保险机构开展产品创新和服务创新。积极稳妥扩大消费信贷，将消费金融公司试点推广至全国。完善支付清算网络体系，加强农村地区和偏远落后地区的支付结算基础设施建设。

健全价格机制。在实行峰谷电价的地区，对商业、仓储等不适宜错峰运营的服务行业，研究实行商业平均电价，由服务业企业自行选择执行。深化景区门票价格改革，维护旅游市场秩序。研究完善银行卡刷卡手续费定价机制，进一步从总体上降低餐饮等行业刷卡手续费支出。

完善土地政策。各地要发挥生活性服务业发展规划的引导作用，在当地土地利用总体规划和年度用地计划中充分考虑生活性服务业设施建设用地，予以优先安排。继续加大养老、健康、家庭等生活性服务业用地政策落实力度。

（六）推动职业化发展。

生活性服务业有关主管部门要制定相应领域的职业化发展规划。鼓励高等学校、中等职业学校增设家庭、养老、健康等生活性服务业相关专业，扩大人才培养规模。鼓励高等学校和职业院校采取与互联网企业合作等方式，对接线上线下教育资源，探索职业教育和培训服务新方式。依托各类职业院校、职业技能培训机构加强实训基地建设，实施家政服务员、养老护理员、病患服务员等家庭服务从业人员专项培训。鼓励从业人员参加依法设立的职业技能鉴定或专项职业能力考核，对通过初次职业技能鉴定并取得相应等级职业资格证书或专项职业能力证书的，按规定给予一次性职业技能鉴定补贴。鼓励和规范家政服务企业以员工制方式提供管理和服务，实行统一标准、统一培训、统一管理。

（七）建立健全法律法规和统计制度。

完善生活性服务业法律法规，研究制订文化产业促进法，启动服务业质量管理立法研究。加强知识产权保护立法和实施工作，强化对专利、商标、版权等无形资产的开发和保护。以国民经济行业分类为基础，抓紧研究制定生活性服务业及其重点领域统计分类，完善统计制度和指标体系，明确有关部门统计任务。建立健全部门间信息共享机制，逐步建立生活性服务业信息定期发布制度。

各地区、各部门要充分认识加快发展生活性服务业的重大意义，把加快发展生活性服务业作为提高人民生活水平、促进消费结构升级、拉动经济增长的重要任务，采取有效措施，加大支持力度，做到生产性服务业与生活性服务业并重、现代服务业与传统服务业并举，切实把服务业打造成经济社会可持续发展的新引擎。地方各级人民政府要加强组织领导，结合本地区实际尽快研究制定加快发展生活性服务业的实施方案。国务院有关部门要围绕发展生活性服务业的主要目标任务，抓紧制定配套政策措施，组织实施一批重大工程，为生活性服务业加快发展创造良好条件。发展改革委要会同有关部门，抓紧研究建立服务业部际联席会议制度，充分发挥专家咨询委员会作用，进一步强化政策指导和督促检查，重大情况和问题及时向国务院报告。

附件：政策措施分工表

附件：

政策措施分工表

序号	工 作 任 务	负 责 部 门
1	积极探索适合生活性服务业特点的未开业企业、无债权债务企业简易注销制度，建立有序的市场退出机制	工商总局
2	推动生活性服务业企业信用信息共享，将有关信用信息纳入国家企业信用信息公示系统，建立完善全国统一的信用信息共享交换平台	发展改革委、人民银行、工商总局、商务部会同有关部门
3	围绕旅游休闲、教育文化体育和养老健康家政等领域，尽快组织实施一批重大工程	发展改革委及各有关部门
4	加强认证认可体系建设，创新评价技术，完善生活性服务业重点领域认证认可制度。加快实施服务质量提升工程和监测基础建设工程	质检总局
5	制定实施好国家服务业标准规划和年度计划。实施服务标准体系建设工程，加快家政、养老、健康、体育、文化、旅游等领域的关键标准研制。继续开展国家级服务业标准化试点，总结推广经验	质检总局及各有关部门
6	适时推进“营改增”改革，研究将尚未试点的生活性服务行业纳入改革范围。科学设计生活性服务业“营改增”改革方案，合理设置生活性服务业增值税税率	财政部、税务总局会同有关部门
7	支持符合条件的生活性服务业企业上市融资和发行债券	证监会、发展改革委、人民银行会同有关部门
8	鼓励金融机构拓宽对生活性服务业企业贷款的抵质押品种类和范围。鼓励商业银行在商业自愿、依法合规、风险可控的前提下，专业化开展知识产权质押、仓单质押、信用保险保单质押、股权质押、保理等多种方式的金融服务。探索建立保险产品保护机制，鼓励保险机构开展产品创新和服务创新	人民银行、银监会、保监会
9	深化景区门票价格改革，维护旅游市场秩序	发展改革委、旅游局
10	鼓励高等学校、中等职业学校增设家庭、养老、健康等生活性服务业相关专业，扩大人才培养规模	教育部、发展改革委

续 表

序号	工作任务	负责部门
11	依托各类职业院校、职业技能培训机构加强实训基地建设，实施家政服务员、养老护理员、病患服务员等家庭服务从业人员专项培训	人力资源社会保障部
12	鼓励从业人员参加依法设立的职业技能鉴定或专项职业能力考核，对通过初次职业技能鉴定并取得相应等级职业资格证书或专项职业能力证书的，按规定给予一次性职业技能鉴定补贴	人力资源社会保障部
13	鼓励和规范家政服务企业以员工制方式提供管理和服务，实行统一标准、统一培训、统一管理	人力资源社会保障部、商务部
14	加强知识产权保护立法和实施工作，强化对专利、商标、版权等无形资产的开发和保护	知识产权局、工商总局、版权局
15	以国民经济行业分类为基础，抓紧研究制定生活性服务业及其重点领域统计分类，完善统计制度和指标体系，明确有关部门统计任务。建立健全部门间信息共享机制，逐步建立生活性服务业信息定期发布制度	统计局、发展改革委会同各有关部门

国务院关于加快实施自由贸易区战略的若干意见

（国发〔2015〕69号　2015年12月6日）

各省、自治区、直辖市人民政府，国务院各部委、各直属机构：

加快实施自由贸易区战略是我国新一轮对外开放的重要内容。党的十八大提出加快实施自由贸易区战略，十八届三中、五中全会进一步要求以周边为基础加快实施自由贸易区战略，形成面向全球的高标准自由贸易区网络。当前，全球范围内自由贸易区的数量不断增加，自由贸易区谈判涵盖议题快速拓展，自由化水平显著提高。我国经济发展进入新常态，外贸发展机遇和挑战并存，“引进来”“走出去”正面临新的发展形势。加快实施自由贸易区战略是我国适应经济全球化新趋势的客观要求，是全面深化改革、构建开放型经济新体制的必然选择。为加快实施自由贸易区战略，现提出如下意见：

一、总体要求

（一）指导思想。全面贯彻党的十八大和十八届三中、四中、五中全会精神，认真落实党中央、国务院决策部署，按照“四个全面”战略布局要求，坚持使市场在资源配置中起决定性作用和更好发挥政府作用，坚持统筹考虑和综合运用国际国内两个市场、两种资源，坚持与推进共建“一带一路”和国家对外战略紧密衔接，坚持把握开放主动和维护国家安全，逐步构筑起立足周边、辐射“一带一路”、面向全球的高标准自由贸易区网络。

（二）基本原则。

一是扩大开放，深化改革。加快实施更加主动的自由贸易区战略，通过自由贸易区扩大开放，提高开放水平和质量，深度参与国际规则制定，拓展开放型经济新空间，形成全方位开放新格局，开创高水平开放新局面，促进全面深化改革，更好地服务国内发展。

二是全面参与，重点突破。全方位参与自由贸易区等各种区域贸易安排合作，重点加快与周边、“一带一路”沿线以及产能合作重点国家、地区和区域经济集团商建自由贸易区。

三是互利共赢，共同发展。树立正确义利观，兼顾各方利益和关切，考虑发展中经济体和最不发达经济体的实际情况，寻求利益契合点和合作公约数，努力构建互利共赢的自由贸易区网络，推动我国与世界各国、各地区共同发展。

四是科学评估，防控风险。加强科学论证，做好风险评估，努力排除自由贸易区建设中的风险因素。同时，提高开放环境下的政府监管能力，建立健全并严格实施安全审查、反垄断和事中事后监管等方面的法律法规，确保国家安全。

（三）目标任务。近期，加快正在进行的自由贸易区谈判进程，在条件具备的情况下逐步提升已有自由贸易区的自由化水平，积极推动与我国周边大部分国家和地区建立自由贸易区，使我国与自由贸易伙伴的贸易额占我国对外贸易总额的比重达到或超过多数发达国家和新兴经济体水平；中长期，形成包括邻近国家和地区、涵盖“一带一路”沿线国家以及辐射五大洲重要国家的全球自由贸易区网络，使我国大部分对外贸易、双向投资实现自由化和便利化。

二、进一步优化自由贸易区建设布局

（四）加快构建周边自由贸易区。力争与所有毗邻国家和地区建立自由贸易区，不断深化经贸关系，构建合作共赢的周边大市场。

（五）积极推进“一带一路”沿线自由贸易区。结合周边自由贸易区建设和推进国际产能合作，积极同“一带一路”沿线国家商建自由贸易区，形成“一带一路”大市场，将“一带一路”打造成畅通之路、商贸之路、开放之路。

（六）逐步形成全球自由贸易区网络。争取同大部分新兴经济体、发展中大国、主要区域经济集团和部分发达国家建立自由贸易区，构建金砖国家大市场、新兴经济体大市场和发展中国家大市场等。

三、加快建设高水平自由贸易区

（七）提高货物贸易开放水平。坚持进出口并重，通过自由贸易区改善与自由贸易伙伴双向市场准入，合理设计原产地规则，促进对自由贸易伙伴贸易的发展，推动构建更高效的全球和区域价值链。在确保经济安全、产业安全和考虑产业动态发展需要的前提下，稳步扩大货物贸易市场准入。同时，坚持与自由贸易伙伴共同削减关税和非关税壁垒，相互开放货物贸易市场，实现互利共赢。

（八）扩大服务业对外开放。通过自由贸易区等途径实施开放带动战略，充分发挥服务业和服务贸易对我国调整经济结构、转变经济发展方式和带动就业的促进作用。推进金融、教育、文化、医疗等服务业领域有序开放，放开育幼养老、建筑设计、会计审计、商贸物流、电子商务等服务业领域外资准入限制。

加快发展对外文化贸易，创新对外文化贸易方式，推出更多体现中华优秀文化、展示当代中国形象、面向国际市场的文化产品和服务。讲好中国故事、传播好中国声音、阐释好中国特色，更好地推动中华文化“走出去”。吸引外商投资于法律法规许可的文化产业领域，积极吸收借鉴国外优秀文化成果，切实维护国家文化安全。

在与自由贸易伙伴协商一致的基础上，逐步推进以负面清单模式开展谈判，先行先试、大胆探索、与时俱进，积极扩大服务业开放，推进服务贸易便利化和自由化。

（九）放宽投资准入。大力推进投资市场开放和外资管理体制改革，进一步优化外商投资环境。加快自由贸易区投资领域谈判，有序推进以准入前国民待遇加负面清单模式开展谈判。在维护好我国作为投资东道国利益和监管权的前提下，为我国投资者“走出去”营造更好的市场准入和投资保护条件，实质性改善我国与自由贸易伙伴双向投资准入。在自由贸易区内积极稳妥推进人民币资本项目可兑换的各项试点，便利境内外主体跨境投融资。加强与自由贸易伙伴货币合作，促进贸易投资便利化。

（十）推进规则谈判。结合全面深化改革和全面依法治国的要求，对符合我国社会主义市场经济体制建设和经济社会稳定发展需要的规则议题，在自由贸易区谈判中积极参与。参照国际通行规则及其发展趋势，结合我国发展水平和治理能力，加快推进知识产权保护、环境保护、电子商务、竞争政策、政府采购等新议题谈判。

知识产权保护方面，通过自由贸易区建设，为我国企业“走出去”营造更加公平的知识产权保护环境，推动各方完善知识产权保护制度，加大知识产权保护和执法力度，增强企业和公众的知识产权保护意识，提升我国企业在知识产权保护领域的适应和应对能力。

环境保护方面，通过自由贸易区建设进一步加强环境保护立法和执法工作，借鉴国际经验探讨建立有关环境影响评价机制的可行性，促进贸易、投资与环境和谐发展。

电子商务方面，通过自由贸易区建设推动我国与自由贸易伙伴电子商务企业的合作，营造对彼此有利的电子商务规则环境。

竞争政策方面，发挥市场在资源配置中的决定性作用，通过自由贸易区建设进一步促进完善我国竞争政策法律环境，构建法治化、国际化的营商环境。

政府采购方面，条件成熟时与自由贸易伙伴在自由贸易区框架下开展政府采购市场开放谈判，推动政府采购市场互惠对等开放。

（十一）提升贸易便利化水平。加强原产地管理，推进电子联网建设，加强与自由贸易伙伴原产地电子数据交换，积极探索在更大范围实施经核准出口商原产地自主声明制度。改革海关监管、检验检疫等管理体制，加强关检等领域合作，逐步实现国际贸易“单一窗口”受理。简化海关通关手续和环节，加速放行低风险货物，加强与自由贸易伙伴海关的协调与合作，推进实现“经认证经营者”互认，提升通关便利化水平。提高检验检疫效率，实行法检目录动态调整。加快推行检验检疫申报无纸化，完善检验检疫电子证书联网核查，加强与自由贸易伙伴电子证书数据交换。增强检验检疫标准和程序的透明度。

（十二）推进规制合作。加强与自由贸易伙伴就各自监管体系的信息交换，加快推进在技术性贸易壁垒、卫生与植物卫生措施、具体行业部门监管标准和资格等方面的互认，促进在监管体系、程序、方法和标准方面适度融合，降低贸易成本，提高贸易效率。

（十三）推动自然人移动便利化。配合我国“走出去”战略的实施，通过自由贸易区建设推动自然人移动便利化，为我国境外投资企业的人员出入境提供更多便利条件。

（十四）加强经济技术合作。不断丰富自由贸易区建设内涵，适当纳入产业合作、发展合作、全球价值链等经济技术合作议题，推动我国与自由贸易伙伴的务实合作。

四、健全保障体系

（十五）继续深化自由贸易试验区试点。

上海等自由贸易试验区是我国主动适应经济发展新趋势和国际经贸规则新变化、以开放促改革促发展的试验田。可把对外自由贸易区谈判中具有共性的难点、焦点问题，在上海等自由贸易试验区内先行先试，通过在局部地区进行压力测试，积累防控和化解风险的经验，探索最佳开放模式，为对外谈判提供实践依据。

（十六）完善外商投资法律法规。推动修订中外合资经营企业法、中外合作经营企业法和外资企业法，研究制订新的外资基础性法律，改革外商投资管理体制，实行准入前国民待遇加负面清单的管理模式，完善外商投资国家安全审查制度，保持外资政策稳定、透明、可预期。

（十七）完善事中事后监管的基础性制度。按照全面依法治国的要求，以转变政府职能为核心，在简政放权的同时，加强事中事后监管，通过推进建立社会信用体系、信息共享和综合执法制度、企业年度报告公示和经营异常名录制度、社会力量参与市场监督制度、外商投资信息报告制度、外商投资信息公示平台、境外追偿保障机制等，加强对市场主体“宽进”以后的过程监督和后续管理。

（十八）继续做好贸易救济工作。在扩大产业开放的同时，有效运用世贸组织和自由贸易协定的合法权利，依法开展贸易救济调查，加大对外交涉力度，维护国内产业企业合法权益。强化中央、地方、行业协会商会、企业四体联动的贸易摩擦综合应对机制，指导企业做好贸易摩擦预警、咨询、对话、磋商、诉讼等工作。

（十九）研究建立贸易调整援助机制。在减少政策扭曲、规范产业支持政策的基础上，借鉴有关国家实践经验，研究建立符合世贸组织规则和我国国情的贸易调整援助机制，对因关税减让而受到冲击的产业、企业和个人提供援助，提升其竞争力，促进产业调整。

五、完善支持机制

（二十）完善自由贸易区谈判第三方评估制度。参照我国此前自由贸易区谈判经验，借鉴其他国家开展自由贸易区谈判评估的有益做法，进一步完善第三方评估制度，通过第三方机构对自由贸易区谈判进行利弊分析和风险评估。

（二十一）加强已生效自由贸易协定实施工作。商务部要会同国内各有关部门、地方政府，综合协调推进协定实施工作。优化政府公共服务，全面、及时提供有关自由贸易伙伴的贸易、投资及其他相关领域法律法规和政策信息等咨询服务。加强地方和产业对自由贸易协定实施工作的参与，打造协定实施的示范地区和行业。特别要加强西部地区和有关产业的参与，使自由贸易区建设更好地服务西部地区经济社会建设，促进我国区域协调发展。做好宣传推介，定期开展评估和分析，查找和解决实施中存在的问题，不断挖掘协定潜力，研究改进实施方法，提升企业利用自由贸易协定的便利性，提高协定利用率，用足用好优惠措施。

（二十二）加强对自由贸易区建设的人才支持。增强自由贸易区谈判人员配备，加大对外谈判人员教育培训投入，加强经济外交人才培养工作，逐步建立一支政治素质好、全局意识强、熟悉国内产业、精通国际经贸规则、外语水平高、谈判能力出色的自由贸易区建设领导、管理和谈判人才队伍。积极发挥相关领域专家的作用，吸收各类专业人士参与相关谈判的预案研究和政策咨询。

六、加强组织实施

加快实施自由贸易区战略是一项长期、涉及面广的系统工作，各有关方面要加强协调，形成合力。商务部要会同相关部门研究制订加快实施自由贸易区战略的行动计划，建立协调工作机制。地方各级人民政府要结合本地实际，围绕实施自由贸易区战略推进地方相关工作，调动有关企业充分利用自由贸易协定的积极性，提高协定利用率。

国务院办公厅关于印发国家标准化体系建设发展规划（2016—2020 年）的通知

（国办发〔2015〕89 号 2015 年 12 月 17 日）

各省、自治区、直辖市人民政府，国务院各部委、各直属机构：

《国家标准化体系建设发展规划（2016—2020 年）》已经国务院同意，现印发给你们，请认真贯彻执行。

国家标准化体系建设发展规划（2016—2020 年）

标准是经济活动和社会发展的技术支撑，是国家治理体系和治理能力现代化的基础性制度。改革开放特别是进入 21 世纪以来，我国标准化事业快速发展，标准体系初步形成，应用范围不断扩大，水平持续提升，国际影响力显著增强，全社会标准化意识普遍提高。但是，与经济社会发展需求相比，我国标准化工作还存在较大差距。为贯彻落实《中共中央关于制定国民经济和社会发展第十三个五年规划的建议》和《国务院关于印发深化标准化工作改革方案的通知》（国发〔2015〕13 号）精神，推动实施标准化战略，加快完善标准化体系，提升我国标准化水平，制定本规划。

一、总体要求

（一）指导思想。认真落实党的十八大和十八届二中、三中、四中、五中全会精神，按照“四个全面”战略布局和党中央、国务院决策部署，落实深化标准化工作改革要求，推动实施标准化战略，建立完善标准化体制机制，优化标准体系，强化标准实施与监督，夯实标准化技术基础，增强标准化服务能力，提升标准国际化水平，加快标准化在经济社会各领域的普及应用和深度融合，充分发挥“标准化 +”效应，为我国经济社会创新发展、协调发展、绿色发展、开放发展、共享发展提供技术支撑。

（二）基本原则。需求引领，系统布局。围绕经济、政治、文化、社会和生态文明建设重大部署，合理规划标准化体系布局，科学确定发展重点领域，满足产业结构调整、社会治理创新、生态环境保护、文化繁荣发展、保障改善民生和国际经贸合作的需要。

深化改革，创新驱动。全面落实标准化改

革要求，完善标准化法制、体制和机制。强化以科技创新为动力，推进科技研发、标准研制和产业发展一体化，提升标准技术水平。以管理创新为抓手，加大标准实施、监督和服务力度，提高标准化效益。

协同推进，共同治理。坚持“放、管、治”相结合，发挥市场对标准化资源配置的决定性作用，激发市场主体活力；更好发挥政府作用，调动各地区、各部门积极性，加强顶层设计和统筹管理；强化社会监督作用，形成标准化共治新格局。

包容开放，协调一致。坚持各类各层级标准协调发展，提高标准制定、实施与监督的系统性和协调性；加强标准与法律法规、政策措施的衔接配套，发挥标准对法律法规的技术支撑和必要补充作用。坚持与国际接轨，统筹引进来与走出去，提高我国标准与国际标准一致性程度。

（三）发展目标。到2020年，基本建成支撑国家治理体系和治理能力现代化的具有中国特色的标准化体系。标准化战略全面实施，标准有效性、先进性和适用性显著增强。标准化体制机制更加健全，标准服务发展更加高效，基本形成市场规范有标可循、公共利益有标可保、创新驱动有标引领、转型升级有标支撑的新局面。“中国标准”国际影响力和贡献力大幅提升，我国迈入世界标准强国行列。

——标准体系更加健全。政府主导制定的标准与市场自主制定的标准协同发展、协调配套，强制性标准守底线、推荐性标准保基本、企业标准强质量的作用充分发挥，在技术发展快、市场创新活跃的领域培育和发展一批具有国际影响力的团体标准。标准平均制定周期缩短至24个月以内，科技成果标准转化率持续提高。在农产品消费品安全、节能减排、智能制造和装备升级、新材料等重点领域制修订标准9000项，基本满足经济建设、社会治理、生态文明、文化发展以及政府管理的需求。

——标准化效益充分显现。农业标准化生产覆盖区域稳步扩大，农业标准化生产普及率超过30%。主要高耗能行业和终端用能产品实现节能标准全覆盖，主要工业产品的标准达到国际标准水平。服务业标准化试点示范项目新增500个以上，社会管理和公共服务标准化程度显著提高。新发布的强制性国家标准开展质量及效益评估的比例达到50%以上。

——标准国际化水平大幅提升。参与国际标准化活动能力进一步增强，承担国际标准化技术机构数量持续增长，参与和主导制定国际标准数量达到年度国际标准制修订总数的50%，着力培养国际标准化专业人才，与“一带一路”沿线国家和主要贸易伙伴国家的标准互认工作扎实推进，主要消费品领域与国际标准一致性程度达到95%以上。

——标准化基础不断夯实。标准化技术组织布局更加合理，管理更加规范。按照深化中央财政科技计划管理改革的要求，推进国家技术标准创新基地建设。依托现有检验检测机构，设立国家级标准验证检验检测点50个以上，发展壮大一批专业水平高、市场竞争力强的标准化科研机构。标准化专业人才基本满足发展需要。充分利用现有网络平台，建成全国标准信息网络平台，实现标准化信息互联互通。培育发展标准化服务业，标准化服务能力进一步提升。

二、主要任务

（一）优化标准体系。

深化标准化工作改革。把政府单一供给的现行标准体系，转变为由政府主导制定的标准和市场自主制定的标准共同构成的新型标准体系。整合精简强制性标准，范围严格限定在保障人身健康和生命财产安全、国家安全、生态环境安全以及满足社会经济管理基本要求的范围之内。优化完善推荐性标准，逐步缩减现有推荐性标准的数量和规模，合理界定各层级、各领域推荐性标准的制定范围。培育发展团体标准，鼓励具备相应能力的学会、协会、商会、联合会等社会组织和产业技术联盟协调相关市场主体共同制定满足市场和创新需要的标准，供市场自愿选用，增加标准的有效供给。建立企业产品和服务标准自我声明公开和监督制度，逐步取消政府对企业产品标准的备案管理，落实企业标准化主体责任。

完善标准制定程序。广泛听取各方意见，提高标准制定工作的公开性和透明度，保证标准技术指标的科学性和公正性。优化标准审批流程，落实标准复审要求，缩短标准制定周期，加快标准更新速度。完善标准化指导性技术文件和标准样品等管理制度。加强标准验证能力建设，培育一批标准验证检验检测机构，提高标准技术指标的先进性、准确性和可靠性。

落实创新驱动战略。加强标准与科技互动，将重要标准的研制列入国家科技计划支持范围，将标准作为相关科研项目的重要考核指标和专业技术资格评审的依据，应用科技报告制度促进科技成果向标准转化。加强专利与标准相结合，促进标准合理采用新技术。提高军民标准通用化水平，积极推动在国防和军队建设中采用民用标准，并将先进适用的军用标准转化为民用标准，制定军民通用标准。

发挥市场主体作用。鼓励企业和社会组织制定严于国家标准、行业标准的企业标准和团体标准，将拥有自主知识产权的关键技术纳入企业标准或团体标准，促进技术创新、标准研制和产业化协调发展。

（二）推动标准实施。

完善标准实施推进机制。发布重要标准，要同步出台标准实施方案和释义，组织好标准宣传推广工作。规范标准解释权限管理，健全标准解释机制。推进并规范标准化试点示范，提高试点示范项目的质量和效益。建立完善标准化统计制度，将能反映产业发展水平的企业标准化统计指标列入法定的企业年度统计报表。

强化政府在标准实施中的作用。各地区、各部门在制定政策措施时要积极引用标准，应用标准开展宏观调控、产业推进、行业管理、市场准入和质量监管。运用行业准入、生产许可、合格评定/认证认可、行政执法、监督抽查等手段，促进标准实施，并通过认证认可、检验检测结果的采信和应用，定性或定量评价标准实施效果。运用标准化手段规范自身管理，提高公共服务效能。

充分发挥企业在标准实施中的作用。企业要建立促进技术进步和适应市场竞争需要的企业标准化工作机制。根据技术进步和生产经营目标的需要，建立健全以技术标准为主体、包括管理标准和工作标准的企业标准体系，并适应用户、市场需求，保持企业所用标准的先进性和适用性。企业应严格执行标准，把标准作为生产经营、提供服务和控制质量的依据和手段，提高产品服务质量和生产经营效益，创建知名品牌。充分发挥其他各类市场主体在标准实施中的作用。行业组织、科研机构和学术团体以及相关标准化专业组织要积极利用自身有利条件，推动标准实施。

（三）强化标准监督。

建立标准分类监督机制。健全以行政管理和行政执法为主要形式的强制性标准监督机制，强化依据标准监管，保证强制性标准得到严格执行。建立完善标准符合性检测、监督抽查、认证等推荐性标准监督机制，强化推荐性标准制定主体的实施责任。建立以团体自律和政府必要规范为主要形式的团体标准监督机制，发挥市场对团体标准的优胜劣汰作用。建立企业产品和服务标准自我声明公开的监督机制，保障公开内容真实有效，符合强制性标准要求。

建立标准实施的监督和评估制度。国务院标准化行政主管部门会同行业主管部门组织开展重要标准实施情况监督检查，开展标准实施效果评价。各地区、各部门组织开展重要行业、地方标准实施情况监督检查和评估。完善标准实施信息反馈渠道，强化对反馈信息的分类处理。

加强标准实施的社会监督。进一步畅通标准化投诉举报渠道，充分发挥新闻媒体、社会组织和消费者对标准实施情况的监督作用。加强标准化社会教育，强化标准意识，调动社会公众积极性，共同监督标准实施。

（四）提升标准化服务能力。

建立完善标准化服务体系。拓展标准研发服务，开展标准技术内容和编制方法咨询，为企业制定标准提供国内外相关标准分析研究、关键技术指标试验验证等专业化服务，提高其标准的质量和水平。提供标准实施咨询服务，为企业实施标准提供定制化技术解决方案，指导企业正确、有效执行标准。完善全国专业标准化技术委员会与相关国际标准化技术委员会的对接机制，畅通企业参与国际标准化工作渠道，帮助企业实质性参与国际标准化活动，提升企业国际影响力和竞争力。帮助出口型企业了解贸易对象国技术标准体系，促进产品和服务出口。加强中小微企业标准化能力建设服务，协助企业建立标准化组织架构和制度体系、制定标准化发展策略、建设企业标准体系、培养标准化人才，更好促进中小微企业发展。

加快培育标准化服务机构。支持各级各类标准化科研机构、标准化技术委员会及归口单位、标准出版发行机构等加强标准化服务能力建设。鼓励社会资金参与标准化服务机构发展。引导有能力的社会组织参与标准化服务。

（五）加强国际标准化工作。

积极主动参与国际标准化工作。充分发挥我国担任国际标准化组织常任理事国、技术管理机构常任成员等作用，全面谋划和参与国际标准化战略、政策和规则的制定修改，提升我国对国际标准化活动的贡献度和影响力。鼓励、支持我国专家和机构担任国际标准化技术机构职务和承担秘书处工作。建立以企业为主体、相关方协同参与国际标准化活动的工作机制，培育、发展和推动我国优势、特色技术标准成为国际标准，服务我国企业和产业走出去。吸纳各方力量，加强标准外文版翻译出版工作。加大国际标准跟踪、评估力度，加快转化适合我国国情的国际标准。加强口岸贸易便利化标准研制。服务高标准自贸区建设，运用标准化手段推动贸易和投资自由化便利化。

深化标准化国际合作。积极发挥标准化对“一带一路”战略的服务支撑作用，促进沿线国家在政策沟通、设施联通、贸易畅通等方面的互联互通。深化与欧盟国家、美国、俄罗斯等在经贸、科技合作框架内的标准化合作机制。推进太平洋地区、东盟、东北亚等区域标准化合作，服务亚太经济一体化。探索建立金砖国家标准化合作新机制。加大与非洲、拉美等地区标准化合作力度。

（六）夯实标准化工作基础。

加强标准化人才培养。推进标准化学科建设，支持更多高校、研究机构开设标准化课程和开展学历教育，设立标准化专业学位，推动标准化普及教育。加大国际标准化高端人才队伍建设力度，加强标准化专业人才、管理人才培养和企业标准化人员培训，满足不同层次、不同领域的标准化人才需求。

加强标准化技术委员会管理。优化标准化技术委员会体系结构，加强跨领域、综合性联合工作组建设。增强标准化技术委员会委员构成的广泛性、代表性，广泛吸纳行业、地方和产业联盟代表，鼓励消费者参与，促进军、民标准化技术委员会之间相互吸纳对方委员。利用信息化手段规范标准化技术委员会运行，严格委员投票表决制度。建立完善标准化技术委员会考核评价和奖惩退出机制。

加强标准化科研机构建设。支持各类标准化科研机构开展标准化理论、方法、规划、政策研究，提升标准化科研水平。支持符合条件的标准化科研机构承担科技计划和标准化科研项目。加快标准化科研机构改革，激发科研人员创新活力，提升服务产业和企业能力，鼓励标准化科研人员与企业技术人员相互交流。加强标准化、计量、认证认可、检验检测协同发展，逐步夯实国家质量技术基础，支撑产业发展、行业管理和社会治理。加强各级标准馆建设。

加强标准化信息化建设。充分利用各类标准化信息资源，建立全国标准信息网络平台，实现跨部门、跨行业、跨区域标准化信息交换与资源共享，加强民用标准化信息平台与军用标准化信息平台之间的共享合作、互联互通，全面提升标准化信息服务能力。

三、重点领域

（一）加强经济建设标准化，支撑转型升级。

以统一市场规则、调整产业结构和促进科技成果转化为着力点，加快现代农业和新农村建设标准化体系建设，完善工业领域标准体系，加强生产性服务业标准制定及试点示范，推进服务业与工业、农业在更高水平上有机融合，强化标准实施，促进经济提质增效升级，推动中国经济向中高端水平迈进。

着重健全战略性新兴产业标准体系，加大关键技术标准研制力度，深入推进《战略性新兴产业标准化发展规划》实施，促进战略性新兴产业的整体创新能力和产业发展水平提升。

专栏1　农业农村标准化重点

农业

制定和实施高标准农田建设、现代种业发展、农业安全种植和健康养殖、农兽药残留限量及检测、农业投入品合理使用规范、产地环境评价等领域标准，以及动植物疫病预测诊治、农业转基因安全评价、农业资源合理利用、农业生态环境保护、农业废弃物综合利用等重要标准。继续完善粮食、棉花等重要农产品分级标准，以及纤维检验技术标准。推动现代农业基础设施标准化建设，继续健全和完善农产品质量安全标准体系，提高农业标准化生产普及程度。

林业

制修订林木种苗、新品种培育、森林病虫害和有害生物防治、林产品、野生动物驯养繁殖、生物质能源、森林功能与质量、森林可持续经营、林业机械、林业信息化等领域标准。研制森林用材林、经营模式规范、抚育效益评价等标准。制定林地质量评价、林地保护利用、经济林评价、速生丰产林评价、林产品质量安全、资源综合利用等重要标准，保障我国林业资源的可持续利用。

水利

制定和实施农田水利、水文、中小河流治理、灌区改造、农村水电、防汛抗旱减灾等标准，研制高效节水灌溉技术、江河湖库水系连通、地下水严重超采区综合治理、水源战略储备工程等配套标准，提高我国水旱灾害综合防御能力、水资源合理配置和高效利用能力、水资源保护和河湖健康保障能力。

粮食

制修订和实施粮油产品质量、粮油收购、粮油储运、粮油加工、粮油追溯、粮油检测、品种品质评判等领域标准，研制粮油质量安全控制、仪器化检验、现代仓储流通、节粮减损、粮油副产品综合利用、粮油加工机械等标准，健全我国粮食质量标准体系和检验监测体系。

农业社会化服务

开展农资供应、农业生产、农技推广、动植物疫病防控、农产品质量监管和质量追溯、农产品流通、农业信息化、农业金融、农业经营等领域的管理、运行、维护、服务及评价等标准的制修订，增强农业社会化服务能力。

美丽乡村建设

加强农村公共服务、农村社会管理、农村生态环境保护和农村人居环境改善等标准的制修订，提高农业农村可持续发展能力，促进城乡经济社会发展一体化新格局的形成。

专栏2　工业标准化重点

能源

研制页岩气工厂化作业、水平井钻井、水力压裂和环保方面标准。研制海上油气勘探开发与关键设备等关键技术标准。优化天然气产品标准，开展天然气能量计量、上游领域取样、分析测试、湿气计量的标准研究。研制煤炭清洁高效利用、石油高效与清洁转化、天然气与煤层气加工技术等标准。研究整体煤气化联合循环发电系统、冷热电联供分布式电流系统等技术标准。研制油气长输管道建设及站场关键设备、大型天然气液化处理储运及设备、超低硫成品油储运等标准。加强特高压及柔性直流输电、智能电网、微电网及分布式电源并网、电动汽车充电基础设施标准制修订，研制大规模间歇式电源并网和储能技术等标准。研制风能太阳能气候资源测量和评估等标准。研制先进压水堆核电技术、高温气冷堆技术、快堆技术标准，全面提升能源开发转化和利用效率。

机械

加强关键基础零部件标准研制，制定基础制造工艺、工装、装备及检测标准，从全产业链条综合推进数控机床及其应用标准化工作，重点开展机床工具、内燃机、农业机械等领域的标准体系优化，提高机械加工精度、使用寿命、稳定性和可靠性。

材料

完善钢铁、有色金属、石化、化工、建材、黄金、稀土等原材料工业标准，加快标准制修订工作，充分发挥标准的上下游协同作用，加快传统材料升级换代步伐。全面推进新材料标准体系建设，重点开展新型功能材料、先进结构材料和高性能复合材料等标准研制，积极开展前沿新材料领域标准预研，有效保障新材料推广应用，促进材料工业结构调整。

消费品

加强跨领域通用、重点领域专用和重要产品等三级消费品安全标准和配套检验方法标准的制定与实施。研制消费品标签标志、全产业链质量控制、质量监管、特殊人群适用型设计和个性化定制等领域标准。加强化妆品和口腔护理用品领域标准制定。

医疗器械

开展生物医学工程、新型医用材料、高性能医疗仪器设备、医用机器人、家用健康监护诊疗器械、先进生命支持设备以及中医特色诊疗设备等领域的标准化工作。

仪器仪表及自动化

开展智能传感器与仪器仪表、工业通信协议、数字工厂、制造系统互操作、嵌入式制造软件、全生命周期管理以及工业机器人、服务机器人和家用机器人的安全、测试和检测等领域标准化工作，提高我国仪器仪表及自动化技术水平。

电工电气

加强核电、风电、海洋能、太阳热能、光伏发电用装备和产品标准制修订，开展低压直流系统及设备、输变电设备、储能系统及设备、燃料电池发电系统、火电系统脱硫脱硝和除尘、电力电子系统和设备、高速列车电气系统、电气设备安全环保技术等标准化工作，提高我国电工电气产品的国际竞争力。

空间及海洋

推进空间科学与环境安全、遥感、超导、纳米等领域标准化工作，促进科技成果产业化。制定海域海岛综合管理、海洋生态环境保护、海洋观测预报与防灾减灾、海洋经济监测与评估、海洋安全保障与权益维护、生物资源保护与开发、海洋调查与科技研究、海洋资源开发等领域标准。研制极地考察、大洋矿产资源勘探与开发、深海探测、海水淡化与综合利用、海洋能开发、海洋卫星遥感及地面站建设等技术标准。

电子信息制造与软件

加强集成电路、传感器与智能控制、智能终端、北斗导航设备与系统、高端服务器、新型显示、太阳能光伏、锂离子电池、LED、应用电子产品、软件、信息技术服务等标准化工作，服务和引领产业发展。

信息通信网络与服务

开展新一代移动通信、下一代互联网、三网融合、信息安全、移动互联网、工业互联网、物联网、云计算、大数据、智慧城市、智慧家庭等标准化工作，推动创新成果产业化进程。

生物技术

加强生物样本、生物资源、分析方法、生物工艺、生物信息、生物计量与质量控制等基础通用标准的研制。开展基因工程技术、蛋白工程技术、细胞工程技术、酶工程技术、发酵工程技术和实验动物、生物芯片，以及生物农业、生物制造、生物医药、生物医学工程、生物服务等领域标准的研制，促进我国生物技术自主创新能力显著提升。

汽车船舶

制修订车船安全、节能、环保及新能源车船、关键系统部件等领域标准，加强高技术船舶、智能网联汽车及相关部件等关键技术标准研究，促进我国汽车及船舶技术提升和产业发展。

专栏3　服务业标准化重点

交通运输

制定经营性机动车营运安全标准，研制交通基础设施和综合交通枢纽的建设、维护、管理标准。开展综合运输、节能环保、安全应急、管理服务、城市客运关键技术标准研究，重点加强旅客联程运输和货物多式联运领域基础设施、转运装卸设备和运输设备的标准研制，提高交通运输效率、降低交通运输能耗。

金融

开展银行业信用融资、信托、理财、网上银行等金融产品及监管标准的研制，开展证券业编码体系、接口协议、信息披露、信息安全、信息技术治理、业务规范以及保险业消费者保护、巨灾保险、健康医疗保险、农业保险、互联网保险等基础和服务标准制修订，增强我国金融业综合实力、国际竞争力和抗风险能力。

商贸和物流

加强批发零售、住宿餐饮、居民服务、重要商品交易、移动商务以及物流设施设备、物流信息和管理等相关标准的研制，强化售后服务重要标准制定，加快建立健全现代国内贸易体系。开展运输技术、配送技术、装卸搬运技术、自动化技术、库存控制技术、信息交换技术、物联网技术等现代物流技术标准的研制，提高物流效率。

旅游

开展网络在线旅游、度假休闲旅游、生态旅游、中医药健康旅游等新业态标准研制。制修订旅行社、旅游住宿、旅游目的地和旅游安全、红色旅游、文明旅游、景区环境保护和旅游公共服务标准，提高旅游业服务水平。

高技术等新兴服务领域

加强信息技术服务、研发设计、知识产权、检验检测、数字内容、科技成果转化、电子商务、生物技术、创业孵化、科技咨询、标准化服务等服务业标准化体系建设及重要标准研制，研制会展、会计、审计、税务、法律等商务服务标准，全面提高新兴服务领域标准化水平。

人力资源服务

加强人力资源服务业、人力资源服务机构评价、人力资源服务从业人员、人力资源产业园管理与服务、产业人才信息平台、培训等标准研制，提升人力资源服务质量。

（二）加强社会治理标准化，保障改善民生。

以改进社会治理方式、优化公共资源配置和提高民生保障水平为着力点，建立健全教育、就业、卫生、公共安全等领域标准体系，推进食品药品安全标准清理整合与实施监督（完善食品安全国家标准体系工作，在国家食品安全监管体系“十三五”规划中另行要求），深化安全生产标准化建设，加强防灾减灾救灾标准体系建设，加快社会信用标准体系建设，提高社会管理科学化水平，促进社会更加公平、安全、有序发展。

专栏4　社会领域标准化重点

公共教育

完善学校建设标准、学科专业和课程体系标准、教师队伍建设标准、学校运行和管理标准、教育质量标准、教育装备标准、教育信息化标准，制定学前教育、职业教育、特殊教育等重点领域标准，开展国家通用语言文字、少数民族语言文字、特殊语言文字、涉外语言文字、语言文字信息化标准制修订，加快城乡义务教育公办学校标准化建设，基本建成具有国际视野、适合中国国情、涵盖各级各类教育的国家教育标准体系。

劳动就业和社会保险

建立健全劳动就业公共服务国家标准体系，加快就业服务和管理、劳动关系等劳动就业公共服务的标准研制与推广实施，研制职业技能培训、劳动关系协调、劳动人事争议调解仲裁和劳动保障监察标准，加强就业信息公共服务网络建设标准研制，制修订人力资源社会保障系统信用体系建设、机关事业单位养老保险经办、待遇审核、服务规范、社会保险风险防控、医保经办、工伤康复经办等领域的标准，提高社会保障服务和管理的规范化、信息化、专业化水平。

基本医疗卫生

制修订卫生、中医药相关标准，包括卫生信息、医疗机构管理、医疗服务、中医特色优势诊疗服务和“治未病”预防保健服务、临床检验、血液、医院感染控制、护理、传染病、寄生虫病、地方病、病媒生物控制、职业卫生、环境卫生、放射卫生、营养、学校卫生、消毒、卫生应急管理、卫生检疫等领域的标准。制定重要相关产品标准，包括中药材种子种苗标准、中药材和中药饮片分级标准、道地药材认证标准，提高基本医疗卫生服务的公平性、可及性和质量水平。

食品及相关产品

开展食品基础通用标准以及重要食品产品和相关产品、食品添加剂、生产过程管理与控制、食品品质检测方法、食品检验检疫、食品追溯技术、地理标志产品等领域标准制定，支撑食品产业持续健康发展。

公共安全

建立健全公共安全基础国家标准体系，开展全国视频联网与应用和人体生物特征识别应用、警用爆炸物防护装备设计与安全评估、公共场所防爆炸技术等领域的标准研究，研究编制信息安全、社会消防安全管理、社会消防技术服务、消防应急救援、消防应急通信、刑事科学技术系列标准，研制危险化学品管理、化学品安全生产、废弃化学品管理和资源化利用、安全生产监管监察、职业健康与防护、事故应急救援、工矿商贸安全技术以及核应急、安防和电气防火等标准，完善优化特种设备质量安全标准，提高我国公共安全管理水平。

基本社会服务

制定和实施妇女儿童保护、优抚安置、社会救助、基层民主、社区建设、地名、社会福利、慈善与志愿服务、康复辅具、老龄服务、婚姻、收养、殡葬、社会工作等领域标准，提高基本社会服务标准化水平，保障基本社会服务的规模和质量。

地震和气象

研制地震预警技术系统建设与管理、地震灾情快速评估与发布、地震基础探测与抗震防灾应用等服务领域标准，制修订气象仪器与观测方法、气象数据格式与接口、天气预报、农业气象等基础标准，重点研制气象灾害监测预警评估、气候影响评估、大气成分监测预警服务、人工影响天气作业等技术标准和服务标准，针对气象服务市场发展需求，加强市场准入、行为规范、共享共用等配套标准的研究与制定，提升我国防震减灾和气象预测的准确性、及时性与有效性。

测绘地理信息

重点研制地理国情普查与监测、测绘基准建设及应用、地理信息资源建设与应用、应急测绘与地图服务、地下空间测绘与管理、地理信息共享与交换、导航与位置服务、地理信息公共服务等标准，加速提升测绘地理信息保障服务能力。

社会信用体系

加快社会信用标准体系建设，制定和实施实名制、信用信息采集和信用分类管理标准，完善信贷、纳税、合同履约、产品质量等重点领域信用标准建设，规范信用评价、信息共享和应用，服务政务诚信、商务诚信、社会诚信和司法公信建设。

物品编码

完善和拓展国家物品编码体系及应用，加快物品信息资源体系建设，制定基于统一产品编码的电子商务交易产品质量信息发布系列标准，加强商品条码在电子商务产品监管中的应用研究，加强条码信息在质量监督抽样中的应用，加快物联网标志研究、二维条码标准研究，加强物品编码技术在产品质量追溯中的应用研究，加大商品条码数据库建设力度，支撑产品质量信用信息平台建设。

统一社会信用代码

研制跨部门跨领域统一社会信用代码应用的通用安全标准，加快统一社会信用代码地理信息采集、服务接口、数据安全、数据元、赋码规范、数据管理、交换接口等关键标准的制定和实施，初步实现相关部门法人单位信息资源的实时共享，推动统一社会信用代码在电子政务和电子商务领域应用。

城镇化和城市基础设施

重点开展城市和小城镇给排水、污水处理、节水、燃气、城镇供热、市容和环境卫生、风景园林、邮政、城市导向系统、城镇市政信息技术应用及服务等领域的标准制修订，提升城市管理标准化、信息化、精细化水平。提高建筑节能标准，推广绿色建筑和建材。

（三）加强生态文明标准化，服务绿色发展。

以资源节约、节能减排、循环利用、环境治理和生态保护为着力点，推进森林、海洋、土地、能源、矿产资源保护标准化体系建设，加强重要生态和环境标准研制与实施，提高节能、节水、节地、节材、节矿标准，加快能效能耗、碳排放、节能环保产业、循环经济以及大气、水、土壤污染防治标准研制，推进生态保护与建设，提高绿色循环低碳发展水平。

专栏5　生态保护与节能减排领域标准化重点

自然生态系统保护

加强森林、湿地、荒漠、海洋等自然生态系统与生物多样性保护、修复、检测、评价以及生态系统服务、外来生物入侵预警、生态风险评估、生态环境影响评价、野生动植物及濒危物种保护、水土保持、自然保护区、环境承载力等领域的标准制定与实施，实现生态资源的可持续开发与利用。

土地资源保护

制修订土地资源规划、调查、监测和评价，耕地保护、土地整治、高标准基本农田建设、永久基本农田红线划定，土地资源节约集约利用等领域的关键技术标准，制定不动产统一登记、不动产权籍调查以及不动产登记信息管理基础平台等领域的关键技术标准，制修订土地资源信息化领域标准，提高国土资源保障能力和保护水平。

水资源保护

制修订水资源规划、评价、监测以及水源地保护、取用水管理等标准，研制水资源开发利用控制、用水效率控制、水功能区限制纳污“三条红线”配套标准和重点行业节水标准、水资源承载能力监测预警标准，开展实施最严格水资源管理制度相关标准研究。

地质和矿产资源保护

制修订地质调查、地质矿产勘查、矿产资源储量、矿产资源开发与综合利用、地质矿产实验测试、矿产资源信息化等领域的关键技术标准以及石油、天然气、页岩气、煤层气等勘查与开采关键技术标准，研制水文地质、工程地质、地质环境和地质灾害等领域标准，制修订珠宝玉石领域基础性、通用性技术标准，提高地质、矿产资源开发利用效率和水平。

环境保护

制修订环境质量、污染物排放、环境监测方法、放射性污染防治标准，开展海洋环境保护和城市垃圾处理技术标准的研究，开展防腐蚀领域标准制定。研制工业品生态设计标准体系，制修订电子电气产品、汽车等相关有毒有害物质管控标准，制修订再制造、大宗固体废物综合利用、园区循环化改造、资源再生利用、废旧产品回收、餐厨废弃物资源化等标准，为建设资源节约型和环境友好型社会提供技术保障。

节能低碳

制修订能效、能耗限额等强制性节能标准以及在线监测、能效检测、能源审计、能源管理体系、合同能源管理、经济运行、节能量评估、节能技术评估、能源绩效评价等节能基础与管理标准，制修订高效能环保产品、环保设施运行效果评估相关标准，制修订碳排放核算与报告审核、碳减排量评估与审核、产品碳足迹、低碳园区、企业及产品评价、碳资产管理、碳汇交易、碳金融服务相关标准。

（四）加强文化建设标准化，促进文化繁荣。

以优化公共文化服务、推动文化产业发展和规范文化市场秩序为着力点，建立健全文化行业分类指标体系，加快文化产业技术标准、文化市场产品标准与服务规范建设，完善公共文化服务标准体系，建立和实施国家基本公共文化服务指导标准，制定文化安全管理和技术标准，促进基本公共文化服务标准化、均等化，保障文化环境健康有序发展，建设社会主义文化强国。

专栏6　文化领域标准化重点

文化艺术

重点开展公共文化服务、文化市场产品与服务术语、分类、文化内容管理、服务数量和质量要求、运行指标体系、评价体系，以及公共图书馆、文化馆（站）、博物馆、美术馆、艺术场馆和临时搭建舞台看台公共服务技术、质量、服务设施、服务信息、术语与语言资源等领域重要标准制修订与实施工作，推动文化创新，繁荣文化事业，发展文化产业。

新闻出版

加强新闻出版领域相关内容资源标志与管理标准制修订，加快研制版权保护与版权运营相关标准，推进数字出版技术与管理、新闻出版产品流通、信息标准的研制与应用，完善绿色印刷标准体系，开展全民阅读等新闻出版公共服务领域相关标准研制，丰富新闻出版服务供给，满足多样化需求。

广播电影电视

开展新一代网络制播、超高清电视、高效视音频编码、广播电视媒体融合、下一代广播电视网、三网融合、数字音频广播、新一代地面数字电视、卫星广播电视、应急广播、数字电影与数字影院等标准的研制，提高影视服务质量。

文物保护

开展文化遗产保护与利用标准研究，制定与实施文物保护专用设施以及可移动文物、不可移动文物、文物调查与考古发掘等文物保护标准，重点制定文物保存环境质量检测、文物分类、文物病害评估等标准，加强文物风险管理标准的制定，提高文物保护水平。开展中国文化传承标准研究。

体育

加强公共体育服务、体育竞赛、全民健身、体育场馆设施以及国民体质监测等标准的研制与应用，重点推动体育产业标准化工作的开展，加快体育项目经营活动、竞赛表演业、健身娱乐业、中介活动、体育用品、信息产业等标准的制修订工作，促进体育事业又好又快发展。

（五）加强政府管理标准化，提高行政效能。

以推进各级政府事权规范化、提升公共服务质量和加快政府职能转变为着力点，固化和推广政府管理成熟经验，加强权力运行监督、公共服务供给、执法监管、政府绩效管理、电子政务等领域标准制定与实施，构建政府管理标准化体系，树立依法依标管理和服务意识，建设人民满意的政府。

专栏7　政府管理领域标准化重点

权力运行监督

探索建立权力运行监督标准化体系，推进各级政府事权规范化。研究制定行政审批事项分类编码、行政审批取消和下放效果评估、权力行使流程等标准，实现依法行政、规范履职、廉洁透明、高效服务的政府建设目标。

基本公共服务

完善基本公共服务分类与供给、质量控制与绩效评估标准，研制政府购买公共服务、社区服务标准，制定实施综合行政服务平台建设、检验检测共用平台建设、基本公共服务设施分级分类管理、服务规范等标准，培育基本公共服务标准化示范项目，提高基本公共服务保障能力。

执法监管

强化节能节地节水、安全等市场准入标准和公共卫生、生态环境保护、消费者安全等领域强制性标准的实施监督，开展基层执法设备设施、行为规范、抽样技术等标准研制，提高执法效率和规范化水平，促进市场公平竞争。

政府绩效管理

加强政府工作标准的制定实施，制定实施政府服务质量控制、绩效评估、满意度测评方法和指标体系标准，促进政府行政效能与工作绩效的提升。

电子政务服务

推进电子公文管理、档案信息化与电子档案管理、电子监察、电子审计等标准体系建设，加强互联网政务信息数据服务、便民服务平台、行业数据接口、电子政务系统可用性、政务信息资源共享等政务信息标准化工作，制定基于大数据、云计算等信息技术应用的舆情分析和风险研判标准，促进电子政务标准化水平提升。

信息安全保密

进一步完善国家保密标准体系，加强涉密信息系统分级保护、保密检查监管、安全保密产品等标准化工作，开展虚拟化、移动互联网、物联网等信息技术应用的安全保密标准研究，增强信息安全保密技术能力。

四、重大工程

（一）农产品安全标准化工程。结合国家农业发展规划和重点领域实际，以保障粮食等重要农产品安全为目标，全面提升农业生产现代化、规模化、标准化水平，保障国家粮食安全、维护社会稳定。

围绕安全种植、健康养殖、绿色流通、合理加工，构建科学、先进、适用的农产品安全标准体系和标准实施推广体系。重点加强现代农业基础设施建设，种质资源保护与利用，

“米袋子”“菜篮子”产品安全种植，畜禽、水产健康养殖，中药材种植，新型农业投入品安全控制，粮食流通，鲜活农产品及中药材流通溯源，粮油产品品质提升和节约减损，动植物疫病预防控制等领域标准制定，制修订相关标准3000项以上，进一步完善覆盖农业产前、产中、产后全过程，从农田到餐桌全链条的农产品安全保障标准体系，有效保障农产品安全。围绕农业综合标准化示范、良好农业操作规范试点、公益性农产品批发市场建设、跨区域农产品流通基础设施提升等，大力开展以建立现代农业生产体系为目标的标准化示范推广工作，建设涵盖农产品生产、加工、流通各环节的各类标准化示范项目1000个以上，组织农业标准化技术机构、行业协会、科研机构、产业联盟，构建农业标准化区域服务与推广平台50个，建立现代农业标准化示范和推广体系。

（二）消费品安全标准化工程。以保障消费品安全为目标，建立完善消费品安全标准体系，促进我国消费品安全和质量水平不断提高。

开展消费品安全标准“筑篱”专项行动，围绕化学安全、机械物理安全、生物安全和使用安全，建立跨领域通用安全标准、重点领域专用安全标准和重要产品安全标准相互配套、相互衔接的消费品安全标准体系。在家用电器、纺织服装、家具、玩具、鞋类、电器附件、纸制品、体育用品、化妆品、涂料、建筑卫生陶瓷等30个重点领域，开展1000项国内外标准比对评估。加快制定消费品设计、关键材料、重要零部件、生产制造等产业技术基础标准，加强消费品售后服务、标签标志、质量信息揭示、废旧消费品再利用等领域标准研制，制定相关标准1000项以上。建设消费品标准信息服务平台，完善产业发展、产品质量监督、进出口商品检验、消费维权等多环节信息与标准化工作的衔接互动机制，加强对消费品标准化工作的信息共享和风险预警。在重点消费品领域，扶持建立一批团体标准制定组织，整合产业链上下游产学研资源，合力研究制定促进产业发展的设计、材料、工艺、检测等关键共性标准。结合现有各级检验检测实验力量，建设一批标准验证检验检测机构，探索建立重要消费品关键技术指标验证制度。

（三）节能减排标准化工程。落实节能减排低碳发展有关规划及《国家应对气候变化规划（2014—2020年）》，以有效降低污染水平为目标，开展治污减霾、碧水蓝天标准化行动，实现主要高耗能行业、主要终端用能产品的能耗限额和能效标准全覆盖。

滚动实施百项能效标准推进工程，加快能效与能耗标准制修订速度，加强与能效领跑者制度的有效衔接，适时将领跑者指标纳入能效、能耗强制性标准体系中。重点研究制定能源在线监测、能源绩效评价、合同能源管理、节能量及节能技术评估、能源管理与审计、节能监察等节能基础与管理标准，为能源在线监测、固定资产投资项目节能评估和审查等重要节能管理制度提供技术支撑。针对钢铁、水泥、电解铝等产能过剩行业，实施化解产能过剩标准支撑工程，重点制定节能、节水、环保、生产设备节能、高效节能型产品、节能技术、再制造等方面标准，加速淘汰落后产能，引导产业结构转型升级。研究制定环境质量、污染物排放、环境监测与检测服务、再利用及再生利用产品、循环经济评价、碳排放评估与管理等领域的标准。制修订相关标准500项以上，有效支撑绿色发展、循环发展和低碳发展。围绕国家生态文明建设的总体要求，开展

100 家循环经济标准化试点示范。加强标准与节能减排政策的有效衔接，针对 10 个行业研究构建节能减排成套标准工具包，推动系列标准在行业的整体实施。完善节能减排标准有效实施的政策机制。

（四）基本公共服务标准化工程。围绕国家基本公共服务体系规划，聚焦城乡一体化发展中的基层组织和特殊人群保护等重点领域，加快推进基本公共服务标准化工作，促进基本公共服务均等化。

围绕基本公共服务的资源配置、运行管理、绩效评价，农村、社区等基层基本公共服务，老年人、残疾人等特殊人群的基本公共服务，研制 300 项以上标准，健全公共教育、劳动就业、社会保险、医疗卫生、公共文化等基本公共服务重点领域标准体系。鼓励各地区、各部门紧贴政府职能转变，开展基本公共服务标准宣传贯彻和培训，利用网络、报刊等公开基本公共服务标准，协同推动基本公共服务标准实施。开展 100 项以上基本公共服务领域的标准化试点示范项目建设，总结推广成功经验。加强政府自我监督，探索创新社会公众监督、媒体监督等方式，强化基本公共服务标准实施的监督，畅通投诉、举报渠道。加强基本公共服务供给模式、标准实施评价、政府购买公共服务等基础标准研究，不断完善基本公共服务标准化理论方法体系。

（五）新一代信息技术标准化工程。编制新一代信息技术标准体系规划，建立面向未来、服务产业、重点突出、统筹兼顾的标准体系，支撑信息产业创新发展，推动各行业信息化水平全面提升，保障网络安全和信息安全自主可控。

围绕集成电路、高性能电子元器件、半导体照明、新型显示、新型便携式电源、智能终端、卫星导航、操作系统、人机交互、分布式存储、物联网、云计算、大数据、智慧城市、数字家庭、电子商务、电子政务、新一代移动通信、超宽带通信、个人信息保护、网络安全审查等领域，研究制定关键技术和共性基础标准，制定相关标准 1000 项以上，推动 50 项以上优势标准转化为国际标准，提升国际竞争力。搭建国产软硬件互操作、数据共享与服务、软件产品与系统检测、信息技术服务、云服务安全、办公系统安全、国家信息安全标准化公共服务平台。建立国家网络安全审查技术标准体系并试点应用。发布实施信息技术服务标准化工作行动计划，创建 20 个信息技术服务标准化示范城市（区）。开展标准化创新服务机制研究，推动“科技、专利、标准”同步研发的新模式，助力企业实现创新发展。

（六）智能制造和装备升级标准化工程。围绕“中国制造 2025”，立足国民经济发展和国防安全需求，制定智能制造和装备升级标准的规划，研制关键技术标准，显著提升智能制造和装备制造技术水平和国际竞争力，保障产业健康、有序发展。

建立智能制造标准体系，研究制定智能制造关键术语和词汇表、企业间联网和集成、智能制造装备、智能化生产线和数字化车间、智慧工厂、智能传感器、高端仪表、智能机器人、工业通信、工业物联网、工业云和大数据、工业安全、智能制造服务架构等 200 项以上标准。搭建标准化验证测试公共服务平台，重点针对流程制造、离散制造、智能装备和产品、智能制造新业态新模式、智能化管理和智能服务 5 个领域开展标准化试点示范。组织编制制造业标准化提升计划，制修订 2000 项以上技术标准。聚焦清洁发电设备、核电装备、石油石化装备、节能环保装备、航空装备、航天装备、海洋工程装备、海洋深潜和极地考察装备、高技术船舶、轨道交通装备、工程机械、数控机床、安全生产及应急救援装备等重大产业领域，开展装备技术标准研究。重点制定关键零部件所需的钢铁、有色、有机、复合等基础材料标准，铸造、锻压、热处理、增材制造等绿色工艺及基础制造装备标准，提高国产轴承、齿轮、液气密等关键零部件性能、可靠性和寿命标准指标。加快重大成套装备技术标准研制，在高铁、发动机、大飞机、发电和输变电、冶金及石油石化成套设备等领域，建立一批标准综合体。结合新型工业化产业示范，发挥地方积极性，加大推动装备制造产业标准化试点力度。通过产业链之间协作，开展优势装备“主制造商＋典型用户＋供应商”模式的标准化试点。组织编制《中国装备走出去标准名录》，服务促进一批重大技术装备制造企业走出去。

（七）新型城镇化标准化工程。依据《国家新型城镇化规划（2014—2020年）》，建立层次分明、科学合理、适用有效的标准体系，基本覆盖新型城镇建设各环节，满足城乡规划、建设与管理的需要。

围绕推进农业转移人口市民化、优化城镇化布局和形态、提高城市可持续发展能力、推动城乡发展一体化等改革重点领域，研究编制具有中国特色的新型城镇化标准体系，组织制定相关标准700项以上。加快制定用于指导和评价新型城镇化进程的量化指标、测算依据、数据采集、监测与评价方法等基础通用标准。加强新型城镇化规划建设、资源配置、管理评价以及与统筹城乡一体化发展相配套的标准制定。选择10个省、市开展新型城镇化标准化试点，推动标准在新型城镇化发展过程中的应用和实施，提升新型城镇化发展过程中的标准化水平。建设一批新型城镇化标准化示范城市，总结经验，形成可复制、可推广的发展模式，支撑和促进新型城镇化规范、有序发展。

（八）现代物流标准化工程。落实《物流业发展中长期规划（2014—2020年）》，系统推进物流标准研制、实施、监督、国际化等各项任务，满足物流业转型升级发展的需要。

完善物流标准体系，加大物流安全、物流诚信、绿色物流、物流信息、先进设施设备和甩挂运输、城市共同配送、多式联运等物流业发展急需的重要标准研制力度，制定100项基础类、通用类及专业类物流标准。加强重要物流标准宣传贯彻和培训，促进物流标准实施。实施商贸物流标准化专项行动计划，推广标准托盘及循环共用。选择大型物流企业、配送中心、售后服务平台、物流园区、物流信息平台等，开展100个物流标准化试点。针对危险货物仓储运输、物流装备安全要求等强制性标准，推进物流设备和服务认证，推动行业协会、媒体和社会公众共同监督物流标准实施，加大政府监管力度。积极采用适合我国物流业发展的国际先进标准，在电子商务物流、快递物流等优势领域争取国际标准突破，支撑物流业国际化发展。

（九）中国标准走出去工程。按照“促进贸易、统筹协作、市场导向、突出重点”的要求，大力推动中国标准走出去，支撑我国产品和服务走出去，服务国家构建开放型经济新体制的战略目标。

围绕节能环保、新一代信息技术、高端装备制造、新能源、新材料、新能源汽车、船舶、农产品、玩具、纺织品、社会管理和公共服务等优势、特色领域以及战略性新兴产业领域，平均每年主导和参与制定国际标准500项以上。围绕实施“一带一路”战略，按照《标准联通“一带一路”行动计划（2015—2017）》的要求，以东盟、中亚、海湾、蒙俄等区域和国家为重点，深化标准化互利合作，推进标准互认；在基础设施、新兴和传统产业领域，推动共同制定国际标准；组织翻译1000项急需的国家标准、行业标准英文版，开展沿线国家大宗进出口商品标准比对分析；在水稻、甘蔗和果蔬等特色农产品领域，开展东盟农业标准化示范区建设；在电力电子设备、家用电器、数字电视广播、半导体照明等领域，开展标准化互联互通项目；加强沿线国家和区域标准化研究，推动建立沿线重点国家和区域标准化研究中心。

（十）标准化基础能力提升工程。以整体提升标准化发展的基础能力为目标，推进标准化核心工作能力、人才培养模式和技术支撑体系建设，发挥好标准在国家质量技术基础建设及产业发展、行业管理和社会治理中的支撑作用。

围绕标准化技术委员会建设和标准制修订全过程管理，推进标准化核心工作能力建设。整合优化技术委员会组织体系，引入项目委员会、联合工作组等多种技术组织形式；建立技术委员会协调、申诉和退出等机制，加强技术委员会工作考核评价。推动标准从立项到复审的信息化管理，将标准制定周期缩短至24个月以内；加强标准审查评估工作，围绕标准立项、研制、实施开展全过程评估；依托现有检验检测机构，设立国家级标准验证检验检测点50个以上，加强对标准技术指标的实验验证；加快强制性标准整合修订和推荐性标准体系优化，集中开展滞后老化标准复审工作。

围绕标准化知识的教育、培训和宣传，完善标准化人才培养模式。开展标准化专业学历学位教育，推动标准化学科建设；开展面向专业技术人员的标准化专业知识培训；开展面向企业管理层和员工的标准化技能培训；开展面向政府公务人员和社会公众的标准化知识宣传普及。实施我国国际标准化人才培育计划，着力培养懂技术、懂规则的国际标准化专业人才；依托国际交流和对外援助，开展面向发展中国家的标准化人才培训与交流项目。

围绕标准化科研机构、标准创新基地和标准化信息化建设，加强标准化技术支撑体系建设。加强标准化科研机构能力建设，系统开展标准化理论、方法和技术研究，夯实标准化发展基础。加强标准研制与科技创新的融合，针对京津冀、长三角、珠三角等区域以及现代农业、新兴产业、高技术服务业等领域发展需求，按照深化中央财政科技计划管理改革的要求，推进国家技术标准创新基地建设。进一步加强标准化信息化建设，利用大数据技术凝练标准化需求，开展标准实施效果评价，建成支撑标准化管理和全面提供标准化信息服务的全国标准信息网络平台。

五、保障措施

（一）加快标准化法治建设。加快推进《中华人民共和国标准化法》及相关配套法律法规、规章的制修订工作，夯实标准化法治基础。加大法律法规、规章、政策引用标准的力度，在法律法规中进一步明确标准制定和实施中有关各方的权利、义务和责任。鼓励地方立法推进标准化战略实施，制定符合本行政区域标准化事业发展实际的地方性配套法规、规章。完善支持标准化发展的政策保障体系。充分发挥标准对法律法规的技术支撑和补充作用。

（二）完善标准化协调推进机制。进一步

健全统一管理、分工负责、协同推进的标准化管理体制。加强标准化工作的部门联动，完善农业、服务业、社会管理和公共服务等领域标准化联席会议制度，充分发挥国务院各有关部门在标准制定、实施及监督中的作用。地方各级政府要加强对标准化工作的领导，建立完善地方政府标准化协调推进机制，加强督察、强化考核，加大重要标准推广应用的协调力度。在长江经济带、京津冀等有条件的地区建立区域性标准化协作机制，协商解决跨区域跨领域的重大标准化问题。加强标准化省部合作。建立健全军民融合标准化工作机制，促进民用标准化与军用标准化之间的相互协调与合作。

（三）建立标准化多元投入机制。各级财政应根据工作实际需要统筹安排标准化工作经费。制定强制性标准和公益类推荐性标准以及参与国际标准化活动的经费，由同级财政予以安排。探索建立市场化、多元化经费投入机制，鼓励、引导社会各界加大投入，促进标准创新和标准化服务业发展。

（四）加大标准化宣传工作力度。各地区、各部门要通过多种渠道，大力宣传标准化方针政策、法律法规以及标准化先进典型和突出成就，扩大标准化社会影响力。加强重要舆情研判和突发事件处置。广泛开展世界标准日、质量月、消费者权益保护日等群众性标准化宣传活动，深入企业、机关、学校、社区、乡村普及标准化知识，宣传标准化理念，营造标准化工作良好氛围。

（五）加强规划组织实施。国务院标准化行政主管部门牵头组织，各地区、各部门分工负责，组织和动员社会各界力量推进规划实施。做好相关专项规划与本规划的衔接，抓好发展目标、主要任务和重大工程的责任分解和落实，将规划实施情况纳入地方政府和相关部门的绩效考核。健全标准化统一管理和协调推进机制，完善各项配套政策措施，确保规划落到实处。适时开展规划实施的效果评估和监督检查，跟踪分析规划的实施进展。根据外部因素和内部条件变化，对规划进行中期评估和调整、优化，提高规划科学性和有效性。

各地区、各部门可依据本规划，制定本地区、本部门标准化体系建设发展规划。

国务院办公厅关于推进农村一二三产业融合发展的指导意见

（国办发〔2015〕93号　2015年12月30日）

各省、自治区、直辖市人民政府，国务院各部委、各直属机构：

推进农村一二三产业（以下简称农村产业）融合发展，是拓宽农民增收渠道、构建现代农业产业体系的重要举措，是加快转变农业发展方式、探索中国特色农业现代化道路的必然要求。经国务院同意，现提出如下意见：

一、总体要求

（一）指导思想。全面贯彻落实党的十八大和十八届二中、三中、四中、五中全会精神，按照党中央、国务院决策部署，坚持“四个全面”战略布局，牢固树立创新、协调、绿色、开放、共享的发展理念，主动适应经济发展新常态，用工业理念发展农业，以市场需求为导向，以完善利益联结机制为核心，以制度、技术和商业模式创新为动力，以新型城镇化为依托，推进农业供给侧结构性改革，着力构建农业与二三产业交叉融合的现代产业体系，形成城乡一体化的农村发展新格局，促进农业增效、农民增收和农村繁荣，为国民经济持续健康发展和全面建成小康社会提供重要支撑。

（二）基本原则。坚持和完善农村基本经营制度，严守耕地保护红线，提高农业综合生产能力，确保国家粮食安全。坚持因地制宜，分类指导，探索不同地区、不同产业融合模式。坚持尊重农民意愿，强化利益联结，保障农民获得合理的产业链增值收益。坚持市场导向，充分发挥市场配置资源的决定性作用，更好发挥政府作用，营造良好市场环境，加快培育市场主体。坚持改革创新，打破要素瓶颈制约和体制机制障碍，激发融合发展活力。坚持农业现代化与新型城镇化相衔接，与新农村建设协调推进，引导农村产业集聚发展。

（三）主要目标。到2020年，农村产业融合发展总体水平明显提升，产业链条完整、功能多样、业态丰富、利益联结紧密、产城融合更加协调的新格局基本形成，农业竞争力明显提高，农民收入持续增加，农村活力显著增强。

二、发展多类型农村产业融合方式

（四）着力推进新型城镇化。将农村产业融合发展与新型城镇化建设有机结合，引导农村二三产业向县城、重点乡镇及产业园区等集中。加强规划引导和市场开发，培育农产品加工、商贸物流等专业特色小城镇。强化产业支撑，实施差别化落户政策，努力实现城镇基本公共服务常住人口全覆盖，稳定吸纳农业转移人口。（发展改革委、农业部、商务部等负责）

（五）加快农业结构调整。以农牧结合、农林结合、循环发展为导向，调整优化农业种植养殖结构，加快发展绿色农业。建设现代饲草料产业体系，推广优质饲草料种植，促进粮食、经济作物、饲草料三元种植结构协调发展。大力发展种养结合循环农业，合理布局规模化养殖场。加强海洋牧场建设。积极发展林下经济，推进农林复合经营。推广适合精深加工、休闲采摘的作物新品种。加强农业标准体系建设，严格生产全过程管理。（农业部、林业局、科技部等负责）

（六）延伸农业产业链。发展农业生产性服务业，鼓励开展代耕代种代收、大田托管、统防统治、烘干储藏等市场化和专业化服务。完善农产品产地初加工补助政策，扩大实施区域和品种范围，初加工用电享受农用电政策。加强政策引导，支持农产品深加工发展，促进其向优势产区和关键物流节点集中，加快消化粮棉油库存。支持农村特色加工业发展。加快农产品冷链物流体系建设，支持优势产区产地批发市场建设，推进市场流通体系与储运加工布局有机衔接。在各省（区、市）年度建设用地指标中单列一定比例，专门用于新型农业经营主体进行农产品加工、仓储物流、产地批发市场等辅助设施建设。健全农产品产地营销体系，推广农超、农企等形式的产销对接，鼓励在城市社区设立鲜活农产品直销网点。（农业部、发展改革委、财政部、工业和信息化部、国土资源部、商务部、供销合作总社等负责）

（七）拓展农业多种功能。加强统筹规划，推进农业与旅游、教育、文化、健康养老等产业深度融合。积极发展多种形式的农家乐，提升管理水平和服务质量。建设一批具有历史、地域、民族特点的特色旅游村镇和乡村旅游示范村，有序发展新型乡村旅游休闲产品。鼓励有条件的地区发展智慧乡村游，提高在线营销能力。加强农村传统文化保护，合理开发农业文化遗产，大力推进农耕文化教育进校园，统筹利用现有资源建设农业教育和社会实践基地，引导公众特别是中小学生参与农业科普和农事体验。（农业部、旅游局、发展改革委、财政部、教育部、文化部、民政部、林业局等负责）

（八）大力发展农业新型业态。实施“互联网＋现代农业”行动，推进现代信息技术应用于农业生产、经营、管理和服务，鼓励对大田种植、畜禽养殖、渔业生产等进行物联网改造。采用大数据、云计算等技术，改进监测统计、分析预警、信息发布等手段，健全农业信息监测预警体系。大力发展农产品电子商务，完善配送及综合服务网络。推动科技、人文等元素融入农业，发展农田艺术景观、阳台农艺等创意农业。鼓励在大城市郊区发展工厂化、立体化等高科技农业，提高本地鲜活农产品供应保障能力。鼓励发展农业生产租赁业务，积极探索农产品个性化定制服务、会展农业、农业众筹等新型业态。（农业部、发展改革委、科技部、工业和信息化部、财政部、商务部、林业局等负责）

（九）引导产业集聚发展。加强农村产业融合发展与城乡规划、土地利用总体规划有效衔接，完善县域产业空间布局和功能定位。通过农村闲置宅基地整理、土地整治等新增的耕地和建设用地，优先用于农村产业融合发展。创建农业产业化示范基地和现代农业示范区，完善配套服务体系，形成农产品集散中心、物流配送中心和展销中心。扶持发展一乡（县）一业、一村一品，加快培育乡村手工艺品和农村土特产品品牌，推进农产品品牌建设。依托国家农业科技园区、农业科研院校和“星创天地”，培育农业科技创新应用企业集群。（发展改革委、农业部、国土资源部、科技部、工业和信息化部、教育部、财政部、商务部、工商总局等负责）

三、培育多元化农村产业融合主体

（十）强化农民合作社和家庭农场基础作用。鼓励农民合作社发展农产品加工、销售，拓展合作领域和服务内容。鼓励家庭农场开展农产品直销。引导大中专毕业生、新型职业农民、务工经商返乡人员领办农民合作社、兴办家庭农场、开展乡村旅游等经营活动。支持符合条件的农民合作社、家庭农场优先承担政府涉农项目，落实财政项目资金直接投向农民合作社、形成资产转交合作社成员持有和管护政策。开展农民合作社创新试点，引导发展农民合作社联合社。引导土地流向农民合作社和家庭农场。（农业部牵头负责）

（十一）支持龙头企业发挥引领示范作用。培育壮大农业产业化龙头企业和林业重点龙头企业，引导其重点发展农产品加工流通、电子商务和农业社会化服务，并通过直接投资、参股经营、签订长期合同等方式，建设标准化和规模化的原料生产基地，带动农户和农民合作社发展适度规模经营。龙头企业要优化要素资源配置，加强产业链建设和供应链管理，提高产品附加值。鼓励龙头企业建设现代物流体系，健全农产品营销网络。充分发挥农垦企业资金、技术、品牌和管理优势，培育具有国际竞争力的大型现代农业企业集团，推进垦地合作共建，示范带动农村产业融合发展。（农业部、林业局牵头负责）

（十二）发挥供销合作社综合服务优势。推动供销合作社与新型农业经营主体有效对接，培育大型农产品加工、流通企业。健全供销合作社经营网络，支持流通方式和业态创新，搭建全国性和区域性电子商务平台。拓展供销合作社经营领域，由主要从事流通服务向全程农业社会化服务延伸、向全方位城乡社区服务拓展，在农资供应、农产品流通、农村服务等重点领域和环节为农民提供便利实惠、安全优质的服务。（供销合作总社牵头负责）

（十三）积极发展行业协会和产业联盟。充分发挥行业协会自律、教育培训和品牌营销作用，开展标准制订、商业模式推介等工作。在质量检测、信用评估等领域，将适合行业协会承担的职能移交行业协会。鼓励龙头企业、农民合作社、涉农院校和科研院所成立产业联盟，支持联盟成员通过共同研发、科技成果产业化、融资拆借、共有品牌、统一营销等方式，实现信息互通、优势互补。（农业部牵头负责）

（十四）鼓励社会资本投入。优化农村市场环境，鼓励各类社会资本投向农业农村，发展适合企业化经营的现代种养业，利用农村“四荒”（荒山、荒沟、荒丘、荒滩）资源发展多种经营，开展农业环境治理、农田水利建设和生态修复。国家相关扶持政策对各类社会资本投资项目同等对待。对社会资本投资建设连片面积达到一定规模的高标准农田、生态公益林等，允许在符合土地管理法律法规和土地利用总体规划、依法办理建设用地审批手续、坚持节约集约用地的前提下，利用一定比例的土地开展观光和休闲度假旅游、加工流通等经营活动。能够商业化运营的农村服务业，要向社会资本全面开放。积极引导外商投资农村产业融合发展。（发展改革委、财政部、国土资源部、水利部、农业部、商务部、林业局、旅游局等负责）

四、建立多形式利益联结机制

（十五）创新发展订单农业。引导龙头企业在平等互利基础上，与农户、家庭农场、农民合作社签订农产品购销合同，合理确定收购价格，形成稳定购销关系。支持龙头企业为农户、家庭农场、农民合作社提供贷款担保，资助订单农户参加农业保险。鼓励农产品产销合作，建立技术开发、生产标准和质量追溯体系，设立共同营销基金，打造联合品牌，实现利益共享。（农业部、发展改革委、商务部、工商总局、银监会、保监会等负责）

（十六）鼓励发展股份合作。加快推进农村集体产权制度改革，将土地承包经营权确权登记颁证到户、集体经营性资产折股量化到户。地方人民政府可探索制订发布本行政区域内农用地基准地价，为农户土地入股或流转提供参考依据。以土地、林地为基础的各种形式合作，凡是享受财政投入或政策支持的承包经营者均应成为股东方，并采取“保底收益＋按股分红”等形式，让农户分享加工、销售环节收益。探索形成以农户承包土地经营权入股的股份合作社、股份合作制企业利润分配机制，切实保障土地经营权入股部分的收益。（农业部、发展改革委、财政部、国土资源部、林业局等负责）

（十七）强化工商企业社会责任。鼓励从事农村产业融合发展的工商企业优先聘用流转出土地的农民，为其提供技能培训、就业岗位和社会保障。引导工商企业发挥自身优势，辐射带动农户扩大生产经营规模、提高管理水平。完善龙头企业认定监测制度，实行动态管理，逐步建立社会责任报告制度。强化龙头企业联农带农激励机制，国家相关扶持政策与利益联结机制相挂钩。（农业部、发展改革委、财政部等负责）

（十八）健全风险防范机制。稳定土地流转关系，推广实物计租货币结算、租金动态调整等计价方式。规范工商资本租赁农地行为，建立农户承包土地经营权流转分级备案制度。引导各地建立土地流转、订单农业等风险保障金制度，并探索与农业保险、担保相结合，提高风险防范能力。增强新型农业经营主体契约意识，鼓励制定适合农村特点的信用评级方法体系。制定和推行涉农合同示范文本，依法打击涉农合同欺诈违法行为。加强土地流转、订单等合同履约监督，建立健全纠纷调解仲裁体系，保护双方合法权益。（农业部、发展改革委、财政部、人民银行、工商总局等负责）

五、完善多渠道农村产业融合服务

（十九）搭建公共服务平台。以县（市、区）为基础，搭建农村综合性信息化服务平台，提供电子商务、乡村旅游、农业物联网、价格信息、公共营销等服务。优化农村创业孵化平台，建立在线技术支持体系，提供设计、创意、技术、市场、融资等定制化解决方案及其他创业服务。建设农村产权流转交易市场，引导其健康发展。采取政府购买、资助、奖励等形式，引导科研机构、行业协会、龙头企业等提供公共服务。（农业部、发展改革委、科技部、工业和信息化部、商务部等负责）

（二十）创新农村金融服务。发展农村普惠金融，优化县域金融机构网点布局，推动农村基础金融服务全覆盖。综合运用奖励、补助、税收优惠等政策，鼓励金融机构与新型农业经营主体建立紧密合作关系，推广产业链金融模式，加大对农村产业融合发展的信贷支持。推进粮食生产规模经营主体营销贷款试点，稳妥有序开展农村承包土地的经营权、农民住房财产权抵押贷款试点。坚持社员制、封闭性、民主管理原则，发展新型农村合作金融，稳妥开展农民合作社内部资金互助试点。鼓励发展政府支持的“三农”融资担保和再担保机构，为农业经营主体提供担保服务。鼓励开展支持农村产业融合发展的融资租赁业务。积极推动涉农企业对接多层次资本市场，支持符合条件的涉农企业通过发行债券、资产证券化等方式融资。加强涉农信贷与保险合作，拓宽农业保险保单质押范围。（人民银行、财政部、银监会、证监会、保监会、农业部、发展改革委、税务总局等负责）

（二十一）强化人才和科技支撑。加快发展农村教育特别是职业教育，加大农村实用人才和新型职业农民培育力度。加大政策扶持力度，引导各类科技人员、大中专毕业生等到农村创业，实施鼓励农民工等人员返乡创业三年行动计划和现代青年农场主计划，开展百万乡村旅游创客行动。鼓励科研人员到农村合作社、农业企业任职兼职，完善知识产权入股、参与分红等激励机制。支持农业企业、科研机构等开展产业融合发展的科技创新，积极开发农产品加工贮藏、分级包装等新技术。（教育部、科技部、农业部、人力资源社会保障部、发展改革委、旅游局等负责）

（二十二）改善农业农村基础设施条件。统筹实施全国高标准农田建设总体规划，继续加强农村土地整治和农田水利基础设施建设，改造提升中低产田。加快完善农村水、电、路、通信等基础设施。加强农村环境整治和生态保护，建设持续健康和环境友好的新农村。统筹规划建设农村物流设施，逐步健全以县、乡、村三级物流节点为支撑的农村物流网络体系。完善休闲农业和乡村旅游道路、供电、供水、停车场、观景台、游客接待中心等配套设施。（发展改革委、财政部、国土资源部、水利部、交通运输部、工业和信息化部、农业部、商务部、旅游局、能源局等负责）

（二十三）支持贫困地区农村产业融合发展。支持贫困地区立足当地资源优势，发展特色种养业、农产品加工业和乡村旅游、电子商务等农村服务业，实施符合当地条件、适应市场需求的农村产业融合项目，推进精准扶贫、精准脱贫，相关扶持资金向贫困地区倾斜。鼓励经济发达地区与贫困地区开展农村产业融合发展合作，支持企事业单位、社会组织和个人投资贫困地区农村产业融合项目。（发展改革委、扶贫办、农业部、商务部、旅游局等负责）

六、健全农村产业融合推进机制

（二十四）加大财税支持力度。支持地方扩大农产品加工企业进项税额核定扣除试点行业范围，完善农产品初加工所得税优惠目录。落实小微企业税收扶持政策，积极支持“互联网＋现代农业”等新型业态和商业模式发展。统筹安排财政涉农资金，加大对农村产业融合投入，中央财政在现有资金渠道内安排一部分资金支持农村产业融合发展试点，中央预算内投资、农业综合开发资金等向农村产业融合发展项目倾斜。创新政府涉农资金使用和管理方式，研究通过政府和社会资本合作、设立基金、贷款贴息等方式，带动社会资本投向农村产业融合领域。（财政部、发展改革委、税务总局等负责）

（二十五）开展试点示范。围绕产业融合模式、主体培育、政策创新和投融资机制，开展农村产业融合发展试点示范，积极探索和总结成功的做法，形成可复制、可推广的经验，促进农村产业融合加快发展。（发展改革委、财政部、农业部、工业和信息化部、商务部、旅游局等负责）

（二十六）落实地方责任。地方各级人民政府要切实加强组织领导，把推进农村产业融合发展摆上重要议事日程，纳入经济社会发展总体规划和年度计划；要创新和完善乡村治理机制，加强分类指导，因地制宜探索融合发展模式。县级人民政府要强化主体责任，制定具体实施方案，引导资金、技术、人才等要素向农村产业融合集聚。（地方人民政府负责）

（二十七）强化部门协作。各有关部门要根据本意见精神，抓紧制定和完善相关规划、政策措施，密切协作配合，确保各项任务落实到位。发展改革委要会同有关部门对本意见落实情况进行跟踪分析和评估，每年将工作进展情况报告国务院。（发展改革委牵头负责）

国务院办公厅关于加快推进重要产品追溯体系建设的意见

（国办发〔2015〕95 号 2015 年 12 月 30 日）

各省、自治区、直辖市人民政府，国务院各部委、各直属机构：

追溯体系建设是采集记录产品生产、流通、消费等环节信息，实现来源可查、去向可追、责任可究，强化全过程质量安全管理与风险控制的有效措施。近年来，各地区和有关部门围绕食用农产品、食品、药品、稀土产品等重要产品，积极推动应用物联网、云计算等现代信息技术建设追溯体系，在提升企业质量管理能力、促进监管方式创新、保障消费安全等方面取得了积极成效。但是，也存在统筹规划滞后、制度标准不健全、推进机制不完善等问题。为加快应用现代信息技术建设重要产品追溯体系，经国务院同意，现提出以下意见：

一、总体要求

（一）指导思想。贯彻落实党的十八大和十八届二中、三中、四中、五中全会精神，按照国务院决策部署，坚持以落实企业追溯管理责任为基础，以推进信息化追溯为方向，加强统筹规划，健全标准规范，创新推进模式，强化互通共享，加快建设覆盖全国、先进适用的重要产品追溯体系，促进质量安全综合治理，提升产品质量安全与公共安全水平，更好地满足人民群众生活和经济社会发展需要。

（二）基本原则。坚持政府引导与市场化运作相结合，发挥企业主体作用，调动各方面积极性；坚持统筹规划与属地管理相结合，加强指导协调，层层落实责任；坚持形式多样与互联互通相结合，促进开放共享，提高运行效率；坚持政府监管与社会共治相结合，创新治理模式，保障消费安全和公共安全。

（三）主要目标。到 2020 年，追溯体系建设的规划标准体系得到完善，法规制度进一步健全；全国追溯数据统一共享交换机制基本形成，初步实现有关部门、地区和企业追溯信息互通共享；食用农产品、食品、药品、农业生产资料、特种设备、危险品、稀土产品等重要产品生产经营企业追溯意识显著增强，采用信息技术建设追溯体系的企业比例大幅提高；社会公众对追溯产品的认知度和接受度逐步提升，追溯体系建设市场环境明显改善。

二、统一规划，分类推进

（四）做好统筹规划。按照食品安全法、农产品质量安全法、药品管理法、特种设备安全法和民用爆炸物品安全管理条例等法律法规规定，围绕对人民群众生命财产安全和公共安全有重大影响的产品，统筹规划全国重要产品追溯体系建设。当前及今后一个时期，要将食用农产品、食品、药品、农业生产资料、特种设备、危险品、稀土产品等作为重点，分类指导、分步实施，推动生产经营企业加快建设追溯体系。各地要结合实际制定实施规划，确定追溯体系建设的重要产品名录，明确建设目标、工作任务和政策措施。

（五）推进食用农产品追溯体系建设。建立食用农产品质量安全全程追溯协作机制，以责任主体和流向管理为核心、以追溯码为载体，推动追溯管理与市场准入相衔接，实现食用农产品“从农田到餐桌”全过程追溯管理。推动农产品生产经营者积极参与国家农产品质量安全追溯管理信息平台运行。中央财政资金支持开展肉类、蔬菜、中药材等产品追溯体系建设的地区，要大力创新建设管理模式，加快建立保障追溯体系高效运行的长效机制。

（六）推进食品追溯体系建设。围绕婴幼儿配方食品、肉制品、乳制品、食用植物油、白酒等食品，督促和指导生产企业依法建立质量安全追溯体系，切实落实质量安全主体责任。推动追溯链条向食品原料供应环节延伸，实行全产业链可追溯管理。鼓励自由贸易试验区开展进口乳粉、红酒等产品追溯体系建设。

（七）推进药品追溯体系建设。以推进药品全品种、全过程追溯与监管为主要内容，建设完善药品追溯体系。在完成药品制剂类品种电子监管的基础上，逐步推广到原料药（材）、饮片等类别药品。抓好经营环节电子监管全覆盖工作，推进医疗信息系统与国家药品电子监管系统对接，形成全品种、全过程完整追溯与监管链条。

（八）推进主要农业生产资料追溯体系建设。以农药、兽药、饲料、肥料、种子等主要农业生产资料登记、生产、经营、使用环节全程追溯监管为主要内容，建立农业生产资料电子追溯码标志制度，建设主要农业生产资料追溯体系，实施全程追溯管理，保障农业生产安全、农产品质量安全、生态环境安全和人民生命安全。

（九）开展特种设备和危险品追溯体系建设。以电梯、气瓶等产品为重点，严格落实特种设备安全技术档案管理制度，推动企业对电梯产品的制造、安装、维护保养、检验以及气瓶产品的制造、充装、检验等过程信息进行记录，建立特种设备安全管理追溯体系。以民用爆炸物品、烟花爆竹、易制爆危险化学品、剧毒化学品等产品为重点，开展生产、经营、储存、运输、使用和销毁全过程信息化追溯体系建设。

（十）开展稀土产品追溯体系建设。以稀土矿产品、稀土冶炼分离产品为重点，以生产经营台账、产品包装标志等为主要内容，加快推进稀土产品追溯体系建设，实现稀土产品从开采、冶炼分离到流通、出口全过程追溯管理。

三、统一标准，互联互通

（十一）完善标准规范。结合追溯体系建设实际需要，科学规划食用农产品、食品、药品、农业生产资料、特种设备、危险品、稀土产品追溯标准体系。针对不同产品生产流通特性，制订相应的建设规范，明确基本要求，采用简便适用的追溯方式。以确保不同环节信息互联互通、产品全过程通查通识为目标，抓紧制定实施一批关键共性标准，统一数据采集指标、传输格式、接口规范及编码规则。加强标准制定工作统筹，确保不同层级、不同类别的标准相协调。

（十二）发挥认证作用。探索以认证认可加强追溯体系建设，鼓励有关机构将追溯管理作为重要评价要求，纳入现有的质量管理体系、食品安全管理体系、药品生产质量管理规范、药品经营质量管理规范、良好农业操作规范、良好生产规范、危害分析与关键控制点体系、有机产品等认证，为广大生产经营企业提供市场化认证服务。适时支持专业的第三方认证机构探索建立追溯管理体系专门认证制度。相关部门可在管理工作中积极采信第三方认证结果，带动生产经营企业积极通过认证手段提升产品追溯管理水平。

（十三）推进互联互通。建立完善政府追溯数据统一共享交换机制，积极探索政府与社会合作模式，推进各类追溯信息互通共享。有关部门和地区可根据需要，依托已有设施建设行业或地区追溯管理信息平台。鼓励生产经营企业、协会和第三方平台接入行业或地区追溯管理信息平台，实现上下游信息互联互通。开通统一的公共服务窗口，创新查询方式，面向社会公众提供追溯信息一站式查询服务。

四、多方参与，合力推进

（十四）强化企业主体责任。生产经营企业要严格遵守有关法律法规规定，建立健全追溯管理制度，切实履行主体责任。鼓励采用物联网等技术手段采集、留存信息，建立信息化的追溯体系。批发、零售、物流配送等流通企业要发挥供应链枢纽作用，带动生产企业共同打造全过程信息化追溯链条。企业间要探索建立多样化的协作机制，通过联营、合作、交叉持股等方式建立信息化追溯联合体。电子商务企业要与线下企业紧密融合，建设基于统一编码技术、线上线下一体的信息化追溯体系。外贸企业要兼顾国内外市场需求，建设内外一体的进出口信息化追溯体系。

（十五）发挥政府督促引导作用。有关部门要加强对生产经营企业的监督检查，督促企业严格遵守追溯管理制度，建立健全追溯体系。围绕追溯体系建设的重点、难点和薄弱环节，开展形式多样的示范创建活动。已列入有关部门开展的农产品质量安全、食品药品安全、质量强市、质量提升等创建活动的地区，尤其要加大示范创建力度，创造可复制可推广的经验。有条件的地方可针对部分安全风险隐患大、社会反映强烈的产品，在本行政区域内依法强制要求生产经营企业采用信息化手段建设追溯体系。

（十六）支持协会积极参与。行业协会要深入开展有关法律法规和标准宣传贯彻活动，创新自律手段和机制，推动会员企业提高积极性，主动建设追溯体系，形成有效的自律推进机制。有条件的行业协会可投资建设追溯信息平台，采用市场化方式引导会员企业建设追溯体系，形成行业性示范品牌。支持有条件的行业协会提升服务功能，为会员企业建设追溯体系提供专业化服务。

（十七）发展追溯服务产业。支持社会力量和资本投入追溯体系建设，培育创新创业新领域。支持有关机构建设第三方追溯平台，采用市场化方式吸引企业加盟，打造追溯体系建设的众创空间。探索通过政府和社会资本合作

（PPP）模式建立追溯体系云服务平台，为广大中小微企业提供信息化追溯管理云服务。支持技术研发、系统集成、咨询、监理、测试及大数据分析应用等机构积极参与，为企业追溯体系建设及日常运行管理提供专业服务，形成完善的配套服务产业链。

五、挖掘价值，扩大应用

（十八）促进质量安全综合治理。推进追溯体系与检验检测体系、企业内部质量管理体系对接，打造严密的全过程质量安全管控链条。发挥追溯信息共享交换机制作用，创新质量安全和公共安全监管模式，探索实施产品全过程智能化“云监管”。构建大数据监管模型，完善预测预警机制，严防重要产品发生区域性、系统性安全风险。充分挖掘追溯数据在企业质量信用评价中的应用价值，完善质量诚信自律机制。建立智能化的产品质量安全投诉、责任主体定位、销售范围及影响评估、问题产品召回及应急处置等机制，调动公众参与质量安全和公共安全治理的积极性。

（十九）促进消费转型升级。加大宣传力度，传播追溯理念，培育追溯文化，推动形成关心追溯、支持追溯的社会氛围。逐步建立与认证认可相适应的标志标记制度，方便消费者识别。探索建立产品质量安全档案和质量失信“黑名单”，适时发布消费提示，引导消费者理性消费。加大可追溯产品推广力度，推动大型连锁超市、医院和团体消费单位等主动采购可追溯产品，营造有利于可追溯产品消费的市场环境。

（二十）促进产业创新发展。加强追溯大数据分析与成果应用，为经济调节和产业发展提供决策支持。在依法加强安全保障和商业秘密保护的前提下，逐步推动追溯数据资源向社会有序开放，鼓励商业化增值应用。鼓励生产经营企业以追溯体系建设带动品牌创建和商业模式创新。鼓励生产经营企业利用追溯体系进行市场预测与精准营销，更好地开拓国内外市场。推动农产品批发市场、集贸市场、菜市场等集中交易场所结合追溯体系建设，发展电子结算、智慧物流和电子商务，实现创新发展。

六、完善制度，强化保障

（二十一）完善法规制度。制修订有关法律法规和规章，进一步完善追溯管理制度，细化明确生产经营者责任和义务。研究制定农产品质量安全追溯管理办法，细化农产品追溯管理和市场准入工作机制。针对建立信息化追溯体系的企业，研究建立健全相应的随机抽查与监管制度，提高监管效率。研究制定追溯数据共享、开放、保护等管理办法，加强对数据采集、传输、存储、交换、利用、开放的规范管理。

（二十二）加强政策支持。推动建立多元化的投资建设机制，加大政策支持力度，带动社会资本投入。鼓励金融机构加强和改进金融服务，为开展追溯体系建设的企业提供信贷支持和产品责任保险。政府采购在同等条件下优先采购可追溯产品。完善追溯技术研发与相关产业促进政策。

（二十三）落实工作责任。地方各级人民政府要将重要产品追溯体系建设作为一项重要的民生工程和公益性事业，结合实际研究制定具体实施方案，明确任务目标及工作重点，出台有针对性的政策措施，落实部门职责分工及进度安排，确保各项任务落到实处。有关部门要按照职责分工，加强协调，密切配合，共同推进。商务部要会同有关部门加强对地方工作的检查指导。

部委发文

交通运输部　农业部　供销合作总社　国家邮政局关于协同推进农村物流健康发展加快服务农业现代化的若干意见

（交运发〔2015〕25 号　2015 年 2 月 16 日）

各省、自治区、直辖市、新疆生产建设兵团交通运输厅（局、委）、农业（农牧、农村经济）厅（委、办、局）、供销合作社、邮政管理局：

为深入贯彻《中共中央国务院关于加大改革创新力度加快农业现代化建设的若干意见》（中发〔2015〕1 号）有关创新农产品流通方式的总体要求，加快落实《物流业发展中长期规划》，全面提升我国农村物流发展水平，支撑农业现代化发展，现提出以下意见：

一、充分认识推进农村物流健康发展的重要意义

（一）农村物流健康发展是支撑农业现代化的重要基础。党中央、国务院高度重视“三农”问题，新时期进一步强调要加快农业现代化建设，推进农业发展方式转变，加强农产品市场体系建设，健全完善农村物流服务体系。农村物流是农业生产资料供应和农产品流通的重要保障。当前我国农村物流体系仍较为薄弱，流通渠道不畅，组织方式落后，服务水平较低，与农业现代化的要求存在较大差距。推进农村物流健康发展，有利于进一步健全农业服务体系，促进农业产业结构调整和农业产业化经营，为农业现代化提供重要支撑。

（二）农村物流健康发展是提升城乡居民生活水平的重要途径。农村物流关系到城乡居民的日常生产生活，一头连着市民的“米袋子”“菜篮子”，一头连着农民的“钱袋子”，是重大的民生工程。当前，我国农产品“卖难”“买贵”的现象较为突出，农民增收困难和城市居民基本生活成本支出上升并存，城乡差距进一步拉大。推进农村物流发展能够有效

构筑农产品和日用消费品在城乡间的流通渠道，推动城乡生产生活物资的平等交换和公共资源的均衡配置，进一步缩小城乡差距，提高城乡居民生活质量。

（三）农村物流健康发展是降低全社会物流成本的有效举措。农村物流是现代物流体系的末端环节，由于基础弱、链条长、环节多、涉及面广，对全社会物流成本影响较大。近年来，交通运输、农业、供销、邮政管理等部门立足各自职责，通过加快农村公路建设，推进“菜篮子工程”“新网工程”“快递下乡工程”、发展农村邮政物流等措施，对改善农村交通基础设施和农村流通体系发挥了积极作用。然而，由于各部门间政策缺乏协同，尚未形成推进农村物流发展的合力，导致资源整合利用不足，农村流通效率不高，物流成本居高不下。加强部门协同配合，促进资源优化配置和整合利用，是推进农村物流健康发展、有效降低全社会物流成本的重要举措。

二、推进农村物流健康发展的总体要求

（四）指导思想。深入贯彻党的十八大、十八届三中、四中全会和中发〔2015〕1号文件精神，以服务“三农”为宗旨，坚持部门协同和资源整合，进一步完善基础设施、优化组织模式、提升装备水平，加快构建覆盖县、乡、村三级农村物流网络体系，全面提升农村物流服务能力和水平，为实现“新四化”协调发展和全面建成小康社会目标提供有力支撑。

（五）基本原则。

——政府引导，市场主导。坚持市场配置资源的决定性作用，充分发挥企业的主观能动性，积极拓展农村物流市场，探索创新农村物流服务模式。强化政府的引导扶持，加大对农村物流公益性服务的政策支持力度，为农村物流发展营造良好的发展环境。

——资源整合，优势互补。探索建立交通运输、农业、供销、邮政管理多部门共同推进农村物流发展的新机制，加强部门间的协调配合。依托各部门和行业在农村物流发展中的基础条件和优势，加强资源整合共享与合作开发，形成“场站共享、服务同网、货源集中、信息互通”的农村物流发展新格局。

——试点先行，有序推进。根据不同的基础和条件，因地制宜选择推进路径和工作重点，探索差别化和多样化的农村物流发展模式。强化试点示范，探索积累相关经验，完善政策体系与制度规范，以点带面逐步扩大推进范围。

三、加快完善农村物流基础设施

（六）统筹规划农村物流基础设施网络。积极争取地方人民政府的支持，统筹农村物流发展，将农村物流基础设施纳入城乡建设规划。加强交通运输、农业、供销、邮政快递等农村物流基础设施的规划衔接，实现统筹布局、资源互补、共同开发，逐步完善以农村物流枢纽站场为基础，以县、乡、村三级物流节点为支撑的农村物流基础设施网络体系。强化物流园区（货运枢纽）与国家现代农业示范区、全国重点农产品、农资、农村消费品集散中心（基地）的有效对接，构建广泛覆盖、功能完善的农村物流枢纽站场体系。按照县、乡、村三级网络构架和“多站合一、资源共享”的模式，共同推进三级农村物流节点体系建设。

（七）推进农村物流枢纽站场建设。统筹

规划建设具备农产品流通加工、仓储、运输、配送等综合服务功能的物流园区，加强与全国农产品市场体系发展相关规划的衔接。做好物流园区与重点农业生产基地和优势农产品产区产地市场、田头市场、新型生产经营主体（专业大户、家庭农场和农民合作社）、农资配送中心、邮政和快件处理中心的对接。以提升功能、拓展服务为重点，对已建成物流园区（货运枢纽）进行必要的升级改造，重点包括农产品、农资、农村消费品的流通加工和仓储配送、邮政和快件分拨、农产品冷藏及低温仓储配送等服务功能。

（八）加快县级农村物流中心建设。统筹县级农村商贸流通市场、农资配送中心、农产品收购和再生资源集散中心等各类资源，加强以公路货运站场为依托的县级农村物流中心建设，强化商贸流通与货运物流的业务对接，促进资源整合和信息共享，优化物流运输组织。健全县级农村物流中心与上、下游枢纽节点间的运输组织网络，扩大向农村地区的延伸和覆盖，实现区域农村物流服务网络与干线物流网络的有效衔接。

（九）完善乡镇农村物流服务站布局。充分利用现有的农村乡镇客运站场资源，按照客运站、交管站、农村物流点等“多站合一”的模式，加快对乡镇交通运输管理和服务设施的改造。结合本地区实际需求，因地制宜建设具有客运服务、交通管理、农资及农产品仓储、日用品分拨配送、再生资源回收、快递配送等功能的农村综合运输服务站；完善乡镇邮政局所、农资站的综合物流服务功能，打造上接县、下联村的农村物流中转节点，支撑农村物流各类物资的中转仓储和分拨配送。

（十）健全村级农村物流服务点。继续推进“新农村现代流通网络建设工程”以及邮政“三农”服务站、快递网点的建设。依托农家店、农村综合服务社、村邮站、快递网点、农产品购销代办站等，按照加强合作、多点融合、惠民共赢的原则，发展紧密型农村物流联系网点，健全农村物流的末端网络，实现农村物流各类物资“最后一公里”和“最初一公里”的有序集散和高效配送，以及各类物流信息的及时采集和发布。

四、推广先进的农村物流运作模式

（十一）创新跨业融合发展模式。按照资源互补、利益共享、风险共担的原则，积极探索跨部门共建共管，跨行业联营合作发展的新机制，大力推进“一点多能、一网多用、深度融合”的农村物流发展新模式。鼓励农村商贸流通企业、供销合作社整合分散的货源，外包物流服务业务，与农村物流经营主体开展深层次合作。引导物流运输企业与大型连锁超市、农产品批发市场、农资配送中心、专业大户、家庭农场、农民合作社等建立稳定的业务合作关系，逐步发展产、运、销一体化的物流供应链服务。推进合作社与超市、学校、企业、社区对接。支持邮政和快递企业将业务延伸至农村地区，打通农村物流“下乡与进城”的双向快捷通道。结合农产品现代流通体系建设的新要求，加快探索适应农批对接、农超对接、农社对接、直供直销等的物流服务新模式。

（十二）优化物流运输组织。在有条件的地区，加快推广定时、定点、定线的农村物流“货运班线”模式，开展县至乡镇、沿途行政村的双向货物运输配送服务，提高农村物资运输的时效性和便捷性。鼓励市到县和县到乡的客运班车代运邮件和快件，健全小件快运服务体系，降低物流成本。引导运输企业与农村商贸流通企业、供销合作社共同制订运输、配送计划，积极发展以城带乡、城乡一体的农村物流共同配送模式，提高农村物流集约化和组织化水平。

（十三）积极推广农村电子商务。支持电商、物流、商贸、金融等企业参与涉农电子商务平台建设。引导农村物流经营主体依托第三方电子商务服务平台开展业务，鼓励乡村站点与电商企业对接，推进农村地区公共取送点建设，积极培育农产品电子商务，鼓励网上购销对接等交易方式，提高电子商务在农村的普及推广应用水平，降低流通成本。

五、推广应用先进适用的农村物流装备

（十四）推广应用经济适用的农村物流车型。制定符合农村物流发展需求，适应农村公路技术特点的农村物流车辆选型技术标准。大力推广适用于农村物流的厢式、冷藏等专业化车型，规范使用适宜乡村地区配送的电动三轮车等经济适用车辆，探索建立农村物流专业运输车辆的标志化管理政策。鼓励各地根据实际需求使用电动车辆以及清洁燃料车型，加快淘汰安全隐患大、能耗排放高的老旧车辆，提升农村物流运输的安全性、经济性。

（十五）提高农村物流设施装备的专业化水平。推广农村物流运输的托盘、集装篮、笼车等标准化运载单元和专业化包装、分拣、装卸设备，提升农村物流作业效率、减少货损货差。鼓励企业配置先进适用的冷链检验检测设备，研制储藏保鲜、冷链运输的关键技术与装备。

六、提升农村物流信息化水平

（十六）加快县级农村物流信息平台建设。以县级交通运输运政信息管理系统为基础，整合农业、供销、邮政管理等相关部门信息资源，有效融合广大农资农产品经销企业、物流企业及中介机构的自有信息系统，搭建县级农村物流信息平台，提供农村物流供需信息的收集、整理、发布，实现各方信息的互联互通、集约共享和有效联动，及时高效组织调配各类物流资源。加强与乡、村物流信息点的有效对接，强化信息的采集与审核，形成上下联动、广泛覆盖、及时准确的农村物流信息网络。

（十七）完善乡村农村物流信息点服务功能。对乡村信息服务站、农村综合服务社、超市、邮政“三农”服务站、村邮站、快递网点等基层农村物流节点的信息系统进行整合和升级改造，推进农村物流信息终端和设备标准化，实现与县级农村物流信息平台的互联互通。培养和发展农村物流信息员，及时采集农村地区供需信息，并通过网络、电话、短信等多种形式，实现信息的交互和共享。

（十八）提升农村物流企业的信息化水平。加快农村物流企业与商贸流通企业、农资经营企业、邮政和快递企业信息资源的整合，鼓励相关企业加强信息化建设，推广利用条码和射频识别等信息技术，逐步推进对货物交易、受理、运输、仓储、配送全过程的监控与追踪，并加快企业与农村物流公共信息平台的有效对接。鼓励农村物流企业积极对接电子商务，创新O2O服务模式。

七、培育农村物流经营主体

（十九）培育龙头骨干企业。鼓励、支持规模较大、基础较好的第三方物流企业，延伸农村经营服务网络，推动农产品物流企业向产供销一体化方向发展。引导大中型农村商贸流通企业、供销合作社将自营物流逐步融合到社会化物流系统，采用参股、兼并、联合等多种形式，实现企业的规模化、集约化发展，提升服务能力和市场竞争力。

（二十）引导支持中小企业联盟发展。鼓励中小商贸流通、物流企业采用联盟、合作等多种形式，实现资源整合与共享。支持农村物流骨干企业以品牌为纽带，采用特许加盟等多种方式，整合小微农村物流经营业户，改善农村物流市场主体过散、过弱的局面。规范农村物流市场中介组织经营行为，发挥专业化服务功能，实现农村物流货源和运力信息的及时汇集与匹配，降低交易成本，提升服务品质。

（二十一）推进诚信体系建设。建立农村物流经营服务规范和信用考核办法，健全信用评价工作体系。完善守信激励与失信惩戒相结合的政策措施，定期开展信用认证和考核评价。建立农村物流市场主体信用披露与服务制度，推进跨部门、跨行业诚信系统的有效对接和信息共享，支持建立统一的诚信监管信息平台。

八、强化政策措施保障

（二十二）健全体制机制。发挥县级人民政府在推进农村物流发展中的主体作用，建立由政府统一领导，交通运输、农业、供销、邮政管理等多部门共同参与的农村物流发展协调工作机制。各级交通运输、农业、供销、邮政管理等部门要加强农村物流的工作对接，开展多种形式的合作，及时协调解决有关重点和难点问题。

（二十三）加大资金支持。各地交通运输、农业、供销、邮政管理等部门要积极争取中央财政农村物流服务体系发展专项资金，对站场设施建设、邮政“三农”服务站和农村快递网点建设、设施装备改造、信息系统建设、组织模式创新等具有较强公益性的项目予以引导扶持。建立和稳定交通运输、农业、供销等对农村物流的支持资金渠道，加大政策倾斜和投入力度；积极争取地方各级人民政府对农村物流的财政投入，推进各方扶持政策融合，提升政策叠加效益。

（二十四）深化政策落实。继续实施鲜活农产品“绿色通道”政策。落实和完善物流用地政策，加大对农村物流设施建设的倾斜，引导利用已有的客运站、交管站、收购站（点）、乡镇邮政局所等设施和已有存量用地，建设扩展农村物流设施和提供相关服务。积极协调税务部门，按照《关于小型微利企业所得税优惠政策有关问题的通知》（财税〔2014〕34 号）要求，落实对符合条件的农村物流企业的税收优惠政策。强化金融创新，重视解决农村物流企业的融资贷款难题，加大融资租赁等金融产品在农村物流中的运用。支持企业通过多种途径加强农村物流专业人才培养和专业技能培训。

（二十五）加强市场监管。进一步加大简政放权力度，推进农村物流行政审批“权力清单”制度改革。进一步规范执法监督行为，建立交通运输、农业、供销、邮政管理等部门协同的市场监管机制。加强农村物流市场运行监测，在部分农产品产销大省，选择典型线路、典型农产品，将其产销价格、运输价格、运输成本纳入监测范围，及时了解农产品物流动态，建立健全预测和预警机制，做好应急预案，保障农产品供应链的稳定运行。

（二十六）开展试点示范。开展多种形式的农村物流试点和示范工程，选择一批农村物流需求及发展潜力大、基础条件好、特色鲜明的县（市），通过示范建设，在体制机制、设施装备、物流组织、信息平台、市场培育和规范等方面进一步创新，及时总结发展经验，加强宣传和交流推广。

商务部办公厅关于印发“互联网+流通”行动计划的通知

（商办电函〔2015〕179号　2015年5月13日）

为贯彻落实李克强总理在政府工作报告中提出的“互联网+”行动计划，商务部研究制定了《“互联网+流通”行动计划》，加快互联网与流通产业的深度融合，推动流通产业转型升级，提高流通效率，努力打造新的经济增长点，培育新产业，释放消费潜力。

现将工作方案印发给你们，请结合《促进规范电子商务发展行动计划》，认真组织落实，并于每年底报送年度工作总结（含附表）。

附件：“互联网+流通”行动计划

附件：

“互联网+流通”行动计划

开展“互联网+流通”行动，对于引导生产、扩大消费、吸纳就业、改善民生具有重要意义。现提出以下工作方案：

一、工作思路与工作目标

以“互联网+流通”为载体，完善顶层设计，加强公共投入和环境建设，以示范、培训、宣传为抓手，以技术创新和商业模式创新驱动，推动传统流通产业转型升级，充分发挥电子商务在释放消费潜力、激发行业活力和增加就业机会等方面的重要作用，推动形成“大众创业、万众创新”的新格局。

重点在电子商务进农村、电子商务进中小城市、电子商务进社区、线上线下互动、跨境电子商务等领域打造安全高效、统一开放、竞争有序的流通产业升级版。力争在1到2年内，实现以下具体目标：

（一）在全国创建培育200个电子商务进农村综合示范县，示范县电子商务交易额在现有基础上年均增长不低于30%。

（二）创建60个国家级电子商务示范基地，培育150家国家级电子商务示范企业，打造50个传统流通及服务企业转型典型企业，培育100个网络服务品牌。

（三）运用市场化机制，推动建设100个电子商务海外仓。

（四）指导地方建设50个电子商务培训基地，完成50万人次电子商务知识和技能培训。

（五）力争在2016年年底，我国电子商务交易额达到22万亿元。网上零售额达到5.5万亿元。

二、重点工作任务

（一）推动电子商务进农村，培育农村电商环境。

继续推动电子商务进农村综合示范，支持县域电子商务发展，打造一批农村电子商务示范县，总结经验做法并向全国推广。全面推广农村商务信息服务工作，推进农产品网上购销常态化对接。支持农产品品牌建设和农村电子商务服务业发展，支持电子商务企业开展面向农村地区的电子商务综合服务平台、网络及渠道建设。

（二）鼓励电子商务进社区，拓展服务性网络消费范围。

促进大中城市社区电子商务应用，发展以社区生活服务业为核心的电子商务服务。鼓励电子商务企业整合社区现有便民服务设施开展电子商务配套服务。鼓励依托互联网创新电子商务服务模式。鼓励物业服务企业开展面向社区居民的电子商务相关增值服务。设立电子商务综合服务点，开展物流分拨、快件自取、电子缴费等便民服务。

（三）支持电子商务进中小城市，提升网络消费便利性。

制订出台关于加快推进中小城市电子商务健康发展的政策文件。鼓励中小城市本地化网络服务平台及服务网络建设。支持大型电子商务平台企业服务网络向中小城市延伸。

（四）推动线上线下互动，激发消费潜力。

支持大型实体零售、餐饮、家政、洗衣、家电维修、票务、生鲜配送企业利用电子商务平台开展网订店取、网络订票、预约上门服务、社区配送等业务，制定线上线下服务规范和标准，利用基于位置服务等互联网技术，提高资源配置效率，激发线上线下消费潜力。

（五）促进跨境电子商务发展，拓展海外市场。

加快建立健全适应跨境电子商务的监管服务体系，协同推进跨境电子商务通关、商检、结汇、退税等环节“单一窗口”综合服务体系建设，提高服务便利化水平。加强知识产权和消费者权益保护，规范跨境电子商务健康发展。支持涉外会展平台开展电子商务服务。

（六）加快电子商务海外营销渠道建设，助力电商企业“走出去”。

鼓励电子商务企业“走出去”建立海外营销渠道，创立自有品牌，多渠道、多方式建立海外仓储设施等，提升电商企业全球化经营能力。

三、主要措施

（一）夯实基础，优化环境。

1. 加强顶层设计，坚持规划引领。

研究制订发展智慧流通的政策性文件，深化“互联网+流通”应用，支持和鼓励流通方式创新、商业模式创新、消费服务创新、跨境贸易创新、政务服务创新，建立健全智能化流通支撑体系，释放消费潜力，提高市场效率，发挥市场配置资源的决定性作用，引领我国经济转型升级。加强电子商务热点问题的跟踪研究，启动研究“十三五”电子商务发展指导意见，做好电子商务的顶层设计。

2. 提升流通基础设施网络服务能力。

协调有关部门进一步完善电子商务基础设施，包括有线宽带和移动网络覆盖、物流配送网络、售后服务体系，加强城市冷链物流基础设施建设和共享。

3. 加快推动快递物流与电子商务协同发展。

积极推进电子商务与物流快递协同发展，继续深入开展电子商务与物流快递协同试点，积极落实相关政策措施，探索推动体制机制创新，突破制约电子商务发展的瓶颈障碍，加强试点绩效评估，总结推广试点经验。

4. 加强电子商务监测体系建设。

加强流通行业统计，充分利用统计数据，做好行业分析评价，科学引导行业发展。有条件的地区积极推进商务大数据建设，逐步建立商品数据库、各类交易市场数据库、流通企业法人库、市场交易规则数据库、交易信息数据库、仓储物流信息数据库，汇聚流通大数据平台。做好食用农产品、生产资料等重要商品的监测工作，强化市场运行监测和调控。

5. 大力打击侵权售假行为。

建立完善电子商务领域打击侵犯知识产权和制售假冒伪劣商品常态化工作机制，加快建设行政执法与刑事司法衔接的信息共享平台，加强侵权假冒行政处罚案件信息公开。发展电子商务可信交易保障公共服务，加强个人信息在电子商务领域应用的隐私保护，引导建立良性竞争的电子商务市场环境。

（二）示范引导，推动创新。

1. 深入推进电子商务示范创建工作。

开展第二批电子商务示范基地、2015—2016年度电子商务示范企业遴选和创建工作。支持国家级经济技术开发区创建电子商务示范基地。以示范城市为载体开展重点区域和特色领域电子商务创新应用，探索促进和规范电子商务发展的政策创新。以示范基地为载体加快电子商务生态链建设，促进传统产业转型升级。

2. 引导传统流通服务企业电子商务创新。

支持传统零售企业拓展营销渠道，转变经营方式，开展全渠道运营。支持餐饮、住宿、休闲娱乐、家政服务等生活服务企业深化电子商务应用，提升服务质量，线上线下融合发展。鼓励通过电子商务手段开展特色农产品交易、再生资源回收、旧货流通、拍卖交易、边境贸易、跨境直销等便民服务领域电子商务应用。

（三）加大宣传，开展培训。

1. 加大电子商务应用的宣传推广力度。

加大电子商务工作的宣传引导，组织相关媒体，利用各种载体，宣传推广电子商务领域“大众创业、万众创新”经验和做法，引领、带动、启发现代流通及其关联领域的创业者。选择已探索出具有示范作用的基地和企业作为典型案例予以总结和宣传。加强不同地区间示范工作经验交流，通过调研和案例推广、召开座谈会和现场会等方式，组织相互学习和借鉴，促进各地电子商务全面平衡发展。

2. 加强电子商务人才培养。

完善电子商务人才培训工作机制，推进国家电子商务专业人才知识更新工程，指导地方加快人才继续教育基地建设，创新人才培训机制，夯实电子商务人才培养基础，建立适应电子商务发展和促进现代流通体系建立的继续教育体系。针对流通领域加强实训，开展岗位对接，缓解人才供需矛盾。

（四）制定法规，规范发展。

1. 进一步完善电子商务政策法规环境。

继续推动《电子商务法》立法工作。贯彻执行《网络零售第三方平台交易规则制定程序规定》，研究出台《网上商业数据保护办法》。研究出台《跨境电子商务服务规范》《移动电子商务服务规范》《基于网络零售开发平台的第三方服务标准》《电子商务信用信息共享规范》等电子商务标准规范。

2. 参与和主导电子商务国际规则制定。

积极发起或参与多双边或区域电子商务规则的谈判和交流合作，力争国际电子商务规则制定的主动权和跨境电子商务发展的话语权。落实 APEC 电子商务创新发展倡议和中韩自贸协定电子商务条款，开展中日韩、区域全面经济伙伴关系等自贸协定电子商务议题谈判，积极参与世贸组织电子商务工作计划相关讨论，推进金砖国家、上合组织及两岸电子商务交流合作机制。推进“中国－东盟信息港”建设。利用援外资金和丝路基金、亚投行资金支持“一带一路”国家和地区间的跨境电子商务基础设施建设，促进电子商务多双边合作。

国家发展改革委　国土资源部　住房城乡建设部关于开展物流园区示范工作的通知

（发改经贸〔2015〕1115号　2015年5月19日）

各省、自治区、直辖市及计划单列市发展改革、国土资源厅（局）、住房城乡建设厅、规划局（委）：

为进一步发挥试点示范的带动作用，引导我国物流园区健康有序发展，提高物流整体服务水平，根据《物流业发展中长期规划（2014—2020年）》（国发〔2014〕42号）、《促进物流业发展三年行动计划》（发改经贸〔2014〕2827号）和《全国物流园区发展规划》（发改经贸〔2013〕1949号）要求，国家发展改革委、国土资源部、住房城乡建设部将开展物流园区示范工作，并委托中国物流与采购联合会具体组织评选示范物流园区，现将有关事项通知如下：

一、充分认识物流园区示范工作的重要意义

物流园区作为重要的物流基础设施，具有功能集成、设施共享、用地集约的优势。通过选择一批行业企业认同、运营模式先进、示范带动作用强的物流园区开展试点示范工作，有利于以点带面全面提升我国物流园区的建设、管理和服务水平，对提高全社会物流效率，促进产业结构调整和经济发展方式转变，推动“一带一路”、长江经济带、京津冀协同发展等重大战略规划的实施具有重要意义。

二、开展物流园区示范的主要原则、目标和重点

（一）主要原则。

1. 市场运作，政府引导。物流园区自愿申报，行业协会牵头评定，政府发挥引导和协调作用，共同推广先进物流园区运作模式。

2. 制定标准，严格评选。科学制定示范物流园区评价体系，定性和定量评价相结合，坚持高标准、严要求，公开、公平、公正开展示范物流园区遴选。

3. 以点带面，提升水平。建立我国物流园区建设运营标杆，发挥示范带动作用，创新园区发展的体制机制，提升物流园区综合服务能力。

4. 科学规划，集约发展。符合当地规划和

物流发展需求，园区建设标准合理、规模适度、用地节约，有利于吸引物流企业向园区集聚发展。

5. 加强监测，动态管理。加强对示范物流园区运行的监测分析，定期考核，建立有进有退的动态管理机制，提升物流园区示范工作的行业认可度和权威性。

（二）示范目标。

到2020年，全国分批评定100家左右基础设施先进、服务功能完善、运营效率显著、社会贡献突出的示范物流园区。通过试点示范，形成可复制、可推广、符合我国实际的物流园区建设运营模式，提升我国物流园区整体发展水平，逐步建立布局合理、规模适度、功能齐全、绿色高效的全国物流园区网络体系。

（三）园区类型和发展重点。

示范物流园区主要包括货运枢纽型、商贸服务型、生产服务型、口岸服务型、综合服务型五种类型。其中，货运枢纽型示范物流园区重点发展多式联运等先进运输组织方式，提高货运效率，为国际性或区域性货物中转服务；商贸服务型示范物流园区重点利用现代信息技术推动物流组织模式创新，促进货源与车源信息的高效匹配，实现物流园区与服务对象的融合发展；生产服务型示范物流园区重点开展供应链一体化服务，满足生产制造企业的物料供应与产品销售等物流需求；口岸服务型示范物流园区重点构建具备进出口货物转运、集散功能，服务于全球贸易、营销网络的物流支撑体系，满足国际贸易企业物流需求；综合服务型示范物流园区重点发挥综合性、多元化优势，促进多种物流功能互补、信息共享，满足城市和区域的规模物流需求。

三、示范物流园区的申报要求

（一）园区应具有较好的区位及交通条件，符合土地利用总体规划、城乡规划、物流业发展规划、综合交通体系规划和产业发展规划等，在安全、节能、环保等方面符合国家相关规定和标准。

（二）园区已制定自身建设发展规划，具有公共服务属性并有统一的运营管理机构，制度健全，实际运营年限不低于1年，且期间没有发生违法违规行为和重大安全责任事故。

（三）园区满足《全国物流园区发展规划》要求，具有完善的基础设施和较强的货运物流服务能力，聚集了一定数量的物流企业，运营效率较高，土地集约利用水平较高，对当地经济发展具有支撑保障作用。同时，具备应急物资大规模快速集散、中转能力。

（四）《全国物流园区发展规划》中一级或二级物流园区布局城市所在地的物流园区，“一带一路”、长江经济带、京津冀协同发展等重大战略规划涉及的物流园区，同等条件下可优先申报。

具体申报条件参见附件《示范物流园区申报条件》。

四、物流园区示范工作的组织实施

（一）组织申报。省级发展改革部门要会同国土、住建部门、地方行业协会做好示范物流园区的组织申报工作，指导有意向参与的物流园区编制相关申报材料，并在2015年6月30日前，将推荐的物流园区名单和申报材料报送中国物流与采购联合会（具体申报材料要求由中国物流与采购联合会另行通知）。

（二）评选公示。中国物流与采购联合会组建示范物流园区专家评审组，从基础设施、服务能力、运营效率、社会贡献等几个方面建立园区综合评价指标体系，制定评审标准和规则，对拟参与示范的物流园区进行综合评审，提出示范物流园区名单，送国家发展改革委、国土资源部、住房城乡建设部审核后在中国物流与采购联合会网站进行公示。

（三）结果发布。公示期满无异议后，中国物流与采购联合会发布示范物流园区名单，并将有关情况抄送国家发展改革委、国土资源部、住房城乡建设部。

（四）考核管理。中国物流与采购联合会对示范物流园区运行情况进行跟踪监测，定期开展考核，公布考核结果，并将有关情况抄送国家发展改革委、国土资源部和住房城乡建设部。国家发展改革委、国土资源部和住房城乡建设部将会同有关部门对物流园区示范工作给予指导和监督，以适当方式推广示范物流园区经验。

五、政策保障

（一）积极营造物流园区良好发展环境。国家发展改革委、国土资源部、住房城乡建设部将会同有关部门建立示范物流园区工作协调机制，加强示范物流园区重大发展战略问题研究和政策协调，为示范物流园区发展创造良好条件。省级发展改革、国土、住建部门要加强沟通协调，会同有关部门积极解决本地区示范物流园区发展中面临的突出问题，推动本地区物流园区的健康有序发展。

（二）加大对示范物流园区投融资支持力度。国家各有关专项资金将优先支持示范物流园区重大公共物流基础设施和集疏运通道建设、物流设施设备更新改造、物流信息化和标准化建设、运输组织创新与合作等。鼓励示范物流园区运营主体通过银行贷款、股票上市、发行债券、产业基金等多种途径筹集建设资金；支持示范物流园区及入驻企业与金融机构联合打造物流金融服务平台。

（三）落实示范物流园区用地、规划支持政策。城市规划部门将加强对示范物流园区的规划指导和支持。国土部门对示范物流园区新增建设用地，将优先列入建设用地供应计划。国土、城市规划等部门在相关规划编制过程中要充分考虑示范物流园区建设发展用地需求。

开展物流园区示范是提升我国物流园区建设、管理和服务水平，提高物流运作效率的一项重要工作。各省级发展改革、国土、住建部门要高度重视，加强沟通协调，积极参与做好相关工作，协调解决本地区物流园区发展中面临的重大问题，有关情况及时报送国家发展改革委、国土资源部和住房城乡建设部，共同推动我国物流园区健康有序发展。

附件：示范物流园区申报条件

附件：

示范物流园区申报条件

<table>
<tr><td rowspan="2">申报条件</td><td colspan="5">具体要求</td></tr>
<tr><td>货运枢纽型</td><td>商贸服务型</td><td>生产服务型</td><td>口岸服务型</td><td>综合服务型</td></tr>
<tr><td>基本要求</td><td colspan="5">满足《全国物流园区发展规划》相关条件和选址要求</td></tr>
<tr><td>运营要求</td><td colspan="5">开业运营满 1 年或以上，具有独立运营的物流园区管理机构</td></tr>
<tr><td>园区收入</td><td colspan="5">全部入驻企业物流业务年收入 20 亿元以上，年营业收入超过 2 亿元的物流企业不少于 3 家</td></tr>
<tr><td>实际占地面积</td><td colspan="5">≥0. 5 平方公里</td></tr>
<tr><td>物流运营面积占比</td><td colspan="5">≥60%</td></tr>
<tr><td rowspan="3">园区物流强度</td><td>空港型≥60</td><td rowspan="3">200</td><td rowspan="3">300</td><td rowspan="3">—</td><td rowspan="3">500</td></tr>
<tr><td>海港型≥1200</td></tr>
<tr><td>陆港型≥600</td></tr>
<tr><td>年完成集装箱吞吐量</td><td>—</td><td>—</td><td>—</td><td>60 万标准箱</td><td>—</td></tr>
<tr><td>仓储面积</td><td colspan="5">≥20 万平方米（其中，库房仓储面积≥10 万平方米）</td></tr>
<tr><td>信息服务</td><td colspan="5">具有门户网站、信息管理和服务平台等，可以提供车辆进出管理、运营和统计等服务，平台网页级别（PR 值）≥1. 0</td></tr>
<tr><td>配套服务</td><td colspan="5">可以提供停车、住宿、餐饮、加油（加气、充电）、修理、物业、安保等配套服务，以及工商、税务、金融、保险等政务和商务服务</td></tr>
</table>

注：1. 物流运营面积占比 = 物流运营面积/实际占地面积，其中，物流运营面积包括码头、铁路装卸线、道路、仓库、堆场、雨棚、流通加工场所、货车停车场、装卸搬运场地、信息服务用地等，不包括生活配套和商务配套用地。

2. 仓储面积，指园区拥有的库房及堆场等仓储设施面积之和。

3. 园区物流强度 = 园区年度货物吞吐量/园区总占地面积，单位：万吨/公里^2 · 年。

4. 如个别指标达不到申报条件，但园区经营模式比较创新、其他指标特别突出的，经省级发展改革部门认可后也可申报。

商务部　发展改革委　工业和信息化部　财政部　国土资源部　住房城乡建设部　交通运输部　农业部　人民银行　海关总署　关于印发《全国流通节点城市布局规划（2015—2020年)》的通知

（商建发〔2015〕196号　2015年5月25日）

各省、自治区、直辖市、计划单列市及新疆生产建设兵团，商务、发展改革、工业和信息化、财政、国土资源、住房城乡建设、交通运输、农业主管部门，中国人民银行上海总部、各分行，海关总署广东分署、各直属海关：

为建立健全全国骨干流通网络，加快完善现代市场体系，充分发挥流通产业的基础性和先导性作用，根据《国务院关于深化流通体制改革加快流通产业发展的意见》（国发〔2012〕39号）和《国务院办公厅关于印发深化流通体制改革加快流通产业发展重点工作部门分工方案的通知》（国办函〔2013〕69号)，商务部等10部门制定了《全国流通节点城市布局规划（2015—2020年)》，现印发给你们，请认真贯彻执行。

附件：

全国流通节点城市布局规划（2015—2020年）

流通节点城市是指经济规模和商品流通量较大，商流、物流、资金流和信息流高度汇集，具有较强集聚、辐射等功能，在流通网络中处于枢纽地位的城市。合理确定并加快培育流通节点城市，对于构建全国骨干流通网络，完善现代市场体系，促进国民经济运行效率和质量提升具有重要意义。根据党的十八大、十八届三中全会、十八届四中全会精神和《国务院关于深化流通体制改革加快流通产业发展的意见》（国发〔2012〕39号)，特制定本规划。规划期限为2015—2020年。

一、发展现状与规划意义

（一）发展现状。

近年来，我国城市流通基础设施不断完善。2014 年，全国亿元以上商品交易市场近 5100 家，各类物流园区 754 个，铁路、公路、港口、机场等交通设施建设加快，互联网、物联网等信息化建设全面推进，为流通业快速发展提供了有力支撑。城市流通水平和流通效率明显提高，连锁经营、物流配送、电子商务等现代流通方式快速发展，云计算、大数据等现代信息技术开始应用，传统流通企业加速转型升级，商业模式不断创新。城市的流通功能和节点作用显著增强，随着大市场、大流通、大贸易的深入发展，以及综合交通运输体系不断完善，一批大中城市在全国流通中的集聚、辐射、枢纽功能逐步显现。

总体看，我国骨干流通网络的基础初步形成，但是骨干流通网络还不健全，流通网络东西部节点密度差距过大，城市之间流通设施缺乏统筹协调，流通组织化程度不高，地区封锁和行业垄断不同程度存在，影响了流通功能的充分发挥和流通效率的提高。

（二）规划意义。

我国经济发展进入新常态，经济发展方式和经济结构将发生深刻变化，个性化、多样化消费渐成主流，流通产业面临新的发展机遇和挑战。科学合理布局全国流通节点城市，对于构建全国骨干流通网络，充分发挥流通产业的基础性和先导性作用，促进经济发展方式转变和经济结构调整具有重要意义。

1. 规划是健全全国骨干流通网络的迫切需要。随着我国新型工业化、信息化、城镇化和农业现代化稳步推进，以及“一带一路”、京津冀协同发展和长江经济带发展战略的实施，城市交通运输网络不断完善，流通辐射能力显著增强，流通节点城市在全国骨干流通网络中的地位和作用进一步提升。科学合理规划全国流通节点城市，有利于推动流通节点城市加速发展，进一步完善流通节点城市网络布局，逐步健全全国骨干流通网络。

2. 规划是发挥流通节点城市引领作用的重要举措。流通节点城市经济规模和商品流通量较大，示范引领和辐射带动作用明显，是全国骨干流通网络中的引擎和枢纽。科学合理规划全国流通节点城市，有利于进一步释放流通节点城市的发展潜力，充分发挥流通节点城市在引领消费升级、实现创新驱动、优化产业结构和促进资源节约等方面的作用。

3. 规划是促进流通产业区域协调发展的客观要求。目前国内一些相邻城市流通功能定位相似，流通设施缺乏共建共用，造成重复建设、资源浪费。科学合理规划全国流通节点城市，有利于适度整合分散于各城市的流通设施，推动流通节点城市加强合作，共建共享大型流通设施，引导流通功能衔接、优势互补，促进区域协调发展。

4. 规划是推动流通发展方式转变的有效手段。我国流通企业普遍存在散小弱的情况，信息化程度不高，经营方式粗放。科学合理规划全国流通节点城市，有利于更好地发挥政府引导作用，优化流通产业布局和结构，在更大范围、更高程度上有效配置资源；有利于鼓励传统流通企业利用现代信息技术发展电子商务，创新商业模式，推动流通发展方式由粗放型向集约型转变。

二、总体要求

（一）指导思想。

以邓小平理论、“三个代表”重要思想、

科学发展观为指导，全面贯彻党的十八大和十八届三中、四中全会精神，贯彻落实习近平总书记系列重要讲话精神，主动把握和积极适应经济发展新常态，以转变流通发展方式为主线，以提高流通效率和促进国民经济发展为目的，发挥市场在资源配置中的决定性作用和更好地发挥政府作用，统筹规划、合理布局，加强流通基础设施建设，促进节点城市协同发展，提升节点城市流通功能，提高流通现代化水平，健全全国骨干流通网络，推动完善现代商品市场体系，充分发挥流通在国民经济中的基础性和先导性作用。

（二）基本原则。

1. 立足全局，着眼长远。立足城市流通产业发展现状，综合考虑未来发展趋势和潜力，着力构建全国骨干流通网络，从全局和战略高度规划布局全国流通节点城市。

2. 区域协调，优化布局。统筹协调东中西部流通节点城市布局，优化区域分布，着力构建联结东西、贯穿南北、畅通高效的流通大通道，完善节点城市的国内流通功能，提升国际流通战略地位，促进区域协调联动发展。

3. 市场导向，公平竞争。充分发挥市场在资源配置中的决定性作用，合理区分公益性、公共性和经营性建设项目。加快政府职能转变，营造公平公开的市场竞争环境，防止滥用行政权力，排除限制市场竞争。促进流通基础设施共建共享，实现节点城市流通功能衔接、优势互补。

4. 分级管理，加强指导。根据流通节点城市地位和作用，实行分级管理，加强规划指导，充分发挥不同层级流通节点城市功能，推动形成全国流通节点城市网络。

（三）规划目标。

1. 全国骨干流通网络基本形成。培育一批具有国际竞争力、区域辐射能力和地区服务能力的流通节点城市，构建起布局合理、结构优化、功能互补的全国骨干流通网络，推动建设统一开放、竞争有序、安全高效、城乡一体的现代商品市场体系。

2. 流通节点城市协调联动发展。东中西部地区流通网络协调发展，不同地区和不同层级节点城市联动发展，形成分工协作、功能衔接、优势互补的流通节点城市发展格局，带动全国流通产业发展。

3. 节点城市流通效率显著提高。节点城市流通产业规模持续扩大，服务功能不断增强，流通组织化、专业化、信息化程度大幅提升，流通产业结构调整升级取得积极进展，流通节点城市社会消费品零售额占全国的比重增加。

4. 基础设施保障能力得到增强。支撑全国骨干流通网络运行的交通运输、仓储物流、金融电信等基础设施的配套水平和承载能力进一步提高，节点城市的流通公共信息平台服务能力、应急保供能力、政策保障水平明显增强。

5. 流通节点城市软实力明显提升。市场环境明显改善，市场秩序更加规范，市场监督管理和公共服务能力明显提高，统一开放、竞争有序、公平诚信的法治化营商环境基本形成。

三、空间布局

（一）总体空间布局结构。

流通节点城市布局的总体思路是：根据国家区域发展总体战略及“一带一路”、京津冀协同发展和长江经济带战略等战略部署，结合国家新型城镇化规划、全国主体功能区规划、全国土地利用总体规划纲要、国内贸易中长期发展规划和城镇体系规划，依托综合交通运输体系，与产业布局及交通、物流相关发展规划相衔接，布局全国流通节点城市，以商流为核心，引导物流、信息流和资金流向节点城市汇聚，着力提升节点城市流通服务功能，形成联结东西、贯穿南北、辐射内外、高效畅通的全国一体化骨干流通网络。

落实“一带一路”战略规划，依托沿线关键通道、关键节点和重点工程，完善节点城市流通基础设施，提升陆路、海路通达水平。推进京津冀市场一体化，支持北京商品批发市场适度向河北、天津迁移，支持河北省打造全国现代商贸物流重要基地，合理布局和建设京津冀物流园区、交通场站，形成商品和要素顺畅流通、高效运转的区域市场体系。落实长江经济带战略，依托立体交通走廊建设沿江农产品物流通道，优先在节点城市完善区域性农产品批发市场。

按照规划目标和总体布局思路，确定“3纵5横”全国骨干流通大通道。

1. 三条南北向流通大通道。

（1）东线沿海流通大通道：以深圳经济特区、上海浦东新区、天津滨海新区等经济特区和国家级新区为引擎，沿线包括东北地区、京津冀、山东半岛、长三角、海峡西岸、珠三角等地区，依托我国人口和生产力布局最密集、产业最集中的地区，促进商品和要素自由流动，提高现代服务业发展水平，形成联结东西、贯穿南北，辐射全国、面向亚太的流通产业发展战略空间，提升我国流通产业国际竞争力。

（2）中线京港澳流通大通道：依托京港澳高速、京广高铁、京广铁路等综合交通运输通道，串联京津冀城市群、中原城市群、长江中游地区、珠三角地区，联系香港和澳门地区，涵盖北京、石家庄、郑州、武汉、长沙、广州、深圳等重要的流通节点城市，促进农产品和工业品跨区域流动，形成贯穿南北、衔接东西、辐射全国的重要流通大通道。

（3）西线呼昆流通大通道：以西部的呼和浩特、西安、成都、重庆、昆明为支点，以沿线的重庆两江新区等国家级新区为牵引，促进西部地区流通基础设施建设，向东联系京津冀、长三角、珠三角地区，向南辐射南亚、东南亚，形成联系东西、纵贯南北的流通大通道。

2. 五条东西向流通大通道。

（1）西北北部流通大通道：发挥天津滨海新区龙头带动作用，以北京、呼和浩特、石家庄、太原、银川、乌鲁木齐为支点，经哈萨克斯坦、俄罗斯、白俄罗斯到达欧洲，促进环渤海地区和西部地区流通产业联动发展，发挥欧亚大陆桥功能，辐射中亚、西亚和东北亚地区。

（2）陇海兰新沿线流通大通道：通过陇海、兰新线等运输通道，串联乌鲁木齐、西宁、兰州、西安、郑州、连云港等流通节点城市，向西出阿拉山口、霍尔果斯，连接中亚，经莫斯科到达欧洲；以喀什为支点向西，通过中亚、西亚，经伊斯坦布尔到达欧洲。依托国际铁路运输通道，提升郑州、西安、兰州、西宁、乌鲁木齐等节点城市流通服务功能，向西北联系中亚、西亚和欧洲，向南辐射我国云贵地区，带动我国西部地区开发开放。

（3）长江沿线流通大通道：以上海为龙头，以南京、杭州、宁波、苏州、合肥、武汉、重庆等为支点，串联起江苏、浙江、安徽、江西、湖北、湖南、四川、贵州、云南九省沿江节点城市，依托长江经济带综合立体交通走廊，建设长江沿线流通大通道，发挥承东启西、通江达海的区位优势，带动长江经济带和东中西部联动发展。

（4）沪昆沿线流通大通道：依托沪昆高铁、沪昆铁路、沪昆高速公路组成的综合运输体系，经缅甸联系南亚和孟加拉湾，串联长三角地区、长株潭地区、黔中地区、滇中地区，加强长三角沿海发达地区与中部内陆地区、西南沿边地区流通产业联动发展，形成横贯东中西部地区，联系南亚的流通大通道。

（5）珠江西江流通大通道：依托珠江—西江黄金水道和南广铁路、贵广铁路、云桂铁路等组成的综合运输体系，建设珠江西江流通大通道，经越南辐射东盟和南亚，发挥直接连接东西部地区、面向港澳、连接东盟的区位优势，促进形成西南中南地区新的经济支撑带，形成东西互动、优势互补、江海联动的流通大通道。

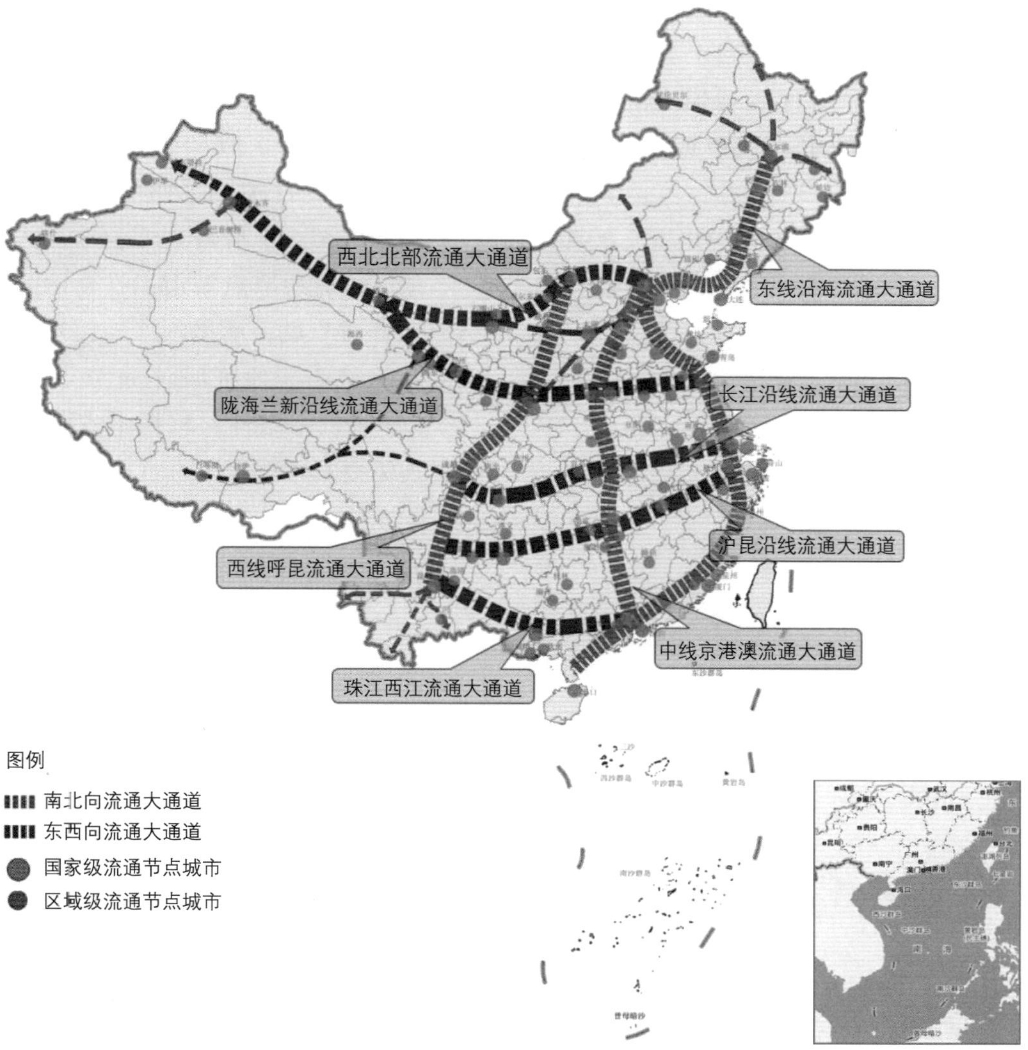

全国骨干流通网络布局示意图

（二）流通节点城市选择。

流通节点城市选择的基本方法是：依据流通节点城市的商流、物流、资金流、信息流汇聚和辐射带动能力等基础条件，统筹考虑在流通网络中的战略地位、布局平衡、功能整合等因素，按照规模数量适度、功能结构匹配原则，采取定量与定性相结合的评价方法，从全国4个直辖市和333个地级行政区域（不含港澳台地区）中遴选出全国流通节点城市。本规划将全国流通节点城市划分为国家级、区域级和地区级共三级，确定国家级流通节点城市37个，区域级流通节点城市66个。

国家级流通节点城市：是全国骨干流通网络中的关键节点，国家流通大通道上的枢纽，流通节点城市网络中的中心城市或重要支点城市。

37个国家级流通节点城市：北京、天津、石家庄、太原、呼和浩特、沈阳、大连、长春、哈尔滨、上海、南京、苏州、杭州、宁波、合肥、福州、厦门、南昌、济南、青岛、郑州、武汉、长沙、广州、深圳、南宁、海口、重庆、成都、贵阳、昆明、拉萨、西安、兰州、西宁、银川、乌鲁木齐。

区域级流通节点城市：是全国骨干流通网络中的重要节点，国家级流通节点城市发挥功能作用的重要支撑，流通节点城市网络中的支点城市。

66个区域级流通节点城市：唐山、保定、秦皇岛、邯郸、大同、临汾、包头、呼伦贝尔、鄂尔多斯、锦州、丹东、延边、吉林、牡丹江、大庆、徐州、南通、连云港、无锡、舟山、金华、温州、阜阳、芜湖、泉州、漳州、九江、赣州、潍坊、烟台、临沂、洛阳、商丘、南阳、宜昌、襄阳、荆州、衡阳、娄底、株洲、东莞、佛山、桂林、柳州、钦州、防城港、绵阳、达州、南充、宜宾、遵义、六盘水、曲靖、红河、咸阳、榆林、天水、酒泉、海西、海东、石嘴山、喀什、伊犁、博尔塔拉、巴音郭楞、日喀则。

地区级流通节点城市：是全国骨干流通网络中的普通节点，承担网络连接功能、提供基础服务的城市。地区级流通节点城市由各省（区）参照以上条件，根据本省（区）流通网络发展需要具体确定。

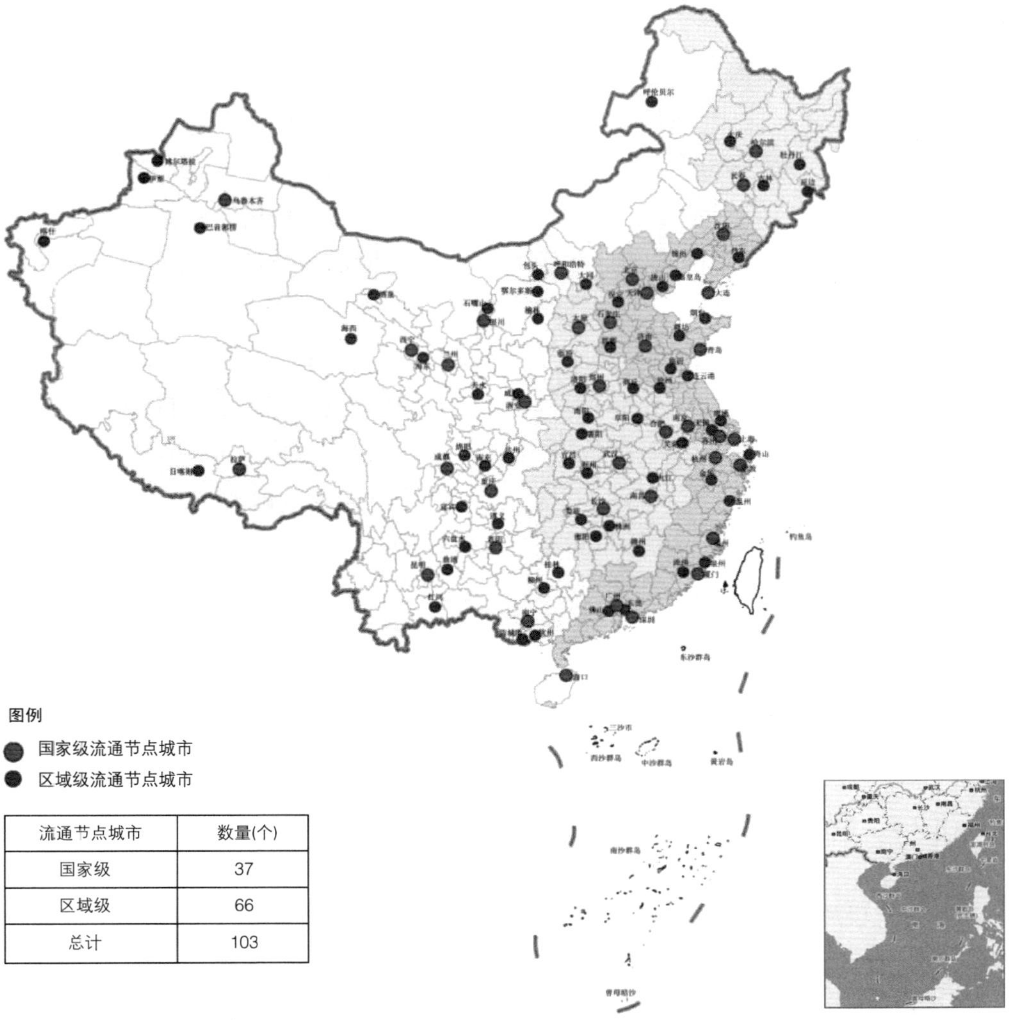

流通节点城市	数量(个)
国家级	37
区域级	66
总计	103

全国流通节点城市布局图

鼓励各地结合本地实际，推动其他城市流通产业发展，提升流通服务功能，进一步完善区域内流通网络。

四、增强基础设施支撑保障能力

（一）加强流通基础设施建设。

健全流通规划体系，发挥规划引领作用，引导国内外资金投向流通设施建设，增强流通基础设施支持保障能力。鼓励社会资本参与公共服务平台、流通基础设施等项目建设。调整优化流通基础设施空间布局，推进流通设施网络化、系统化建设。支持建设重要集散地和主销地的专业批发市场、物流园区、快递园区、大型公共仓储配送设施、公共信息服务平台等。大力加强粮食仓储及物流设施、大型农产品批发市场、国家重要商品储备库、中继型农产品冷链物流系统、农村邮政物流设施等公益性和公共性流通设施建设。规范大型商业设施及其配套设施建设，引导购物中心、商业综合体、商业聚集区等有序发展。鼓励商品交易市场改造升级，拓展服务功能。

（二）提升综合运输支撑能力。

构建便捷高效的综合运输服务体系，优化综合交通基础设施网络布局，合理配置综合运输通道资源。加快铁路、公路、水运、航空枢纽等基础设施建设，加快推进中西部地区、老少边穷地区综合交通建设，促进东、中、西部基础设施的互联互通。优化运输组织，完善综合运输标准体系，推进集装箱多式联运、甩挂运输、陆海联运等先进运输组织方式，促进各种运输方式高效衔接，提高主要流通节点城市之间干线运输效率和组织化水平。依托货运枢纽拓展现代物流服务功能，提高交通运输对流通节点城市发展的保障能力和服务水平。整合城市交通资源，建立和完善城市绿色货运服务体系，完善城市物流园区、分拨中心、配送中心和一般货运装卸站点等设施网络布局，优化车辆通行管控措施，提高城市配送服务效率和水平。

（三）整合物流设施资源。

优化物流设施资源配置，促进资源整合与功能衔接。结合特大型城市功能疏解需求，打破地区和行业界限，整合现有物流园区及其他物流资源，推进跨行业、跨部门、跨地区的物流设施系统整体规划和建设。结合流通节点城市实际，有针对性地拓展货运枢纽型、商贸服务型、生产服务型、口岸服务型和综合服务型等不同类型物流园区的流通和物流服务功能，提高产业集聚能力和集约化发展水平。大力发展冷链物流，积极发展公共仓储、城际物流、邮政服务、快递服务、共同配送和第三方物流，完善城市物流中转分拨场站、社区集散网点的配置。鼓励具备条件的大型连锁零售企业、大型批发企业建设配送中心。

（四）加强金融电信设施配套。

加强金融基础设施建设，增强金融服务功能，保障商品市场高效稳定安全运行。加快推进互联网、物联网、移动通信等信息基础设施建设，加强光纤接入网、宽带无线移动通信网建设，推动电信网、广播电视网和互联网融合发展，构建区域性公共信息服务平台，促进信息资源整合和共享。

五、发挥流通节点城市功能作用

（一）提升流通节点城市集散中转功能。

依托流通节点城市交通运输通道优势和枢纽地位，合理布局大宗商品交易市场、重要商品和物资储备中心、物流园区、多式联运中心、公路港、区域配送中心、快件分拨中心和其他物流场站设施。培育大型批发、仓储、运输、货代、配送、邮政、快递、第三方物流企业和专业化、社会化的物流快递平台，增强商品集散能力。大力发展区域共同配送、直达干线运输、高铁快件及电商快递班列运输、甩挂运输和多式联运，提高货物中转和运输效率。优化特大型城市流通基础设施布局，促进流通节点城市集散中转功能整体提升。加强中西部地区流通网络建设，增强与东部沿海地区的联系，加强生产资料、工业消费品流通渠道及配套设施建设，建立联系东西部、沟通国内外的重要商品物资流通大通道。

（二）提升流通节点城市生产服务功能。

依托流通节点城市生产要素聚集地和产地市场等优势，围绕生产资料采购、产品分销，大力发展货运代理、加工贸易、创意设计、服务外包、产品展销、邮政服务、快递服务、区域配送、电子商务等生产性服务业，提升流通服务和引导生产的功能。依托全国流通节点城市网络，完善农产品跨区域产销链条，推动北粮南运等项目建设，提升农产品产地市场组织能力，统筹优化产地、集散地、销地批发市场布局，加强全国性、区域性农产品市场建设，规范“田头市场”建设，提高产地市场流通效率。

（三）提升流通节点城市消费促进功能。

依托流通节点城市人口聚集地、商品销售地等优势，规划建设好城市商业中心、交通枢纽商业、商业街等商业聚集区，以及购物中心、百货店等大型商业网点，完善装卸作业和停车场等配套设施。加快完善社区商业功能，引导电子商务进入社区，提供高效、便捷服务，实现便民消费。引进国内外知名品牌和大中型零售商，优化购物环境，引领和带动消费。促进商业、旅游、文化产业融合发展，提升住宿、餐饮、购物、娱乐、休闲等消费服务功能。

（四）提升流通节点城市外贸服务功能。

依托流通节点城市对外贸易通道和口岸优势，发挥综合保税区等海关特殊监管区域的作用，大力提升保税仓储物流、保税加工制造、国际采购和分拨配送、转口贸易等功能。加快发展服务贸易，培育内外贸结合市场，大力发展跨境电子商务、邮政服务、快递服务、金融服务、航运服务，初步建成一批区域性国际贸易中心、国际结算中心、国际物流中心和旅游集散中心。以重点开发开放试验区为先导，加强沿边地区流通节点城市与周边国家或地区的互联互通，推动边境经济合作区、跨境经济合作区建设。

（五）提升流通节点城市应急保障功能。

加强市场供应和市场监测功能建设，强化市场运行保障和预测预警，增强市场调控的前瞻性和预见性。综合运用信息引导、储备调节、进出口调剂等调控手段，维护市场稳定。发挥公益性流通设施和骨干流通企业在满足消费需求、保障市场稳定、提高应急能力方面的重要作用。继续加强应急商品数据库建设，逐步实现跨地区信息共享，打造布局合理、经济高效的应急投放网络。

六、大力推进节点城市流通创新

（一）积极推进流通信息化。

围绕流通信息化建设，提升流通专业化、社会化、规范化和智能化水平。加快推广互联网、物联网、云计算、电子标签等技术在流通领域的应用，推动营销网、物流网、信息网有机融合。鼓励流通企业利用现代信息技术加快流通创新，提高管理水平，大力发展移动终端消费等新兴流通模式。鼓励运用大数据等信息集成和数据应用技术，结合智慧城市建设，提高流通自动化、智能化水平。推进流通节点城市肉类、蔬菜、中药材等重要商品流通追溯体系建设，研究智能冷链仓储技术。加快推进流通领域公共信息向社会公开，提升各类信息资源的共享水平和利用效率。

（二）加快发展电子商务。

加快建设一批集研发、设计、配套服务于一体的电子商务发展基地，完善技术、物流、支付、认证、数据等电子商务支撑体系，打造中小电子商务企业孵化器，扶持一批电子商务企业发展，提高流通企业电子商务应用水平，加快电子商务与咨询、广告、营销等新兴服务业的创新协作，推动电子商务衍生服务业快速发展。培育一批电子商务龙头示范企业、示范基地和示范城市，推动建设一批大宗商品、文化体育、旅游营销、医药配送、网上供销等全国性电商平台。鼓励扶持涉农电子商务应用项目，加强中西部地区、东北等老工业基地的电子商务应用。加快电子商务公共服务体系建设，大力发展电子商务服务商，完善电子商务产业链。鼓励网络购物创新发展，促进线上线下融合发展，支持电商企业、邮政和快递企业加强战略合作，加快推进电子发票应用。

（三）全面提高流通组织化程度。

加强节点城市市场主体培育工作，支持大型流通企业发展，提高大型流通企业市场占有率和流通产业集中度，形成若干具有国际竞争力、区域资源整合力和品牌影响力的企业集团。激发中小流通企业市场活力，引导中小批发商、零售商、代理商向专、精方向发展。加强流通企业与生产企业的价值链、供应链、产业链紧密融合，优化业务流程，提升资源利用效率。推进节点城市流通标准化。加强产销合作，规范发展经销代理模式，大力发展多渠道流通，减少流通环节。大力扶持专业大户、家庭农场、农民合作社、农业企业服务公司和农业产业化龙头企业等新型农业经营主体向流通产业延伸，发展农产品商品化处理、冷藏保鲜、仓储配送，提高农产品流通组织化程度。

（四）着力提升开放水平。

鼓励国际知名流通企业在境内设立企业总部，依法合规参与流通网络建设。进一步发挥外商投资产业导向和商业网点建设指导目录的作用，科学引导外资流向，提高商业领域利用外资质量和水平。鼓励有条件的企业“走出去”，建设国际营销网络，深度开拓国际市场。支持内外贸企业之间的战略合作与兼并重组，培育一批产业链整合能力强、具有国际竞争力的大型流通企业集团。面向东南亚、南亚、中亚和东北亚四个战略方向，完善双边和多边合作机制，加强多式联运、口岸管理、通关协作、信息互换、监管互认、执法互助等方面协作，培育一批经贸合作平台，加强能源资源、交通运输、国际贸易、文化旅游、邮政服务、快递服务、金融服务等领域合作，打造对外经贸合作升级版。着力提升沿边口岸流通节点城市与周边国家和地区合作水平，促进沿边地区开发开放。加快推进中西部地区和内陆流通节点城市口岸通道建设，提高通关效率和贸易便利化水平。健全与国际接轨的流通规则体系，发挥对外开放先行先试区域的制度创新作用，加强流通节点城市与国际标准、国际惯例等方面的接轨，提升对外开放水平。

（五）积极发展绿色低碳流通。

倡导文明节约、绿色低碳的生产方式、流通方式和消费方式，推动节点城市流通领域节能减排，引导产业结构调整升级。加强物流园区及其他物流基础设施的规划整合，认真做好规划环境影响评价工作，推进合理布局。加快旧货流通网络和再生资源回收分拣集聚区建设，实现与国家“城市矿产”示范基地等衔接。加快完善和实施流通领域节能环保标准，积极开展节能、环保和低碳认证。推进商业建筑和设施节能减排，抑制商品过度包装。大力推广节电、节水、环保技术和设施设备，降低物流运输过程中的消耗与排放。鼓励绿色消费和采购，打造绿色低碳供应链，培育一批示范企业。

七、促进区域协调发展

（一）引导流通节点城市分工协作。

支持一批国家级流通节点城市建设成为有较强国际竞争力，融入国际流通网络、发挥国际流通节点作用的商贸中心城市，形成对其他流通节点城市的引领作用；优先发展中西部国家级流通节点城市，加快完善流通基础设施，提升集散能力、辐射功能和中转效率。支持区域级流通节点城市发展，着力培育一批具有较强区域辐射带动能力的商业中心城市，引导区域资源优化配置，发挥区域级流通节点城市承上启下的骨干支撑作用。鼓励地区级流通节点城市发展，提升其连接和拓展流通网络的基础保障作用。发挥流通节点城市的比较优势，实现相互依托、错位发展、分工协作、功能互补，促进全国骨干流通网络系统功能提升。

（二）建立区域流通发展协调机制。

加强区域协调发展的顶层设计，做好各层级、各区域相关规划衔接。统筹流通节点城市流通基础设施规划布局，推进流通节点城市之间基础设施共建共用，防止盲目投资、重复建设。推进流通资源共享、信息平台共建、企业战略合作，最大程度发挥协同效应，促进区域流通健康发展。根据流通节点城市的资源禀赋、产业基础、交通条件、区位优势、功能定位以及与周边城市的互补性，优化流通节点城市商业分工，建立跨地区、跨部门的协调机制，引导相邻区域、相关城市实现合作共赢。

（三）打破地区封锁和行业垄断。

全面清理和取消妨碍公平竞争、设置行政壁垒、排斥外地产品和服务进入本地市场的规定，建立健全统一的市场准入和检验检测标准体系。鼓励大型流通企业跨地区、跨行业、跨领域、跨所有制兼并重组，依法实施集中，扩大经营规模。大力规范节点城市市场秩序，加强反垄断和反不正当竞争执法，促进公平有序竞争。加强行政执法与刑事司法有效衔接，推动建立跨地区跨部门执法协作机制。规范流通领域市场监管行为，提高监管执法能力与依法行政水平。加强商务诚信体系建设，建立健全商务领域企业信用信息平台，完善打击侵犯知识产权和制售假冒伪劣商品工作机制，推进法治化营商环境建设。

专栏　重点任务

1. 完善流通大通道基础设施。合理配置综合运输通道资源，提高流通节点城市交通运输基础设施支撑保障能力。进一步加快推进国家高速公路、干线铁路、沿海港口和内河航道建设，加强通往周边国家和地区的对外通道建设，发展节点城市支线航空，增加国内外航线，形成内外协调联动的航空网络。

2. 建设公益性流通设施。加大对公益性流通设施的投入，积极推进流通节点城市公益性流通基础设施建设，支持建设和改造一批具有公益性的全国性、区域性农产品产地、集散地、销地批发市场，试点示范建设一批田头市场。推动建设和改造一批大型公共物流配送中心。加强流通节点城市应急救灾物资储备库和战略储备设施建设，完善商品应急保障网络。

3. 提升流通节点城市信息化水平。采取政府政策支持、规划引导等形式加快推进互联网、物联网、移动通信等信息基础设施建设。发挥政府主导作用，加强公益性和公共信息基础设施建设。扩充流通节点城市信息通道容量，提高数据传输能力。促进全国流通节点城市的信息共享，推动营销网、物流网、信息网的有机融合，支持云计算、大数据、全球定位系统、移动通信、地理信息系统、电子标签等技术的应用。统一信息标准，加强数据采集、运用和共享。积极推进重要商品流通追溯体系建设。

4. 建设商贸物流园区。在重庆、厦门、南昌、长沙、郑州、西安等有基础有条件的流通节点城市，开展综合商贸物流园区示范。鼓励支持商贸设施和物流设施集约建设，培育具有区域辐射能力和较强综合服务功能的商贸物流园区。

5. 完善城市共同配送网络。加强流通节点城市物流分拨中心、物流配送中心建设与改造，大力发展统一配送和城际物流配送，提升物流配送的专业化、社会化水平。制定统一的物流装备标准，建立托盘共用系统，搭建城市共同配送服务平台。

6. 发展国家电子商务示范基地。支持北京、天津、沈阳、上海、杭州、宁波、合肥、福州、郑州、长沙、广州、重庆、成都、西安、兰州继续推进电子商务示范基地建设；支持有条件的流通节点城市，积极规划创建电子商务示范基地，发挥示范带动作用，扶持电子商务企业发展。推动电子商务产业集群发展，加强快递分拨中心等配套设施建设，着力提升物流配送功能，促进相关服务行业发展。

7. 提升沿边节点城市口岸功能。加强沿边地区口岸设施建设，提升呼伦贝尔、丹东、牡丹江、德宏、日喀则、喀什、伊犁、博尔塔拉等沿边节点城市口岸服务功能，推进多式联运、通关协作、信息互换、监管互认、执法互助等方面的区域合作，提高口岸通关效率和服务功能。

8. 促进城市商业适度集聚发展。优化城市商业网点布局，统筹推动中央商务区、商贸功能区、特色商业街区协调发展，引导城市商圈有序发展，促进商品交易市场转型升级，大力发展城市便民商业，提升社区商业的便利化、智能化水平。

9. 强化流通领域标准实施和推广。健全流通领域标准体系，加强流通领域基础通用、设施设备、技术、管理、服务、信息化领域标准制修订工作，鼓励流通节点城市参与或开展推荐性国家标准、行业标准、地方标准的制修订工作，不断完善流通领域标准的实施和推广机制。选取标准化基础条件较好的流通节点城市开展流通标准化试点推广工作，提升流通节点城市标准化水平，发挥节点城市的示范带动作用，将标准化试点成效辐射整个流通网络，进一步提高流通效率。

八、保障措施

（一）加强组织协调。

商务部、发展改革委、工业和信息化部、财政部、国土资源部、住房城乡建设部、交通运输部、农业部、人民银行、海关总署等部门各司其职，明确责任，完善配套政策，做好规划实施的组织、指导；加强沟通配合，协调解决规划实施中的重大问题；加强规划实施的跟踪分析，适时组织开展评估。地方各级人民政府有关部门要加强组织领导，建立健全协调机制，结合本地实际做好规划实施工作，及时将实施过程中出现的问题报送商务部、发展改革委、工业和信息化部、财政部、国土资源部、住房城乡建设部、交通运输部、农业部、人民银行、海关总署等部门。

（二）健全相关法规标准。

完善商业信用信息采集、利用、查询、披露等制度，健全流通领域标准体系，促进市场公平有序竞争，为流通节点城市发展营造良好的法制环境。各地可结合实际，积极探索制订商业网点、农产品批发市场、公益性流通设施建设运营等方面的地方性法规和地方政府规章。

（三）完善财政金融支持政策。

完善、创新财政资金投入方式，采取股权投资、财政补贴、政府和社会资本合作（PPP）等多种方式，重点支持公益性、公共性流通基础设施建设和运营。加强金融基础设施建设和金融产品创新，推动发展互助担保融资、商圈融资、供应链融资。落实小微企业融资支持政策，改善小微商贸流通企业融资环境，支持创新型小微企业发展，鼓励商业保理和第三方支付规范发展。创新消费信贷产品，鼓励发展多种形式的信用消费。

（四）强化流通设施建设保障。

加强流通节点城市土地利用总体规划、城乡规划、各类建设规划等与本规划的协调衔接，优化城镇体系职能分工和空间布局，完善城市综合交通体系，保障规划落实到位并贯彻实施。加强流通设施和相关配套设施建设，优化流通设施项目布局。将新建、改扩建和搬迁的重要流通设施用地依法及时纳入城乡规划和土地利用规划。制订政府鼓励的流通设施目录，在土地利用年度计划安排中对纳入目录的项目用地予以支持。重点加强公益性、公共性项目规划建设管理，实现同步规划、同步审批、同步建设、同步验收。

（五）深化行政管理制度改革。

最大限度取消和下放流通领域行政审批，强化公共服务和市场监管，提高行政效率。允许直营连锁企业向有关监管部门办理统一的经营许可证照，实现“一证多店”。对物流配送车辆实行单独管理，提供便利通行条件，允许符合标准的非机动快递车辆从事快件收寄和投递服务。加强城市大型商业网点规划建设管理，完善货物装卸作业区和停车场等配套设施。

国家邮政局　商务部关于推进“快递向西向下”服务拓展工程的指导意见

（2015 年 5 月 29 日）

各省、自治区、直辖市邮政管理局、商务主管部门：

为贯彻落实《中共中央国务院关于加大改革创新力度加快农业现代化建设的若干意见》（中发〔2015〕1 号）文件精神，推动落实《物流业发展中长期规划（2014—2020 年）》，进一步健全城乡快递服务网络，加强快递在中西部、农村地区与电子商务的协同发展，现提出以下意见：

一、充分认识“快递向西、向下”服务拓展工程的重要意义

随着我国经济社会发展，信息化应用普及推广取得显著成效，城乡居民消费升级步伐不断加快，我国中西部和农村地区对于电子商务类单批次小量、快速、个性化的快递服务需求日益旺盛。近年来，快递企业与电子商务企业合力前行，积极推进服务网络向中西部、农村地区拓展，在加快流通、扩大内需、服务三农、促进就业、普惠民生等方面发挥了积极作用，两者协同发展势头良好。但从整体上看，快递企业在中西部、农村地区的服务能力与东部、城市地区相比仍有较大差距，基础设施、服务水平、产品结构等问题依然突出，适合中西部、农村地区生产生活需求的业务亟待拓展，市场秩序有待规范。加快实施“快递向西、向下”服务拓展工程，有利于整体提升中西部、农村地区快递发展水平，改善城乡间、区域间电子商务及快递服务均衡度，推进快递服务与农村电子商务协同发展。

二、指导思想、基本原则和发展目标

（一）指导思想。

以邓小平理论、“三个代表”重要思想、科学发展观为指导，深入贯彻党的十八大和十八届三中、四中全会精神，认真落实党中央国务院决策部署，充分发挥市场在资源配置中的决定性作用，更好发挥政府作用，促进城乡生产要素有序自由流动、资源高效配置、市场深度融合，健全中西部、农村地区快递网络覆盖，充分发挥电子商务与快递服务的协同作用，全面提升快递服务对电子商务的支撑能力和水平，推动快递普惠民生和转型升级，促进

农村流通现代化。

（二）基本原则。

1. 市场主导与政府引导相结合。以市场为导向，充分发挥企业的市场主体作用，积极拓展中西部、农村快递市场，探索快递与电子商务协同发展新模式。积极发挥政府在规划、政策、标准等方面的引导作用，为快递服务向西、向下营造良好的发展环境。

2. 促进发展与加强规范相结合。加大对快递服务、电子商务、农民网商协同发展的政策支持力度，因地制宜拓展服务范围，创新服务方式，改善服务水平。强化规范市场秩序，切实保障快递服务质量，维护消费者权益，确保寄递渠道安全。

3. 自身建设与合作发展相结合。立足快递企业自身实际，加快基础设施、信息网络、末端网点的健全完善，切实提升中西部、农村地区快递网络覆盖。鼓励快递企业与电子商务企业、商贸流通企业在服务创新、末端投递等领域广泛开展协作，实现资源共享，降低服务成本，提升服务效率。

（三）发展目标。

中西部和农村地区快递服务网络进一步完善，覆盖城乡、配套衔接、布局合理、便民惠民的快递骨干网和末端投递网基本形成。快递与电子商务的协同发展进一步巩固，与农民网商的协同效应明显增强，服务城乡、服务三农作用得到显著发挥。到 2020 年，基本实现“乡乡有网点，村村通快递”。

三、推进“快递向西向下”服务拓展工程的重点措施

（一）完善中西部、农村地区快递基础设施。

按照建设丝绸之路经济带、长江经济带等重大战略规划要求，引导快递企业合理规划中西部快递节点布局，加快中西部地区快递枢纽的建设和改造进程。促进快递与航空、铁路、公路基础设施的顺畅衔接，提升综合运输能力。鼓励快递企业加强中西部、农村地区自营网点建设，提高网点的覆盖率和稳定性，实现市、县基本覆盖。鼓励全网型快递企业在农产品跨区域流通中发挥重要作用。强化快递枢纽、服务网点与重点农产品、农资、农村消费品集散中心的有效对接，引导有条件、有能力的快递企业在特色经济乡镇、交通枢纽乡镇等地区建设较高标准的服务网络。

（二）加强资源整合共享与合作开发。

鼓励快递企业间在业务量较小的乡镇和村合作建立服务网点开展快递服务。支持快递企业与农家店、农村综合服务社、农产品购销代办站等以建立合作网点的形式提供投递服务。推动乡镇邮政局所、村邮站、邮政“三农”服务站等邮政基础设施办理（代理）快递业务，打造邮政业综合服务平台。

鼓励快递企业间加强合作，进行城乡间、乡镇与村庄间的快件集中运输。鼓励快递企业与符合条件的农村公路客运站加强合作，通过农村客运班车搭载快件，降低运输成本。鼓励快递企业与农村商贸流通企业、供销合作社等共同制订运输、配送计划，发展农村共同配送。

（三）健全农产品快递服务。

鼓励快递企业积极服务农产品进城，探索与涉农电子商务企业等农产品网络销售渠道的有效对接，协同提供农产品从农村到城市、从经济欠发达地区到经济发达地区的快递服务。配合“北粮南运”“南糖北运”等工程，推动快递企业深化与各类农业合作社、农业现代化

企业、农副产品深加工企业和涉农电子商务企业的合作。引导快递企业为特色农产品提供包装、仓储、运输的标准化、定制化服务，发展农产品冷链物流，提供适应农业生产季节性特点的快递服务。

（四）提升中西部、农村地区快递服务水平。

引导快递企业完善中西部、农村地区网点建设标准和服务标准，加强服务监督。推广适合农村运输的车辆以及托盘、集装篮、笼车等标准化运载单元和专业化装卸设备，提升作业效率、减少快件损毁。鼓励有条件的快递企业在乡镇、农村网点配置PDA手持终端，纳入信息化系统统一管理，确保快件跟踪信息完整。以合作、委托代理等形式与电子商务配送站点、商贸流通网点合作开展快递服务的，要与合作方签订合作或委托协议，明确合作方的基本条件和服务要求，确保快递服务质量和寄递渠道安全。

四、保障措施

（一）加强工作沟通。

各地邮政管理部门、商务主管部门要建立工作联系机制，在落实好双方现有协同发展政策的基础上，因地制宜推进本地区“快递向西向下”及与农村电子商务的进一步联动发展。对于工作推进中遇到的突出问题，要加强交流协作，研究出台相关政策，及早推动解决。

（二）争取促进政策。

各地邮政管理部门、商务主管部门要联合争取地方政府在规划、财政、税收、土地等方面对“电子商务进农村”“快递向西”“快递向下”的政策支持，进一步加强与地方发展改革、财政、国土资源、交通运输、农业等部门的工作对接，开展多种形式的合作，推动本地区新业态释放更大活力。

（三）引导开展行业协同发展。

各地快递协会、电子商务行业协会要切实发挥桥梁纽带作用，引导快递企业与农村电子商务企业加强合作，促进信息交流和项目对接；加强与地区农业行业协会、交通运输行业协会等社会团体的沟通协作，推动产业协同发展。

（四）实施示范和试点工程。

结合电子商务进农村综合示范，推进快递服务农村电子商务的典型示范。选择具有代表性的省份，积极推进重点项目建设，加强政策和资金支持，及时总结和宣传经验，逐步在行业、区域或全国推广。

（五）规范快递发展。

邮政管理部门要进一步转变政府职能，优化快递业务经营许可变更办理等事项审核流程，提高工作效率。对快递企业设立的末端投递网点实行备案管理。完善邮政业消费者申诉受理工作，切实维护中西部、农村地区用户合法权益。加大执法检查工作力度，及时通报重大服务质量问题，依法严肃查处违法违规行为。加强安全监管，落实属地管理，健全安全风险防控机制，督促快递企业切实履行安全主体责任，保障寄递渠道安全、畅通。

（六）加快人才队伍建设。

引导中西部地区高等院校和中等职业学校加快快递服务相关专业学科建设，探索形成高等学校、中等职业学校与邮政管理部门、行业协会和企业联合培养人才的新模式。完善在职人员培训体系，鼓励培养快递高层次经营管理人才，积极开展职业培训，提高快递从业人员业务素质。

（七）做好宣传引导工作。

通过培训、讲座、展览等多种形式，积极组织《快递服务》国家标准和安全监管要求、电子商务进农村政策等在中西部、农村地区的宣传贯彻，引导企业提升快递服务质量。引导媒体加大对快递服务在中西部、农村地区发展情况和农村电子商务发展情况的报道力度，助推快递和农村电子商务协同发展。

商务部办公厅关于智慧物流配送体系建设实施方案的通知

（商办流通函〔2015〕548号　2015年7月7日）

各省、自治区、直辖市、计划单列市及新疆生产建设兵团商务主管部门：

智慧物流配送体系是一种以互联网、物联网、云计算、大数据等先进信息技术为支撑，在物流的仓储、配送、流通加工、信息服务等各个环节实现系统感知、全面分析、及时处理和自我调整等功能的现代综合性物流系统，具有自动化、智能化、可视化、网络化、柔性化等特点。发展智慧物流配送，是适应柔性制造、促进消费升级，实现精准营销，推动电子商务发展的重要支撑，也是今后物流业发展的趋势和竞争制高点。根据国务院《物流业发展中长期规划（2015—2020年）》和《国务院关于积极推进“互联网+”行动的指导意见》及商务部《关于促进商贸物流发展的实施意见》（商流通函〔2014〕790号），现提出智慧物流配送体系建设实施方案，请认真组织实施：

一、指导思想与工作目标

（一）指导思想。

以“互联网+”理念为指导，将满足生产和消费需求作为出发点，把握互联网、物联网背景下物流业发展规律，以信息化、智能化设备为载体，加强技术创新和商业模式创新，优化供应链管理和资源配置，推动物流业与制造业、商贸业的融合，物流与商流、信息流、资金流的融合，互联网、移动互联网、物联网与车联网的融合，促进提高效率、降低成本，提升物流业综合服务能力和整体发展水平。

（二）工作目标。

重点提升物流设施设备智能化水平，物流作业单元化水平，物流流程标准化水平，物流交易服务数据化水平，物流过程可视化水平。在推广物联网技术、信息技术应用；加强物流企业订单处理、需求分析、数据安全管理；推动物流业线上线下结合，电子商务与物流协同发展；促进物流业经营模式创新等领域重点推进。在1~2年内，在全国创建10个智慧物流配送示范城市、打造50个智慧物流配送示范基地（园区）、培育200个智慧物流配送示范企业。通过示范创建工作，推动配送效率提高20%，仓储管理效率提高20%。

二、主要任务

（一）建立布局合理、运营高效的智慧物流园区（基地）。

按市场需求科学规划、有序建设有较强辐射能力，可提供跨区域服务，信息化创新能力较强的智慧化物流园区（基地）。加快物流园区基础设施现代化建设，实现数据监控和物流流程监控，形成园区内部各个功能区之间的互联互通。加快先进物流技术和产业装备在园区企业运营中的应用，通过业务整体解决方案，推动园区企业有序竞争和互相合作，提高园区物流服务整体水平。鼓励智慧型物流企业落户园区，实现智慧物流产业孵化。通过信息化手段，统一园区内部管理和对外合作，建设服务于园区内外的电子商务平台和信息管理系统，实现公共管理和服务智能化。

（二）建立深度感知的智慧化仓储管理系统。

鼓励发展自动化物流仓储中心，支持企业利用信息化手段，将订单运营、分拣加工、客户服务等功能进行整合，建立智慧化仓储管理信息系统。利用二维码、无线射频识别（RFID）等感知技术，提高货物信息在仓库管理流程中数据录入的效率和准确性，确保企业及时准确地掌握货物流转情况，合理保持和控制企业库存。通过商品编码技术，提高各类订单需求的出入库处理能力，对库存货物的批次、保质期等进行管理，实现智能盘点。利用信息系统的库位管理功能，及时掌握所有库存货物所在位置，提升物品拣选、传送、识别等设备的自动化水平，推广高性能货物搬运设备和快速分拣技术，提高仓库管理工作效率。加强仓储管理系统与生产制造企业和终端零售企业信息系统有效衔接，促进供需信息精准对接，提高货物调度效率。

（三）建立高效便捷的智慧化末端配送网络。

支持物流、电子商务、快递等企业和专业化末端配送企业进行多方合作，通过信息化手段整合末端配送资源，实现末端物流配送的专业化、统一化，构建基于互联网和移动互联网的末端物流配送体系。鼓励配送企业与社区服务机构、连锁商业网点、大型写字楼、机关事业单位、大学校园等单位开展广泛合作，设立物流末端配送站。大力发展以自助电子快递箱、智能快递站等为代表的智慧末端物流设施，提升自助设施的人性化体验和便捷性。

（四）建立科学有序的智慧化物流分拨调配系统。

提高分拨效率，促进物流园区、仓储中心、配送中心货物信息的精准对接，加强人员、货源、车源和物流服务信息的有效匹配。优化配送路线，利用大数据技术采集路况信息，建立交通状况模型，与智能交通系统对接，依据实时路况动态调整配送路线。实现自动调配，鼓励运用北斗等导航定位技术，实时记录配送车辆位置及状态信息，利用云计算技术，做好供应商、配送车辆、门店、用户等各环节的精准对接。加强流程控制，运用信息技术，加强对物流配送车辆、人员、环境及安全、温控等要素的实时监控和反馈。

（五）建立互联互通的智慧化物流信息服务平台。

支持通过物流信息服务平台，集聚整合物流供需资源，为用户提供采购、交易、运作、跟踪、管理和结算等全流程服务，加强平台间互联互通，实现全国全网联网调度，线下线上同步整合。通过物流信息服务平台，对物流业务分布热点、货源结构、流向分布以及车源结构等大数据进行挖掘分析，为客户提供个性化服务，提升用户管理、运作、决策和竞争能力，提高与物流业发展配套的金融、法律、咨询等服务的信息化水平。通过物流信息服务平台，推动制造、商贸企业与物流企业信息互通、联动发展，提高生产、流通和物流企业的及时响应能力，促进精益生产和服务，并带动产业链上下游协同联动。

（六）提高物流配送标准化、单元化水平。

加快研究、制订和推广物流信息技术、编码、安全、管理和服务等方面标准，推动物流信息化标准体系建设。深入开展物流标准化专项行动，支持行业协会、重点龙头企业、物流信息服务企业、高等院校、科研机构参与物流信息标准的制定和宣贯工作。以信息化为基础，对物流全流程进行监控，推动物品在起始地整合为规格化、标准化的货物单元，并且保持单元化状态直至终点，从而进一步提高物流效率。

（七）提升物流企业信息管理和技术应用能力。

鼓励企业在仓储、分拣、包装、配送等各环节采用先进适用的物流装备设施，提高作业自动化水平。积极推进物联网、云计算、大数据等新技术应用。重点支持电子标志、自动识别、信息交换、智能交通、物流经营管理、移动信息服务、可视化服务和位置服务等先进适用技术的应用。积极推进物流企业物流管理信息化，运用企业资源计划（ERP）和供应链管理（SCM）技术，促进信息技术在物流领域的推广应用。建立物流技术创新体制。鼓励企业技术改造和新技术研发推广，支持对重点领域关键技术的联合攻关。

三、保障措施

（一）做好组织协调。

各地商务主管部门要加强对智慧物流配送工作的指导，会同有关部门，明确责任，加强组织协调。要坚持市场主导，注重发挥政府部门、社团组织、企业等各方力量，形成合力。建立健全行业管理部门之间信息共享机制，提高跨部门、跨区域、跨行业物流监管和服务协同能力。

（二）创新示范引导。

重点以智慧物流示范城市、示范企业和示范基地（园区）为载体，以智慧物流技术应用带动模式创新和产业发展，支持一批物流信息服务平台企业、智慧型物流企业做大做强。探索促进和规范智慧物流发展的有效途径，推动我国物流业转型升级。

（三）加强政策支持。

各地商务主管部门要认真落实国家“互联网+”相关政策，协调相关部门，研究出台本地化、差别化扶持政策，整合利用现有财政专项资金，加大对信息化、智能化物流设施设备的支持投入，研究给予智能化配送和仓储中心建设发展资金扶持。支持符合条件的物流企业参与高新技术和技术先进型服务企业认定，加大现代物流技术设备进口贴息、固定资产加速折旧企业所得税等政策落实力度。加强物流信息化知识产权保护。

（四）加强人才队伍建设。

建立专家库，吸引在国际领域具有物流先进技术开发、应用经验的人才，为智慧物流发展提供支持和服务。依托社团组织、科研院所、大专院校和职业技术学院，通过专题培训、课题研究、操作指南等多种方式，加快对技术型、管理型和操作型人才的培养，打造一支结构合理、素质优良的人才队伍。

（五）做好宣传引导。

利用各种交流形式，宣传推广智慧物流领域先进经验做法，及时总结典型企业、典型案例、典型模式。做好各地之间、企业之间、行业上下游之间的经验交流，促进我国智慧物流配送水平全面提升。

国家标准化管理委员会 国家发展和改革委员会 工业和信息化部 公安部 交通运输部 农业部 商务部 海关总署 国家质量监督检验检疫总局 国家粮食局 国家铁路局 国家邮政局 中国物流与采购联合会 中华全国供销合作总社 中国铁路总公司 关于印发《物流标准化中长期发展规划(2015—2020年)》的通知

(国标委服务联〔2015〕54号 2015年7月24日)

各省、自治区、直辖市质量技术监督局(市场监督管理部门)、发展和改革委员会、经济和信息化主管部门、公安厅、交通运输厅、农业厅、商务厅、粮食局、邮政局、供销合作社,海关总署广东分署、各直属海关,各地区铁路监督管理局、各铁路局:

为贯彻落实《物流业发展中长期规划(2014—2020年)》(国发〔2014〕42号),国家标准化管理委员会联合国家发展和改革委员会、工业和信息化部、公安部、交通运输部、农业部、商务部、海关总署、国家质量监督检验检疫总局、国家粮食局、国家铁路局、国家邮政局、中国物流与采购联合会、中华全国供销合作总社、中国铁路总公司等单位编制了《物流标准化中长期发展规划(2015—2020年)》,现印发给你们,请加强组织领导,制定具体实施方案和落实措施,认真贯彻执行。

物流标准化中长期发展规划(2015—2020年)

物流业是融合运输、仓储、货代、信息等产业的复合型服务业,是支撑国民经济发展的基础性、战略性产业。标准化是保障物流运作安全便利、高效畅通的重要手段,对于提高物流服务水平,降低物流成本,促进我国物流业健康发展,增强国际竞争力具有重要作用。为促进我国物流标准化工作有序开展,更好地为物流业发展提供技术支撑,根据《物流业发展中长期规划（2014—2020 年）》（国发〔2014〕42 号）和《深化标准化工作改革方案》（国发〔2015〕13 号）的要求，制定本规划，规划期为 2015—2020 年。

一、发展现状与面临的形势

（一）发展现状。

“十二五”以来，我国物流标准体系逐步完善，物流标准制修订工作顺利推进，物流标准实施成效显著，物流标准化机制不断完善，为物流业健康发展发挥了重要作用。

1. 物流标准体系逐步完善。在《全国物流标准 2005—2010 年发展规划》的基础上，根据《物流业调整和振兴规划》，国家标准委会同国家发改委等 10 部门联合印发了《全国物流标准专项规划》，确立了以物流基础通用类、公共类和专业类物流标准为主体结构的物流标准体系总体框架。交通运输、仓储配送、快递物流、商贸物流、设施设备等物流领域的标准化工作快速发展，物流标准体系进一步完善。

2. 物流标准制修订工作顺利推进。“十二五”以来，我国新发布物流国家标准 152 项，物流国家标准总数已达 466 项，其中基础通用类国家标准 47 项、公共类国家标准 252 项、专业类国家标准 167 项。行业和地方也积极推动物流标准制修订工作。截至 2014 年 6 月底，我国已发布各类物流标准达 794 项。冷链物流、医药物流、应急物流、汽车物流等专业类物流标准的制修订工作深入推进，专业类物流标准数量和水平大幅提升，有力地推动了专业物流的快速发展。物流全流程、各领域逐步实现“有标准可依”。

3. 物流标准实施取得成效。近年来，政府部门、行业组织、相关企业积极推进物流标准实施。国家标准委组织开展了“服务业标准化试点”工作，截至目前已下达物流标准化试点 43 个，有效提高了物流企业参与和实施标准的能力和水平，促进了物流服务质量提升。各部门和行业组织的物流标准宣贯工作稳步推进，各领域物流服务的规范性和协同性逐步提高。物流企业分类与评估、快递服务等一批重点标准的实施工作取得了明显成效，在加强物流企业规范自律、诚信经营、健康发展等方面发挥了重要作用，得到了政府、市场和社会各界的广泛认可。

4. 物流标准化工作机制不断改善。物流标准制修订全过程管理机制进一步完善，标准化技术组织和人才队伍建设不断加强，标准制修订的前期研究逐步夯实，物流标准实施监督管理机制初步建立，企业参与物流标准化工作的积极性显著提高，有效推动了物流标准的实施应用。上海、北京、广东、重庆等地相继成立了地方物流标准化技术组织，形成了国家、地方、企业协同推进物流标准化工作的良好局面。

5. 物流领域国际标准化工作顺利开展。密切跟踪物流领域国际标准化发展动态，主动参与国际标准制修订，积极采用国际先进的物流标准。企业参与物流领域国际标准制修订的积极性明显增强，由我国企业参与制定的《集装箱 RFID 货运标签系统》（ISO 18186：2011）等国际标准，对引导物流业健康发展发挥了重要作用。总体上看，我国物流标准化工作取得了长足进展。但是，由于我国物流标准化工作起步较晚，尚存在标准与物流业发展不相适应、标准实施存在着“用”得不到位、使用效果差等突出问题，具体表现在：一是物流标准化工作协同推进机制有待进一步完善；二是部分领域间标准协调性有待提高；三是重点领域、新兴领域物流标准尚不能满足技术创新、产业转型和社会事业快速发展的需求；四是物流标准的实施缺乏相应的配套措施；五是实质性参与国际标准化工作的能力和水平有待提升。

（二）面临的形势。

当前，经济全球化深入发展，新一轮供应链下的资源全球配置使得物流市场竞争日趋激烈，"互联网+"、高新技术的不断创新加速了产业融合步伐；伴随着改革全面深化、经济转型持续升级、产业结构不断调整、物流市场快速发展、企业对物流标准需求日益增加等变化，特别是《物流业发展中长期规划（2014—2020年）》进一步明确了物流在国民经济发展中的基础性、战略性产业地位，物流业发展对标准化工作提出了新的要求，我国物流标准化工作面临新的形势。

1. 全面深化改革为物流标准化提供新动力。十八届三中全会提出发挥市场在资源配置中的决定性作用、加快转变政府职能的要求；《深化标准化工作改革方案》也提出要健全统一协调、运行高效、政府与市场共治的标准化管理体制。上述要求均需要在物流各类标准中区分政府与市场的关系定位，充分发挥政府、社会组织、产业技术联盟、企业等各方在物流标准化工作中的作用。

2. 科技进步对物流标准化提出新要求。科技进步促进生产工艺不断变革、产品更新速度持续加快，并催生了一系列新兴产业、物流新技术、新服务与新模式，亟须在相关领域制修订一批物流标准，以提高采购、生产、销售、回收等供应链各环节标准的协调性，保障物流服务优质、高效、稳定、便捷，推动产业融合发展。

3. 关注公共利益成为物流标准化新重点。经济社会的快速发展和人民生活水平的不断提高，促使公共利益维护意识不断增强，对资源节约、环境保护、市场秩序稳定、诚信建设、消费者权益保护等方面提出更高要求，亟须在相关领域开展物流标准制修订工作，并不断提高标准的执行力与监管力，保证公共利益不受侵害。

4. 统一开放市场需要物流标准化提供新支撑。在国家简政放权的大背景下，物流市场的统一开放、深入发展，要求打破行业间、地区间的技术封锁和交流障碍，需要依托标准构建统一市场秩序，营造公平竞争环境，为物流市场运行提质增效提供规范化支撑。

5. 经济全球化标示物流标准化新方向。随着国际产业转移进程加速和我国"走出去"战略的实施，与采购、生产、销售、回收全球化相适应的物流模式正在形成，我国物流企业参与国际竞争的程度不断加深，迫切需要从服务质量、设施设备、术语标志等方面与国际标准对接，支撑构建国际物流服务网络，打造具有国际竞争力的跨国物流企业。

二、指导思想、基本原则与发展目标

（一）指导思想。

以邓小平理论、"三个代表"重要思想、科学发展观为指导，贯彻党的十八大、十八届二中、三中、四中全会精神和习近平总书记系列重要讲话精神，落实国务院《物流业发展中长期规划（2014—2020年）》和《深化标准化工作改革方案》要求，以促进物流标准化升级为主线，创新物流标准化工作机制，完善物流标准体系，加强重点标准研制，积极探索团体标准，强化标准推广实施，提高标准评估监督水平，提升实质性参与国际标准化活动能力，增强我国物流标准竞争力，为促进国民经济转型升级和物流业可持续发展提供有力支撑。

（二）基本原则。

创新机制：创新全国物流标准化工作机制，发挥政府在物流标准化工作中顶层设计、服务和监管作用。强化行业组织在物流标准化工作中的重要作用，明确行业组织在团体标准工作中的主导地位。提高企业参与各类物流标准制修订的积极性，充分发挥企业在物流标准实施中的主体作用。

协同推进：打破行业、部门和地区分割，注重物流标准化工作中行业间、部门间、地区间的协同配合。注重政府、行业组织、企业在标准制修订和应用实施中的协同。

突出重点：根据现代物流市场发展需求，着力推进重点领域关键技术标准制修订，注重物流标准之间及与其他产业标准的协调配套，提高物流相关标准的国际化水平，促进物流服务体系高效运转。

注重实效：进一步完善物流标准分类管理，着力提升物流标准的适用性，强化普及应用，加强实施信息反馈、效果评估和监督管理，创新实施推广模式，着力提高物流标准应用水平。

（三）发展目标。

到2020年，我国物流标准化工作主要实现以下目标：

1. 物流标准体系进一步优化。建成适应物流业发展的层次分明、结构合理、重点突出、衔接配套、科学适用，强制性标准与推荐性标准相互协调，国家标准、行业标准、团体标准协同有序发展的物流标准体系，物流安全、诚信、绿色以及模式创新、设施设备等关键技术标准有所突破，制定100余项物流标准，满足新常态下物流业全面健康可持续发展的需求。

2. 物流标准化机制更加完善。初步建立分工明确、协调有序、高效运作的物流标准化管理机制。物流标准化基础研究、标准制修订、实施推广、评估监督、人才培养等工作机制进一步完善，对物流业科学发展的支撑作用明显增强。

3. 物流标准水平明显提高。物流标准科学性、有效性和实用性显著增强，科学研究与标准研制的结合更加紧密，标准在国际竞争中的影响力显著提升。

4. 物流标准实施效果显著增强。物流标准的宣传推广渠道和手段不断拓展，物流标准实施信息反馈机制进一步完善，在重点领域开展100个物流标准化试点，物流标准化示范项目成效显著，在促进物流运行效率提高方面的作用进一步显现。

三、主要任务

（一）完善物流标准体系。

科学划分物流强制性标准和推荐性标准，整合精简物流强制性标准，优化完善物流推荐性标准；重点研制物流基础类、涉及安全环保的重大公共利益类、通用性装备与技术类、需要多部门协同的国家标准；优化专业领域内重要产品、工程技术、服务和行业管理类行业标准；培育发展满足市场和创新需要的、上下游企业相互协调的团体标准；鼓励企业制定严于国家标准、行业标准，具有竞争力的企业标准，建立和完善企业标准体系；不断提高物流标准间的协调性，提高与其他相关产业标准和国际标准的衔接度，逐步形成政府主导制定的标准与市场自主制定的标准协同发展、协调配套的新型物流标准体系。

（二）提高物流标准制修订水平。

鼓励企业、社团组织积极参与物流标准化工作，使物流标准更好地反映行业、市场发展需求。推动物流业先进技术成果转化为标准，以科技创新促进物流标准水平提升，提高标准科技含量。加强物流标准研制全过程管理，及时披露制修订过程信息，提高透明度，畅通社会各方广泛参与渠道，建立物流标准实施信息反馈机制及评价机制，逐步形成物流标准持续完善的内生动力，提高我国物流标准的科学性、先进性、适用性、有效性。

（三）加大物流标准实施监督力度。

加强物流强制性标准实施监督，明确监管部门及责任，提高行政监管的透明度；加大物流标准宣贯力度，利用媒体、网络、会议等平台，开展多层次、多角度的培训、研讨和解读；对涉及面广的重点标准充分发挥政府引导、行业自律的作用，通过法律法规与政策引导、标准试点示范、认证认可等方式，强化标准实施；发挥企业在物流标准实施中的主体作用，鼓励企业采用标准化的物流设施设备，积极推广先进物流技术标准及新型物流模式标准，开展企业产品和服务标准自我声明公开；建立和完善行业组织、社会公众和媒体、物流企业间的多方监督机制，鼓励行业组织、标准化技术组织、大专院校、企业联盟等第三方建立多种形式的标准实施效果监测体系，开展标准监测与实施反馈。

（四）深化物流标准化试点示范。

选取部分基础较好、潜力较大的地区、物流企业和物流园区，围绕物流关键设施设备、运营模式，在支撑区域经济一体化等重大战略工程项目中，推进物流标准化综合试点。同时，选取部分物流关联度高的行业和物流聚集度高的节点城市，以大型龙头企业为主体，开展重点领域的物流标准化专项试点，加强物流标准化设施设备升级改造和普及推广，提高物流标准化服务水平，降低物流成本，提高物流效率。

（五）积极参与国际标准化工作。

开展物流标准国际化战略研究，明确我国物流领域标准国际化的工作定位，逐步建立政府引导、行业组织和龙头企业实质参与国际标准化的工作格局。及时跟踪国际标准化组织、相关国际组织、发达国家物流标准化动态，加强对国际标准的分析评估和及时转化，推动先进国际标准“引进来”。鼓励我国企业、行业组织等积极参与国际标准制修订，推动中国标准“走出去”，力争在一些优势领域实现国际标准突破，提高我国在国际标准化工作中的参与度和影响力。

（六）强化物流标准基础研究。

加强物流标准基础理论、新兴领域和重点项目物流标准化的前期研究。促进物流模数、物流信息、绿色物流、现代化物流装备、电子商务物流技术研发与标准研制的衔接互动，依托物流业技术创新促进物流标准水平提升。加强物流领域团体标准研究，探索建立具有中国特色的物流团体标准工作体系，促进标准化工作有序开展。加快物流标准实施效用机理与效用评价等综合性研究，提高物流标准化整体效用。

四、标准制修订重点领域

（一）基础类物流标准。

重点开展物流术语、物流标志等标准的制修订，逐步探索物流模数标准制定。

（二）通用类物流标准。

重点开展物流诚信标准、应急物流标准，

以及绿色物流指标及评价、绿色仓储及设备、绿色包装、逆向物流等绿色物流标准的制修订以及物流信息共享交换标准、物流效率相关标准制修订。

大力推进多式联运、甩挂运输、共同配送、城乡配送、货物换装等运输组织和管理配套标准，货物装卸及加固等安全防护标准，基于联运的设施设备和运输工具标准，托盘、集装箱等集装单元化器具标准，联运电子单证、铁路货票等物流单证标准，以及基于联运和全程跟踪追溯的物流信息平台标准和管理软件接口标准的制修订。

积极研究制定货物存放场所安全防范标准，积极探索物流作业安全、物流设施设备安全运行管理、信用风险等标准的制定。

（三）专业类物流标准。

重点开展食品物流、医药物流、汽车物流、家电物流、电子商务物流、冷链物流、烟草物流、危化品物流标准的制修订工作，加快各领域物流装备标准化进程。

大力推进仓储设施、装卸机械、运输工具、信息编码、质量监督、在线监测等粮食物流重点标准制定；大力推进农产品物流设施设备、流通追溯和安全保障等物流管理与技术的标准制定；大力推进邮政和快递安全、服务设施、服务质量等相关标准的制修订。

加强钢铁、机械、煤炭、铁矿石、石油石化、建材、棉花、化肥等大宗产品物流标准的制定。逐步探索以面向周边国家区域物流为突破的国际物流、跨境贸易电子商务物流相关标准的制修订。

五、重点工程

（一）托盘标准应用推广及循环共用体系建设工程。

树立单元化理念，从托盘标准化入手，开展物流装备单元化标准制修订，带动上下游及横向环节装备的衔接。选取重要物流节点城市，开展托盘标准化及其循环共用，以大型龙头企业为主体，支持对非标准托盘按照国家标准《联运通用平托盘主要尺寸及公差》《联运通用平托盘性能要求和试验选择》进行标准化更新，鼓励企业带标准托盘运输，使用和更新标准化周转箱、笼车等标准化物流设备，着力推进托盘及仓储配送等相关配套设施设备的标准化改造和衔接，提升物流一体化运作水平。开展标准化托盘推广应用方面的专项行动计划，培育 10～20 个统一标准、跨区域的物流标准综合信息服务平台，在快速消费品、农副产品、药品流通领域培育一批标准托盘应用和循环共用重点企业。

（牵头单位：商务部；参加单位：交通运输部、中国物流与采购联合会、中国仓储协会、中国连锁经营协会、中华全国供销合作总社、中国铁路总公司等）

（二）冷链物流标准体系建设及应用推广工程。

适应新形势下冷链物流发展的需要，建立全程冷链标准体系。结合国家食品药品监管有关规定，开展城乡食品和药品冷链配送服务、温度控制、服务质量及评价等标准的制修订，探索制定食品、鲜活农产品物流环节的安全类强制性标准，研究借鉴国际先进经验，完善我国食品、鲜活农产品冷链运输和运输设备的相关标准，加强冷链运输车辆车型及其安全、环保等方面的技术标准制修订，推动运输车辆标准化、专业化，探索制定肉类、水产品等农副食品和速冻食品物流环节的安全强制性标准。加强冷链物流标准的培训宣传和推广应用，鼓励企业建设全程温控和可追溯标准体系，引导和鼓励企业使用标准化的托盘、容器等集装单元化器具，在医药和食品冷链领域，开展低温冷库安全运行标准、食品冷链温控追溯标准、医药冷链设备（如保温箱）循环共用标准的推广。

（牵头单位：国家发展和改革委员会；参加单位：中国物流与采购联合会、商务部、交通运输部、工业和信息化部、国家质量监督检验检疫总局、海关总署、农业部、国家邮政局、国家粮食局、中华全国供销合作总社、中国铁路总公司、中国标准化研究院等）

（三）物流信用标准体系建设工程。

研究建立物流企业诚信标准体系，制定物流企业诚信要素标准，引导物流企业建立内部诚信管理体系；推动形成具有品牌效应的诚信标准；选择物流园区、企业联盟，以及汽车物流、冷链物流、危险品物流等专业物流领域开展诚信标准化的试点示范。制定并完善物流质量追溯标准体系，为物流信息的可追踪及诚信的评价提供保障；建立物流信用标准体系，制定信用评价系列标准，制定物流信用采集和分类管理标准，为提高物流信用服务的规范性和可信度提供支撑。

（牵头单位：国家发展和改革委员会；参加单位：交通运输部、商务部、国家质量监督检验检疫总局、中国铁路总公司、中国标准化研究院、中国物流与采购联合会等相关协会）

（四）物流信息标准化工程。

结合物联网、云计算、大数据等新兴信息技术，完善我国物流信息标准体系和国家统一物品编码标准体系，服务于第三方物流公共服务平台的建设。重点研究制定物流信息基础数据元标准、交换标准、公共服务平台标准，二维码、RFID 等技术在粮食、医药、冷链、大宗物资、邮政和快递等重点领域的物流应用标准，电子商务及移动商务等新兴商务模式下物流信息应用规范等。重点在汽车配件、家电产品、农副产品以及大宗物资等领域开展物流信息标准应用推广，实现物流全程透明可视化、产品可追溯与召回等。

（牵头单位：工业和信息化部；参加单位：中国物品编码中心、交通运输部、商务部、中国物流与采购联合会、国家邮政局、国家粮食局、中华全国供销合作总社、中国铁路总公司等）

（五）电子商务物流标准化工程。

根据电子商务物流特点，建立覆盖仓储、运输、流通加工、包装、配送以及一体化服务的全链条电子商务物流服务标准体系；针对电子商务特殊品类，制定生鲜食品、精密仪器等电子商务物流操作与服务规范；面向电子商务与物流协同发展，制定电子商务系统与物流信息系统对接、数据交换以及业务协同标准；以促进行业自律为目的，制定电子商务物流信用、能力等评价标准。适应经济全球化发展要求，探索和制定跨境电子商务物流服务标准。选择一批物流企业，组织开展电子商务物流标准化试点。发挥行业协会等组织作用，广泛开展标准宣贯和实施。

（牵头单位：商务部；参加单位：国家发展和改革委员会、中国电子商务协会、中国物流与采购联合会、中国铁路总公司、中国标准化研究院等）

（六）物流服务标准化综合试点工程。

充分发挥标准化对我国综合交通运输体系建设、区域经济一体化等宏观战略重点项目建设的支撑作用，重点面向物流企业专业化、精益化服务升级，京津冀、长三角、珠三角等区域物流协调发展，以及国内、国际物流一体化发展等方面，遴选一批物流企业、物流枢纽、配送中心、售后服务平台等，推进100个物流服务标准化综合试点，提高物流标准实施力度，提升物流枢纽、物流设施设备的标准化运作和服务水平。在试点的基础上，推出一批有影响力的标杆企业、典型区域，打造物流服务标准化示范单位，支撑物流业转型升级。

（牵头单位：国家标准化管理委员会；参加单位：商务部、交通运输部、国家粮食局、中国铁路总公司、中国标准化研究院、相关协会等）

（七）物流标准国际化培育工程。

在部分基础较好的重点领域，有序开展物流领域国际标准化协作平台建设，为国内组织机构和专家实质性参与国际标准化活动提供服务。加大国际标准化跟踪力度，对国际标准和先进国家的标准进行系统分析研究，积极采用适用于我国物流发展的国际先进标准，推动优势标准“引进来”。重点针对电子商务物流等我国优势领域，积极推动我国物流标准上升为国际标准，努力实现国际标准化突破。结合“一带一路”国家战略，加强与沿线国家物流标准化交流与合作，稳步开展物流标准外文版翻译工作，通过标准“走出去”服务于物流企业“走出去”，推动国际贸易发展。

（牵头单位：国家标准化管理委员会；参加单位：中国标准化研究院、中国物流与采购联合会、中国铁路总公司、中国物品编码中心等）

（八）物流标准化基础能力建设工程。

在全国现代物流部际联席会议合作框架下，成立物流标准化协调工作组，协调解决物流标准化工作的重大问题。组建物流标准化专家委员会，做好物流标准化工作的顶层设计及重大问题咨询。优化物流标准化技术组织整体布局，形成分工明确、协同配合的物流标准化技术组织体系。进一步吸纳物流产业上下游和相关行业、消费者组织的代表，提高技术组织委员构成的合理性。启动物流标准化专家库建设，初步建立一支既精通物流专业，又熟悉标准化工作程序和要求的复合型专家队伍。强化物流标准化基础理论研究，构建物流标准化理论体系，编写出版物流标准化教材，服务相关科研院校、物流企业培养物流标准化人才队伍。

（牵头单位：国家标准化管理委员会；参加单位：中国物流与采购联合会、高等学校物流类教学指导委员会、中华全国供销合作总社、中国铁路总公司、中国标准化研究院、相关高等院校）

六、保障措施

（一）强化组织协调。

加强对物流标准化工作的组织和协调，按照统一管理、分工负责的原则，建立常态沟通机制。国家标准化主管部门负责本规划实施的统筹协调，相关部门各司其职、各负其责，及时协调解决工作中遇到的问题，共同推动重点领域物流标准的制修订、实施推广、监管等工作的开展。各级地方政府应加强领导，建立完善物流标准化协调机制。加强物流标准化省部合作，协商解决跨区域、跨领域的物流标准化问题，协同推进、务求实效。

（二）完善政策支持。

加大政府对物流强制性标准和公益基础管理类标准制修订，国际标准化活动，重点公益类标准实施推广，物流标准化试点示范，物流标准技术信息服务平台、实施监测平台建设，物流标准化基础性研究，企业采用先进标准开展标准化设施设备的升级改造等方面的政策扶持和经费保障；对应用效果显著的团体标准采用政府采信或购买服务的方式加以升级推广。鼓励先进的物流标准研制成果申报各级科学技术奖励。

（三）加强人才培养。

完善物流标准化人才培养体系，加强标准化技术机构建设，提高标准化技术委员会专家队伍的能力和水平，着力培养物流标准化复合型人才。鼓励高等院校积极开设物流标准化相关课程，校企联合建设物流标准化人才培养基地，以提高实践能力为重点，探索产学研联合培养人才的新途径。完善在职人员培训体系，提高物流从业人员标准化素质与能力。

（四）发挥行业协会作用。

进一步加强行业协会的桥梁和纽带作用，做好物流标准需求分析、调查研究、推广实施、人才培养等方面的重点工作。探索团体标准新模式，鼓励行业协会开展团体标准的制修订和实施推广工作，积极推动物流标准化工作健康有序开展。

七、组织实施

各部门要充分认识到物流标准化工作对促进物流系统各环节衔接配套、物流服务体系高效运转、物流业健康发展的重大意义，采取有力措施，明确权责分工，确保各项任务落到实处。

各地方政府和行业协会要加强与各部门的沟通对接，完善协调机制，密切结合实际，抓紧制定规划落实的细化方案，及时将规划实施过程中出现的新情况、遇到的新问题上报国家标准化管理委员会和行业主管部门。

发改委关于加快实施现代物流重大工程的通知

（发改经贸〔2015〕1776号　2015年8月3日）

各省、自治区、直辖市、计划单列市、新疆生产建设兵团发展改革委，有关中央企业：

为落实《物流业发展中长期规划（2014—2020年）》（国发〔2014〕42号）和《促进物流业发展三年行动计划（2014—2016年）》，加强重要物流基础设施建设，发挥物流业投资对稳增长的重要作用，我委已启动实施现代物流重大工程。为进一步完善物流业投资环境，引导社会资本加大投入力度，加快推进现代物流重大工程项目建设，现就有关事项通知如下：

一、充分认识加快实施现代物流重大工程的重要意义

物流业是支撑国民经济发展的基础性、战略性产业，具有巨大的市场需求和发展空间。当前我国物流业总体发展水平偏低，已经成为制约国民经济发展的短板。加快推进现代物流重大工程建设，是适应经济发展新常态、引领社会资本增加对物流业的投入、推动物流业发展的重要举措，对于稳定经济增长、促进产业结构调整、转变发展方式和提高国民经济竞争力具有重要意义。

二、加快实施现代物流重大工程的基本原则和目标

（一）基本原则。

1. 积极助力国家战略的实施。引领社会资本重点投向与“一带一路”、京津冀协同发展、长江经济带、自贸区等国家战略相匹配的物流工程，重点提高沿带、沿路、沿江和京津冀区域内的物流基础设施水平，促进互联互通。

2. 着力促进物流业转型升级。提高重大工程实施的整体性和协同性，建设一体化、顺畅衔接的物流通道和设施网络，加强新技术和现代化设备的应用，提高物流运行效率。

3. 充分调动社会投资的积极性。突出企业的主体地位，最大程度调动社会资本投资的积极性，发挥好政府资金“四两拨千斤”的作用，引领市场预期。

4. 创造良好的投资发展环境。通过建立工作协调机制，着力解决羁绊物流业发展的体制机制障碍，为社会资本创造良好的投资条件，营造良好的发展环境。

（二）实施目标。

到 2020 年，依托覆盖全国主要物流节点的物流基础设施网络，基本建立布局合理、技术先进、便捷高效、绿色环保、安全有序的现代物流服务体系。

物流的专业化水平进一步提高。物流业增加值年均增长 8% 左右，物流业增加值占国内生产总值的比重达到 7.5% 左右，第三方物流比重由目前的约 60% 提高到 70% 左右。

物流基础设施及运作方式衔接更加顺畅。形成资源集聚和辐射力强的全国物流园区网络，建成一批具有多式联运功能的重要物流节点，各种运输方式顺畅衔接和高效中转，甩挂运输、共同配送等现代物流运作方式较快发展。

物流企业竞争力显著增强。物流企业一体化、网络化经营能力进一步提高，信息化和供应链管理水平明显提升，形成一批具有国际竞争力的大型综合物流企业集团和物流服务品牌。

物流整体运行效率显著提高。到 2020 年，全社会物流总费用与国内生产总值的比率在目前 16.6% 的基础上再下降 1 个百分点，物流业对国民经济的保障和支撑作用进一步增强。

三、加快推进现代物流重大工程建设的实施安排

（一）主要任务。

1. 建设联通国际国内的物流大通道。建设一批与“一带一路”周边国家互联互通、顺畅衔接的外向型物流枢纽基地，提高进出口货物的集散能力。通过“一带一路”战略的实施，由此向周边国家境内发展，形成内外相通的基础设施网络和联通国际国内的物流大通道，增强物流对“一带一路”等重大战略实施的支撑作用。

2. 打通长江经济带地区多式联运通道。以航运中心和主要港口、机场为重点，大力发展铁水、公水、公铁、空铁等多式联运，提高集装箱和大宗货物联运比重。加强长江经济带沿线重要节点物流园区建设，推进港口、机场与物流园区通道建设，实现运输的无缝化、低成本衔接。

3. 推动京津冀物流协同发展。落实京津冀协同发展整体战略和产业布局调整优化的要求，推动建立跨区域物流合作机制，促进京津冀地区物流基础设施互联互通和信息资源共享，实现京津冀物流一体化协同发展。

4. 建设一批适应电子商务等新型业态发展需要的物流设施。构建服务于跨境电子商务、自贸区战略等的物流支撑体系，建设一批与之相配套的现代物流重大项目，满足新经营业态和新经营模式对现代物流服务的需求。

5. 构建覆盖全国主要物流节点便捷高效的物流基础设施网络。合理规划物流基础设施，完善交通枢纽节点布局，加快铁路货运站与港口一体化、国内航空货运转运中心等现代物流基础设施建设，构建便捷、高效的物流基础设施网络，提升我国物流基础设施的现代化水平。

6. 提升物流业信息化、标准化水平。加强大数据、物联网、云计算等先进信息技术在重大物流工程中的应用，推动物流信息和公共服务信息的有效衔接和互联互通，提高托盘等标准化设施设备的应用水平。

（二）重点建设项目。

根据《物流业发展中长期规划（2014—2020 年）》和实施“现代物流重大工程”的主要任务，重点引领企业开展以下 10 个领域项

目建设：

1. 多式联运工程：重点是建设现代化的中转联运设施，包括港口的铁路和公路转运货场、集疏运设施、铁路集装箱中心站、内陆城市和港口的集装箱场站建设等。

2. 物流园区工程：重点是物流园区转运基础设施、现代化立体仓库和信息平台建设，以及先进运输方式、物流技术、设备应用等。

3. 农产品物流工程：重点是建设大宗鲜活农产品产地预冷、冷藏保鲜、冷链运输等设施。

4. 制造业物流与供应链管理工程：重点是建设与制造业企业紧密配套、有效衔接的仓储配送设施、信息平台等，传统运输、仓储企业向供应链上下游延伸，提供采购、入厂、交付、回收等物流服务项目。

5. 资源型产品物流工程：重点是煤炭、石油、铁矿石等物流集散中心建设。

6. 城乡物流配送工程：重点是连锁企业跨区域配送中心、城乡配送中心、末端配送网点物流基础设施建设等。

7. 电子商务物流工程：重点是电子商务仓储配送基地、与跨境电子商务相关的快递转运中心建设等。

8. 物流标准化工程：重点是仓储和转运设施、运输工具等标准化建设和改造，以及托盘等标准化设备推广应用。

9. 物流信息平台工程：重点是综合运输信息、“公路港”、物流资源交易、大宗商品交易等信息平台建设。

10. 应急物流工程：重点是建设应急仓储、中转、配送设施，提升应急物流设施设备的标准化和现代化水平。

四、加快实施现代物流重大工程的工作要求

（一）加强现代物流重大工程实施的组织协调。

各地发展改革部门要会同国土、城乡建设、环保、银监等部门建立“现代物流重大工程”项目建设协调机制和绿色审核通道，加强横向联动、有机衔接，形成工作合力，协调解决重大工程项目推进中面临的困难和问题，为项目顺利实施创造良好条件。有关中央企业也要加强对所负责项目的统筹协调。重大工程实施过程中遇到的难以解决的突出问题要及时上报，我委将依托全国现代物流工作部际联席会议等机制着力协调解决。

（二）加大对现代重大工程项目建设的政策支持力度。

各省（区、市）要多渠道增加对现代物流重大工程项目的投入，引导银行业金融机构加大对物流企业的信贷支持，为重大项目建设提供更便利的融资服务。支持企业通过发行公司债券、非金融企业债务融资工具、企业债券和上市等多种方式拓宽融资渠道，开展重大项目建设。今后，我委用于物流领域的中央预算内投资原则上将全部用于支持现代物流重大工程项目，并研究建立推进现代物流重大工程建设与安排中央预算内投资相挂钩的机制。同时，我委也将积极协调有关部门在政策允许的范围内对列入现代物流重大工程的项目给予一定土地、规划、融资等政策支持。

（三）建立现代物流重大工程项目调度机制。

请你们对根据《国家发展改革委办公厅关于报送物流业重大工程项目的通知》（发改办

经贸〔2015〕1133号）要求报送的项目做进一步筛选，我委将会同你们建立现代物流重大工程项目库。从今年8月开始，你们要按《加强和完善重大工程调度工作暂行办法》（发改办投资〔2015〕851号）要求，指导相关地市、县逐级建立调度制度，做好现代物流重大工程相关统计、调度和报送工作，并在每月10日前，将你单位列入现代物流重大工程项目库的项目上个月的工作进展情况、工程实施进度、投资完成情况等报送我委（经济贸易司）。

各单位要充分认识到加快推进现代物流重大工程建设对促进物流业发展的重大意义，积极采取有力措施，抓紧部署实施，确保列入现代物流重大工程的项目建设有序推进。我委将加大对现代物流重大工程实施情况的监督检查，对项目进展缓慢、调度协调不力的，将向有关地方政府发催办单并进行通报。

商务部　发展改革委　工业和信息化部　财政部　人力资源社会保障部　交通运输部　农业部　人民银行　工商总局　质监总局　银监会　证监会　保监会　邮政局　国务院扶贫办　供销合作总社　共青团中央　全国妇联　中国残联　关于加快发展农村电子商务的意见

（商建发〔2015〕306 号　　2015 年 8 月 21 日）

各省、自治区、直辖市、计划单列市及新疆生产建设兵团商务、发展改革、工业和信息化、财政、人力资源社会保障、交通运输、农业、人民银行、工商、质监（市场监督管理）、银监、证监、保监、邮政、扶贫、供销合作、共青团、妇联、残联主管部门：

近年来，随着互联网的普及和农村基础设施的完善，我国农村电子商务快速发展，农村商业模式不断创新，服务内容不断丰富，电子商务交易规模不断扩大。但总体上我国农村电子商务发展仍处于起步阶段，存在着市场主体发育不健全、物流配送等基础设施滞后、发展环境不完善和人才缺乏等问题。

加快发展农村电子商务，是创新商业模式、完善农村现代市场体系的必然选择，是转变农业发展方式、调整农业结构的重要抓手，是增加农民收入、释放农村消费潜力的重要举措，是统筹城乡发展、改善民生的客观要求，对于进一步深化农村改革、推进农业现代化具有重要意义。根据《中共中央　国务院关于加大改革创新力度加快农业现代化建设的若干意见》（中发〔2015〕1 号）和《国务院关于大力发展电子商务加快培育经济新动力的意见》（国发〔2015〕24 号）的要求，为加快推进农村电子商务发展，现提出以下意见：

一、总体要求

（一）指导思想。

以邓小平理论、“三个代表”重要思想、科学发展观为指导，深入贯彻落实党的十八大和十八届三中、四中全会精神，按照全面建成小康社会目标和新型工业化、信息化、城镇化、农业现代化同步发展的要求，主动适应经济发展新常态，充分发挥市场在资源配置中的决定性作用，加强基础设施建设，完善政策环境，深化农村流通体制改革，创新农村商业模式，培育和壮大农村电子商务市场主体，发展线上线下融合、覆盖全程、综合配套、安全高效、便捷实惠的现代农村商品流通和服务网络。

（二）基本原则。

1. 市场为主、政府引导。充分发挥市场在资源配置中的决定性作用，突出企业的主体地位。加快转变政府职能，完善政策、强化服务、搭建平台，加强事中事后监管，依法维护经营者、消费者合法权益。为农村电子商务发展营造平等参与、公平竞争的环境，激发各类市场主体的活力。

2. 统筹规划、创新发展。将发展农村电子商务纳入区域发展战略和新型城镇化规划，作为农村发展的重要引擎和产业支撑，促进城乡互补、协调发展。以商业模式创新推动管理创新和体制创新，改造传统商业的业务流程，提升农村流通现代化水平，促进农村一、二、三产业融合发展。

3. 实事求是、因地制宜。结合本地区农村经济社会发展水平、人文环境和自然资源等基础条件，认真研究分析，着眼长远，理性推进。注重发挥基层自主性、积极性和创造性，因县而异，探索适合本地农村电子商务发展的路径和模式。

4. 以点带面、重点突破。先行先试、集中力量解决农村电子商务发展中的突出矛盾和问题，务求实效，对老少边穷地区要重点扶持、优先试点；总结先行地区经验，不断提升示范效应，形成推广机制。

（三）发展目标。

争取到2020年，在全国培育一批具有典型带动作用的农村电子商务示范县。电子商务在降低农村流通成本、提高农产品商品化率和农民收入、推进新型城镇化、增加农村就业、带动扶贫开发等方面取得明显成效，农村流通现代化水平显著提高，推动农村经济社会健康快速发展。

二、提升农村电子商务应用水平

（四）建设新型农村日用消费品流通网络。

适应农村产业组织变化趋势，充分利用“万村千乡”、信息进村入户、交通、邮政、供销合作社和商贸企业等现有农村渠道资源，与电子商务平台实现优势互补，加强服务资源整合。推动传统生产、经营主体转型升级，创新商业模式，促进业务流程和组织结构的优化重组，增强产、供、销协同能力，实现线上线下融合发展。支持电子商务企业渠道下沉。加强县级电子商务运营中心、乡镇商贸中心和配送中心建设，鼓励“万村千乡”等企业向村级店提供B2B网上商品批发和配送服务。鼓励将具备条件的村级农家店、供销合作社基层网点、农村邮政局所、村邮站、快递网点、信息进村入户村级信息服务站等改造为农村电子商务服务点，加强与农村基层综合公共服务平台的共享共用，推动建立覆盖县、乡、村的电子商务运营网络。

（五）加快推进农村产品电子商务。

以农产品、农村制品等为重点，通过加强对互联网和大数据的应用，提升商品质量和服务水平，培育农村产品品牌，提高商品化率和电子商务交易比例，带动农民增收。与农村和农民特点相结合，研究发展休闲农业和乡村旅游等个性化、体验式的农村电子商务。指导和支持种养大户、家庭农场、农民专业合作社、农业产业化龙头企业等新型农业经营主体和供销合作社、扶贫龙头企业、涉农残疾人扶贫基地等，对接电商平台，重点推动电商平台开设农业电商专区、降低平台使用费用和提供互联网金融服务等，实现“三品一标”“名特优新”“一村一品”农产品上网销售。鼓励有条件的农产品批发和零售市场进行网上分销，构建与实体市场互为支撑的电子商务平台，对标准化程度较高的农产品探索开展网上批发交易。鼓励新型农业经营主体与城市邮政局所、快递网点和社区直接对接，开展生鲜农产品“基地+社区直供”电子商务业务。从大型生产基地和批发商等团体用户入手，发挥互联网和移动终端的优势，在农产品主产区和主销区之间探索形成线上线下高效衔接的农产品交易模式。

（六）鼓励发展农业生产资料电子商务。

组织相关企业、合作社，依托电商平台和“万村千乡”农资店、供销合作社农资连锁店、农村邮政局所、村邮站、乡村快递网点、信息进村入户村级信息服务站等，提供测土配方施肥服务，并开展化肥、种子、农药等生产资料电子商务，推动放心农资进农家，为农民提供优质、实惠、可追溯的农业生产资料。发挥农资企业和研究机构的技术优势，将农资研发、生产、销售与指导农业生产相结合，通过网络、手机等提供及时、专业、贴心的农业专家服务，与电子商务紧密结合，加强使用技术指导服务体系建设，宣传、应用和推广农业最新科研成果。

（七）大力发展农村服务业。

按照新型城镇化发展要求，逐步增加农村电子商务综合服务功能，实现一网多用，缩小城乡居民在商品和服务消费上的差距。鼓励与服务业企业、金融机构等加强合作，提高大数据分析能力，在不断完善农民网络购物功能的基础上，逐步叠加手机充值、票务代购、水电气费缴纳、农产品网络销售、小额取现、信用贷款、家电维修、养老、医疗、土地流转等功能，进一步提高农村生产、生活服务水平。与城市社区电子商务系统有机结合，实现城乡互补和融合发展。

（八）提高电子商务扶贫开发水平。

按照精准扶贫、精准脱贫的原则，创新扶贫开发工作机制，把电子商务纳入扶贫开发工作体系。积极推进电商扶贫工程，密切配合，形成合力，瞄准建档立卡贫困村，覆盖建档立卡贫困户。鼓励引导易地扶贫搬迁安置区和搬迁人口发展电子商务。提升贫困地区交通物流、网络通信等发展水平，增强贫困地区利用电商创业、就业能力，推动贫困地区特色农副产品、旅游产品销售，增加贫困户收入。鼓励引导电商企业开辟贫困老区特色农产品网上销售平台，与合作社、种养大户建立直采直供关系。到2020年，对有条件的建档立卡贫困村实现电商扶贫全覆盖。

三、培育多元化农村电子商务市场主体

（九）鼓励各类资本发展农村电子商务。

支持电商、物流、商贸、金融、邮政、快递等各类社会资本加强合作，实现优势资源的对接与整合，参与农村电子商务发展。加快实施“快递下乡”工程，支持快递企业“向下”“向西”发展。支持第三方电子商务平台创新和拓展涉农电商业务。引导涉农信息发布平台向在线交易和电商平台转型，提升服务功能。

（十）积极培育农村电子商务服务企业。

引导电子商务服务企业拓展农村业务，支持组建区域性农村电子商务协会等行业组织，成立专业服务机构等。为农村电子商务发展提

供咨询、人员培训、技术支持、网店建设、品牌培育、品质控制、营销推广、物流解决、代理运营等专业化服务，引导市场主体规范有序发展，培育一批扎根农村的电子商务服务企业。

（十一）鼓励农民依托电子商务进行创业。

实施农村青年电商培育工程和巾帼电商创业行动。以返乡高校毕业生、返乡青年、大学生村官、农村青年、巾帼致富带头人、退伍军人等为重点，培养一批农村电子商务带头人和实用型人才，切实发挥他们在农村电子商务发展中的引领和示范作用。指导具有特色商品生产基础的乡村开展电子商务，吸引农民工返乡创业就业，引导农民立足农村、对接城市，探索农村创业新模式。各类农村电子商务运营网点要积极吸收农村妇女、残疾人士等就业。

四、加强农村电子商务基础设施建设

（十二）加强农村宽带、公路等设施建设。

完善电信普遍服务补偿机制，加快农村信息基础设施建设和宽带普及，推进“宽带中国”建设，促进宽带网络提速降费，积极推动4G和移动互联网技术应用。以建制村通硬化路为重点加快农村公路建设，推进城乡客运一体化，推动有条件的地区实施公交化改造。

（十三）提高农村物流配送能力。

加强交通运输、商贸流通、农业、供销、邮政各部门和单位及电商、快递企业等相关农村物流服务网络和设施的共享衔接，发挥好邮政点多面广和普遍服务的优势，逐步完善县乡村三级物流节点基础设施网络，鼓励多站合一、资源共享，共同推动农村物流体系建设，打通农村电子商务“最后一公里”。推动第三方配送、共同配送在农村的发展，建立完善农村公共仓储配送体系，重点支持老少边穷地区物流设施建设。

五、创建农村电子商务发展的有利环境

（十四）搭建多层次发展平台。

鼓励电商基础较好的地方积极协调落实项目用地、利用闲置厂房等建设农村特色电子商务产业基地、园区或综合运营服务中心，发挥孵化功能，为当地网商、创业青年和妇女等提供低成本的办公用房、网络通信、培训、摄影、仓储配送等公共服务，促进网商在农村的集聚发展。支持地方依托第三方综合电商平台，开设地方特色馆，搭建区域性电商服务平台。促进线下产业发展平台和线上电商交易平台的结合，推动网络经济与实体经济的融合。研究建立适合农村情况的电子商务标准、统计制度等。发挥各类农业信息资源优势，逐步覆盖农产品生产、流通、销售和消费全程，提高市场信息传导效应，引导农民开展订单生产。

（十五）加大金融支持力度。

鼓励有条件的地区通过拓宽社会融资渠道设立农村电子商务发展基金。鼓励村级电子商务服务点、助农取款服务点相互依托建设，实现优势互补、资源整合，提高利用效率。提高农村电商的大数据分析能力，支持银行业金融机构和支付机构研发适合农村特点、满足农村电子商务发展需求的网上支付、手机支付、供应链贷款等金融产品，加强有关风险控制，保障客户信息安全和资金安全。加大对电商创业农民的授信和贷款支持。充分利用各地设计开发的“青”字号专属金融产品，或依托金融机构现有产品，设计“青”字号电商创业金融服

务项目，支持农村青年创业。协调各类农业信贷担保机构，简化农村网商小额短期贷款办理手续，对信誉良好、符合政策条件的农村网商，可按规定享受创业担保贷款及贴息政策。

（十六）加强培训和人才培养。

依托现有培训项目和资源，支持电子商务企业、各类培训机构、协会对机关、企业、农业经营主体和农民等，进行电子商务政策、理论、运营、操作等方面培训。有条件的地区可以建立专业的电商人才培训基地和师资队伍，努力培养一批懂理论、懂业务、会经营网店、能带头致富的复合型人才。引导具有实践经验的电商从业者返乡创业，鼓励电子商务职业经理人到农村发展。进一步降低农村电商人才就业保障等方面的门槛。

（十七）规范市场秩序。

加强网络市场监管，打击制售假冒伪劣商品、虚假宣传、不正当竞争和侵犯知识产权等违法行为，维护消费者合法权益，促进守法诚信经营。督促第三方交易平台加强内部管理，规范主体准入，遏制“刷信用”等欺诈行为。维护公平竞争的市场秩序，营造良好创业营商环境。推进农村电子商务诚信建设。加强农产品标准化、检验检测、安全监控、分级包装、冷链仓储、加工配送、追溯体系等技术、设施的研究、应用和建设，提高对农产品生产、加工和流通等环节的质量管控水平，建立完善质量保障体系。

（十八）开展示范和宣传推广。

开展电子商务进农村综合示范，认真总结示范地区经验做法，梳理典型案例，对开展电商创业的农村青年、农村妇女、新型农业经营主体和农村商业模式等进行总结推广。加大宣传力度，推动社会各界关注和支持农村电子商务发展。加强地区间沟通与交流，促进合作共赢发展。

电子商务进农村是三农工作的新领域。各地要加快转变政府职能，打破传统观念和模式，大胆探索创新，加强组织领导，加强部门沟通协调，改进工作方式方法，提升政府服务意识和水平，推动农村电子商务健康快速发展，促进农村现代市场体系建立完善，加快推进农业现代化进程。

附件：农村电子商务发展重点工作

附件：

农村电子商务发展重点工作

工作名称	工作内容	牵头部门
一、农村青年电商培育工程	加强农村青年电子商务培训，引导农村青年运用电子商务创业就业，提高农村青年在县、乡、村电子商务服务体系建设中的作用	共青团中央
二、“快递向西向下”服务拓展工程	完善中西部、农村地区快递基础设施，发挥电子商务与快递服务的协同作用，提升快递服务对农村电子商务的支撑能力和水平	邮政局
三、电商扶贫工程	在贫困县开展电商扶贫试点，重点扶持建档立卡贫困村贫困户，推动贫困地区特色农副产品、旅游产品销售	扶贫办
四、巾帼电商创业行动	建立适应妇女创业的网络化、实训式电子商务培育模式，借助互联网和大数据，助推农村妇女创业致富	全国妇联
五、电子商务进农村综合示范	培育一批农村电子商务示范县，健全农村电子商务支撑服务体系，扩大农村电子商务应用领域，提高农村电子商务应用能力，改善农村电子商务发展环境	财政部 商务部

财政部　国家税务总局关于继续实施物流企业大宗商品仓储设施用地城镇土地使用税优惠政策的通知

（财税〔2015〕98号　2015年8月31日）

各省、自治区、直辖市、计划单列市财政厅（局）、地方税务局，西藏、宁夏回族自治区国家税务局，新疆生产建设兵团财务局：

为进一步促进物流业健康发展，经国务院批准，现就物流企业大宗商品仓储设施用地城镇土地使用税政策通知如下：

一、自2015年1月1日起至2016年12月31日止，对物流企业自有的（包括自用和出租）大宗商品仓储设施用地，减按所属土地等级适用税额标准的50%计征城镇土地使用税。

二、本通知所称物流企业，是指至少从事仓储或运输一种经营业务，为工农业生产、流通、进出口和居民生活提供仓储、配送等第三方物流服务，实行独立核算、独立承担民事责任，并在工商部门注册登记为物流、仓储或运输的专业物流企业。

三、本通知所称大宗商品仓储设施，是指同一仓储设施占地面积在6000平方米及以上，且主要储存粮食、棉花、油料、糖料、蔬菜、水果、肉类、水产品、化肥、农药、种子、饲料等农产品和农业生产资料，煤炭、焦炭、矿砂、非金属矿产品、原油、成品油、化工原料、木材、橡胶、纸浆及纸制品、钢材、水泥、有色金属、建材、塑料、纺织原料等矿产品和工业原材料的仓储设施。

仓储设施用地，包括仓库库区内的各类仓房（含配送中心）、油罐（池）、货场、晒场（堆场）、罩棚等储存设施和铁路专用线、码头、道路、装卸搬运区域等物流作业配套设施的用地。

四、物流企业的办公、生活区用地及其他非直接从事大宗商品仓储的用地，不属于本通知规定的优惠范围，应按规定征收城镇土地使用税。

五、非物流企业的内部仓库，不属于本通知规定的优惠范围，应按规定征收城镇土地使用税。

六、本通知印发之日前已征的应予减免的税款，在纳税人以后应缴税款中抵减或者予以退还。

七、符合上述减税条件的物流企业需持相关材料向主管税务机关办理备案手续。

请遵照执行。

国家发展改革委关于开展现代物流创新发展城市试点工作的通知

（发改经贸〔2015〕2008 号 2015 年 9 月 6 日）

各省、自治区、直辖市及计划单列市发展改革委：

为进一步落实《物流业发展中长期规划（2014—2020 年）》（国发〔2014〕42 号，以下简称《规划》）和《促进物流业发展三年行动计划（2014—2016 年）》，更好地发挥“互联网 +”背景下城市在物流业创新发展中的集聚、引领和提升作用，率先在物流管理体制机制方面进行突破，促进产业结构调整，并进一步增强物流对“一带一路”、京津冀协同发展、长江经济带等国家重大战略实施的支撑保障作用，我委将开展现代物流创新发展城市试点工作，现就有关事项和要求通知如下：

一、重要意义

城市是物流业发展的关键节点和重要载体，也是一个国家物流业发展水平与综合实力的集中体现。开展现代物流创新发展城市试点工作，对提升物流产业基础和服务能力，加强物流资源整合和优化，破除物流业发展的体制机制障碍，创造良好的物流业发展环境，降低物流成本、提高物流效率具有重要意义。同时，也将有利于提高城市经济的影响力和辐射力，更好地引领区域物流协同发展，进一步改善投资和消费环境，促进经济持续稳定增长。

二、总体要求和工作目标

（一）总体要求。

以党的十八大和十八届三中、四中全会精神为指导，全面落实党中央、国务院关于促进物流业健康发展的决策部署，按照《规划》的总体要求，充分发挥中央和地方两个积极性，通过试点示范，着力解决现代物流发展中面临的突出问题，完善政府物流管理的体制机制，实现现代物流在重点区域突破创新和率先发展，形成典型示范效应，促进以城市为中心的区域物流协同发展和区域间物流高效衔接运行，提高社会物流整体发展水平，进一步促进产业结构调整和国民经济提质增效。

（二）工作目标。

按照《规划》到 2020 年基本建立布局合理、技术先进、便捷高效、绿色环保、安全有序的现代物流服务体系的要求，适应“互联网+高效物流”的发展需要，建设一批具有典型带动作用的现代物流创新发展城市，建立和完善以试点城市为龙头、辐射带动区域物流协同发展的现代物流服务体系。通过试点城市在政府物流管理方面的改革创新，探索和营造有利于现代物流发展的体制机制，完善适应现代物流发展的法规规章，建立健全促进现代物流发展的政策体系，推动物流产业的发展和物流效率的提升。

三、主要任务

（一）加强城市物流发展规划制定工作。城市物流发展规划是城市物流工作的统领。试点城市要编制（或完善）城市物流发展规划，并与城市总体规划、土地规划、交通规划等做好衔接，根据本地的产业特点、发展水平、设施状况、市场需求、功能定位等，明确本地物流业发展的总体目标、主要任务、发展重点以及物流基础设施布局，提出促进城市物流业发展的政策措施，特别是要明确城市物流设施用地范围，确保规划落地实施。要加强规划的约束性，提高规划的可操作性。通过制定规划，探索有利于资源整合和优化配置的体制机制，逐步形成适合本城市发展的现代物流发展路径。

（二）创新体制机制，完善政策环境。建立和完善由城市相关部门组成的现代物流创新发展综合协调工作机制，形成多部门联动、责权明确的运行管理机制。加快推进物流管理体制改革，进一步简政放权，在确保企业运营安全的前提下，放宽对物流企业资质的审批条件，在试点城市探索建立物流领域的“负面清单”，形成公平透明的市场准入规则。通过制定标准、管理规范等方式，建立和完善城市物流配送管理体制。对制约现代物流发展的地方规章抓紧修订完善，加强改革创新，支持行业企业发展，减轻企业负担。城市政府要加快职能转变，加强物流信息公开和数据开放，并指导行业协会等为企业提供教育培训和其他公共服务。

（三）完善城市重要物流基础设施建设。进一步优化城市重要物流基础设施布局，因地制宜整合或新建物流园区，加快航空、铁路、公路物流枢纽建设，根据区位特点，加强与京沪、京广、欧亚大陆桥、中欧铁路大通道、长江黄金水道、珠江—西江黄金水道等跨区域物流大通道无缝对接。充分调动企业和社会力量参与物流设施建设的积极性，积极发展甩挂运输，建设具有多式联运功能的城市集疏运通道网络，完善基于满足居民消费需求和城市运行保障的物流基础设施，加强电子商务、应急、冷链、快递等物流基础设施建设，优化“最后一公里”城市配送设施网络。研究建立城市托盘共同系统，推广标准化托盘的循环利用，提高物流运作效率。

（四）形成现代化的区域物流服务网络。努力提升城市物流服务水平，发挥物流业集聚效益和带动作用，形成以试点城市为中心、辐射周边、具有较强竞争力的现代物流产业服务体系。提高城市配送的规模化和协同化水平，建立快速便捷、绿色高效的城乡共同配送体系。提高城市物流信息监控和调度水平，提高城市物流信息分析预警能力。位于长江经济带、京津冀等重点物流区域的城市要研究建立省际物流合作机制，加快区域物流一体化进程，促进物流基础设施互联互通和信息资源共享。结合本城市区位特点，进一步提升国际物流服务能力，积极探索国际国内物流一体化运作。

（五）培育具有国际竞争力的物流企业。结合本地区产业发展要求，加快培育 1 ~ 2 家技术水平先进、主营业务突出、具有国际竞争力的大型现代物流企业集团。鼓励物流企业加强大数据、云计算、物联网、移动互联网等先进信息技术的应用，开展技术应用和经营模式创新。引导运输、仓储等传统物流企业向上下游延伸服务，支持骨干物流企业与其他产业“多业联动、融合发展”。培育和支持大型快递企业发展，促进电子商务物流发展。鼓励物流企业与本地区先进制造企业深化战略合作，建立与新型工业化发展相适应的制造业物流服务体系，发展具有全球采购、全球配送能力的供应链服务商。

四、组织实施

（一）申报与评定程序。现代物流创新发展试点城市由省级发展改革委组织申报。每个省（区、市）限报1个城市，计划单列市可单独申报。申报城市原则上应符合下列条件之一：

1.《物流业调整和振兴规划》确定的全国性或区域性物流节点城市；

2.《全国物流园区发展规划》确定的一级或二级物流园区布局城市；

3. 符合“一带一路”、长江经济带、京津冀协同发展、自贸区等国家重大发展战略规划的城市。

申报材料须在10月20日前报送国家发展改革委。申报材料包括：试点工作方案一式三份，并附电子光盘1份。试点工作方案由申报城市编制，省级发展改革委进行预审后报国家发展改革委。国家发展改革委将组织有关部门、专家开展城市创建工作方案的评议工作，并遴选10～15个城市开展第一批现代物流创新发展城市试点工作。

（二）加强创建工作方案编制。申报城市要在充分调研、广泛听取各方面意见的基础上，结合当地经济、社会发展状况和战略定位，从本地物流业现状、特点和比较优势出发，确定试点示范工作的目标、重点、步骤和政策措施等，围绕总体目标、基本原则、主要任务、体制机制改革创新、政策措施改革创新、实施步骤、取得（预期）成效等相关方面编制现代物流创新发展城市试点工作方案，特别是要突出城市物流的发展特色和体制机制创新。

（三）建立创建工作的保障机制。参与创建工作的城市人民政府要根据试点工作的总体要求，建立试点工作的协调机制。发展改革部门要主动发挥综合协调职能，促进参与试点工作相关部门协同配合、通力合作，形成组织有序、分工合理、协调配合的制度化、常态化推进机制，确保试点工作目标、主要任务和保障措施顺利实施。

（四）落实各项工作任务。在国家发展改革委会同有关部门确定第一批现代物流业创新发展城市试点名单后，相关城市要按照试点工作方案抓紧开展工作，落实各项试点任务，确保实现试点目标。工作进展情况和取得的经验成果要及时报送国家发展改革委。

各地要高度重视现代物流创新发展城市试点工作，积极推进物流领域的改革创新，加快建立适应“互联网+”背景下的物流管理体制机制。国家发展改革委将会同有关部门加强对城市试点工作的指导和支持，及时协调解决城市试点工作中面临的土地、规划、体制机制创新等问题。今后，中央预算内投资将优先支持试点城市内符合条件的物流基础设施项目建设，我们也将以适当方式推广试点城市先进经验。

附件：现代物流创新发展城市试点工作方案编制要点（略）

第二部分

物流统计

2015年中国物流运行情况通报

伴随着国民经济增速放缓的步伐，2015年我国社会物流总额增速回落，社会物流总费用与GDP的比率稳步下降。

一、社会物流总额增速回落

2015年我国社会物流总额为219.2万亿元，按可比价格计算，比上年增长5.8%，增速回落2.1个百分点。分季度看，一季度为49.4万亿元，同比增长5.6%，增速回落3.0个百分点；上半年为104.7万亿元，同比增长5.7%，增速回落3.0个百分点；前三季度为162.8万亿元，同比增长5.8%，增速回落2.6个百分点；全年社会物流总额呈稳中趋缓的发展态势。

从构成看，工业品物流总额为204.0万亿元，按可比价格计算，比上年增长6.1%，增速回落2.2个百分点；进口货物物流总额为10.4万亿元，比上年增长0.2%，增速回落1.9个百分点；农产品物流总额为3.5万亿元，比上年增长3.9%，增速回落0.2个百分点；再生资源物流总额为8616亿元，比上年增长19.0%，增速提高4.9个百分点；单位与居民物品物流总额为5078亿元，比上年增长35.5%，增速提高2.6个百分点。

二、社会物流总费用增速回落

2015年我国社会物流总费用为10.8万亿元，比上年增长2.8%，增速比上年回落4.1个百分点。其中：运输费用为5.8万亿元，比上年增长3.1%，增速比上年回落3.5个百分点；保管费用为3.7万亿元，比上年增长1.6%，增速比上年回落5.4个百分点；管理费用为1.4万亿元，比上年增长5.0%，增速比上年回落2.9个百分点。

2015年我国社会物流总费用与GDP的比率为16.0%，比上年下降0.6个百分点。

三、物流业总收入平稳增长

2015年我国物流业总收入为7.6万亿元，比上年增长4.5%。

2015 年中国物流统计数据

	本期（亿元）	同比增长（%）
一、社会物流总费用	108096	2.8
运输费用	57648	3.1
保管费用	36829	1.6
管理费用	13619	5.0
二、社会物流总额	2192499	5.8
其中：农产品物流总额	34524	3.9
工业品物流总额	2039833	6.1
进口货物物流总额	104448	0.2
再生资源物流总额	8616	19.0
单位与居民物品物流总额	5078	35.5
三、物流业总收入	75734	4.5

注：2015 年物流总费用与 GDP 的比率为 16.0%。

（国家发展改革委　中国物流与采购联合会）

2015 年中国物流运行情况分析

2015 年我国物流运行总体呈现需求平稳增长、结构不断优化、运行效率提升的基本特征。一方面，社会物流总额增速减缓但物流市场结构不断优化，新业态、新行业增长较快；另一方面，社会物流总费用与 GDP 的比率加快下降，物流产业转型升级态势明显，物流运行质量和效率有所提升。物流业作为基础性、战略性产业，为国民经济稳中有进、稳中有好发展发挥了较好的支撑和保障作用。

总体看，2015 年我国物流运行呈现五个特点。

一、物流需求进入调整转型期

一是社会物流总额平稳增长。2015 年我国社会物流总额为 219.2 万亿元，按可比价格计算，同比增长 5.8% （见图 1），增速虽比上年回落 2.1 个百分点，但依然保持平稳增长。从各季度情况看，一季度为 49.4 万亿元，同比增长 5.6% ；上半年为 104.7 万亿元，同比增长 5.7% ；前三季度为 162.8 万亿元，同比增长 5.8% 。

二是物流需求进入调整转型期。从增速看，我国社会物流总额经过 2000 年以来的持续快速增长，自 2012 年起增速逐年放缓，开始进入调整转型期。“十二五”时期社会物流总额为 966 万亿元，是“十一五”时期的 2.2 倍，年均增长 8.7% ，增速比“十一五”时期回落 12 个百分点，比“十五”时期回落 10 个百分点。

三是物流需求结构继续优化。从结构看，受传统产业转型升级步伐加快，电子商务、信息平台等新产业、新业态加速发展等因素影响，物流需求结构继续优化。一方面，钢铁、煤炭、水泥等大宗商品物流需求增速进一步放缓；另一方面，与民生相关的消费类物流需求保持较快增长。具体表现在以下四个方面。

1. 工业品物流需求小幅回落，新产业增长较快

2015 年我国工业品物流总额同比增长 6.1% ，增速比上年回落 2.2 个百分点。从各季度情况看，一季度增长 6.4% ，上半年增长 6.3% ，前三季度增长 6.2% ；全年增速小幅回落但缓中趋稳。

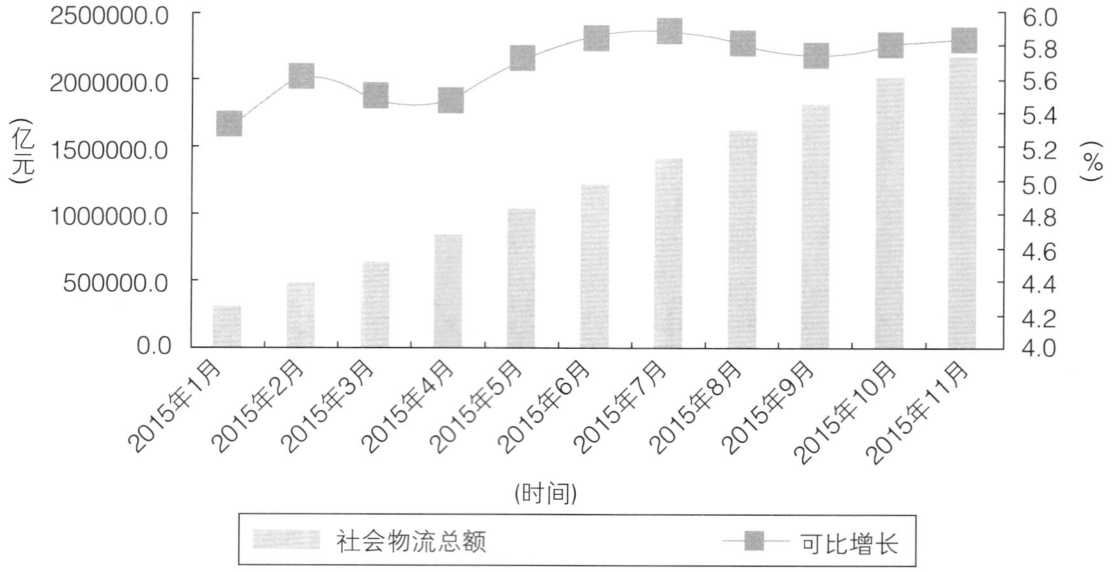

图 1　2015 年我国社会物流总额及增长变化情况

2015 年我国高技术产业物流需求同比增长 10.2%，比工业物流需求快 4.1 个百分点，占比为 11.8%，比上年提高 1.2 个百分点。如航空、航天器及设备制造业增长 26.2%，电子及通信设备制造业增长 12.7%，信息化学品制造业增长 10.6%，医药制造业增长 9.9%，增速比上年均有所加快。

2. 国际物流需求总体偏弱，结构不断优化

2015 年我国进口物流总额同比增长 0.2%，增速比上年回落 1.9 个百分点。受国际大宗商品价格大幅下跌等因素影响，进口物流总额按现价计算，同比下降 13.2%。

在我国外贸从“大进大出”转向“优进优出”的背景下，国际物流需求结构不断优化。一方面，消费升级类商品进口物流量较快增长，如鲜、干水果进口物流量增长 11.9%，谷物增长 67.6%；另一方面，高端装备制造产业进口物流量增长超过 500%。与此同时，大宗商品物流需求量增幅放缓。

3. 消费物流需求加快增长，新业态蓬勃发展

2015 年我国最终消费对经济增长的贡献率为 66.4%，比上年提高 15.4 个百分点，扩大内需和增加消费对经济增长的拉动作用突出。受此影响，消费物流需求呈现加快增长态势。2015 年单位与居民物品物流总额同比增长 35.5%，增速比上年提高 2.6 个百分点。从各季度情况看，一季度增长 27.3%，上半年增长 30.4%，前三季度增长 32.8%，呈现加快增长态势。

2015 年我国网上商品零售额同比增长 31.6%，增速比社会消费品零售总额快 20.9 个百分点。其中：吃穿用类零售总额快速增长，如食品类商品增长了 40.8%、穿类商品增长了 21.4%、用类商品增长了 36%。

4. 物流实物量结构调整加速

2015 年我国铁路货物发送量同比下降 11.9%，降幅创历史新低；水路货运量同比增长 3.7%，公路货运量同比增长 6.4%，民航货

运量同比增长5.2%，增速总体平稳；快递业务量同比增长46%，继续保持高速增长。物流实物量结构变化明显，其中：铁路货运量所占比重同比下降1.4个百分点，公路货运量提高了1.5个百分点。与此同时，铁路与公路、水路等运输方式配合日益紧密。

二、物流费用与GDP的比率进入加速回落期

2015年我国社会物流总费用为10.8万亿元，同比增长2.8%，增速比上年同期回落4.1个百分点（见图2）。其中：运输费用5.8万亿元，同比增长3.1%，增速回落3.5个百分点；保管费用3.7万亿元，同比增长1.6%，增速回落5.4个百分点；管理费用1.4万亿元，同比增长5.0%，增速回落2.9个百分点。

“十二五”时期我国社会物流总费用为49万亿元，是“十一五”时期的1.8倍，年均增长6.5%，增速比“十一五”时期回落9.7个百分点，比“十五”时期回落6.7个百分点。

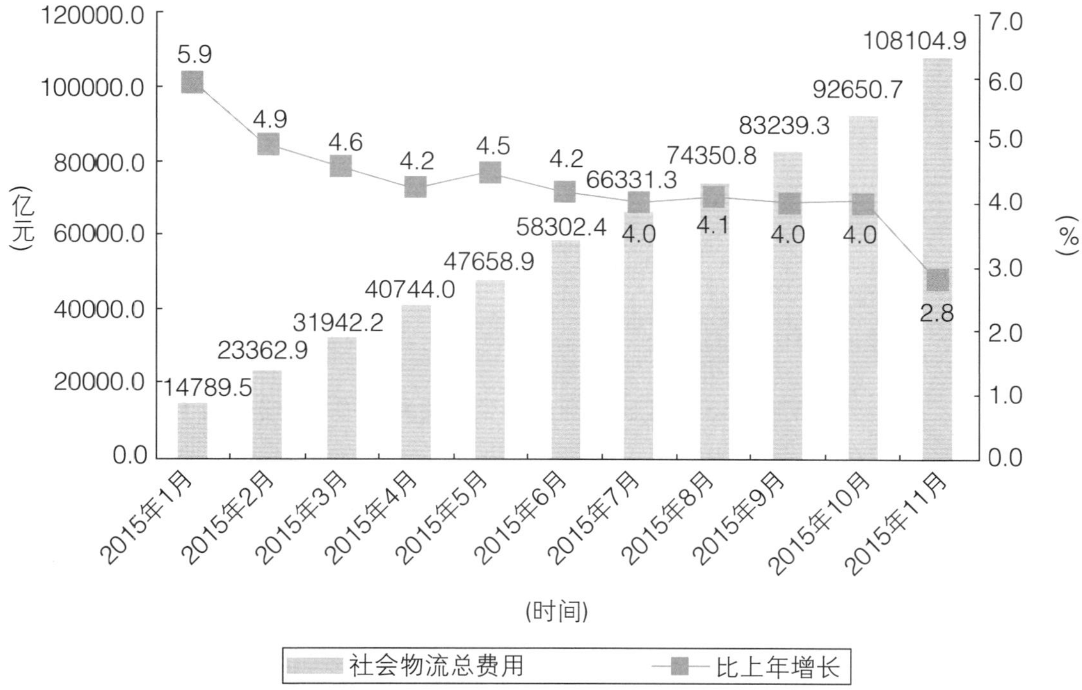

图2　2015年我国社会物流总费用及增长变化情况

从结构看，运输费用占社会物流总费用的比重为51.0%；保管费用占社会物流总费用的比重为35.5%；管理费用占社会物流总费用的比重为13.5%。

2015年我国社会物流总费用与GDP的比率为16.0%，同比下降0.6个百分点，连续三年下降，进入加速回落期，表明物流运行质量和效率有所提升。究其原因，主要受以下两个方面的影响。

一是产业结构调整稳步推进，三产比重首次占据“半壁江山”。在国民经济整体“调结构、转方式”的大背景下，淘汰落后产能和化

解过剩产能步伐稳步加快，经济结构加速优化、更趋协调。2015 年第三产业增加值占国内生产总值的比重为 50.5%，首次占据“半壁江山”，比上年提高 2.4 个百分点，高于第二产业 10.0 个百分点。数据显示，从 2003 年到 2015 年，我国服务业增加值占 GDP 的比重由 41.2% 增加到 50.5%，2015 年比 2010 年（“十一五”收官之年）提高了 7.3 个百分点。根据测算，服务业增加值占 GDP 的比重每上升 1%，社会物流总费用与 GDP 的比率下降约 0.3% ~0.4 %（据此测算的结果与实际数据吻合）。2006—2015 年我国产业结构变化与物流成本的走势变化如图 3 所示。

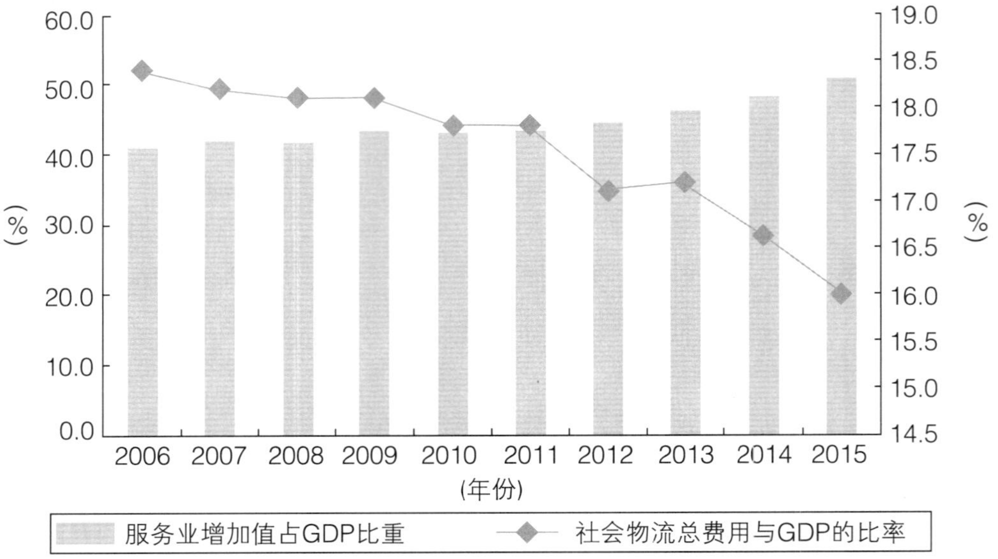

图 3 2006—2015 年我国产业结构变化与物流成本的走势变化

二是行业提质增效的成效初步显现。在国民经济整体增速放缓、企业经营效益走低的背景下，各行业重视物流效率的提升，努力实现转型和提升发展，物流费用增速明显减缓。首先是生产经营方式向供应链模式转变。2015 年我国规模以上工业企业库存由上年增长 6.2% 转为下降 0.1%，存货率为 9.1%，比上年下降 0.1 个百分点，比 2010 年下降 1.1 个百分点，反映出工业企业存货的流动性水平有所提高。2015 年社会物流总费用中仓储费用增速比上年回落 1.3 个百分点。其次是融资难融资贵等问题得到改善。2015 年内政府相关部门相继出台的一系列降息、减税、清费等政策，对企业降本增效起到了积极作用，全年社会物流总费用中利息费用支出比上年下降了 2.4%，是近年来的首次下降。再次是物流技术、运作等管理方式有所提升。2015 年物联网、云计算、大数据等新兴技术在物流行业得到推广应用，使得物流管理水平进一步提升，全年社会物流总费用中管理费用增速比上年回落近 3 个百分点。最后是国家积极推进减免物流相关的收费项目。例如推进收费公路专项清理，降低偏高的车辆通行费收费标准，农产品冷链物流的冷库用电费降至与工业企业相同等。

三、物流市场规模进入平稳增长期

随着我国现代物流业的快速发展，物流社会化、专业化发展加快，产业细分更加深入，我国物流市场规模进一步扩大。2015 年我国物流业总收入为 7.6 万亿元，同比增长 4.5%（见图 4）。增速虽然小幅回落，但整体已经超过美国，成为全球第一大物流市场，也是全球最具成长性的物流市场。

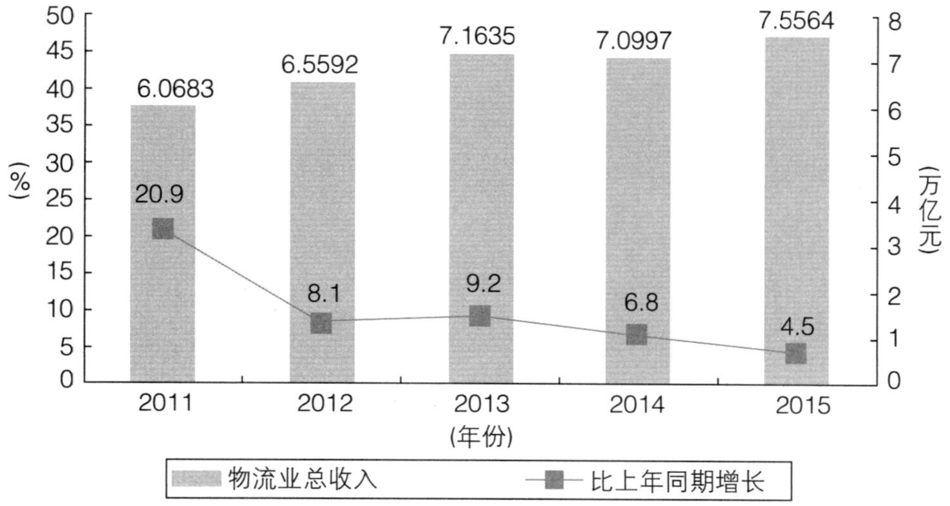

图 4 “十二五”时期我国物流业总收入及增长情况

“十二五”时期我国社会物流总收入为 34.4 万亿元，是“十一五”时期的 1.8 倍，年均增长 5.6%。近年来，我国物流市场规模增速由 2011 年的 20.9%，降为 2014 年的 6.8%，进入平稳增长期。

四、物流服务价格进入低位震荡期

中国物流业景气指数数据显示，2015 年我国物流服务价格指数平均为 50.0%，同比回落 0.4 个百分点，反映出在物流需求特别是大宗物流需求规模总体放缓及油价低位运行等多重因素综合影响下，我国物流服务价格整体处于低位震荡期。

从公路货运市场看，2015 年中国公路物流运价指数全年平均为 106.3 点，同比下降 2.5%（见图 5）。从各季度情况看，一季度为 110.9 点，二季度为 105.5 点，三季度指数为 104.0 点，年内公路物流价格整体呈震荡回落的走势。

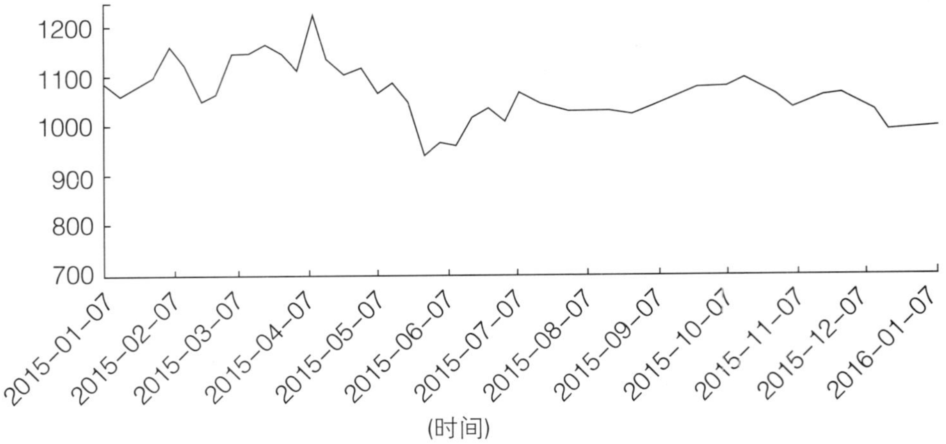

图5　2015 年中国公路物流运价指数走势

从海运市场看，2015 年中国沿海（散货）综合运价指数平均为 852. 55 点，同比下降 13. 9%（见图 6）。其中：煤炭运价受需求下降、运力过剩等因素影响屡创新低，全年平均指数为 868. 2 点，同比下降 15. 9%；金属矿石运价低位震荡年末小幅回升，全年平均指数为 728. 9 点，同比下降 18. 6%。

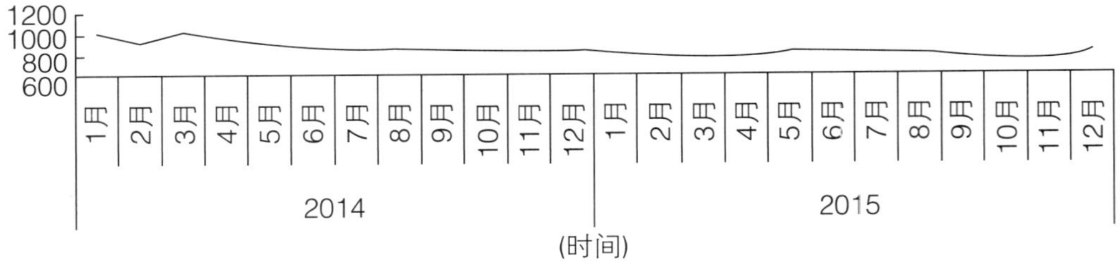

图6　2015 年中国沿海散货运价指数走势

五、物流企业进入盈利困难期

2015 年，我国物流企业受需求增速放缓等因素影响，经营依然较为困难，盈利水平偏弱。中国物流业景气指数中的物流服务价格指数显示，2015 年主营业务利润指数比上年回落 1. 9 个百分点，为 48. 8%，年内各月均位于 50% 以下。另据重点调查物流企业数据显示，2015 年 1—11 月，重点物流企业的主营业务收入同比下降 24. 4%，物流业务利润同比下降 21%。

（中国物流信息中心）

2015 年全国重点企业物流统计调查报告

根据《社会物流统计核算与报表制度》要求，国家发展改革委、国家统计局和中国物流与采购联合会对 2014 年全国重点工业、批发和零售业企业物流状况和物流企业经营情况进行了统计调查。

一、调查样本概况

本次调查共收到 1448 家企业资料，其中：工业企业 776 家，占比为 54%；批发和零售业企业 103 家，占比为 7%；物流企业 569 家，占比为 39%。

二、工业、批发和零售业企业物流情况

2014 年工业、批发和零售业企业销售总额增速有所放缓，物流成本增速回落。企业物流费用率延续近年逐步下降的趋势，较上年同期略有小幅回落。

（一）企业物流规模增速放缓

2014 年工业、批发和零售业企业销售总额比上年增长 8.8%，增速同比回落 1.6 个百分点。其中，工业企业销售总额增长 6.6%，批发和零售业企业销售总额增长 10.9%，增速分别回落 2.7 个和 0.5 个百分点。2014 年国民经济进入新常态，企业销售总额增速有所放缓，其中部分工业行业产能过剩矛盾较为突出，增速回落明显，居民消费相关的物流需求则仍保持较快增长。

从实物量看，2014 年工业、批发和零售业企业货运量比上年增长 8.4%，增速同比回落 2.9 个百分点。其中：工业企业货运量增长 8.4%，增速回落 3.4 个百分点；批发和零售业企业货运量比上年增长 8.7%，增速回落 0.4 个百分点，如图 1 所示。

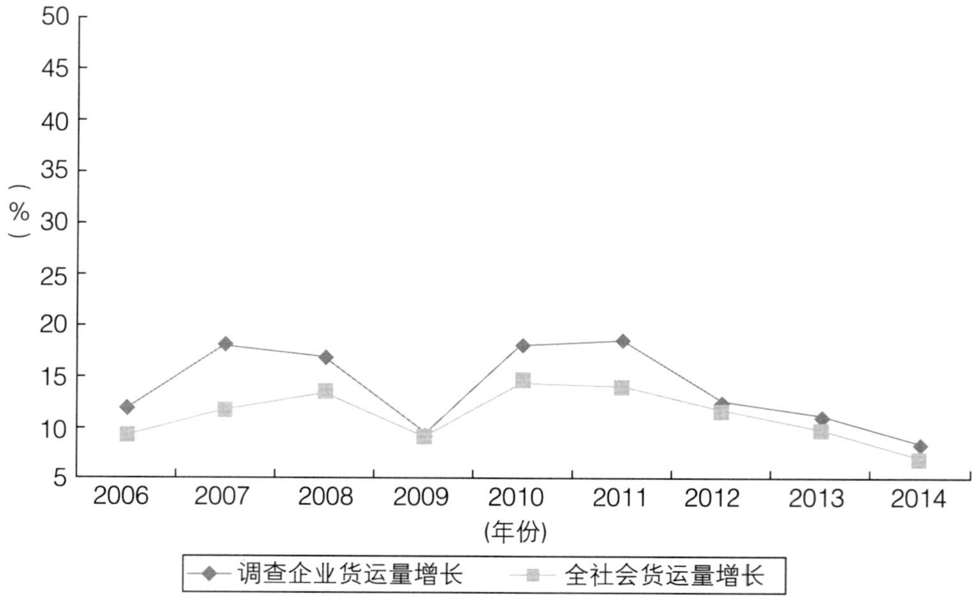

图1 2006—2014 年工业、批发和零售业企业货运量增长情况

（二）物流成本增速回落

2014 年工业、批发和零售业企业物流成本比上年增长 6.9%，增速同比回落 3.2 个百分点，增速已连续 4 年呈回落态势，显示物流成本进入平稳增长阶段。

其中：运输成本增长 3.7%，增速回落 5.3 个百分点；保管成本增长 10.1%，增速回落 0.2 个百分点；管理成本增长 9.2%，增速提高 3.3 个百分点。

在保管成本中，仓储成本增长 5.7%，增速同比回落 4 个百分点；利息成本增长 8.2%，增速同比提高 4.3 个百分点；配送、流通加工及包装成本增长 11.2%，增速同比提高 5.5 个百分点，如图 2 所示。

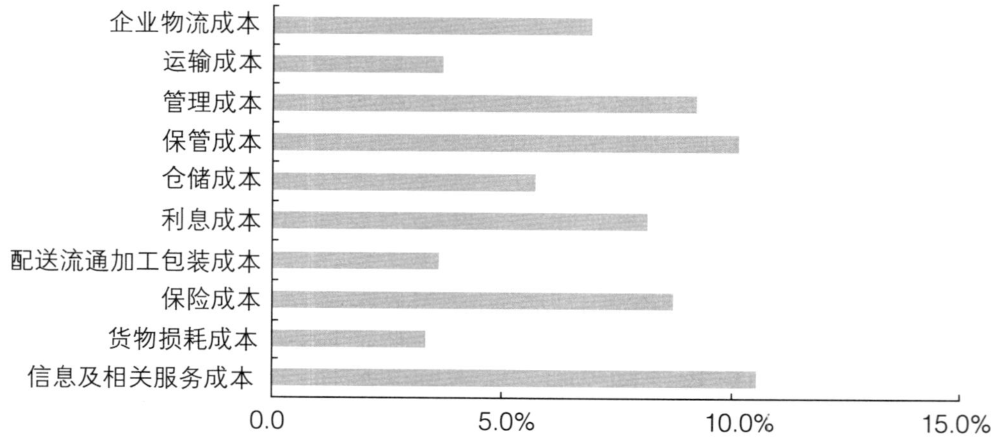

图2 工业、批发和零售业企业物流成本增长情况

2014 年工业、批发和零售业企业运输成本占物流成本的46.7%，比上年降低1.2个百分点；保管成本占物流成本的38.9%，比上年提高2.9个百分点；管理成本占物流成本的14.4%，比上年提高1.7个百分点。

（三）物流费用率有所回落

2014 年工业、批发和零售业企业物流费用率为8.3%，比上年回落0.1个百分点。其中，工业企业物流费用率为8.9%，比上年下降0.2个百分点；批发和零售业企业物流费用率为7.7%，比上年下降0.1个百分点，如图3所示。整体上看，2008年以来我国工业、批发和零售业企业物流费用率呈下降趋势，2014年达到近年来的最低水平，比2008年下降1个百分点，如图4所示。

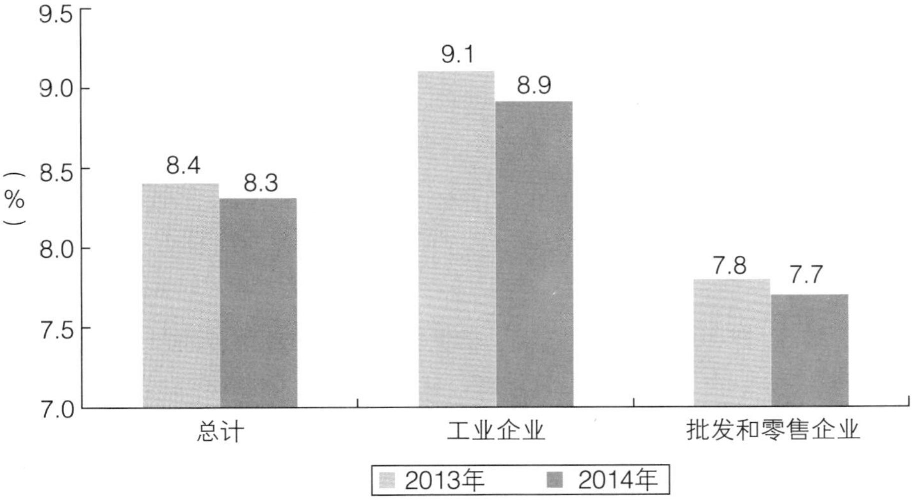

图3　工业、批发和零售业企业物流费用率情况

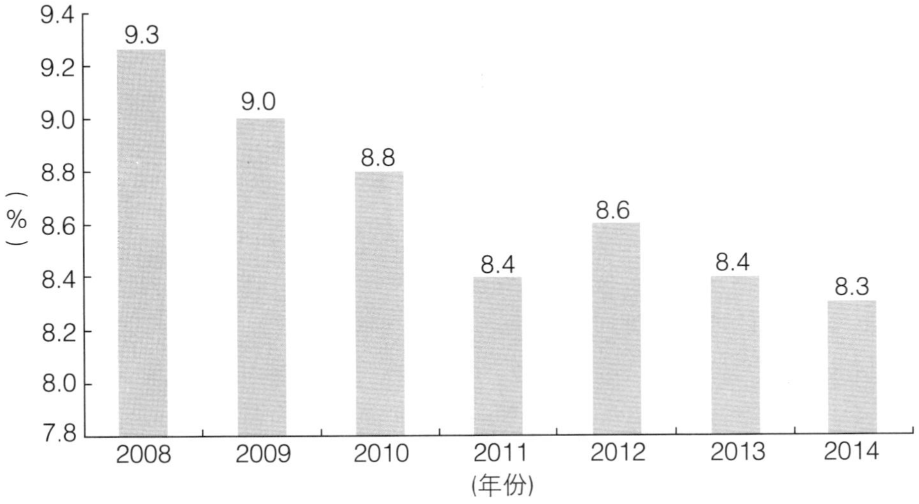

图4　2006—2014年工业、批发和零售业企业物流费用率情况

（四）物流外包水平稳中趋升

2014 年工业、批发和零售业企业对外支付的物流成本比上年增长 11.0%，占企业物流成本的 65.3%，同比提高 2.4 个百分点，如图 5 所示。

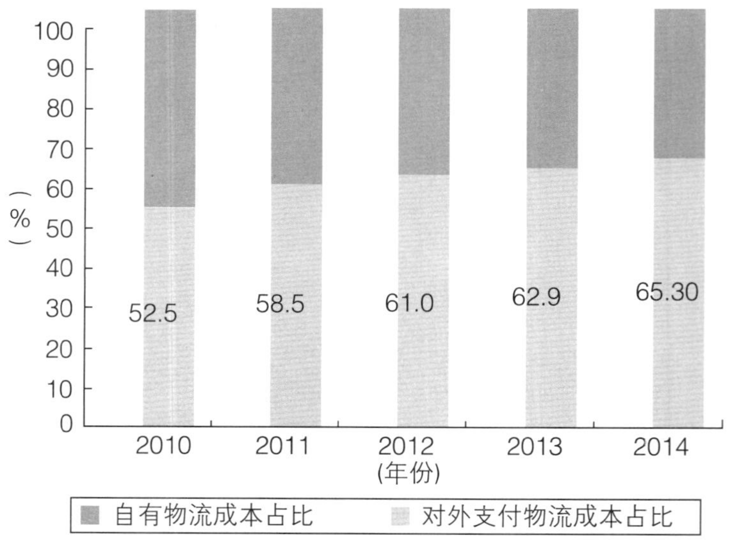

图 5 2010—2014 年工业、批发和零售业企业物流外包情况

1. 运输外包

从运输量看，2014 年工业、批发和零售业企业委托代理货运量比上年增长 4.9%，占货运量的 77.0%。企业物流过程中，运输量外包同比下降 2.6 个百分点，但仍处于较高水平，如图 6 所示。

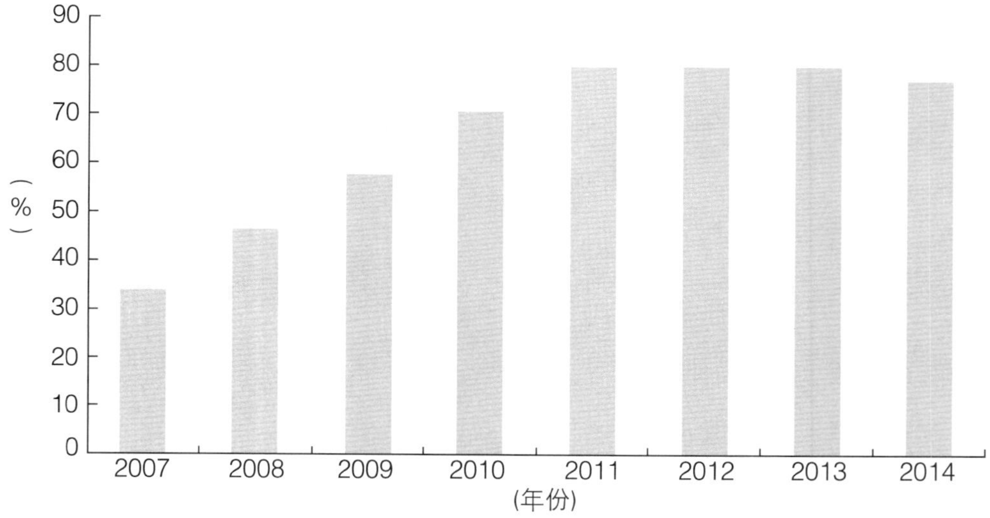

图 6 2007—2014 年工业、批发和零售业企业委托代理货运量占比情况

2. 仓储保管外包

2014 年工业、批发和零售业企业平均仓储面积为 5.3 万平方米，比上年增长 2.0%。其中：自有仓储面积总计 2.0 万平方米，与上年基本持平；租用仓储面积总计 3.4 万平万米，比上年增长 17.2%。租用仓储面积占比为 63.2%，比上年同期提高 3.3 个百分点，如图 7 所示。

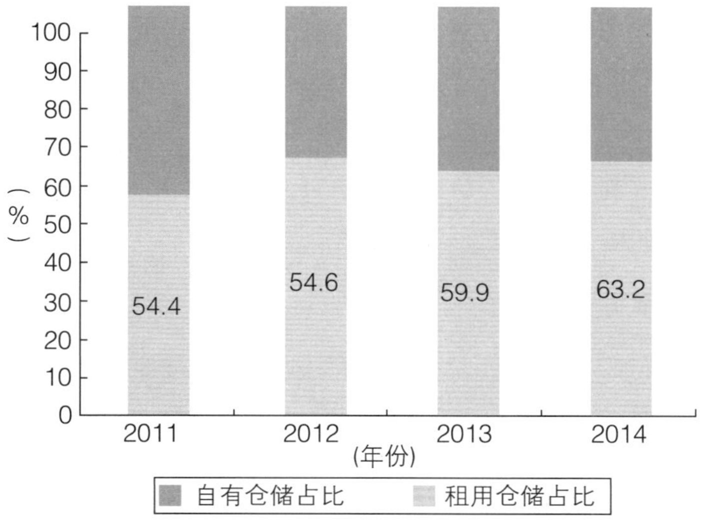

图 7　工业、批发和零售业企业仓储面积占比情况

从不同登记注册类型看，内资企业租用仓储面积占比为 57.4%，港澳台、外商投资企业占比为 67.8%，如图 8 所示。

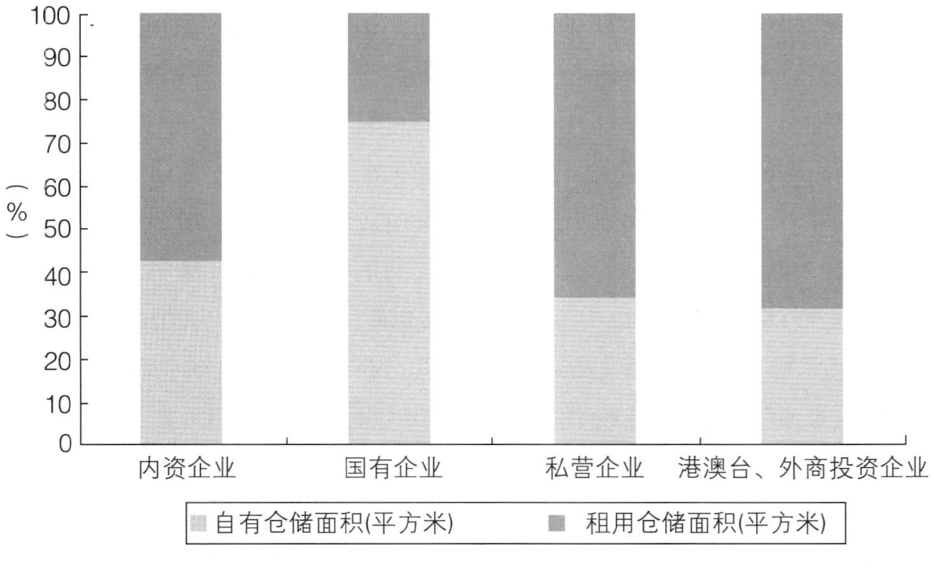

图 8　工业、批发和零售业企业仓储面积情况

三、物流企业经营情况

（一）物流业务量总体增速回落，市场细分趋势明显

2014 年物流企业主要业务量增速平稳，但比上年同期均有不同程度回落。

物流企业货运量比上年增长 1.2%，增速同比回落 0.5 个百分点；货运周转量比上年增长 4.4%，增速同比提高 2.6 个百分点；配送量和流通加工量分别比上年增长 14.2% 和 12.3%，增速同比回落 5.2 个和 5.6 个百分点，如图 9 所示。

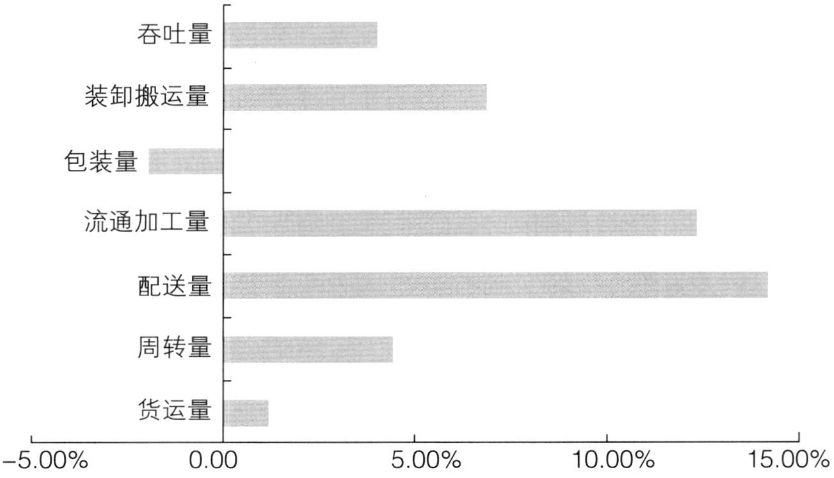

图 9　物流企业各项业务量增长情况

从不同服务对象看，大宗商品物流企业货运量比上年同期下降 0.8%，其他各行业均为增长；快消品物流企业及电子设备物流企业货运量增速较快，分别比上年增长 11.1% 和 6.0%；农产品、汽车及危化品物流企业货运量小幅增长，分别为 4.0%、2.3% 和 1.9%。

（二）物流业务收入结构优化

2014 年，物流业整体市场需求稳中趋缓，物流企业总体收入水平增速有所下降，结构优化的步伐不断加快，新业态、新商业模式推动物流创新服务收入增速加快，成为物流企业发展的亮点。2006—2014 年重点企业物流业务收入年均增速为 11.8%，2010 年以来呈现逐年回落的态势，2014 年比上年增长 5.6%，增速同比回落 1.1 个百分点，如图 10 所示。

2014 年，大宗物流需求有所放缓，煤炭、钢铁等产能过剩行业转型升级步伐不断加快，原材料、产成品物流需求量均有不同程度下降；加之物流服务价格下降及货运量、周转量增速放缓，导致运输、仓储物流业务收入增速较前期明显回落。其中：运输收入比上年增长 4.0%，低于 2006—2014 年年均增速 3 个百分点；仓储收入比上年增长 5.3%，低于 2006—2014 年年均增速 15.7 个百分点。此外，与电商、冷链等相关的物流服务收入增长势头仍然较为强劲，配送和流通加工的收入分别增长 13.6% 和 9.7%，明显高于运输、仓储的收入，如图 11 所示。

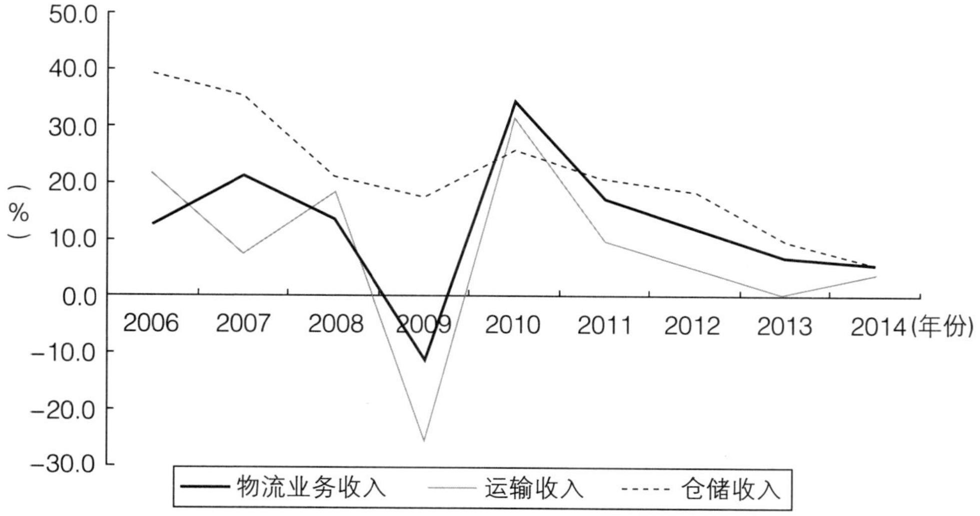

图 10　2006—2014 年物流企业收入增长情况

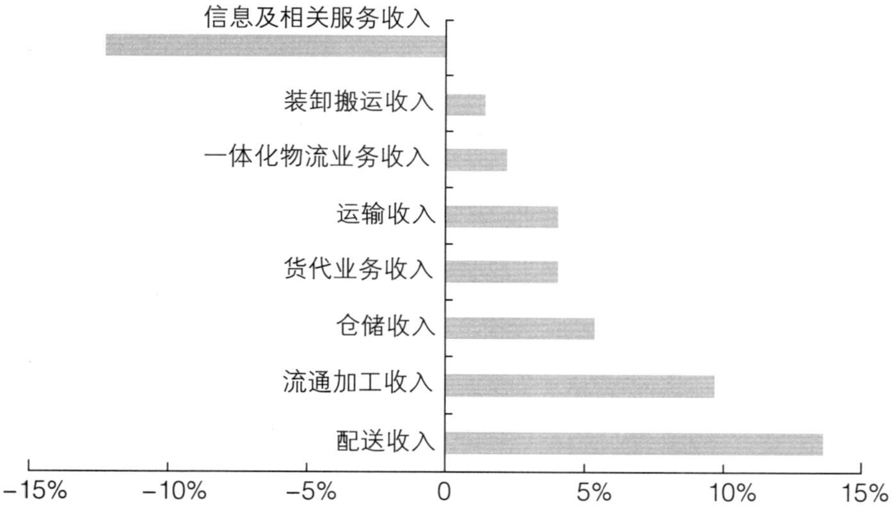

图 11　2015 年物流企业物流业务收入增长情况

从收入构成看，运输、仓储收入占比超 6 成，货代业务收入占 13.9%，配送、流通加工收入占 5%。从变化情况看，运输收入占比下降 0.1 个百分点，仓储收入提高 0.04 个百分点，配送和流通加工收入提高 0.4 个和 0.1 个百分点。

（三）物流业务成本增速回落，人工成本加快上涨

在整体需求放缓的背景下，物流企业积极主动应对、严控成本，加快转型升级。2014 年物流企业物流业务成本比上年增长 2.0%（如图 12 所示），增速同比回落 5.1 个百分点。其中：受物流业务量增速放缓及下半年油价跌幅较大等因素影响，运输成本比上年下降 2.2%；受仓储用地日趋紧缺及费用上涨等因素影响，仓储成本保持较快增长，比上年增长 11.6%，增速同比提高 0.2 个百分点。

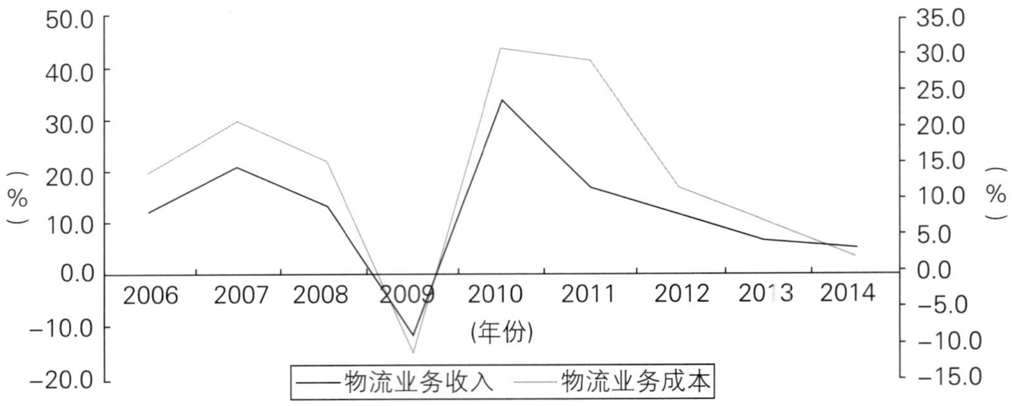

图 12 物流企业业务收入、成本增长情况对比

2014 年物流企业人员劳动报酬比上年同期增长 10.9%，同比提高 3.2 个百分点，增速连续三年同比提高；物流人员劳动报酬占物流业务收入的比例随之上升，为 9.7%，同比提高 0.7 个百分点，如图 13 所示。

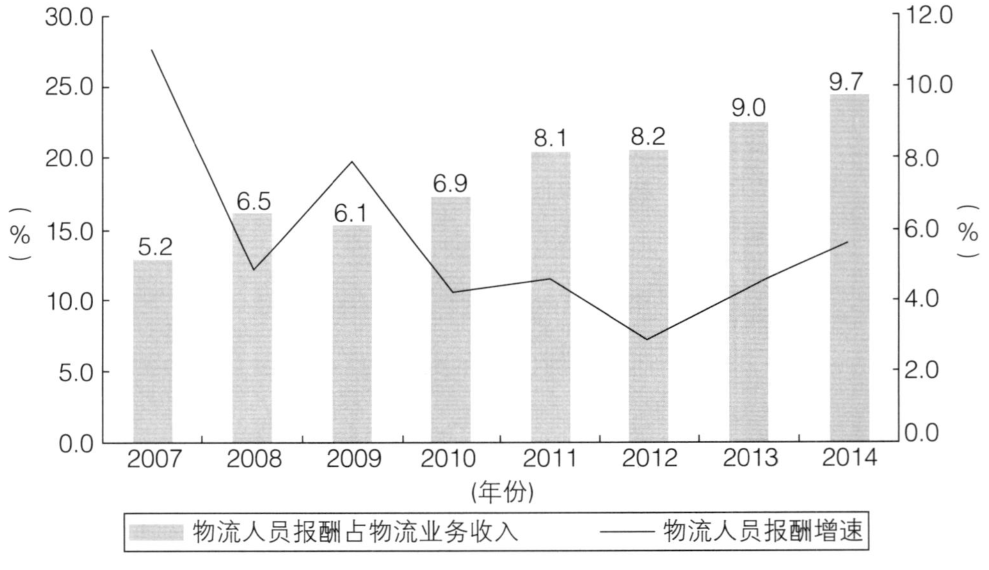

图 13 2006—2014 年物流从业人员劳动报酬增长情况

（四）物流企业资产规模增速放缓

从近 5 年数据来看，物流企业资产规模增速呈逐步放缓走势，说明物流企业资产进入平稳增长阶段。2014 年物流企业资产总计比上年增长 8.9%，增速比上年同期回落 1.4 个百分点，如图 14 所示。

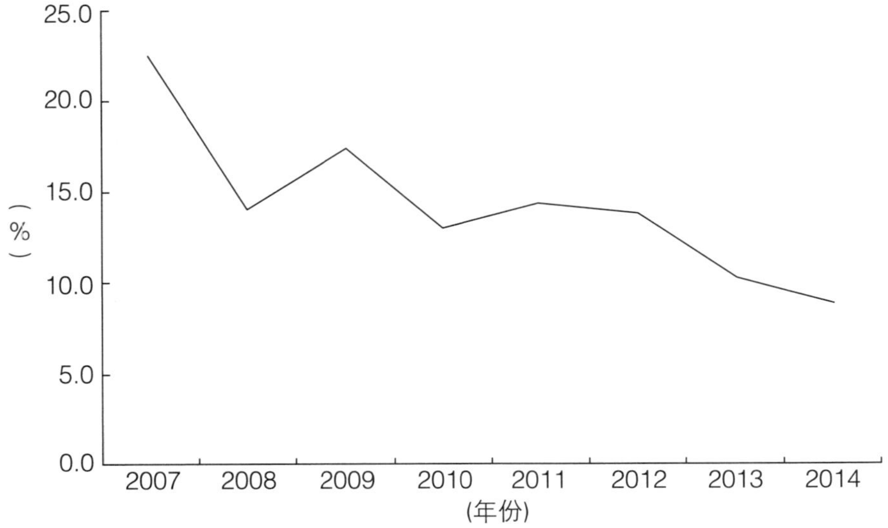

图 14　2007—2014 年物流企业资产总计增长情况

（五）物流企业利润小幅增长

2014 年物流企业经营环境依然较为严峻，劳动力等刚性成本持续上涨，物流企业加快转型、变革与调整，增值服务成为盈利的新模式。在此背景下，物流企业 2014 年物流业务利润额仍保持小幅增长，比上年增长 5.0%；物流企业平均收入利润率为 6.7%，如图 15 所示。

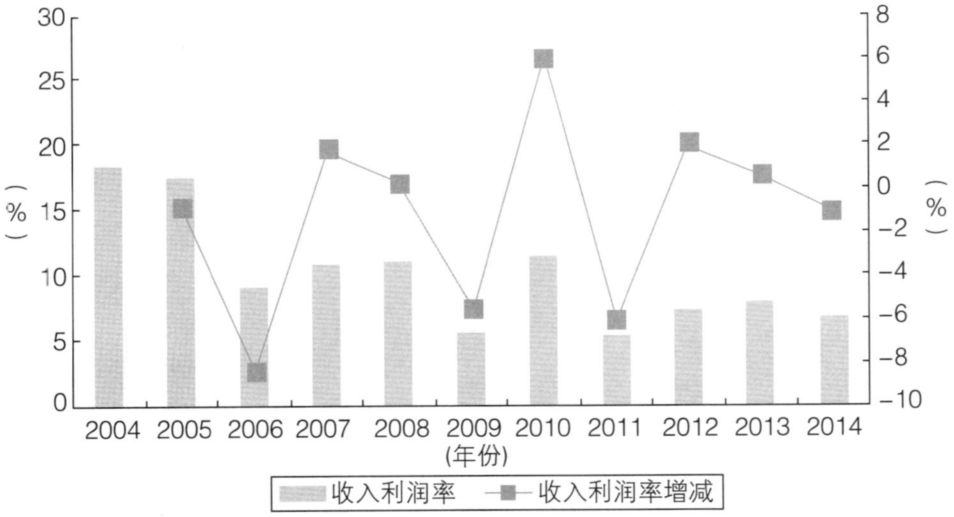

图 15　2006—2014 年物流企业收入利润率情况

1. 行业利润增速涨跌互现

从不同行业看，铁路运输企业主营业务利润比上年同期下降 15.7%；道路运输企业主营业务利润平稳增长，同比增长 4.7%，增速比上年同期回落 1.1 个百分点；水上运输企业供需失衡矛盾依然较为突出，全年保持微弱增长，同比增长 2.1%，与上年同期基本持平，如图 16 所示。

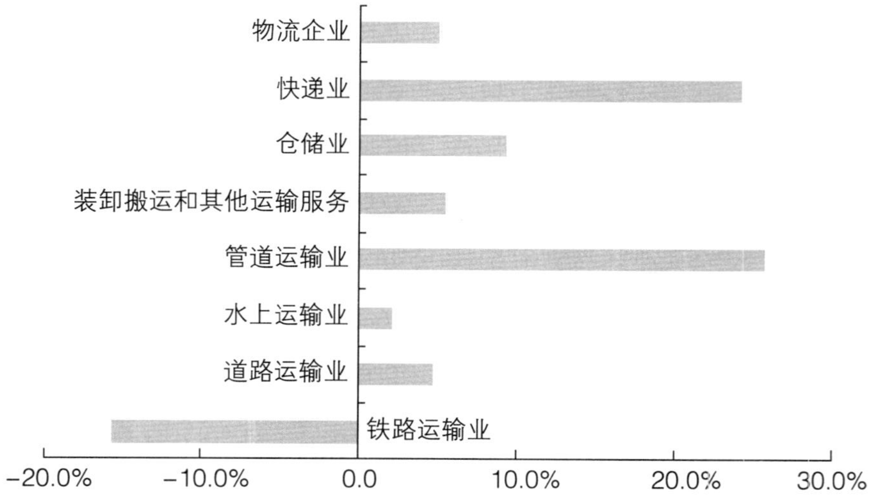

图 16 按行业分物流业务利润增长情况

2. 收入利润率有所回落

从物流企业类型看，综合型企业收入利润率为 8.9%，同比下降 0.2 个百分点；仓储型企业为 6.9%，同比提高 0.4 个百分点；运输型企业为 3.3%，同比下降 2.3 个百分点。

从行业看，运输企业收入利润率涨跌互现，道路运输企业和水上运输企业为 5.4% 和 1.3%，同比提高 0.3 个和 0.1 个百分点；铁路运输企业为 8.0%，同比下降 3.3 个百分点；仓储企业为 4.2%，同比下降 3.0 个百分点，如图 17 所示。

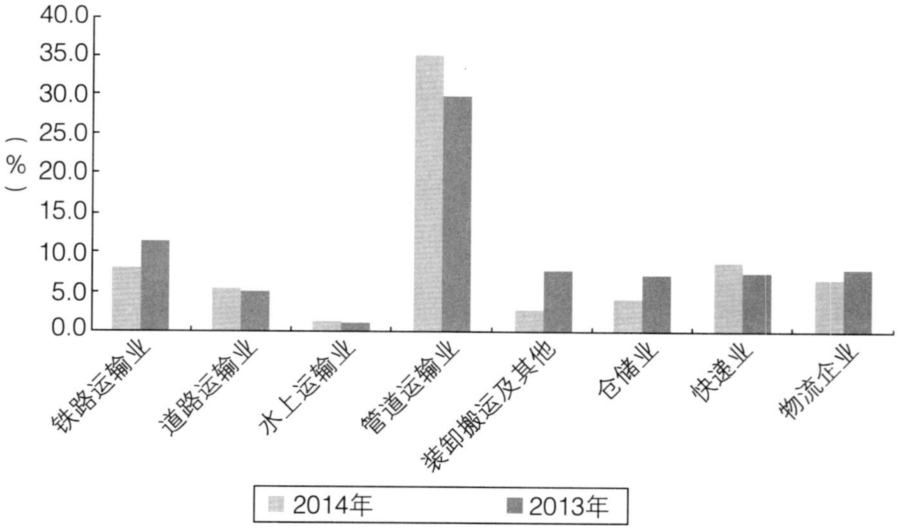

图 17 按行业分收入利润率情况

（中国物流信息中心）

2015 年重点生产资料流通企业经营状况

2015 年我国物流运行呈现“稳中渐升”的特点，物流需求规模增速总体较为平稳，较前期小幅回暖；物流需求分化中出现回暖迹象；物流费用规模扩张速度有所放缓。从数据上来看，物流业景气指数中主营业务利润指数仍位于50% 以下，显示出物流企业“高成本、低利润”的运行特征仍未改观。

据对生产资料流通行业重点企业调查情况显示，2015 年我国生产资料流通企业经营状况不太乐观，营业收入大幅缩水，同比出现负增长；利润总额下降明显，企业效益一直未见好转。在市场需求不足、经营效益下降的情况下，行业整体销售利润率和成本费用利润率均表现为负值；行业整体资金流动性略有回升；企业应收账款小幅上升，行业整体存货大幅下降；总资产周转率继续下降，但资产负债率有所回升。

具体来看，2015 年重点生产资料流通企业经营主要呈现以下几个特点。

一、全年利润总额呈亏损状态

据对51 家重点生产资料流通企业（以下简称重点企业）统计调查资料显示，2015 年重点企业经营规模增速放缓，累计实现营业收入11155. 4 亿元，比上年同期减少2798 亿元，同比降低20. 05% 。重点企业2015 年累计实现利润总额 - 136. 4 亿元，同比减少139. 1 亿元，由盈利转为亏损（见图1）。

其中，营业收入位居前十位的企业依次是：天津物产集团有限公司、中国五矿集团公司、中国兵工物资集团有限公司、中国铁路物资总公司、广东物资集团公司、中国诚通控股集团有限公司、中国中钢集团公司、河北省物流产业集团有限公司、广西物资集团有限责任公司和南通化工轻工股份有限公司。各企业的营收情况如表1 所示。

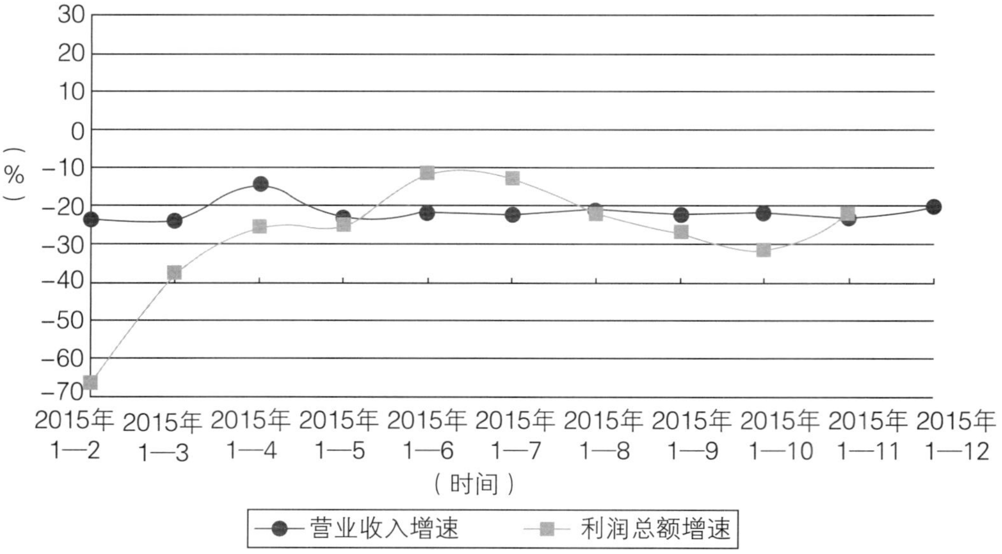

图 1　2015 年重点生产资料流通企业营业收入和利润总额增速变化情况

注：1—12 月利润总额为营转亏，图片中并未显示。

表 1　　重点企业营业收入位居前十名的企业排序

序号	企业名称	营业收入（万元）	同比增长（%）
1	天津物产集团有限公司	40366870	0. 6
2	中国五矿集团公司	20036679	-37. 9
3	中国兵工物资集团有限公司	8905166	2. 1
4	中国铁路物资总公司	6801894	-36. 9
5	广东物资集团公司	6426651	-27. 0
6	中国诚通控股集团有限公司	6172295	-9. 4
7	中国中钢集团公司	6117880	-55. 5
8	河北省物流产业集团有限公司	5501006	0. 0
9	广西物资集团有限责任公司	2176546	12. 1
10	南通化工轻工股份有限公司	2162054	3. 2

在各类主要生产资料类别中，煤炭及制品类累计销售 858. 1 亿元，同比回落 26. 1%，占重点企业总销售额的 7. 8%；石油及制品类累计销售 537. 0 亿元，同比下降 23. 3%，占重点企业总销售额的 4. 9%；黑色金属材料类累计销售 4549. 5 亿元，同比下降 24. 9%，占重点企业总销售额的 41. 6%；有色金属材料类累计销售 2967. 2 亿元，同比下降 20. 2%，占重点企业总销售额的 27. 1%；化工材料及制品类累计销售 1079. 2 亿元，同比下降 6. 7%，占重点

企业总销售额的9.9%（见图2）。2015年上述几种生产资料销售额同比均呈现下降走势。

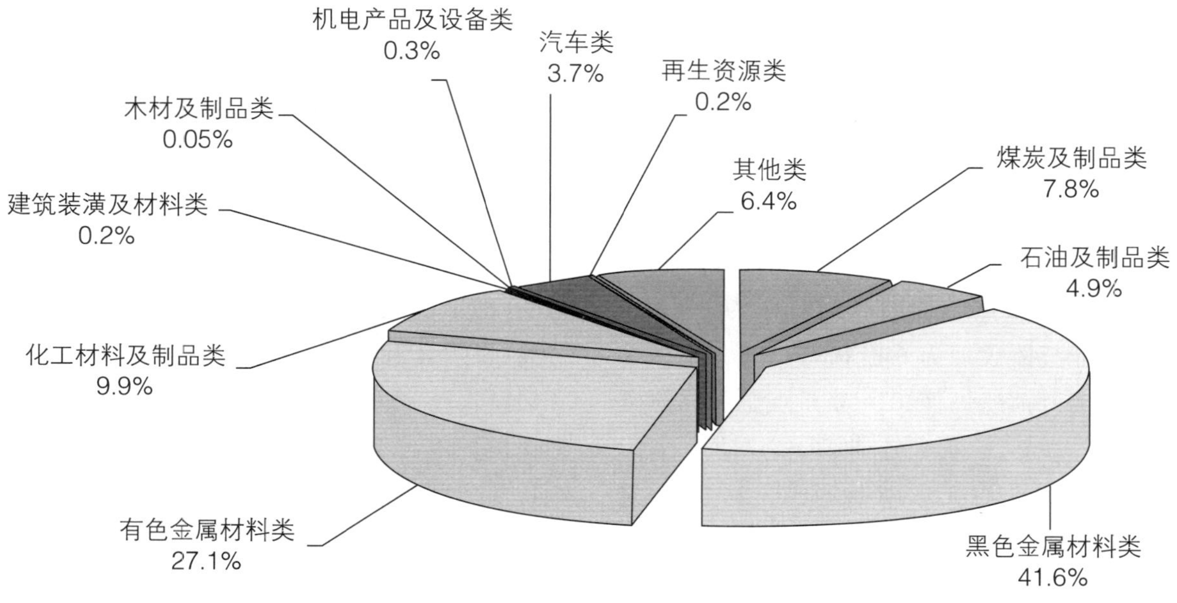

图2　2015年重点企业各产品类别销售占比情况

2015年，重点企业整体销售库存率为4.6%，与上年同期比增加0.6个百分点。从主要品种看，销售库存率上升的是再生资源类、石油及制品类、机电产品及设备类、黑色金属材料类、煤炭及制品类和其他类，同比分别提高3.6个、1.43个、1.3个、1.2个、1.2个和0.9个百分点；销售库存率下降的是化工材料及制品类、建筑装潢及材料类、木材及制品类、汽车类和有色金属材料类，其中：化工材料及制品类的销售库存率为5.0%，同比降低0.3个百分点；建筑装潢及材料类的销售库存率为1.2%，同比降低1.4个百分点；木材及制品类的销售库存率为5.7%，同比降低9.0个百分点；有色金属材料类的销售库存率为3.2%，同比降低0.7个百分点；汽车类的销售库存率为11.2%，同比降低1.0个百分点。通常对生产资料流通企业来说，保持一定数量的库存可以应对市场的销售变化；但如果库存过高，就会占用大量资金，增加管理成本。因此，合理的销售库存率对企业的发展十分重要。

从重点企业的销售情况来看，大型国有企业仍是我国生产资料流通领域的中坚力量。如在黑色金属材料类销售额中，天津物产集团有限公司、中国五矿集团公司、河北省物流产业集团三家大型国企共同占据了重点企业黑色金属材料类销售总额中79.0%的份额，其中天津物产集团有限公司独占47.8%的份额；在有色金属材料类销售额中，天津物产集团有限公司、中国兵工物资集团有限公司、中国五矿集团公司和广东物资集团四家大型国企共同占据了重点企业有色金属材料类销售总额中89.7%的份额，其中：天津物产集团有限公司独占33.0%的份额，中国兵工物资集团有限公司独占29.8%的份额；在煤炭及制品类销售额中，天津市物资集团总公司、广西物资集团有限责任公司、中国五矿集团公司和河北省物流产业集团有限公司四家大型国企共同占据了重点企业煤炭及制品类销售总额中 82.9% 的份额，其中天津市物资集团总公司独占 55.8% 的份额。

二、经营效益同比持续下降

2015 年 1—12 月，重点企业的销售毛利为 414.1 亿元，比上年同期减少 52.2 亿元，同比下降 11.2%；重点企业的利润总额为 -136.4 亿元，行业整体表现为亏损状态，同上年相比呈盈利转为亏损趋势（2014 年重点企业总体微盈利 2.70 亿元）；重点企业平均劳动效率为 506.7 万元/人，与上年同期的 563.1 万元/人相比有所下降。

在重点企业中，有 37 家盈利企业共盈利 65.3 亿元，盈利企业占重点企业总数的 72.5%。在 37 家盈利企业中有 7 家企业为亏转盈，28 家企业利润总额比上年同期提高，9 家企业利润总额同比下降。在重点企业中，有 14 家亏损企业亏损额为 201.7 亿元，亏损企业占重点企业总数的 27.5%。在 14 家亏损企业中有 4 家企业由盈利转为亏损，7 家企业亏损额同比有所减少，3 家企业亏损额同比有所增加。

2015 年重点企业利润总额排在前十位的企业分别是：天津物产集团有限公司、中国诚通控股集团有限公司、武汉商贸国有控股集团有限公司、广东物资集团公司、欧姆龙健康医疗（中国）有限公司、重庆港务物流集团有限公司、广西物资集团有限责任公司、中国兵工物资集团有限公司、河北省物流产业集团有限公司和浙江特产集团有限公司。各企业的利润情况如表 2 所示。

表 2　2015 年重点企业利润总额位居前十名的企业排序

序号	企业名称	利润总额（万元）	同比增长（%）
1	天津物产集团有限公司	241954.0	4.5
2	中国诚通控股集团有限公司	151265.6	10.3
3	武汉商贸国有控股集团有限公司	42970.6	30.0
4	广东物资集团公司	40267.0	110.1
5	欧姆龙健康医疗（中国）有限公司	28846.0	7.7
6	重庆港务物流集团有限公司	23619.0	0.2
7	广西物资集团有限责任公司	16688.1	11.1
8	中国兵工物资集团有限公司	14779.0	-43.4
9	河北省物流产业集团有限公司	13581.0	168.6
10	浙江特产集团有限公司	11463.0	11.9

1. 企业经营成本略有减少

2015 年，重点企业营业成本总计 10741.3 亿元，同比减少 2745.8 亿元、下降 20.36%（见图 3）。企业每百元营业收入中的成本构成为 96.29%，比上年同期小幅下降 0.37 个百分点（见图 4）。企业整体三项费用合计 498.8 亿元，同比减少 23.8 亿元、下降 4.56%。2015 年 1—12 月，重点企业支付的各项税费 152.5 亿元，比上年同期下降了 15.5 亿元，降幅为 9.2%。

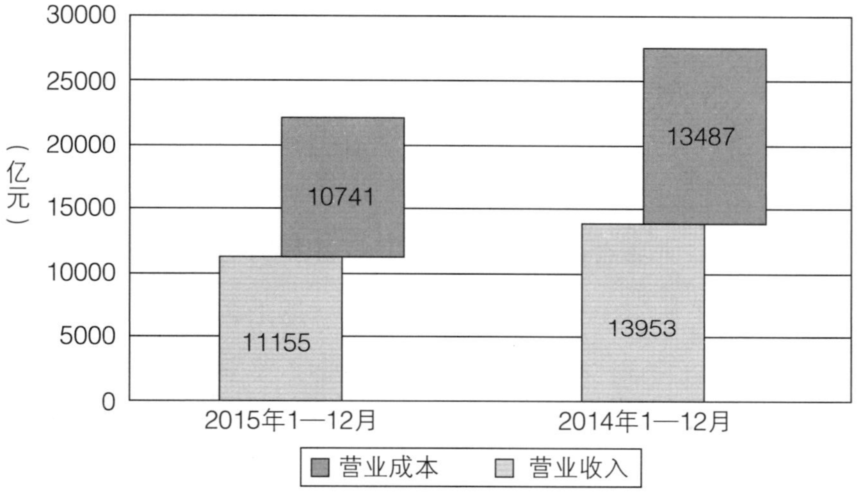

图 3　2015 年重点企业营业收入与营业成本对比

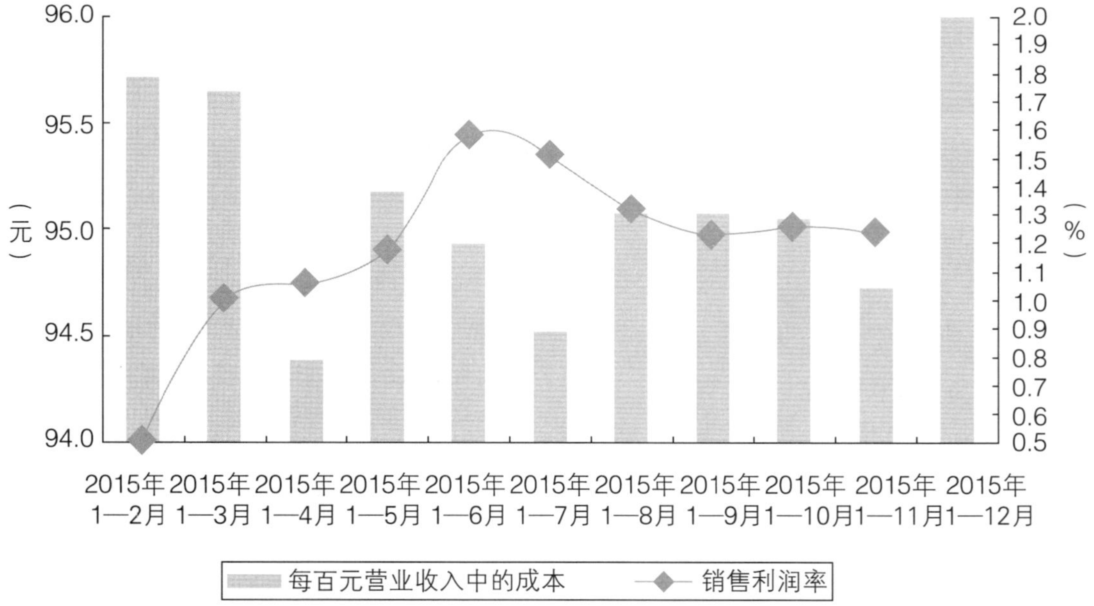

图 4　重点生产资料流通企业每百元营业收入的成本构成及销售利润率变化情况

注：1—12 月销售利润率为负值，图片中并未显示。

2. 相关效益指标均为负值

2015 年在整体经济景气度不高和生产资料市场低迷的大背景下，行业整体的销售利润率和成本费用利润率均比上年同期有所下降。

2015 年 1—12 月，重点企业整体销售利润率及企业整体成本费用利润率均为负值。

2015 年重点企业中销售利润率、成本费用利润率维持在较高水平的前十家企业分别是：欧姆龙健康医疗（中国）有限公司、贵州省物资集团有限责任公司、武汉商贸国有控股集团有限公司、山东黑马集团有限公司、四川万家福投资管理有限公司、西安经发经贸实业有限责任公司、青海省物资产业集团总公司、新疆生产建设兵团第十三师天元供销有限公司、新疆金业报废汽车回收（拆解）有限公司和新疆万达有限公司。各企业销售利润率的具体情况如表 3 所示。

表 3　　2015 年重点企业销售利润率位居前十名的企业排序

序号	企业名称	本期比率（%）	上年同期比率（%）
1	欧姆龙健康医疗（中国）有限公司	26.23	25.72
2	贵州省物资集团有限责任公司	8.34	3.95
3	武汉商贸国有控股集团有限公司	8.10	6.42
4	山东黑马集团有限公司	7.54	7.73
5	四川万家福投资管理有限公司	7.23	12.92
6	西安经发经贸实业有限责任公司	6.72	0.38
7	青海省物资产业集团总公司	5.28	1.37
8	新疆生产建设兵团第十三师天元供销有限公司	5.25	4.23
9	新疆金业报废汽车回收（拆解）有限公司	4.57	0.56
10	新疆万达有限公司	4.45	2.89

表 4　　2015 年重点企业成本费用利润率位居前十名的企业排序

序号	企业名称	本期比率（%）	上年同期比率（%）
1	欧姆龙健康医疗（中国）有限公司	35.63	34.75
2	山东黑马集团有限公司	8.54	8.65
3	贵州省物资集团有限责任公司	8.21	4.01
4	四川万家福投资管理有限公司	8.13	15.56
5	武汉商贸国有控股集团有限公司	7.57	6.13
6	西安经发经贸实业有限责任公司	6.72	0.38

续 表

序号	企业名称	本期比率（%）	上年同期比率（%）
7	新疆生产建设兵团第十三师天元供销有限公司	5.25	4.26
8	新疆金业报废汽车回收（拆解）有限公司	4.83	0.57
9	新疆万达有限公司	4.58	2.96
10	重庆港务物流集团有限公司	3.67	2.89

三、行业整体资金流动性有所回升

2015 年 1—12 月，重点企业的整体流动比率为 102.90%，与上年同期相比增加了 2.66 个百分点。其中流动比率前十位的企业分别是：欧姆龙健康医疗（中国）有限公司、贵州省物资集团有限责任公司、新疆八钢国际贸易股份有限公司、西安经发经贸实业有限责任公司、武汉商贸国有控股集团有限公司、重庆港务物流集团有限公司、中国诚通控股集团有限公司、山东黑马集团有限公司、青海省物资产业集团总公司和广西物资集团有限责任公司。各企业流动比率情况如表 5 所示。

表 5　　2015 年重点企业流动比率位居前十名的企业排序

序号	企业名称	本期比率（%）	上年同期比率（%）
1	欧姆龙健康医疗（中国）有限公司	374.25	357.14
2	贵州省物资集团有限责任公司	222.71	130.85
3	新疆八钢国际贸易股份有限公司	213.70	143.18
4	西安经发经贸实业有限责任公司	210.28	101.10
5	武汉商贸国有控股集团有限公司	191.26	241.03
6	重庆港务物流集团有限公司	183.74	183.59
7	中国诚通控股集团有限公司	153.51	130.62
8	山东黑马集团有限公司	145.84	130.05
9	青海省物资产业集团总公司	138.00	142.07
10	广西物资集团有限责任公司	126.14	125.59

2015 年重点企业的整体速动资产达 4148 亿元，比上年同期增加 450.4 亿元、增长 12.2%；

速动比率为78.2%，比上年同期大幅上升了7.06个百分点。

2015年重点企业中速动比率前十名企业分别是：欧姆龙健康医疗（中国）有限公司、贵州省物资集团有限责任公司、西安经发经贸实业有限责任公司、新疆八钢国际贸易股份有限公司、重庆港务物流集团有限公司、青海省物资产业集团总公司、广西物资集团有限责任公司、中国诚通控股集团有限公司、西安西电国际工程有限责任公司和中国兵工物资集团有限公司。各企业的速动比率如表6所示。

表6　2015年重点企业速动比率位居前十名的企业排序

序号	企业名称	本期比率（%）	上年同期比率（%）
1	欧姆龙健康医疗（中国）有限公司	316.73	302.41
2	贵州省物资集团有限责任公司	212.56	121.87
3	西安经发经贸实业有限责任公司	209.13	99.02
4	新疆八钢国际贸易股份有限公司	198.91	140.01
5	重庆港务物流集团有限公司	167.56	168.36
6	青海省物资产业集团总公司	128.01	133.35
7	广西物资集团有限责任公司	118.86	116.90
8	中国诚通控股集团有限公司	116.42	93.27
9	西安西电国际工程有限责任公司	104.48	102.41
10	中国兵工物资集团有限公司	100.27	99.65

四、资产规模增速回升，行业存货大幅下降

1. 总资产规模继续扩大

2015年重点企业资产总计为9276.8亿元，同比增加340.5亿元、增长3.8%，增速低于上年同期。其中：流动资产合计5458.6亿元，比上年同期增加247.6亿元，同比回升4.8%；负债合计为7796.3亿元，同比增加426.9亿元，同比增长5.8%，其中流动负债合计5304.6亿元，同比增加106.4亿元、增长2.1%。

2. 应收账款小幅上升，流动效率逊于上年

2015年1—12月，重点企业整体应收账款为678.2亿元，比上年同期增加28.3亿元、上升4.4%。应收账款周转率为16.45次，同比减少5.02次，周转天数（一年按365天计算）由2014年的17.0天延长为2015年的22.2天。应收账款周转次数比上年有所下降，说明企业整体资产流动性有所降低，短期偿债能力下降，收账速度有所减慢、账龄增加，在一定程度上提高了坏账损失的可能性。

2015年重点企业整体存货为1310.6亿元，比上年同期缩减202.8亿元，同比大幅降低13.4%。存货周转率为8.20次，比上年下降0.72次，企业存货的流动性及变现速度同比下

降。流动资产周转率为 2.04 次，比上年下降 0.63 次。行业整体平均营业周期为 66.73 天，比上年增加 8.77 天。

2015 年重点企业中流动资产周转率位居前十名的企业是：南通化工轻工股份有限公司、新疆生产建设兵团石油有限公司、安庆市吉宽再生资源有限公司、湖州维农农资连锁经营有限公司、中国兵工物资集团有限公司、河北省物流产业集团有限公司、浙江特产集团有限公司、中山市物资集团有限公司、和田地区天物生产资料有限责任公司和博乐赛里木物资有限责任公司。各公司流动资产周转率的情况如表 7 所示。

表 7　2015 年重点企业流动资产周转率位居前十名的企业排序

序号	企业名称	本期比率（%）	上年同期比率（%）
1	南通化工轻工股份有限公司	18.55	16.60
2	新疆生产建设兵团石油有限公司	12.16	12.30
3	安庆市吉宽再生资源有限公司	12.09	11.91
4	湖州维农农资连锁经营有限公司	6.73	6.68
5	中国兵工物资集团有限公司	5.41	5.75
6	河北省物流产业集团有限公司	4.74	4.96
7	浙江特产集团有限公司	4.00	3.66
8	中山市物资集团有限公司	3.87	6.95
9	和田地区天物生产资料有限责任公司	3.40	5.66
10	博乐赛里木物资有限责任公司	3.36	2.33

流动资产周转率不仅反映了流动资产运用效率，同时也影响着企业的盈利水平。企业流动资产周转率上升，周转次数增加，表明企业以相同的流动资产占用实现的营业收入增加，企业流动资产的运用效率提高，进而提高了企业的偿债能力和盈利能力。

3. 总资产周转率下降

2015 年重点企业整体资产周转率为 1.20 次，同比下降 0.36 次。说明行业整体包括负债和所有者权益在内的全部资产总体的获利能力仍有待提高。

4. 资产负债率略有回升

当前我国生产资料流通企业资金需求量大，为适应经营发展的需要，企业主要以债务融资扩大资产规模和经营规模，资产负债率普遍处于较高水平。2015 年，重点企业整体平均资产负债率（举债经营比率）为 84.04%，同比增加 1.58 个百分点。资产负债率过高会影响企业融资信誉，过低则会影响企业生产扩展。所以行业企业应尽量把资产负债率控制在一个合理比率，这样企业才能在财务状况稳定的基础上尽可能多地利用外部资金。

（中国物流信息中心综合处）

2015 年 1—12 月中国物流业景气指数

（中国物流与采购联合会发布）

1 月

2015 年 1 月中国物流业景气指数（LPI）为 56.3%，比上月回落 1.2 个百分点。业务总量指数、新订单指数、平均库存量指数、库存周转次数指数、资金周转率指数、设备利用率指数、物流服务价格指数、主营业务利润指数、从业人员指数、固定资产投资完成额指数和业务活动预期指数均有不同程度回落。

本月，业务总量指数比上月回落 1.2 个百分点，但仍然保持在 56.3% 的较高水平。

物流服务价格指数回落 1.3 个百分点，回落至 49.3%；主营业务利润指数回落 5.6 个百分点，回落至 44.4%；主营业务成本指数回升 2.1 个百分点，回升至 56.9%。物流业仍处于"低价格、高成本"的运行状态。

从业人员指数回落明显，比上月回落 1.1 个百分点，回落至 50.7%。

受生产建设活动放缓、物流业务规模增势减弱影响，设备利用率指数回落 1.8 个百分点，回落至 54.7%。

新订单指数回落 0.5 个百分点，回落至 53.2%，业务活动预期指数回落 0.5 个百分点，回落至 59.4%，预示着随着春节的到来，物流活动将继续有所减弱。

2 月

中国物流业景气指数（LPI）为 54.9%，比上月回落 1.4 个百分点。各分项指数中库存周转次数指数、资金周转率指数、设备利用率指数、主营业务利润指数、主营业务成本指数、固定资产投资完成额指数和从业人员指数有不同程度的回落。但新订单指数、物流服务价格指数和业务活动预期指数则有不同程度的回升。

平均库存量指数为 49.8%，较上月持平；库存周转次数指数为 48.2%，较上月回落 0.8 个百分点。

受物流业务规模增势减弱的影响，主营业务成本指数为 51.6%，较上月回落 5.3 个百分点；受铁路货运价格上调和快递企业在春节加收额外服务费等因素影响，物流服务价格小幅回升 0.2 个百分点，为 49.5%，仍低于 50% 的临界点。

资金周转率指数为 47.7%，较上月明显回落。

从业人员指数大幅回落6.3个百分点为44.4%，显示出物流行业作为劳动密集型产业，受节日因素影响较为明显。

从后期走势看，新订单指数回升2.1个百分点，回升至55.3%，业务活动预期指数回升5.6个百分点，回升至65%。预示着进入3月，随着供应链上下游企业生产经营活动全面启动，物流经济将趋稳回升。

3月

中国物流业景气指数（LPI）为58%，比上月回升3.1个百分点。各分项指数中，除物流服务价格指数小幅回落，其他分项指数均有不同程度的回升。

新订单指数为59.8%，比上月回升4.5个百分点。显示出物流业需求向好，将保持稳中趋升的态势。从企业类型来看，综合型、运输型和仓储型物流业均保持在50%以上，分别为51.5%、59.5%和53.6%。

库存周转次数指数回升3.1个百分点，回升至51.3%。平均库存量指数回升2.7个百分点，回升至52.5%。两项指数双升反映出随着节后生产建设活动加快，供应链上游物流采购活动增加。

设备利用率指数回升4.4个百分点，回升至56.5%，显示出物流相关设备利用效率明显提高。从企业类型看，综合型、运输型和仓储型物流企业均保持在50%以上的景气区间。

资金周转率指数为49.3%，比上月回升1.6个百分点，显示出社会资金周转效率略有提高，但依然偏弱。从企业类型看，综合型和运输型物流企业位于50%以上，指数分别为50.4%和51%；仓储型物流企业位于50%以下，指数为42.4%。

从业人员指数为53.3%，比上月回升8.9个百分点，显示出随着物流业务活动逐步转旺，属于劳动密集型产业的物流行业吸纳就业的能力增强。

从新订单指数和业务活动预期指数看，新订单指数回升4.5个百分点，回升至59.8%，业务活动预期指数与上月持平，预示着后期物流业务活动将进一步回升。

4月

中国物流业景气指数（LPI）为58.6%，比上月回升0.6个百分点。

新订单指数为60.1%，比上月回升0.3个百分点。显示出物流业需求继续向好，将保持稳中趋升的态势。从企业类型来看，综合型、运输型和仓储型物流业均保持在50%以上，分别为60.1%、60%和60.1%。

平均库存量指数为53.5%，回升1个百分点。库存周转次数指数为52.4%，回升1.1个百分点，显示出供应链上下游两端业务活动均有所增强。

从业人员指数回升3.7个百分点，回升至56.9%；设备利用率指数回升0.3个百分点，回升至56.8%。

主营业务利润指数为52.5%，较上月回升2个百分点；物流服务价格指数回升0.1个百分点，为49.5%，仍位于50%以下。

资金周转率指数为54%，比上月回升4.7个百分点。

从后期走势看，新订单指数回升0.3个百分点，回升至60.1%；业务活动预期指数回升1.4个百分点，回升至66.4%的较高水平。预示着后期社会物流运行会继续有所回升。

5月

中国物流业景气指数（LPI）为58%，比上月回落0.6个百分点。各分项指数中，除固定资产投资完成额指数回升外，其他分项指数均有不同程度的回落。

新订单指数为57.1%，比上月回落3个百分点。显示出物流业需求略有下降，但整体需求依然旺盛。从区域来看，东部、中部和西部均位于50%以上；从企业类型来看，综合型、运输型和仓储型物流业均保持在50%以上，分别为54.5%、63.3%和58.1%。

固定资产投资完成额指数回升1.4个百分点，为54.4%。显示出随着物流相关政策利好的逐渐释放，物流企业加大物流相关固定资产投资数量，加快相关投资完成速度。

物流从业人员指数和设备利用率指数有所下降，但均仍位于50%以上的扩张区间。

平均库存量指数为49.2%，回落4.3个百分点。

从后期走势看，业务活动预期指数虽回落4.1个百分点，但仍位于62.3%的较高水平，同时随着高温和雨季临近等季节性因素影响加大，结合库存两项指数的回落，物流行业发展将显现高位趋缓的态势。

6月

中国物流业景气指数（LPI）为55.7%，比上月回落2.3个百分点。

新订单指数为53.7%，较上月回落3.4个百分点，显示出，受夏季高温多雨影响，经济社会运行中的物流需求增势有所减弱，但依然保持在较高水平。

设备利用率指数较上月回落5个百分点，降幅有所扩大，但仍保持在51.2%的增长区间，显示出物流相关业务活动仍较活跃。

受农忙影响，从业人员指数回落4.5个百分点，回落至49.9%，降至50%以下的收缩区间，呈较明显周期性变化特征。

物流服务价格指数为48.8%，位于50%荣枯线以下，较上月回升0.5个百分点，显示出物流企业服务价格整体水平依然偏低。

从后期走势看，业务活动预期指数和新订单指数分别回落了2.6个百分点和3.4个百分点，位于59.7%、53.7%的较高水平，预示随着高温和雨季等季节性因素影响加大，物流活动增长势头将继续有所放缓。

7月

中国物流业景气指数（LPI）为52.2%，比上月回落3.5个百分点。

新订单指数为52.5%，较上月回落1.2个百分点，显示出，受夏季高温多雨影响，经济社会运行中的物流需求增势有所减弱，但依然保持在较高水平。

平均库存量指数比上月回升1.4个百分点，回升至51.1%，显示出社会产品库存由生产环节向流通环节加快转移。库存周转次数指数与上月持平，位于48.7%的收缩区间，反映出物流环节商品库存周转效率依然偏弱。

资金周转率指数为48.5%，比上月回落2.3个百分点，位于50%以下。

从业人员指数回落0.4个百分，连续两个月位于50%以下，为49.5%，但回落幅度较上个月有所收窄。

从后期走势看，业务活动预期指数和新订单指数分别位于51.2%和52.5%，两项指数均位于50%以上，预示随着物流运行的需求基础进一步巩固，预期向好。

8月

中国物流业景气指数（LPI）为52%，比上月回落0.2个百分点。各分项指数中，业务总量指数、新订单指数和设备利用率指数较上月回落，其他分项指数较上月有不同程度回升。

新订单指数为51.6%，比上月回落0.9个百分点，显示出物流市场需求增势减弱。从区域来看，东部地区保持回升态势，而中、西部地区有所回落。

平均库存量指数为52.1%，较上月回升1个百分点；库存周转次数指数为50.1%，较上月回升1.4个百分点。显示出仓储环节的物流活动延续活跃态势。

物流服务价格指数比上月回升1.3个百分点，回升至51.8%。主营业务成本指数为51.9%，回升1.2个百分点。主营业务利润指数为49.7%，回升3.7个百分点，但仍位于50%以下，显示出企业效益略有改善，但整体仍然偏弱。

从业人员指数回升0.3个百分点，回升至49.8%，虽略有回升，但仍位于50%以下，显示出近两个月受农忙和高温等因素影响，部分物流企业存在少量用工缺口，但物流行业整体就业形势稳定。

固定资产投资完成额指数为54%，回升0.9个百分点，反映出物流运行的基础设施条件呈现改善态势。

从后期走势看，业务活动预期指数和新订单指数分别位于52.2%和51.6%，两项指数均位于50%以上，预示随着物流运行的需求基础进一步巩固，物流业务活动仍将延续平稳走势。

9月

中国物流业景气指数（LPI）为52.2%，比上月升0.2个百分点。各分项指数中，除平均库存量指数、资金周转率指数和主营业务利润指数较上月回落，其他分项指数较上月有不同程度回升。

设备利用率指数环比回升1个百分点，回升至49.8%，从业人员指数为51.7%，环比回升1.9百分点。

固定资产投资完成额指数为58.3%，回升4.3个百分点，反映出物流运行的基础设施条件呈现改善态势。

平均库存量指数为51.6%，较上月回落0.5个百分点，反映出当前仍处于去库存的过程；库存周转次数指数为52.7%，较上月回升2.6个百分点，反映出供应链上下游企业的经济活动较为活跃，库存周转加快，周转效率有所提高。

物流服务价格指数比上月回升0.5个百分点，回升至52.3%。主营业务成本指数为54.7%，回升2.8个百分点。主营业务利润指数为49.4%，回落0.3个百分点，显示出价格虽有所回升，但企业仍面临较高的运营成本压力，效益整体仍然偏弱。

新订单指数与上月持平，为51.6%；从后期走势看，业务活动预期指数为53.9%，连续两个月回升，预示随着物流运行的需求基础进一步巩固，物流业务活动仍将延续平稳回升走势。

10月

中国物流业景气指数（LPI）为53.5%，比上月回升1.3个百分点。各分项指数中，除主营业务利润指数和主营业务成本指数等较上月回落，其他分项指数较上月均有不同程度回升。

业务总量指数为53.5%，比上月回升1.3个百分点，反映出实体经济保持稳定增长态势，物流相关活动较为活跃。分区域来看，东、中、西部地区业务总量指数均位于50%以上的扩张区间，分别为55.2%、51.1%和51.9%。

库存周转次数指数回升2个百分点，回升至54.7%；平均库存量指数为53.2%，比上月回升1.6个百分点，两项指数回升，显示出生产和消费活动加快，物流环节商品周转效率有所提升。

设备利用率指数环比回升 1. 9 个百分点，回升至 51. 7%；从业人员指数为 53. 5%，比上月回升 1. 8 百分点。显示出物流业务增加带动了设备利用率的提升和就业的增长。

物流服务价格指数为 51. 5%，中国公路物流运价指数为 107. 8 点，环比回升 2. 4 个百分点，物流服务价格位于景气区间。

从后期走势看，新订单指数回升 1. 4 个百分点，回升至 53%；业务活动预期指数回升 1. 3 个百分点，回升至 55. 2% 的较高水平。预示着后期社会物流运行会继续有所回升。

11 月

中国物流业景气指数为 54. 2%，比上月回升 0. 7 个百分点。中国公路物流运价指数为 105. 0 点，比上月回落 2. 6%。

新订单指数为 53. 7%，比上月回升 0. 7 个百分点。预示着物流需求仍将保持稳中趋升的态势。

设备利用率指数环比回升 0. 4 个百分点，回升至 52. 1%。显示出物流业务量的增加，带动物流服务相关设备利用率的提高。从企业类型看，综合物流业、运输型物流业和仓储型物流业均位于 50% 以上，分别为 52. 3%、51. 9% 和 51. 4%。

资金周转率指数为 51. 4%，比上月回升 2. 9 个百分点。反映出物流企业回款速度加快。

主营业务成本指数为 54. 2%，较上月回升 0. 2 个百分点；主营业务利润指数回升 0. 7 个百分点，回升至 49. 5%，仍位于 50% 以下。显示出物流业“高成本、低利润”的运行特征没有根本改观。

从后期走势看，新订单指数和业务活动预期指数保持在 50% 以上，伴随着西方圣诞节、国内“双十二”线上电商活动以及传统节日陆续临近，物流业经济将保持较为平稳的发展态势。

12 月

中国物流业景气指数为 55%，较上月回升 0. 8 个百分点。

新订单指数为 54. 2%，比上月回升 0. 5 个百分点。该指数连续三个月回升，预示着物流需求有所增加，整体保持稳中趋升的态势。

资金周转率指数为 52. 2%，比上月回升 0. 8 个百分点。库存周转次数指数回升 0. 9 个百分点，回升至 53. 8%。两项指数回升，显示出物流相关活动有所加快，周转效率有所提升。

主营业务利润指数较上月回升 0. 3 个百分点，为 49. 8%，虽有所回升，但仍位于 50% 以下。显示出企业效益有所改善，但整体仍然偏弱。

从业人员指数回落 1. 5 个百分点，为 51. 3%，位于景气区间，受节日因素影响，该指数增速出现回落，且预计将在未来两个月继续回落，属于劳动密集型产业的物流行业将出现周期性短时用工紧张的情况。

从后期走势看，新订单指数和业务活动预期指数均有所回升，预示着春节前物流业务活动将保持平稳。

2015 年 1—12 月中国物流业景气指数走势如下图所示。

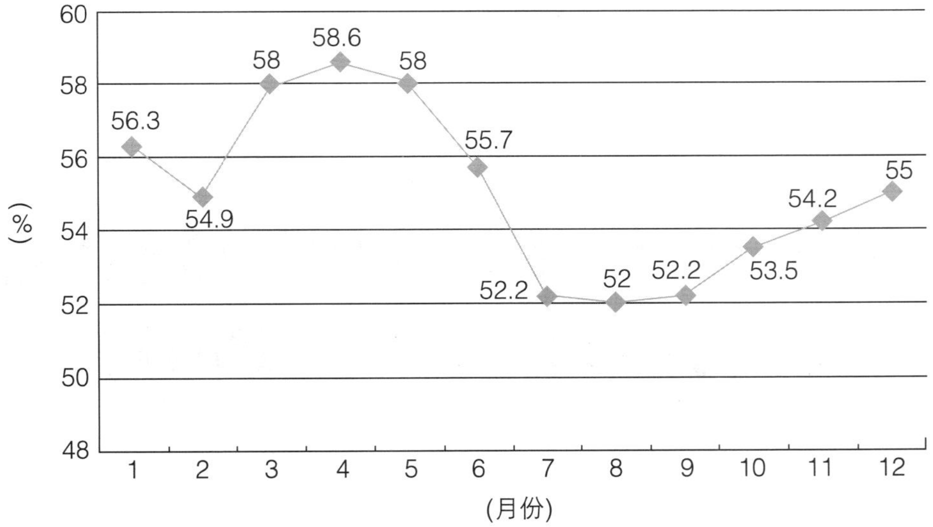

2015 年 1—12 月中国物流业景气指数走势

（中国物流信息中心）

2015 年 1—12 月中国制造业采购经理指数（PMI）

（中国物流与采购联合会、国家统计局服务业调查中心发布）

1 月

2015 年 1 月中国制造业采购经理指数（PMI）为 49.8%，比上月下降 0.3 个百分点。从 12 个分项指数来看，同上月相比，除积压订单指数、产成品库存指数、供应商配送时间指数略有上升外，其余各分项指数均有所下降。其中：进口指数、购进价格指数、经营活动预期指数降幅较为明显，超过 1 个百分点；其余指数降幅均在 1 个百分点之内。

生产指数为 51.7%，比上月下降 0.5 个百分点。从企业规模来看，大型企业和中型企业高于 50%，指数分别为 52.7% 和 51.5%；小型企业低于 50%，指数为 46.6%。

新订单指数为 50.2%，比上月下降 0.2 个百分点。从企业规模来看，大型企业和中型企业高于 50%，指数分别为 50.8% 和 50.9%；小型企业低于 50%，指数为 45.1%。

新出口订单指数为 48.4%，比上月下降 0.7 个百分点。从企业规模来看，大型、中型和小型企业的新出口订单指数均低于 50%，指数在 46% ~48.6%。

积压订单指数为 44%，比上月回升 0.2 个百分点。从企业规模来看，大、中、小型企业的积压订单指数均低于 50%，指数在 41.1% ~44.4%。

产成品库存指数为 48%，比上月回升 0.2 个百分点。从企业规模来看，大型、中型和小型企业的产成品库存指数均低于 50%，指数在 46.9% ~48.5%。

采购量指数为 49.6%，比上月下降 0.5 个百分点。从企业规模来看，大型企业采购量指数高于 50%，为 50.7%；中型和小型企业的采购指数分别为 48.8% 和 45.2%，均低于 50%。

进口指数为 46.4%，比上月下降 1.4 个百分点。从企业规模来看，大、中、小型企业的进口指数均低于 50%，在 41.9% ~46.9%。

购进价格指数为 41.9%，比上月下降 1.3 个百分点。从企业规模来看，大、中、小型企业的购进价格指数均低于 50%，在 41.1% ~44.3%。

原材料库存指数为 47.3%，比上月下降 0.2 个百分点。从企业规模来看，大、中、小型企业的原材料库存指数均低于 50%，在 43.0%～47.9%。

从业人员指数为 47.9%，比上月下降 0.2 个百分点。从企业规模来看，大、中、小型企业的从业人员指数均低于 50%，指数在 47.3%～48.2%。

供应商配送时间指数为 50.2%，比上月回升 0.3 个百分点。从企业规模来看，大型企业的供应商配送时间指数高于 50%，指数为 50.3%；中型和小型企业指数同为 50%。

生产经营活动预期指数为 47.4%，比上月下降 1.3 个百分点。从企业规模来看，大型、中型和小型企业的生产经营活动预期指数均低于 50%，在 42.5%～48.7%。

2 月

中国制造业采购经理指数（PMI）为 49.9%，比上月上升 0.1 个百分点。在 12 个分项指数中，生产指数、积压订单指数、产成品库存指数、采购量指数、从业人员指数和供应商配送时间指数均比上月有所下降，其余各分项指数均有所上升。其中：进口指数、购进价格指数、经营活动预期指数升幅较为明显，超过 1 个百分点；其余指数升幅均在 1 个百分点之内。

生产指数为 51.4%，比上月下降 0.3 个百分点。从企业规模来看，大型企业生产指数高于 50%，为 52.4%；中型企业和小型企业生产指数低于 50%，分别为 49.9% 和 49.2%。

新订单指数为 50.4%，比上月上升 0.2 个百分点。从企业规模来看，大型企业新订单指数高于 50%，为 51.6%；中型企业和小型企业低于 50%，分别为 48.4% 和 48.2%。

新出口订单指数为 48.5%，比上月上升 0.1 个百分点。从企业规模来看，大型、中型和小型企业的新出口订单指数均低于 50%，指数在 46.4%～48.6%。

积压订单指数为 43.8%，比上月下降 0.2 个百分点。从企业规模来看，大、中、小型企业的积压订单指数均低于 50%，指数在 37.4%～44.7%。

产成品库存指数为 47%，比上月下降 1 个百分点。从企业规模来看，大型、中型和小型企业的产成品库存指数均低于 50%，指数在 43.1%～48.1%。

采购量指数为 49.4%，比上月下降 0.2 个百分点。从企业规模来看，中型企业采购量指数高于 50%，为 52.8%；大型和小型企业低于 50%，指数分别为 48.9% 和 44.3%。

进口指数为 47.5%，比上月回升 1.1 个百分点。从企业规模来看，大型企业进口指数低于 50%，为 46.5%；中型和小型企业高于 50%，指数分别为 50.1% 和 52.4%。

购进价格指数为 43.9%，比上月回升 2 个百分点。从企业规模来看，大型、中型和小型企业的购进价格指数均低于 50%，在 43.1%～46%。

原材料库存指数为 48.2%，比上月上升 0.9 个百分点。从企业规模来看，中型企业原材料库存指数高于 50%，为 50.2%；大型和小型企业低于 50%，指数分别为 48.1% 和 43.6%。

从业人员指数为 47.8%，比上月下降 0.1 个百分点。从企业规模来看，大、中、小型企业的从业人员指数均低于 50%，指数在 47.3%～49%。

供应商配送时间指数为 49.9%，比上月回落 0.3 个百分点。从企业规模来看，大型和小型企业的供应商配送时间指数高于 50%，指数分别为 50.1% 和 50%；中型企业低于 50%，为 49.6%。

生产经营活动预期指数为54%，比上月上升6.6个百分点。从企业规模来看，大型、中型和小型企业的生产经营活动预期指数均高于50%，指数在50.2%～54.6%。

3月

中国制造业采购经理指数（PMI）为50.1%，比上月上升0.2个百分点。从12个分项指数来看，新订单指数、新出口订单指数、原材料库存指数比上月有所下降，其余各分项指数均比上月有所上升。其中：产成品库存指数、购进价格指数、经营活动预期指数升幅较为明显，超过1个百分点；其余指数升幅均在1个百分点之内。

生产指数为52.1%，比上月上升0.7个百分点。从企业规模来看，大型企业生产指数高于50%，为54.5%；中型企业和小型企业生产指数低于50%，分别为49.6%和46.4%。

新订单指数为50.2%，比上月下降0.2个百分点。从企业规模来看，大型企业新订单指数高于50%，为52.7%；中型企业和小型企业新订单指数低于50%，分别为47.1%和45.2%。

新出口订单指数为48.3%，比上月下降0.2个百分点。从企业规模来看，大型、中型和小型企业的新出口订单指数均低于50%，在46.0%～49.3%。

积压订单指数为44.1%，比上月上升0.3个百分点。从企业规模来看，大、中、小型企业的积压订单指数均低于50%，在41.8%～45.2%。

产成品库存指数为48.6%，比上月上升1.6个百分点。从企业规模来看，大型、中型和小型企业的产成品库存指数均低于50%，在47.3%～49.3%。

采购量指数为49.7%，比上月上升0.3个百分点。从企业规模来看，大型企业的采购量指数高于50%，为51.4%；中型和小型企业的采购量指数均低于50%，分别为47.5%和46.7%。

进口指数为48.1%，比上月上升0.6个百分点。从企业规模来看，大、中、小型企业的进口指数均低于50%，在46.6%～48.6%。

购进价格指数为45.0%，比上月上升1.1个百分点。从企业规模来看，大型、中型和小型企业的购进价格指数均低于50%，指数在44%～47%。

原材料库存指数为48.0%，比上月下降0.2个百分点。从企业规模来看，大型、中型和小型企业的原材料库存指数均低于50%，指数在47.3%～48.4%。

从业人员指数为48.4%，比上月上升0.6个百分点。从企业规模来看，大、中、小型企业的从业人员指数均低于50%，指数在47.6%～48.8%。

供应商配送时间指数为50.1%，比上月上升0.2个百分点。从企业规模来看，大型企业的供应商配送时间指数低于50%，为49.9%；中型和小型企业高于50%，指数分别为50.4%和50%。

生产经营活动预期指数为61.3%，比上月上升7.3个百分点。从企业规模来看，大型、中型和小型企业的生产经营活动预期指数均高于50%，指数在58.5%～62.4%。

4月

中国制造业采购经理指数（PMI）为50.1%，与上月持平。从12个分项指数来看，同上月相比，新订单指数与上月持平；新出口订单、积压订单、产成品库存、进口、从业人员、生产经营活动预期指数有所下降；生产、采购量、原材料购进价格、原材料库存、供应商配送时间指数有所上升。其中，原材料购进价格指数升幅较为明显，超过1个百分点。

生产指数为52.6%，比上月上升0.5个百分点。从企业规模来看，大型企业和中型企业生产指数高于50%，指数分别为53.7%和52.1%；小型企业低于50%，指数为49.1%。

新订单指数为50.2%，与上月持平。从企业规模来看，大型企业和中型企业新订单指数高于50%，指数分别为50.8%和50.1%；小型企业低于50%，指数为47.5%。

新出口订单指数为48.1%，比上月下降0.2个百分点。从企业规模来看，大型企业、中型企业和小型企业新出口订单指数均低于50%，指数分别为48.8%、47.4%和43.1%。

积压订单指数为43.8%，比上月下降0.3个百分点。从企业规模来看，大型企业、中型企业和小型企业积压订单指数均低于50%，指数分别为44.8%、42.6%和41.4%。

产成品库存指数为48.0%，比上月下降0.6个百分点。从企业规模来看，大型企业、中型企业和小型企业产成品库存指数均低于50%，指数分别为48.7%、47.0%和47.0%。

采购量指数为50.1%，比上月上升0.4个百分点。从企业规模来看，大型企业的采购量指数高于50%，为51.6%；中型和小型企业低于50%，指数分别为48.6%和46.3%。

进口指数为47.8%，比上月下降0.3个百分点。从企业规模来看，大型企业、中型企业和小型企业进口指数均低于50%，指数分别为48.6%、46.0%和44.1%。

购进价格指数为47.8%，比上月上升2.8个百分点。从企业规模来看，大型企业、中型企业和小型企业购进价格指数均低于50%，指数分别为47.0%、48.6%和49.9%。

原材料库存指数为48.2%，比上月上升0.2个百分点。从企业规模来看，大型、中型和小型企业的原材料库存指数均低于50%，指数分别为48.5%、47.3%和48.5%。

从业人员指数为48.0%，比上月下降0.4个百分点。从企业规模来看，大、中、小型企业的从业人员指数均低于50%，指数分别为48.2%、48.0%和47.4%。

供应商配送时间指数为50.4%，比上月上升0.3个百分点。从企业规模来看，大型企业和中型企业的供应商配送时间指数高于50%，分别为50.5%和50.7%；小型企业低于50%，为49.5%。

生产经营活动预期指数为59.5%，比上月下降1.8个百分点。从企业规模来看，大型、中型和小型企业的生产经营活动预期指数均高于50%，指数在58.5%～62.4%。

5月

中国制造业采购经理指数（PMI）为50.2%，比上月上升0.1个百分点。从12个分项指数来看，同上月相比，原材料库存指数持平；产成品库存、进口、生产经营活动预期指数有所下降；生产、新订单、积压订单、采购量、购进价格、从业人员等指数有所上升。其中，购进价格指数升幅较为明显，超过1个百分点。

生产指数为52.9%，比上月上升0.3个百分点。从企业规模来看，大型企业和中型企业生产指数高于50%，指数分别为53.5%和54.2%；小型企业低于50%，指数为47.7%。

新订单指数为50.6%，比上月上升0.4个百分点。从企业规模来看，大型企业和中型企业新订单指数高于50%，指数分别为51.2%和50.9%；小型企业低于50%，指数47.4%。

新出口订单指数为48.9%，比上月上升0.8个百分点。从企业规模来看，大型企业、中型企业和小型企业新出口订单指数均低于50%，指数分别为49.5%、47.6%和47.4%。

积压订单指数为44.7%，比上月上升0.9个百分点。从企业规模来看，大型企业、中型企业和小型企业积压订单指数均低于50%，指数分别为45%、44.7%和43.1%。

产成品库存指数为47.5%，比上月下降0.5个百分点。从企业规模来看，大型企业、中型企业和小型企业产成品库存指数均低于50%，指数分别为48.2%、46.5%和46.3%。

采购量指数为51.0%，比上月上升0.9个百分点。从企业规模来看，大型企业和中型企业的采购量指数高于50%，分别为52.0%和50.7%；小型企业低于50%，为47%。

进口指数为47.6%，比上月下降0.2个百分点。从企业规模来看，大型企业、中型企业和小型企业进口指数均低于50%，指数分别为47.7%、48.2%和43.5%。

购进价格指数为49.4%，比上月上升1.6个百分点。从企业规模来看，中型企业购进价格指数高于50%，为50.2%；大型和小型企业购进价格指数低于50%，指数均为49.1%。

原材料库存指数为48.2%，与上月持平。从企业规模来看，大型企业、中型企业和小型企业的原材料库存指数均低于50%，指数分别为48.8%、47.1%和47.4%。

从业人员指数为48.2%，比上月上升0.2个百分点。从企业规模来看，大型、中型和小型企业的从业人员指数均低于50%，指数分别为48.3%、48.1%和47.9%。

供应商配送时间指数为50.9%，比上月上升0.5个百分点。从企业规模来看，大型、中型和小型企业的供应商配送时间指数均高于50%，分别为50.6%、51.6%和50.4%。

生产经营活动预期指数为56.8%，比上月下降2.7个百分点。从企业规模来看，大型、中型和小型企业的生产经营活动预期指数均高于50%，指数在54.3%～57.4%。

6月

中国制造业采购经理指数（PMI）为50.2%，同上月持平。从12个分项指数来看，同上月相比，生产指数持平；产成品库存、进口、原材料库存指数有所上升；新订单、出口、积压订单、采购量、购进价格、从业人员、供应商配送时间、生产经营活动预期指数有所下降。

生产指数为52.9%，与上月持平。从企业规模来看，大型企业和中型企业生产指数高于50%，指数分别为54.2%和52.5%；小型企业低于50%，指数为47.7%。

新订单指数为50.1%，比上月下降0.5个百分点。从企业规模来看，大型企业和中型企业新订单指数高于50%，指数分别为50.9%和50.2%；小型企业低于50%，指数为46.3%。

新出口订单指数为48.2%，比上月下降0.7个百分点。从企业规模来看，大型企业、中型企业和小型企业新出口订单指数均低于50%，指数分别为49.0%、46.6%和44.8%。

积压订单指数为44.6%，比上月下降0.1个百分点。从企业规模来看，大型企业、中型企业和小型企业积压订单指数均低于50%，指数分别为45.1%、45.7%和39.8%。

产成品库存指数为47.7%，比上月上升0.2个百分点。从企业规模来看，大型企业、中型企业和小型企业产成品库存指数均低于50%，指数分别为48.3%、47.7%和44.7%。

采购量指数为50.9%，比上月下降0.1个百分点。从企业规模来看，大型企业采购量指数高于50%，为52.3%；中型和小型企业采购量指数低于50%，分别为49.9%和46.5%。

进口指数为48.0%，比上月上升0.4个百分点。从企业规模来看，大型企业、中型企业和小型企业进口指数均低于50%，指数分别为48.1%、48.2%和46.3%。

购进价格指数为47.3%，比上月下降2.1个百分点。从企业规模来看，大型企业、中型企业和小型企业购进价格指数均低于50%，指数分别为47.6%、46.6%和47.6%。

原材料库存指数为48.7%，比上月上升0.5个百分点。从企业规模来看，大型企业、中型企业和小型企业的原材料库存指数均低于50%，指数分别为48.8%、48.6%和48.6%。

从业人员指数为48.1%，比上月下降0.1个百分点。从企业规模来看，大型、中型和小型企业的从业人员指数均低于50%，指数分别为48.2%、48.5%和47.1%。

供应商配送时间指数为50.3%，比上月下降0.6个百分点。从企业规模来看，大型、中型和小型企业的供应商配送时间指数均高于50%，分别为50.2%、50.4%和50.5%。

生产经营活动预期指数为52.2%，比上月下降4.6个百分点。从企业规模来看，大型和中型企业生产经营活动预期指数高于50%，指数分别为53.2%和51.1%；小型企业低于50%，指数为49.6%。

7月

中国制造业采购经理指数（PMI）为50.0%，比上月下降0.2个百分点。从12个分项指数来看，同上月相比，供应商配送时间、生产经营活动预期指数略有上升；生产、新订单、出口、积压订单、采购量、进口、购进价格、原材料库存、从业人员指数小幅下降。其中，购进价格指数降幅较为明显，下降2.6个百分点。

生产指数为52.4%，比上月下降0.5个百分点。从企业规模来看，大型企业和中型企业生产指数高于50%，指数分别为53.4%和52.9%；小型企业低于50%，指数为46.8%。

新订单指数为49.9%，比上月下降0.2个百分点。从企业规模来看，大型企业新订单指数高于50%，指数为51%；中型企业和小型企业低于50%，指数分别为49.7%和45.3%。

新出口订单指数为47.9%，比上月下降0.3个百分点。从企业规模来看，大型企业、中型企业和小型企业新出口订单指数均低于50%，指数分别为48.2%、47.8%和44.1%。

积压订单指数为44.0%，比上月下降0.6个百分点。从企业规模来看，大型企业、中型企业和小型企业积压订单指数均低于50%，指数分别为45.1%、42.6%和41.7%。

产成品库存指数为47.4%，比上月下降0.3个百分点。从企业规模来看，大型企业、中型企业和小型企业产成品库存指数均低于50%，指数分别为48.1%、47.9%和43.3%。

采购量指数为50.3%，比上月下降0.6个百分点。从企业规模来看，大型和中型企业采购量指数高于50%，分别为51.3%和50.4%；小型企业低于50%，为45.4%。

进口指数为47.8%，比上月下降0.2个百分点。从企业规模来看，大型企业、中型企业和小型企业进口指数均低于50%，指数分别为47.9%、47.3%和48.2%。

购进价格指数为44.7%，比上月下降2.6个百分点。从企业规模来看，大型企业、中型企业和小型企业购进价格指数均低于50%，指数分别为43.5%、45.6%和48.4%。

原材料库存指数为48.4%，比上月下降0.3个百分点。从企业规模来看，大型企业、中型企业和小型企业的原材料库存指数均低于50%，指数分别为48.3%、48.4%和48.8%。

从业人员指数为48.0%，比上月下降0.1个百分点。从企业规模来看，大型、中型和小型企业的从业人员指数均低于50%，指数分别为48.6%、47.5%和46.5%。

供应商配送时间指数为50.4%，比上月上升0.1个百分点。从企业规模来看，大型、中型和小型企业的供应商配送时间指数均高于50%，分别为50.5%、50.1%和50.4%。

生产经营活动预期指数为52.9%，比上月上升0.7个百分点。从企业规模来看，大型和中型企业生产经营活动预期指数高于50%，指数分别为53.4%和53.8%；小型企业低于50%，指数为48.7%。

8月

中国制造业采购经理指数（PMI）为49.7%，比上月下降0.3个百分点。从12个分项指数来看，同上月相比，积压订单、购进价格、供应商配送时间、生产经营活动预期指数略有上升；生产、新订单、出口、产成品库存、采购量、进口、原材料库存、从业人员指数小幅下降。

生产指数为51.7%，比上月下降0.7个百分点。从企业规模来看，大型企业和中型企业生产指数高于50%，指数分别为52.2%和51.3%；小型企业低于50%，指数为49.8%。

新订单指数为49.7%，比上月下降0.2个百分点。从企业规模来看，大型企业和中型企业新订单指数高于50%，指数分别为50.1%和50.4%；小型企业低于50%，为46.6%。

新出口订单指数为47.7%，比上月下降0.2个百分点。从企业规模来看，大型企业、中型企业和小型企业新出口订单指数均低于50%，指数分别为47.9%、46.8%和48.3%。

积压订单指数为44.6%，比上月上升0.6个百分点。从企业规模来看，大型企业、中型企业和小型企业积压订单指数均低于50%，指数分别为45.9%、43.2%和41.5%。

产成品库存指数为47.2%，比上月下降0.2个百分点。从企业规模来看，大型企业、中型企业和小型企业产成品库存指数均低于50%，指数分别为48.0%、46.7%和44.5%。

采购量指数为49.4%，比上月下降0.9个百分点。从企业规模来看，大型企业采购量指数为50%；中型企业和小型企业低于50%，指数分别为48.8%和48.3%。

进口指数为47.2%，比上月下降0.6个百分点。从企业规模来看，大型企业和中型企业进口指数低于50%，指数分别为47.1%、46.8%；小型企业高于50%，为51.3%。

购进价格指数为44.9%，比上月上升0.2个百分点。从企业规模来看，大型企业、中型企业和小型企业购进价格指数均低于50%，指数分别为43.9%、46.1%和47.2%。

原材料库存指数为48.3%，比上月下降0.1个百分点。从企业规模来看，大型企业、中型企业和小型企业的原材料库存指数均低于50%，指数分别为48.3%、48.6%和47.3%。

从业人员指数为47.9%，比上月下降0.1个百分点。从企业规模来看，大型、中型和小型企业的从业人员指数均低于50%，指数分别为48.0%、48.1%和46.9%。

供应商配送时间指数为50.6%，比上月上升0.2个百分点。从企业规模来看，大型、中型企业供应商配送时间指数高于50%，分别为50.6%和51%；小型企业低于50%，为49.6%。

生产经营活动预期指数为54.1%，比上月上升1.2个百分点。从企业规模来看，大型、中型和小型企业生产经营活动预期指数高于50%，指数分别为54.7%、53.9%和52.2%。

9 月

中国制造业采购经理指数（PMI）为 49.8%，比上月上升 0.1 个百分点。从 12 个分项指数来看，同上月相比，生产、新订单、出口、进口、购进价格、供应商配送时间指数略有上升；积压订单、产成品库存、采购量、原材料库存、生产活动预期指数小幅下降；从业人员指数与上月持平。

生产指数为 52.3%，比上月上升 0.6 个百分点。从企业规模来看，大型企业和中型企业生产指数高于 50%，指数分别为 54.4% 和 50.4%；小型企业低于 50%，指数为 46.5%。

新订单指数为 50.2%，比上月上升 0.5 个百分点。从企业规模来看，大型企业新订单指数高于 50%，为 52.1%；中型企业和小型企业低于 50%，分别为 48.1% 和 45.6%。

新出口订单指数为 47.9%，比上月上升 0.2 个百分点。从企业规模来看，大型企业、中型企业和小型企业新出口订单指数均低于 50%，指数分别为 48.8%、45.8% 和 44.8%。

积压订单指数为 43.8%，比上月下降 0.8 个百分点。从企业规模来看，大型企业、中型企业和小型企业积压订单指数均低于 50%，指数分别为 44.6%、42.8% 和 42%。

产成品库存指数为 46.8%，比上月下降 0.4 个百分点。从企业规模来看，大型企业、中型企业和小型企业产成品库存指数均低于 50%，指数分别为 48.2%、44.8% 和 44.5%。

采购量指数为 48.6%，比上月下降 0.8 个百分点。从企业规模来看，大型企业采购量指数高于 50%，为 50.4%；中型企业和小型企业低于 50%，指数分别为 46.8% 和 44.4%。

进口指数为 48.1%，比上月上升 0.9 个百分点。从企业规模来看，大型企业、中型企业和小型企业进口指数均低于 50%，指数分别为 48.5%、47.7% 和 44.7%。

购进价格指数为 45.8%，比上月上升 0.9 个百分点。从企业规模来看，大型企业、中型企业和小型企业购进价格指数均低于 50%，指数分别为 45%、47.2% 和 46.5%。

原材料库存指数为 47.5%，比上月下降 0.8 个百分点。从企业规模来看，大型企业、中型企业和小型企业的原材料库存指数均低于 50%，指数分别为 47.9%、46.5% 和 47.7%。

从业人员指数为 47.9%，与上月持平。从企业规模来看，大型、中型和小型企业的从业人员指数均低于 50%，指数分别为 48.1%、48% 和 46.9%。

供应商配送时间指数为 50.8%，比上月上升 0.2 个百分点。从企业规模来看，大型、中型和小型企业供应商配送时间指数均高于 50%，分别为 50.5%、51.6% 和 50.7%。

生产经营活动预期指数为 53.9%，比上月下降 0.2 个百分点。从企业规模来看，大型、中型和小型企业生产经营活动预期指数高于 50%，指数分别为 55.1%、53% 和 50%。

10 月

中国制造业采购经理指数（PMI）为 49.8%，与上月持平。从 12 个分项指数来看，同上月相比，新订单、积压订单、产成品库存、采购量指数略有上升；生产、新出口、进口、购进价格、原材料库存、从业人员、供应商配送时间、生产活动预期指数小幅下降。

生产指数为 52.2%，比上月下降 0.1 个百分点。从企业规模来看，大型企业和中型企业生产指数高于 50%，指数分别为 54.0% 和 50.6%；小型企业低于 50%，指数为 47%。

新订单指数为 50.3%，比上月上升 0.1 个百分点。从企业规模来看，大型企业新订单指数高于 50%，为 52.2%；中型企业和小型企业低于50%，分别为48.5%和45.7%。

新出口订单指数为47.4%，比上月下降0.5个百分点。从企业规模来看，大型企业、中型企业和小型企业新出口订单指数均低于50%，指数分别为48.4%、45.6%和43.3%。

积压订单指数为44.4%，比上月上升0.6个百分点。从企业规模来看，大型企业、中型企业和小型企业积压订单指数均低于50%，指数分别为45.4%、42.2%和44%。

产成品库存指数为47.2%，比上月上升0.4个百分点。从企业规模来看，大型企业、中型企业和小型企业产成品库存指数均低于50%，指数分别为48.1%、46.9%和43.7%。

采购量指数为48.8%，比上月上升0.2个百分点。从企业规模来看，大型企业采购量指数高于50%，为50.6%；中型企业和小型企业低于50%，指数分别为47.1%和44.2%。

进口指数为47.5%，比上月下降0.6个百分点。从企业规模来看，大型企业、中型企业和小型企业进口指数均低于50%，指数分别为47.6%、47.8%和44.5%。

购进价格指数为44.4%，比上月下降1.4个百分点。从企业规模来看，大型企业、中型企业和小型企业购进价格指数均低于50%，指数分别为43.2%、45.8%和46.9%。

原材料库存指数为47.2%，比上月下降0.3个百分点。从企业规模来看，大型企业、中型企业和小型企业的原材料库存指数均低于50%，指数分别为47.7%、46.8%和45.5%。

从业人员指数为47.8%，比上月下降0.1个百分点。从企业规模来看，大型、中型和小型企业的从业人员指数均低于50%，指数分别为48.3%、47.7%和46%。

供应商配送时间指数为50.6%，比上月下降0.2个百分点。从企业规模来看，大型、中型和小型企业供应商配送时间指数均高于50%，分别为50.2%、51.4%和50.6%。

生产经营活动预期指数为52.5%，比上月下降1.4个百分点。从企业规模来看，大型、中型企业生产经营活动预期指数高于50%，分别为53.8%、51.3%；小型企业低于50%，为48.9%。

11月

中国制造业采购经理指数（PMI）为49.6%，比上月下降0.2个百分点。从12个分项指数来看，同上月相比，均有所下降。其中，新出口订单、积压订单、原材料购进价格、生产活动预期4个指数下降超过1个百分点，其余各项指数均下降在1个百分点内。

生产指数为51.9%，比上月下降0.3个百分点。从企业规模来看，大型企业生产指数高于50%，为54.8%；中型和小型企业低于50%，指数分别为48.8%和44.8%。

新订单指数为49.8%，比上月下降0.5个百分点。从企业规模来看，大型企业新订单指数高于50%，为52.2%；中型企业和小型企业低于50%，分别为48.2%和41.7%。

新出口订单指数为46.4%，比上月下降1个百分点。从企业规模来看，大型企业、中型企业和小型企业新出口订单指数均低于50%，分别为47.3%、45.5%和40.0%。

积压订单指数为43.0%，比上月下降1.4个百分点。从企业规模来看，大型企业、中型企业和小型企业积压订单指数均低于50%，分别为44.1%、42.1%和39.3%。

产成品库存指数为46.7%，比上月下降0.5个百分点。从企业规模来看，大型企业、中型企业和小型企业产成品库存指数均低于50%，分别为48.4%、44.8%和42.6%。

采购量指数为48.3%，比上月下降0.5个百分点。从企业规模来看，大型企业采购量指数高于50%，为50.3%；中型企业和小型企业低于50%，分别为46.4%和43.4%。

进口指数为46.7%，比上月下降0.8个百分点。从企业规模来看，大型企业、中型企业和小型企业进口指数均低于50%，分别为47.2%、45.3%和45.8%。

购进价格指数为41.1%，比上月下降3.3个百分点。从企业规模来看，大型企业、中型企业和小型企业购进价格指数均低于50%，分别为39.7%、42.5%和44.8%。

原材料库存指数为47.1%，比上月下降0.1个百分点。从企业规模来看，大型企业、中型企业和小型企业的原材料库存指数均低于50%，分别为48.2%、46.4%和43.6%。

从业人员指数为47.6%，比上月下降0.2个百分点。从企业规模来看，大型、中型和小型企业的从业人员指数均低于50%，分别为47.6%、48.5%和45.8%。

供应商配送时间指数为50.5%，比上月下降0.1个百分点。从企业规模来看，大型、中型企业供应商配送时间指数均高于50%，分别为50.4%、51.2%；小型企业低于50%，为49.6%。

生产经营活动预期指数为48.3%，比上月下降4.2个百分点。从企业规模来看，大型企业生产经营活动预期指数为50.0%；中型和小型企业低于50%，分别为47.9%和41.3%。

12月

中国制造业采购经理指数（PMI）为49.7%，比上月上升0.1个百分点。从12个分项指数来看，同上月相比，除产成品库存、从业人员、生产经营活动预期3个指数有所下降外，其他各项指数均有所上升。其中，新出口订单、采购量、购进价格3个指数上升较为明显，升幅超过了1个百分点。

生产指数为52.2%，比上月上升0.3个百分点。从企业规模来看，大型、中型企业生产指数高于50%，分别为54.1%、52.4；小型企业低于50%，为42.8%。

新订单指数为50.2%，比上月上升0.4个百分点。从企业规模来看，大型企业新订单指数高于50%，为52.1%；中型企业和小型企业低于50%，分别为49.8%和42.1%。

新出口订单指数为47.5%，比上月上升1.1个百分点。从企业规模来看，大型企业、中型企业和小型企业新出口订单指数均低于50%，分别为47.2%、48.5%和46.9%。

积压订单指数为43.6%，比上月上升0.6个百分点。从企业规模来看，大型企业、中型企业和小型企业积压订单指数均低于50%，分别为44.5%、43.3%和39.9%。

产成品库存指数为46.1%，比上月下降0.6个百分点。从企业规模来看，大型企业、中型企业和小型企业产成品库存指数均低于50%，分别为47.3%、45.8%和41.5%。

采购量指数为50.3%，比上月上升2个百分点。从企业规模来看，大型企业采购量指数高于50%，为52.4%；中型企业和小型企业低于50%，分别为49.4%和42.5%。

进口指数为47.6%，比上月上升0.9个百分点。从企业规模来看，大型企业、中型企业和小型企业进口指数均低于50%，分别为48.2%、46.8%和43.2%。

购进价格指数为42.4%，比上月上升1.3个百分点。从企业规模来看，大型企业、中型企业和小型企业购进价格指数均低于50%，分别为40.7%、43.8%和46.9%。

原材料库存指数为47.6%，比上月上升0.5个百分点。从企业规模来看，大型企业、中型企业和小型企业的原材料库存指数均低于50%，分别为48.8%、46.4%和44%。

从业人员指数为47.4%，比上月下降0.2个百分点。从企业规模来看，大型、中型和小型企业的从业人员指数均低于50%，分别为47.4%、47.7%和46.9%。

供应商配送时间指数为50.7%，比上月上升0.1个百分点。从企业规模来看，大型、中型企业供应商配送时间指数高于50%，分别为51%、51.1%；小型企业低于50%，为48.3%。

生产经营活动预期指数为44.6%，比上月下降3.7个百分点。从企业规模来看，大型、中型和小型企业生产经营活动预期指数均低于50%，分别为45.6%、43.8%和41.2%。

2015年1—12月中国制造业PMI指数走势如下图所示。

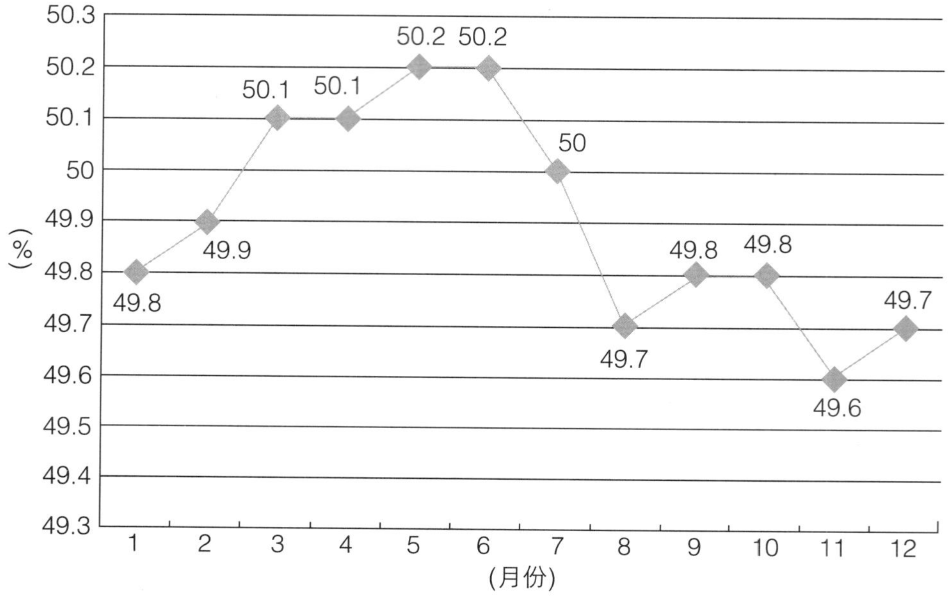

2015年1—12月中国制造业PMI指数走势

（中国物流信息中心）

2015年1—12月中国非制造业商务活动指数

（中国物流与采购联合会、国家统计局服务业调查中心发布）

1月

中国非制造业商务活动指数为53.7%，环比下降0.4个百分点。由于非制造业没有综合指数，通常以商务活动指数来反映非制造业经济的总体变化。

本月的中国非制造业PMI各单项指数中，新出口订单、从业人员、供应商配送和业务活动预期指数与上月相比均有所上升；其中，新出口订单指数较上月上升0.4个百分点，从业人员指数较上月上升1.2个百分点；其余各单项指数均呈现下降，降幅在0.2～2.5个百分点。

新订单指数为50.2%，比上月下降0.3个百分点。分行业来看，建筑业新订单指数为50.4%；服务业新订单指数为50.2%。19个行业中，零售业、水上运输业、电信广播电视和卫星传输服务业等8个行业高于50%；批发业、铁路运输业和装卸搬运及仓储业等6个行业位于50%；建筑安装装饰及其他建筑业、道路运输业和土木工程建筑业等5个行业低于50%。

新出口订单指数为53.3%，比上月上升0.4个百分点。分行业来看，建筑业新出口订单指数为60.5%；服务业新出口订单指数为51.5%。19个行业中，铁路运输业、生态保护环境治理及公共设施管理业、土木工程建筑业、租赁及商务服务业和房屋建筑业等13个行业高于50%；批发业、零售业、住宿业和邮政业等6个行业低于50%。

销售价格指数为46.9%，较上月下降0.4个百分点。分行业来看，建筑业销售价格指数为48.7%；服务业销售价格指数为46.4%。19个行业中，租赁及商务服务业的销售价格指数高于50%；土木工程建筑业位于50%；铁路运输业、装卸搬运及仓储业、邮政业、餐饮业和居民服务及修理业等17个行业低于50%。

从业人员指数为50.3%，比上月上升1.2个百分点。分行业来看，建筑业从业人员指数为53.1%；服务业从业人员指数为49.6%。19个行业中，建筑安装装饰及其他建筑业、铁路运输业、土木工程建筑业、互联网及软件信息技术服务业、零售业和航空运输业等9个行业高于50%；道路运输业的从业人员指数位于50%；批发业、租赁及商务服务业、居民服务及修理业、住宿业和房地产业等9个行业低于50%。

业务活动预期指数为59.6%，与上月相比上升0.1个百分点。分行业来看，建筑业业务活动预期指数为55%；服务业业务活动预期指数为60.8%。19个行业中，航空运输业、铁路运输业、生态保护环境治理及公共设施管理业、住宿业、道路运输业和零售业等18个行业高于50%；装卸搬运及仓储业低于50%。

2月

中国非制造业商务活动指数为53.9%，环比上升0.2个百分点。本月的中国非制造业PMI各单项指数中，新订单、在手订单、存货、投入品价格和销售价格指数与上月相比均有所上升；其中，投入品价格指数较上月上升4.9个百分点，销售价格指数较上月上升4.3个百分点；其余各单项指数均呈现下降，降幅在0.1~1.2个百分点。

新订单指数为51.2%，比上月上升1个百分点。分行业来看，建筑业新订单指数为52.3%；服务业新订单指数为50.9%。19个行业中，航空运输业、生态保护环境治理及公共设施管理业、租赁及商务服务业、零售业和土木工程建筑业等10个行业高于50%；房屋建筑业位于50%；装卸搬运及仓储业、餐饮业和建筑安装装饰及其他建筑业等8个行业低于50%。

新出口订单指数为52.1%，比上月下降1.2个百分点。分行业来看，建筑业新出口订单指数为54.4%；服务业新出口订单指数为51.5%。19个行业中，铁路运输业、建筑安装装饰及其他建筑业和生态保护环境治理及公共设施管理业等13个行业高于50%；互联网及软件信息技术服务业、邮政业和水上运输业等6个行业低于50%。

投入品价格指数为52.5%，环比上升4.9个百分点。分行业来看，建筑业投入品价格指数为49%；服务业投入品价格指数为53.4%。19个行业中，住宿业、租赁及商务服务业、餐饮业和零售业等10个行业高于50%；电信广播电视和卫星传输服务业、房地产业、生态保护环境治理及公共设施管理业和土木工程建筑业等9个行业低于50%。

从业人员指数为49.8%，比上月下降0.5个百分点。分行业来看，建筑业从业人员指数为51.9%；服务业从业人员指数为49.2%。19个行业中，生态保护环境治理及公共设施管理业、零售业和土木工程建筑业等8个行业高于50%；批发业、水上运输业、互联网及软件信息技术服务业、电信广播电视和卫星传输服务业、装卸搬运及仓储业和房屋建筑业等11个行业低于50%。

业务活动预期指数为58.7%，与上月相比下降0.9个百分点。分行业来看，建筑业业务活动预期指数为59.5%；服务业业务活动预期指数为58.6%。19个行业中，住宿业、互联网及软件信息技术服务业、生态保护环境治理及公共设施管理业、电信广播电视和卫星传输服务业和批发业等18个行业高于50%；零售业低于50%。

3月

中国非制造业商务活动指数为53.7%，环比下降0.2个百分点。本月的中国非制造业PMI各单项指数中，只有供应商配送时间指数和业务活动预期指数与上月相比呈现上升，升幅分别为0.5个和0.1个百分点。其余各单项指数均有所下降；其中，在手订单指数较上月下降3.4个百分点，销售价格指数较上月下降2.8个百分点。

新订单指数为50.3%，比上月下降0.9个百分点。分行业来看，建筑业新订单指数为54.7%；服务业新订单指数为49.2%。19个行业中，电信广播电视和卫星传输服务业、互联网及软件信息技术服务业等12个行业高于50%；土木工程建筑业、装卸搬运及仓储业和航空运输业等7个行业低于50%。

新出口订单指数为51.5%，比上月下降0.6个百分点。分行业来看，建筑业新出口订单指数为50.6%；服务业新出口订单指数为51.7%。19个行业中，装卸搬运及仓储业、铁路运输业、住宿业和房屋建筑业等7个行业高于50%；生态保护环境治理及公共设施管理业、居民服务及修理业和零售业等12个行业低于50%。

投入品价格指数为50%，环比下降2.5个百分点。分行业来看，建筑业投入品价格指数为49.1%；服务业投入品价格指数为50.3%。19个行业中，道路运输业、航空运输业、邮政业和居民服务及修理业等10个行业高于50%；互联网及软件信息技术服务业、生态保护环境治理及公共设施管理业和房地产业等9个行业低于50%。

从业人员指数为49%，比上月下降0.8个百分点。分行业来看，建筑业从业人员指数为52.4%；服务业从业人员指数为48.2%。19个行业中，房屋建筑业、航空运输业、居民服务及修理业和道路运输业等6个行业高于50%；生态保护环境治理及公共设施管理业、建筑安装装饰及其他建筑业、装卸搬运及仓储业和铁路运输业等13个行业低于50%。

业务活动预期指数为58.8%，与上月相比上升0.1个百分点。分行业来看，建筑业业务活动预期指数为67.2%；服务业业务活动预期指数为56.6%。19个行业中，生态保护环境治理及公共设施管理业、房屋建筑业、土木工程建筑业和互联网及软件信息技术服务业等16个行业高于50%；餐饮业、装卸搬运及仓储业和居民服务及修理业低于50%。

4月

中国非制造业商务活动指数为53.4%，环比下降0.3个百分点。本月的中国非制造业PMI各单项指数中，在手订单、投入品价格、销售价格、供应商配送时间和业务活动预期指数环比均有所上升，其中，在手订单指数环比上升1.1个百分点，投入品价格指数环比上升0.8个百分点。商务活动、新订单、新出口订单、存货、从业人员指数环比均有所下降。其中，新出口订单指数较上月下降1.8个百分点，新订单指数较上月下降1.2个百分点。

新订单指数为49.1%，比上月下降1.2个百分点。分行业来看，建筑业新订单指数为47.3%；服务业新订单指数为49.5%。19个行业中，生态保护环境治理及公共设施管理业、邮政业和批发业等9个行业高于50%；居民服务及修理业、零售业、土木工程建筑业、道路运输业和餐饮业等10个行业低于50%。

新出口订单指数为49.7%，比上月下降1.8个百分点。分行业来看，建筑业新出口订单指数为47.7%；服务业新出口订单指数为50.2%。19个行业中，铁路运输业、租赁及商务服务业、房屋建筑业和装卸搬运及仓储业等8个行业高于50%；餐饮业、零售业、土木工程建筑业、建筑安装装饰及其他建筑业和居民服务及修理业等11个行业低于50%。

投入品价格指数为50.8%，环比上升0.8个百分点。分行业来看，建筑业投入品价格指数为 47.2%；服务业投入品价格指数为 51.7%。19 个行业中，批发业、道路运输业、航空运输业、餐饮业、电信广播电视和卫星传输服务业等 11 个行业高于 50%；邮政业、房屋建筑业、住宿业、土木工程建筑业和建筑安装装饰及其他建筑业等 8 个行业低于 50%。

从业人员指数为 48.9%，比上月下降 0.1 个百分点。分行业来看，建筑业从业人员指数为 51.8%；服务业从业人员指数为 48.2%。19 个行业中，航空运输业、房屋建筑业、邮政业和互联网及软件信息技术服务业 5 个行业高于 50%；餐饮业、水上运输业、零售业、道路运输业、建筑安装装饰及其他建筑业和、信广播电视和卫星传输服务业等 14 个行业低于 50%。

业务活动预期指数为 60%，与上月相比上升 1.2 个百分点。分行业来看，建筑业业务活动预期指数为 64.6%；服务业业务活动预期指数为 58.9%。19 个行业中，生态保护环境治理及公共设施管理业、互联网及软件信息技术服务业、航空运输业、房屋建筑业和土木工程建筑业等 18 个行业高于 50%；居民服务及修理业低于 50%。

5 月

中国非制造业商务活动指数为 53.2%，环比下降 0.2 个百分点。本月的中国非制造业 PMI 各单项指数中，新订单、存货、投入品价格、销售价格和业务活动预期指数环比均有所上升。其中，投入品价格指数升幅最大，环比上升 2.0 个百分点；销售价格指数升幅次之，环比上升 1.5 个百分点。商务活动、新出口订单、在手订单、从业人员和供应商配送时间指数环比均有所下降。其中，新出口订单指数降幅最大，较上月下降 1.8 个百分点；从业人员指数降幅次之，较上月下降 1.3 个百分点。

新订单指数为 49.5%，比上月上升 0.4 个百分点。分行业来看，建筑业新订单指数为 51.2%；服务业新订单指数为 49.1%。19 个行业中，生态保护环境治理及公共设施管理业、互联网及软件信息技术服务业、租赁及商务服务业、零售业、土木工程建筑业和住宿业等行业高于 50%；铁路运输业、居民服务及修理业、航空运输业、餐饮业、道路运输业和批发业等行业低于 50%。

新出口订单指数为 47.9%，比上月下降 1.8 个百分点。分行业来看，建筑业新出口订单指数为 44.4%；服务业新出口订单指数为 48.8%。19 个行业中，装卸搬运及仓储业、批发业和租赁及商务服务业等行业高于 50%；住宿业、建筑安装装饰及其他建筑业、道路运输业、航空运输业、互联网及软件信息技术服务业、零售业、土木工程建筑业和水上运输业等行业低于 50%。

投入品价格指数为 52.8%，环比上升 2 个百分点。分行业来看，建筑业投入品价格指数为 48.8%；服务业投入品价格指数为 53.8%。19 个行业中，道路运输业、批发业、水上运输业、租赁及商务服务业、居民服务及修理业、餐饮业和零售业等行业高于 50%；房屋建筑业、邮政业和航空运输业等行业低于 50%。

销售价格指数为 50.4%，较上月上升 1.5 个百分点。分行业来看，建筑业销售价格指数为 49.6%；服务业销售价格指数为 50.6%。19 个行业中，批发业、租赁及商务服务业、水上运输业和建筑安装装饰及其他建筑业等行业的销售价格指数高于 50%；电信广播电视和卫星传输服务业、住宿业、居民服务及修理业、航空运输业、邮政业和装卸搬运及仓储业等行业低于 50%。

业务活动预期指数为 60.1%，与上月相比上升 0.1 个百分点。分行业来看，建筑业业务活动预期指数为64.7%；服务业业务活动预期指数为59%。19个行业中，互联网及软件信息技术服务业、航空运输业、生态保护环境治理及公共设施管理业、房屋建筑业、土木工程建筑业、租赁及商务服务业、装卸搬运及仓储业、批发业和建筑安装装饰及其他建筑业等18个行业高于50%；住宿业低于50%。

6月

中国非制造业商务活动指数为53.8%，环比上升0.6个百分点。本月的中国非制造业PMI各单项指数中，商务活动、新订单、新出口订单、在手订单、存货和从业人员指数环比均有所上升。其中，新出口订单指数升幅最大，环比上升2.2个百分点，从业人员指数升幅次之，环比上升2.1个百分点。投入品价格、销售价格、供应商配送时间和业务活动预期指数环比均有所下降。其中，投入品价格指数降幅最大，较上月下降2.2个百分点，销售价格指数降幅次之，较上月下降1.7个百分点。

新订单指数为51.3%，比上月上升1.8个百分点。分行业来看，建筑业新订单指数为54%；服务业新订单指数为50.8%。20个行业中，互联网及软件信息技术服务业、电信广播电视和卫星传输服务业和租赁及商务服务业等10个行业高于50%；餐饮业、道路运输业、居民服务及修理业和住宿业等10个行业低于50%。

新出口订单指数为50.1%，比上月上升2.2个百分点。分行业来看，建筑业新出口订单指数为53%；服务业新出口订单指数为49.6%。20个行业中，铁路运输业、房屋建筑业、租赁及商务服务业和水上运输业等7个行业高于50%；餐饮业、生态保护环境治理及公共设施管理业、住宿业和零售业等13个行业低于50%。

投入品价格指数为50.6%，环比下降2.2个百分点。分行业来看，建筑业投入品价格指数为47.6%；服务业投入品价格指数为51.2%。20个行业中，航空运输业、租赁及商务服务业、互联网及软件信息技术服务业、道路运输业、餐饮业和电信广播电视和卫星传输服务业等16个行业高于50%；房屋建筑业、邮政业、批发业和零售业4个行业低于50%。

从业人员指数为49.7%，比上月上升2.1个百分点。分行业来看，建筑业从业人员指数为52.3%；服务业从业人员指数为49.2%。20个行业中，航空运输业、邮政业、房屋建筑业和生态保护环境治理及公共设施管理业等9个行业高于50%；餐饮业、住宿业、电信广播电视和卫星传输服务业和居民服务及修理业等11个行业低于50%。

业务活动预期指数为59.7%，与上月相比下降0.4个百分点。分行业来看，建筑业业务活动预期指数为66.8%；服务业业务活动预期指数为58.4%。20个行业中，航空运输业、生态保护环境治理及公共设施管理业、土木工程建筑业和互联网及软件信息技术服务业等18个行业高于50%；居民服务及修理业和住宿业均低于50%。

7月

中国非制造业商务活动指数为53.9%，环比上升0.1个百分点。本月的商务活动和业务活动预期指数环比小幅上升，供应商配送时间指数较上月持平，其余各主要指数环比均有所下降。其中，新出口订单指数降幅最大，环比下降3.9个百分点；投入品价格指数降幅次之，环比下降1.7个百分点；其余各指数的降幅在0.5~1.3个百分点。

新订单指数为50.1%，比上月下降1.2个百分点。分行业来看，建筑业新订单指数为51.4%；服务业新订单指数为49.8%。20个行业中，航空运输业、生态保护环境治理及公共设施管理业和租赁及商务服务业等8个行业高于50%；居民服务及修理业、零售业、住宿业、餐饮业和铁路运输业等12个行业低于50%。

新出口订单指数为46.2%，比上月下降3.9个百分点。分行业来看，建筑业新出口订单指数为47.4%；服务业新出口订单指数为46%。20个行业中，航空运输业、铁路运输业、生态保护环境治理及公共设施管理业和邮政业等6个行业高于50%；住宿业、装卸搬运及仓储业和水上运输业等14个行业低于50%。

投入品价格指数为48.9%，环比下降1.7个百分点。分行业来看，建筑业投入品价格指数为47.7%；服务业投入品价格指数为49.1%。20个行业中，租赁及商务服务业、餐饮业、生态保护环境治理及公共设施管理业和居民服务及修理业等11个行业高于50%；水上运输业、航空运输业、批发业和房屋建筑业等9个行业低于50%。

从业人员指数为49.2%，比上月下降0.5个百分点。分行业来看，建筑业从业人员指数为51.6%；服务业从业人员指数为48.8%。20个行业中，航空运输业、邮政业、互联网及软件信息技术服务业、房屋建筑业和金融业等8个行业高于50%；装卸搬运及仓储业、餐饮业、水上运输业和建筑安装装饰及其他建筑业等12个行业低于50%。

业务活动预期指数为60%，与上月相比上升0.3个百分点。分行业来看，建筑业业务活动预期指数为65.3%；服务业业务活动预期指数为59.1%。20个行业中，航空运输业、生态保护环境治理及公共设施管理业、互联网及软件信息技术服务业和房屋建筑业等19个行业高于50%；居民服务及修理业低于50%。

8月

中国非制造业商务活动指数为53.4%，环比下降0.5个百分点。本月的商务活动、新订单、存货、供应商配送时间和业务活动预期指数环比均有所下降，其中，存货指数降幅最大，环比下降0.9个百分点；其余各主要指数环比均有所上升，升幅在0.3~0.7个百分点。

新订单指数为49.6%，比上月下降0.5个百分点。分行业来看，建筑业新订单指数为53.1%；服务业新订单指数为49%。20个行业中，生态保护环境治理及公共设施管理业、航空运输业、住宿业和土木工程建筑业等11个行业高于50%；铁路运输业、房地产业、道路运输业和装卸搬运及仓储业等9个行业低于50%。

新出口订单指数为46.6%，比上月上升0.4个百分点。分行业来看，建筑业新出口订单指数为42.2%；服务业新出口订单指数为47.4%。20个行业中，铁路运输业、航空运输业、生态保护环境治理及公共设施管理业和水上运输业等7个行业高于50%；建筑安装装饰及其他建筑业、土木工程建筑业、住宿业和道路运输业等13个行业低于50%。

投入品价格指数为49.6%，环比上升0.7个百分点。分行业来看，建筑业投入品价格指数为48.8%；服务业投入品价格指数为49.7%。20个行业中，餐饮业、租赁及商务服务业、住宿业和居民服务及修理业等10个行业高于50%；水上运输业、批发业和航空运输业等9个行业低于50%。

从业人员指数为49.5%，比上月上升0.3个百分点。分行业来看，建筑业从业人员指数为51.6%；服务业从业人员指数为49.1%。20个行业中，航空运输业、邮政业和生态保护环境治理及公共设施管理业等 9 个行业高于 50%；居民服务及修理业、装卸搬运及仓储业、房地产业和餐饮业等 11 个行业低于 50%。

业务活动预期指数为 59.7%，与上月相比下降 0.3 个百分点。分行业来看，建筑业业务活动预期指数为 63.8%；服务业业务活动预期指数为 59%。20 个行业中，零售业、土木工程建筑业、互联网及软件信息技术服务业、邮政业、电信广播电视和卫星传输服务业等 18 个行业高于 50%；铁路运输业和航空运输业低于 50%。

9 月

中国非制造业商务活动指数为 53.4%，环比持平。本月的中国非制造业 PMI 各单项指数中，商务活动、在手订单、从业人员和供应商配送时间指数环比持平；其余各主要指数环比均有所上升，其中，新出口订单指数环比升幅最大，为 4.5 个百分点，投入品价格指数升幅次之，为 1.2 个百分点。

新订单指数为 50.2%，比上月上升 0.6 个百分点。分行业来看，建筑业新订单指数为 49.6%；服务业新订单指数为 50.3%。20 个行业中，邮政业、住宿业、零售业、电信广播电视和卫星传输服务业等 9 个行业高于 50%；生态保护环境治理及公共设施管理业、航空运输业和铁路运输业等 11 个行业低于 50%。

新出口订单指数为 51.1%，比上月上升 4.5 个百分点。分行业来看，建筑业新出口订单指数为 54.3%；服务业新出口订单指数为 50.5%。20 个行业中，铁路运输业、零售业、房屋建筑业、水上运输业和住宿业等 12 个行业高于 50%；生态保护环境治理及公共设施管理业、邮政业、餐饮业、道路运输业和航空运输业等 8 个行业低于 50%。

投入品价格指数为 50.8%，环比上升 1.2 个百分点。分行业来看，建筑业投入品价格指数为 47.9%；服务业投入品价格指数为 51.3%。20 个行业中，餐饮业、铁路运输业、零售业和居民服务及修理业等 12 个行业高于 50%；航空运输业、房屋建筑业、邮政业、金融业和水上运输业等 8 个行业低于 50%。

从业人员指数为 49.5%，与上月持平。分行业来看，建筑业从业人员指数为 48.8%；服务业从业人员指数为 49.6%。20 个行业中，邮政业、航空运输业、金融业、互联网及软件信息技术服务业和住宿业等 6 个行业高于 50%；水上运输业、生态保护环境治理及公共设施管理业和装卸搬运及仓储业等 14 个行业低于 50%。

业务活动预期指数为 60%，与上月相比上升 0.3 个百分点。分行业来看，建筑业业务活动预期指数为 64.7%；服务业业务活动预期指数为 59.3%。20 个行业中，邮政业、零售业和建筑安装装饰及其他建筑业等 17 个行业高于 50%；航空运输业、铁路运输业和水上运输业 3 个行业低于 50%。

10 月

中国非制造业商务活动指数为 53.1%，环比下降 0.3 个百分点。本月的中国非制造业 PMI 各单项指数中，新订单、投入品价格、销售价格、从业人员和业务活动预期指数环比均有所上升，其中业务活动预期指数升幅最大，为 1.1 个百分点；其余各主要指数环比均有所下降，其中新出口订单指数环比降幅最大，为 1.6 个百分点。

新订单指数为 51.2%，环比上升 1 个百分点。分行业来看，建筑业新订单指数为 55.1%；服务业新订单指数为 48.9%。20 个行业中，住宿业、生态保护环境治理及公共设施管理业、建筑安装装饰及其他建筑业和房屋建筑业等 12 个行业高于 50%；居民服务及修理业、装卸搬运及仓储业、水上运输业和批发业等 8 个行业低于 50%。

新出口订单指数为 49.5%，环比下降 1.6 个百分点。分行业来看，建筑业新出口订单指数为 50.9%；服务业新出口订单指数为 49.3%。20 个行业中，房屋建筑业、航空运输业、金融业、零售业、铁路运输业和道路运输业等 11 个行业高于 50%；生态保护环境治理及公共设施管理业、建筑安装装饰及其他建筑业、邮政业和批发业等 9 个行业低于 50%。

投入品价格指数为 51.2%，环比上升 0.4 个百分点。分行业来看，建筑业投入品价格指数为 47.9%；服务业投入品价格指数为 51.7%。20 个行业中，道路运输业、住宿业、餐饮业、水上运输业、零售业、批发业和租赁及商务服务业等 16 个行业高于 50%；房屋建筑业、土木工程建筑业、邮政业和金融业 4 个行业低于 50%。

从业人员指数为 49.6%，环比上升 0.1 个百分点。分行业来看，建筑业从业人员指数为 50.2%；服务业从业人员指数为 49.4%。20 个行业中，邮政业、航空运输业、住宿业、生态保护环境治理及公共设施管理业和金融业等 6 个行业高于 50%；装卸搬运及仓储业、餐饮业、电信广播电视和卫星传输服务业、居民服务及修理业等 14 个行业低于 50%。

业务活动预期指数为 61.1%，环比上升 1.1 个百分点。分行业来看，建筑业业务活动预期指数为 64.9%；服务业业务活动预期指数为 60.5%。20 个行业中，邮政业、互联网及软件信息技术服务业、建筑安装装饰及其他建筑业和零售业等 16 个行业高于 50%；生态保护环境治理及公共设施管理业、住宿业、道路运输业和铁路运输业 4 个行业低于 50%。

11 月

中国非制造业商务活动指数为 53.6%，环比上升 0.5 个百分点。本月的中国非制造业 PMI 各单项指数中，商务活动、在手订单和存货指数环比均有所上升，其中在手订单指数升幅最大，为 0.9 个百分点；其余各主要指数环比均有所下降，其中投入品价格指数环比降幅最大，为 1.9 个百分点。

新订单指数为 50.2%，环比下降 1 个百分点。分行业来看，建筑业新订单指数为 49.5%；服务业新订单指数为 50.3%。20 个行业中，邮政业、互联网及软件信息技术服务业、金融业、电信广播电视和卫星传输服务业、建筑安装装饰及其他建筑业等 10 个行业高于 50%；餐饮业、生态保护环境治理及公共设施管理业、航空运输业、道路运输业和租赁及商务服务业等 10 个行业低于 50%。

新出口订单指数为 49.4%，环比下降 0.1 个百分点。分行业来看，建筑业新出口订单指数为 50.6%；服务业新出口订单指数为 49.2%。20 个行业中，邮政业、房屋建筑业、互联网及软件信息技术服务业、铁路运输业、道路运输业和电信广播电视和卫星传输服务业等 10 个行业高于 50%；餐饮业、住宿业、水上运输业、土木工程建筑业和航空运输业等 10 个行业低于 50%。

投入品价格指数为 49.3%，环比下降 1.9 个百分点。分行业来看，建筑业投入品价格指数为 48.6%；服务业投入品价格指数为 49.4%。20 个行业中，航空运输业、居民服务及修理业、装卸搬运及仓储业、餐饮业、住宿业和互联网及软件信息技术服务业等 12 个行业高于 50%；水上运输业、批发业、房屋建筑业、租赁及商务服务业和金融业等 8 个行业低于 50%。

从业人员指数为48.4%，环比下降1.2个百分点。分行业来看，建筑业从业人员指数为50.3%；服务业从业人员指数为48.1%。20个行业中，建筑安装装饰及其他建筑业、邮政业、互联网及软件信息技术服务业、土木工程建筑业和金融业5个行业高于50%；餐饮业、生态保护环境治理及公共设施管理业、铁路运输业和水上运输业等15个行业低于50%。

业务活动预期指数为60%，环比下降1.1个百分点。分行业来看，建筑业业务活动预期指数为63%；服务业业务活动预期指数为59.5%。20个行业中，零售业、邮政业、互联网及软件信息技术服务业、建筑安装装饰及其他建筑业和金融业等17个行业高于50%；装卸搬运及仓储业位于50%；住宿业和生态保护环境治理及公共设施管理业2个行业低于50%。

12月

中国非制造业商务活动指数为54.4%，环比上升0.8个百分点。本月的中国非制造业PMI各单项指数中，商务活动、新订单、新出口订单、在手订单、销售价格、从业人员和供应商配送时间指数环比均有所上升，其中新订单和新出口订单指数升幅最大，均为1.5个百分点；其余各主要指数环比均有所下降，其中业务活动预期指数环比降幅最大，为1.7个百分点。

新订单指数为51.7%，环比上升1.5个百分点。分行业来看，建筑业新订单指数为55%；服务业新订单指数为51.2%。20个行业中，互联网及软件信息技术服务业、金融业、土木工程建筑业、电信广播电视和卫星传输服务业等9个行业高于50%；生态保护环境治理及公共设施管理业、水上运输业、房地产业、道路运输业和航空运输业等11个行业低于50%。

新出口订单指数为50.9%，环比上升1.5个百分点。分行业来看，建筑业新出口订单指数为54.3%；服务业新出口订单指数为50.3%。20个行业中，建筑安装装饰及其他建筑业、互联网及软件信息技术服务业、铁路运输业和房屋建筑业等11个行业高于50%；生态保护环境治理及公共设施管理业、餐饮业、住宿业、批发业、装卸搬运及仓储业和水上运输业等9个行业低于50%。

投入品价格指数为49%，环比下降0.3个百分点。分行业来看，建筑业投入品价格指数为46.1%；服务业投入品价格指数为49.5%。20个行业中，餐饮业、互联网及软件信息技术服务业、装卸搬运及仓储业和铁路运输业等9个行业高于50%；房地产业位于50%；批发业、房屋建筑业、水上运输业、航空运输业和土木工程建筑业等10个行业低于50%。

从业人员指数为48.9%，环比上升0.5个百分点。分行业来看，建筑业从业人员指数为52.6%；服务业从业人员指数为48.2%。20个行业中，建筑安装装饰及其他建筑业、土木工程建筑业、互联网及软件信息技术服务业、金融业和航空运输业等6个行业高于50%；零售业和铁路运输业位于50%；餐饮业、房地产业、装卸搬运及仓储业、水上运输业和居民服务及修理业等12个行业低于50%。

业务活动预期指数为58.3%，环比下降1.7个百分点。分行业来看，建筑业业务活动预期指数为60.2%；服务业业务活动预期指数为58%。20个行业中，航空运输业、零售业、建筑安装装饰及其他建筑业和金融业、电信广播电视和卫星传输服务业、铁路运输业等17个行业高于50%；装卸搬运及仓储业、住宿业和房地产业3个行业低于50%。

2015 年 1—12 月中国非制造业商务活动指　　数走势如下图所示。

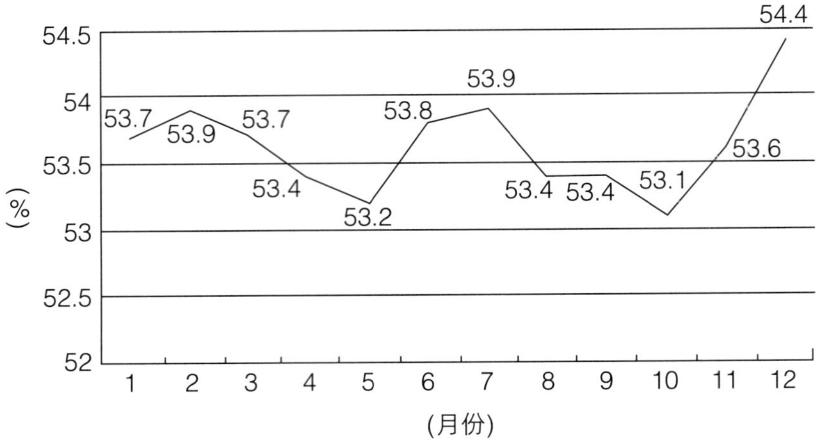

2015 年 1—12 月中国非制造业商务活动指数走势

（中国物流信息中心）

第三部分

物流产业

2015 年中国交通运输业

2015 年是我国“十二五”规划收官之年，面对错综复杂的国内外环境，交通运输领域坚持稳中求进的工作总基调，基础设施建设再次取得跨越，总体完成“十二五”规划预定目标。全年交通运输、仓储和邮政业共完成固定资产投资 4.9 万亿元，比上年增长 14.3%，占全社会固定资产投资总额的 8.9%，增速比全社会固定资产投资增速高出 4.3 个百分点。

一、基础设施

（一）铁路

2015 年，我国完成铁路固定资产投资 8238 亿元，比上年增长 1.9%，全年投产新线 9531 公里，其中高速铁路 3306 公里。截至 2015 年年底，全国铁路营业里程达到 12.1 万公里，比上年年末增长 8.2%。其中：高铁营业里程超过 1.9 万公里；西部地区营业里程为 4.8 万公里，比上年增长 10.1%。路网密度 126 公里/万平方公里，比上年增加 9.5 公里/万平方公里。复线里程 6.4 万公里，比上年增长 12.5%；电气化里程 7.4 万公里，比上年增长 12.9%；复线率和电气化率分别达到 52.9% 和 60.8%。

（二）公路

2015 年，我国完成公路建设投资 16513.3 亿元，比上年增长 6.8%。其中：高速公路建设完成投资 7949.97 亿元，比上年增长 1.7%；普通国省道建设完成投资 5336.1 亿元，比上年增长 15.7%；农村公路建设完成投资 3227.23 亿元，比上年增长 6.5%，新改建农村公路 25.28 万公里。纳入《集中连片特困地区交通建设扶贫规划纲要（2011—2020）》的 505 个贫困县完成公路建设投资 3474.7 亿元，比上年增长 0.9%，占全国公路建设投资的比重为 21.0%。

截至 2015 年年底，全国公路总里程为 457.7 万公里，比上年年末增加 11.3 万公里。公路密度为 47.7 公里/百平方公里，比上年年末提高 1.2 公里/百平方公里。二级及以上公路里程 57.5 万公里，比上年年末增加 2.9 万公里，占公路总里程比重的 12.6%，比上年年末提高 0.3 个百分点。高速公路里程 12.4 万公里，比上年年末增加 1.2 万公里，其中国家高速公路 7.96 万公里，比上年年末增加 0.7 万公里。农村公路为 398.1 万公里，比上年年末增加9.9万公里，其中村道231.3万公里，比上年年末增加8.9万公里。全国通公路的乡（镇）占全国乡（镇）总数99.99%，其中：通硬化路面的乡（镇）占比达98.6%，比上年年末提高0.5个百分点；通公路的建制村占全国建制村总数的99.9%，其中通硬化路面的建制村占比达94.5%，比上年年末提高2.7个百分点。

（三）水运

2015年，我国内河及沿海建设完成投资1457.2亿元，比上年下降0.2%。其中：内河建设完成投资546.5亿元，比上年上升7.6%；沿海建设完成投资910.6亿元，比上年下降4.3%。505个贫困县完成水运建设投资25.9亿元，全部为内河建设投资，比上年增长4.9%，占全国内河建设投资4.7%。

1. 内河航道

截至2015年年底，全国内河航道通航里程12.7万公里，比上年年末增加721公里。等级航道6.6万公里，占总里程52.2%，比上年提高0.4个百分点。其中：三级及以上航道1.2万公里，五级及以上航道3.0万公里，分别占总里程的9.1%和23.7%，分别比上年提高0.5个和1.2个百分点。

2. 港口

截至2015年年底，我国港口拥有生产用码头泊位31259个，比上年年末减少446个。其中：沿海港口生产用码头泊位5899个，比上年年末增加65个；内河港口生产用码头泊位25360个，比上年年末减少511个。全国港口拥有万吨级及以上泊位2221个，比上年年末增加111个，其中十万吨级及以上331个，比上年年末增加25个。沿海港口万吨级及以上泊位1807个，比上年年末增加103个；内河港口万吨级及以上泊位414个，比上年年末增加8个。万吨级及以上泊位中，专业化泊位1173个、通用散货泊位473个、通用件杂货泊位371个。专业化泊位中，集装箱泊位325个，占比为27.7%。

（四）民航

2015年，我国民航固定资产投资总额为1566.1亿元，其中基本建设和技术改造投资769.3亿元，比上年增长4.8%。

截至2015年年底，我国共有民用运输机场210个，比上年年末增加8个，其中：定期航班通航机场206个，定期航班通航城市204个。年内定期航班新通航的城市有广东惠州、青海海西、新疆富蕴、云南宁蒗、山东日照、山西忻州；新疆石河子花园机场、辽宁营口兰旗机场颁证但年内没有定期航班；陕西安康机场、新疆且末机场停航。年旅客吞吐量达到100万人次以上的通航机场有70个，比上年增加6个。年旅客吞吐量达到1000万人次以上的有26个，比上年增加2个。年货邮吞吐量达到10000吨以上的有51个，比上年增加1个。北京、上海和广州三大城市机场完成旅客吞吐量和货邮吞吐量分别占全国机场总量的27.3%和50.9%，占比情况比上年略有下降。

（五）输油气管道

截至2015年年底，我国陆上油气管道总里程达10.9万公里，其中2015年新建成油气管道总里程为0.5万公里。由于我国油田维持“气多油少”总体特征，使得天然气管道增量较大，原油、成品油管道增量较小，与此同时，因安全等原因封存退役原油管道约0.3万公里。

（六）城市轨道交通

2015年，我国城市轨道交通领域完成投资3683亿元，比上年增长27%，新增运营线路长度445公里，比上年增加14%。截至2015

年年底，我国大陆共有 26 个城市开通轨道交通线路，总里程达到 3618 公里，其中：地铁规模达 2658 公里，占比达 73. 5%；其他制式城轨交通规模为 960 公里，占比达 26. 5%。拥有轨道交通车站 2092 个，其中换乘站 180 个，分别比上年增加 263 个和 29 个。

二、运输服务

（一）运输总量

2015 年，我国全社会完成客运量 194 亿人次、旅客周转量 30047 亿人·公里、货运量 417 亿吨、货物周转量 177401 亿吨·公里，分别比上年下降 4. 4%、增长 4. 9%、增长 0. 2% 和下降 1. 9%。全国港口完成货物吞吐量 127. 5 亿吨，完成集装箱吞吐量 2. 1 亿标准箱，分别比上年增长 2. 4% 和 4. 5%。其中：规模以上港口完成货物吞吐量 114. 3 亿吨、集装箱吞吐量 2. 09 亿标准箱，分别比上年增长 1. 6% 和 4. 1%；规模以上港口完成外贸货物吞吐量 35. 9 亿吨，比上年增长 1. 1%。

（二）运输结构

在旅客运输方面，随着高速铁路、城际铁路等快速发展，铁路在旅客运输中的比重明显提升，占比达到 13. 0%，旅客周转量占比达到 39. 8%，超过公路客运 35. 8% 的比重。同时，随着人们收入的增长，航空客运需求也不断上升，民航客运量保持两位数高速增长，客运量和旅客周转量分别比上年增长 11. 1% 和 14. 8%。公路运输总量以及其在全社会客运中的占比有所下降，公路客运量和旅客周转量分别比上年下降 6. 7% 和 2. 3%。

在货物运输方面，铁路、公路运输占比持续下降，水运占比显著提升，水路运输在全社会货运量和货物周转量中的比重分别达到 14. 7% 和 51. 5%，分别比上年提高 4 个和 5 个百分点。铁路货运持续大幅下降，货运量和货物周转量分别比上年下降 11. 9% 和 13. 7%。公路货运量低速增长，在全社会货运中仍占据主导地位，货运量占比超过 75%。

2015 年我国社会客货运输量完成情况详见下表。

2015 年我国社会客货运输量完成情况统计表

类别		单位	绝对数	比上年增长（%）	所占比重（%）
客运量	总量	亿人	194. 3	-4. 4	100. 00
	铁路	亿人	25. 3	10	13. 02
	公路	亿人	161. 9	-6. 7	83. 32
	水运	亿人	2. 7	2. 8	1. 39
	民航	亿人	4. 4	11. 1	2. 26

续 表

类别		单位	绝对数	比上年增长（%）	所占比重（%）
旅客周转量	总量	亿人·公里	30047.0	4.9	100.00
	铁路	亿人·公里	11960.6	6.4	39.81
	公路	亿人·公里	10742.7	-2.3	35.75
	水运	亿人·公里	73.1	-1.7	0.24
	民航	亿人·公里	7270.7	14.8	24.20
货运量	总量	亿吨	417.1	0.2	100.00
	铁路	亿吨	33.6	-11.9	8.06
	公路	亿吨	315	1.2	75.52
	水运	亿吨	61.4	2.5	14.72
	民航	亿吨	625.3	5.2	0.00
	管道	亿吨	7.1	1.7	1.70
货物周转量	总量	亿吨·公里	177400.7	-1.9	100.00
	铁路	亿吨·公里	23754.3	-13.7	13.39
	公路	亿吨·公里	57955.7	2.0	32.67
	水运	亿吨·公里	91344.6	-1.2	51.49
	民航	亿吨·公里	207.3	10.4	0.12
	管道	亿吨·公里	4138.8	6.6	2.33

资料来源：2015年国民经济和社会发展统计公报。

（三）运输质量

2015年，我国运输服务总体质量迈上一个新的台阶，以消费者为核心的一体化、便捷化、多样化运输服务已成为全社会、各部门以及运输企业的普遍共识，也成为运输领域推进供给侧结构性改革的重要内容。城市群、大城市交通服务水平不断提升，以扶贫脱贫为重点的农村普遍服务能力进一步增强。民航领域平均航班正常率为68.3%。互联网、大数据、云计算以及电子商务模式下的新业态不断涌现。快递业快速发展，全年完成业务量206亿件，比上年增长48%，最高日处理量超过1.6亿件；完成业务收入2760亿元，比上年增长35%。全国农村地区直接通邮率达到94%，乡镇快递服务营业网点覆盖率提升至70%。全社会物流成本占GDP比重降至16%。

三、运输装备

截至2015年年底，我国铁路机车拥有量

达2.1万台，比上年减少69台，其中内燃机车占43.2%，电力机车占56.8%。铁路客车拥有量为6.5万辆，比上年增加0.4万辆；动车组1883组、17648辆，比上年增加479组、3952辆。全国铁路货车拥有量为72.3万辆。

全国民用汽车保有量达到1.7亿辆（包括三轮汽车和低速货车955万辆），比上年增长11.5%。其中：私人汽车保有量1.4亿辆，比上年增长14.4%；民用轿车保有量9508万辆，比上年增长14.6%，其中：私人轿车达8793万辆，比上年增长15.8%。拥有公路营运汽车1473万辆，比上年减少4.2%，其中：载客汽车83.9万辆、比上年减少0.8%；载货汽车1389.2万辆，比上年减少4.4%。营运客车中，大型客车30.5万辆，占比为36.3%。营运货车中，普通货车为1011.9万辆，专用货车为48.4万辆，占比分别为72.8%和3.5%。全国城市及县城拥有公共汽电车56.2万辆、63.3万标台，分别比上年增长6.2%和5.9%，其中BRT车辆6163辆，比上年增长15.4%。出租汽车运营车辆139.3万辆，比上年增长1.6%。

全国拥有水上运输船舶16.6万艘，净载重量27244.3万吨，分别比上年减少3.5%和增长5.7%。船舶平均净载重量1642.2吨/艘，集装箱箱位260.4万标准箱，分别比上年增长9.5%和12.3%。拥有城市客运轮渡310艘，比上年减少5.8%。

全国民航运输飞机在册架数2650架，比上年增加280架。通用航空企业在册航空器总数1904架，其中教学训练用飞机508架。

全国拥有城市轨道交通运营车辆1.99万辆、4.8万标台，分别比上年增长15.3%和15.3%，其中：地铁车辆18098辆，轻轨车辆1434辆，分别比上年增长15.3%和4.5%。

四、技术标准

2015年，我国交通运输技术标准体系进一步完善。铁路领域发布了《高速铁路扣件》《铁路车站计算机联锁技术条件》《铁路电力设计规范》等116项铁路技术标准，完成了《高速铁路设计规范》《城际铁路设计规范》等31项铁路技术标准的英文翻译工作，发布了《铁路危险货物运输安全监督管理规定》《铁路建设工程质量监督管理规定》《铁路专用设备缺陷产品召回管理办法》3项铁路规章。公路、水路交通运输科研基础条件建设完成投资近15亿元。截至2015年年底，公路、水路领域共有重点实验室50个、行业研发中心18个、行业协同创新平台19个。全年新签科技项目1300多项，投入研发资金总规模超过15亿元，其中新材料、新技术、新工艺、新产品研究项目数约占项目总数34.8%，计划投入研发资金占总规模45.0%。

五、交通安全

2015年，我国铁路领域未发生特别重大、重大铁路交通事故，铁路交通事故路外死亡人数同比下降15.8%。道路运输领域发生了咸阳“5.15”旅游客车坠崖等重大交通事故，水路领域发生了“8.12”天津港危化码头爆炸、“6.1”东方之星旅游客船长江翻沉等重大事故，造成了巨大生命财产损失。全年共发生运输船舶水上交通事故213件，死亡失踪222人，沉船96艘，直接经济损失3.49亿元。公路、水路交通运输建设领域共发生生产安全事故35起，死亡49人，分别比上年下降22.2%和40.2%。民航领域未发生运输航空事故，运输航空百万小时重大事故率10年滚动值为0.018（世界平均水平为0.24），自2010年8月25日至2015年年底，运输航空连续安全飞行64个月，累计安全飞行3672万小时。发生通用航空事故9起，死亡12人。

六、节能减排

2015年我国绿色交通工作深入推进。国家铁路能源消耗折算标准煤1569.5万吨，比上年降低5.0%。单位运输工作量综合能耗4.7吨标准煤/百万换算吨·公里，单位运输工作量主营综合能耗4.05吨标准煤/百万换算吨·公里，分别比上年增长2.9%和3.8%。国家铁路化学需氧量排放量2002吨，二氧化硫排放量28760吨，分别比上年降低0.4%和9.2%。国家铁路绿化里程4.40万公里，比上年增长4.0%。城市公交企业每万人次单耗1.5吨标准煤，百车·公里单耗48.9千克标准煤，分别比上年增长5.4%和1.5%。公路班线客运企业每千人·公里单耗12.6千克标准煤，百车·公里单耗28.7千克标准煤，分别比上年增长3.8%和下降2.1%。公路专业货运企业每百吨·公里单耗1.9千克标准煤，比上年下降6.9%。远洋和沿海货运企业每千吨·海里单耗5.2千克标准煤，比上年增长1.9%。港口企业每万吨单耗2.6吨标准煤，比上年下降5.2%。民航吨·公里油耗为0.3千克，较2005年（行业节能减排目标基年）下降13.5%。

（樊一江　谢雨蓉　国家发改委综合运输研究所）

2015 年中国港口物流业

2015 年，我国经贸形势仍面临较大下行压力，第一季度国内生产总值（GDP）勉强维持 7% 的增速，随后逐季下滑至第四季度的 6.8%，全年增速仅 6.9%，创近 25 年来新低。受外需疲软与国内产业结构转型过渡影响，我国进出口贸易大幅下跌、工业增加值增长停滞、固定资产投资增速回落，对港口运输结构与总体需求产生了重要影响。

具体来看，2015 年我国对外贸易总额由 2014 年 3.4% 的小幅增长转为下跌 8.0%，其中进口跌幅达 14.2%、出口跌幅 2.9%，扣除价格因素作用下的散货贸易额跌幅仍高达 4.7%。此外，2015 年下半年国内工业增加值增速出现负增长，固定资产投资额增幅也回落至个位数。在此背景下，2015 年我国港口生产总体形势较 2014 年明显回落。

受国际经贸形势低迷与国内经济增速放缓影响，2015 年我国规模以上港口货物吞吐量增幅再度收窄，全年共完成货物吞吐量 114.3 亿吨，同比增幅仅为 1.6%，延续 2014 年的增速放缓态势。同时，集装箱吞吐量增速也出现明显下滑，较 2014 年回落 2 个百分点至 4.1%，全年规模以上港口处理集装箱吞吐量为 2.10 亿标准箱。2015 年我国规模以上港口货物吞吐量及集装箱吞吐量情况如表 1 所示。

表 1　2010—2015 年我国规模以上港口货物吞吐量及集装箱吞吐量情况

年份		2015	2014	2013	2012	2011	2010
货物吞吐量	总量（亿吨）	114.3	111.6	106.1	97.4	90.7	80.2
	同比增长（%）	1.60	4.80	8.50	6.80	11.90	15.00
外贸货物吞吐量	总量（亿吨）	35.9	35.2	33.1	30.1	27.5	24.6
	同比增长（%）	1.10	5.90	9.20	8.80	10.80	13.60

续 表

年份		2015	2014	2013	2012	2011	2010
集装箱吞吐量	总量（万标准箱）	20959	20093	18878	17651	16231	14500
	同比增长（%）	4.10	6.10	6.70	8.10	11.40	18.80

数据来源：中华人民共和国交通运输部。

2015 年在国内外经贸增长不振影响下，我国港口生产形势面临严峻挑战，港口货物吞吐量总体增速延续 2014 年的放缓态势，货物吞吐量呈负增长的港口数量明显增多。全年规模以上港口共完成货物吞吐量 114.3 亿吨，同比仅增长 1.6%，增速较上年度大幅回落 3.2 个百分点。

与 2014 年比较，2015 年我国亿吨港口数量略有减少，由 2014 年的 34 个缩减至 32 个。全年只有苏州港和芜湖港继续保持两位数的增幅，而锦州港和杭州港以 4.5% 和 3.7% 的负增长双双跌出亿吨港口之列，嘉兴港的货物吞吐量跌幅超 10%。2015 年我国部分港口受地区结构调整的影响生产量明显下滑，其中：上海港因城市产业结构调整，钢厂等重型制造企业转型或外迁导致大宗散货需求减少，吞吐量规模持续下降；唐山港、秦皇岛港和黄骅港等能源物资型港口因受国内基建投资扩张趋缓、加工制造等第二产业增加值比重持续回落的影响，货物吞吐量分别比 2014 年下降了 2.2%、7.6% 和 6.4%。相较之下，苏州、广州、青岛、烟台以及湛江等港口受国内贸易小幅回暖提振，保持了较好的平稳增势。2015 年我国亿吨以上港口货物吞吐量排序如表 2 所示。

表 2　2013—2015 年我国亿吨以上港口货物吞吐量统计

排序	港口名称	类型	2015 年		2014 年		2013 年	
			货物吞吐量（亿吨）	同比增长（%）	货物吞吐量（亿吨）	同比增长（%）	货物吞吐量（亿吨）	同比增长（%）
1	宁波—舟山港	海港	8.89	1.78	8.73	7.86	8.10	8.84
2	上海港	海河	7.17	-5.00	7.55	-2.67	7.76	5.43
3	天津港	海港	5.41	0.10	5.40	7.78	5.01	5.03
4	苏州港	河港	5.40	13.40	4.79	5.51	4.54	6.07
5	广州港	海港	5.20	3.80	5.00	5.90	4.73	4.80
6	青岛港	海港	5.00	4.30	4.77	4.19	4.58	10.41
7	唐山港	海港	4.90	-2.20	5.01	12.20	4.46	22.19
8	大连港	海港	4.15	-1.89	4.23	3.93	4.07	8.82

续 表

排序	港口名称	类型	2015年		2014年		2013年	
			货物吞吐量（亿吨）	同比增长（%）	货物吞吐量（亿吨）	同比增长（%）	货物吞吐量（亿吨）	同比增长（%）
9	日照港	海港	3.61	2.20	3.53	14.31	3.09	9.96
10	营口港	海港	3.38	2.30	3.34	4.38	3.20	6.29
11	秦皇岛港	海港	2.53	-7.60	2.74	0.37	2.73	0.74
12	烟台港	海港	2.51	6.20	2.36	6.76	2.22	9.36
13	南通港	河港	2.21	1.10	2.20	7.32	2.05	10.81
14	湛江港	海港	2.20	8.90	2.03	12.78	1.80	5.26
15	深圳港	海港	2.17	-2.77	2.23	-4.70	2.34	2.63
16	南京港	河港	2.15	2.20	2.09	3.47	2.02	5.21
17	连云港港	海河	2.11	0.30	2.10	3.96	2.02	16.09
18	厦门港	海港	2.10	2.50	2.05	7.33	1.91	11.05
19	北部湾港	海港	2.05	1.50	2.04	9.09	1.87	7.47
20	泰州港	河港	1.68	7.70	1.56	1.96	1.53	18.60
21	黄骅港	海港	1.67	-6.42	1.78	4.09	1.71	35.71
22	重庆港	河港	1.57	6.90	1.48	8.03	1.37	9.60
23	丹东港	海港	1.50	9.19	1.38	14.65	1.20	25.00
24	嘉兴港*	海河	1.50	-12.17	1.71	-2.74	1.76	4.77
25	镇江港*	河港	1.34	-8.60	1.47	-1.42	1.49	4.44
26	虎门港	海河	1.30	0.78	1.29	17.27	1.10	115.69
27	江阴港	河港	1.26	1.10	1.24	-1.90	1.26	-4.55
28	泉州港	海港	1.22	9.30	1.12	1.82	1.10	5.77
29	芜湖港	河港	1.20	10.70	1.10	18.11	0.93	12.75
30	岳阳港*	河港	1.19	5.98	1.13	7.23	1.05	5.77
31	福州港	海港	1.47	2.41	1.43	13.39	1.27	11.40
32	珠海港	海港	1.12	4.70	1.07	7.00	1.00	29.87
33	杭州港*	河港	0.95	-3.73	1.00	6.59	0.94	3.13
34	徐州港*	河港	0.93	0.01	0.93	12.12	0.83	13.77
35	锦州港*	海港	0.93	-4.50	1.00	17.19	0.85	16.02

续　表

排序	港口名称	类型	2015 年		2014 年		2013 年	
			货物吞吐量（亿吨）	同比增长（%）	货物吞吐量（亿吨）	同比增长（%）	货物吞吐量（亿吨）	同比增长（%）
36	海口港*	海港	0.93	2.99	0.89	6.84	0.84	15.76

注：1. * 表示 2015 年吞吐量为预估值。

2. 海河港口类型表示港口吞吐量包含海港与河港（含小内河）两部分。

1. 货物吞吐量外贸增速再度低于内贸

2015 年，我国国内港口货物吞吐量外贸增速大幅回落 4.8 个百分点至 1.1%，再度呈现“金融危机”后外贸增长不及内贸的发展形势。逐月看，港口增长动力轮换趋势明显，第一、第二季度在内贸稳增长拉动下国内港口吞吐量保持了 3.7% 的较好涨势，但下半年内贸在投资增速放缓影响下基本处于“零增长”状态，年末更是陷入负增长；第三季度外贸吞吐量受补库存需求提振，保持小幅增长，但第四季度再度陷入停滞。随着国内经济增速放缓，进口需求减弱，以及企业生产成本的持续上升，出口产品竞争力有所下滑，加工贸易等业态优势也逐渐减弱，年末人民币汇率贬值仅勉强维持外贸量与 2014 年持平。

从外部环境看，全球经济不景气促使欧美等发达国家“再工业化”、产业本土化意愿加强，加之一系列多双边贸易协定、区域贸易协定进一步增强了对地区贸易的保护，削弱了协定外国家的贸易优势；从内部环境看，由于环境压力日益凸显，粗放式的投资型经济逐渐减弱，而在外贸吞吐量中份额较大的大宗能源、物资的运输需求在一定程度上也将有所抑制，未来国内港口的外贸吞吐量增速低迷恐将持续。2015 年各月我国规模以上港口内外贸吞吐量走势如图 1 所示。

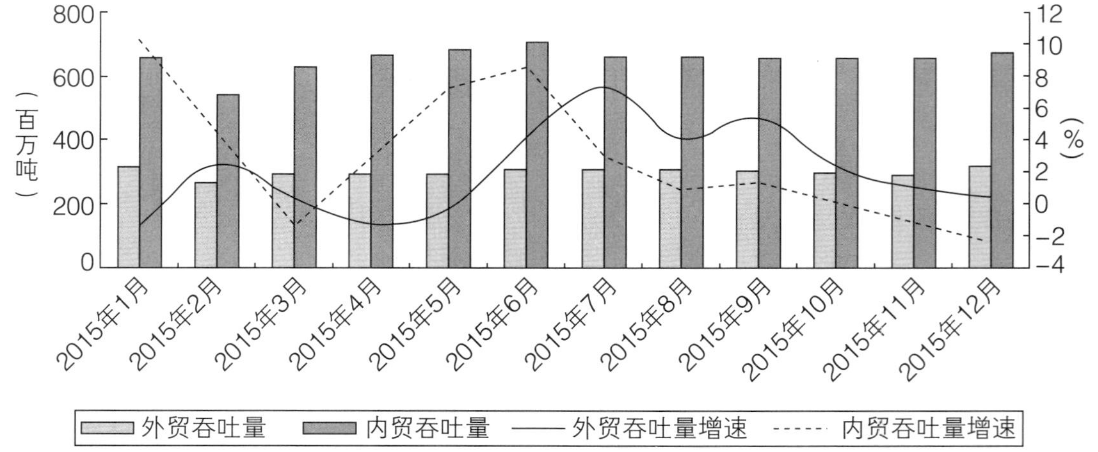

图 1　2015 年各月我国规模以上港口内外贸吞吐量走势

数据来源：中华人民共和国交通运输部。

2015年我国航运业转变了以往沿海港口增长好于内河港口的“常态”（见图2）。随着“长江经济带”国家战略的深入实施，内河水运迎来发展新机遇，从沿线港口建设、船舶标准化，到“一体化通关”等一系列扶持政策和便利措施对内河水运的发展产生了积极的促进作用，全年国内沿海规模以上港口完成货物吞吐量78.5亿吨，同比仅增长1.1%；而内河港口完成货物吞吐量达36.0亿吨，增速超过4.0%。分内外贸看，全年沿海港口外贸吞吐量增速仅为0.5%、内河港口增速高达9.2%。细分原因，除了基数外，与长江12.5米水深航道延伸，江海联运业务快速发展以及南京、太仓等港口相继开辟国际近洋航线，大幅提升了内河港口的外贸便利化程度密切相关。

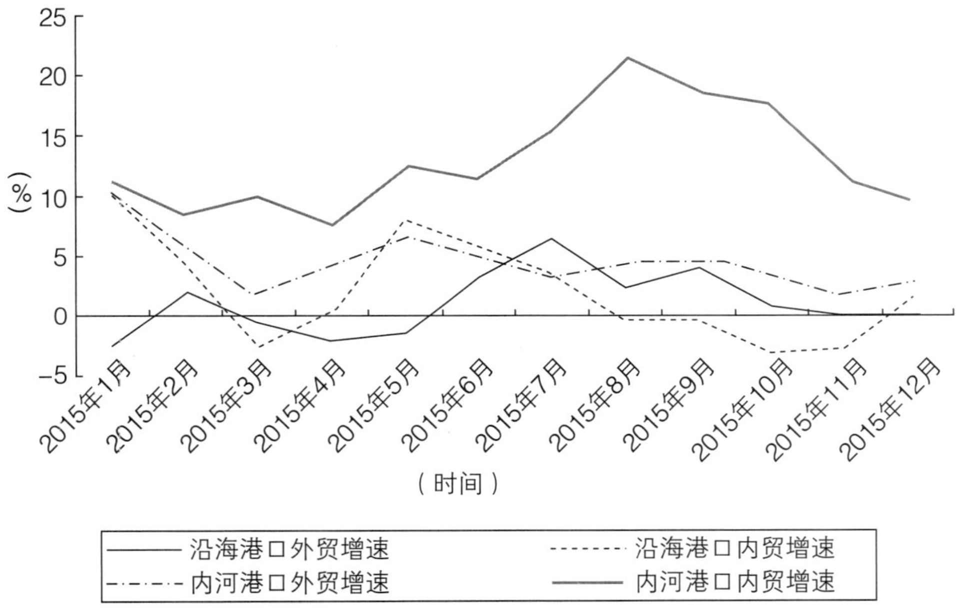

图2　2015年规模以上沿海与内河港口内外贸吞吐量增速走势

数据来源：中华人民共和国交通运输部。

分区域看，各沿海港口群货物吞吐量增速普遍回落，长三角港口群处于领跑位置。2015年前11个月，长三角港口群货物吞吐量同比增长3.3%，增速与2014年同期基本持平，但在各大港口群中表现最佳；其余港口群增速较2014年均有不同程度回落，东南沿海与珠三角港口群增幅分别收窄5.2个和2.6个百分点至2.8%和3.2%；而环渤海港口群则较2014年同期收窄6.3个百分点，增速仅为0.1%。2015年1—11月我国分区域港口群吞吐量增长情况如表3所示。

表3　2015年1—11月我国分区域港口群吞吐量增长情况

港口区域	2015年1—11月吞吐量（万吨）	同比增长（%）	2014年1—11月吞吐量（万吨）	同比增长（%）
环渤海湾	327733	0.1	327469	6.3

续 表

港口区域	2015 年 1—11 月吞吐量（万吨）	同比增长（%）	2014 年 1—11 月吞吐量（万吨）	同比增长（%）
长三角	184947	3.3	179030	3.5
东南沿海	46077	2.8	44824	8.0
珠三角	128240	3.2	124211	5.8
西南沿海	32154	2.5	31359	10.4
合　计	719151	1.7	706893	5.8

数据来源：中华人民共和国交通运输部 。

2. 集装箱吞吐量增长受挫，增速回落

2015 年，我国港口集装箱吞吐量增幅持续收窄，增长动力明显不足，规模以上港口完成集装箱吞吐量 2.10 亿标准箱，同比增幅仅 4.1% ，较 2014 年 6.1% 的增速回落近两个百分点，从走势上看上半年涨势好于下半年。2015 年年初，除了因节日时段错峰致使港口增速略低于往年外，在外贸进出口平稳增长支撑下，港口增速总体与往年持平。但 3 月以后，由于欧洲商品进口需求减弱，加之地缘政治局势紧张导致亚洲区域内贸易规模萎靡，而在“一带一路”战略下欧亚航线沿途国家新增贸易量又未能有效弥补欧亚市场需求减少影响，使得国内港口各月箱量增速维持小幅增长态势。随着我国经贸增长持续放缓，在“经济结构转型”的“新常态”下，未来我国港口集装箱吞吐量恐将难以重现前几年的高增长态势。2011—2015 年我国规模以上港口集装箱吞吐量增幅走势如图 3 所示。

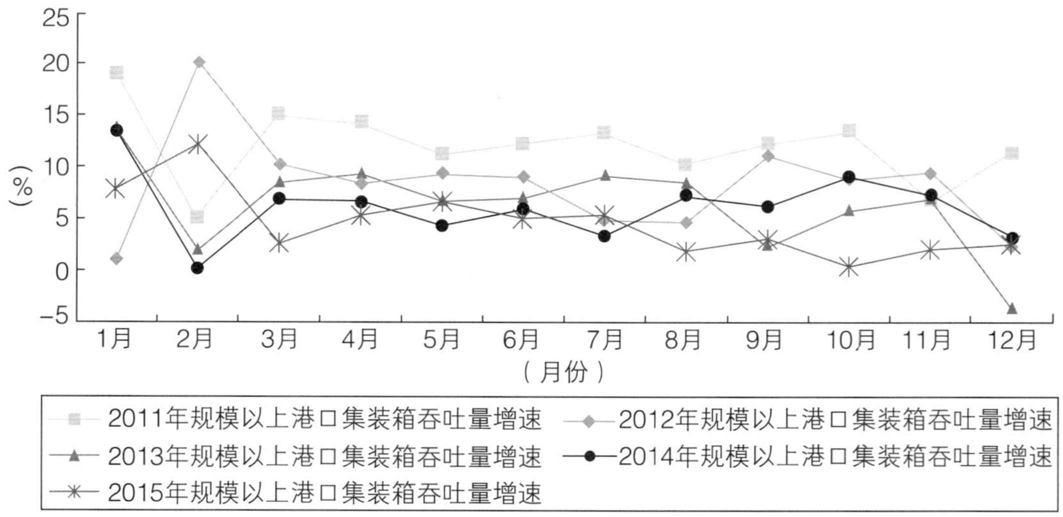

图 3　2011—2015 年我国规模以上港口集装箱吞吐量增幅走势

数据来源：中华人民共和国交通运输部。

2015 年，我国集装箱吞吐量排名前 20 位的港口中仅有苏州港、虎门港、日照港、唐山港等少数港口增速依然保持两位数，这主要得益于内河水运与支线驳运的增长，同时也与港口自身箱量规模的基数效应有关，其余大部分港口总体增幅均不及 2014 年。2015 年我国集装箱吞吐量在百万标准箱以上的港口排名如表 4 所示。

表 4　　2015 年我国集装箱吞吐量在百万标准箱以上的港口排名情况

排名	港口名称	类型	吞吐量（万标准箱）			
			2015 年	同比增长（%）	2014 年	同比增长（%）
1	上海港	海港	3654	3.5	3529	5.0
2	深圳港	海港	2421	0.7	2403	3.2
3	宁波—舟山港	海港	2063	6.1	1945	12.1
4	广州港	海港	1759	5.8	1660	8.4
5	青岛港	海港	1743	5.1	1658	6.8
6	天津港	海港	1411	0.4	1405	8.1
7	大连港	海港	945	-6.7	1013	1.1
8	厦门港	海港	918	7.1	857	7.0
9	营口港	海港	592	5.5	562	6.0
10	苏州港	河港	510	17.8	439	-16.7
11	连云港	海港	501	0.3	501	-8.7
12	虎门港	海河	336	16.3	284	50.3
13	佛山港*	河港	300	4.6	287	5.9
14	南京港	河港	293	6.0	276	3.4
15	日照港	海港	281	16.2	242	19.8
16	烟台港	海港	245	4.1	236	9.6
17	福州港	海港	237	7.0	224	13.1
18	泉州港	海港	202	6.9	188	12.2
19	丹东港	海港	183	9.4	167	7.1
20	唐山港	海港	152	37.0	112	53.9
21	北部湾港	海港	142	26.4	110	10.0
22	嘉兴港*	海河	136	5.4	129	14.5
23	中山港*	海河	134	-1.0	136	3.8

续 表

排名	港口名称	类型	吞吐量（万标准箱）			
			2015 年	同比增长（%）	2014 年	同比增长（%）
24	珠海港	海港	134	13.7	117	34.1
25	海口港	海港	127	-6.0	135	15.4
26	汕头港	海港	118	-9.6	130	3.1
27	江门港*	海河	106	-6.0	113	23.1
28	武汉港	河港	104	4.4	100	17.3
29	重庆港	河港	101	-0.4	101	11.5

注：1. * 表示 2015 年吞吐量为预估值。

2. 海河港口类型表示港口吞吐量包含海港与河港（含小内河）两部分。

从内外贸的增长情况来看，2015 年我国内贸集装箱吞吐量增长总体略好于外贸。2015 年前 11 个月，全国规模以上港口完成外贸集装箱吞吐量 1.20 亿标准箱，同比增长 3.61%；内贸集装箱吞吐量达 7223 万标准箱，同比增幅为 5.47%。综合看，一方面，随着国内尤其是长江沿线"散改集"工作的持续推进，加之当前社会对生态环境的重视力度不断加强，内贸与支线运输的集装箱化比例持续提升；另一方面，沿海产业内迁后，包括服装、制造等适箱货物的运输增加了国内段运输量，为国内港口内贸与内支线集装箱吞吐量的增长提供了支撑。2015 年 1—11 月我国港口集装箱内外贸吞吐量详情如表 5 所示。

表 5　2014 年、2015 年 1—11 月我国港口集装箱内外贸吞吐量

	外贸—国际线吞吐量（万标准箱）		外贸—内支线吞吐量（万标准箱）		内贸吞吐量（万标准箱）	
	总量	出港	总量	出港	总量	出港
2015 年 1—11 月	10045	5084	1951	956	7223	3609
同比增长（%）	3.10	0.74	6.34	9.24	5.43	5.47
2014 年 1—11 月	9743	5047	1835	875	6851	3422
同比增长（%）	5.80	6.70	2.50	-0.30	7.80	7.90

数据来源：中华人民共和国交通运输部。

外贸国际航线中，中国香港、日本、新加坡、中国台湾、欧洲等航线箱量均呈现下跌态势，与 2014 年增长不可同日而语，其中欧洲航线虽跌幅不足 2%，但因运量大、影响较深，连带作为中转枢纽的新加坡航线大跌 8.4%。同时，亚洲区域内的中国香港、日本和中国台湾等航线也分别下跌 3.8%、4.1% 和 3.7%（详见表6），国际商品贸易形势较为惨淡。

表6　　2014—2015 年我国港口部分国际航线集装箱吞吐量

	国际航线集装箱吞吐量（万标准箱）						
	中国香港	日本	韩国	新加坡	中国台湾	美国	欧洲
2015 年 1—11 月	1093	697	635	356	237	1795	1855
同比增长（%）	-3.83	-4.06	2.98	-8.40	-3.67	8.00	-1.82
2014 年 1—11 月	1137	726	617	389	246	1662	1889
同比增长（%）	5.30	2.10	2.86	0.70	13.60	3.00	8.90

数据来源：中华人民共和国交通运输部。

2015 年，我国港口在全球港口中依然排名靠前，宁波—舟山港首超香港港，跻身全球第四位。总体看，国内港口发展依然好于境外，在全球前20 大集装箱港口中我国就占有9 个席位（详见表6）。其中：排名第2 位的新加坡港集装箱吞吐量同比下降 8.7%，与上海港差距逐步拉大；香港港的集装箱吞吐量降幅也达到 9.68%，成为降幅最大港口。

表7　　2015 年全球前 20 大港口集装箱吞吐量排名

排名			港口名称	2015 年（万标准箱）	2014 年（万标准箱）	同比增长（%）
2015 年	2014 年	走势				
1	1	→	上海港	3654	3529	3.5
2	2	→	新加坡港	3092	3387	-8.7
3	3	→	深圳港	2421	2403	0.7
4	5	↑	宁波—舟山港	2063	1945	6.1
5	4	↓	香港港	2011	2227	-9.7
6	6	→	釜山港	1943	1868	4.1
7	7	→	广州港	1759	1660	5.8
8	8	→	青岛港	1743	1658	5.1
9	9	→	迪拜港	1559	1525	2.2
10	10	→	天津港	1411	1405	0.4
11	11	→	鹿特丹港	1223	1230	-0.5

续 表

排 名			港口名称	2015 年（万标准箱）	2014 年（万标准箱）	同比增长（%）
2015 年	2014 年	走势				
12	12	→	巴生港*	1170	1095	6.9
13	13	→	高雄港	1026	1059	−3.1
14	16	↑	安特卫普港	965	898	7.5
15	14	↓	大连港	945	1013	−6.7
16	17	↑	厦门港	918	857	7.1
17	19	↑	丹戎帕拉帕斯港	910	850	7.1
18	15	↓	汉堡港*	897	973	−7.8
19	18	↓	洛杉矶港	816	834	−2.2
20	20	→	长滩港	719	682	5.4

数据来源：各港口港务局网站，* 为预估值。

3. 煤炭吞吐量大幅回落，铁矿石几近零增长

2015 年，在能源结构转型、产业结构转型以及特高压输电比例持续提升的作用下，我国煤炭消费需求明显回落，国内沿海煤炭运输与进口煤炭接卸量均出现不同程度负增长。全年规模以上港口共处理煤炭及其制品约 20.7 亿吨，同比下跌 6.7%；进口煤炭受品质及关税增加影响大跌25% 至 2.1 亿吨。其中：宁波—舟山港、唐山港、黄骅港、秦皇岛港等煤炭接卸和发运均表现欠佳，跌幅分别达到 16.0%、17.3%、13.2% 和 8.0%。

2015 年，我国铁矿石吞吐量增长几近停滞，在国际铁矿石价格大跌 40% 的刺激下，我国铁矿石进口量增幅仅维持 2.2%，全年规模以上港口完成铁矿石吞吐量约 16.4 亿吨，规模与 2014 年持平，其主要原因在于国内基建投资力度趋缓、房地产库存较高、重装备制造销售减弱，使得我国铁矿石需求降低。

4. 港口油品吞吐量依然保持乐观

2015 年，随着伊朗等海湾国家原油出口禁令解除，加之美国页岩油等替换型能源得到广泛普及，国际油价持续走低，年内我国进口原油和成品油价格跌幅分别高达 45.9% 和 38.8%。受此利好影响，我国油品进口需求快速释放，年内原油进口量增长 8.8% 至 3.36 亿吨。全年规模以上港口完成石油、天然气及制品约 8.56 亿吨，同比增长 8.97%。其中：原油吞吐量为 4.8 亿吨，同比增长 11.4%；成品油吞吐量为 2.7 亿吨，同比增长 5.6%；外贸成品油吞吐量增幅高达 18.8%。宁波—舟山港、青岛港、天津港等主要原油装卸港口原油吞吐量分别比上年增长 2.5%、5.3%、3.9% 至 9417 万吨、6265 万吨和 4622 万吨，大连港更是大涨 30% 至 4485 万吨。

（谢文卿　上海海事大学　上海国际航运研究中心）

2015 年中国物流地产业

2015 年我国社会物流需求持续增长，物流相关行业固定资产投资稳步推进，以物流园区、物流中心、配送中心、分拨中心、物流仓库等为主体的物流地产业继续保持良好发展态势。据 2015 年 7 月中国物流与采购联合会和中国物流学会联合发布的《第四次全国物流园区（基地）调查报告》显示，我国各类物流园区已超过 1200 家，我国物流园区发展呈现三个明显特点：数量稳步增长，区域性分布趋向均衡；业务功能日趋全面，电商发展促进园区转型升级；信息化建设深受重视，互联网融合更加深入。

一、物流相关行业固定资产投资持续增长，增速略有回落

据国家统计局数据显示，2015 年我国社会固定资产投资额（不含农户）551590 亿元，增速由上年的 15.7% 下降为 2015 年的 10.0%，2015 年我国交通运输、仓储和邮政业固定资产投资继续保持平稳增长，增速为 14.3%，同比增长速度超过全社会固定资产投资。

2015 年我国交通运输、仓储和邮政业固定资产投资额继续稳步增长。2011—2015 年我国交通运输、仓储和邮政业固定资产投资额增长走势如图 1 所示，2012—2015 年我国交通运输、仓储和邮政业固定资产投资累计增长情况如下表所示。

2015 年，我国铁路完成固定资产投资 8238 亿元，投产新线 9531 公里，其中高铁 3306 公里，顺利完成了党中央、国务院关于加快铁路建设的“两个 8000 以上”的目标；航空运输业完成固定资产投资额 1839.86 亿元，增速由 2014 年的 9.2% 增长为 28.6%，呈现良好增长态势；仓储业完成固定资产投资额 6619.97 亿元，增速由 2014 年的 22.4% 增长为 28.3%；道路运输业完成固定资产投资额 28611.14 亿元，增速由 2014 年的 20.3% 减少至 16.7%，增长趋于平稳；水上运输业完成固定资产投资额 2352.28 亿元，同比增长 -3.4%。

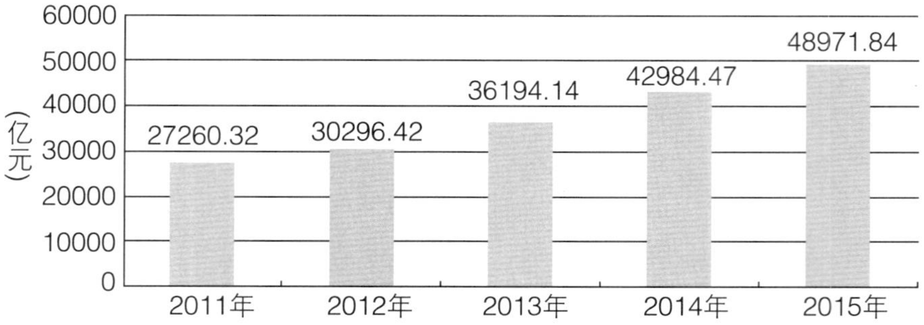

图 1 2011—2015 年我国交通运输、仓储和邮政业固定资产投资额增长走势

2012—2015 年我国交通运输、仓储和邮政业固定资产投资增长情况

指　标	2015 年	2014 年	2013 年	2012 年
交通运输、仓储和邮政业固定资产投资总额（亿元）	48971. 84	42984. 47	36194. 14	30296. 42
同比增长（%）	14. 3	18. 6	17. 2	9. 11

二、物流地产市场供需仍不平衡，物流服务设施租金继续上涨

2015 年我国工业经济发展持续疲软、外贸低迷、制造业呈紧缩态势，然而来自第三方物流、汽车、零售及电子商务行业对标准物流仓储的租赁需求却呈现增长态势。业界认为，2015 年我国仓储租赁需求旺盛得益于国内经济向内需拉动转型，使消费在 GDP 中所占比例不断提升。消费市场规模的扩大，带动了优质物流仓储的需求。

世邦魏理仕在《亚太区 2016 房地产市场展望》中指出，截至 2015 年第三季度，中国主要城市中高标准物流仓储设施存量仅为全国物流仓储设施存量的 3%。显然，在优质物流仓储需求加大、中高标准物流仓储设施稀缺以及土地供应放缓多重因素的推动下，2015 年我国仓储物流租金比 2014 年增长。

截至 2015 年年底，我国一线城市物流仓库的平均租金为 38. 0 元/月 · 平方米，同比上涨 4. 1%。由于深圳多数物流仓库均位于保税区内，租金以 41. 3 元/月 · 平方米位居全国物流仓储市场首位；北京以 38. 4 元/月 · 平方米位居第二，上海以 37. 7 元/月 · 平方米（同比上涨 3. 2%）位居第三，广州以 33. 5 元/月 · 平方米（因临近机场的优质新项目而同比上涨 7. 0%）位居第四。

2015 年上海工业用地量骤减八成，高标准物业设施的短缺，多种因素与电商、跨境购等带来的强劲需求叠加在一起，造成物流设施供不应求，致使 2015 年上海地区物流仓储设施租金上涨迅猛。据高力国际数据显示，截至 2015 年年底，上海标准物流仓库租金为 1. 24 元/天 · 平方米，租金涨幅从 2014 年同比增加 2. 6% 提升至 3. 2%，其中保税市场租金年涨幅 3. 6%，高于非保税市场租金涨幅 2. 6%。

2015 年第四季度北京物流市场总体发展保

持平稳，全市优质物流仓储平均租金为39.9元/月·平方米，租金环比上涨约1.0%。分区域来看，空港区域凭借其独有的位置优势、便利的交通及较好的设施条件，其租金始终领先于其他区域，第四季度平均租金为42.8元/月·平方米，环比上升0.7%。

深圳保税仓库和非保税仓库的需求持续旺盛，空置率一路走低。由于供应短缺，整个市场的租金稳步攀升，保税仓库和非保税仓库的租金都上涨约一成。重庆物流产业基础设施建设进一步完善，受电子商务、产业物流催生的旺盛需求将会得到持续释放，未来三年超过100万平方米的供应将会继续助力重庆物流行业的发展，优质物流仓储设施租金将继续呈现上涨态势。

三、电商崛起引发物流地产市场需求结构调整，保税仓与高端仓需求旺盛

2016年年初，万科企业股份有限公司董事会主席王石在中城联盟论坛上做了演讲。王石认为，“物流地产明显跟不上电商发展的速度，中国人均现代仓储面积不到美国的10%，但2014年中国电商渗透率（11%）已经超过美国（10%）。”

《中国电子商务报告（2015）》的数据显示，2015年我国电子商务交易额达到20.8万亿元人民币（下同），同比增长约27%；网络零售额达3.88万亿元，同比增长33.3%，其中实物商品网络零售额占社会消费品零售总额的10.8%。

2015年电商爆发式发展加剧了物流仓储的需求，巨大的交易规模和物流仓储的短缺迫使阿里巴巴、亚马逊、京东商城等电商企业纷纷自建物流仓储基地。特别是京东，在过去两三年中自建物流仓储的面积一直保持在年均50%的增速，同时，其与国内最大的高标准物流设施供应商普洛斯合作（租赁面积）量也以年均超过100%的速度递增。即便这样，仍不能满足京东对物流仓储的需求。

《中国电子商务报告（2015）》显示，2015年我国跨境电子商务交易总额达到4.56万亿元，同比增长21.7%。全年跨境电子商务试点城市已扩大到10个，并在杭州设立了跨境电子商务综合试验区。同年，广东自由贸易试验区、天津自由贸易试验区和福建自由贸易试验区先后正式挂牌，开启我国自贸区2.0时代。

伴随我国跨境电商的迅猛发展特别是跨境零售商业的崛起，2015年全国各地的保税仓需求快速上升，一些保税区内仓储面积已然供不应求，甚至有企业将货物存放于简易帐篷内。数据显示，即便是一些已在国内拓展经营，建立起成熟分销网络的中高端箱包类品牌，其平行进口的销售规模也已达到国内实体经营渠道的1/10。

与此同时，高端仓储设施需求日益显现。随着我国电商销售规模的持续增长，越来越多的投资者看好国内的物流地产，尤其是中高端物流地产。截至2015年第三季度，我国主要城市中高标准物流仓储设施存量约2600万平方米，仅为全国物流仓储设施存量的3%。面对基数庞大且持续快速增长的国内零售消费需求和电商的跨越式发展，国内高标准仓库市场无疑具有巨大的发展潜力。

四、物流地产投资主体多元介入，政府支持力度不断加大

近年来，国家对房地产宏观调控的力度不

断加大，住宅等物业类型的利润空间日趋下降，风险不断提高，房地产市场投资者都在积极寻找各种新的投资机会甚至转型。与相对供应过剩、竞争加剧的写字楼及商铺市场，以及拥有大量新增供应且受政策管控的住宅相比，物流地产回报较高且发展前景广阔。在过去五年中，北京和上海的高档住宅投资回报率分别为2.6%和3.0%，购物中心的投资回报率分别为5.0%和4.5%，写字楼的投资回报率分别为4.8%和4.5%，而物流设施的投资回报率分别为6.5%和6.7%，优质物流设施的投资回报率达到8%以上。物流地产的投资日益成为我国物业市场的投资热点。

近几年来，除了国际知名物流地产商在国内快速扩张外，传统的商业地产和住宅地产开发企业也纷纷涉足物流地产。除了物流企业、传统房地产企业持续加大投资外，境外投资基金和国外地产商如普洛斯、嘉民集团等，乃至阿里巴巴、苏宁、京东等电子商务龙头企业也纷纷注资物流园区市场，物流园区投资主体多元化的趋势进一步显现。

2015年12月，嘉民中国与加拿大养老金计划投资委员会共出资12.5亿美元，第五次向双方合资公司嘉民中国物流基金增加股本以进一步拓展中国市场，并宣布该合资公司将向嘉民集团收购九个总价值逾6.5亿美元的项目（包括土地）。而国内不少开发商也在积极布局物流市场，绿地2015年已逐步将工业物流地产作为房地产主业转型的主攻方向加以推进，万科已在贵阳、武汉、上海、沈阳、长沙、成都等地正式获取6个物流地产项目，万通控股也分别与TCL、汇源等合作开发工业物流地产，复星、华夏幸福、富力等房企也纷纷涉足物流领域。

同时，据《第四次全国物流园区（基地）调查报告》调查显示，全国物流园区建设资金来源仍然以自筹资金为主，但国内贷款和国家预算内投资比重有较大幅度的提升，表明政府有关部门对物流园区建设的支持力度在不断加大，如图2所示。

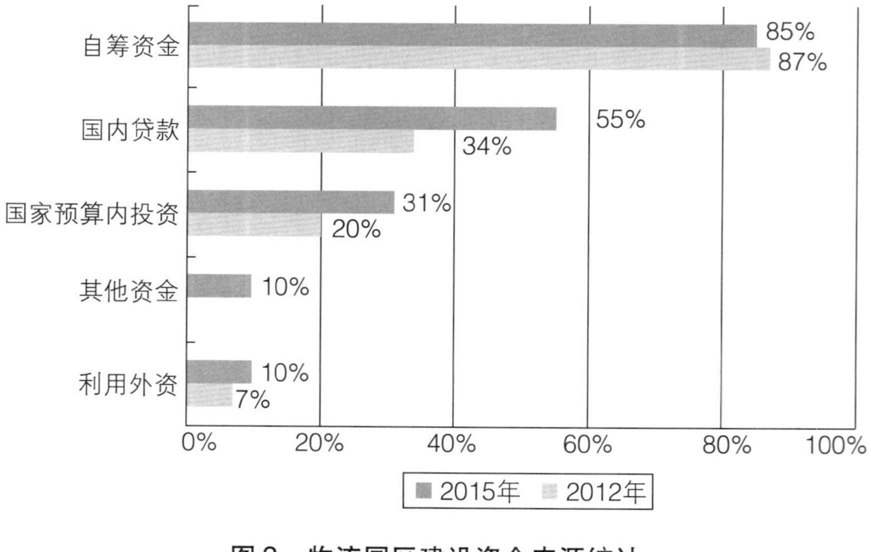

图2 物流园区建设资金来源统计

注：图中百分比是勾选选项的被调查园区占有效调查样本总量的比例，反映被调查园区对该选项的认可程度。

五、节点城市物流园区布局扩大，增值服务进一步提升

据《第四次全国物流园区（基地）调查报告》显示，2015 年我国物流园区数量稳步增加，区域分布趋于均衡。全国包括运营、在建和规划的各类物流园区共计 1210 家，比 2006 年的 207 家增长了 584%，比 2008 年的 475 家增长了 155%，比 2012 年的 754 家增长了 60%。在 1210 家物流园区中，已运营的园区有 857 家，占物流园区总数的 71%；在建的有 240 家，占物流园区总数的 20%；规划的 113 家，占物流园区总数的 9%。

近三年来，国家规划节点城市的物流园区数量增长较快，国家布局节点城市的物流园区数量占全国物流园区总数的 65%。其中：一级物流园区节点城市的园区数量由 2012 年的 279 家增长到 2015 年的 445 家；二级物流园区节点城市的园区数量从 2012 年的 165 家增长到 2015 年的 366 家，如图 3 所示。

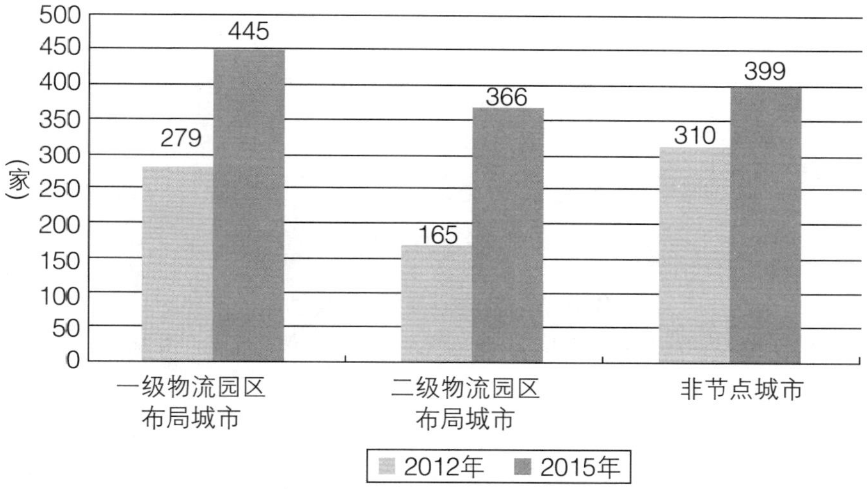

图 3　被调查物流园区布局节点城市园区数量对比

2015 年我国物流园区建设管理持续改善，随着企业经营管理能力的不断提升和政府服务工作的不断改进，物流园区建设进度执行情况总体上有明显改善。同时物流园区业务功能日趋全面，增值服务收益稳步上升，作为物流基础设施的集聚载体，物流园区通过对物流、信息流、资金流的全面整合，不断创新商业模式和服务流程，对提高资源使用效率起到了至关重要的作用。从园区主要业务功能来看，仓储、运输、配送等传统业务功能仍然占主导地位，能够提供流通加工、金融物流等业务的园区占比明显上升，尤其是提供金融物流服务功能的园区占比从 2012 年的 16% 上升到 2015 年的 36%，物流园区主要业务功能如图 4 所示。

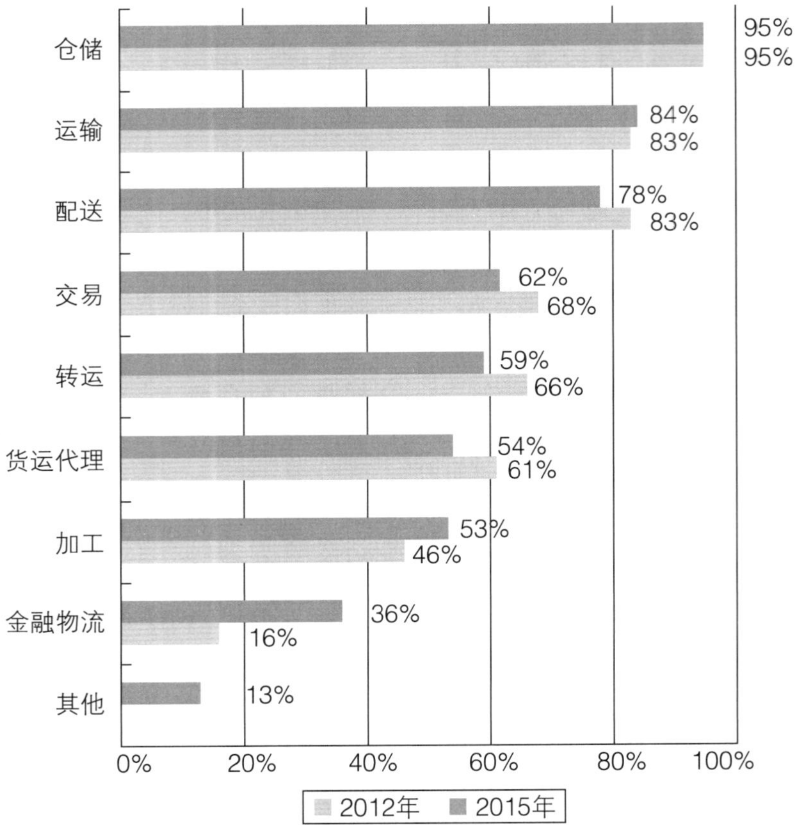

图4 物流园区主要业务功能

注：图中百分比是勾选选项的被调查园区占有效调查样本总量的比例，反映被调查园区对该选项的认可程度。

六、政策推动物流园区互联互通、模式创新

（一）多项政策为物流园区发展指明方向

2015年7月国务院发布《关于积极推进“互联网＋”行动的指导意见》，提出要建设“互联网＋”高效物流。交通运输部编制的“十三五”规划中也明确要关注“物流园区＋”服务业态，重点打造“物流园区＋物流金融”“物流园区＋互联网”“物流园区＋多式联运”等具有创新意义的物流枢纽。

2015年年初交通运输部办公厅印发《物流园区互联应用技术指南》，加快了交通物流互联互通技术标准化建设，促进物流园区信息互联互通与融合应用发展。7月，商务部办公厅下发《关于智慧物流配送体系建设的实施意见》，智慧物流配送体系建设要以“互联网＋”理念为指导，建立布局合理、运营高效的智慧物流园区（基地）并建立互联互通的智慧化物流信息服务平台。诸多政策为物流园区互联互通发展指明了方向，对促进行业资源集聚和优化组织具有重要意义。

（二）互联互通、模式创新成为物流园区发展的亮点

2015年，在诸多政策的指引和行业发展的推动下，我国物流园区开始从地产开发模式向园区运营模式转变，模式创新成为物流园区运

行发展的主流。

2015 年，物流园区在实现互联互通方面，明显表现出线上线下同时加强互联互通的发展趋势。以传化物流、普洛斯等为代表的物流企业，积极构筑联通全国的物流园区网络，率先尝试线下推动物流园区互联互通。如 2015 年 12 月 29 日，四川南充传化公路港正式开业。至此，传化物流实现运营的公路港已达到 6 家。传化物流计划在 2016 年投入运营 30 个公路港，到 2020 年完成全国 170 个智能公路港网络的布局。又如，2015 年 4 月 27 日国家交通运输物流公共信息平台管理中心联合浙江省交通运输厅、传化物流集团，在杭州发布了服务物流园区信息化的“互联网 + 物流园区”产品——国家平台园区通，“园区通”作为国家交通运输物流公共信息平台在物流园区方面的一个应用案例，在统一物流信息标准、破解物流园区信息孤岛方面将发挥积极作用。

2015 年以互联网经济为代表的虚拟经济加快向实体物流回归，线上模式下沉和线下实体触网的双向迁移并存并相互交织融合，共同推动物流园区向智能化、网络化、平台化方向发展升级，说明在物流园区运营网络化、投资主体多元化以及技术手段互联网化的时代，需要商流、物流、资金流、信息流为一体的全程供应链协同，需要“天网”与“地网”的协同运作，需要区域间物流园区互联互通。

（王佳昀　冯耕中　西安交通大学管理学院

刘缨缨　西安市商用信息系统分析及应用工程实验室）

2015 年中国保税物流业

2015 年我国保税物流业在国家相关政策的支持下，面对经营下滑的压力积极创新谋求发展。

一、海关特殊监管区域建设稳步推进

2015 年 4 月，国务院印发了广东、天津、福建 3 个新设自贸试验区总体方案和进一步深化上海自贸试验区改革开放方案。至此，我国自由贸易试验区总数达到 4 个，各自由贸易试验区的概况详见表 1。总体看，在各项政策的支持推动下，四大自贸试验区建设工作有序推进，发展呈现以下特点。

第一，制度创新成主流。3 个新设自贸试验区复制了上海自贸试验区的成功做法，推进投资管理制度创新、贸易监管模式创新、金融制度创新和事中事后监管制度创新，提出了建立行政咨询体系、审管分离、审批归口和政府职能社会化、专业化等创新做法。扩展区域在巩固上海自贸试验区原有试点成果的基础上，新增推动公平竞争、权益保护、科技创新体制改革、人才服务体系创新等试点事项。

第二，开放度和透明度进一步提高。结合四大自贸试验区定位及其对外开放情况，国务院批准对外发布统一适用于四个自贸试验区的《自由贸易试验区外商投资准入特别管理措施（负面清单）》，条目数由上海自贸试验区 2014 版负面清单的 139 条缩减至 122 条，进一步提升了自贸试验区的开放度和透明度。商务部配套印发了《自由贸易试验区外商投资备案管理办法（试行）》，在上海自贸试验区外商投资备案实践基础上，进一步提高备案的便利化程度，完善事中事后监管制度。

第三，积极探索有效防控风险。四大自贸试验区积极探索有效防控风险，设计了与开放措施相配套的多领域风险防控机制。一是在外商投资领域，按照国务院办公厅印发的《自由贸易试验区外商投资国家安全审查试行办法》，各自贸区结合试验区对外开放先行先试情况，拓宽安全审查的范围、丰富安全审查的内容、完善审查工作机制和机构构成、明确地方管理机构职责。二是在贸易领域，在推进口岸监管制度、检验检疫监管模式创新的同时，严格防范偷漏税和质量安全等风险。三是在金融领域，完善跨行业、跨市场的金融风险监测评估机制，构建宏观审慎的金融管理体系。此外，自贸试验区将加快实现政府部门信息共享和协同监管，构筑“一处违法，处处受限”的监管格局。四是完善事中事后监管，上海自贸试验区着力加强社会信用体系建设，扩区后建立的“浦东新区公共信用信息服务平台”，整合350万条信用信息数据，加大信息共享力度；福建自贸试验区梳理出放宽行业准入可能出现的55个风险点，提出88条防控措施；广东自贸试验区3个片区市场主体信用信息数据库已初具规模，信息管理系统和公示平台已投入试运行；天津自贸试验区建立行政许可服务微信平台，实现行政许可服务全过程透明运行。

表1　　我国已设立的4个自由贸易试验区概况

序号	自贸区名称	成立时间	规划面积（平方公里）	备　注
1	中国（上海）自由贸易试验区	2013年9月28日	120.72	全国第一个自贸区
2	中国（天津）自由贸易试验区	2014年12月28日	119.9	天津港30平方公里，天津机场43.1平方公里，中心商务区46.8平方公里
3	中国（广东）自由贸易试验区	2014年12月28日	116.2	南沙新区60平方公里，深圳前海28.2平方公里，珠海横琴28.2平方公里
4	中国（福建）自由贸易试验区	2014年12月28日	118.04	厦门43.78平方公里，平潭43平方公里，福州31.26平方公里

与自由贸易试验区的情况不同，综合保税区的审批主要体现在升级改造。2015年我国新批复的综合保税区呈现出的最主要特征是，将功能单一的出口加工区转型升级为功能全面的综合保税区。

2015年1月31日，国务院集中批复吴中、吴江、常熟、镇江、常州、武进及嘉兴七个出口加工区升级为综合保税区，我国海关特殊监管区域进入全面升级整合阶段。截至2015年12月，我国已设立了53个综合保税区。各综合保税区的概况详见表2。

表2　　我国设立的53个综合保税区概况

序号	名　称	成立时间	规划面积（平方公里）	备　注
1	苏州工业园综合保税区	2006年12月17日	5.28	国内首个综合保税区
2	天津滨海新区综合保税区	2008年3月10日	1.967	
3	北京天竺综合保税区	2008年7月23日	5.944	国内第一家直接依托空港口岸设立的综合保税区
4	广西凭祥综合保税区	2008年12月19日	8.5	国内第一个在陆地边境线上设立的综合保税区
5	海口综合保税区	2008年12月22日	1.93	国内第一个省会城市综合保税区
6	黑龙江绥芬河综合保税区	2009年4月21日	1.8	
7	上海浦东机场综合保税区	2009年7月3日	3.59	
8	江苏昆山综合保税区	2009年12月20日	5.86	
9	重庆西永综合保税区	2010年2月15日	10.3	国内面积最大的综合保税区
10	广州白云机场综合保税区	2010年7月3日	7.385	全国最大的空港综合保税区
11	苏州高新技术产业开发区综合保税区	2010年8月25日	3.51	全国首家通过“信息化围网”技术来进行监管的综合保税区
12	成都高新综合保税区	2010年10月18日	4.68	
13	郑州新郑综合保税区	2010年10月24日	5.073	
14	潍坊综合保税区	2011年1月25日	5.17	
15	西安综合保税区	2011年2月14日	6.17	西北地区第一个综合保税区
16	阿拉山口综合保税区	2011年5月30日	5.6	新疆首个综合保税区
17	武汉东湖综合保税区	2011年8月29日	5.41	湖北首个综合保税区
18	沈阳综合保税区	2011年9月7日	7.1982	东北地区内陆城市第一个综合保税区

续 表

序号	名 称	成立时间	规划面积（平方公里）	备 注
19	长春兴隆综合保税区	2011 年 12 月 16 日	4. 89	
20	无锡高新区综合保税区	2012 年 5 月 10 日	3. 497	
21	济南综合保税区	2012 年 5 月 15 日	5. 22	
22	盐城综合保税区	2012 年 6 月 18 日	2. 28	苏北第一家综合保税区
23	淮安综合保税区	2012 年 7 月 19 日	4. 92	
24	曹妃甸综合保税区	2012 年 7 月 30 日	4. 59	
25	太原武宿综合保税区	2012 年 9 月 2 日	2. 94	山西省第一家综合保税区
26	银川综合保税区	2012 年 9 月 10 日	4	
27	南京综合保税区	2012 年 9 月 17 日	5. 03	
28	西安高新综合保税区	2012 年 9 月 22 日	3. 64	
29	舟山港综合保税区	2012 年 9 月 29 日	5. 85	
30	衡阳综合保税区	2012 年 10 月 25 日	2. 5743	湖南省第一家综合保税区
31	南通综合保税区	2013 年 1 月 3 日	5. 29	
32	苏州太仓港综合保税区	2013 年 5 月 30 日	2. 07	
33	湘潭综合保税区	2013 年 9 月 9 日	3. 12	
34	贵阳综合保税区	2013 年 9 月 14 日	3. 01	国内首个山地生态型综合保税区
35	红河综合保税区	2013 年 12 月 17 日	3. 29	云南省第一个综合保税区
36	深圳盐田综合保税区	2014 年 1 月 22 日	1. 16	
37	合肥综合保税区	2014 年 3 月 27 日	2. 6	安徽省首个综合保税区
38	岳阳城陵矶综合保税区	2014 年 7 月 8 日	2. 98	
39	兰州新区综合保税区	2014 年 7 月 15 日	3. 39	
40	临沂综合保税区	2014 年 8 月 8 日	3. 7	
41	新疆喀什综合保税区	2014 年 9 月 2 日	3. 56	新疆第二个、南疆首个综合保税区
42	石家庄综合保税区	2014 年 9 月 15 日	2. 86	河北省第二个综合保税区
43	南阳卧龙综合保税区	2014 年 12 月 2 日	3. 03	河南省第二个综合保税区

续 表

序号	名 称	成立时间	规划面积（平方公里）	备 注
44	贵安综合保税区	2015 年 1 月 19 日	2. 2	
45	吴中综合保税区	2015 年 1 月 31 日	1. 38	出口加工区改造升级
46	吴江综合保税区	2015 年 1 月 31 日	1. 00	出口加工区改造升级
47	常熟综合保税区	2015 年 1 月 31 日	1. 27	出口加工区改造升级
48	镇江综合保税区	2015 年 1 月 31 日	2. 53	出口加工区改造升级
49	常州综合保税区	2015 年 1 月 31 日	1. 66	出口加工区改造升级
50	武进综合保税区	2015 年 1 月 31 日	1. 08	出口加工区改造升级
51	嘉兴综合保税区	2015 年 1 月 31 日	2. 98	出口加工区改造升级
52	东营综合保税区	2015 年 5 月 6 日	3. 1	山东省第五个综合保税区
53	南宁综合保税区	2015 年 11 月 2 日	2. 37	保税物流中心改造升级

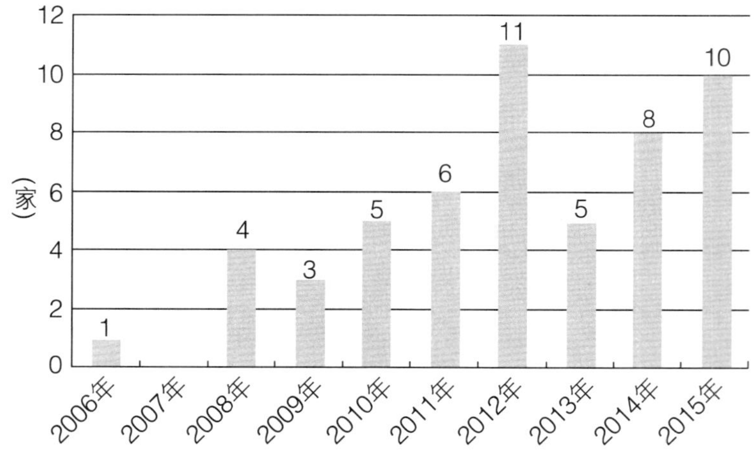

图 1 2006—2015 年我国综合保税区增加情况

二、2015 年我国海关特殊监管区域进出口情况

海关数据显示，2015 年全年我国海关特殊监管区域（包括保税区、出口加工区、保税港区、综合保税区、保税物流园区和珠澳跨境工业区）进出口累计 6398. 6 亿美元，同比下降 8. 1% 。其中：出口 3224. 2 亿美元，同比下降 7. 7% ；进口 3174. 3 亿美元，同比下降 8. 4% 。相比 2014 年，2015 年我国海关特殊监管区域总进出口额出现较大下滑。具体相关数据如表 3 和图 2 所示。

表 3　　2015 年 1—12 月我国海关特殊监管区域进出口、出口和进口额统计

月份	进出口额（亿美元）	同比增长（%）	出口额（亿美元）	同比增长（%）	进口额（亿美元）	同比增长（%）
1	491.9	-10.0	254.2	-2.7	237.7	-16.7
2	378.2	-5.8	196.0	4.3	182.2	-14.7
3	485.7	-12.5	232.8	-13.9	252.9	-11.1
4	478.4	-11.2	229.2	-10.8	249.2	-11.6
5	489.0	-10.0	247.0	-7.9	242.0	-12.0
6	533.1	-0.8	260.5	-4.6	272.6	3.3
7	521.3	-16.4	254.6	-21.1	266.7	-11.6
8	541.4	-11.5	275.3	-14.6	266.1	-7.9
9	612.2	-13.6	312.2	-9.4	300.0	-17.6
10	575.0	-10.4	302.9	-7.6	272.1	-13.3
11	628.2	1.8	319.9	-4.9	308.3	9.7
12	664.2	4.5	339.6	5.1	324.6	4.0
合计	6398.6	-8.1	3224.2	-7.7	3174.4	-8.4

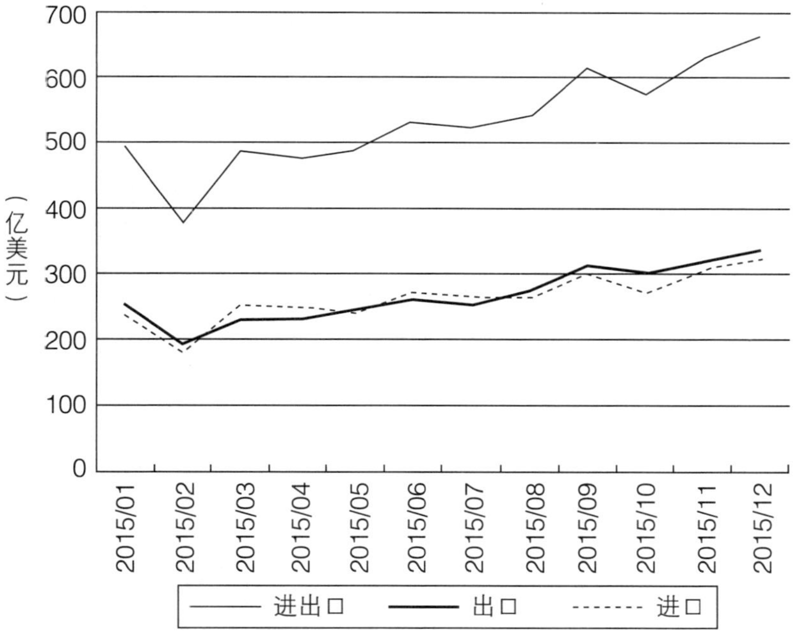

图 2　2015 年我国海关特殊监管区域进出口走势

三、海关特殊监管区域发展概况

综观2015年我国各类海关特殊监管区域的进出口情况，可以看出：综合保税区以2407.2亿美元的进出口数额持续领先于其他各类海关特殊监管区域，从同比增量上，也仅有两个综合保税区呈现出增长态势；珠澳跨境工业区以58.4%的增幅位列前茅。具体情况如表4所示。

表4　　2015年我国海关特殊监管区域进出口、出口和进口额统计

监管区域类型	进出口额（亿美元）	同比增长（%）	出口额（亿美元）	同比增长（%）	进口额（亿美元）	同比增长（%）
保税区	2015.6	-13.2	1295.8	-12.7	719.8	-13.9
出口加工区	1218.9	-7.2	481.9	-5.0	737.0	-8.6
保税港区	619.1	-32.1	355.9	-30.2	263.2	-34.6
综合保税区	2407.2	6.9	980.4	9.2	1426.8	5.4
保税物流园区	133.4	-16.3	58.5	-10.2	74.9	-20.6
珠澳跨境工业区	4.4	58.4	1.8	17.2	2.6	112.3

（一）保税区进出口情况

2015年我国保税区进出口累计2015.6亿美元，同比增长-13.2%。其中：出口719.8美元，同比增长-13.9%；进口1295.8亿美元，同比增长-12.7%。2015年我国保税区有11个月进出口额呈现负增长，具体情况如表5和图3所示。

表5　　2015年1—12月我国保税区进出口、出口和进口额统计

月份	进出口额（亿美元）	同比增长（%）	出口额（亿美元）	同比增长（%）	进口额（亿美元）	同比增长（%）
1	162.9	-8.8	59.2	-0.5	103.7	-13.0
2	122.7	-3.4	41.7	1.4	81.0	-5.7
3	167.1	-8.7	54.8	-13.2	112.3	-6.3
4	156.2	-10.7	51.5	-10.0	104.7	-11.0
5	147.6	-14.9	51.6	-16.8	96.0	-13.8
6	164.0	-5.5	53.9	-15.6	110.1	0.4

续　表

月份	进出口额（亿美元）	同比增长（%）	出口额（亿美元）	同比增长（%）	进口额（亿美元）	同比增长（%）
7	163.3	-9.7	54.4	-12.3	108.9	-8.3
8	163.9	-10.2	58.6	-17.4	105.3	-5.5
9	192.8	-33.5	74.3	-35.8	118.5	-32.0
10	162.8	-31.2	60.2	-26.1	102.6	-33.9
11	186.0	-6.3	72.6	-7.5	113.4	-5.5
12	226.3	2.1	87.0	8.2	139.3	-1.3
合计	2015.6	-13.2	719.8	-13.9	1295.8	-12.7

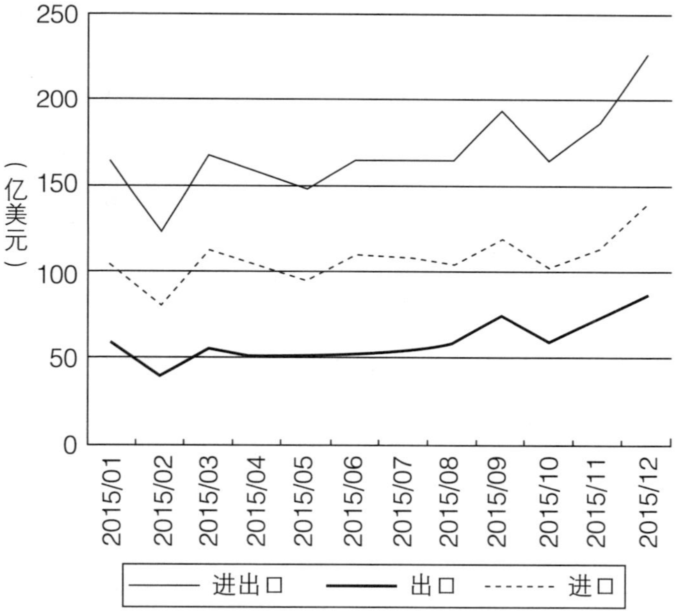

图3　2015 年我国保税区进出口走势

（二）出口加工区进出口情况

2015 年 1—12 月我国出口加工区进出口累计 1218.9 亿美元，同比增长 -7.2%。其中：出口 737 亿美元，同比增长 -8.6%；进口 481.9 亿美元，同比增长 -5.0%。与 2014 年相比，2015 年我国出口加工区进出口总体下滑较为明显，全年有 9 个月出现负增长。具体情况如表 6 和图 4 所示。

表 6　　2015 年 1—12 月我国出口加工区进出口、出口和进口额统计

月份	进出口额（亿美元）	同比增长（%）	出口额（亿美元）	同比增长（%）	进口额（亿美元）	同比增长（%）
1	89. 9	−23. 6	55. 5	−16. 0	34. 4	−33. 3
2	68. 3	−15. 5	42. 7	−12. 6	25. 6	−19. 9
3	84. 2	−18. 8	49. 6	−21. 2	34. 6	−15. 2
4	89. 9	−18. 7	52. 3	−23. 1	37. 6	−11. 8
5	94. 0	−12. 4	59. 8	−11. 2	34. 2	−14. 5
6	98. 9	3. 9	58. 7	2. 9	40. 2	5. 4
7	109. 1	−8. 7	64. 3	−15. 9	44. 8	2. 6
8	109. 0	−10. 3	68. 3	−8. 8	40. 7	−12. 8
9	108. 3	−7. 9	66. 3	−3. 6	42	−14. 0
10	104. 9	−7. 5	64. 7	−7. 5	40. 2	−7. 6
11	125. 5	2. 3	74. 7	−4. 8	50. 8	14. 7
12	136. 9	28. 8	80. 1	13. 9	56. 8	57. 9
合计	1218. 9	−7. 2	737. 0	−8. 6	481. 9	−5. 0

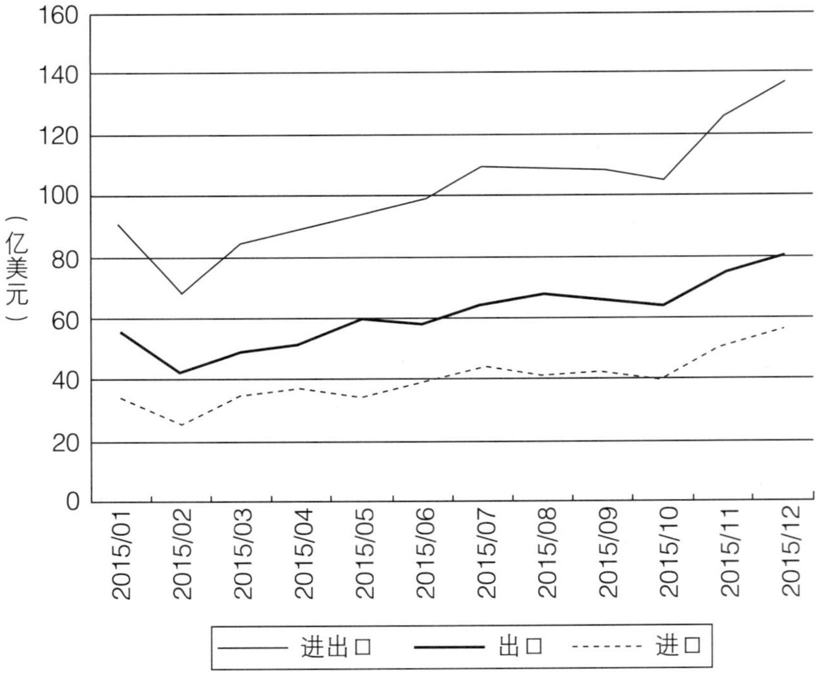

图 4　2015 年我国出口加工区进出口走势

（三）保税港区进出口情况

2015 年 1—12 月我国保税港区进出口累计 619. 1 亿美元，同比增长 –32. 1% 。其中：出口 263. 2 亿美元，同比增长 –34. 6% ；进口 355. 9 亿美元，同比增长 –30. 2% 。保税港区是 2015 年海关特殊监管区中表现最差的区，其进出口额均有 30% 以上的降幅，显现出保税港区发展的后劲不足。具体情况如表 7 和图 5 所示。

表 7　2015 年 1—12 月我国保税港区进出口、出口和进口额统计

月份	进出口额（亿美元）	同比增长（%）	出口额（亿美元）	同比增长（%）	进口额（亿美元）	同比增长（%）
1	47. 3	–44. 2	22. 3	–33. 1	25. 0	–51. 4
2	39. 3	–29. 9	18. 9	4. 7	20. 4	–46. 3
3	40. 3	–50. 8	17. 9	–47. 0	22. 4	–53. 5
4	46. 6	–38. 0	17. 8	–41. 7	28. 8	–35. 4
5	47. 0	–33. 3	20. 9	–19. 6	26. 1	–41. 3
6	60. 5	–22. 0	25. 3	–31. 5	35. 2	–13. 4
7	55. 3	–52. 9	23. 4	–63. 4	31. 9	–44. 5
8	52. 1	–48. 9	23. 3	–55. 0	28. 8	–42. 6
9	61. 7	–17. 4	25. 3	–20. 3	36. 4	–15. 2
10	55. 2	–16. 6	24. 9	–25. 4	30. 3	–7. 7
11	55. 9	10. 5	18. 9	19. 4	37. 0	36. 1
12	57. 9	5. 4	24. 3	6. 5	33. 6	4. 6
合计	619. 1	–32. 1	263. 2	–34. 6	355. 9	–30. 2

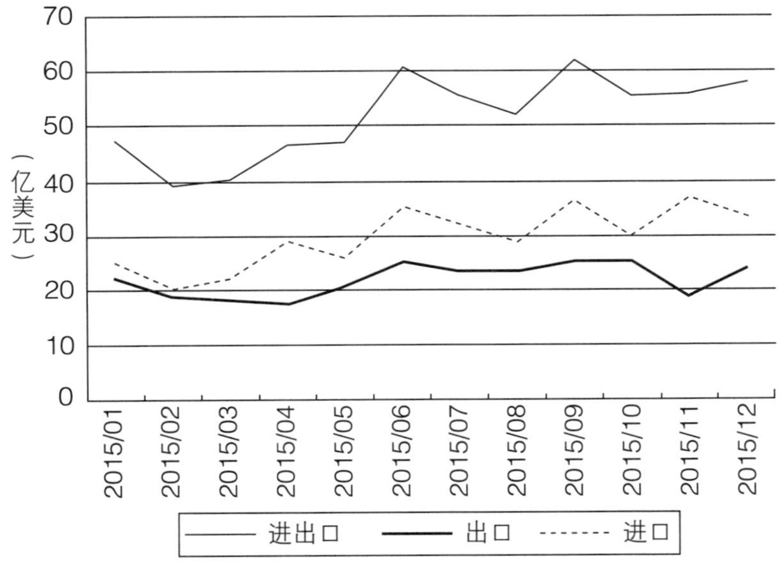

图 5　2015 年我国保税港区进出口走势

（四）综合保税区进出口情况

2015 年 1—12 月我国综合保税区进出口累计 2407.2 亿美元，同比增长 6.9%。其中：出口 1426.8 亿美元，同比增长 5.4%；进口 980.4 亿美元，同比增长 9.2%。得益于国务院 58 号文件指导，2015 年我国综合保税区发展态势良好，进出口额保持双增长态势，涨幅略低于 2014 年。具体情况如表 8 和图 6 所示。

表 8　2015 年 1—12 月我国综合保税区进出口、出口和进口额统计

月份	进出口额（亿美元）	同比增长（%）	出口额（亿美元）	同比增长（%）	进口额（亿美元）	同比增长（%）
1	178.9	18.9	109.3	16.0	69.6	23.6
2	138.4	9.1	86.1	15.2	52.3	0.3
3	182.2	5.9	104.3	1.2	77.9	12.9
4	171.2	4.3	101.1	7.9	70.1	-0.4
5	188.1	4.2	108.3	2.3	79.8	6.8
6	197.1	11.2	116.5	9.1	80.6	14.4
7	183.6	-4.2	106.3	-7.1	77.3	0.1
8	205.8	8.5	118.9	3.3	86.9	16.4
9	239.2	13.0	140.1	18.4	99.1	6.3
10	241.6	13.5	147.5	8.8	94.1	21.8
11	249.7	7.5	147.1	-0.9	102.6	22.5
12	231.4	-3.1	141.3	-0.1	90.1	-7.5
合计	2407.2	6.9	1426.8	5.4	980.4	9.2

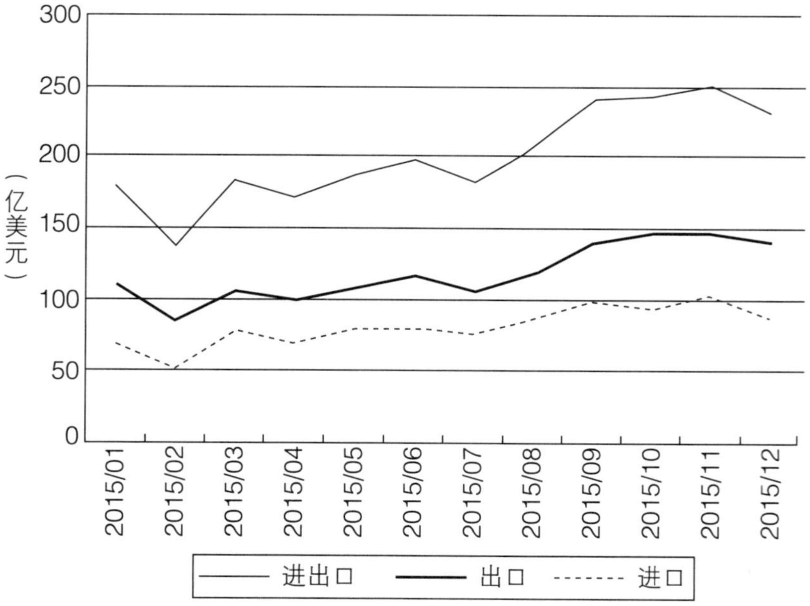

图 6　2015 年我国综合保税区进出口走势

（五）保税物流园区进出口情况

2015 年 1—12 月我国保税物流园区进出口累计 133.4 亿美元，同比增长 −16.3%。其中：出口 74.9 亿美元，同比增长 −20.6%；进口 58.5 亿美元，同比增长 −10.2%。具体情况如表 9 和图 7 所示。

表 9　　2015 年 1—12 月我国保税物流园区进出口、出口和进口额统计

月份	进出口额（亿美元）	同比增长（%）	出口额（亿美元）	同比增长（%）	进口额（亿美元）	同比增长（%）
1	12.6	−12.2	7.7	−1.2	4.9	−25.1
2	9.2	−11.3	6.5	27.7	2.7	−48.5
3	11.6	−16.9	6.1	−16.0	5.4	−17.9
4	14.1	0.1	6.4	−14.3	7.6	16.3
5	11.9	5.3	6.1	−11.3	5.7	30.8
6	12.3	−8.1	5.9	−29.8	6.4	28.7
7	10.5	−23.4	6.1	−32.2	4.7	−13.7
8	9.5	−35.4	6.1	−37.6	3.4	−30.9
9	10.0	−30.9	6.1	−37.3	3.9	−17.6
10	10.0	−20.7	5.1	−32.9	4.9	−2.4
11	10.3	−20.9	6.0	−17.7	4.3	−24.9
12	11.4	−14.5	6.8	−16.9	4.6	−10.8
合计	133.4	−16.3	74.9	−20.6	58.5	−10.2

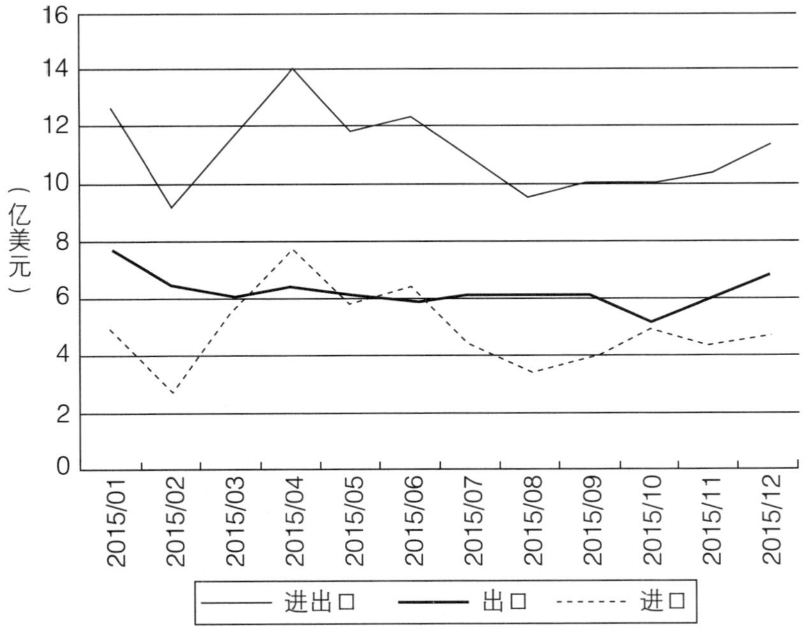

图 7　2015 年我国保税物流园区进出口走势

（六）珠澳跨境工业区进出口情况

2015 年 1—12 月珠澳跨境工业区进出口累计 4. 4 亿美元，同比增长 58. 4% 。其中：出口 2. 7 亿美元，同比增长 112. 3% ；进口 1. 7 亿美元，同比增长 7. 2% 。具体情况如表 10 和图 8 所示。

表 10　　2015 年 1—12 月珠澳跨境工业区进出口、出口和进口额统计

月份	进出口额（亿美元）	同比增长（%）	出口额（亿美元）	同比增长（%）	进口额（亿美元）	同比增长（%）
1	0. 3	−16. 2	0. 2	−5. 7	0. 1	−26. 9
2	0. 2	26. 1	0. 1	68. 6	0. 1	−1. 3
3	0. 4	93. 0	0. 1	7. 8	0. 3	152. 4
4	0. 4	81. 8	0. 2	91. 4	0. 2	74. 3
5	0. 5	100. 7	0. 3	174. 8	0. 2	40. 2
6	0. 4	105. 3	0. 3	316. 7	0. 1	1. 6
7	0. 3	56. 0	0. 1	11. 3	0. 2	46. 5
8	0. 2	5. 8	0. 1	−6. 0	0. 1	17. 7
9	0. 2	−25. 6	0. 1	−18. 6	0. 1	−29. 5
10	0. 6	185. 8	0. 5	455. 4	0. 1	−24. 6
11	0. 7	151. 4	0. 6	352. 6	0. 1	−23. 8
12	0. 2	−6. 6	0. 1	5. 4	0. 1	−15. 8
合计	4. 4	58. 4	2. 7	112. 3	1. 7	17. 2

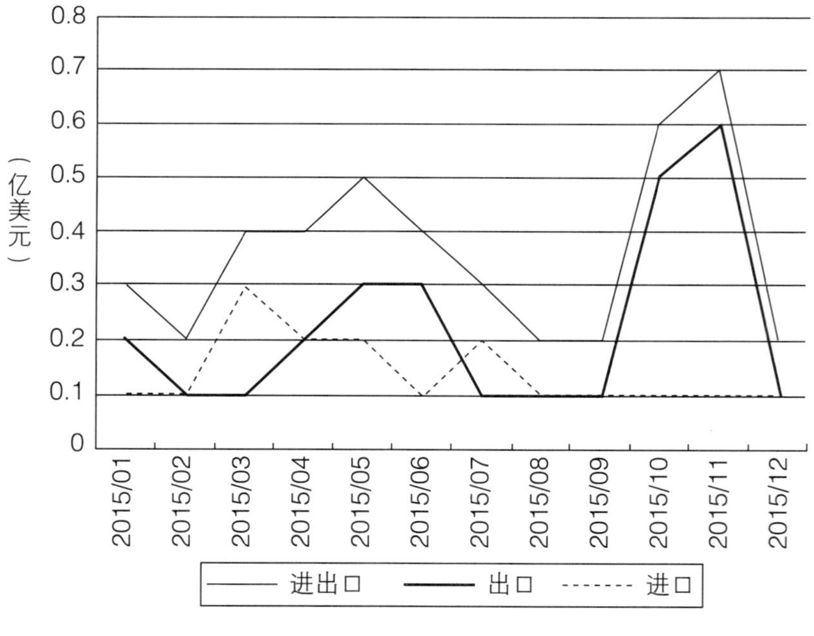

图 8　2015 年珠澳跨境工业区进出口走势

四、跨境电商推动保税物流创新升级

2015年，跨境电商迅猛发展给保税物流业带来了新的物流需求和创新发展的动力。

首先是利好政策推动跨境电商发展。2015年国家陆续出台了一系列拉动内需促经济增长的政策。10月22日，天津市作为第八个全国跨境电商试点城市正式获批。这是继上海市、重庆市、杭州市、宁波市、广州市、郑州市和深圳市之后的第八个，也是2015年唯一一个获批的跨境电商试点城市。除了中央政府为推进跨境电商发展不断推出政策之外，各地政府都在纷纷响应，推出各种项目和优惠政策。其中郑州、广州和杭州的力度最大，最保守的是上海。比如，浙江推出60个海外公共仓计划，山东也出台相应计划跟进。在跨境电商试点城市陆续获得批复和中韩、中澳等自由贸易协定签订等一系列利好政策的带动下，跨境电商发展来势汹汹。不仅天猫、京东、苏宁易购等传统电商行业，还有东航、中外运、顺丰等民营或国有企业，都先后整合各自的资源和优势进入跨境电商行业。

其次是创新模式提升跨境电商的客户体验。2015年阿里巴巴在跨境电商方面大动作不断，强势出击。在进口方面，天猫国际强势整合国内外行业资源跑马圈地，从零售、批发到物流等各个方面，继续引领进口电商行业；在出口方面，速卖通一路狂飙，发展迅猛。速卖通开始转型B2C，类似于淘宝向天猫的转变与进化。另外，跨境电商+微商火热。微商是目前中国移动商务的主要形式，跨境电商借助进口商品大都是口碑不错的品牌，正好弥补了微商假货泛滥和诚信缺失的缺陷，所以两者合作创新跨境电商+微商模式，正好满足了一部分指尖购物族的需求。

亚马逊赚得盆满钵满。2015年亚马逊借中国跨境电商热，适时改变营销策略，一方面，用全球开店把中国制造推向全世界；另一方面，通过开拓海淘市场，把国外的资源引入中国。因措施得力，亚马逊中国改写了销售纪录。2015年，中国消费者在亚马逊全球站点购物花费总额比2014年增长了六倍多，仅2015年1—10月，中国消费者在亚马逊海外站点的购物花费总额已经相当于过去20年的总和。

跨境电商产业园兴起。2015年在跨境网购疯狂增长的带动下，跨境电商产业园开始取代淘宝主导的内贸电商产业园、科技产业园和工业产业园，成为一个行业的新亮点。虽然跨境电商产业园目前还没有一个确切的定义，如何去运营一个跨境电商产业园还没有一个标准答案，但是大家一直认为，通过跨境电商产业园可以达到产业聚集、融合与创新的目的。

从跨境电商到跨境电商产业园意味着我国跨境电商发展到一个全新的阶段。首先，说明跨境电商已经发展到一定规模，开始包含零售商、消费者、物流商、服务商、平台等完整产业链，并形成一个独立成长的生态经济。其次，跨境电商开始从个人创业、企业转型向产业升级和区域经济更高层次发展，开始了行业内和跨行业的深度融合与创新。企业、政府以及更多的相关机构参与进来。跨境电商产业园的出现，标志着中国跨境电商发展已经领先世界并将最终引领世界发展。

五、跨国铁路运输带动中西部保税物流快速发展

2015年郑州新郑综合保税区全年进出口总

额达到496.78亿美元，在全国53个综合保税区中排名第二位；重庆西永综合保税区全年进出口总额达到235.59亿美元，在全国53个综合保税区中排名第四位。郑州新郑综合保税区和重庆西永综合保税区分别是我国中部地区和西部地区最具代表性的综合保税区，这两个区域没有东部沿海地区的优良港口资源，没有东部沿海城市更高的开放条件，但是这两个区域城市有个共同特点，就是分别为“郑欧”铁路和“渝新欧”铁路的起点，它们可以通过铁路将货物源源不断地运往中亚及欧洲各地，促进中部地区和西部地区保税物流快速发展。

“渝新欧”“郑欧”铁路开通运行，开启了中欧货物运输的新途径。铁路运输的优势就是高物流效率。首先是运输速度快，铁路运输从中西部地区到欧洲全程用时11～16天，相比直航海运节约20～30天，相比空运节约80%成本；其次是通关效率提高，铁路运输全程经过6～7个国家，仅需要一次报关、一次申请、一次验放，只要是在中国检验过的货物在其他国家不需要再次检验。快速的通关效率为企业节省时间及通关成本，同时也能保证货物更安全地抵达目的地，增加货物运输安全性。由于以上的优势条件，以及中欧贸易在电子产品等加工密集型产业方面互补性强，吸引了以富士康为代表的进料加工贸易企业进驻重庆，使重庆成为世界知名的笔记本电脑加工基地。“渝新欧”“郑欧”铁路的开通运行，拉近了我国中西部城市与欧洲之间的距离，平衡了我国东部和中西部外向型经济差异，为我国外向型经济发展注入了活力。

（田征　锦州辽宁理工职业学院　王涛　东方海外天津分公司）

2015 年中国快递业

一、2015 年快递业发展概况

（一）快递业务继续保持高速增长

1. 全国快递业务量持续增长

2015 年，我国快递服务企业业务量累计完成 206.7 亿件，同比增长 48%；业务收入累计完成 2769.6 亿元，同比增长 35.4%。其中，同城业务收入累计完成 400.8 亿元，同比增长 50.7%；异地业务收入累计完成 1512.9 亿元，同比增长 33.8%；国际及港澳台业务收入累计完成 369.6 亿元，同比增长 17%；快递的件均收入 13.4 元，同比下降 8.5%。2015 年 1—12 月我国快递服务企业业务量完成情况如图 1 所示，2014 年、2015 年 1—12 月我国快递服务企业业务收入完成情况如图 2 所示，2014—2015 年我国快递服务企业分专业业务收入完成情况如图 3 所示。

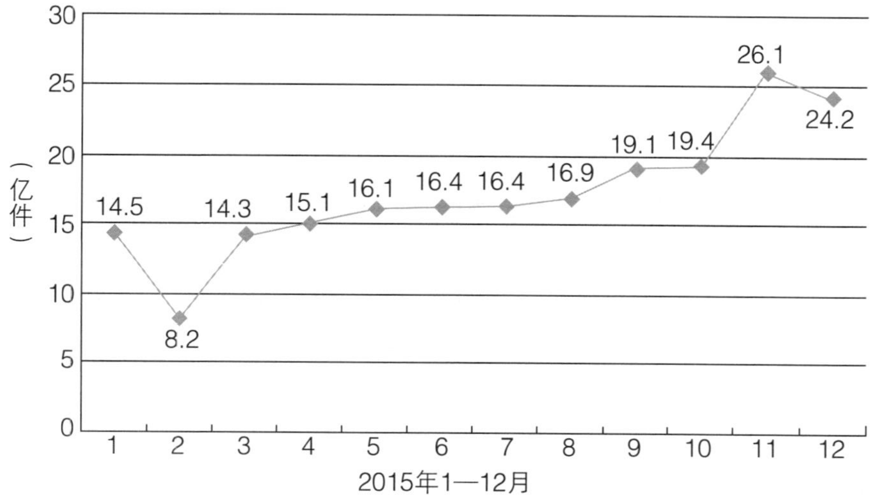

图 1　2015 年 1—12 月我国快递服务企业业务量完成情况

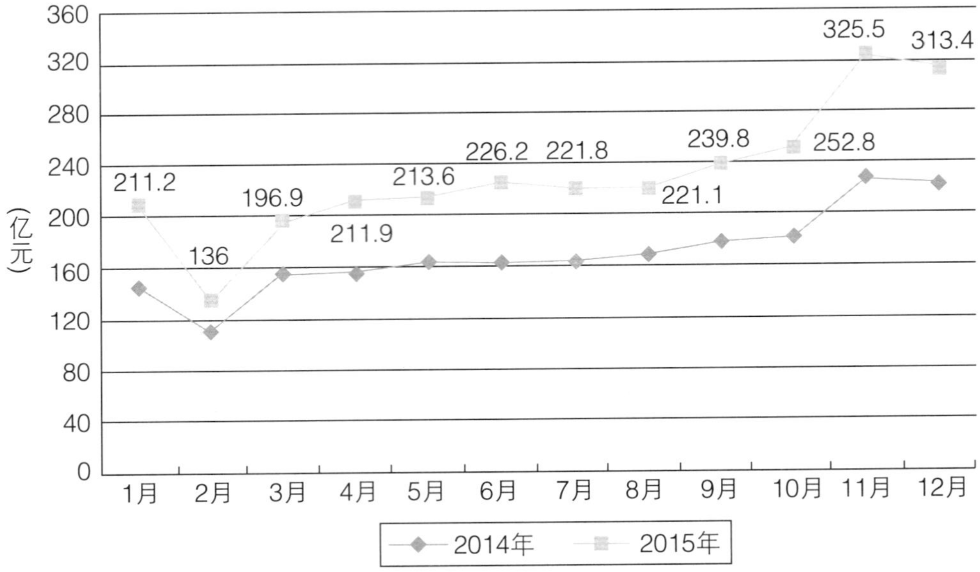

图2 2014 年、2015 年 1—12 月我国快递服务企业业务收入完成情况

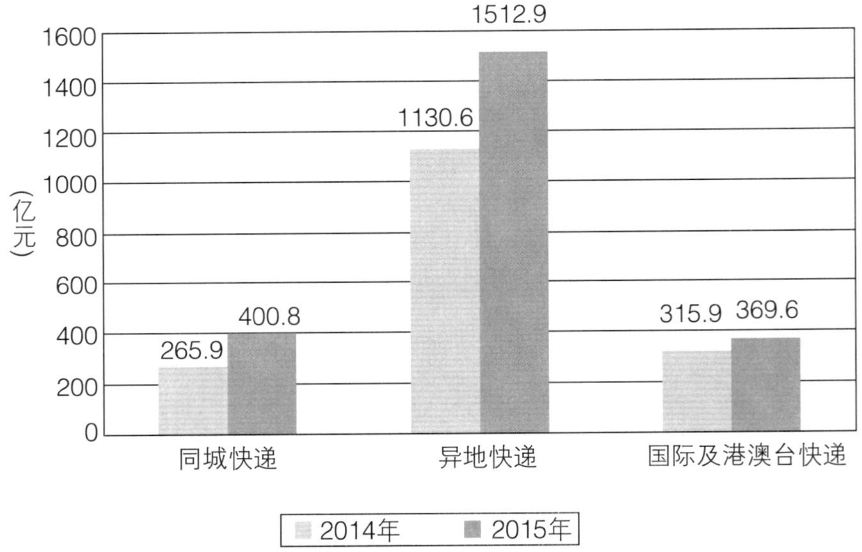

图3 2014—2015 年我国快递服务企业分专业业务收入完成情况

2015 年，我国快递服务企业同城、异地、国际及港澳台快递业务收入分别占全部快递收入的 14.5% 、54.6% 和 13.3% （详见图 4）；业务量分别占全部快递业务量的 26.1% 、71.8% 和 2.1% 。与 2014 年同期相比，同城快递业务收入的比重上升 1.5 个百分点，异地快递业务收入的比重下降 0.7 个百分点，国际及港澳台业务收入的比重下降 2.1 个百分点。

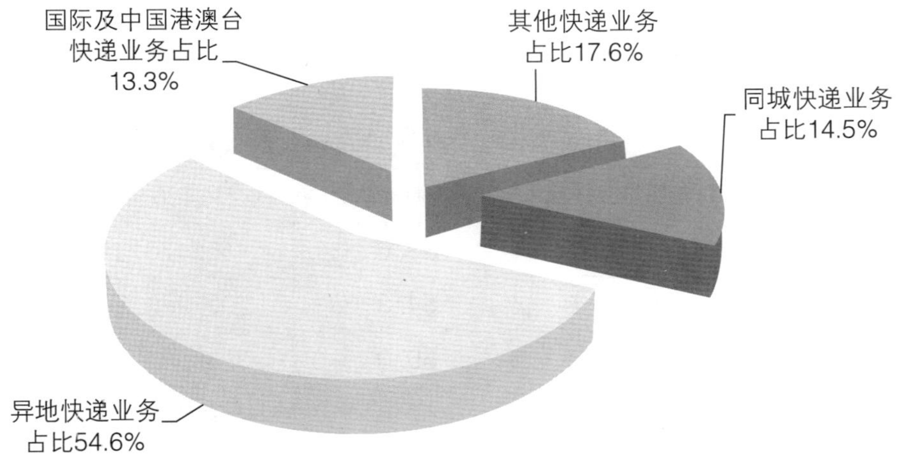

图4　2015 年我国快递服务企业分专业业务收入占比情况

2. 各省区市快递业务持续增长

2015 年，在电商爆发式发展的带动下，我国 31 个省（区、市）快递服务企业业务量均比上年大幅增长；31 个省（区、市）中除西藏自治区外的 30 个省（区、市）的快递服务企业业务收入也比 2014 年大幅增长。其中：广东省以快递业务量 501335.2 万件、快递业务收入 6159135.7 万元夺得双料冠军；浙江省以 383145.9 万件、江苏省以 229047.7 万件分获快递业务量亚军和季军；上海市以 4552476.2 万元、浙江省以 3838082.6 万元分获快递业务收入亚军和季军。天津市的快递业务量和快递业务收入增幅双双位列第一名，黑龙江省的快递业务量和快递业务收入的增幅双双位列第二名。2015 年各省区直辖市的快递业务量和快递业务收入详见表 1。

表 1　　2015 年我国 31 个省区市快递服务业务量和业务收入统计情况

省区市名称	快递业务量（万件）	同比增长（%）	快递收入（万元）	同比增长（%）
全国	2066636.8	48.0	27696465.9	35.4
北京市	141447.3	27.4	1816522.5	23.1
天津市	25624.4	106.6	435370.4	73.7
河北省	54911.9	61.4	561787.9	36.8
山西省	11477.3	25.7	152901.4	47.7
内蒙古自治区	5410.1	24.0	123053.4	19.2
辽宁省	24674.1	48.1	395949.5	31.9
吉林省	9017.0	35.8	169634.0	29.8

续 表

省区市名称	快递业务量（万件）	同比增长（%）	快递收入（万元）	同比增长（%）
黑龙江省	12636.8	80.2	213466.8	72.0
上海市	170778.0	33.0	4552476.2	26.0
江苏省	229047.7	54.3	2907286.3	44.6
浙江省	383145.9	55.9	3838082.6	39.9
安徽省	39935.6	67.4	461132.8	58.2
福建省	88786.2	35.7	1008474.8	24.4
江西省	23471.8	46.8	276692.2	51.9
山东省	73424.9	64.3	970605.4	44.8
河南省	51449.7	74.5	631077.0	54.5
湖北省	50847.3	53.4	595633.7	43.9
湖南省	31786.4	39.9	338934.3	29.3
广东省	501335.2	49.4	6159135.7	33.5
广西壮族自治区	12540.9	38.5	217788.4	39.7
海南省	2953.0	31.3	63444.8	46.9
重庆市	20525.4	47.8	286533.2	42.5
四川省	48796.6	28.6	628897.8	31.1
贵州省	7034.3	50.7	132428.3	34.9
云南省	11109.1	30.0	201152.5	32.0
西藏自治区	578.2	19.4	16826.3	-3.2
陕西省	20351.0	47.9	272792.1	51.9
甘肃省	3541.4	33.4	72537.1	41.7
青海省	716.6	23.6	18236.6	18.1
宁夏回族自治区	2231.9	47.4	48355.7	44.3
新疆维吾尔自治区	7050.7	18.7	129256.1	20.4

3. 全国各主要城市快递业务量和快递业务收入持续增长

表2、表3分别是2015年我国快递业务量和快递业务收入位居前50名城市的排序统计。

由表 2 可知，广州市、上海市和北京市分别以 95207. 7 万件、170778. 0 万件和 141447. 3 万件位居全国大中城市快递业务量前三位。由表 3 可知，上海市、深圳市和广州市分别以 552476. 2 万元、2229699. 7 万元和 1959861. 0 万元位居全国大中城市快递业务收入前三位。

表 2　　2015 年我国快递业务量位居前 50 名城市排序

排名	城 市	快递业务量累计（万件）	排名	城 市	快递业务量累计（万件）
1	广州市	195207. 7	23	济南市	18781. 5
2	上海市	170778. 0	24	长沙市	18675. 8
3	北京市	141447. 3	25	合肥市	18475. 2
4	深圳市	140134. 9	26	福州市	17044. 1
5	杭州市	125707. 3	27	石家庄市	16373. 4
6	金华（义乌）市	97095. 0	28	青岛市	16067. 8
7	东莞市	75121. 9	29	西安市	15927. 1
8	苏州市	56383. 0	30	绍兴市	15683. 5
9	南京市	50251. 9	31	厦门市	15086. 7
10	成都市	38179. 7	32	中山市	14761. 3
11	武汉市	37801. 2	33	南通市	12503. 4
12	温州市	37641. 1	34	湖州市	11807. 2
13	泉州市	37602. 6	35	汕头市	11730. 0
14	宁波市	30496. 5	36	常州市	11709. 6
15	台州市	29479. 3	37	揭阳市	11165. 7
16	郑州市	28928. 6	38	沈阳市	10961. 6
17	宿迁市	27919. 8	39	保定市	10748. 2
18	无锡市	26662. 4	40	南昌市	10646. 0
19	天津市	25624. 4	41	哈尔滨市	9397. 1
20	嘉兴市	23878. 7	42	徐州市	9240. 8
21	重庆市	20525. 4	43	廊坊市	9193. 9
22	佛山市	20332. 4	44	惠州市	8989. 5

续 表

排名	城 市	快递业务量累计（万件）	排名	城 市	快递业务量累计（万件）
45	扬州市	8180.2	48	昆明市	7599.6
46	太原市	7725.0	49	临沂市	7073.3
47	莆田市	7690.5	50	大连市	6557.9

表3　　2015年我国快递业务收入位居前50位城市排序

排名	城市	快递业务收入累计（万元）	排名	城市	快递业务收入累计（万元）
1	上海市	4552476.2	20	青岛市	278149.7
2	深圳市	2229699.7	21	佛山市	273303.9
3	广州市	1959861.0	22	嘉兴市	272519.3
4	北京市	1816522.5	23	厦门市	243848.6
5	杭州市	1437542.2	24	台州市	242916.6
6	苏州市	885423.1	25	济南市	232575.9
7	东莞市	854641.6	26	合肥市	219307.3
8	金华（义乌）市	768336.3	27	西安市	207451.3
9	南京市	600891.9	28	福州市	199731.7
10	成都市	450988.7	29	长沙市	198517.5
11	天津市	435370.4	30	中山市	194321.4
12	武汉市	431961.1	31	石家庄市	185975.7
13	宁波市	400443.0	32	常州市	173706.3
14	郑州市	376949.1	33	沈阳市	159321.0
15	温州市	354718.4	34	绍兴市	157144.9
16	泉州市	333333.8	35	南通市	152955.6
17	宿迁市	328635.5	36	哈尔滨市	147971.4
18	无锡市	312102.7	37	昆明市	135841.2
19	重庆市	286533.2	38	南昌市	135148.1

续 表

排名	城市	快递业务收入累计（万元）	排名	城市	快递业务收入累计（万元）
39	大连市	133912.4	45	莆田市	95303.5
40	惠州市	114625.0	46	湖州市	95225.6
41	南宁市	106913.8	47	汕头市	93972.7
42	保定市	99718.9	48	扬州市	93231.0
43	长春市	98833.7	49	太原市	88168.2
44	珠海市	97174.9	50	徐州市	85000.7

（二）快递业务收入在邮政业中占比继续提升

2015年我国快递业业务收入占邮政业业务总收入的比重为68.7%，比2014年提高4.8个百分点。

二、2015年快递业发展特点

2015年，我国快递业发展势头迅猛，热点纷呈。

（一）政策利好不断

国家层面再次出台系列利好政策，继续为快递业迅猛发展助力。2015年3月两会期间，李克强总理在会见中外记者时用一句“我很愿意为网购、快递和带动的电子商务等新业态做广告”，展示了国家层面高度重视快递业发展、支持快递业发展的鲜明态度。5月，国务院发布的《关于大力发展电子商务加快培育经济新动力的意见》第五部分完善物流基础设施中，明确提出了支持物流配送终端及智慧物流平台建设、规范物流配送车辆管理和合理布局物流仓储设施的具体意见。随后国家邮政局又发布了包括《快递末端投递服务规范》在内的三项标准。7月，快递员被作为新职业纳入了2015版《中华人民共和国职业分类大典》，标志着快递职业身份在“国家确定职业分类”上首次得以确立。10月，国务院发布《关于促进快递业发展的若干意见（国发〔2015〕61号）》，提出探索实行快递企业工商登记“一照多址”模式，对快递专用车辆城市通行和临时停靠作业提供便利，快递企业用电、用气、用热价格按照不高于一般工业标准执行等多项意见。“61号文”是2015年以来国家层面上推动快递业发展的最大利好政策。系列利好政策的出台，助推2015年我国快递业发展热潮不断涌现。

（二）大型会议层次高、影响大

2015年从3月到11月，快递业陆续召开了几个行业相关大型会议，层次高、影响大，凸显了快递行业积极探寻创新、谋求持续发展的内在力量。3月，2015年中国快递论坛聚焦“全面开放下的中国快递业转型升级”，首次发布了中国快递发展指数，揭晓了2014年中国快递业十件大事、启动了《2015中国快递业蓝皮书》项目。5月，首届菜鸟江湖大会召开，来自“三通一达”等民营快递、仓配服务商、落地配送企业等近500家菜鸟合作伙伴齐聚一堂，共话未来。6月，国家邮政局主办快递“最后一公里”峰会，与会代表立足推动绿色邮政、智慧邮政建设，积极探讨如何破解快递“最后一公里”的瓶颈、如何更好地提升快递末端服务水平等行业发展问题。11月，首届中国（杭州）国际快递业大会在杭州桐庐召开，国务委员王勇、国家邮政局局长马军胜和浙江省长李强等亲临现场发言，并参观了同期举办的“2015中国国际快递物流采购博览会”。这是我国快递产业的第一次采购博览会。

（三）民间快递业失信平台启动

2015年，由EMS、顺丰、申通、圆通、中通等15家快递企业首次联合发表的《我承诺，你监督——“3·15”诚信宣言》和6月正式上线运行的蜂网失信管理平台，让“诚信”成为2015年快递业的热词。

特别是由“三通一达”和顺丰牵头组建的、目前我国唯一的第三方失信管理平台——蜂网新管理系统的正式启动，让快递业的征信真正落到了实处。蜂网失信平台被视为规范快递行业的一剂良药，对促进快递业健康持续发展有积极作用。王勇国务委员在2015中国国际快递物流采购博览会期间，了解蜂网失信平台基本情况后称赞道：你们这个失信管理平台很好，对规范行业市场，促进行业健康发展，起到了积极的促进作用。

截至2016年年初，已有16家快递物流企业、一家物流协会正式加盟蜂网失信管理平台。同时，蜂网失信平台已经将27种行为纳入“黑名单”的管理范畴；蜂网失信平台累计“黑名单”数量已超过1.2万人和单位，已有多家企业依据蜂网失信管理平台提供的相关信息及时拒绝了“黑名单”人员的应聘入职。

（四）基础设施建设加快，装备投资竞相飙升

近几年，快递业务量的迅猛增长直接促进了快递企业对转运中心建筑、干线运输车辆、全货机和信息化、自动化、智能化机械设备等装备的投入，2015年各大快递企业继续加大对上述装备的投资规模。8月，顺丰速运在湖北鄂州规划了一个专门用于顺丰全球航空的货运集散中心枢纽，该机场将是全球排名第四、亚洲第一的货运空港集散中心；圆通速递在杭州成立了圆通货运航空有限公司，8月迎来第一架自有波音货机，并向波音订购15架全货机，三年内分期交付使用。在自动化建设方面，除了顺丰速运和邮政速递处于领先地位外，中通合肥中心投资采购了全自动化智能分拣设备；圆通速递北京中关村分公司投资上线了国内首套智能分拣设备；韵达快递全网络枢纽转运中心的上海分拨中心也投资上线了全自动化分拨流水线。同时，电子运单打印机的运用进一步加快。据估算，电子运单在“三通一达”的应用普及率达到50%左右。

（五）快递业呈现融资、上市潮

近5年我国快递业的高速发展得到了资本市场的追捧。进入2015年，快递业掀起了引入资本投资的高潮，各大快递企业与资本频繁接触，佳讯频传。4月，中通融资的估值接近400亿元，在红杉资本进入后，又引来了华平资本，并启动了上市计划；5月，阿里巴巴联手云锋基金战略投资入股圆通速递；12月，申通快递宣布借壳上市方案，根据预估值及交易双方初步协商作价结果，申通快递100%股权作价169亿元。作为大型快递企业引进资本主要是为了规范企业营运，完善法人治理结构；加强信息化、一体化、集约化、标准化、自动化、智能化和国际化建设的步伐；通过上市整合加盟商和分拨中心资源。

（六）快递业综合服务能力显著增强

与连续七年的“双11”不断刷新着商业传奇和快递奇迹相比，我国的快递业却一直饱受诟病。值得欣喜的是持续多年的爆仓、投诉等问题终于在2015年得以显著改善，各大快递公司都交出了令人满意的成绩单。据国家邮政局监测数据显示，2015年11月11日全天，主要电商企业共产生快递物流订单4.6亿件，同比增长65%；全天各邮政、快递企业共处理快件1.48亿件，同比增长67%。“双11”当天，圆通、申通、韵达的订单量分别为5328万单、4279万单和4160万单。尽管“双11”在总单量将近翻番的情况下，快递整体配送时间却压缩了一半。期间，顺丰速运承诺优先确保顺丰即日、顺丰次晨、生鲜类等时效类产品的时效；圆通速递也将利用航空货运提升时效，实现部分地区次日达；苏宁提出向保税区内商户开放物流次日达、半日达等服务。总体上看，2015年的“双11”和“双12”，各大快递企业的配送服务不管从能力上还是质量上都有了显著的提升。

（七）快递的实名制引发社会讨论

按照国家邮政局的要求，自2015年11月1日起，正式施行快递包裹实名登记制。这就意味着实施实名制登记后，各快递物流公司除严格验货外，还必须核实寄件人身份证等个人信息。消息传出，包括中央媒体在内的国内媒体随即围绕下述问题展开了热烈讨论：实名制是否会影响快递员的作业效率？如何进行实名制登记？实名是登记身份证信息，还是查验身份证？快递员查验发件人身份证是否涉及公民的隐私权，是否有损发件人的尊严？国际上哪个国家发快件查验发件人身份证（护照、驾照等个人身份信息）？查验身份证信息是否符合宪法，是否要经过全国人大的审议？

（八）电商的发货地点更加贴近消费市场

2015年我国快递服务业业务收入中，同城业务收入累计完成400.8亿元，同比增长50.7%；异地业务收入累计完成1512.9亿元，同比增长33.8%；国际及港澳台业务收入累计完成369.6亿元，同比增长17%。其中同城快递收入增幅继续大于异地快递和国际快递的增幅，这表明电商的发货地点更加贴近消费市场，这也说明电商更加注重布局仓网，利于降低快递运费成本。

（九）产业集中度依然较低

根据国家邮政局的统计数据，2014年快递服务品牌集中度指数CR8为77.9，2015年我国快递服务品牌集中度指数CR8为77.3，同比下降了0.6个百分点。从数字看快递业的品牌集中度较高，但实际上产业集中度依然很低。这是由于我国快递业的主流快递企业是民营加盟制，它们是独立的法人公司，具有自主经营、自我定价权，三个要素决定了目前我国快递业的产业集中度非常低。

（十）“降价”与“涨价”并举

多数加盟类民营快递企业对散户快递费调高快递价格，对电商大客户降价，降价幅度较大。尽管众多快递加盟商调价的呼声较高，但是无济于事，主要是由于电商利用货源的优势和快递企业之间的同质化竞争打压快递价格，从中赚取快递费差价。这是造成件均收入从2007年的27.6元下降到2015年的13.4元的原因之一。

三、快递业10件大事

（一）国务院发布促进快递业发展的若干意见

2015年10月26日，国务院发布《关于促进快递业发展的若干意见》（国发〔2015〕61号），主要内容包括：探索实行快递企业工商登记“一照多址”模式，扩大电子商务出口快件清单核放、汇总申报的通关模式适用地域范围；对快递专用车辆城市通行和临时停靠作业提供便利，出台快递专用电动三轮车国家标准以及生产、使用、管理规定；快递企业可按现行规定申请执行省内跨地区经营总分支机构增值税汇总缴纳政策，依法享受企业所得税优惠政策；快递企业用电、用气、用热价格按照不高于一般工业标准执行等。

（二）首届中国国际快递业大会暨2015中国国际快递物流采购博览会在桐庐召开

2015年11月12至14日，首届中国国际快递业大会在杭州桐庐召开，国务委员王勇同志亲临现场并作重要讲话，浙江省政府省长李强、国家邮政局局长马军胜出席会议并致辞。同期在桐庐县召开了“2015中国国际快递物流采购博览会”，这是我国第一个快递业的采购博览会，共有123家国内外快递供应商参加。为历年快递论坛最多层级最高的一年。

（三）蜂网失信管理平台正式上线

经过10个月的研讨和开发，蜂网失信管理平台将正式于2015年6月9日上线运行，制定了“黑名单”评价制度和评价标准，包括失信行为评价流程和“黑名单”评估操作细则等，并将27种失信行为纳入“黑名单”管理体系。蜂网失信管理平台仅限于认证采集快递行业个人或快递上下游单位失信行为。蜂网失信平台作为一个第三方平台，首批进入平台的快递企业是圆通快递、申通快递、中通快递和韵达快递等16家大型快递物流企业，以及一家物流协会，已经将100多万从业人员纳入管理范畴，并已有不良行为的1.2万多人和单位列入了“黑名单”。

（四）顺丰联合四大公司共推丰巢自助柜

2015年6月6日，顺丰、申通、中通、韵达、普洛斯联合发布公告，初期投资5亿元人民币，共同投资创建深圳市丰巢科技有限公司，致力于推出“丰巢”智能快递柜。“丰巢”智能快递柜将在强有力的资金支持下快速进驻，2015年内将完成中国33个重点城市过万网点布局。

（五）中通快递和圆通速递两家大型快递企业融资

继顺丰速运、中通快递、韵达快递、宅急送等大型快递企业融资后，2015年两家大型快递企业接受了融资。2015年4月1日，中通快递从华平基金融资，估值在400亿元左右。融资主要用于快递的基础设施建设。这是中通快递第二次融资。5月14日，阿里巴巴联手云锋基金战略投资入股圆通速递，预计持有20%股份。双方将一起致力于快递服务升级，实现在规范管理、服务质量、产品创新、国际化、农村物流等方面的拓展和变革，全面提升服务能力和水平，更好地满足广大客户对快递服务日益多元化、个性化的需求。

（六）顺丰自建航空货运枢纽落户湖北省鄂州

2015年10月，湖北省委书记李鸿忠会见顺丰快递总裁王卫，就顺丰国际航空货运枢纽机场落户鄂州达成一致意见，鄂州将成为顺丰高端快递的全货运机场的首选地。顺丰规划在湖北鄂州建一个专门用于顺丰快递的航空货运枢纽，并将成为顺丰的全球转运中心枢纽。顺丰选择鄂州可以实现1.5小时飞行能覆盖经济人口占全国90%的地区。机场建成后将成为全球排名第四、亚洲排名第一的航空货运空港集散中心。

（七）圆通成立航空货运有限公司

2015年9月26日，杭州圆通货运航空有限公司（以下简称圆通航空）在浙江举行了开航典礼，首飞航线是杭州到成都（成都到杭州）。圆通速递还从波音订购了15架飞机，分三年交货。

（八）快递业从容应对2015年“双十一”和“双十二”

据国家邮政局监测数据显示，2015年11月11日全天，全国主要电商企业共产生快递物流订单4.6亿件，同比增长65%；全天各邮政、快递企业共处理快件1.48亿件，同比增长67%。菜鸟网络统计数据显示，截至2015年11月17日上午9点，超过94%的物流订单已经发货，累计2.4亿个包裹完成签收，各项指标均大幅度高于上年同期。数据表明，2015年“双11”期间的物流配送在总单量将近翻番的情况下，整体配送时间压缩了一半。但是，据快递物流咨询网的问卷调查统计，有87%的快递网点未盈利。

（九）快递业实名制实施

2015年，公安部等15部门决定，从10月22日持续到2016年3月底，在全国范围内开展危爆物品、寄递物流清理整顿和矛盾纠纷排查化解专项行动。这意味着全国各地将落实寄递物流实名登记、寄运物品先验视后封箱、邮件快件X光机安检等管理制度，其中实名制登记将于11月1日正式施行。国家邮政局表示，2015年11月1日起，正式施行快递包裹开始实名登记。

（十）申通快递拟作价169亿元借壳上市

2015年12月1日，A股上市公司艾迪西宣布拟向德殷控股、陈德军、陈小英发行股份及支付现金购买申通快递100%股权。根据预估值及交易双方初步协商作价结果，申通快递100%股权作价169.00亿元，其中，股份支付金额为149.00亿元，现金支付金额为20亿元。本次交易完成后，上市公司向陈德军、陈小英及其控制的德殷控股发行股份购买其持有的申通快递100%股权，同时陈德军、陈小英将取得上市公司的控制权。

四、10大内资快递企业名单

表4　　我国十大内资快递企业名单

序号	快递业务量	快递业务收入排名	快件结构
1	圆通速递	顺丰速递	以经济“网购”快件为主
2	申通快递	邮政速递	以经济“网购”快件为主
3	中通快递	圆通速递	以经济“网购”快件为主
4	顺丰速递	申通快递	贵重“网购”快件+应急“网购”快件+商务快件+港澳台及国际快件
5	韵达快递	中通快递	以经济“网购”快件为主

续 表

序号	快递业务量	快递业务收入排名	快件结构
6	邮政速递	韵达快递	贵重“网购”快件＋应急“网购”快件＋商务快件＋公务快件＋港澳台及国际快件
7	百世快递	百世快递	以经济“网购”快件为主
8	天天快递	天天快递	以经济“网购”快件为主
9	全峰快递	全峰快递	以经济‘网购”快件为主
10	宅急送	宅急送	经济“网购”快件＋项目配送快件＋大包裹快件

说明：本文主要数据来自国家邮政局公布的统计结果和快递物流咨询网。

（徐勇　徐梦馨　快递物流咨询网）

2015 年中国国际货代物流业

2015 年，全球经济低迷，世界贸易增速创 30 年来最低值；我国经济增速下行压力持续加大，外贸出口震荡下滑。对此，中国政府密集地出台相关政策和重大举措，坚持深化改革、优化结构、鼓励创新，使得国民经济保持稳中有进、对外贸易回稳向好，为中国国际货代物流业的平稳发展提供了有力支撑。

一、2015 年行业发展回顾

2015 年，中国国际货代物流业伴随我国对外贸易发展回稳向好的态势呈现平稳发展的局面。

(一) 对外贸易发展回稳向好

1. 货运总量平稳，主要方式稳中有升

据海关统计，2015 年我国货物贸易进出口运输总量比 2014 年增长 1.4%，其中出口增长 3.3%，进口增长 0.2%。2015 年我国对外贸易主要运输方式中，港口完成外贸货物吞吐量 36.64 亿吨，同比增长 2.0%，外贸集装箱吞吐量为 1.47 亿标准箱，同比增长 3%；民航国际航线完成货邮吞吐量 491.40 万吨，同比增长 4.4%（不含中国香港、澳门和台湾地区 89.8 万吨）。在国际铁路运输中，中欧、中亚班列开行 815 列（西行 550 列，东行 265 列），同比增长 165%，发展势头迅猛。

2. 出口份额扩大，外经业务总量增长快

2015 年，虽然我国出口增速呈下滑态势，但仍好于全球及主要经济体，我国外贸出口量占国际市场份额从 2014 年的 12.4% 升至 13.8%。2015 年，我国对外承包工程业务完成营业额 1540.7 亿美元，同比增长 8.2%，新签合同额 2100.7 亿美元，同比增长 9.5%；我国企业在交通运输、电力、通信等优势产业对外直接投资累计约 116.6 亿美元，同比增长 80.2%；装备制造业对外直接投资 70.4 亿美元，同比增长 154.2%。对外贸易的向好为国际货代行业实现平稳增长、拓展工程物流等专业物流奠定了坚实基础。

3. 流通发展规划出台，行业发展空间扩大

2015 年 5 月，商务部等 10 部门印发《全国流通节点城市布局规划（2015—2020 年）》，确定建立“3 纵 5 横”全国骨干流通大通道体系，提出建设 37 个国家级流通节点城市和 66 个区域级流通节点城市。同时，为加强“一带一路”沿线区域的互联互通，我国与相关国家

协商开发中欧铁路中部和南部通道，并加快与周边国家的铁路和公路通道建设。这为货代物流企业优化业务结构、积极涉足商贸业务、扩大国际铁路和公路货运规模等提供了新的发展机遇。

4. 通关环境持续优化，企业经营成本降低

自2015年7月1日起，海关总署在京津冀、长江经济带、“泛珠”四省（广东、福建、广西、海南）、丝绸之路经济带（10个关区）、东北地区五大区域全面实施海关一体化改革，并稳步推进多式联运海关监管体系，与全球100多个国家和地区签署双边合作文件，加快“一带一路”海关数据交换与共享服务平台建设。关检通力合作大力推行“一次申报、一次查验、一次放行”，提升了货代物流企业的通关效率和服务质量，降低了货代物流企业的成本，有利于企业的发展发展。

5. 新兴业态快速发展，行业发展动能加快

2015年，我国跨境电商贸易增长超过30%、市场采购贸易增长超过60%、外贸综合服务企业增长超过20%，跨境电商成为蓬勃发展的新兴外贸业态。近年来，我国跨境电商物流、“互联网+物流”等新模式正成为行业企业创新思变的新动力和新着力点，不断改变着传统的贸易方式和货物运输格局，并以其全新的服务方式、领先的服务标准和差异化的优势，成为行业竞争的新焦点。

（二）国际货代业发展仍面临困难

尽管2015年中国国际货代物流业呈现平稳发展的局面，但仍然面临巨大的困难和压力。

1. 企业规模和效益增长的压力加大

总体看，国内经济和外贸下行压力依然较大，导致行业企业扩大规模和提升效益的压力日趋加大。如占我国对外贸易运输总量93.8%的海运业，自金融危机以来运价一路走跌，在2015年几乎处于历史最低位。货代企业在低运价甚至零运价的常态中面临生存尴尬，不干，视为退出；干，则在赔钱赚吆喝。不少企业的感受是：活没少干，成本没减少，但收益却比往年大幅下降。

2. 国际货运代理有被边缘化的趋势

国际货运代理作为对外贸易运输的组织者和设计师，为适应客户需求和货运服务的变化，必须不断创新服务模式、业态和产品，但一旦成为市场亮点或成熟产品后，政府的管理常常政出多门，企业无所适从。如多式联运、国际快递业务均是由货代企业自20世纪80年代引入国内，并列入1995年经国务院批准实施的《货代业管理规定》的经营范围，而现在这些业务分别被交通运输部和邮政部门接管。再如，在国际铁路运输中，由地方政府出资搭台开行跨境中欧班列，并自行圈定参与范围，一些非注册的国际货运代理人即刻成为经营人。还有一些地方主管部门借扶持中小企业发展之名，主动降低货代企业注册资本金门槛，甚至出现零元公司等。这些无疑将加大行业的管理成本和经营风险，给整个行业的健康发展带来不少新问题。

二、2015年国际货代物流百强榜分析

2015年国际货代物流百强榜（以下简称百强榜，见文后附表）具有以下几个特点：

（一）百强企业收入增速下降但总体平稳

2015年百强榜企业营业总收入为3343.13亿元人民币，较2014年略下降5.2%。相比2014年，除空运榜50强企业营业总收入同比增长10.97%外，其余海运50强企业、陆运20

强企业、仓储20强企业的营业总收入分别同比下降9.64%、26.84%和14.56%。其中：百强榜企业总收入下降的主要原因是海运运价下降所致；空运50强企业收入增长接近11%，主要是空运货量持续增加；陆运20强营业收入同比大幅下跌26.84%，除铁路货运量下降所致外，中欧中亚班列始发地新经营者的参与分流了原有企业既有客户和货量；仓储物流企业营业额下降主要受日益增长的自贸区和遍布各地的保税区和各类开发区的集中配送和海外仓、跨境电商物流的统一配送等新模式的冲击。总体看，2015年百强榜排序前10名的企业营业总收入同比下降仅1.5%，且2013—2015年连续三年均荣登百强榜的企业占百强企业总数的86%，这说明在新常态下行业企业的经营总体平稳。

（二）百强企业的市场集中度有所提高

2015年百强榜中排序前10名的企业营业总收入为2212.81亿元，占百强企业营业总收入的66.2%，比2014年提高了2个百分点，说明行业的市场集中度不断提升。

2015百强榜上榜企业与海运、空运、陆运分榜单上榜企业复合度高达99%，较2014年再创新高，说明行业企业以一业为主向功能集成的综合服务商发展的趋势增强。

在2015年的百强榜中，民营企业占据48席，民营企业的营业收入虽仅占百强企业总收入的22.5%，但有9家企业增速超过10%，其中3家企业的增速超过30%，还有6家民营企业新进百强综合榜单。这些都足以说明民营企业活力强，已成为名副其实的行业发展新动力。

（三）百强企业的区域分布基本符合外贸发展现状

2015年百强榜上榜企业的地区分布情况是：东部地区占92席，比2014年增加1席；中部地区占1席，与2014年持平；西部地区占7席，比2014年减少1席。地区分布情况与2015年我国三大区域外贸发展的表现基本契合。

三、行业发展需要创新

自全球爆发金融危机至今，全球经济始终深陷低迷未能复苏，我国的对外贸易也在低速中徘徊。一方面，外贸出口提质增效带来的货运价增量减、海运运价的持续下行和新兴业态的风起云涌正在改变着传统的贸易方式和货运服务格局，不可避免地对传统的货运代理业产生了重大的冲击，让国际货代业前景不容乐观；另一方面，“一带一路”建设行动推进，拉动了沿线贸易的同时带动中欧、中亚班列的开行，以及《贸易便利化协定》的预期实施，将为货代物流企业的发展带来更多的市场机遇。挑战和机遇并存，行业发展需要创新推动。

（一）供给侧结构性改革是行业创新发展的重要途径

货代行业是货运服务业的先行领域，处在供给侧结构性改革的前沿。当前，行业传统服务比重过大，滞后于行业发展的需要，必须以引导和创造需求为突破口，以高端性和前瞻性为方向，大力发展集成化的专业物流和供应链管理等行业中高端服务。

（二）“互联网+物流”等新业态将提升传统模式活力

互联网思维打破了产业的边界，去中间化成为趋势。行业企业要以互联网和平台思维探寻发展思路，积极实行线下服务线上化，提升传统服务的运营质量，大力发展智能物流和高效物流。

（三）加快“走出去”以创造发展新机遇

行业企业要紧抓“一带一路”建设带来的基础设施互联互通和国际产能合作扩大的难得机遇，跟随客户和项目“走出去”，加快海外网络布局，大力发展海外属地化业务，不断提升国际化水平，实现融入全球供应链整合和分工体系的目标。

（四）混改和并购将成为新常态

中远中海合并、招商中外运长航重组已拉开央企整合的序幕，接下来，行业不同企业间的混改、收购和兼并会渐行渐近。改革是提升行业企业效率、实现可持续发展的活力之源。

（五）组建联盟形成新的合作规制

行业企业通过虚拟经营、联合、战略联盟等同上下游企业组成多种形式的联盟，以核心企业为主构建行业生态图，实现优势互补、资源共享、多方共赢。

（六）把效益作为企业业绩考核的主要指标

在增速放缓、结构调整、动能转换的新常态下，行业企业应把经营重点放在存量优化和增量提升上，将考核重点更多地放在主营业务利润率、成本费用比、应收账款周转率等效益指标上。

在变革求进的关键期，国际货代业的发展需要全行业凝心聚力、砥砺奋进，更需要百强企业争做行业战略性发展的领导者、新兴商业模式的倡导者、服务创新的引领者，以己之长促进全行业的进步与发展。

表 1　　2015 年度中国货代物流企业百强排行榜

名次	企业名称	总营业额（万元）
1	中国外运长航集团有限公司	8904408. 79
2	中远国际货运有限公司	4472621
3	中国物资储运总公司	1985395. 11
4	厦门象屿速传供应链发展股份有限公司	1860401. 8
5	敦豪全球货运（中国）有限公司	1230726
6	锦程国际物流集团股份有限公司	1130356
7	振华物流集团有限公司	606981. 89
8	嘉里大通物流有限公司	580821. 79
9	宁波雅戈尔国际贸易运输有限公司	544395
10	深圳市华运国际物流有限公司	497929
11	中成国际运输有限公司	380609
12	海程邦达国际物流有限公司	380049
13	青岛全球捷运物流有限公司	377328. 78

续 表

名次	企业名称	总营业额（万元）
14	中通远洋物流集团有限公司	367404
15	深圳市九立供应链股份有限公司	352947
16	上海亚东国际货运有限公司	338832.8
17	东方国际物流（集团）有限公司	300381
	天津大田集团有限公司	
18	江苏众诚国际物流有限公司	279914.4
19	天津天保国际物流集团有限公司	277314
20	深圳市递四方速递有限公司	264957
21	嘉宏国际运输代理有限公司	264925
22	爱派克斯国际物流（中国）有限公司	263276.62
23	天津克运集运集团有限公司	249301
24	近铁国际物流（中国）有限公司	238741.68
25	民生国际货物运输代理有限公司	230455
26	日通国际物流（中国）有限公司	227689.85
27	江苏飞力达国际物流股份有限公司	222938.15
28	硕达（上海）国际货运有限公司	214550
29	中铁国际多式联运有限公司	206291
30	上海环世物流（集团）有限公司	200725
31	连云港东大国际货运有限公司	191380
32	江苏凯通国际物流有限公司	175533.3
33	广西运德汽车运输集团有限公司	155409
34	中外运化工国际物流有限公司	154177.07
35	宁波港东南物流集团有限公司	152767
36	利通物流有限公司	149164.17
37	大连中铁外服国际货运代理有限公司	148311
38	新疆天业（集团）有限公司	143750
39	新时代国际运输服务有限公司	139211

续 表

名次	企业名称	总营业额（万元）
40	中铁联合物流股份有限公司	135807
41	江苏恒隆物流有限公司	131111
42	上海美设国际货运有限公司	130793
43	大连忠进国际货运有限公司	123729
44	青岛远洋大亚物流有限公司	121509
45	北京泽坤国际货运代理有限公司	116456
46	宁波泛洋国际货运代理有限公司	106500
47	上海青旅国际货运有限公司	106160
48	简达国际物流有限公司	95598. 01
49	日立物流（中国）有限公司	92014
50	民航快递有限责任公司	91200
51	北京百福东方国际物流有限责任公司	90320
52	天津丰田物流有限公司	87636. 95
53	唯凯国际物流股份有限公司	87291
54	环发讯通（天津）国际货运代理有限公司	85205. 6
55	广西超大运输集团有限责任公司	83796
56	广州欧华国际货运代理有限公司	83095
57	达升物流股份有限公司	81647. 7111
58	嘉友国际物流股份有限公司	80729
59	江苏远洋新世纪货运代理有限公司	78954
60	辽宁港捷国际物流有限公司	78931
61	深圳市柏威国际货运代理有限公司	78771. 9
62	深圳市鸿安货运代理有限公司	78267. 22
63	中设国际商务运输代理有限责任公司	76884
64	深圳市海光国际物流有限公司	76682
65	深圳市富泰通国际物流有限公司	71075. 2
66	东方中天（河南）航空服务有限公司	70980

续 表

名次	企业名称	总营业额（万元）
67	密尔克卫化工供应链服务股份有限公司	69444
68	青岛思锐国际物流有限公司	68523
69	中经得美国际快运代理有限公司	68360
70	深圳市世倡货运有限公司	66300
71	上海经贸国际货运实业有限公司	65265
72	深圳市安达顺国际物流有限公司	61768
73	重庆太平洋国际货物运输代理有限公司	61612.61
74	辽宁富德国际货运有限公司	60921
75	北京盛伦国际物流有限公司	58417
76	中菲行国际货运代理（上海）有限公司	56623
77	上海东浩外服国际物流有限公司	55920.78
78	重庆美联国际仓储运输（集团）有限公司	55081
79	通用技术集团国际物流有限公司	54540
80	山东朗越国际运输服务有限公司	54048
81	中艺国际储运公司江苏公司	54025
82	航都（厦门）国际货运代理有限公司	50484
83	北方万邦物流有限公司	50388
84	深圳市长帆国际物流有限公司	46980.44
85	深圳市华展国际物流有限公司	46647
86	上海通运国际物流有限公司	45461
87	浙江海洲国际货运代理有限公司	44663
88	上海畅顺达国际物流有限公司	42227.44
89	上海高信国际物流有限公司	40506
90	中铁资源国际物流（北京）有限公司	39535
91	江苏海航国际物流有限公司	38114
92	上海华加国际货运代理有限公司	38113
93	青岛启德物流有限公司	37917

续 表

名次	企业名称	总营业额（万元）
94	上海盈思佳德供应链管理有限公司	37662.73
95	广西瑞通运输集团有限公司	36679
96	深圳天翼通国际货运代理有限公司	36626.68
97	中外运一日新国际货运有限公司	34712
98	新景程国际物流有限公司	34600
99	大连德力国际运输有限公司	33990
100	北京腾昌国际物流有限公司	33207

表 2　　2015 年度货代物流海运 50 强排名

名次	企业名称	海运营业额（万元）
1	中国外运长航集团有限公司	6256695.79
2	中远国际货运有限公司	4280418
3	锦程国际物流集团股份有限公司	867130
4	深圳市华运国际物流有限公司	400949
5	振华物流集团有限公司	393561.48
6	中通远洋物流集团有限公司	366100
7	中成国际运输有限公司	325620
8	青岛全球捷运物流有限公司	318687.93
9	敦豪全球货运（中国）有限公司	296537
10	海程邦达国际物流有限公司	250808
11	江苏众诚国际物流有限公司	241147
12	东方国际物流（集团）有限公司	234135
13	连云港东大国际货运有限公司	191380
14	民生国际货物运输代理有限公司	187466
15	天津克运集运集团有限公司	186287
16	嘉里大通物流有限公司	185730.6
17	上海亚东国际货运有限公司	182062.5

续 表

名次	企业名称	海运营业额（万元）
18	上海环世物流（集团）有限公司	168121.6
19	嘉宏国际运输代理有限公司	164152
20	宁波港东南物流集团有限公司	152767
21	江苏凯通国际物流有限公司	144465.47
22	江苏恒隆物流有限公司	130375
23	上海美设国际货运有限公司	121952
24	青岛远洋大亚物流有限公司	114682
25	大连忠进国际货运有限公司	113792
26	宁波泛洋国际货运代理有限公司	106505
27	硕达（上海）国际货运有限公司	98530
28	天津天保国际物流集团有限公司	91942
29	中国物资储运总公司	90060
30	新疆天业（集团）有限公司	88130
31	利通物流有限公司	83704.49
32	厦门象屿速传供应链发展股份有限公司	82157.66
33	环发讯通（天津）国际货运代理有限公司	80554.67
34	江苏远洋新世纪货运代理有限公司	78954
35	深圳市海光国际物流有限公司	77475.12
36	中设国际商务运输代理有限责任公司	76884
37	简达国际物流有限公司	76381.23
38	深圳市鸿安货运代理有限公司	69013.75
39	达升物流股份有限公司	67832.0583
40	青岛思锐国际物流有限公司	67189
41	深圳市世倡货运有限公司	66300
42	辽宁港捷国际物流有限公司	64418
43	中外运化工国际物流有限公司	63220.57

续 表

名次	企业名称	海运营业额（万元）
44	重庆太平洋国际货物运输代理有限公司	61612.61
45	中艺国际储运公司江苏公司	53947
46	通用技术集团国际物流有限公司	52703
47	辽宁富德国际货运有限公司	48500
48	深圳市长帆国际物流有限公司	46980.44
49	近铁国际物流（中国）有限公司	43940.65
50	北方万邦物流有限公司	43789

表3　　2015年度货代物流陆运20强排名

名次	企业名称	陆运营业额（万元）
1	中国外运长航集团有限公司	730522.77
2	中铁国际多式联运有限公司	206291
3	大连中铁外服国际货运代理有限公司	148311
4	中国物资储运总公司	117905
5	中外运化工国际物流有限公司	79765.68
6	新疆天业（集团）有限公司	53920
7	嘉友国际物流股份有限公司	52932
8	锦程国际物流集团股份有限公司	52073
9	北京盛伦国际物流有限公司	47563
10	敦豪全球货运（中国）有限公司	29808
11	上海亚东国际货运有限公司	28594.13
12	近铁国际物流（中国）有限公司	25756.89
13	民生国际货物运输代理有限公司	23427
14	振华物流集团有限公司	23328.67
15	浙江海洲国际货运代理有限公司	21303
16	天津克运集运集团有限公司	14133
17	新疆德鲁亚国际物流有限公司	13628

续 表

名次	企业名称	陆运营业额（万元）
18	辽宁富德国际货运有限公司	12171
19	重庆美联国际仓储运输（集团）有限公司	11500
20	广西超大运输集团有限责任公司	10460

表4　　2015年度货代物流仓储20强排名

名次	企业名称	仓储营业额（万元）
1	中国外运长航集团有限公司	355803.34
2	中国物资储运总公司	163595.6
3	嘉里大通物流有限公司	82485.46
4	青岛全球捷运物流有限公司	58640.85
5	江苏飞力达国际物流股份有限公司	58214.29
6	锦程国际物流集团股份有限公司	54203
7	深圳市递四方速递有限公司	50777
8	天津克运集运集团有限公司	48652
9	振华物流集团有限公司	44560.74
10	近铁国际物流（中国）有限公司	38466.47
11	嘉友国际物流股份有限公司	23126
12	日立物流（中国）有限公司	22354
13	东方国际物流（集团）有限公司	21088
14	北京百福东方国际物流有限责任公司	21000
15	日通国际物流（中国）有限公司	20497.46
16	深圳市华运国际物流有限公司	19687
17	嘉宏国际运输代理有限公司	18213
18	中远国际货运有限公司	15650
19	密尔克卫化工供应链服务股份有限公司	13974
20	中外运化工国际物流有限公司	10885

表 5　　2015 年度货代物流民营 50 强排名

名次	企业名称	总营业额（万元）
1	锦程国际物流集团股份有限公司	1130356
2	宁波雅戈尔国际贸易运输有限公司	544395
3	深圳市华运国际物流有限公司	497929
4	海程邦达国际物流有限公司	380049
5	青岛全球捷运物流有限公司	377328.78
6	中通远洋物流集团有限公司	367404
7	深圳市九立供应链股份有限公司	352947
8	江苏众诚国际物流有限公司	279914.4
9	深圳市递四方速递有限公司	264957
10	天津克运集运集团有限公司	249301
11	江苏飞力达国际物流股份有限公司	222938.15
12	上海环世物流（集团）有限公司	200725
13	连云港东大国际货运有限公司	191380
14	江苏凯通国际物流有限公司	175533.3
15	广西运德汽车运输集团有限公司	155409
16	宁波港东南物流集团有限公司	152767
17	江苏恒隆物流有限公司	131111
18	上海美设国际货运有限公司	130793
19	大连忠进国际货运有限公司	123729
20	北京泽坤国际货运代理有限公司	116456
21	简达国际物流有限公司	95598.01
22	北京百福东方国际物流有限责任公司	90320
23	广西超大运输集团有限责任公司	83796
24	广州欧华国际货运代理有限公司	83095
25	达升物流股份有限公司	81647.7111
26	嘉友国际物流股份有限公司	80729
27	江苏远洋新世纪货运代理有限公司	78954

续 表

名次	企业名称	总营业额（万元）
28	深圳市柏威国际货运代理有限公司	78771.9
29	深圳市海光国际物流有限公司	76682
30	深圳市富泰通国际物流有限公司	71075.2
31	东方中天（河南）航空服务有限公司	70980
32	密尔克卫化工供应链服务股份有限公司	69444
33	深圳市世倡货运有限公司	66300
34	深圳市安达顺国际物流有限公司	61768
35	辽宁富德国际货运有限公司	60921
36	北京盛伦国际物流有限公司	58417
37	重庆美联国际仓储运输（集团）有限公司	55081
38	山东朗越国际运输服务有限公司	54048
39	深圳市长帆国际物流有限公司	46980.44
40	深圳市华展国际物流有限公司	46647
41	浙江海洲国际货运代理有限公司	44663
42	上海畅顺达国际物流有限公司	42227.44
43	江苏海航国际物流有限公司	38114
44	青岛启德物流有限公司	37917
45	上海盈思佳德供应链管理有限公司	37662.73
46	广西瑞通运输集团有限公司	36679
47	深圳天翼通国际货运代理有限公司	36626.68
48	新景程国际物流有限公司	34600
49	青岛国泰通供应链有限公司	30670.42
50	山东泛亚国际货运有限公司	28715
	河南世通国际物流有限公司	

表6 2015年度货代物流空运50强排名

名次	企业名称	空运营业额（万元）
1	敦豪全球货运（中国）有限公司	720650
2	中国外运长航集团有限公司	427153.79
3	深圳市九立供应链股份有限公司	307869
4	爱派克斯国际物流（中国）有限公司	242569.02
5	日通国际物流（中国）有限公司	162080.96
6	嘉里大通物流有限公司	140608.01
7	新时代国际运输服务有限公司	139119
8	海程邦达国际物流有限公司	120513
9	近铁国际物流（中国）有限公司	120304.36
10	锦程国际物流集团股份有限公司	113124
11	北京泽坤国际货运代理有限公司	110931.43
12	硕达（上海）国际货运有限公司	110713
13	上海青旅国际货运有限公司	98271
14	民航快递有限责任公司	91200
15	唯凯国际物流股份有限公司	86532
16	嘉宏国际运输代理有限公司	82560
17	深圳市柏威国际货运代理有限公司	64206.2
18	利通物流有限公司	59802.81
19	深圳市安达顺国际物流有限公司	56517
20	广州欧华国际货运代理有限公司	56357
21	深圳市华运国际物流有限公司	52878
22	东方中天（河南）航空服务有限公司	51647
23	中经得美国际快运代理有限公司	50299
24	上海畅顺达国际物流有限公司	42162.91
25	上海亚东国际货运有限公司	40010.82
26	北京百福东方国际物流有限责任公司	37320
27	深圳天翼通国际货运代理有限公司	36626.68

续 表

名次	企业名称	空运营业额（万元）
28	中菲行国际货运代理（上海）有限公司	36194
29	山东朗越国际运输服务有限公司	33300
30	北京腾昌国际物流有限公司	33207
31	东方国际物流（集团）有限公司	30369
32	上海经贸国际货运实业有限公司	29810
33	江苏飞力达国际物流股份有限公司	25353. 11
34	广州佳联迅物流有限公司	25327
35	大连德力国际运输有限公司	24125
36	上海彼菲国际物流有限公司	19235
37	简达国际物流有限公司	19216. 78
38	航都（厦门）国际货运代理有限公司	19182
39	上海环世物流（集团）有限公司	18671
40	厦门联合物流有限公司	18130
41	上海高信国际物流有限公司	16431
42	凯盛国际货运代理（上海）有限公司	14933
43	上海泛宇国际货运代理有限公司	14461
44	达升物流股份有限公司	13407. 4411
45	航天（北京）物流有限公司	11774
46	大连京大国际货运代理有限公司	11431
47	上海东浩外服国际物流有限公司	11249
48	中外运－日新国际货运有限公司	11019. 2
49	上海华加国际货运代理有限公司	10530
50	深圳市递四方速递有限公司	10450

（中国国际货运代理协会）

广铁（集团）公司跨局班列信息

序号	车次	始发站	到达站	发车时刻	到达时刻	运行时间	备注
1	X8788	三眼桥	海宁	2: 47	次日15:33	36小时46分	特需班列
2	X8790	佛山东	唐山南	3: 42	5: 55	50小时13分	特需班列
3	X8792	佛山东	鸣李	7: 07	12.: 35	53小时28分	特需班列
4	X8796	三水西	金华西	4: 23	次日11: 44	31小时21分	特需班列
5	X8776	佛山东	沙良	5: 55	13: 20	55小时25分	特需班列
6	X8422/1	霞凝	二连（境）	20: 32	3: 30	54小时58分	中欧班列
7	X8774	石龙	胶州	21: 43	隔日11:43	37小时	
8	X8772	笋岗	大红门	6: 35	次日16:31	34小时22分	
9	X2782	大朗	保定南	7: 00	隔日7:55	48小时55分	特需班列
10	X2797/8	大朗	大红门	4: 30	次日17:30	37小时	特需班列
11	X104	棠溪	黄村	23: 55	23: 44	23时44分	电商班列
12	X218/5	棠溪	沈阳东	0: 48	18: 18	44时21分	
13	X308/5	棠溪	拉萨西	3: 00	23: 30	119时05分	
14	X2785/6	棠溪	南翔	3: 14	14: 35	36时30分	
15	X113/2	石龙	固安	7: 10	8: 55	24时43分	电商班列
16	X118/9	笋岗	闵行	6: 44	23: 30	16时41分	电商班列
17	X247/6	三眼桥	金马村	3: 48	19: 51	40时03分	
18	81214/3	三眼桥	新丰镇	17: 18	3: 22	58时04分	
19	X234/1	大朗	临沂	13: 28	1: 18	36时02分	
20	X268/5	大朗	新都	1: 02	6: 34	53时03分	
21	X278/5	大朗	南仓	3: 58	6: 33	50时35分	
22	X296/7	大朗	昌吉	4: 05	9: 19	85时17分	
23	X9024/3	江村	霍尔果斯境	23: 15	4: 50	149时22分	中亚班列
24	81212/1	江村	哈密东	0: 33	16: 40	86时02分	
25	X9544/3	江村	兴隆场	1: 34	3: 58	52时47分	
26	X9542/1	江村	成都北	1: 49	15: 19	61时05分	
27	X9548/7	平湖南	兴隆场	8: 45	4: 41	56时34分	
28	X9550/49	平湖南	成都北	8: 45	5: 33	62时14分	
29	81202	吉山	良乡	4: 48	19: 10	62时22分	
30	81203/4	吉山	南翔	3: 40	9: 18	53时38分	
31	X9545/6	三水西	昆明东	3: 30	22: 11	66时41分	
32	81216/5	三水西	贵阳南	12: 53	19:50	54时57分	
33	X2790	江村	圃田	3: 55	11: 05	31时10分	特需班列
34	X2792	江村	舵落口、吴家山	9: 13	6: 30	21: 17分	特需班列
35	X2809	大朗、常平	大毕庄	7: 26	23: 00	39时34分	特需班列
36	X2799	吉山、常平	宁波北	5: 03	7: 00	25时57分	特需班列
37	79202/1	汕头北	香坊、滨江	19: 00	5: 00	82小时	特需班列
38	X2788/7	汕头北	王家营西、金马村	21: 00	23: 00	50小时	特需班列
39	X2784/3	汕头北	小李庄、薛店	22: 30	6: 30	32小时	特需班列
40	X2794	西丽	吴家山	3: 30	5: 30	26小时	特需班列

Guangzhou Railway(Group)corporation

青岛铁路经营集团有限公司

路远情长

青岛铁路经营集团有限公司成立于2006年8月17日，主要从事物流服务、大宗商贸、物流园区、物资供应、小汽车基地建设等行业，公司注册资本2.25亿元。2015年实现营业收入26.76亿元，利润实现9856万元，现有员工 318人（截至2015年12月底）。

集团公司下设青岛、烟台、潍坊、淄博物流分公司和青岛运贸分公司、即墨济铁物流园等9个子分公司，分布在青岛（黄岛）、烟台、淄博、潍坊、东营、滨州等地区，业务范围辐射河北、山西、河南、江西、江苏、浙江、内蒙古等地。

集团公司成立以来，依托山东半岛港口的区位优势和铁路运输的比较优势，秉承“路有多远，情有多长”的企业经营理念，不断提升现代物流核心竞争力。大力推进物流基地建设和实业项目开发，相继建成投产了黄岛商品汽车、潍坊西工业盐等一批物流基地，正在建设黄岛保税仓库及海关监管区、即墨物流园等综合型物流园区，形成了以物流园区（基地）为核心、以配送中心为节点的经营网络。

集团公司先后与青岛港集团、中国远洋海运集团、山东钢铁集团、河北钢铁集团等十多家大中型企业建立了物流战略合作伙伴关系，取得了良好的经济效益和社会效益。集团公司在提供优秀物流方案咨询、编制物流配送方案、物流金融等多个业务环节上凸显服务，严格把关，各项服务内容已经得到客户的完全认可，及时、高效、便捷的服务多次获得客户的好评。

集团公司是国家5A级综合型物流企业，是中国物流与采购联合会常务理事单位、青岛市重点物流企业，多次被评为全国先进物流企业、中国物流百强企业、市一等信誉企业，被中国交通企业管理协会授予“2015年度全国交通运输行业诚信企业”称号，被青岛市物流协会授予“青岛物流杰出贡献奖”荣誉称号，被中国物流与采购联合会授予“2016中国物流企业50强”第47位，集团公司“路远情长”品牌被青岛市政府认定为“青岛名牌”，物流服务和企业管理得到了社会的认可和高度评价。

www.qdtljyjt.com　　地址：山东省青岛市南区朝城路2号　　电话：0532-82979215 0532-82977393

百安石化

TOPSAFE PETROCHEMICAL LOGISTICS

CDI

Responsible Care OUR COMMITMENT TO SUSTAINABILITY

ISO 9001&14001 OHSAS18001 Certified

AAAA 物流企业

东莞市百安石化仓储有限公司成立于2005年4月，总投资15亿元人民币，位于广东省重点规划的五大石化园区——虎门港立沙岛石化基地，是一家提供石化物流一体化解决方案的服务商。

百安石化华南石化物流中心现有储罐122个，总罐容32万立方米，配套一座5万吨级散装液体石化码头，拥有甲类、乙类危险品仓库和非危品仓库以及危险品和非危品运输资源，物流服务可覆盖全国多个重点城市。百安石化已经在成都、南通、连云港、天津、福建等地区设立石化物流服务中心，未来还将在“一带一路”沿线国家和城市设立石化物流服务中心，为合作伙伴提供全球化的石化物流供应链服务。

百安石化运用供应链管理系统，完善石化物流网络，提升物流效率，整合供应商、生产商、仓储服务商、运输服务商、政府机构以及金融机构，构建以客户需求为中心的石化物流生态圈，实现石化物流全过程的可视化，给合作伙伴提供散装、包装石化产品仓储、国内配送、国际货运代理、进出口报关报检代理、中港运输、物流策划、物流信息管理等石化物流供应链服务。

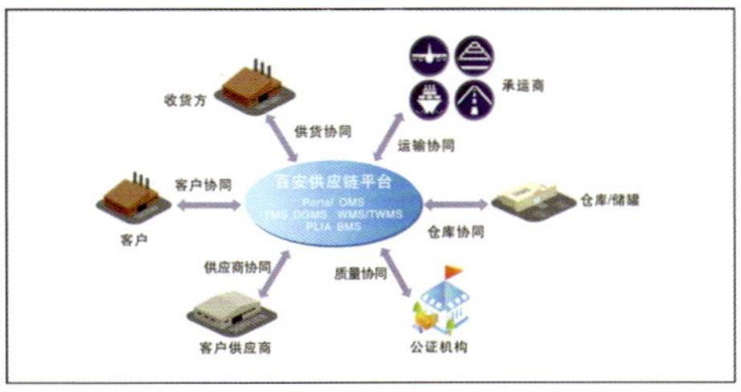

百安石化按欧洲化学品分拨协会标准运营，是欧洲化学品分拨协会（CDI-T）、国际化学品制造商协会（AICM）会员，中国4A级物流企业，2015中国化工物流30强企业，百安石化的发展受到政府与合作伙伴的认可，百安服务的合作伙伴60%为跨国石化企业，百安石化已成功与35家世界500强石化企业建立合作关系。

合作伙伴

DOW　BASF The Chemical Company　Sinopec　SINOCHEM　SABIC　MITSUBISHI　華潤 与您携手 改变生活　PPG　AIR LIQUIDE　AIR PRODUCTS　DSM　Chevron　DUPONT

www.topsafe.cn　业务联系人：梁文立　联系电话：0769—89985678　邮箱：steven.liang@topsafe.cn

秦粤物流
QIN YUE WU LIU
秦粤物流
诚实、信用、安全、快捷
秦粤物流总裁
——封建中
秦粤物流董事长
——封毅
中国物流的引领者
业务咨询、货物跟踪、货款查询
联系电话：0760-22389999（20条分线）

湖南现代物流职业技术学院

湖南现代物流职业技术学院创建于1965年，是一所以现代物流为主导专业的公办全日制普通高等院校，地处长沙市远大路和全国经济发展百强长沙县新安路间，毗邻国家级长沙经济技术开发区，有着得天独厚的区位优势和50余年办学底蕴。学院是湖南省人民政府和中国物流与采购联合会共建院校，是湖南省示范性高等职业学院、教育部人才培养工作水平评估优秀院校，学院于2008年经省教育厅批准牵头成立湖南现代物流职业教育集团，该集团于2011年被评为湖南省示范性职业教育集团。学院的集团化办学模式被教育部职成司誉为“助力行业，引领产业”的湖南现代物流集团化办学模式，成为全国八大典型职业教育集团化办学模式之一，在全省乃至全国产生了深远影响。学院也先后多次被中国教育研究与评介中心和中国物流与采购联合会等机构评为“全国最具有特色的高等职业院校”和“物流人才培养杰出院校”。

学院办学特色鲜明，有全方位对接物流产业的现代物流大专业群。所有专业均围绕现代物流环节而开设，设有物流管理系、物流工程系、物流信息系、物流经贸系和公共管理系5个系部，开设物流管理、物流工程技术、物流信息技术、物联网技术、电子商务、连锁经营管理等24个专业，其中物流管理是湖南省首批示范性特色专业；物流信息技术是湖南省特色专业和中央财政支持的重点建设专业；物流工程技术是中央财政支持的重点建设专业；会计是湖南省省级精品专业；物流园区金融管理、物联网应用技术是新增的国家高职高专特色专业。

学院科研实力雄厚，先后承担了省科技厅重点科技项目——“基于SOA-BPM组合架构的智能敏捷的第三方物流管理信息技术的研究”、湖南省科技重大专项“超高频电子标签芯片研制与应用示范”、国家工业与信息化部的“物联网专项资金”项目——“物流物联网平台及其在物流金融的应用示范”的研究。

学院拥有3个省级教学团队，有一批省级专业带头人、省级教学名师、省级青年骨干教师、湖南省物流业促进发展委员会专家委员和湖南省物流标准化委员会专家委员，参与了湖南省物流业振兴实施规划、湖南省“十二五”物流业发展规划、长株潭物流规划等产业发展规划的制定工作，承担了100多项国家级、省级科研课题和一批企业项目的研发工作。

中央财政支持建设物流实训基地

十佳优秀高职院校

联系电话：0731-84073065　地址：湖南省长沙市远大二路泉塘　邮编：410131

湖北省现代物流职教集团筹建单位

中国物流学会产学研基地（农村物流方向）
中国物流技术协会校企协作办公室
湖北省示范性重点专业
湖北省示范性物流实训中心

涂宏斌校长

武汉商贸职业学院

物流管理专业&冷链物流技术与管理专业

武汉商贸职业学院是经湖北省人民政府批准设立、教育部备案的全日制普通高等学校。校长涂宏斌现任中国物流技术协会副理事长。

学院以社会需求为依据，深化订单式培养、工学交替等多样化的人才培养模式改革，坚持按照合作办学、合作育人、合作就业、合作发展的方针，努力推进工学结合、校企合作。本院物流管理专业为湖北省教育厅“湖北省示范性重点专业”，武汉商贸职业学院物流学院是“湖北省现代物流重点实训基地建设单位”。

根据《湖北省实施国家教育体制改革试点总体方案》，本院承担“推进校企合作、工学结合，完善教育集团化办学的体制机制，促进资源共享、合作共赢”项目。在政府、行业、企业支持下，正着手筹建湖北现代物流职教集团，创造条件筹建湖北现代物流职教产业园区。武汉商贸职业学院将在物流职业教育领域打造更大的发展空间，为经济社会发展提供强有力的现代物流高技能人力资源支撑。

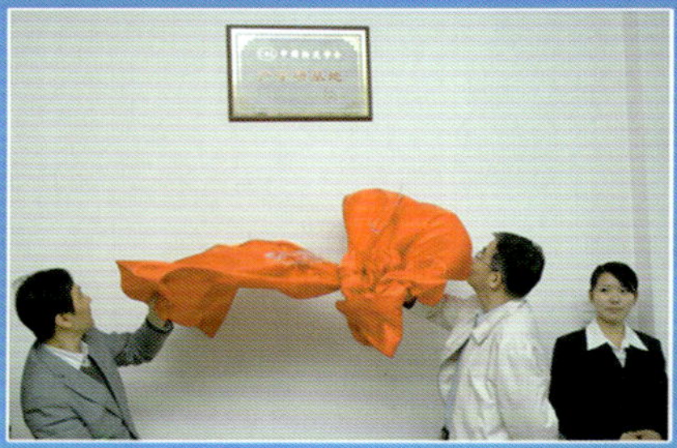

学院地址：武汉市东湖新技术开发区光谷二路225号
电　　话：027-81627111
网　　址：www.whicu.com

中国物流年鉴

2016（下册）

CHINA LOGISTICS YEARBOOK 2016

CFLP

中国物流与采购联合会编

中国财富出版社
CHINA FORTUNE PRESS

图书在版编目（CIP）数据

中国物流年鉴. 2016：全2册/中国物流与采购联合会编. —北京：中国财富出版社，2016. 9

ISBN 978-7-5047-6173-6

Ⅰ. ①中… Ⅱ. ①中… Ⅲ. ①物流—中国—2016—年鉴 Ⅳ. ①F259. 22-54

中国版本图书馆 CIP 数据核字（2016）第237457号

策划编辑 郑欣怡　　**责任编辑** 张　茜

责任印制 何崇杭　　**责任校对** 杨小静　梁　凡　　**责任发行** 敬　东

出版发行 中国财富出版社

社　　址 北京市丰台区南四环西路188号5区20楼　　**邮政编码** 100070

电　　话 010-52227568（发行部）　　010-52227588 转 307（总编室）

010-68589540（读者服务部）　　010-52227588 转 305（质检部）

网　　址 http://www.cfpress.com.cn

经　　销 新华书店

印　　刷 北京盎玺印刷有限公司

书　　号 ISBN 978-7-5047-6173-6/F·2664

开　　本 880mm×1230mm　1/16　　**版　　次** 2016年9月第1版

印　　张 44.25　　彩色　5　　**印　　次** 2016年9月第1次印刷

字　　数 1221千字　　**定　　价** 480.00元（全2册）

《中国物流年鉴》（2016）编委会

顾　问

陆　江　中国物流与采购联合会原名誉会长

丁俊发　中国物流与采购联合会原顾问

编委会主任

何黎明　中国物流与采购联合会会长

编委会副主任

崔忠付　中国物流与采购联合会副会长兼秘书长

周林燕　中国物流与采购联合会副会长

任豪祥　中国物流与采购联合会副会长

蔡　进　中国物流与采购联合会副会长、中国物流信息中心主任

贺登才　中国物流与采购联合会副会长

余　平　中国物流与采购联合会党委副书记、中国拍卖协会会长

戴定一　中国物流与采购联合会专家委员会主任、中国物流学会专家委员会主任

李建平　中铁现代物流科技股份有限公司总经理

编委会委员（按姓氏笔画排序）

王义栋　鞍钢股份有限公司总经理、鞍钢汽车运输有限责任公司董事长

王文举　北京物资学院院长

王玉柱　天津物产集团有限公司党委书记、董事长

王玉辉　青海省物资产业集团总公司总经理

王拥军　安能物流董事长

王忠行　济南铁路经营集团有限公司董事长兼总经理

王宗喜　解放军后勤学院物流工程实验室主任、教授

王建志　河南鲜易供应链有限公司副总经理

牛　斌　中国西部现代物流港党工委书记、管委会主任

尹国杰　湖南星沙物流投资有限公司董事长
邓小波　天地华宇总裁
邓德艾　湖南现代物流职业技术学院院长
古堂生　广西玉柴物流股份有限公司董事长
冉　旭　平安银行现代物流金融事业部总裁
乐　岩　武汉商贸职业学院物流学院院长
刘秉镰　南开大学校长助理，经济与社会发展研究院院长、教授、博导
刘景福　中物华商集团股份有限公司董事长
江　健　北京福田智科物流有限公司总经理
孙　杰　中国仓储与配送协会会长
杨永圣　湖南粮食集团有限责任公司副董事长、总裁
杨应龙　长沙金霞经济开发区党工委书记
李光甫　国药控股股份有限公司副总裁
李国伟　河南中原铁道物流有限公司副总经理
李金平　广东林安物流集团董事长
轩玉彬　亳州市天运物流有限责任公司总经理
何明珂　北京工商大学国际交流与合作处处长、教授、博导
宋远方　中国人民大学商学院教授、博导
汪　鸣　国家发展和改革委员会综合运输研究所所长、研究员
张玉庆　希杰荣庆物流供应链有限公司董事长
陈嘉良　联邦快递（中国）有限公司中国区总裁
陈镜治　香港物流协会会长
武　勇　广州铁路（集团）公司董事长、总经理
郑松兴　华南城控股有限公司联席主席、执行董事
房新胜　青岛铁路经营集团有限公司董事长、总经理
孟庆欣　国家统计局贸易外经统计司司长
赵玉玺　临沂天源国际物流有限公司董事长
赵红鹰　中铁物资集团有限公司党委书记、董事长
赵希和　江西新华发行集团有限公司副总经理、江西蓝海物流科技有限公司总经理
赵沪湘　中国国际货运代理协会会长
钟荣钦　台湾物流协会秘书长

施文进　惠龙易通国际物流股份有限公司董事长
姜超峰　中国物资储运协会名誉会长
徐佳梅　普洛斯投资管理（中国）有限公司企业传播部副总裁
徐胜明　四川安吉物流集团有限公司董事长
郭戈平　中国连锁经营协会会长
郭旭东　陕西煤业化工物资集团有限公司执行董事、总经理
黄有方　上海海事大学校长、教授、博导
黄郑明　上海郑明现代物流有限公司总裁
盖守岭　山东聊城盖氏邦晔物流有限公司董事长
盖忠琳　山东盖世国际物流集团有限公司党委书记、总经理
梁伟华　中国物流有限公司董事长、党委书记
舒　谦　宝湾物流控股有限公司总经理
鲁友水　山东物流集团有限公司副董事长
蓝宝生　太古冷链物流（上海）有限公司董事总经理
赖展京　南光物流有限公司董事长
甄忠义　乌鲁木齐铁路局局长
雷钧友　秀山华渝物流投资有限公司总经理
翟玉峰　武汉东西湖保税物流中心有限公司董事长
薄世久　北京长久物流股份有限公司董事长

特别支持单位

中国远洋物流有限公司

依维柯（中国）商用车销售有限公司

平安银行现代物流金融事业部

上海安能聚创供应链管理有限公司

陕西煤业化工物资集团有限公司

长沙金霞经济开发区

河南鲜易供应链有限公司

北京福田智科物流有限公司

南光物流有限公司

联邦快递（中国）有限公司

华南城控股有限公司

惠龙易通国际物流股份有限公司

《中国物流年鉴》（2016）

主　　办　中国物流与采购联合会
承　　办　《中国物流与采购》杂志社
主　　编　何黎明
副 主 编　崔忠付　蔡　进　贺登才
编辑部主任　刘乃杰
编辑部副主任　徐小青
编　　辑　崔　冬　朱贝特　常　俏　杜　林　贾　丽
发　　行　高　威
广告设计　阳光设计工作室

编 辑 部　010 -68392774　010 -68392214（兼传真）
邮　　箱　xxq6429@163. com　gwrshk@126. com
zgwlnj@126. com
发　　行　010 -68391021　010 -63738995　010 -68392214
传　　真　010 -83203997

《中国物流年鉴》（2016）供稿者

（按姓氏笔画排序）

万　莹　王　迪　王　涛　王文浩　王国文　王佳昀　王莉莎　王萧懿　文德华　甘凯龙　田　征
冯耕中　曲洪伟　朱　正　朱冬蕾　刘汉才　刘伟华　刘学德　刘缨缨　闫　鸣　闫淑君　孙景亮
杨恩缘　李大伟　李丹妮　李红梅　肖　虹　余栋梁　谷桂林　沈　玲　沈志安　张　洁　张晋姝
陈　彬　季夏冰　周庆特　胡一焱　俞苏宸　施忆忆　姜　旭　秦玉鸣　耿祥伟　夏　坚　顾宁军
晏庆华　徐　勇　徐秀丽　徐梦馨　郭剑阳　桑昌营　盖忠琳　蒋长兵　韩兆轩　程博竞　温宇恒
谢文卿　谢雨蓉　谢满华　靳　伟　谭颜铭　樊一江　潘增友　穆宏志

国家发展改革委、国家发展改革委综合运输研究所、河北省发展改革委、内蒙古自治区发展改革委、内蒙古自治区统计局、吉林省发展改革委、吉林省统计局、江苏省经信委、安徽省发展改革委、山东省经信委、山东省统计局、河南省发展改革委、河南省统计局、南京市商务局、常州市经信委、扬州市发展改革委、镇江市经信委、青岛市交通运输委、威海市经信委、湘潭市商务局、湘潭市统计局、郴州市发展改革委、郴州市统计局、中国国际货运代理协会、中国粮食行业协会、中国木材与木制品流通协会、内蒙古自治区物流协会、吉林省物流与采购联合会、河南省物流与采购联合会、四川省现代物流协会、陕西省物流与采购联合会、宁夏回族自治区现代物流协会、湘潭市物流与采购联合会、郴州市物流与采购联合会、中国物流信息中心、中物联汽车物流分会、中物联冷链委、中物联电商物流与快递分会、中物联大宗商品交易市场流通分会、中物联网络事业部、中物联行业事业部、中物联教育培训部、中物联标准委、中物联托盘专业委员会、中物联评估办、中国汽车技术研究中心、中国工程机械工业协会工业车辆分会、上海国际航运研究中心、快递物流咨询网、北京物资学院、上海海事大学、西安交通大学、天津大学、浙江工商大学、东方海外天津分公司、中国出版传媒商报社、中远网络物流信息科技有限公司、国药集团医药物流有限公司、宝湾物流控股有限公司、林安物流集团、上海安能聚创供应链管理有限公司、河南鲜易供应链有限公司、希杰荣庆物流、中物华商国际物流（安徽）有限公司、聊城盖氏邦晔物流有限公司、中铁现代物流科技股份有限公司、山东盖世国际物流集团、CSCMP（美国供应链管理专业协会）中国代表处

《中国物流年鉴》（2016）
广告提供单位

上册

平安银行股份有限公司
依维柯（中国）商用车销售有限公司
东风柳州汽车有限公司
我的法务网
北京长久物流股份有限公司
上海安能聚创供应链管理有限公司
陕西煤业化工物资集团有限公司
中铁现代物流科技股份有限公司
长沙金霞经济开发区管理委员会
上海郑明现代物流有限公司
南光物流有限公司
联邦快递（中国）有限公司
希杰荣庆物流供应链有限公司
北京福田智科物流有限公司
河南鲜易供应链有限公司
华南城控股有限公司
四川安吉物流集团有限公司
宝湾物流控股有限公司
林安物流集团
湖南粮食集团有限责任公司
中物华商集团股份有限公司
普洛斯投资管理（中国）有限公司
山东物流集团有限公司
中铁物资集团有限公司
山东盖世国际物流集团有限公司
惠龙易通国际物流股份有限公司
中国西部现代物流港管理委员会
天地华宇
快虎物流有限公司
秀山华渝物流投资有限公司
湖南星沙物流投资有限公司
鞍钢汽车运输有限责任公司
太古冷链物流（上海）有限公司
国药集团医药物流有限公司
上海领鲜物流有限公司
青海省物资产业集团总公司
天津物产集团有限公司
临沂天源国际物流有限公司
亳州市天运物流有限责任公司
广西玉柴物流股份有限公司

下册

平安银行股份有限公司
依维柯（中国）商用车销售有限公司
东风柳州汽车有限公司
中国物流有限公司
广州铁路（集团）公司
乌鲁木齐铁路局
济南铁路经营集团有限公司
河南中原铁道物流有限公司
青岛铁路经营集团有限公司
聊城盖氏邦晔物流有限公司
江西蓝海物流科技有限公司
漳州漳龙物流园区开发有限公司
东莞市百安石化仓储有限公司
广东秦粤物流有限公司
湖南现代物流职业技术学院
武汉商贸职业学院物流学院
《中国物流与采购》杂志
中国物流与采购联合会网
《现代物流报》
《物流》杂志
《中国储运》杂志
万联网
上海安能聚创供应链管理有限公司
中国远洋物流有限公司
北京福田智科物流有限公司
武汉东西湖保税物流中心有限公司
北京长久物流股份有限公司
黑龙江农垦北大荒物流集团有限公司
大冶有色物流有限公司

编 辑 说 明

一、《中国物流年鉴》（以下简称《年鉴》）是中国物流与采购联合会主办、《中国物流与采购》杂志社承办的大型文献性工具书。自2012年创办至今，已经连续出版发行了十五年。十五年来，《年鉴》的编纂质量不断提升，发行量持续扩大，获得了业界广泛好评。《年鉴》具有的权威性、可读性和资料性，使其成为业界人士查询、引用、论证、存档不可或缺的"工具"。

二、2015年，在经济下行压力加大的背景下，我国物流业保持了中高速增长，运行效率有所提升，发展动力正在转换，为国民经济"稳增长""调结构""惠民生"提供了重要的产业支撑和物流保障。

一年来行业中发生的每一个变化都是社会经济发展的必然结果，更是行业深化改革转型发展的真实写照。客观真实地记录下这些变化是《年鉴》义不容辞的职责。

三、2016年版《年鉴》的组稿、编纂工作得到了国家发展和改革委、商务部、交通运输部、国家统计局等部门和部分省市自治区政府部门、物流相关行业协会，中国物流信息中心、全国物流标准化技术委员会等机构，以及中铁现代物流科技股份有限公司、中远网络物流信息科技有限公司、中物华商国际物流股份有限公司等知名企业的大力支持。对此我们表示衷心的感谢。

四、对不符合《年鉴》编辑要求的来稿，编辑人员作了谨慎、认真地删改，由于时间原因这部分稿件来不及请作者核校，希予见谅。

五、因编辑部人员水平有限，如有不妥之处，恳请批评指正。

六、2017年版《年鉴》在框架结构和主体内容上将延续2016年版的风格，力求真实地展示行业发展变化的全貌，继续加大数据和图表的内容，扩充地区物流的篇幅，使其更具可读性、资料性。

欢迎大家继续对2017年版《年鉴》的组稿和编辑工作给予支持！

《中国物流年鉴》编辑部

二〇一六年八月二十五日

前　言

2015年是“十二五”规划的收官之年。我国物流业在经济下行压力不断加大的情况下，保持了中高速增长。社会物流总额为219.2万亿元，比2014年增长5.8%；社会物流总费用与GDP的比率为16.0%，比2014年下降0.6个百分点。物流业为“稳增长”“调结构”“惠民生”发挥了支撑和保障作用。

“十二五”时期，我国物流业在市场需求和国家政策的推动下取得了新的进展。主要表现为以下几点：

第一，市场规模持续扩大。“十二五”时期，我国已成为全球最具成长性的物流市场。2015年，我国物流业总收入约为7.6万亿元，全国货运量达417.1亿吨。其中，公路货运量、铁路货运量、港口货物吞吐量多年来都居世界第一位。快递业务量突破200亿件，冷链物流市场规模超过1500亿元，各类细分市场规模不断扩大。

第二，需求结构加快调整。五年来，我国单位与居民物品物流总额年均增速接近30%，并呈持续加快态势。快递快运、电商物流、冷链物流等生活消费性物流保持快速增长，成为市场投资热点。工业物流需求总体下降，特别是钢铁、煤炭、建材等大宗生产资料物流需求严重下滑。铁路货运改革深入推进，在批量零散货物、铁路快运和集装箱运输等方面大幅增长。

第三，市场主体加速分化。物流企业通过兼并重组、战略调整、联盟合作等多种方式，市场集中度显著提高。四大航运央企启动重组，市场向强势企业进一步集中；“中国物流企业50强”的主营业务收入近8000亿元，第50名入选企业门槛比2010年提高3.5亿元。截至2015年年底，我国A级物流企业总数已达3500多家，其中5A级企业214家。伴随着互联网时代的到来，我国各类物流互联网平台大量涌现。

第四，创新驱动模式变革。“十二五”时期，一批通过技术创新、管理创新、组织创新实现模式变革的企业，影响并引领传统企业转变观念，加速变革。

第五，国际物流双向开放。作为我国加入世界贸易组织（WTO）以来开放最早的服务行业，物流业已经实现了全面开放。开放的市场环境吸引了大批跨国企业全面进入国内市场。随着"走出去"战略实施，国内物流企业积极拓展国际市场，电商和快递企业纷纷参股国际快递企业、投资海外仓储设施、打造物流通关渠道带动跨境电商发展。2014 年，国家提出"一带一路"战略，物流设施建设和网络布局加快落地。自 2011 年渝新欧班列首次全程运行以来，截至 2015 年 10 月底，中欧班列开行已超过 1000 列。上海、天津、福建、广东等自由贸易试验区陆续获批，对外开放新格局为物流业开辟了新的空间。

第六，基础设施扩容提挡。截至 2015 年年底，我国高速公路和高速铁路里程分别突破 12 万公里和 1.9 万公里，比 2010 年分别增长 62% 和 127%，双双居世界第一。全国高速公路 ETC（不停车电子收费系统）实现联网，统一收费成为可能。水路、航空等运输服务能力稳步增长，高效便捷的综合运输体系初步成型。

第七，信息技术普及应用。"十二五"时期，物联网、云计算、大数据等新兴技术在物流行业得到推广应用。嵌入物联网技术的物流设施设备快速发展，车联网技术从传统的车辆定位向车队管理、车辆维修、智能调度、金融服务延伸。大数据分析帮助快递企业预测运力需求，缓解了"双 11"等高峰时期的"爆仓"问题，快递基础业务的信息化管理水平进一步提升。

第八，绿色物流已见行动。"十二五"时期，交通运输领域落实推进节能减排低碳发展行动，2015 年起"国四"排放标准正式实施，黄标车淘汰力度加大。新能源汽车在货运行业得到推广应用，一些城市新能源快递配送车辆获得通行准入。LNG（液化天然气）等清洁能源汽车快速发展，太阳能发电屋顶在仓储行业开始使用。

第九，基础工作稳步推进。《物流标准化中长期发展规划》印发执行，一批新的物流国家标准开始实施；物流统计调查制度不断完善，采购经理人指数（PMI）的国内外影响力进一步扩大，物流业景气指数、公路物流运价指数、中国仓储指数等陆续发布；物流教育培训工作迅猛发展，截至 2015 年我国已有 443 所本科院校、954 所高职高专院校、900 多所中职院校开设了物流专业，"物流管理与工程"正式进入教育部全国学科目录一级学科。物流基础理论研究和产学研结合取得新成果。

第十，政策环境持续向好。"十二五"时期，党中央、国务院重视物流业发展。国务院出台了《物流业发展中长期规划》和《促进物流业发展三年行动计划》；各部门从自身职能定位出发，密集出台支持物流业发展的政策措施。全国现代物流工作部际联席会议坚持问题导向，着力解决制约物流业发展、亟待跨部门协调解决的重点问题。支持物流业发展的部门间合力逐步加强，行业政策环境持续改善。

不可否认，“十二五”时期我国物流业在快速发展的同时，还有一些制约行业发展的问题有待解决。总体来看，“十三五”时期我国物流业仍然处于可以大有作为的战略机遇期。物流业将从追求规模速度增长向质量效益增长转变，从铺摊子、上项目向整合资源、做优存量转变，从成本要素驱动向效率提升、创新驱动转变，行业将进入以转型升级为主线的发展新阶段。我国虽然是物流大国，但还不是物流强国，实现“物流大国”向“物流强国”的转变是业界人士共同的梦想，需要全体同人不懈的努力。中国物流与采购联合会作为行业社团组织，将不遗余力地加强调查研究、积极反映企业诉求、协助政府推进政策落地，为加快物流业发展做出积极的贡献。

《中国物流年鉴》是中国物流与采购联合会主办、《中国物流与采购》杂志社承办的大型文献性工具书。十几年来，《中国物流年鉴》坚持用数据和事实反映物流业发展变化的轨迹、记录我国物流业发展的历程，赢得了业界好评。面对我国物流业不断发展变化的新形势，《中国物流年鉴》将继续以求真务实、严谨负责的态度做好资料收录工作。同时，真诚地希望业界同人提出宝贵意见，使其越做越精、越做越好。

二〇一六年八月三十日

目　录

上　册

第一部分　物流政策法规

第二部分　物流统计

第三部分　物流产业

下 册

第四部分 行业物流

第五部分 地区物流

第六部分　物流技术与装备

第七部分　物流教育、信息化、标准化

第八部分　部分优秀物流企业及经典案例

第九部分　物流综合

第四部分

行业物流

2015年中国制造业物流

2015年是“十二五”规划的收官之年，我国经济继续筑底，增速继续回调，下行压力比较明显。受世界经济和国际市场持续低迷、我国经济结构调整力度加大、钢铁、水泥等行业过剩产能调整加速的影响，2015年我国制造业经济总体发展较弱，全年制造业经济发展数据低于市场预期。

一、2015年我国制造业发展的主要特点

整体来看，2015年我国制造业转型升级取得一定积极成效，产业结构趋于优化，呈现出如下运营特点。

（一）PMI整体稳中有降，经济下行压力明显

2011—2015年我国制造业PMI走势如表1所示。从表1可以看到，2015年全年我国制造业PMI平均水平为49.9%，是近五年以来的最低水平，低于荣枯线。全年分季度看，第一季度稳中有进；第二季度小幅增长，高于临界水平，稳中向好；第三、第四季度经济运行保持缓中趋稳、稳中有降态势。

表1　　2011—2015年中国制造业PMI

月份	2011年PMI（%）	2012年PMI（%）	2013年PMI（%）	2014年PMI（%）	2015年PMI（%）
1	52.9	50.5	50.4	50.5	49.8
2	52.2	51.0	50.1	50.2	49.9
3	53.4	53.1	50.9	50.3	50.1
4	52.9	53.3	50.6	50.4	50.1
5	52.0	50.4	50.8	50.8	50.2

续 表

月份	2011 年 PMI（%）	2012 年 PMI（%）	2013 年 PMI（%）	2014 年 PMI（%）	2015 年 PMI（%）
6	50. 9	50. 2	50. 1	51. 0	50. 2
7	50. 7	50. 1	50. 3	51. 7	50. 0
8	50. 9	49. 2	51. 0	51. 1	49. 7
9	51. 2	49. 8	51. 1	51. 1	49. 8
10	50. 4	50. 2	51. 4	50. 8	49. 8
11	49. 0	50. 6	51. 4	50. 3	49. 6
12	50. 3	50. 6	51. 0	50. 1	49. 7
全年平均	51. 4	50. 8	50. 8	50. 7	49. 9

数据来源：中国物流与采购联合会数据汇总整理，http：//www. chinawuliu. com. cn/special/pmi001. htm

从企业规模看，大、中、小型企业 PMI 均回落至收缩区间。大型企业 PMI 为 49. 9%，三年来首次降至收缩区间；中型企业 PMI 降至 49. 8%，小型企业 PMI 上升 1. 2 个百分点至 48. 1%，但已连续第 13 个月位于收缩区间，经济下行压力较为明显。

（二）行业增速整体放缓，细分行业利润增速差异较大

如表 2 和表 3 所示，根据国家统计局数据，2015 年我国制造业主营业务收入比 2014 年增长 2. 0%，利润总额增长 2. 8%。尽管数据有所增长，但增速已经较 2014 年同期大幅降低。

根据国家统计局的数据，2015 年我国 41 个工业大类行业中，有 29 个行业利润总额比 2014 年增长，12 个行业利润总额比 2014 年下降。其中：农副食品加工业利润总额比 2014 年增长 6. 4%，纺织业增长 5. 1%，石油加工、炼焦和核燃料加工业增长 9. 7 倍，化学原料和化学制品制造业增长 7. 7%，汽车制造业增长 1. 5%，电气机械和器材制造业增长 12. 1%，计算机、通信和其他电子设备制造业增长 5. 9%，电力、热力生产和供应业增长 13. 8%，煤炭开采和洗选业下降 65%，石油和天然气开采业下降 74. 5%，非金属矿物制品业下降 9%，黑色金属冶炼和压延加工业下降 67. 9%，有色金属冶炼和压延加工业下降 11%，通用设备制造业下降 0. 6%，专用设备制造业下降 3. 4%。

表2　　2014年我国规模以上工业企业主要财务指标

分组	主营业务收入		利润总额	
	全年累计（亿元）	比上年增长（%）	全年累计（亿元）	比上年增长（%）
总计	1094646.5	7.0	64715.3	3.3
其中：采矿业	64560.3	−3.1	6245.7	−23.0
制造业	966673.0	7.9	53732.5	6.5
电力、热力、燃气及水生产和供应业	63413.2	4.6	4737.1	17.1
其中：国有及国有控股企业	255888.5	2.1	14006.7	−5.7
其中：集体企业	7706.1	0.7	538.0	0.4
股份制企业	745098.0	7.9	42962.8	1.6
外商及港澳台商投资企业	254401.0	5.5	15971.8	9.5
其中：私营企业	369554.1	9.2	22322.6	4.9

表3　　2015年我国规模以上工业企业主要财务指标

分组	主营业务收入		利润总额	
	全年累计（亿元）	比上年增长（%）	全年累计（亿元）	比上年增长（%）
总计	1103300.7	0.8	63554.0	−2.3
其中：采矿业	53406.2	−16.3	2604.2	−58.2
制造业	986913.3	2.0	55609.2	2.8
电力、热力、燃气及水生产和供应业	62981.2	−0.3	5340.6	13.5
其中：国有及国有控股企业	235899.6	−7.8	10944.0	−21.9
其中：集体企业	6947.5	−5.8	507.5	−2.7
股份制企业	770887.5	1.9	42981.4	−1.7
外商及港澳台商投资企业	249486.5	−0.8	15726.1	−1.5
其中：私营企业	386258.1	4.5	23221.6	3.7

（三）部分行业产能过剩严重，清理僵尸企业成为升级重点

伴随着经济下行压力不断加大，2015 年我国制造业爆发“倒闭潮”，成本优势与投资优势同时削弱，使我国制造业发展面临着发展中国家和发达国家的双重挤压。新一轮科技革命和产业变革，重点在制造业、难点在制造业、出路也在制造业，结构调整与转型升级势在必行。2015 年 5 月，工信部印发了《部分产能严重过剩行业产能置换实施办法的通知》，以遏制产能严重过剩行业盲目扩张，深入推进化解产能过剩工作并取得了一定成效。2015 年 12 月 18 ~21 日召开的中央经济工作会议明确提出，2016 年结构性改革五大任务是抓好去产能、去库存、去杠杆、降成本、补短板，这也是“十三五”开局之年关乎经济结构调整成败的五件大事。受经济整体形势影响，在国家针对产能过剩行业的持续调整下，部分行业如水泥、平板玻璃、生铁、粗钢的累计产量分别下降了 4.6% 、8.3% 、3.3% 、2.2% 。

以钢铁行业为例，近五年来，我国钢铁行业产能利用率一直在 80% 以下波动，产能过剩情况严重。大量过剩产能导致钢铁行业利润将长期低迷。2015 年我国钢材价格创近年新低，如表 4 所示。钢铁行业 PMI 持续走低，在 11 月更是达到了 7 年最低，为 37.0% 。据中国钢铁工业协会（下称中钢协）的数据显示，2015 年重点统计钢铁企业亏损 645.34 亿元，亏损面为 50.5% ，亏损企业产量占会员企业钢产量的 46.91% ，仅 10—11 月，亏损额便翻了一番；而 2014 年度盈利为 225.89 亿元。

表 4　　2015 年我国钢材价格及跌幅　　单位：元/吨

产品名称	2015 年 12 月 15 日	2015 年最低点	2015 年最高点	2014 年同期	2015 年年初	2015 年跌幅（%）	2014 年跌幅（%）
螺纹钢	1650	1650	2670	2810	2670	-38.20	-23.28
线材	1920	1920	2860	2990	2850	-32.63	-22.13
热轧板卷	1825	1825	3085	3055	3085	-40.84	-11.86
冷轧板卷	2200	2200	3810	3820	3810	-42.26	-10.56
镀锌板	2500	2500	4240	4280	4240	-41.04	-7.83
彩涂板	2850	2850	4400	4500	4400	-35.23	-5.38
中厚板	1805	1805	3000	2965	3000	-39.83	-15.73
热轧带钢	1600	1600	2480	2770	2470	-35.22	-23.77
焊管	1730	1730	2650	2900	2650	-34.72	-20.90
无缝管	2450	2450	3350	3400	3350	-26.87	-16.25
型材	2040	2040	2950	3000	2950	-30.85	-15.95

续 表

产品名称	2015 年 12 月 15 日	2015 年最低点	2015 年最高点	2014 年同期	2015 年年初	2015 年跌幅（%）	2014 年跌幅（%）
不锈钢	11600	11525	15950	16850	15850	−26. 81	4. 28
碳结钢	2060	2060	2960	3035	2960	−30. 41	−20. 64
合结钢	2460	2420	3210	3260	3210	−23. 36	−18. 32
齿轮钢	2650	2650	3520	3550	3520	−24. 72	−16. 19
拉丝材	1900	1900	2550	2790	2550	−25. 49	−25. 55
轴承钢	4100	4100	6600	6600	6600	−37. 88	−6. 38
硬线	1890	1870	2930	2930	2930	−35. 49	−17. 46

图表来源：http：//www. sci99. com/news/19843655. html

清理“僵尸企业”毋庸置疑是 2015 年制造业转型升级的重点工作目标。根据每经网整理报道，在 266 家“僵尸”上市公司中，包括 197 家以钢铁、有色、造纸、纺织、船舶、石化、化工、机械、水泥、煤炭等为代表的传统制造业公司。以山东为例，各市提报的 448 家“僵尸企业”名单中，处于停产状态的企业高达 80% 。显然，大量由过剩产能构成的“僵尸企业”早已失去了经济造血功能，却仍然占有着土地、资本、劳动力等市场资源，挤压了新兴产业的生存空间，损害了优胜劣汰的市场机制，也暗藏金融风险的危机。清理“僵尸企业”，就是要释放它们占有的市场资源，恢复健康的市场竞争机制，将有限的资源投入优化的产业结构中去，激活区域经济和传统行业的活力。

清理“僵尸企业”关乎多方利益，如企业背后投资问题、职工安置再就业问题、地方政府财税及经济增长下降问题，以及培育新产业与处理僵尸产业的协调等，使得化解产能过剩成为一场攻坚战。国务院于 2015 年下半年出台了关于清理“僵尸企业”的政策。2015 年 11 月 4 日，李克强总理在主持召开国务院常务会议时首次明确提出，要加快推进“僵尸企业”重组整合或退出市场，加大支持国企解决历史包袱。12 月初，在经济问题专家座谈会上，李克强总理重申，要加快落后产能淘汰和“僵尸企业”退出，促进企业效益和资源配置效率回升。12 月 9 日，李克强总理主持召开国务院常务会议，部署促进中央企业增效升级，提出更具体的清理对象，即要对持续亏损 3 年以上且不符合结构调整方向的企业采取资产重组、产权转让、关闭破产等方式予以“出清”，目标是到 2017 年年末实现经营性亏损企业亏损额显著下降。在国家政策引导下，全国各地开始落实清理“僵尸企业”的工作。

（四）核电、高铁推动装备制造业“走出去”

在产业结构优化的基础上，2015 年我国的核电、高铁等行业取得了较快发展。

2015 年，我国核电行业走出去的步伐明显加快。除了为巴基斯坦承建 5 台核电机组的项目以外，还相继与英国、罗马尼亚、阿根廷等国签订了核电建设项目，我国具有自主知识产权的三代核电技术华龙一号开始走出国门并在巴基斯坦、罗马尼亚、阿根廷实现落地。未来，随着新兴市场地区对电力能源需求的增加，核电势必成为重要的电力来源。我国核电技术具有性价比的优势，国家推动核电走出去的意愿强烈，我国核电出口迎来了快速发展的机遇。

2015 年我国高铁成就举世瞩目。全国铁路营业里程达 12 万公里，比 2010 年增长 2.9 万公里，同比增长 85%，以“四纵四横”为主骨架的高速铁路网也已经成型。我国高铁已经形成了强大的铁路装备制造产业，铁路装备走出去步伐明显加快。目前已经提出泛亚铁路、亚欧铁路、中亚铁路的规划，并出资 400 亿美元成立丝路基金，为“一带一路”沿线国基础设施建设、资源开发、产业合作等有关项目提供投融资支持。2015 年 9—10 月，我国的铁路相关出口已经中标或已与外方达成共识的项目又增添了中泰铁路、俄罗斯莫斯科—喀山高铁、印尼雅加达—万隆高速铁路，为我国铁路装备制造业提供了可持续的发展动力。

（五）“互联网 +”助力制造业转型升级

新一代信息技术与制造业深度融合，正在引发影响深远的产业变革，形成新的生产方式、产业形态、商业模式和经济增长点。2015 年 5 月，国务院印发《中国制造 2025》，成为我国实施制造强国战略第一个十年的行动纲领，并提出通过“三步走”实现制造强国的战略目标。《中国制造 2025》中明确提出，中国制造转型升级要以加快新一代信息技术与制造业深度融合为主线。《中国制造 2025》瞄准新一代信息技术、高端装备、新材料、生物医药等战略重点，提出了十大重点扶持领域。其中“智能制造”被定位为中国制造的主攻方向，要求统筹布局和推动智能服务机器人、智能家电、智能照明电器、可穿戴设备等产品的研发和产业化。此外，2015 年制造业最热点的词汇是“互联网 +”。2015 年 6 月，《“互联网 +”行动指导意见》获得通过，标志着这一新兴产业模式正式成为国家行动计划。7 月，国务院印发《关于积极推进“互联网 +”行动的指导意见》，明确提出要加强“互联网 +”协同制造，积极推动中国传统制造业向“智能制造”转型升级，并以此促进“中国制造 2025”的发展。

对于智能制造来说，数据是灵魂，集成是重点，能力是主线。在《中国制造 2025》的战略背景下，国家 2015 年实施推进智能制造工程，以新型传感器、智能控制系统、工业机器人、自动化成套设备为代表的智能制造产业得到了高速发展的机遇。“国际智能制造大会”“2015 智能制造国际论坛”等会议相继召开，工信部制定的智能制造工程实施方案（2016—2020 年）也将于 2016 年正式发布。

互联网与生产制造领域渗透步伐也在 2015 年进一步提速，“智造”成果爆发式增长，众多企业在智能制造领域创造出个性化定制、按需制造、众包众设、异地协同设计等一系列“智能制造 + 大数据 + 互联网 +”应用新模式。2015 年，浙江省明确将“机器换人”作为主攻方向，按照每年组织实施 100 项省级“机器换人”示范项目，省市县联动实施 5000 项“机器换人”项目的目标，开展 10 个区域性行业“机器换人”技术改造试点示范。湖南、广东、辽宁等 13 个省市也出台了制造业升级换代战略。

二、制造业物流发展主要特点

2015 年，受制造业增速全面走低的影响，我国制造业物流呈现出以下特点：

（一）物流需求增速放缓，细分行业差异明显

“十二五”以来，我国物流市场需求持续增加，物流业增加值不断增长。据统计，2015 年全国社会物流总额为 219.2 万亿元，按可比价格计算，同比增长 5.8%，增速虽比 2014 年回落 2.1 个百分点，但依然保持平稳增长，如图 1 所示。

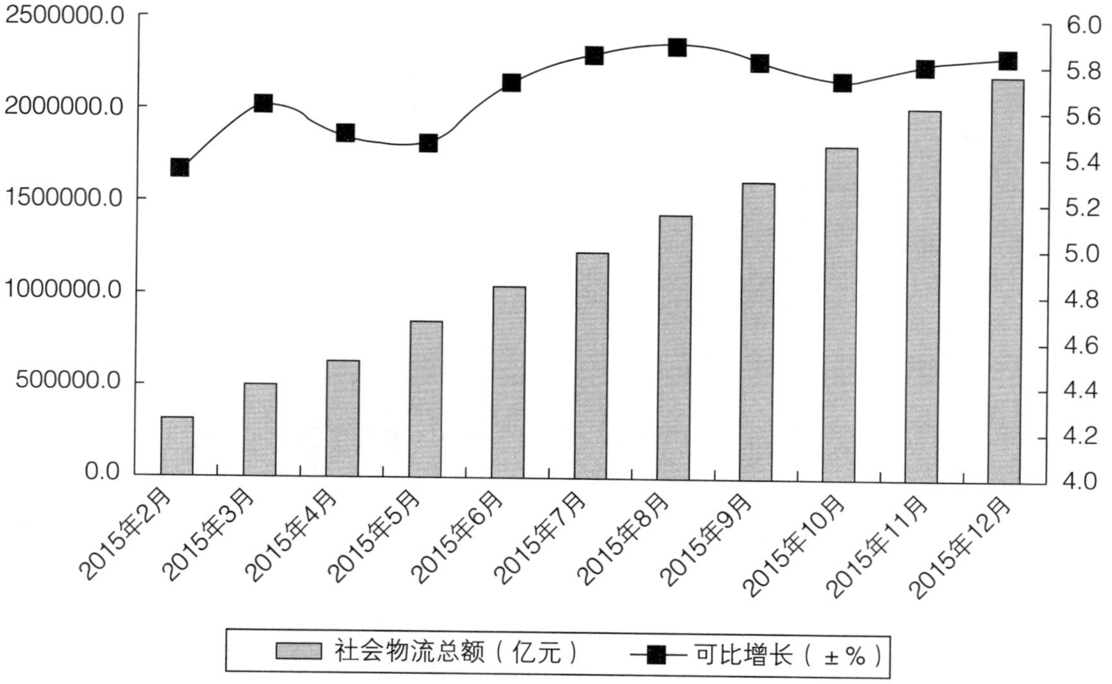

图 1　2015 年我国社会物流总额及增长变化情况

从制造业物流社会总额来看，2015 年工业品物流总额为 204.0 万亿元，同比增长 6.1%，增速比 2014 年回落 2.2 个百分点。从各季度情况看，第一季度增长 6.4%，比上半年增长 6.3%，前三季度增长 6.2%，全年增速小幅回落但缓中趋稳。

从工业物流需求结构来看，大宗物流需求有所放缓，煤炭、钢铁等产能过剩行业转型升级步伐不断加快，原材料、产成品物流需求量均有不同程度下降；物流服务价格下降及货运量、周转量增速放缓，导致运输、仓储物流业务收入增速较前期明显回落。其他传统行业增速小幅回暖，非金属矿物制品业、电力热力生产和供应业、黑色金属冶炼和压延加工业物流需求增速分别回升 0.3、2.5、1.4 个百分点；高技术产业物流需求继续保持较快增长，如计算机、通信和其他电子设备制造业增长 11.1%，汽车制造业增长 13.0%，电气机械和器材制造业增长 6.4%，增速均高于整个工业品物流需求。

（二）制造业物流成本与企业销售收入比重有所回落

制造业物流在社会物流总额的比重非常大，物流总费用比例占企业销售收入的比重也仍然居高不下。根据中国物流与采购联合会、中国物流信息中心于 2015 年 12 月 31 日发布的重点企业物流统计调查数据显示，2014 年工业企业物流费用率为 8.9%，比上年下降 0.2 个百分点。根据 2011—2015 年重点企业物流统计调查数据，自 2010 年以来，我国工业企业物流费用率呈下降趋势（如图 2 所示），在 2014 年达到最低，预计 2015 年仍将有所下降。

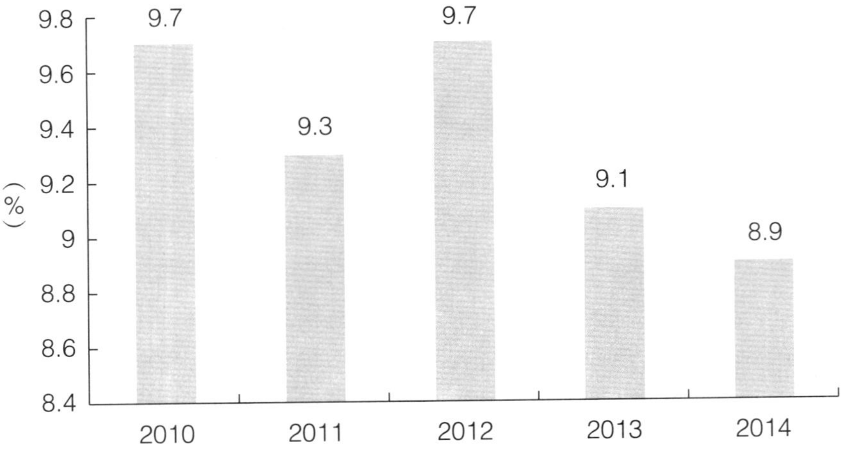

图 2　2010—2014 年工业企业物流费用率

2015 年中央经济工作会议提出了“降成本”的改革任务，明确提出“要降低物流成本，推进流通体制改革”。国家发改委经济运行调节局于 2015 年 12 月召开专家会，研究讨论降低物流成本，促进实体经济健康发展的指导意见，通过采取政策调整与制度改革相结合、外部调整与内部挖潜相结合、当前生产经营与下一步转型升级相结合的“三结合”的举措，引导和帮助实体经济走出发展困境，降低企业成本，激发发展活力，推动经济平稳健康运行。预计这些意见将在 2016 年出台。

（三）制造业企业物流外包水平比例显著

根据中国物流与采购联合会发布的 2015 年重点企业物流统计调查数据，2014 年工业、批发和零售业企业对外支付的物流成本比上年增长 11.0%，占企业物流成本的 65.3%，同比提高 2.4 个百分点。

根据国家发改委经济运行调节局于 2015 年 6 月开始开展的《新形势下推动制造业与物流业联动发展思路研究——促进我国制造业物流成本降低的方法研究》课题研究成果，通过对天津、重庆、四川、内蒙古等地制造企业进行问卷调查及统计分析，发现在所调研的制造企业中有 78% 的企业选择进行物流外包，其外包物流业务量占企业总物流量的比例超过 80% 的企业占绝大多数，高达 68%。而占比 10% 以下和 11% ~30% 的相对较低，均为 4%。这说明企业一旦选择进行物流外包，就容易发现物流外包对企业经营带来的便利性，因此会进行更大比例的物流外包。具体情况如图 3 所示。

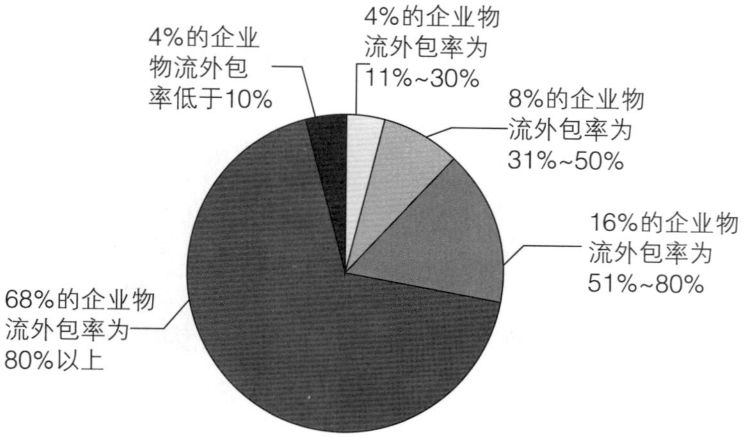

图3 制造业外包物流业务量占企业物流总量的比例

在企业外包的业务类型中，覆盖了物流业务的各个方面，其中最多的是销售环节的物流，占比为43%。在调研企业中，只有18%的企业认为选择自营物流其物流服务水平高于专业物流公司，有高达55%的企业认为自身的物流服务水平低于社会化的专业物流企业，但现阶段我国的工业化发展过程中分工协作体系还未形成，仍有许多制造企业选择自营物流方式，以保证对供应链各个环节有较强的控制能力，这在一定程度上造成企业物流成本居高不下。

（四）危化品物流开始受到高度重视

由于国家对危化品生产标准极其严格，企业在生产环节无法有效降低成本，通过缩减物流成本以获得盈利成为部分企业的选择。根据安监总局与消防部门相关数据，在近几年我国发生的危化品事故中，有77%发生在运输阶段，有9%发生在存储阶段。同时，危化品物流还存在多头管理的现象，这也使得危化品物流更加难以管理。为此，交通运输部2015年3月发布《铁路危险货物运输安全监督管理规定》，目的是加强铁路危险货物运输安全管理，明确由国家铁路局及地区铁路监督管理局（统称铁路监管部门）负责铁路危险货物运输安全监督管理工作，强化和落实铁路运输企业、专用铁路、铁路专用线等危险货物运输相关单位（以下统称运输单位）的主体责任。

天津东疆港保税区瑞海国际物流有限公司所属危险品仓库的特大爆炸事故，暴露出我国危化品物流行业隐藏多年的问题。“8·12”天津港特大安全事件后，国务院安全生产委员会发布《关于深入开展危险化学品和易燃易爆物品安全专项整治的紧急通知》。通知要求各地按照“全覆盖、零容忍、严执法、重实效”的总体要求，组织对辖区内所有危险化学品和易燃易爆物品生产、经营、仓储、运输企业进行一次全面彻底排查，重点排查居民集中居住区、人员密集场所以及危险货物站场、港区、机场、车站、危险品运输物流中转场所、油气罐区等。

此外，危化品物流也开始与“互联网+”相结合，开始转型。上海明确规定，凡在上海市从事危险化学品运输的车辆，必须能够正常接入交通运输部全国重点营运车辆联网联控平台，并向上海市运输管理机构申请接受查验，经查验符合条件被录入《上海市重点营运车辆联网联控平台接入车辆目录》的，方可在上海从事危险化学品运输。规定从2015年9月10日起开始实施。此外，大数据也开始介入危化品物流的仓储管理及运输管控。

（五）新形势下制造业物流迎来新机遇

2015年，在“中国制造2025”“互联网+”“大数据”“一带一路”等新形势下，制造业物流发展面临着前所未有的机遇。

2015年7月，《国务院关于积极推进“互联网+”行动的指导意见》出台，意见鼓励通过互联网+建立高效物流体系，加快建设跨行业、跨区域的物流信息服务平台，提高物流供需信息对接和使用效率。鼓励大数据、云计算在物流领域的应用，建设智能仓储体系，优化物流运作流程，提升物流仓储的自动化、智能化水平和运转效率，降低物流成本。

大数据的快速发展使企业通过优化运输路线、预测销量与库存、供应链协调管理等方式，更好地解决传统物流瓶颈环节。菜鸟物流依托大数据在2015年取得快速发展，国内快递平均时效缩短了半个工作日，相当于每天为中国人民节省1.6亿小时。菜鸟网络目前在10个城市实现当日达，近100个城市实现次日达。菜鸟网络位于天津的华北配送中心，更创下了一个仓库日发货超过130万件商品的全球新纪录。

“一带一路”发展战略的全力推进，加强了中欧两个主要经济体的流通建设和与沿路国家的合作，让我国制造业物流与全球的供应链更好地结合，这对推动制造业物流发展起到了积极的促进作用。

三、2015年制造业与物流业联动发展进展

随着制造业与物流业的转型升级和现代化产业结构的优化调整，“两业”联动发展变得越来越重要，社会各界对两业联动必要性和紧迫性的认识不断提高。2015年，制造业与物流业联动发展也呈现出一些新的动向和特点。

从国家层面来看，国家发改委印发的《促进物流业发展三年行动计划（2014—2016年）》通知中，提出要继续深入推动制造业与物流业联动发展，鼓励制造业企业分离外包物流业务，释放物流需求。提高物流企业的供应链一体化服务能力，发挥好物流业对制造业转型升级的支撑带动作用。这一政策在2015年得到贯彻和落实。2015年8月13日，国家发改委发布《关于加快实施现代物流重大工程的通知》，通知明确，到2020年，第三方物流比重由目前的约60%提高到70%左右。此外，国家发改委经济运行调节局开展了《新形势下推动制造业与物流业联动发展思路研究——促进我国制造业物流成本降低的方法研究》课题研究，相关政策也将在2016年发布。

从地方和产学研层面来看，各地积极重视制造业与物流业联动发展，通过多种形式开展宣传与政策引导工作。2015年5月15日，“第九届制造业与物流业联动发展年会”在四川锦江宾馆隆重召开。5月15—16日“2015年物流领域产学研结合工作会”在山东临沂召开。各地产学研机构都在密切关注并努力共同推进两业联动，构建两业联动生态系统。一些地方政府也积极出台相关政策，如2015年11月，山东省经济和信息化委积极实施《关于加快推动制造业与物流业联动发展的实施意见》，致力于在产业集聚区和重要生产基地有针对性地规划、建设一批物流园区（中心），完善仓储、交易、配送、金融、信息等服务功能，为产业集群提供集成化、专业化、一体化的物流服务，形成商流、物流、信息流、资金流有机结

合，提升企业和产业集群竞争力。

从企业层面来看，伴随我国物流企业不断发展壮大，我国物流企业在推进两业联动的主动权不断增加。在中国物流与采购联合会2015年12月发布的“中国物流企业50强”中，主营业务收入近8000亿元，第50名入选企业门槛为18.8亿元，比2010年提高3.5亿元。在一些细分领域出现了一批实力雄厚、模式先进、前景看好的大型物流企业。截至2015年年底，我国A级物流企业总数已达3500多家。其中，5A级企业214家，具有标杆作用的领先物流企业群体成长壮大，服务能力和服务水平不断优化。我国的物流企业在推进制造业与物流业两业联动发展中，物流企业的主动权越来越大。政府应加大面向制造企业的宣传力度，引导制造企业深入了解我国物流企业的专业服务能力和服务水平，加强与物流企业的深入合作与创新，尤其是利用物流装备的创新、流程的创新、路径的创新逐步向跨体系、跨客户、跨产业的系统性创新发展，积极倡导两业融合发展，促进物流企业成本的降低。

（刘伟华　王迪　朱冬蕾　天津大学管理与经济学部）

2015 年中国粮食物流

2015 年我国粮食总产量达到 62143.5 万吨，比 2014 年增加 1433.6 万吨，增长 2.4%，其中：夏粮产量 14112 万吨，比 2014 年增长 3.3%；早稻产量 3369 万吨，比 2014 年下降 0.9%；秋粮产量 44662 万吨，比 2014 年增长 2.3%。我国粮食生产实现历史罕见的“十二连增”，近三年产量连续保持在 60000 万吨以上，标志着我国粮食综合生产能力稳定在较高水平。分品种看，我国小麦供求基本平衡，玉米和稻谷阶段性过剩特征明显，特别是一些低端品种销路不畅，品种结构矛盾短期内难以有根本性改变，大豆产需缺口继续扩大，2015 年全年进口大豆 8174 万吨，同比增加 14.48%，对外依存度高的局面没有改变；从市场价格看，当前我国粮食价格处于全球“高地”，呈现产区与销区、原粮与成品粮、国内市场与国际市场粮食价格“三个倒挂”的局面，“稻强米弱”“麦强粉弱”状态长期存在，2009 年至今我国已经连续 7 年成为谷物净进口国，2015 年我国净进口量突破 3200 万吨，同比增加 67.6%。从国际粮食供求形势看，据联合国粮农组织预测，2015 年世界粮食总产量达到 25.3 亿吨，与创历史最高纪录水平的 2014 年相比，减少 3013 万吨，降低 1.18%。2015 年世界粮食期末库存量将增加至 6.42 亿吨，与 2015 年度期初相比增加 246 万吨，增长 0.38%。

面对经济下行压力加大、粮食收储矛盾突出、部分粮食品种阶段性过剩、库存大幅增加、安全储粮难度加大等困难和矛盾，中央发出了第 12 个涉农中央 1 号文件，财政预算“三农”支出继续增加，国家有关部门适时采取一系列粮食宏观调控措施，切实抓好粮食收储保供，为促进经济发展社会稳定做出了重要贡献。

一、适时调整政策，确保农民利益

面对我国粮食连年丰收、收储矛盾十分突出的新形势，为保护与调动农民种粮积极性，进一步促进粮食生产稳定发展，保障农民种粮收益，防止农民“卖粮难”，2015 年我国继续在小麦、稻谷主产区实行最低收购价政策，保持小麦和稻谷的最低收购价格水平与 2014 年持平；继续对玉米实行临时收储政策，收购价格调降至每 50 千克 100 元；将油菜子临时收储政策改为交由省级政府自行组织收购；继续实施东北三省一区大豆目标价格改革试点。2015年大豆目标价格定位每50千克240元，与2014年大豆目标价格持平。全年各类粮食企业的粮食收购量首次突破8000亿斤，总量达8484亿斤，同比增加1186亿斤。“十二五”期间累计托市收购粮食8460亿斤、油菜子1573万吨，通过价格托底、优质优价、整晒提等、产后减损等措施，带动农民增收2510亿元，有效保护了种粮农民利益，调动了地方政府抓粮积极性。

二、稳定市场供应，创新监管方式

有效实施粮食宏观调控，积极推动产销合作，确保粮食市场供应充足，维护了市场和价格基本稳定。2015年全国粮食跨省流通量达到3400亿斤，比2014年增加100多亿斤。2015年年末应急加工供应网点达4.5万个，粮食应急保障能力和军供服务水平大力提升。全国粮食统一竞价交易系统实现平台整合、并网运行，宏观调控精准性、有效性显著增强。积极创新粮食库存监管方式，认真组织开展库存检查，力推科技储粮和绿色储粮，粮情保持总体稳定。

三、全面实施“粮安工程”，仓储物流建设取得新成效

中央财政近三年对“粮安工程”投资总额248亿元，带动地方和企业配套投资近800亿元，维修改造“危仓老库”仓容2460亿斤，建设现代化仓容1388亿斤，粮食收储能力比“十一五”末增长32%。加大“北粮南运”主通道和西南、西北流入通道建设，配套建成一批粮食物流和加工园区。新增347家国家粮食质量监测机构，全国“放心粮油”网点达23万多家。积极实施农户科学储粮专项五年建设规划，累计配置储粮装具1000万套，每年为农户减少粮食损失25亿斤以上。

四、企业改革和依法治粮扎实推进

2015年我国国有粮食企业实现统算盈利78亿元，五年累计盈利377亿元。成功举办APEC第三届粮食安全部长级会议和APEC粮食安全政策伙伴关系机制系列会议，与多个国家涉粮机构签署了战略合作协议。《粮食法》立法进程加快，各地粮食法制建设取得积极进展，广东、贵州、宁夏和江苏无锡、甘肃兰州等地颁布实施了地方性粮食法规，一大批地方政府规章先后出台。各地公布了粮食行政权力清单，认真开展粮食执法检查工作，积极探索推进省际联合执法，依法治粮、依法管粮取得实效。

五、科技兴粮和人才兴粮迈上新台阶

“十二五”期间，我国有11项粮油科研成果获国家科技进步奖和发明奖，4万多人取得国家粮食职业资格，南京财经大学和河南工业大学首次获得粮食专业博士培养项目。近几年中央财政累计投入9.4亿元，支持粮食公益性行业科研专项等25个重点项目，建成5个粮食产后领域国家工程实验室。2015年粮食行业实现了院士“零突破”。“现代食品加工及粮食收储运技术与装备”已列入国家重点研发计

划，2016 年将全面启动实施。

六、国家粮食安全保障制度建设取得重大突破

2014 年年底国务院印发了《关于建立健全粮食安全省长责任制的若干意见》，明确界定了地方政府粮食安全责任；2015 年又配套出台了考核办法，监督考核机制正在抓紧建立。各地积极主动推进粮食安全省长责任制的全面落实，31 个省级人民政府全部出台了实施意见，大部分省份制定了考核办法。各地普遍成立了落实粮食安全责任工作领导小组或建立了联席会议制度，吉林、江苏、安徽、江西、湖南、广西、海南、四川、云南、甘肃等省（区）将粮食安全责任落实情况纳入政府绩效考核，保障区域粮食安全、维护国家粮食安全的制度体系初步形成。

（韩兆轩　中国粮食行业协会）

2015年中国汽车物流

2015年我国汽车物流市场发生了质的变化：一是经过十多年的发展，汽车物流行业的整体市场格局已经相对稳固，围绕汽车生产企业形成的第三方物流企业及承运商、服务公司已形成了相对稳定的格局，行业企业间合作成为当前发展的主旋律；二是汽车物流企业向汽车产业链上下游不断延伸，向相关专业物流领域及跨界领域横向拓展；三是汽车物流企业进入由以市场扩张为主转向以技术创新为核心寻求市场竞争力的新阶段。

一、汽车物流市场整体上保持平稳增长

汽车产销市场是汽车物流市场发展的根本。2015年我国汽车产销量呈现总体增长的态势，但增长速度低于往年，汽车产销量分别为2450.33万辆和2459.76万辆，同比增长分别为3.25%和4.68%，增速分别比上年同期减缓4.01个百分点和2.18个百分点，2009—2015年我国汽车年产销量及其增长速度如图1所示。

其中，乘用车市场增长速度明显下降，乘用车累计销售2114.63万辆，同比增长7.30%，增幅比上年回落2.59个百分点；商用车产销342.39万辆和345.13万辆，同比下降9.97%和8.97%（2015年我国乘用车、商用车销量市场份额如图2所示）。2015年汽车累计出口72.82万辆，比上年下降20%。其中乘用车出口42.77万辆，比上年下降19.8%；商用车出口30.05万辆，比上年下降20.4%。2015年我国进口汽车进口量为106.73万辆，同比下滑25%。

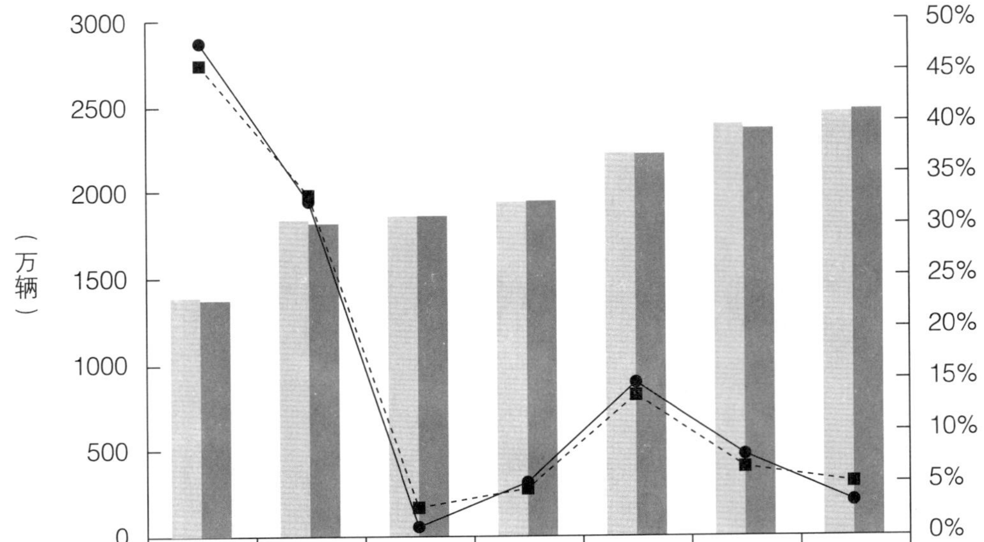

	2009	2010	2011	2012	2013	2014	2015
汽车年产量	1379.1	1826.47	1841.89	1927.18	2211.68	2372.29	2450.33
汽车年销量	1362.16	1804.19	1850.51	1930.64	2198.41	2349.19	2459.76
产量同比增长	47.57%	32.44%	0.84%	4.63%	14.76%	7.30%	3.25%
销量同比增长	45.48%	32.45%	2.45%	4.33%	13.87%	6.90%	4.68%

图 1 2009—2015 年我国汽车年产销量及其增长速度

数据来源：中国汽车工业协会。

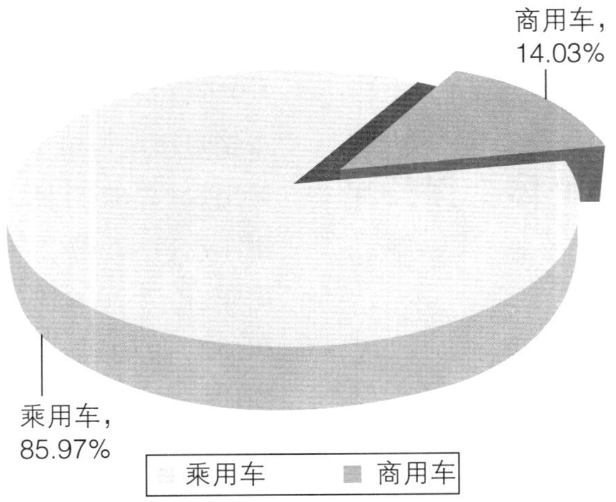

图 2 2015 年我国乘用车、商用车销量市场份额

数据来源：中国汽车工业协会。

汽车物流市场的发展既与汽车工业市场相关联，同时也与汽车产业链条的发展息息相关。2015 年我国汽车物流市场在汽车产业链条中还呈现纵向和横向拓展的态势，汽车物流核心骨干企业的市场规模多数保持 10% 以上的高速增长。

二、汽车物流产业链的上下游纵向拓展

从行业核心企业的发展情况来看，在主要围绕汽车生产企业的零部件入厂、整车销售和售后服务备件三个环节来提供物流服务的同时，上游正从零部件入厂物流向汽车零部件供应商的管理上延，下游从主机厂售后服务备件物流向更广义的维修保养和美容等后市场物流服务延长。

（一）旺盛的后市场物流需求

随着我国经济社会持续快速发展，群众购车刚性需求旺盛，汽车保有量继续呈快速增长趋势，据公安部交管局统计，截至 2015 年年底，我国机动车保有量达 2.79 亿辆，其中汽车 1.72 亿辆，创历年新高。汽车占机动车的比率迅速提高，近五年汽车占机动车比率从 47.06% 提高到 61.82%，群众机动化出行方式经历了从摩托车到汽车的转变，交通出行结构发生了根本性变化。全国有 40 个城市的汽车保有量超过百万辆，北京、成都、深圳、上海、重庆、天津、苏州、郑州、杭州、广州和西安 11 个城市的汽车保有量超过 200 万辆。

2015 年，我国小型载客汽车达 1.36 亿辆。其中，以个人名义登记的小型载客汽车（私家车）达到 1.24 亿辆，如图 3 所示，占小型载客汽车的 91.53%。与 2014 年相比，私家车增加了 1877 万辆，增幅为 17.77%。全国平均每百户家庭拥有 31 辆私家车，北京、成都、深圳等大城市每百户家庭拥有私家车超过 60 辆。

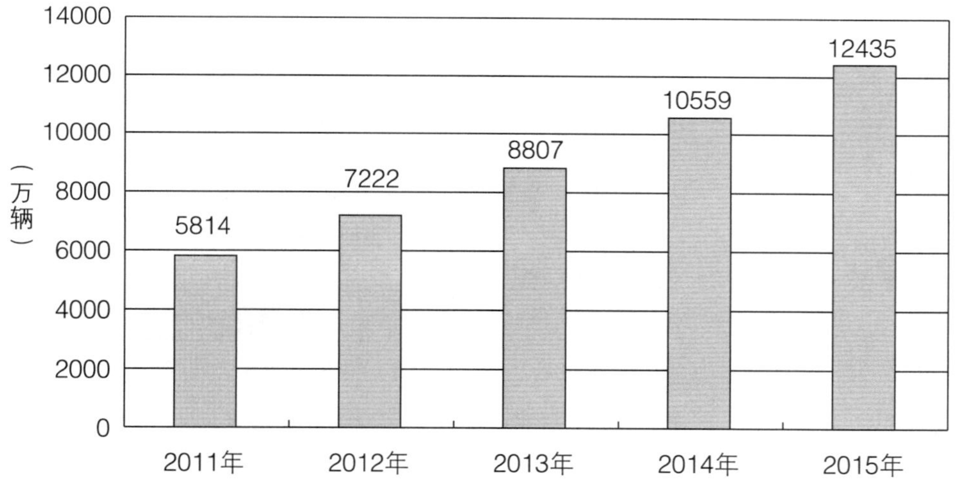

图 3　2011—2015 年我国私家车保有量情况

汽车保有量不断增长带来的是旺盛的后市场物流需求，一方面是由于保养、维修带来的售后服务备件需求，另一方面是整车后市场需求。

2015 年后市场物流服务的新的增长点主要体现在个人在用车和二手车两个方面。个人在用车物流是由于个人旅游和探亲等情况产生的异地用车需求，这类需求者希望能够将拥有的

私家车运至目的地，供个人异地使用，这是一块新增的市场，这部分需求越来越旺盛，为汽车物流行业提供了新的业务增长点。中铁特货、安吉物流、长久物流、长安民生物流等多家汽车物流企业都在发力异地用车需求的市场，帮助长途旅行或异地工作者提供整车物流服务，方便客户异地使用私家车需求。

二手车市场方面，据中国汽车流通协会的数据统计，2015 年我国二手车市场累计交易量为 941.71 万辆，相比 2014 年微增 2.32% （如图 4 所示）。二手车市场继续保持低速增长的同时，二手车异地交易呈现明显上升趋势。以北京二手车市场的交易情况为例，北京二手车外迁数量占北京市二手车总量的 34.13% ，这说明二手车物流已成为后市场物流的重要板块。

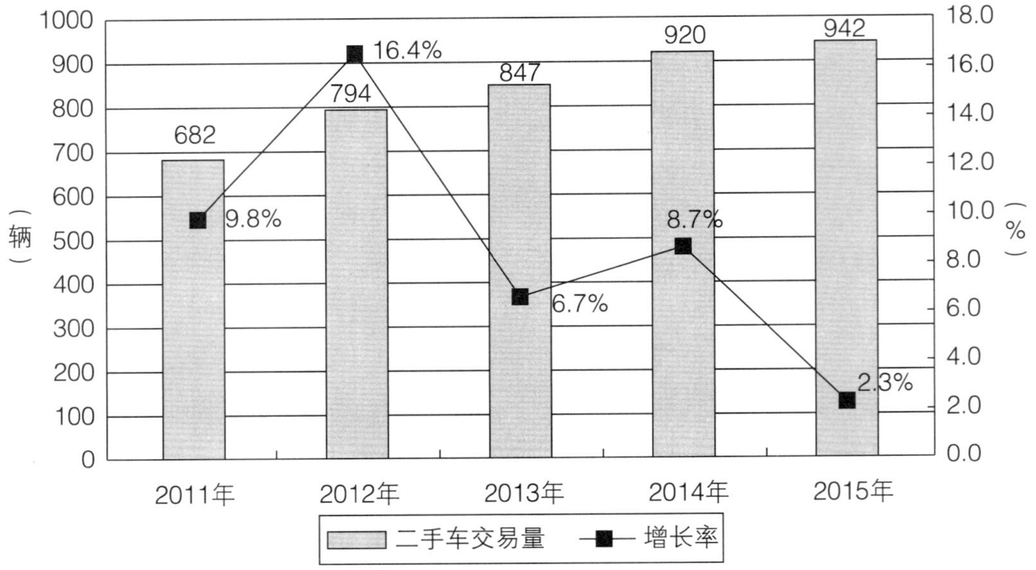

图 4　2011—2015 年我国二手车市场交易量情况

（二）汽车零部件供应商物流越来越受到行业关注

汽车零部件供应商的物流需求十分巨大，但是运作方式松散。以往汽车零部件物流的服务主要围绕主机厂开展，现在服务主体正在悄然发生前移，在汽车零部件供应商物流松散运作方式中，存在巨大的物流成本空间，这成为汽车物流企业新利润的源泉。

三、汽车物流业务横向拓展

在横向业务拓展上，包括向国际市场和其他相关专业物流市场拓展。一方面，汽车物流领域的领军企业在向整个汽车产业链上下游延伸的同时，还在积极布局和拓展国际市场。例如，安吉跟随上汽集团海外布局在泰国设立了分公司；长久物流的汽车零部件服务已经延伸到德国，依托哈欧班列完成国际铁路运输，并且借此机会将公司的业务范畴扩展到工业品、消费品等其他物流领域。

另一方面，2015 年与汽车物流相关联的业务扩展取得实质性进展，包括向其他相关专业物流方向的拓展，除了传统商用车之外，汽车物流还延伸到与其物流特点相似的农用车及工程机械等轮式机械物流业务，2015 年“时风”农用车成为中铁特货的新客户。

四、行业政策越加明朗，市场环境日趋规范

整车物流“全行业违规”“超限”运作依然是 2015 年我国汽车物流行业面临的最重要问题。一方面，随着新标准的即将出台，以及由于部分地区车辆运输车恶性事故带来的区域整肃，都让国家有关政府部门和行业上下达成共识，行业的顽疾已经到了必须解决的时刻；另一方面，汽车物流企业在经过了多年违规运营之后，运价扭曲及潜在事故都对企业运营和社会安全带来危害。例如，违规运作大幅度拉低了汽车物流行业的运价水平，使价格出现扭曲；公路的罚款执法愈演愈烈，让汽车物流及相关运输企业苦不堪言，加上在很多罚款不能抵扣进项成本的情况下，“营改增”的实施不啻雪上加霜。在上述情况之下，汽车物流全行业期盼规范化运作。

2015 年关于车辆运输车治理方案仍旧没有出台，但全行业对于新的车辆运输车标准形成了一致意见，行业协会组织了汽车物流企业与国家部委进行对接，共同探讨了下一步在治理车辆运输车行业问题中的过渡性政策，有望在 2016 年年初面向全社会颁布。

此外，在全行业整顿后，针对一些汽车物流企业尤其是中小汽车物流承运商担心的运价太低，置换车辆成本高等问题，也研究了三方面的保障措施。一是回归标准车量以后，尽管单车运输数量减少，但运输效率会提高；二是规范化运营之后，企业的罚款成本会降低；三是铁路和水运能力将得到进一步释放，综合运输体系的发展将会降低运输成本。综上所述，汽车整车物流企业及承运商要综合考虑运输成本变化。

2015 年是汽车物流标准和政策制定出台的重要孕育期，汽车物流企业普遍期待 2016 年的政策落地使全行业实现规范化发展。

五、汽车物流标准愈加完善

（一）车辆运输车标准取得突破性进展

2015 年交通运输部、公安部、工信部、国家标准化委员会会同相关研究机构进行了广泛调研和深入研究，车辆运输车标准基本形成了一致意见，国家标准《道路车辆外廓尺寸、轴荷及质量限值》（GB 1589—2004）已经通过审查，进入报批阶段，GB 1589 中首次增加了中置轴车辆运输列车，并在车辆运输车的宽度等方面进行了调整。国家标准《车辆运输车通用技术条件》和《货运挂车系列型谱》已完成征求意见。车辆运输中置轴挂车列车技术指标基本制定完成，将会成为汽车公路运输的主要运载工具。

（二）汽车物流行业标准体系继续完善

在全国物流标准化技术委员会推动下，中物联汽车物流分会牵头的《商用车背车装载技术要求》《汽车零部件物流器具分类及编码》两项行业标准正式发布。《汽车物流统计指标体系》《汽车物流信息系统基础要求》两项国家标准进入报批阶段。《汽车整车出口物流标识规范》（20132702 – T – 469）国家标准已经完成征求意见稿，正在面向全社会征询意见。

（三）《深化标准化工作改革方案》出台利好汽车物流行业

2015年是标准工作变化较大的一年。2015年3月，国务院印发了《深化标准化工作改革方案》，《方案》明确指出“通过改革，把政府单一供给的现行标准体系，转变为由政府主导制定的标准和市场自主制定的标准共同构成的新型标准体系。建立完善与新型标准体系配套的标准化管理体制”，并提出培育发展团体标准。在标准制定主体上，鼓励具备相应能力的学会、协会、商会、联合会等社会组织和产业技术联盟协调相关市场主体共同制定满足市场和创新需要的标准，供市场自愿选用，增加标准的有效供给。可以说，《深化标准化工作改革方案》的出台，为物流标准化工作提供了新的指导方向。

2015年6月，中国物流与采购联合会获批成为团体标准第一批试点单位。根据《深化标准化工作改革方案》的要求，汽车物流团体标准工作正式启动，开始筹备汽车物流团体标准工作组。团体标准作为标准工作的重要组成部分，以市场为主体，企业为核心，在标准出台后能够更好地应用，减少了标准宣贯工作的困难。

六、行业统计分析工作进一步深入

为了更好分析汽车物流行业发展现状，分析行业发展中遇见的问题，2015年首次开展了汽车物流全行业的数据调研工作，针对汽车物流企业进行年度数据收集，主要包括整车、零部件、售后服务备件三个方面的调研，调研根据《汽车物流统计指标体系》中的指标进行数据采集，共涉及三大类60余项指标。

七、汽车物流技术开发和管理水平不断创新

2015年，我国汽车物流企业对技术表现出空前的关注，一方面，在企业内部管理上，随着劳动力成本越来越高，以及新进入市场的劳动力对工作环境要求越来越高等众多客观原因，汽车物流企业越来越多地用技术替代人力以减少用工成本，并通过技术来改善劳动者工作的环境和条件，减轻劳动力密集的传统行业特点；另一方面，借助于现代技术的应用，汽车产业出现了电子商务的发展和平台建设、供应链金融等新业态。2015年，汽车物流行业的领军企业加快新技术的开发和应用。

（中国物流与采购联合会汽车物流分会）

2015年中国书业物流

2015年是“十二五”收官之年，出版发行集团“十三五”规划也在紧锣密鼓地制定中。未来五年，对于中国书业是重要发展机遇期，也是充满挑战的未知期：一方面，文化产业的持续繁荣和国家对文化企业的扶持，给书业带来了巨大的发展空间；另一方面，随着市场竞争的加剧与阅读习惯的改变以及经营环境变化带来的生存、发展压力也如影随形，考验着企业的经营能力与综合管理水平。在2015年这个时间节点上，对于中国书业物流来说，也特别关键。

据国家新闻出版广电总局公布的《2015年新闻出版产业分析报告》显示，2015年，全国新华书店系统和出版社自办发行单位实现出版物总销售额2563.7亿元，同比增长6.1%；全国共有出版物发行网点16.4万处，同比降低3.5%。出版物发行实现营业收入3234.0亿元，同比增长7.0%；利润总额259.7亿元，同比增长1.9%。中国书业物流极大地支持了产业的发展。随着传统主业的提升转型，不少出版发行集团已将现代物流作为未来转型、拓展的主要方向之一。中国书业物流已逐步向资本型、科技型、智慧型、金融和商贸型、全产业链型物流拓延，由企业物流向物流企业转变，由行业物流向社会化物流转变，实现全面跨越式发展。

一、书业物流融合加速：构建覆盖全省辐射全国的网络

2015年国家新闻出版广电总局与财政部联合发布的《关于推动传统出版和新兴出版融合发展的指导意见》（以下简称《指导意见》）明确提出，力争用2~3年的时间，研发和应用一批新技术新产品新业态，确立一批示范单位、示范项目、示范基地（园区），打造一批形态多样、手段先进、市场竞争力强的新型出版机构，建设若干家具有强大实力和传播力公信力、影响力的新型出版集团。关于行业的兼并重组，《指导意见》提出，支持传统出版单位控股或参股互联网企业、科技企业，支持出版企业尤其是出版传媒集团跨地区、跨行业、跨媒体、跨所有制兼并重组。这意味着未来传统出版机构将进一步利用资本力量收购新兴出版业务，实现融合发展。《指导意见》为书业物流的融合发展指明了方向。

围绕“互联网+物联网”双网融合，江西新华发行集团正在搭建一个覆盖江西全省、辐射全国的骨干物流网络，物流产业将成为江西新华发行集团未来收入增长的重要引擎。现代出版物流港项目是江西新华发行集团有史以来投资规模最大、时间跨度最长、地域分布最广的一个整合商流、信息流、物流的项目。2015年，现代出版物流港项目的7个分拨中心的建设工程都在稳步推进：一是九江、抚州物流中心基本完成，投入试运营；二是其他5个物流分中心各项施工进程进展顺利，其中：景德镇物流中心完成了30%，上饶物流中心基础建设已完成30%，宜春物流中心完成了20%；赣州物流中心正在进行新地块的评估及地价协商；萍乡物流中心已经与园区沟通落实了土地事宜，正在启动前期规划工作。现代出版物流港项目将在2016年年底整体投入运营，届时江西新华发行集团将搭建起一个覆盖江西全省的骨干物流网络。

2015年江西新华发行集团与中国出版集团等合作建设的北京新华联合物流中心项目即将竣工，计划在2016年一季度投入运营。该项目建成后将成为我国规模最大、现代化程度最高的出版物物流中心，该中心未来将依托中国出版集团的出版物物流配送需求和北京200多家出版社的巨大的物流市场，进行跨区域、全国性的物流业务运作，年吞吐量将达到50亿元。该中心正式运营后将有助于江西新华发行集团开展物流业务的跨区域运作，进一步提升物流产业的发展水平。

近几年，江西新华发行集团正在积极探索物联网技术在物流产业中的运用，搭建物联网应用示范基地。数据显示，仓库应用物联网技术后，仓储容量将在面积不扩大的情况下提升3倍，物流环节的运作效率提升近20倍。借助江西省出版集团在上海自贸区投资1.18亿元并购重组的世界第三大物联网企业——美国意联科技公司的多种优势，江西新华发行集团正在打造江西出版物物联网研发应用基地，提升科技含量，将国际上领先的RFID技术植入出版物物流环节，有效推进现代出版物流港项目建设。

在区域物流一体化协同发展的大背景下，京津冀、长江经济带、广东地区三大区域通关一体化改革全面实施，物流产业地位显著提升，依托移动互联网去中心化属性将进一步颠覆传统的物流结构，自下而上的组织变革也将催生新的物流企业，最终将呈现出：平台化渗透到适合标准化规范化的所有物流环节，建立物流生态圈将是不约而同的目标；IT技术不仅是行业发展的推动力，也是物流企业发展的最重要软实力；从相对单一的功能性物流走向综合性物流，快递、配送、仓储、干线、多式联运、国际、电商、支付等要素融合发展，个性化物流服务日益增多等特征。

二、第三方物流扩容提效

物流已成为出版发行集团多元化开拓的重要的增长极，与图书主业、教育装备构成未来发行集团拓延的鼎立三足。2015年，书业物流整体呈现出稳健发展的态势，第三方物流发展势头强劲。为更好地向现代物流转变，不少出版发行集团充分利用品牌与服务优势，在做精、做强主业教材教辅配送的基础上，积极开拓第三方物流，加强技术设备升级、提升内部管理水平，建设与磨炼人才队伍，向现代物流方向转变，全力打造、建设以实体店网点体系为支撑，渠道整合为骨架，业务体系为依托的物流生态圈。

2015年尽管受物流业实行“营改增”税收政策调整及国家宏观经济下行等因素的影响，书业物流整体营收同比下滑，但江西新华发行集团主动优化业务结构，加大力度拓展保税物流、专线物流等高附加值领域，在收入下降的情况下，2015年前11个月物流业务的利润仍达到5000多万元，实现了提质增效的目标。最近几年，江西新华发行集团一直把物流业作为重要的多元化业务培育和开拓，作为出版发行集团增收提效的有效举措，第三方物流地位愈受重视，这个板块一直保持着良好的发展态势。2015年，为提升效益，江西新华发行集团主动放弃了一些社会整合业务项目，减少对新项目的开发和投标，着力做好内部调整，做精做优主业；加快现代出版物流港的建设，搭设覆盖江西全省的物流网络；加强内控管理，全面实施降本增效；着力兼并重组，加快转型升级；优化人员结构，抓好物流专业人才队伍建设。一系列举措实施后，整体呈现出良好的发展势头。2015年，第三方物流在江西新华发行集团的物流业务中占比达90%。

皖新传媒和江苏新宁自2012年6月合资成立安徽皖新物流有限公司后，通过高位嫁接等方式，强势介入第三方物流业务，借船出海、主动出击，向市场要业务，向专业要效益，实现了跨区域、跨传统经营。经营范围涵盖传统图书、教材教辅仓储、流通加工、配送服务，包括联想产品的电子物料的原材料和成品的仓流通加工、短驳配送服务，海尔合肥园区冰箱、空调、洗衣机的原材料仓储、产线配送、成品仓储与装卸服务等，客户包括皖新传媒系统内81家发行单位，北京外文局旗下6家出版社，以及作家出版社、台海出版社等，还有第三方客户联想与联宝、海尔合肥园区三个事业部。

江苏新华发行集团新港物流基地作为全国出版物流通领域综合性的现代物流集散中心，在二期物流工程完成后，除出版物流通外，还兼顾社会物流和快消品配送需求，成为集专业化、社会化、多元化、可拓展于一体的区域性第三方物流基地。

浙江出版联合集团旗下的浙江省新华书店（集团）有限公司在杭州经济开发区建设了下沙物流基地，主要运行教材教辅、一般图书、音像制品数码产品和第三方物流（图书、文化用品）。除传统出版物物流外，浙江省中小学教育装备物流服务、基层公司进行面向社会物流的物流服务、非图商品物流服务、海外市场服务等第三方物流业务也呈现增长态势，成效显著。

贵州省新华书店有限公司计划建设高效的物流自动分拣及配送组织，形成有竞争力的物流服务，一方面，利用贵州省各地书店现有自用库房及沙文物流园区，高效完成商品组织和配送；另一方面，要求各地县根据当地的建设规划，申请物流仓库用地，积极建设第三方物流基地。

三、现代书业物流配送时效性和准确性要求更高

随着电子商务的迅猛发展，书业物流与电子商务的“联姻”越来越多。

2015年浙江新华发行集团开始着手搭建物联平台，计划将所属的100多个书店分散的物流基地通过物流平台整合起来，与浙江发达的电子商务结合，作为天猫甚至整个阿里或其他电商的物流基地，共同参与建设物流网络。

“云书网”是大地传媒历经3年筹备，于2015年4月23日正式运营的电商平台，平台

由大地传媒的旗下子公司河南省新华书店负责运营管理，是一个以图书销售为主，学习用品、数码产品、家电、家具、母婴用品等综合互联网电商平台。目前，平台已拥有图书、听书产品、文化生活、数字教育产品等120余万种，数字图书20余万种，还提供了整体书房、个性化阅读定制服务、数字印刷的个人出版服务，还有更多的人性化服务产品将逐步推出。为加强线上线下互动体验，河南省新华书店在全省范围内进行了考察，还与多家上游物流企业洽谈，最终决定先在有条件的农村设立电商农村服务站，配套建设新华物流快递体系。

电商的迅猛发展使线上对线下的冲击日趋增大，倒逼传统企业转型或融入电商，书业物流也面临着类似的问题。面对大众生活品质日益提高的现实，市场对书业物流配送在时效性和准确性方面的要求日益提高。然而，现代书业物流一直存在的“配”强“送”弱的结构性矛盾并没有解决，“送”已成为现代物流管理体系中的突出瓶颈问题。长期以来受物流规划、设计、建设、实施重仓储管理、重配货，轻发运、忽视送达服务的影响，在新华书店物流从手工储运到半自动化物流再到智能化物流的每个发展阶段，大都把建设重点放在信息化控制、拣选路径优化、仓储精细化定位管理、配货效率提升等方面，而把发运环节定位为物流系统的辅助部分，“送”主要交由第三方解决。对“送”的科技和装备投入明显不足，难以及时、准确、可靠和多样地满足客户需求。

业内人士认为，“现代书业物流是以满足综合性图书客户需求为目的，运用现代物流理论和技术，以物流一体化和信息化为主线，运用市场机制整合社会运输、仓储、装卸、搬运、加工、信息等功能，为提高图书产品及相关图书信息从供应到消费的流动和存储的效率及效益而进行的计划、执行和控制的过程。”“配”与“送”缺一不可，对物流系统进行解构，对“配”与“送”过程中所有节点进行分析，发现问题并着力解决，还要具备互联网思维，才能在“互联网+”时代，更好地规划、设计和建设现代书业物流。

（穆宏志　中国出版传媒商报社）

2015 年中国冷链物流业

2015 年，我国冷链物流业发展迎来了持续利好的政策环境，为冷链物流发展提供了新动力。总体看，冷链物流行业全年发展呈现以下特点：

一是冷链标准不断完善，行业门槛逐步建成。2015 年，从国标委、发改委等标准主管负责部门，到以冷链委、冷标委为代表的行业标准制定协会，再到冷链行业龙头企业和科研院校专家，都在加快冷链空白领域的标准制定，以及整个冷链物流标准体系的完善。从冷链物流的基本分类与要求，到水产、肉类、餐饮、乳制品、海产品、药品，再到冷藏车、冷库、冷藏箱，冷链物流的标准门槛已初步建立。2015 年依据《物流企业冷链服务要求与能力评估指标》国家标准，中物联冷链委在全国范围内展开星级冷链物流企业评估工作，取得很好成效。冷链行业正在变得有标准可依，有标杆可选。

二是冷链市场需求稳定增长。2014 年，我国蔬菜产量为 76650 万吨、水果产量为 26142 万吨、禽蛋产量为 2893 万吨、猪肉产量为 5571 万吨、牛肉产量为 689 万吨、羊肉产量为 428 万吨、水产品产量为 8481 万吨、速冻成品产量为 528 万吨、乳制品 4500 万吨。2015 年，这些数字均有不同程度的增加。如果按照 5% 的冷链成本计算，我国需要冷链服务的产品市场总价值将超过 3 万亿元，市场规模超过 1500 亿元。巨大的冷链需求和发展空间为冷链物流业创造了发展机遇。

三是冷链基础设施合理增长，冷链整体水平提升。据中物联冷链委不完全统计，2015 年全国冷链物流百强企业收入总额为 173.9 亿元，与 2014 年相比增长 17.27%，冷链物流百强企业总收入占全国冷链市场规模的 9.61%。2015 年我国冷藏车预计增长 14000 辆左右，冷藏车保有量突破 9 万辆，同比增长 18.4%。2015 年我国冷库新增 390 万吨，冷库总保有量达到 3710 万吨，折合 9275 万立方米，同比增长 11.76%。2015 年，我国果蔬、肉类、水产品的冷链流通率分别达到 22%、34%、41%，冷藏运输率分别为 35%、57%、69%。已经完成 2010 年发改委出台的《农产品冷链物流发展规划》提出的发展目标，并略有超出。

四是传统冷链物流业务份额收缩，新机遇凸显。冷链企业受食品生产制造，以及零售行业的业绩下滑影响，部分传统冷链物流业务缩水成普遍现象。据统计，2015 年上半年，主要零售企业关店 120 家，商超冷链物流配送业务份额下降约 25%。但与此同时，随着“一带一路”国家战略的实施、我国与更多国家自贸协定的签署、上海等自贸区正式运营，使得高端食品进出口业务快速增长。如天津港的进口冻肉和深圳港的进口高端水果的进口量均大幅攀升，都对平衡传统冷链物流业务下滑、开创冷链物流新的营收板块起到了重要作用。

五是冷链物流企业借助资本力量前行步伐加快。2015 年是金融资本和冷链物流结合的最紧密的一年，也是实质性动作最多的一年。如在资本的推动下海航冷链、小田物流、齐畅冷链、镇江恒伟、凯雪冷链等纷纷登陆新三板或 E 板，大韩通运控股荣庆物流、三井物产与领鲜合资、伊藤忠与辽渔牵手。此外，快行线融资 1000 万美元，码上配天使轮获千万元投资，九曳供应链 A 轮融资数千万元。显然，借助资本的助力，我国冷链物流的发展会走上快行道，此时最重要的是做好资本扩张与冷链服务的平衡，因为资本是把双刃剑。

六是生鲜电商依旧很热，O2O 大行其道，但隐忧显现。据统计 2015 年我国生鲜电商交易规模达到 560 亿元。2015 年，中粮我买、天天果园、本来生活、每日优鲜等纷纷拿到融资；在餐饮外卖、食材配送、生鲜社区、超市便利店等领域，O2O 发展如火如荼。然而生鲜电商和 O2O 看似一片繁荣的背后，形势并不乐观。如果不能通过控制产品源头、完善冷链体系、市场差异化定位等有效手段提升客户黏性，一味只靠价格战和补贴来赢得的短期客户，在资本热潮退去时，必将面临无客户的残酷现实，最终在市场重新洗牌中被淘汰。

七是利用“互联网 +”，冷链行业模式不断创新。随着生鲜电商、跨境电商、食材配送、餐饮外卖，以及 O2O 市场的快速崛起，冷链物流行业内涌现出安家宅配、黑狗冷链、九曳供应链、码上配、极客猫、冷联天下、神盾快送等一批具有创新模式的冷链物流企业，它们的出现，为传统的冷链物流业带来了生机，为我国冷链物流行业进一步快速发展提供了源源不断的内生动力。

一、冷链百强分析

中物联冷链委组织评选的“2015 年中国冷链物流企业百强”（见下表，以下简称百强名单）于 2016 年 7 月正式公布。此次百强评选共收到有效申报企业 368 家，评审组委会根据“公平、公正、公开”的原则，依据 2015 年冷链物流企业的营收、网点、服务能力等条件，评选出最终的百强企业名单（未申报企业不在评选之列）。

2015 中国冷链物流企业百强名单

序号	企业名称
1	荣庆物流供应链有限公司
2	漯河双汇物流投资有限公司
3	河南鲜易供应链股份有限公司

续　表

序号	企业名称
4	上海领鲜物流有限公司
5	上海郑明现代物流有限公司
6	顺丰速运有限公司
7	夏晖物流
8	许昌众荣冷链物流有限公司
9	大昌行物流（中国）
10	招商美冷（香港）控股有限公司
11	海航冷链控股股份有限公司
12	辉源（上海）供应链管理有限公司
13	北京中冷物流股份有限公司
14	上海中外运冷链运输有限公司
15	河南大用运通物流有限公司
16	福建恒冰物流有限公司
17	上海源洪仓储物流有限公司
18	上海广德物流有限公司
19	佛山市粤泰冷库物业投资有限公司
20	镇江恒伟供应链管理股份有限公司
21	浙江统冠物流发展有限公司
22	沈阳市天顺路发冷藏物流有限公司
23	大连港毅都冷链有限公司
24	增益冷链（武汉）有限公司
25	安得物流股份有限公司
26	中外运普菲斯冷链物流有限公司
27	深圳市盛辉达冷链物流有限公司
28	南京谷昌物流有限公司
29	呼和浩特市昕海铭悦运输有限公司
30	深圳小田冷链物流股份有限公司

续 表

序号	企业名称
31	重庆雪峰冷藏物流有限公司
32	中铁特货运输有限责任公司
33	山东中超物流供应链管理有限公司
34	厦门旺墩冷冻仓储有限公司
35	上海众萃物流有限公司
36	上海锦江国际低温物流发展有限公司
37	上海波隆冷链物流有限公司
38	山东盖世国际物流集团有限公司
39	上海交荣冷链物流有限公司
40	辽宁省大连海洋渔业集团公司
41	永贵冷链物流
42	广东鑫赟冷链物流有限公司
43	淇县永达物流配送有限公司
44	宁夏领鲜物流有限公司
45	武汉良中行供应链管理有限公司
46	深圳市东方佳源实业有限公司
47	北京黑狗物流股份有限公司
48	北京三元双日食品物流有限公司
49	通辽市锦辉物流有限公司
50	云通物流股份有限公司
51	上海世权物流有限公司
52	新余市东华龙货运有限公司
53	福建省羊程冷链物流有限公司
54	北京家家送冷链物流有限公司
55	德州飞马冷链物流有限公司
56	松冷（武汉）科技有限公司
57	福建浩嘉冷链物流股份有限公司

续 表

序号	企业名称
58	北京三新冷藏储运有限公司
59	北京快行线冷链物流有限公司
60	新疆拓普农业股份有限公司
61	中粮集团（深圳）有限公司
62	太古冷藏仓库有限公司
63	上海交运沪北物流发展有限公司
64	武汉山绿冷链物流有限公司
65	漳州大正冷冻食品有限公司
66	成都市汇翔实业有限公司
67	北京市五环顺通物流中心
68	苏州加创物流有限公司
69	上海保事达货运股份有限公司
70	邢台邢业通物流有限公司
71	成都鲜生活冷链物流有限公司
72	福建信运冷藏物流有限公司
73	济南大鹏物流有限公司
74	内蒙古旺元运输有限责任公司
75	抚州南丰县三友汽车物流配送有限公司
76	深圳市中柱物流有限公司
77	河南大象物流有限公司
78	武汉巨力鼎兴冷链股份有限公司
79	黑龙江昊锐物流有限公司
80	獐子岛（锦通、锦达）冷链物流有限公司
81	上海东启物流有限公司
82	上海恒孚物流有限公司
83	宁夏众力冷链物流有限公司
84	东莞市华雪食品有限公司

续 表

序号	企业名称
85	河南华夏易通物流有限公司
86	吉林省中冷物流有限公司
87	上海新颖物流有限公司
88	北京趣活科技有限公司
89	上海翔鸿冷藏运输有限公司
90	西安林志冷链物流有限公司
91	重庆农投恒天物流有限公司
92	黑龙江农垦北大荒物流集团有限公司
93	上海敬诚物流有限公司
94	黑龙江沃野风华运输有限公司
95	天津品优物流有限公司
96	三惠食品物流（天津）有限公司
97	陕西速必达冷链物流有限责任公司
98	湖南惠农物流有限责任公司
99	福建保达物流有限公司
100	福州国运通冷藏运输有限公司

在入围“2015 年中国冷链物流企业百强”的冷链物流企业中，有 81 家曾在 2014 年百强名单之列，有 19 家为新晋企业。2015 年中国冷链物流百强企业的营收总额达到 173.9 亿元，与 2014 年相比增长了 17.27%，百强企业总收入占全国冷链市场规模的 9.61%。其中：前 10 强企业总收入占比达 48.5%，前 20 强企业总收入占比达 61.39%，前 50 强企业总收入占比达 81.72%。

从企业类型来看，有运输型企业 43 家，综合型企业 25 家，仓储型企业 16 家，配送型企业 11 家，供应链型企业 4 家。从营收能力来看，运输型企业占比 37.79%、综合型企业占比 32.74%、仓储型企业占比 9.98%、配送型企业占比 3.81%、供应链型企业占比 10.34%，显示配送型企业营收能力相对较弱。

从企业分布区域来看，华北地区有 17 家、华东地区有 39 家、华中地区有 14 家、华南地区有 10 家、东北地区有 8 家、西南地区有 6 家、西北地区有 4 家，企业分布区域的情况可以客观地反映出不同地区的经济消费能力和冷链物流的水平。

总体来看，2015 年我国冷链行业整体增长趋缓，行业集中度不高、缺乏大型引领企业，中小规模企业散、小特点仍然明显，民营企业仍然是百强榜的重要组成；冷链物流企业分布不均，华东、华北地区相对发达，其中又以上海、北京上榜企业为多；冷链企业服务单一，运输型企业主流，综合型企业少，供应链型更少；形成网络的冷链物流企业少，跨区域服务的企业少；冷链行业信息化水平整体偏低，管理水平落后；冷链物流人才梯队建设不完善；冷链物流企业涉及互联网业务的不多。

二、冷链物流发展需补短板

总体看，我国冷链物流的发展还在初级阶段，与国外发达国家存在很大的差距，冷链物流发展需加大补短力度。目前我国冷链物流的短板主要表现在以下几方面：一是我国冷链物流基础设施比较薄弱，比如我国目前冷库保有量为9300万立方米，与先进国家相比人均冷库拥有量偏低；冷库结构也不尽合理，冷冻库多、冷藏库少，储存型库多、流通加工型冷库少；我国冷藏车保有量为9.3万辆，与发达国家相比差距不小。二是冷链物流标准不统一，监管不到位。目前国内冷链大部分的国标和行标都是推荐性的，企业贯彻积极性不高，大部分企业都在执行自己的企业标准。三是冷链物流人才短缺，冷链物流行业需要复合型人才，需要懂制冷、保温、食品、物流、供应链等很多专业知识。目前，国内开设冷链物流专业的院校不多，大部分冷链物流人才还需要企业自己培养。四是冷链物流行业集中度不够，效率低，成本高。冷链物流企业规模小、比较分散，我国冷链物流百强企业的市场规模只占市场份额的10%左右。现有冷链需求和资源都是碎片化的，导致企业运营效率很低、成本很高。五是冷链物流信息化水平低、技术落后。由于目前的冷链物流企业规模都比较小，很多物流企业还没有信息化系统，无法做到精细化管理，企业智能化更无从谈起，成为企业发展的短板。六是食品企业对品牌不重视，消费者对品质不敏感。没有从源头和需求两端给冷链物流行业足够的发展动力。

针对我国冷链物流发展滞后的问题，近年来国家发改委、商务部、农业部、食药监管理总局等有关部门和各地方政府，相继围绕冷链物流的发展出台了多项政策和法规。中物联冷链委也在提升冷链物流水平方面做了很多工作，例如在标准制定方面，中物联加大了对冷链国家标准和行业标准的推广力度，通过开展行业认证工作，有效规范了冷链物流市场的运营环境。在消费理念普及方面，中物联冷链委联合央视等媒体，相继推出了一系列反映冷链物流现状和问题的节目。在冷链人才培养方面，中物联冷链委启动了冷链校园行和多期冷链培训，联系很多院校和冷链企业，启动了冷链人才定向培养计划。在各方的共同努力下，我国的冷链物流业正悄悄地发生变化。

三、冷链物流前景向好

近几年在需求和资本的推动下，我国生鲜电商呈现快速发展的态势。据统计2015年我国生鲜电商交易规模达到560亿元，交易的大部分产品为进口红酒、海产品、牛羊肉、水果、乳制品等。巨大的市场需求带动了以天猫、京东、中粮我买网、天天果园等代表的中国跨境生鲜电商平台相继建立了海外仓，构建了跨国供应链；天津自贸区与天猫国际合作打造的“保税仓＋现场购”模式，启动了跨境O2O生鲜体验中心。生鲜交易规模的快速增长为冷链物流业的发展提供了良好的基础，特别是随着城市化进程的加快和国内中产阶级数量的增多，大众生活消费的不断升级以及人们对食品安全和生命健康的进一步关注，为我国冷链物流产业提供了巨大的发展机遇，我国冷链物流业发展前景广阔。

从目前我国冷链物流市场的发展情况看，在政策支持加大、标准环境改善、基础设施建设力度加大的推动下，我国冷链物流市场规模会持续增长，冷链物流业的发展将会出现一些新变化：一是冷链物流业将更多地向“最先一公里”和“最后一公里”延伸，这两个市场蕴藏着发展机遇，将被越来越多地开拓和挖掘。二是新常态下将有更多传统行业的企业跨界进入冷链市场，他们在原来业务领域积累的优势和资源，可能会给现有冷链企业带来新的冲击，并实现弯道超车。三是冷链市场趋于整合和爆发期，伴随投融资并购的继续深化，当前冷链物流业“群雄割据”的局面将有望改观，全国性、综合性的冷链物流龙头企业会在整合重组中产生。四是在传统企业 + 互联网和冷链 + 互联网，原有的产业机构和供应链将被重塑的同时，必将释放新的冷链商机，谁能抓住机遇，谁就有可能脱颖而出。五是随着冷链产品全球化、多元化、定制化的需求发展，更多的冷链物流运输方式将会出现并占有一席之地，铁路、船运、航空等冷链物流将迎头赶上，不再是公路冷链物流运输“一枝独放”的景象。

（中国物流与采购联合会冷链委员会）

2015 年中国电子商务物流

2015 年，以“互联网 +”作为突破口的新经济加速发展。李克强总理在 2015 年政府工作报告中首次提出“互联网 +”行动计划，明确提出“制订‘互联网 +’行动计划，推动移动互联网、云计算、大数据、物联网等与现代制造业结合，促进电子商务、工业互联网和互联网金融健康发展，引导互联网企业拓展国际市场”。电子商务作为新经济的代表，不仅创造了新的消费需求，引发了新的投资热潮，开辟了就业增收新渠道，为大众创业、万众创新提供了新空间，而且电子商务正加速与制造业融合，推动服务业转型升级，催生新兴业态，成为提供公共产品、公共服务的新力量，成为经济发展新的原动力。

电子商务物流既是电子商务实施的重要环节和发展推力，又受益于互联网创新成果的深度融合，是支撑电子商务发展的重要支柱。2015 年，我国电商物流保持较快增长，企业主体多元发展，经营模式不断创新，服务能力显著提升，已成为现代物流业的重要组成部分和推动国民经济发展的新动力。

一、2015 年电子商务发展回顾

2015 年，我国电子商务市场继续保持快速增长。据国家统计局发布的数据显示，2015 年我国社会消费品零售总额为 300931 亿元，比上年增长 10.7%。其中，全国网上零售额为 38773 亿元，比上年增长 33.3%，仍然维持在较高的增长水平。2008—2015 年我国网上零售额从 1281.8 亿元增长至 38773 亿元，增长了 30 多倍，如表 1 所示。

表 1　　2008—2015 年中国网上零售额情况表

年份	网上零售额（亿元）	同比增长（%）
2015	38773	33.3
2014	27898	49.7

续 表

年份	网上零售额（亿元）	同比增长（%）
2013	18500	42.0
2012	13040	66.2
2011	7846.5	70.2
2010	4610	75.3
2009	2630	105.2
2008	1281.8	138.4

注：根据公开资料整理。

从上表的数据看，近些年来我国网络零售额的发展一直保持着高速增长，且增速也一直高于社会消费品零售总额增速。但随着电商行业规模的扩大，增速也在逐渐降低。究其原因，一是网民的红利正在逐步“减退”。经过十年的发展，我国互联网普及率已经过半，增长空间有限，网上零售商依赖的“用户红利”正在削弱，效应正在减退。二是新的消费热点正在形成，在网络零售外发生了新的消费转移。电子商务，尤其是网络零售行业的发展开始面临新的挑战。

同时，2015 年“双十一”引爆的“全民购物季”继续刷新交易纪录。“双十一”当天，天猫平台成交交易额逾 912 亿元，加上京东等其他电商平台的交易额，“双十一”全行业全网的交易额突破千亿元。此次“双十一”最明显的特色是电商平台间的竞争从“价格战”演变为全产业链的较量。线上线下企业的合作，整合发挥协同效应，电商和传统零售融合成为 2015 年的主要亮点。

二、2015 年电子商务物流发展回顾

回顾 2015 年电子商务物流的发展，一方面，平台型电商企业的竞争继续白热化，物流“资源战”“竞速战”从一线城市逐步向二三线城市渗透；另一方面，细分电商市场在垂直领域形成了新的行业热点，给物流业转型升级带来了机会。

（一）“电商三强”：竞争加剧、物流赋能

2015 年 8 月 10 日，阿里巴巴集团（下称“阿里”）与苏宁云商集团股份有限公司（下称“苏宁云商”）共同宣布达成全面战略合作。根据协议，阿里以 283.4 亿元人民币投资苏宁云商，占增发后总股本的 19.99%，成为苏宁云商的第二大股东。与此同时，苏宁云商将以 140 亿元人民币认购不超过 2780 万股的阿里巴巴新发行股份。“阿里苏”联姻成为 2015 年电子商务业界的标志性事件。在电商领域，随着阿里、京东、苏宁“三强”战略布局的拉开，寡头竞争格局进一步固化。

在此背景下，物流作为服务支撑的战略地位凸显，将赋能线上线下渠道，促进供应链中各环节协同，提高消费者的购物体验。作为国内最早提出全面向互联网转型的线下零售企业，苏宁在物流领域进行了全面的布局，如今已建成的物流仓储及相关配套总面积达到 452 万平方米，形成了包含 12 个自动化分拣中心、

60个区域物流中心、300个城市分拨中心，以及5000个社区配送站的物流网络体系。再加上苏宁云商辐射全国的1600多家线下门店、3000多家售后服务网点、5000个加盟服务商以及下沉到四五线城市的服务站，可以说，苏宁的这张“物流网”正是现实版的“菜鸟”。阿里与苏宁云商合作后，后者的物流体系向阿里平台上的商家开放，伴随着苏宁物流社会化的进程，物流资产将被赋予新的意义。

自建物流体系也一直是京东独树一帜的战略优势。京东集团在2015年全年业绩报告中指出，其“物流大网三足鼎立，已成为全球唯一拥有中小件、大件、冷藏冷冻仓配一体化物流设施的电商企业”。截至2015年12月31日，京东在50座城市运营着213个仓库，其中6个“亚洲一号”智能物流中心已投入使用，仓储设施占地面积约400万平方米，还在全国拥有5367个配送站、自提点（柜）。在配送时效上，2015年全年京东商城自营商品，当日达和次日达的订单占比已超过85%。

随着电商企业的发展，尤其是线上资源格局逐渐固化，线下资源的争夺更加激烈，网络经济与实体经济的融合提速，物流作为线下资源，不仅视为服务体系，更被视为入口，战略地位热度不减。

（二）生鲜电商：不容忽视的物流壁垒

在各垂直电商领域中，生鲜电商一直备受关注，对物流的依赖度也最高。2005年，易果生鲜开启国内生鲜电商之旅；2012年前后，国内开始涌现本来生活、美味七七等垂直生鲜电商企业；天猫、1号店等综合企业也陆续开设生鲜频道；2014年以后，新味、绵绵生活等半成品食材O2O企业大量涌现。尤其是2013年以来，生鲜电商行业受资本市场关注热度持续升高，融资事件频现，且多数企业均处于A轮或B轮融资阶段。近年来生鲜电商的融资事件如表2所示。

表2　生鲜电商融资事件表

企业名称	投资方	融资金额	阶段	披露年份
易果生鲜	阿里巴巴 阿里巴巴、云峰资本	千万美元 不详	A轮 B轮	2013年 2014年
甫田网	不详	500万美元	A轮	2013年
天天果园	京东、SIG和锴明资本	7000万美元	不详	2015年5月
我买网	IDG领投，赛富基金	1亿美元	B轮	2014年8月
本来生活网	不详	数千万美元	B轮	2015年1月
美味七七	亚马逊	2000万美元	不详	2014年9月
爱鲜蜂	清流资本 红杉资本 高瓴资本、红杉资本	1000万元 2000万美元 不详	天使轮 A轮 B轮	2014年 2014年 2015年4月

续 表

企业名称	投资方	融资金额	阶段	披露年份
青年菜君	梅花天使创始人和九合创投创始人、合伙人王啸	不详	A 轮	2014 年 8 月
新味	不详	300 万元	天使轮	2014 年 4 月
每日优鲜	不详	500 万美元	种子天使	2015 年 4 月

注：根据公开资料整理。

生鲜电商的火爆，一方面，得益于电子商务的发展，奠定了庞大的用户基础；另一方面，也得益于消费者的食品安全意识逐渐升高，越来越重视产品的产地、来源等信息。生鲜网购用户多集中于北上广等一线城市，且学历较高。艾瑞咨询于 2015 年的一次调查中显示，中国生鲜网购用户中企业白领占比 50.0%，其中普通员工占比为 29.1%、中层管理人员占比为 29.9%。相比于传统线下商超，生鲜电商便捷性、性价比和品类丰富度的优势更能满足这类消费者的需求。首先，网购生鲜可享受送货上门服务，省去了用户线下采购的时间成本和运输成本；其次，多数生鲜电商企业为产地直采，省去中间成本，产品信息更加透明化，价格更具优势；再次，电商服务辐射范围比传统商超更大，且品类展示不受空间限制，所以品类更丰富，能满足不同用户需求。

成立于 2009 年 4 月的垂直电商天天果园，分别在 2013 年和 2014 年进行了 A 轮和 B 轮融资，2015 年 5 月获京东领投的 7000 万美元 C 轮融资。天天果园主要采取原产地直购形式，侧重于进口水果，其平台上近 80.0% 的水果均为进口。2015 年下半年，天天果园开始扩充品类，上线肉类、海鲜水产等品类；同时，天天果园推出“天天到家”服务，主打果汁、水果产品两小时配送，目前已覆盖北京市、上海市、广州市、深圳市和成都市。不过，由于天天果园采用自建物流团队配送，投入较大，且在订单快速提升的情况下，物流配送压力将难以适应。

而作为顺丰商业板块的顺丰优选生鲜业务从一上线就受到业内关注，尤其是物流优势正是其他垂直电商的短板。顺丰优选借助顺丰速运完备的物流体系，常温配送已覆盖全国城市，且随着顺丰冷仓、冷运体系逐渐建成，全程冷链配送可保证生鲜食品的安全与质量，冷链物流体系逐渐建成。

通过对两家类型企业的分析可以看出，垂直自营生鲜电商产品多来自企业直采，从生产端到消费端距离较长，物流壁垒是生鲜电商企业不容忽视的重要因素，不仅生鲜冷藏冷链建设和配送团队组建需要大量的现金投入，而且已建立的自有物流配送体系难以被新进入者迅速复制。与发达国家相比，我国冷链流通仍处于初级水平，2013 年果蔬、肉类产品冷链流通率为 5.0% 和 15%，而发达国家平均水平已接近 100%。国内冷链流通率低对生鲜电商发展存在一定挑战，但同时也存在巨大机遇，在此环境下，具有完备的自建冷链物流体系的生鲜电商企业可在激烈的市场竞争中脱颖而出。尤其是2015年下半年资本市场开始进入寒冬期，靠资本输血生存的生鲜电商行业未来或面临重新洗牌，在洗牌过程中，缺乏完备物流配送体系支持的小型企业被淘汰的风险加大。

（三）跨境电商迎来新税制时代

1. 跨境电商交易规模继续增长

中国电子商务研究中心发布的数据显示，2015年我国跨境电商交易规模为5.4万亿元，同比增长28.6%。其中：跨境出口交易规模达4.49万亿元，跨境进口交易规模达9072亿元。2011—2015年我国跨境电商交易规模增长情况如下图所示。

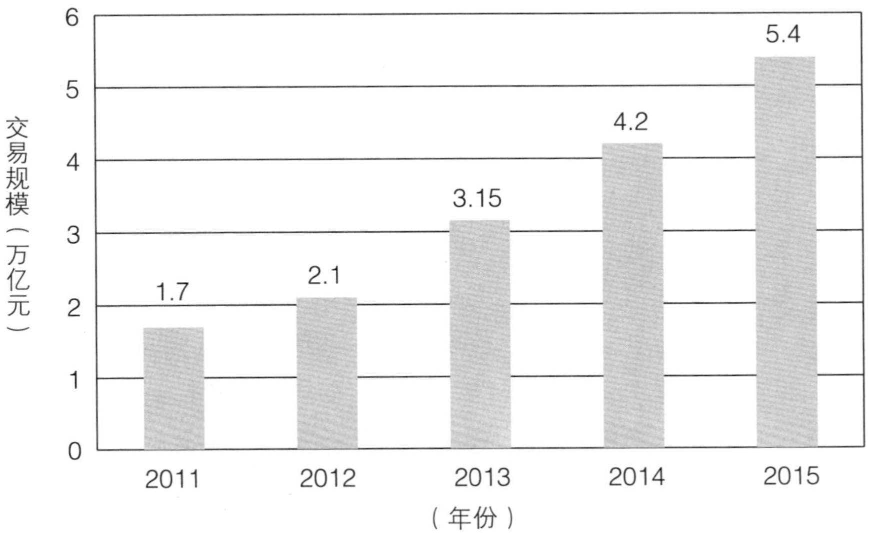

2011—2015年我国跨境电商交易规模增长情况

行业迅速发展得益于近两年来不断释放的政策利好。2014年7月，海关总署接连出台《关于跨境贸易电子商务进出境货物、物品有关监管事宜的公告》和《关于增列海关监管方式代码的公告》，也就是业内常说的“56号”文和“57号”文，从政策层面上承认了跨境电子商务，也认可了业内通用的保税模式。在这样的政策“红利”中诞生了蜜芽、小红书、达令等一批跨境B2C电商，也使聚美优品、网易考拉、京东全球购、天猫国际等大平台得到了发展。随着2015年“互联网+”的兴起，跨境电商站到了资本市场的风口，资本市场亦对跨境电商企业青睐有加。2015年1月，洋码头宣布完成B轮1亿美元融资；2015年9月，母婴电商蜜芽宣布完成1.5亿美元D轮融资。

2. 跨境电商实行新税制

自2016年4月8日起，我国开始执行跨境电子商务零售进口税收政策。新政策中个人单次交易限值为2000元，全年为20000元；限值以内进口的跨境电子商务零售进口商品，暂免征关税；进口环节消费税、增值税取消免征税额，暂按法定应纳税额的70%征收；超过单次限值、累加后超过个人年度限值的单次交易及完税价格超过2000元限值的单个不可分割商品，均按照一般贸易方式全额征税。此次改革明确了跨境电商零售进口商品的贸易属性，降低跨境电商发展的政策不确定性，有利于跨境电商行业的长期发展。

此次税制调整，一方面，使原本“保税仓+行邮”模式下电商企业失去价格优势，国内消费者将会优先选择海外直邮和转运的方式采购海外商品。拥有直邮业务的物流公司和转运公司将迎来更多的商机。国内物流巨头纷纷打造全球物流体系。顺丰于2014年7月1日成立国际电商事业部，目前顺丰已建立了20个全球仓网，其直发业务已经可以覆盖全球241个国家。韵达快递在美国的洛杉矶、西雅图和德国黑森州等地开设服务中心；中通专门从事国际物流、国际包裹、跨境电商进出口业务的“中通国际”于2015年3月正式上线。

另一方面，进口B2C模式的政策红利结束可以让物流企业把更多的资源配置到性价比更高的B2B业务上，对跨境物流来说，这更像是一个积极的信号。在目前国内经济下行压力之下，鼓励出口贸易既符合我国外贸稳增长、调结构的需要，也利于降低监管成本，提高清关效率。在此背景下，保税仓（区）物流虽失去跨境电商B2C业务，但将重心放到频次相对较低但单价高的B2B上既能够提高物流效率，也能够降低保税物流企业库存管理的难度和信息处理的成本。

中国电子商务研究中心发布的数据显示，2015年我国跨境电商B2B交易占比达88.5%，占据绝对优势；B2C交易占比仅为11.5%。这说明跨境电商B2B模式已经处于成熟阶段，未来行业发展格局将长期占据主流地位。

（四）大融合是零售O2O主线

2015年，各大电商平台均在积极部署，下沉渠道，与实业挂钩，提前部署全渠道竞争的格局；而零售实业则以实体店为重心，由下而上地快速布局电商，并继续发挥传统的优势。应该说，大融合成为2015年零售O2O的主线。

2015年3月，京东集团正式成立O2O独立全资子公司，“京东到家”应运而生。“京东到家”与京东商城的原有模式不同，通过整合各类O2O生活类目，采取众包物流配送，为用户提供3公里范围内的生鲜、超市产品、鲜花、外卖送餐、上门等各类生活服务，商品均来自于合作商家，并基于移动端定位实现两小时内的快速送达。京东自建独立移动端平台、备战O2O，除了应对阿里巴巴一系列线下融合的步调外，也是充分发挥移动电商本地化优势的战略部署。

伴随着消费者网络购物的习以为常和零售业在线上和线下的残酷角逐，零售实业面临着巨大的竞争和生存压力。2015年7月中旬，1号店创始人及其团队全部出局，沃尔玛全面掌控1号店。为了适应移动互联网时代消费者的新需求，沃尔玛还推出了手机应用APP，沃尔玛未来将加速线上1号店与线下的融合发展，尝试探索零售O2O，推动线下和线上的交互和融合。与此同时，国内传统零售巨头华润万家、苏宁易购、大商集团等也纷纷上线，加速线上线下融合，激发商业活力。

2015年为了加快互联网与流通产业的深度融合，促进流通产业和零售行业的良性成长，国家层面也积极予以政策引导。2015年5月中旬，商务部制定并发布了《“互联网+流通”行动计划》，进一步细致和深化了“互联网+”行动计划。9月29日，国务院办公厅所发布的《关于推进线上线下互动加快商贸流通创新发展转型升级的意见》指出，大力发展线上线下互动，对推动实体店转型，促进商业模式创新，增强经济发展的新动力，服务大众创业、万众创新具有重要的意义。该《意见》从鼓励线上线下互动创新、激发实体商业发展活力、健全现代市场体系以及完善政策措施四大方面提出了18条措施，重点针对O2O在零售业、批发业、物流业、生活服务业、商务服务业五大业态中的运用。

三、电商物流发展持续向好

未来，我国电子商务市场在国家相关政策的推动下仍将继续保持较高的增长速度，成为整个经济的全新增长引擎。

一是政策利好持续不断。2016 年 3 月，商务部、发展改革委、交通运输部、海关总署、国家邮政局、国家标准委六大部门联合印发《全国电子商务物流发展专项规划（2016—2020 年）》。该规划指出，到 2020 年要基本形成“布局完善、结构优化、功能强大、运作高效、服务优质”的电商物流体系。同时，该规划重点明确了“建设支撑电子商务发展的物流网络体系”“提高电子商务物流标准化水平”“提高电子商务物流信息化水平”“推动电子商务物流企业集约绿色发展”“加快中小城市和农村电商物流发展”“加快民生领域的电商物流发展”“构建开放共享的跨境电商物流体系”七大主要任务和“电商物流标准化”“电商物流公共信息平台”“电商物流农村服务”“电商物流社区服务”“电商冷链物流”“电商物流绿色循环”“电商物流跨境”“电商物流创新”八项工程。

二是电商企业继续加码“向下走”战略，继续加大“下乡”力度。从体量上来讲，农村拥有上万亿的市场潜力，具有很大的发展空间。“向下走”的农村战略会激发三四线城市和农村消费市场的活力，扩大物流覆盖半径和纵深，构筑了新的商业流通体系。

三是跨境电商物流将保持快速发展的趋势。其一是居民生活水平和消费能力的提高和国内中产阶级对生活品质的追求，对高端的国外消费品有着强大的消费需求。其二是随着生产社会化的延伸带来的国际分工，资源的配置和优化超过单一的国家层面，原本以国内企业为主的分工合作转向国际间的协作，这就要求跨境物流企业具有覆盖全球的物流能力，尤其是电商物流需要具有整合境内外资源和市场的能力。

四是物流智能化趋势在电商领域日趋明显。亚马逊的 KIVA 拣货机器人标志着电商仓储管理已经进入新时代，并成为行业典范，一批新兴的物流技术率先用于电商仓储、运营环节。大数据运用、智慧物流、电子面单逐渐普及，电商物流企业开始重视技术推广和标准化工作，个性化、规范化、专业化服务将成为行业趋势。

（万莹　中国物流与采购联合会电商物流与快递分会）

2015 年中国大宗商品电子类交易市场

大宗商品交易市场是集电子交易、现代物流、金融服务和信息服务等功能于一体的电子商务综合服务平台，其商业模式的多种性和灵活性，满足了商品产销体制和现代流通方式的发展要求，对于降低流通成本、提高流通效率具有重要意义。随着社会的不断发展，大宗商品电子类交易市场在优化资源配置、促进产业转型升级中的作用逐渐凸显，服务能力不断提升、服务领域不断扩大，已成为我国经济发展和社会进步不可缺少的推动力量。

一、2015 年我国大宗商品电子类交易市场发展回顾

2015 年，我国大宗商品现代流通行业坚持创新驱动、主动适应经济新常态、加快推进发展方式转变，行业整体综合实力持续增强，行业地位和社会影响力明显提高，总体呈现平稳健康发展良好态势。

（一）市场规模稳步增长

据中国物流与采购联合会大宗商品交易市场流通分会不完全统计，截至 2015 年年底，我国共有大宗商品电子类交易市场 1021 家，同比增长 38.2%，实物交易规模超过 30 万亿元。

图 1 展现了近年来我国大宗商品电子类交易市场的发展情况。从图 1 中可以看出，近几年来我国大宗商品交易市场数量的年增长率保持在 30% 以上。随着大宗商品电子类交易市场与实体经济的互动进一步增强，以及传统商品现货批发市场、商贸流通企业加快向电子商务综合服务平台转化，我国大宗商品电子类交易市场在数量和质量上，仍将保持快速增长的态势。

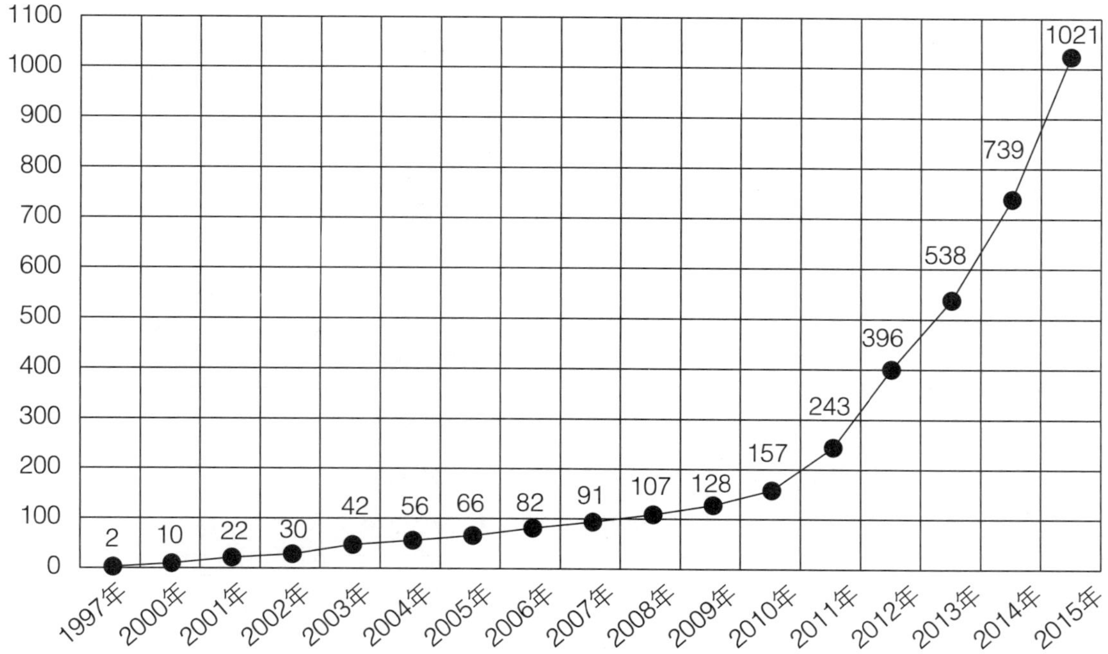

图1　1997—2015 年我国大宗商品电子类交易市场增长走势

（二）地域分布更加广泛

2015 年，我国大宗商品电子商务的普及和应用更加广泛。从地域分布看，我国大宗商品电子类交易市场已覆盖全国 31 个省、自治区、直辖市与香港特别行政区（见表 1），呈现中西部地区提速发展，区域市场分布更趋均衡合理的特点。其中：东部地区（包括北京市、天津市、河北省、上海市、江苏省、浙江省、福建省、山东省、广东省和海南省）市场数量仍居全国首位，较 2014 年同比增长 29.4%，约占全国总量的 57.4%，整体占比略有下降；西部地区（包括内蒙古自治区、广西壮族自治区、重庆市、四川省、贵州省、云南省、西藏自治区、陕西省、甘肃省、青海省、宁夏回族自治区、新疆维吾尔自治区）增长速度最快，同比增长 56%；中部地区（包括安徽省、山西省、江西省、河南省、湖南省、湖北省）与东北地区（包括辽宁省、吉林省、黑龙江省）同比增长分别为 50% 和 44.9%。

表 1　　2015 年我国大宗商品电子类交易市场地域分布情况

省区市名称	交易市场数量（个）	占比（%）	省区市名称	交易市场数量（个）	占比（%）
山东省	104	10.2	四川省	23	2.3
广东省	95	9.3	广西壮族自治区	22	2.2
浙江省	85	8.3	安徽省	21	2.1

续 表

省区市名称	交易市场数量（个）	占比（%）	省区市名称	交易市场数量（个）	占比（%）
上海市	77	7.5	云南省	21	2.1
江苏省	65	6.4	福建省	21	2.1
北京市	59	5.8	江西省	18	1.8
辽宁省	49	4.8	内蒙古	16	1.6
天津市	43	4.2	黑龙江省	14	1.4
河南省	37	3.6	山西省	11	1.3
湖南省	36	3.5	宁夏回族自治区	9	0.9
河北省	32	3.1	吉林省	8	0.8
湖北省	30	2.9	甘肃省	7	0.7
新疆维吾尔自治区	27	2.6	青海省	6	0.6
贵州省	27	2.6	海南省	5	0.5
重庆市	25	2.4	西藏自治区	2	0.2
陕西省	24	2.3	香港特别行政区	2	0.2

（三）交易品种日益丰富

2015 年，我国传统产业、大宗商品交易市场，以及传统商品现货批发市场等线上线下融合发展趋势明显。截至 2015 年年底，我国大宗商品电子类交易市场所涉及的行业，已涵盖能源化工、金属矿产、农林牧渔、稀贵金属四大类 20 余个行业。其中，农产品类市场 296 家、金属类市场（含黑色、有色、稀贵等）198 家、化工类（含化纤、纺织等）市场 100 家、能源类市场（含石油、成品油、煤炭、天然气等）60 家、畜禽产品类市场（含肉类、禽蛋、草业等）31 家、酒类产品市场 30 家、林产品类市场（含木材、纸浆等）29 家、矿产品市场 27 家、渔产品类市场 16 家、综合类市场 140 家、其他市场（含废旧、易货、再生资源、商品批发等）94 家（见表 2）。

从行业分布看，农产品类市场数量继续保持龙头地位，约占全国市场总量的 29%，较 2014 年同比增长 35.2%；其次为金属类市场，约占全国市场总量的 19.4%，同比增长 22.2%。其中矿产、林木、能源类市场发展最为迅猛，增长速度分别为 92.9%、61.1% 和 46.3%；酒类市场也保持了较高的增幅，同比增长 36.4%。

表2　2015年我国大宗商品电子类交易市场行业分布情况

行业	交易市场数量（个）	占市场总量的比例（%）	行业	交易市场数量（个）	占市场总量的比例（%）
农产品	296	28.99	林木	29	2.84
金属	198	19.39	矿产品	27	2.64
化工	100	9.79	渔产品	16	1.57
能源	60	5.88	综合类	140	13.71
畜禽	31	3.04	其他	94	9.21
酒类	30	2.94			

（四）服务能力显著提升

2015年，我国大宗商品电子类交易市场与传统产业之间的融合进一步加快，社会资源配置能力不断增强，线下实体商品贸易习惯通过电子商务得到延伸和升级。市场的创新活动日趋活跃，各种新技术、新产品、新应用、新模式竞相呈现，应用水平不断提高，服务水平不断提升，服务领域不断拓展。

在交易模式方面，从交易方式上主要有协议交易和竞价交易，包括拍卖和招投标交易等；从交易期限上有即期、中远期、延期交易等；从交易对象上有实物和仓单交易；从交易载体上有专场、电子商城、电子超市等。此外，现货掉期、现货串换、现货期权等现货衍生品交易模式不断探索，近年来逐渐成为市场业务创新的热点，并呈现快速增长的发展势头。图2显示了我国大宗商品交易市场交易模式的构成情况。

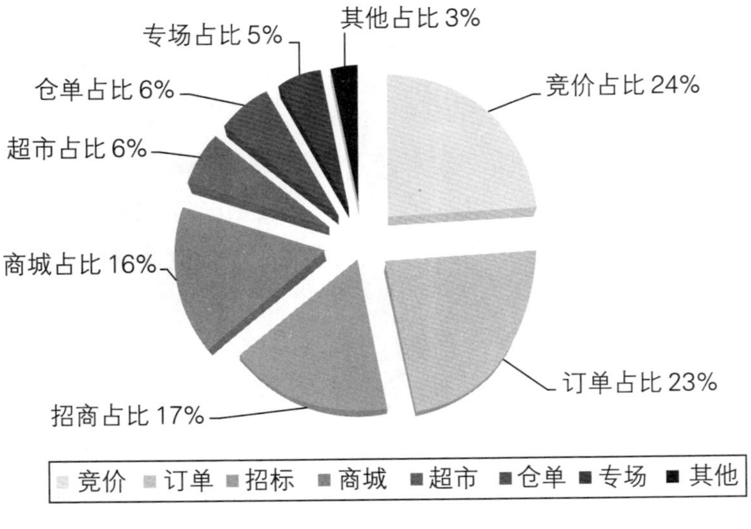

图2　我国大宗商品电子类交易市场模式构成示意

在服务模式方面，随着电子商务平台服务、信用服务、金融服务、电子支付、现代物流和电子认证等市场支撑体系的加快完善，我国大宗商品电子类交易市场的服务模式创新与在线融资、现代物流等功能需求，以及信息流、商流、物流、资金流一体化集成的趋势不断增强。

二、我国大宗商品电子类交易市场的挑战与机遇

当前，我国大宗商品电子类交易市场正处于蓬勃发展的繁荣时期和转型发展的关键阶段，重大战略机遇和挑战并存。经过十余年的发展，我国大宗商品交易市场服务实体经济能力的提升已迈上了快速发展的高速公路，市场与产业之间的联系越来越密切，与互联网的结合越来越紧密，市场的商业模式创新也更加注重于与区域经济、产业经济的结合和更深层次的市场价值发现，市场的资源配置作用与创新驱动活力正在进一步增强，以大宗商品交易市场为代表的我国大宗商品现代流通业正在逐步走向规范化、专业化和规模化。

（一）面临的挑战

自改革开放以来，我国商品交易市场有了长足的发展，初步形成了包括期货市场、大宗商品交易市场、第三方电子商务平台，以及传统商品交易市场等在内的商品市场体系和网络体系。但是，与发达国家相比，我国大宗商品市场流通仍然存在一些较为突出的问题。具体体现在以下方面：

一是产能过剩矛盾较为突出。尤其是钢铁、煤炭、水泥、造船、电解铝、玻璃等大宗商品及相关行业。近年来，随着国家供给侧结构性改革的推进，形势虽然有所好转，但由于资源要素市场化改革滞后，落后产能退出渠道不畅，化解过剩产能任务仍较为艰巨。

二是流通成本高、效率低。我国大宗商品等由于流通环节过多，流通效率偏低，库存偏高，资金占压严重，造成我国规模以上工业企业存货率约为10%，远高于西方发达国家5%的水平，全社会物流总费用占GDP的比例高达16%，是发达国家的一倍以上。工业企业的流动资本周转次数只有2.5次，远低于日本和德国9～10次的水平。

三是信息化水平有待提升。一方面，由于信息化基础设施不完善、信息服务体系薄弱、专业人才缺乏等原因，我国大宗商品的流通方式仍处于较低水平，交易方式传统、价格不透明、流通效率较低；另一方面，政府与流通企业之间、流通企业相互之间、流通企业与消费者之间的信息尚未实现互联互通和交互共享、信息资源的综合利用程度低，数据孤岛现象较严重。

四是市场体系有待健全。全国统一的大市场、大流通尚未形成。区域间的地方保护主义，以及管理职能的条块分割，也导致目前我国商品市场流通仍然存在国内国际市场、线上线下市场、期货现货市场之间相互割裂，区域城乡市场发展不均衡等现象，制约了我国商贸流通业的健康发展。

五是国际化程度不足。我国是贸易大国，但却缺乏与之相对应的国际市场地位和话语权。在市场准入、关税、贸易投资便利化等国际贸易规则的制定当中缺乏主动权与主导权，也导致我国传统产业在国际竞争中往往处于被动地位，生产经营易受国际市场影响。

六是市场监管体制亟待完善。当前，我国商品交易市场法律法规建设滞后、市场监管方式不适应、行业自律缺失、诚信体系不健全等

问题，阻碍了市场的商业模式创新和功能作用发挥。我国现代商品市场体系的健全与完善，亟待补齐为市场创新发展保驾护航的监管短板。

（二）存在的机遇

近年来，为加快流通产业现代化的发展，国家相继发布了《关于推进线上线下互动加快商贸流通创新发展转型升级的意见》《“互联网＋流通”行动计划》等系列政策，更明确指出，以电子商务和现代物流为核心，推动大宗商品交易市场优化资源配置、提高流通效率。这表明了政府对流通产业现代化的重视程度与日俱增，也为大宗行业的创新发展指明了方向、明确了重点。总体来看，“十三五”时期，我国大宗商品现代流通业的发展应重点关注把握以下战略机遇与发展要点。

一是供给侧改革。现代流通业是对接生产和消费的重要环节，而作为我国商品流通的主渠道之一，商品交易市场更是在供给侧和需求侧两端发力促进产业迈向中高端的重要抓手。紧密围绕国家供给侧改革，充分发挥市场在资源配置中的决定性作用，大宗商品电子类交易市场大有可为之处。

二是“一带一路”国家战略。商品交易市场是我国进一步融入经济全球化的重要载体。在提升我国大宗商品国际话语权，加快融入国际贸易和世界经济体系，争取国际投资和贸易规则制定的主动权和主导权中，大宗商品交易市场应积极参与，并做出应有的贡献。

三是“互联网＋”流通。在电子商务进农村、电子商务进中小城市、电子商务进社区、线上线下互动和跨境电子商务等重点领域，大宗商品电子类交易市场要以电子商务为手段，以现代物流为支撑，带动产业链企业协同联动，充分发挥流通业在引导传统产业转型升级向价值链高端延伸中的积极作用。

四是现代商品市场体系。建设统一开放、竞争有序的市场体系，是使市场在资源配置中起决定性作用的基础。改革开放以来，我国取得了举世瞩目的成就，各类商品市场、要素市场也取得了快速的发展。在新常态、新形势和新机遇下，各类市场主体之间应秉持平等包容、合作共赢的理念，共同促进形成期货与现货互补、场内与场外互通、境内与境外互联、产业与资本互动的发展新格局。

五是法治化营商环境。从国际商品交易市场的发展经验来看，当前，我国大宗商品电子类交易市场的转型升级与创新发展亟待建立由政府、行业协会和交易市场所构成的多层次的监管体系，形成覆盖市场准入，监管与退出的全程管理机制，为我国构建统一开放，竞争有序，公平法治的现代商品市场体系提供支持与保障。

（中国物流与采购联合会大宗商品交易市场流通分会）

2015年中国木材与木制品市场

2015年，国际经济形势复杂多变，国内经济下行压力继续加大，房地产市场不断萎缩，木材与木制品行业发展的大环境形势非常严峻。全年木材与木制品行情持续低迷，是木材进口与制品出口最为困难的一年。纵观2015年国内木材与木制品行业，市场供大于求、需求疲软、价格战、泡沫挤压等多年累积的市场问题频频涌现，去库存、清市场是贯穿全年国内木材与木制品市场的一个显著特点。然而，尽管面对市场需求不旺、产品价格低迷、金融市场动荡等多种不利因素，木材与木制品行业认真贯彻落实国家稳增长、调结构、促转型等各项政策措施，主动适应新常态，努力克服各种困难，行业经济运行基本保持平稳态势，行业生产整体保持低速增长，木制品出口保持小幅增长，贸易逆差缩窄。

一、木材与木制品市场发展情况

（一）行业运行质量稳定

据中国木材与木制品流通协会信息中心对全国木制品制造业重点企业采购经理人调查问卷显示，2015年我国木制品产业生产增速回落，国内市场需求平淡，出口增速继续放缓，主要木材原料及木制产品价格持续下跌，经济效益增速继续减缓，行业下行压力不断加大。

据国家统计局数据，2015年1—12月，我国家具制造业主营业务收入为7872.5亿元，累计同比增长9.3%；利润总额为500.9亿元，累计同比增长14.0%；税金总额为265.0亿元，累计同比增长10.8%。2015年1—12月，我国家具制造业产销率为98.3%，较2014年同期提高0.5个百分点；出口交货值为1720.1亿元，累计同比增长5.0%。

（二）行业生产低速增长

在全球经济回升乏力、新兴经济体增速放缓、国内房地产萎缩，以及要素成本不断上涨等多重因素作用下，2015年我国木材与木制品行业在生产方面仍然整体呈现增长态势，但增速继续减缓。

据国家林业局统计数据显示，2015年全国商品木材总产量为7200.29万立方米，比2014年减少12.55%。在全部木材产量中，原木产量为6528.43万立方米，同比减少13.57%；薪材产量为671.86万立方米，微幅减少

1.17%。东北及内蒙古国有林区木材产量比2014年减少82.21万立方米，商品木材产量持续调减。2015年，锯材产量为7430.38万立方米，比2014年增长8.68%；木片、木粒加工产品的产量为4285.8万实积立方米，比2014年微减0.66%。2015年我国主要木材与木制品产量数据见表1。

表1　　2014—2015年我国主要木材与木制品产量统计情况

产品名称		产量		同比增长（%）
		2015年	2014年	
木材	万立方米	7200.29	8233.30	-12.55
其中：原木	万立方米	6528.43	7553.46	-13.57
薪材	万立方米	671.86	679.84	-1.17
锯材	万立方米	7430.38	6836.98	8.68
木片、木粒	万实积立方米	4285.80	4314.09	-0.66
人造板	万立方米	28679.53	27371.79	4.78
其中：胶合板	万立方米	16546.25	14970.03	10.53
刨花板	万立方米	2030.19	2087.53	-2.75
纤维板	万立方米	6618.53	6462.63	2.41
其他人造板	万立方米	3484.56	3851.60	-9.53
木家具	亿件	2.53	2.63	-3.80
木门	亿元	1200	1150	4.35
木竹地板	亿平方米	7.74	7.60	1.84
其中：强化木地板	亿平方米	2.90	2.47	17.41
实木复合地板	亿平方米	2.42	2.43	-0.41
实木地板	亿平方米	1.30	1.50	-13.33
竹地板	亿平方米	0.969	1.02	-0.05
其他地板	亿平方米	0.10	0.18	-44.44

2015年我国人造板总产量为28679.53万立方米，比2014年增长4.78%。在全部人造板产量中，胶合板产量为16546.25万立方米，比2014年增长10.53%，占全部人造板产量的57.69%；纤维板产量为6618.53万立方米，比2014年小幅增长2.41%，占全部人造板产量的

23.08%，其中中密度纤维板产量为5768.83万立方米；刨花板产量为2030.19万立方米，比2014年下降2.75%，占全部人造板产量的7.08%；其他人造板产量为3484.56万立方米（细木工板占59.58%），比2014年减少9.53%，占全部人造板产量的12.15%。2015年山东、江苏、广西、安徽、广东、河南、河北7省（区）人造板产量均超过1000万立方米（见图1），7省（区）人造板产量共计22598.51万立方米，占全国人造板总产量的78.8%，占比比2014年上升1.8个百分点，产业集中度进一步增强。

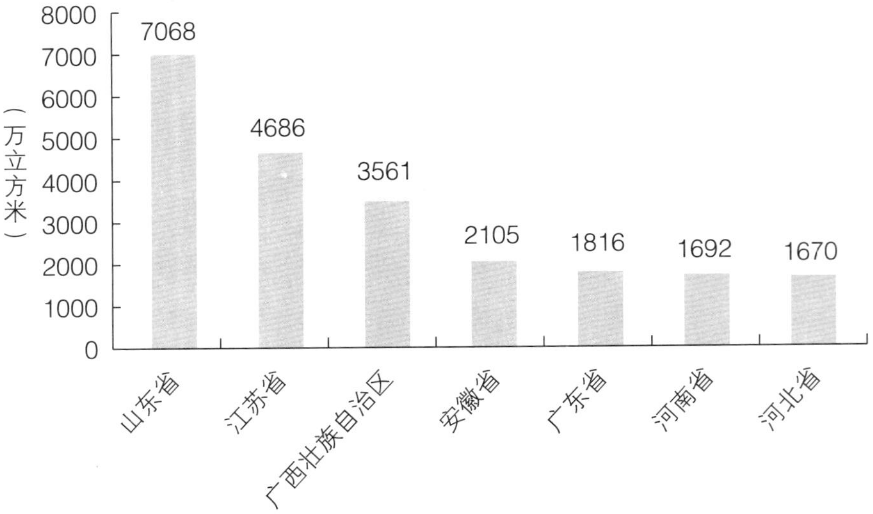

图1　2015年全国人造板产量位列前7名的省（区）产量统计

2015年我国木竹地板产量为7.74亿平方米，比2014年小幅增长1.84%。在木竹地板产量中，实木地板为1.30亿平方米，占全部木竹地板产量的16.8%；实木复合地板为2.42亿平方米，占全部木竹地板产量的31.27%；强化木地板（浸渍纸层压木质地板）为2.9亿平方米，比2014年增长17.41%，占全部木竹地板产量的37.47%；竹地板为1.02亿平方米，占全部木竹地板产量的13.18%；软木地板、集成材地板等其他木地板为0.1亿平方米。江苏和浙江两省均是木竹地板产量最大的省份，产量分别达到2.89亿立方米和1.04亿平方米，江苏省主要以强化木地板为主，浙江省主要以实木及实木复合地板为主，两省木竹地板产量占全国总产量的一半。

2015年全国木质家具产量为25315.33万件，同比2014年减少3.91%。产量排名前十的省份依次是广东省、山东省、福建省、浙江省、四川省、辽宁省、江西省、河南省、江苏省以及安徽省，各省的木质家具产量依次是5128.54万件、3478.65万件、3420.14万件、3388.84万件、1391.69万件、1223.34万件、1209.10万件、1034.57万件、905.37万件和668.05万件。其中广东省的木质家具产量约占全国木质家具总产量的20%，成为我国木质家具产量最高的地区。

中国木材与木制品流通协会木门窗专业委员会的统计数据显示，2015年我国木制门行业总产销值约为 1200 亿元，分别同比增长 4.35%，增速比 2014 年下降 6.23 个百分点。

（三）市场表观消费整体下降

我国是木材与木制品生产和消费大国。2015 年我国原木、人造板表观消费量均较大幅度下降，其中：原木下降了 13.32%，人造板下降了 5.59%，人造板三板——胶合板、纤维板和刨花板表观消费量均有不同程度的下降。木家具表观消费量降幅非常大，比 2014 年下降了 38.67%。表观消费量是产量＋进口量－出口量。表观消费量下降不表明市场实际消费量下降，比如原木，2015 年产量和进口量均减少，导致表观消费量下降，但 2015 年原木市场消费以消耗库存为贯穿全年的主线，因此 2015 年原木的实际消费量还是很大，既消耗了上年的库存，同时年末积压的库存也在减少。木家具的表现与原木市场的特点如出一辙。2015 年我国木质门表观消费同比增长 4.46%，表明我国的木门行业仍然处在理性、健康发展的上升通道中。整体而言，2015 年我国主要木材与木制品市场的表观消费普遍下降（见表 2）。

表 2　　2014—2015 年我国主要木材与木制品市场表观消费情况

产品名称	单位	木材与木制品表观消费量		同比增长（%）
		2015 年	2014 年	
原木	万立方米	10984.0	12671.7	−13.32
人造板	万立方米	20822.8	22054.9	−5.59
其中：胶合板	万立方米	12665.3	13666.3	−7.32
纤维板	万立方米	6247.8	6288.2	−0.64
刨花板	万立方米	1909.7	2100.4	−9.08
木家具	万件	3307.9	5393.5	−38.67
木门	亿元	1155.3	1106.0	4.46

（四）木材价格持续下跌

2015 年，我国木材市场价格和木材进口价格均呈持续下降趋势。图 2 和图 3 为中国木材与木制品流通协会和商务部流通业发展司联合发布的 2015 年全国木材进口价格指数和市场价格指数月度走势图。2015 年 12 月，我国木材市场价格综合指数为 107.4%，比年初 1 月下降了 8.8 个百分点，同比 2014 年 12 月下跌 11 个百分点，其中原木市场价格指数同比下降 8.9 个百分点，锯材市场价格指数同比下降 6.3 个百分点。2015 年 12 月，我国木材进口价格综合指数为 102.0%，比 2015 年 1 月下降了 11.5 个百分点，同比 2014 年 12 月下跌 14.2 个百分点，其中原木进口价格指数同比下降 11.9 个百分点，锯材进口价格指数同比下降 15.8 个百分点。

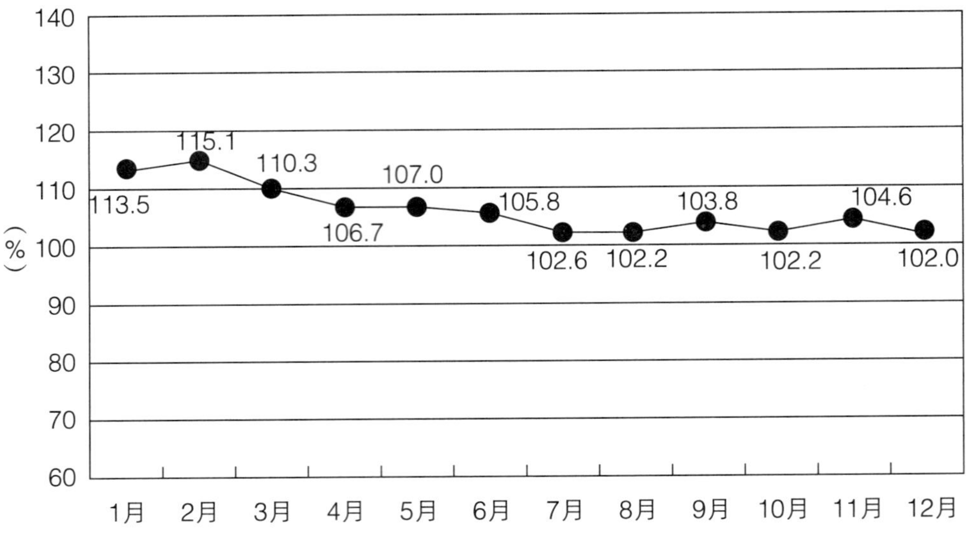

图2 2015年全国木材进口价格指数月度走势

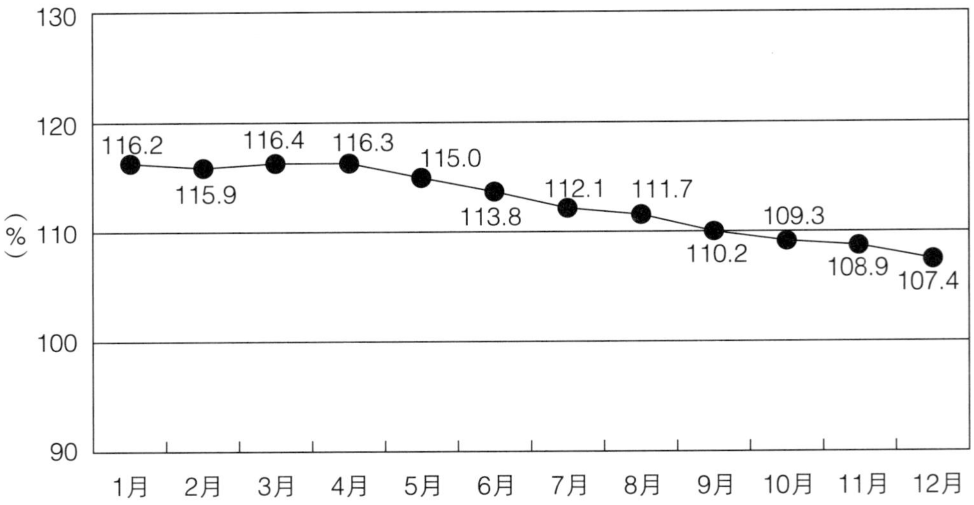

图3 2015年全国木材市场价格指数月度走势

二、木材与木制品进出口贸易情况

2015年，我国木材进口减少，木制品出口基本保持稳定，进出口贸易逆差逐渐缩窄。全年木材与木制品进出口贸易总额为746.4亿美元，同比小幅下降3.9%，增速比2014年下降17.57个百分点。其中：木材进口额为375.53亿美元，同比减少8.54%，增速比2014年下降22.8个百分点；木材出口额为370.86亿美元，同比增长1.29%，增速比2014年下降11.7个百分点。全年累计贸易逆差为4.67亿美元，比2014年缩减55.67亿美元。2014—2015年我国木材与木制品的月度进、出口增速如图4所示。

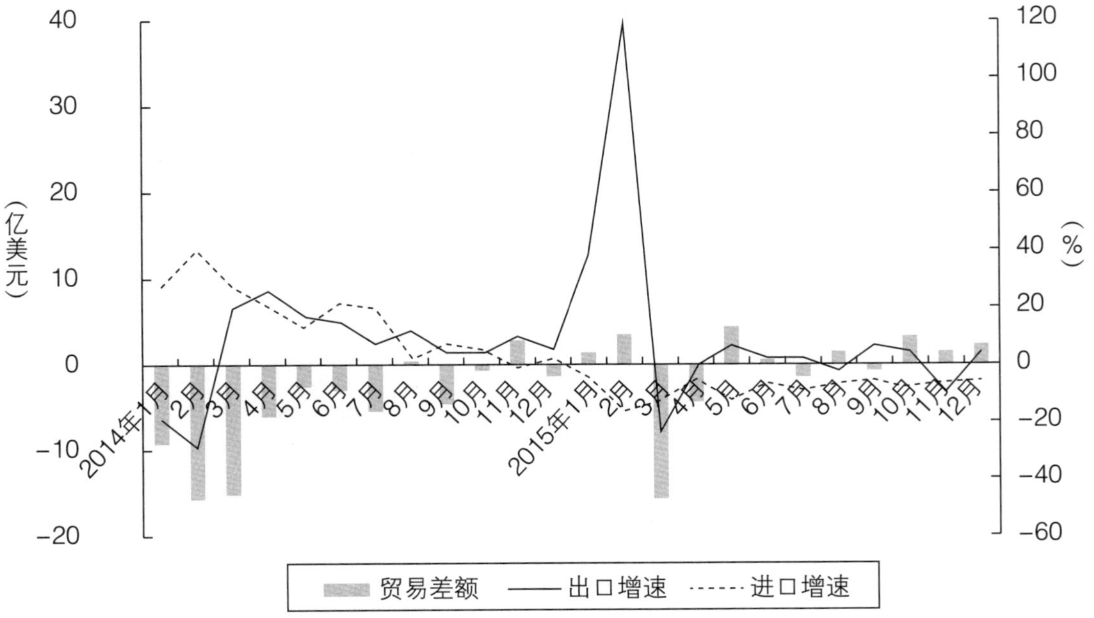

图4　2014—2015 年我国木材与木制品月度进出口增速

(一）原木进口减少，其他木材原料进口再创新高

2015 年我国主要进口品种原木、锯材、木片、木浆、废纸及纸板等进口额比例见图 5。与 2014 年相比，2015 年我国原木进口比重缩窄了 7. 28 个百分点，减小到 21. 46% 。锯材进口比重基本维持不变，为 19. 98% 。木浆、废纸及纸板进口比重扩大了 5. 55 个百分点，为 48. 03% 。木片进口比重扩大 0. 76 个百分点，为 4. 51% ；其他木制品进口比重扩大 0. 71 个百分点，达 6. 02% 。

2015 年，我国共进口木材（原木和锯材）8230. 72 万立方米（折合原木材积），同比减少 6. 07% ，超过国内商品木材产量 1030. 4 万立方米（见图 6）。其中：原木进口 4456. 8 万立方米，同比减少 12. 94% ；锯材进口 2657. 69 万立方米，同比增长 3. 59% ；木片进口 983. 03 万吨，比 2014 年增长 10. 99% ；木浆、废纸及纸板进口 4912. 43 万吨，同比增长 8. 01% 。

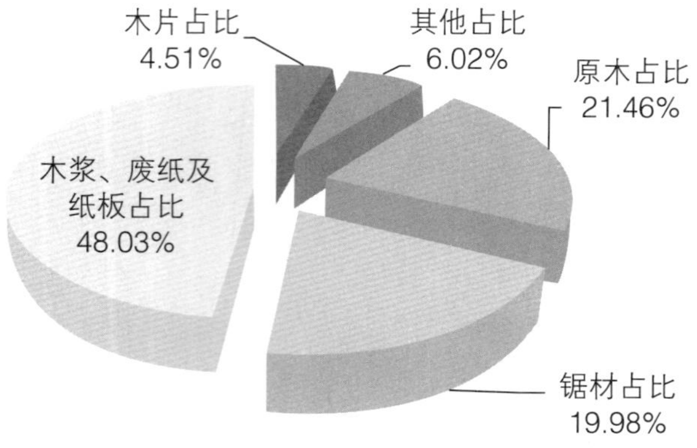

图 5 2015 年我国木材与木制品进口额比例

注：基础数据来源于海关总署。

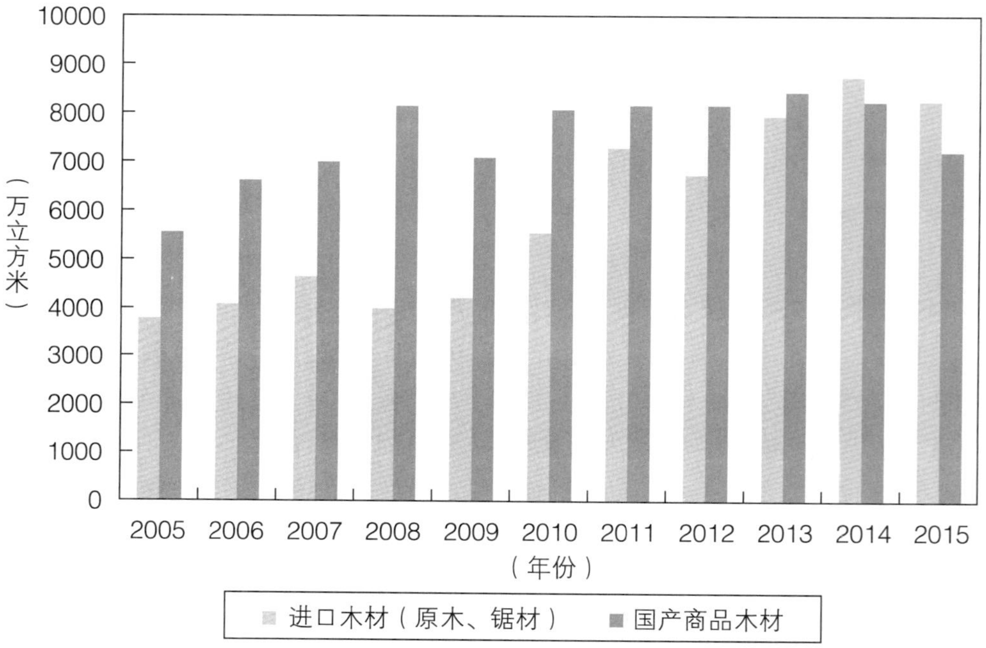

图 6 2005—2015 年我国木材进口量与国内木材产量对比

注：基础数据来源于海关总署。

2015 年，我国进口木材（原木和锯材）的主要货源地及其进口量所占比例情况见表 3。从表 3 可看出，2015 年，我国共进口木材（原木和锯材）8230.72 万立方米（折合原木材积），同比减少 6.07% 。俄罗斯、新西兰、加拿大、美国是我国进口木材的主要来源国，来自这 4 个国家的木材进口量，合计占我国木材进口总量的 65.35% ，所占比例与 2014 年基本相当。其中，俄罗斯木材进口量占我国木材进口总量的 29.16% ，与 2014 年相比，俄罗斯木材所占份额提高了 3.37 个百分点；新西兰木材占比基本没有变化；加拿大和美国木材所占比例分别下降了 1.36 个百分点和 1.76 个百分点，新西兰由 2014 年的排名第 3 位提升到了第 2 位；泰国木材进口比重提升了 1.49 个百分点，由 2014 年的第 6 位上升到了第 5 位。

2015 年，我国进口原木的主要货源地是新西兰、俄罗斯和美国，进口量分别占进口总量的 24.16%、23.82% 和 9.25%。与 2014 年相比，新西兰原木和俄罗斯原木进口比重分别提高了 1.25 个百分点和 1.6 个百分点，美国原木进口比重下降了 2.66 个百分点。

2015 年，我国进口锯材的主要货源地是俄罗斯、加拿大、泰国和美国，进口量分别占进口总量的 35.46%、21.28%、11.49% 和 10.31%。其中，俄罗斯锯材进口比重较 2014 年提高了 4.66 个百分点，进口规模进一步扩大；加拿大锯材进口量所占比重进一步下降 4.58 个百分点；泰国锯材进口规模加大，2015 年进口比重比 2014 年扩大 2.8 个百分点，进口量排名由第 4 位上升为第 3 位；美国锯材进口比重略有下降。

表 3　2014—2015 年我国木材（原木和锯材）进口国分别统计

2015 年			2014 年		
国别	进口量（万立方米）	占比（%）	国别	进口量（万立方米）	占比（%）
俄罗斯联邦	2399.79	29.16	俄罗斯联邦	2259.69	25.79
新西兰	1139.11	13.84	加拿大	1245.92	14.22
加拿大	1039.21	12.63	新西兰	1225.31	13.98
美国	801.07	9.73	美国	1007.16	11.49
泰国	433.71	5.27	巴布亚新几内亚	330.81	3.78
巴布亚新几内亚	317.65	3.86	泰国	316.87	3.62
澳大利亚	291.25	3.54	澳大利亚	247.93	2.83
所罗门群岛	222.27	2.70	所罗门群岛	219.62	2.51
乌克兰	101.86	1.24	乌克兰	171.81	1.96
智利	99.26	1.21	智利	123.81	1.41
其他	1385.54	16.83	其他	1613.60	18.41
总计	8230.72		总计	8762.53	

注：基础数据来源于海关总署。

从我国原木进口的主要省份看（见表 4），江苏省是我国原木进口的最大省份，2015 年其进口量同比 2014 年增长 5.83%，进口量占全国原木进口总量的 40%。2015 年上海市和天津市木材进口量大幅减少，上海市同比减少了近 50%，天津市同比减少了近 60%。其他省市木材进口量也多数呈减少状态，内蒙古进口同比减少了17.33%，再创历史新低（见表4、表5）。与其截然相反，2015年广西壮族自治区原木进口大幅增长，进口量同比增长172.44%。黑龙江省进口量基本保持2014年度进口水平。

从我国锯材进口省份和地区的情况看（见表6），2015年我国锯材进口量排位前5的省区市分别是广东省、内蒙古自治区、江苏省、上海市和黑龙江，这5大锯材进口地区中除了上海市进口量同比减少12.79%外，其他4省区进口量均有较大增长。由此可见，我国锯材进口地区进一步趋于集中。广东省作为家具制造大省，2015年进口锯材622万立方米，为全国锯材进口第一大省，其进口量占全国锯材进口总量的比例为23.4%，其进口平均价格也较高。2015年黑龙江省锯材进口量由2014年的第7位跃升到第5位。内蒙古和黑龙江进口单价相对较低，主要用作建筑口料和结构房屋，使用等级较低。

表4　　2015年我国原木主要进口省区市

省区市名称	原木主要进口量（万立方米）		同比增加（万立方米）	同比增长（%）
	2015年	2014年		
江苏省	1792.04	1693.37	98.67	5.83
山东省	572.68	701.02	-128.34	-18.31
黑龙江	437.84	437.73	0.11	0.03
内蒙古自治区	433.45	524.30	-90.85	-17.33
福建省	306.62	442.38	-135.76	-30.69
广东省	277.54	304.62	-27.08	-8.89
上海市	176.99	348.40	-171.41	-49.20
浙江省	170.24	193.63	-23.39	-12.08
天津市	75.19	187.18	-111.99	-59.83
广西壮族自治区	44.15	16.21	27.94	172.36
其他	170.06	270.59	-100.53	-37.15
总计	4456.80	5119.43	-662.63	-12.94

表5　　2008—2015年内蒙古自治区、黑龙江省进口原木变化情况

地区	原木进口量（万立方米）								2015年与2008年对比（%）
	2008年	2009年	2010年	2011年	2012年	2013年	2014年	2015年	
内蒙古自治区	877.53	775.6	735.12	776.18	531.97	480.85	524.30	433.45	-50.61
黑龙江省	751.52	456.72	412.59	431.73	374.74	373.71	437.73	437.84	-41.74

表 6　　2015 年我国锯材主要进口省区市

省区市名称	锯材进口量（万立方米）		同比增加（万立方米）	同比增长（%）
	2015 年	2014 年		
广东省	622.37	528.98	93.39	17.65
内蒙古自治区	559.66	473.00	86.66	18.32
江苏省	394.01	330.24	63.77	19.31
上海市	239.22	274.29	-35.07	-12.79
黑龙江	171.82	147.28	24.54	16.66
浙江省	158.03	173.52	-15.49	-8.93
山东省	146.96	174.01	-27.05	-15.55
天津市	115.36	140.09	-24.73	-17.65
福建省	101.67	125.33	-23.66	-18.88
辽宁省	48.00	64.14	-16.14	-25.16
其他	100.58	134.70	-34.12	-25.33
总计	2657.68	2565.58	92.10	3.59

（二）主要木制品出口小幅增长

2015 年，我国木材与木制品出口总金额为 370.86 亿美元（不含木炭、纸及纸板、松香等林产品），同比小幅增长 1.29%。我国木制品出口主要以木家具、木框架坐具和胶合板为主，其出口值占出口总值的比重分别为 39.5%、22.13% 和 14.8%，这三者出口值占总出口值的比重达 76.43 %（见图 7），对比 2014 年，木家具、木框架坐具出口值比重分别上升了 1.14 个百分点、0.15 个百分点，胶合板、木地板和纤维板出口值比重分别下降了 1.08 个百分点、0.28 个百分点和 0.61 个百分点。

2015 年我国主要木制品出口情况统计数据见表 7。从表 7 看，2015 年我国两大出口木制品——木家具和木框架坐具出口量额均同比小幅增加，其他木制品出口量额均呈现减少趋势，尤其是第三大出口木制品——胶合板出口量下降较大，其出口量同比减少 18.53%，表明 2015 年我国木材原料趋紧，低附加值的木质半成品材料出口大幅降低，虽然木家具等木制成品出口量有所上升，但其出口价格仍然有待提高。

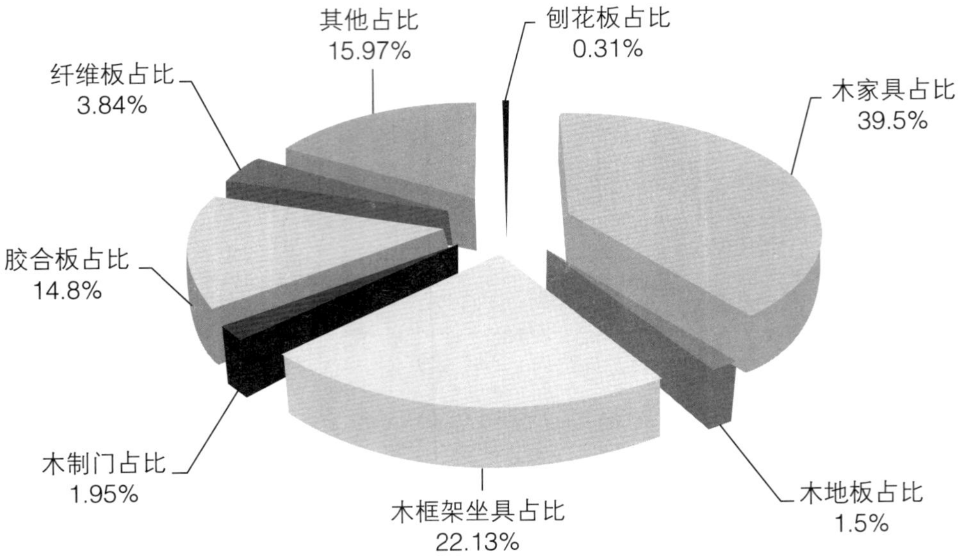

图 7　2015 年我国主要木制品出口情况

注：基础数据来源于海关总署。

表 7　2014—2015 年我国主要木制品出口量额

木制品名称	出口情况	2015 年	2014 年	同比增长（%）
木家具	出口量（万件）	22805. 09	21726. 34	4. 97
	出口额（亿美元）	146. 49	140. 46	4. 29
木地板	出口量（万吨）	33. 56	38. 73	-13. 35
	出口额（亿美元）	5. 58	6. 53	-14. 55
木框架坐具	出口量（万件）	9919. 98	9904. 17	0. 16
	出口额（亿美元）	82. 06	80. 47	1. 98
木制门	出口量（万吨）	34. 62	36. 01	-3. 86
	出口额（亿美元）	7. 23	7. 27	-0. 55
胶合板	出口量（万立方米）	1076. 68	1321. 56	-18. 53
	出口额（亿美元）	54. 88	58. 14	-5. 61
纤维板	出口量（万吨）	227. 99	255. 71	-10. 84
	出口额（亿美元）	14. 26	16. 31	-12. 57
刨花板	出口量（万吨）	16. 79	24. 67	-31. 94
	出口额（万美元）	11598. 03	13906. 30	-16. 60

2015年，我国木家具累计出口2.28亿件，同比增长4.97%；出口金额达146.49亿美元，同比增长4.29%，增速比2014年下降9.17个百分点。木框架坐具出口9920万件，出口量与2014年基本相当；出口金额为82亿美元，同比微幅增长1.98%，增速比2014年大幅下降12个百分点。木地板出口量同比下降13.35%，降幅扩大10.37个百分点。人造板三板出口量同比下降幅度均较大，其中刨花板出口量下降超30%、胶合板出口量下降近20%、纤维板出口量下降超过10%。木制门出口量同比2014年小幅下降3.85%。总体而言，2015年我国主要木制品出口量额同比小幅上升，出口增速比2014年大幅下降，这主要是由于全球市场整体需求疲软所致。

2015年，在国家出口政策的鼓励带动下，全国主要木制品出口小幅增长，其中木家具出口量同比增长近5%，增速比上年减少5个百分点。美国是我国木家具第一大出口国，2015年我国出口美国的木家具同比增长了12.21%，增速比2014年增长了8.15个百分点，其出口量占我国木质家具总出口总量的33.5%。出口英国和德国的木质家具比2014年分别增长了13.21%和3.33%（见表8所示），增速分别比2014年下降了2.82个百分点和20.37个百分点。日本是我国木质家具出口的第二大市场，2015年我国出口日本的木质家具量比2014年大幅下降了11.5%，所占市场比重比2014年下降1.25个百分点。2015年我国内地出口中国香港地区的木家具增幅仍然较大，比2014年增长了30.69%，增速比2014年下降近30个百分点。

表8　　2015年我国木家具出口量排名前10的国家和地区

国家和地区	出口量（万件）		同比增加（万件）	同比增长（%）
	2015年	2014年		
总　计	22805.09	21726.34	1078.75	4.97
美　国	7644.41	6812.54	831.87	12.21
日　本	1528.11	1726.59	-198.48	-11.50
英　国	1455.28	1285.52	169.76	13.21
德　国	1204.69	1165.91	38.78	3.33
澳大利亚	1027.54	971.71	55.83	5.75
中国香港	969.76	742.04	227.72	30.69
荷　兰	647.74	661.48	-13.73	-2.08
法　国	636.95	706.89	-69.94	-9.89
沙特阿拉伯	608.57	464.16	144.41	31.11
加拿大	591.37	599.30	-7.93	-1.32

2015 年，我国木框架坐具出口量整体与上年持平，但出口澳大利亚的木框架坐具却巨幅增长，比 2014 年增长了 256%，翻了 2 倍多。除了出口德国和法国的木框架坐具有所减少外，出口其他国家的木框架坐具均呈不同程度增长（见表 9）。

表 9　2015 年我国木框架坐具出口量排位前 10 的国家

国家	木框架坐具出口量（万件）		同比增加（万件）	同比增长（%）
	2015 年	2014 年		
总　计	9919.98	9904.17	15.81	0.16
美　国	3486.91	3361.03	125.88	3.75
英　国	701.22	654.45	46.77	7.15
日　本	622.44	619.36	3.08	0.50
德　国	448.14	493.13	-44.99	-9.12
澳大利亚	432.01	121.37	310.64	255.94
法　国	395.04	410.67	-15.63	-3.81
韩　国	355.68	310.67	45.01	14.49
加拿大	350.70	309.67	41.03	13.25
荷　兰	265.26	249.89	15.37	6.15
西班牙	173.08	147.98	25.10	16.96

2015 年我国木家具出口分省市比例情况如图 8 所示。广东省是我国木家具出口第一大省份，2015 年广东省木家具出口值同比增长 5.51%，其出口值占全国总出口值的 51.8%，比重比 2014 年上升 0.6 个百分点；2015 年浙江省木家具出口值比 2014 年下降了 6.35%，占全国木家具出口值的比重为 8.0%，比 2014 年下降了 1 个百分点；2015 年江苏省木家具出口值比 2014 年增长 7.4%。广东省不但木家具出口数量位居全国第一，其出口单价也相对较高，且呈逐年上升态势，2015 年广东省木家具出口平均单价比全国木家具出口平均单价高出 43.5 美元，表明广东省木家具出口的附加值比较高。此外，广东省木框架坐具出口值也几乎占到全国同类产品出口总值的一半（见图 9）。

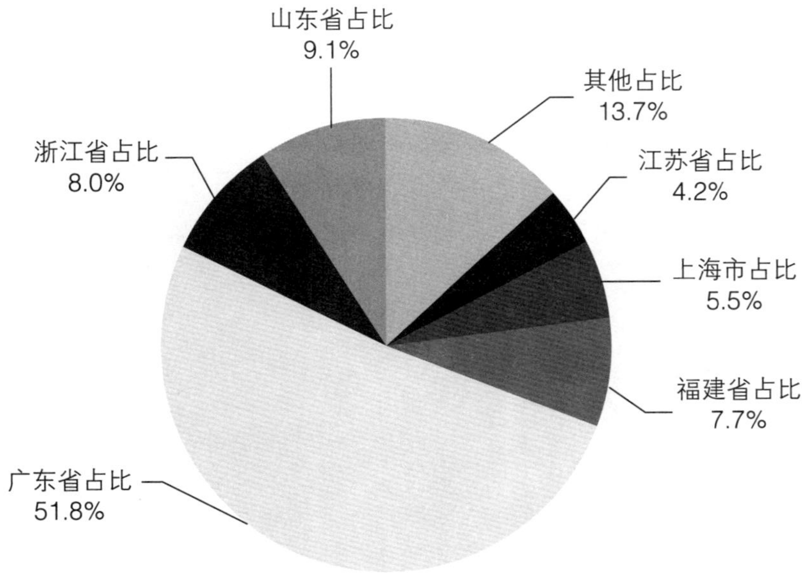

图8　2015年我国木家具分省市出口值占比情况

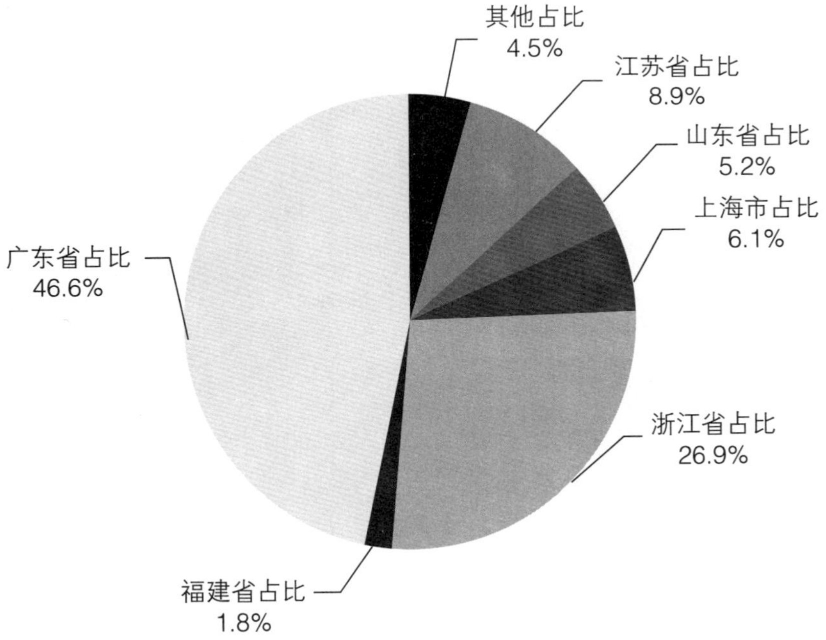

图9　2015年我国木框架坐具分省市出口值占比情况

（谢满华　中国木材与木制品流通协会）

第五部分

地区物流

2015 年河北省物流业发展情况

2015 年是“十二五”规划的收官之年。河北省物流业在经济增速放缓、结构调整加快、经济下行压力不断加大的背景下，仍保持中高速增长。物流业作为国民经济的基础性、战略性产业，为“稳增长”“调结构”“惠民生”较好地发挥了支撑和保障作用。总体来看，河北省物流业产业发展新动力逐步显现，全行业面临从规模速度型粗放式增长，向质量效率型集约式增长转型的重大抉择，机遇和挑战并存。

一、总量规模有较大增长

2015 年，河北省社会货物流总额达到 83695 亿元，同比增长 6.71%；物流业增加值达到 2613 亿元，同比增长 6.91%，仍处于中高速增长空间，物流业增加值占服务业增加值比重为 21.8%，物流业增加值占 GDP 的比重为 8.77%，是河北省服务业发展的重要增长点和优化经济结构的“稳定器”。物流业发展的质量和效率有所提升，燃油价格连续下降，社会物流总费用增速小幅回落，达到 5635 亿元，同比增长 2.76%，物流总费用占 GDP 的比率为 18.78%。

（一）货物运输同比增长

2015 年，河北省社会货运量达到 23.11 亿吨，同比增长 9.34%；社会货运周转量达到 12937 亿吨·公里，同比增长 1.77%。其中道路货运周转量增长较快，增速达到 10.17%。

2015 年，河北省国铁货物发送完成 26161 万吨，较 2014 年减少 3617 万吨、下降 12.1%。其中煤炭、石油、金属矿石等九类大宗品类发送量累计完成 24822 万吨，同比减少 2969 万吨、下降 12.9%。随着铁路货运改革的深化，以及向现代物流转型步伐的加快，河北省国铁零散、批量和集装箱等散货运输得到了快速发展，按季度，货运量定基发展速度为：1.4∶1.6∶1.9，全年累计完成 1113.8 万吨，较 2014 年增加了 258.3 万吨、增长了 30.2%，散货占比由 2014 年的 2.9% 提高到 2015 年的 4.3%，河北省国铁货运的结构性化日趋明显，现代物流转型发展效果逐步显现。

2015 年，河北省港口货物吞吐量达 9.1 亿吨，同比下降 4%；港口集装箱吞吐量达 252.5 万标准箱，同比增长 37.5%。其中：唐山港货物综合吞吐能力达到 4.9 亿吨，集装箱吞吐量突破152万标准箱，同比增长37%；秦皇岛港货物吞吐量达到2.53亿吨，集装箱吞吐量突破50万标准箱；秦皇岛港成为国家进境粮食指定口岸；沧州港全年完成港口吞吐量1.67亿吨，集装箱吞吐量突破50万标准箱，跻身全国20大港口之列。

（二）快递业务量居全国第8位

2015年河北省快递业务总量完成5.49亿件，居全国第8位，比上年提升1位，同比增长61.4%，居全国第6位；快递业务收入56.2亿元，同比增长36.8%。在全年的快递业务中，同城业务量完成6519.90万件，同比增长59.15%；异地业务量累计完成4.82亿件，同比增长61.93%；国际及港澳台业务量累计完成177.48万件，同比增长20.09%。同城、异地、国际及港澳台快递业务收入分别占全部快递收入的8.24%、76.11%和4.15%；业务量分别占全部快递业务量的11.87%、87.81%和0.32%。

（三）电子商务交易同比增长

2015年，河北省电子商务交易额达14545亿元，同比增长34.2%，网络零售额达1351亿元，同比增长31.3%。2015年，河北省深入开展电商进农村综合示范工作，以国家电商进农村示范县为标杆，评审确定51个县为河北省电商进农村重点县，以此带动河北省农村电商全覆盖。

“十二五”期间，河北省电子商务交易额年均增长44.9%，网络零售额年均增长41.2%。截至2015年12月底，河北省共认定电子商务示范基地7个、电子商务示范企业28家，共有电子商务平台超2000个、网商40余万户，有12个电子商务产业园投入运营。电子商务与传统产业加速融合，产业聚集效应显现，网络购物惠及全省，大中型企业电子商务应用率达到77%，电子商务产业体系基本形成。

（四）国资委监管重要企业稳步发展

2015年，河北省国资委监管企业涉及物流业总资产达1064.3亿元，同比增加6.4%，净资产达419.1亿元，同比增长5.2%；完成营业收入3193.6亿元，同比增长2.2%；实现利润44.4亿元，同比增长12.0%，其中冀中能源物流、河北港口和河北省物产三家企业利润额同比分别增长2.45亿元、2.9亿元和0.85亿元，增幅较为显著。

二、结构调整、转型升级步伐加快

面对复杂多变的市场形势，河北省物流业界积极应对加快转型升级，行业调整出现新动向。一是市场需求结构变化较快，围绕居民消费升级，快递快运、电商物流、冷链物流等生活消费性物流保持快速增长，成为市场投资热点。在生产领域，基础原材料等资源工业消耗品物流需求总体下降，特别是钢铁、煤炭、建材等大宗生产资料物流需求下滑严重，铁路货运量持续下降。二是市场主体加速分化，物流企业通过兼并重组、战略调整、联盟合作等多种方式，市场集中度显著提高，国资监管的物流大型企业对河北省物流业增加值贡献较大。三是一批企业通过打造公区服务平台，整合物流资源，发挥自身优势条件，提供物流一体化解决方案，拓展全产业链模式，提供物流、贸易、金融等全方位服务，“互联网+物流”得到快速发展。这些新理念新模式倒逼传统企业转变观念，加速变革，国大36524集团通过“互联网+”模式，由传统门店向网上直销转变，业务服务半径由城市向小城镇、乡村延伸，效果良好。四是国际物流迈出新步伐，冀中能源国际物流等企业积极拓展国际市场，开展海外物流业务，为河北省物流业“走出去”探索了新路子。

三、交通物流基础设施扩容提档

“十二五”以来，河北省物流基础设施建设加快。截至2015年年底，河北省高速公路通车总里程达到6333公里，仅次于广东省，居全国第2位。2015年年内河北省新增高速公路通车里程6条段、445公里，比年初计划增加95公里。到此，河北省“五纵六横七条线”的高速公路主骨架初步形成，各设区市与省会、京津两大都市间全部实现高速贯通，高速公路密度超越日、法等发达国家，达到3.6公里/百平方公里，基本实现县县通高速，河北省98%以上县城30分钟内上高速。地方铁路投资完成45亿元，同比增长5.6倍。新增港口通过能力0.9亿吨，港口总通过能力达到10.1亿吨，居全国第2位。

四、物流节点建设进一步加快

石家庄、唐山城市共同配送试点取得成效。家电产品、农产品、药品、快递物品等居民快消品配送效率进一步提高，物流成本大幅降低。石家庄市等10个城市共同配送试点项目建成并通过验收，总投资2.2亿元，获得中央财政资金2699万元支持。唐山市等20个城市共同配送试点项目建成投产，总投资18.98亿元，获得中央财政资金4000万元支持。省级财政加大了对农产品批发市场、配送中心、农产品仓储冷链、医药配送和直销网点等50个项目的资金补贴力度。河北省物流聚集区快速发展，以物流园区为支撑的产业生态圈逐步形成。

五、物流标准化得到进一步推广

2015年，国家商务部、财政部将石家庄市、唐山市列为物流标准化国家试点，分别给予5000万元国债支持，主要示范推广托盘标准化及其循环共用系统，托盘公用信息系统和物流综合信息服务平台的改造升级，促进了互联互通和资源整合。目前，河北省已有30家单位进行物流服务业标准化试点，对物流业规范发展起到了带动作用。河北省质量技术监督局等11部门联合起草下发了《关于贯彻落实国标委等15部门单位制定的〈物流标准化中长期发展规划（2015—2020年）〉的实施意见》，为河北省“十三五”期间物流标准化工作的开展明晰了路径。2015年全年，河北省新增A级物流企业10家，至此，河北省共有62家物流企业达到国家A级物流企业标准（其中5A级企业10家）；十几家仓储企业达到了星级仓储企业标准并取得相关资质。

六、现代信息和物流技术得到广泛应用

随着大数据、云计算、物联网广泛应用，新兴物流模式不断涌现，互联网思维加快改造传统产业，网络化、智能化、服务化、协同化的“互联网+高效物流”生态体系加快建立。嵌入物联网技术的物流设施设备快速发展，车联网技术从传统的车辆定位向车队管理、车辆维修、智能调度、金融服务延伸。云计算服务为广大中小物流企业信息化建设带来福音。

2015年河北省共培育认定“两化融合”

公共服务示范平台11个，其中物流公共服务示范平台3个。唐山成联公司与中国仓储协会建立的智慧物流公共服务信息平台成为中国物流官网，“物流河北”“物流京津冀”，实现北京、天津两市与河北11个城市物流信息互联互通。熙平物流商贸配送信息平台为河北及周边省份提供车辆运输、装卸车辆租赁、物流仓储的一体化服务。城市智能配送终端及便民服务平台整合全国各类物流快递企业，解决了从快递网点到用户的最后一公里问题。

2015年河北省三大大宗商品电子交易平台建设加快。河北钢铁交易中心更名为河钢云商，目前已完成邯钢、宣钢、承钢现货网上直销功能及系统对接，与唐钢、邯钢、宣钢、承钢实现ERP（企业资源计划）接口对接，实现循环物资、化工产品网上竞拍功能。环渤海煤炭交易中心在河北港口集团秦皇岛海运煤炭交易市场基础上升级开发，目前组建方案已确定，正注册“河北省环渤海煤炭交易中心有限公司”。内蒙古西部煤炭交易中心，由冀中能源国际物流集团与内蒙古土默特右旗政府共同出资筹建，目前已实现网上煤炭超市、商铺、中远期产易、回购交易等功能，即将成为全国业界有影响力的电子交易中心、金融结算中心、物流配送中心及煤炭价格指数中心。

组织开展了物流业重大关键技术攻关。省科技厅以物流装备、物联网、物流信息化等为重点，组织相关企业、高校、科研机构开展物流行业重大关键技术攻关，共投入科技资金500多万元，组织实施了保定长安客车制造有限公司“长安睿行系列纯电动物流车的研发”、格力电器（石家庄）有限公司“格力空调产业园智能物流”、河北大学“基于物联网的冷链物流协调控制及优化”、国药乐仁堂医药有限公司“基于物联网技术的医药物流系统研发与应用示范”等20多项技术创新项目。

七、投资力度显著加大

2015年河北省大项目投资节奏加快。邯郸国际陆港项目是河北港口集团与邯郸市政府合作投资项目，一期工程投资总额32.5亿元，2015年累计完成投资8亿元，已正式开港，海关已入驻。曹妃甸港口物流园区项目（河钢集团）投资总额49.7亿元，一期年内完成投资11.24亿元。黄骅港港口物流园区一期项目（河钢集团）总投资16.60亿元，已累计完成投资13亿元，边建设边运营。曹妃甸数字化煤炭储配基地项目（开滦）总投资16.6亿元，已累计投资6.05亿元。河北金宝钢丝绳有限公司项目（冀中能源）总投资额4.5亿元，年内完成投资1.78亿元。冀中陆港物流园区项目是冀中国际物流集团在邯郸投资的重大物流项目，年内已完成投资1.40亿元。据不完全统计，32个省级物流产业聚集区已建成和正建项目有100多个，总投资千亿元以上。

截至2015年年底，河北省现代物流业贷款余额4547.49亿元，同比增长14.11%，比年初新增562.37亿元。其中：省农行抢抓京津冀协调发展机遇，重点支持了32个省级现代物流产业聚集区建设，发放现代物流业贷款232.74亿元。举办“金融·科技·产业”融合创新大型资本对接会，为33个省级重点物流产业项目提供融资支持184.8元，进一步拓宽了物流企业的融资渠道。积极推动物流企业在境内外多层次资本市场挂牌上市，鼓励符合条件的物流企业发行债券，唐山港年内A股增发募集25.08亿元，河北省物流集团发行5亿元短期融资券，唐山港发行了4亿元短期融资券和2亿元中期票据，庞大汽贸发行了11亿元的短期融资券，曹妃甸港务集团发行了 7 亿元的短期融资券。

总体看，河北省物流业发展取得了不少成绩，但是仍存在一些问题。一是企业盈利水平仍然较低。如 2015 年冀中能源物流利润率仅为 1.3%，开滦物流和河北省物流集团的利润率都在 0.3% 以下。二是受经济下行冲击影响较大，行业平均利润率由 2014 年的 1% 下滑到 2015 年的 0.4%，一些钢、煤和流通企业面临着停产、资金链断裂的风险，对物流企业产生了较强的传导效应。三是土地指标制约明显，2015 年河北省服务业省管重点项目用地为 5537 亩，占省管重点项目用地不足 20%，与投资占比不相称。

（河北省发展改革委）

2015 年内蒙古自治区物流业发展情况

近几年，内蒙古自治区大宗工业品的需求持续下滑，导致以传统铁路运输为主营业务的物流企业面临巨大压力，行业发展形势严峻。2015 年，伴随着“互联网 +”的快速崛起，内蒙古自治区内的物流企业积极“拥抱”互联网，运用互联网思维和信息化技术加快传统物流行业的转型升级，为地区物流业的持续发展注入了新的活力。同时，快递业的异军突起，又为内蒙古自治区物流业的发展壮大提供了良机。总体看，2015 年内蒙古自治区物流业发展呈平稳态势。

一、社会物流总额保持平稳

2015 年，内蒙古自治区社会物流总额完成 37387.75 亿元，同比增长 1.77%，增幅继续保持平稳态势。从社会物流总额构成看：工业品物流总额仍占主导地位，但占比已跌至 50% 以下。工业品物流总额完成 18522.74 亿元，同比下降 0.3%，占社会物流总额的 49.54%。农产品物流总额继续保持增长。受季节性因素的影响，农产品物流总额较前三季度有大幅提升，共完成 2751.40 亿元，同比增长 2.3%，占社会物流总额的 7.36%。批发业物流总额保持增长。批发业物流总额完成 8325.72 亿元，同比增长 10.8%，增速较 2014 年同期差别不大，占社会物流总额的 22.27%。进口货物物流总额下降较快。进口货物物流总额完成 440.10 亿元，同比下降 12.24%，增速较 2014 年同期回落 14.5 个百分点，占社会物流总额的 1.18%。其他物流总额增速略有下降。其他物流总额完成 7347.79 亿元，同比下降 0.3%，占社会物流总额的 19.65%。2015 年内蒙古自治区社会物流总额构成情况如图 1 所示。

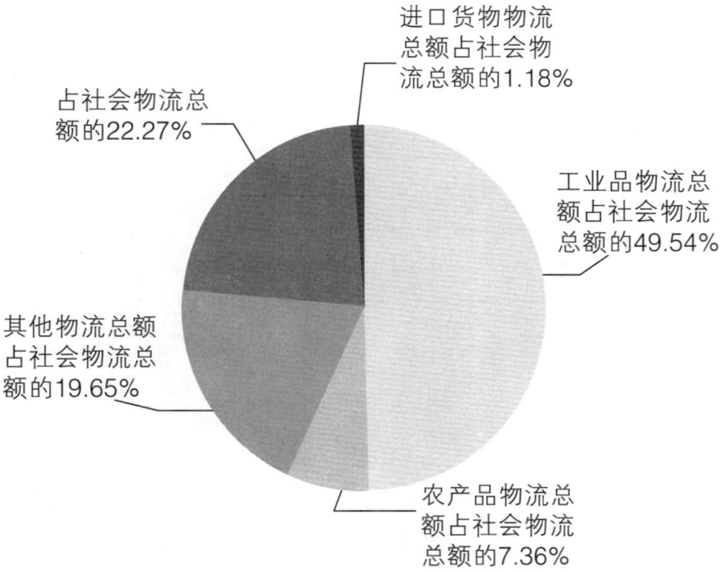

图1　2015 年内蒙古自治区社会物流总额构成

二、物流业增加值继续增长

2015 年，内蒙古自治区第三产业增加值完成 7213. 51 亿元，同比增长 8. 1% ，占 GDP 的 40. 0% 。内蒙古自治区物流业增加值完成 1170. 10 亿元，同比增长 4. 84% ，占第三产业增加值比重的 16. 22% ，占 GDP 的 6. 49% 。

三、货运量小幅增长、货运周转量保持平稳

2015 年，内蒙古自治区完成货运量 208659. 14 万吨，同比增长 2. 1% ，增速较前三季度提高了 1 个百分点；完成货运周转量 4401. 50 亿吨·公里，同比下降 3. 3% ，增速同前三季度保持不变。其中：铁路货运量降幅有所收窄。2015 年内蒙古自治区铁路货运量完成 66653. 0 万吨，同比下降 14. 1% ；铁路货物周转量完成 2023. 9 亿吨·公里，同比下降 17. 3% 。公路货运量继续增长。2015 年，内蒙古自治区公路货运量完成 141998. 0 万吨，同比增长 12. 1% ，增速较前三季度提高了 1. 9 个百分点；公路货运周转量完成 2377. 60 亿吨·公里，同比增长 13. 0% 。航空货运量增速放缓。2015 年，内蒙古自治区航空货运量完成 8. 14 万吨，同比增长 7. 7% 。2015 年内蒙古自治区货运量、货运周转量完成情况如图 2 和图 3 所示。

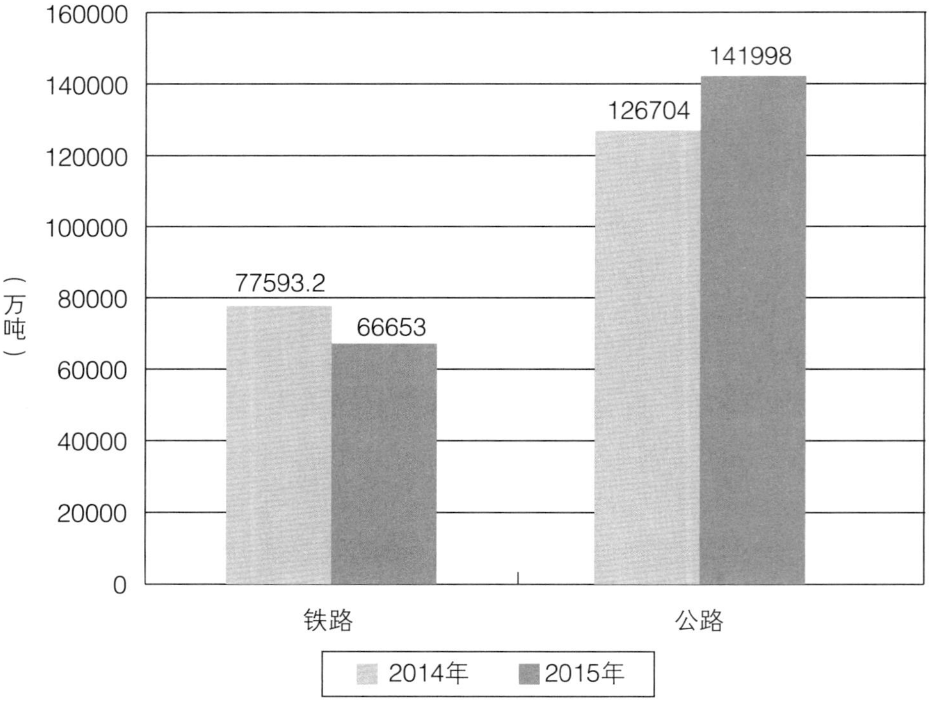

图 2　2014—2015 年内蒙古自治区货运量完成情况

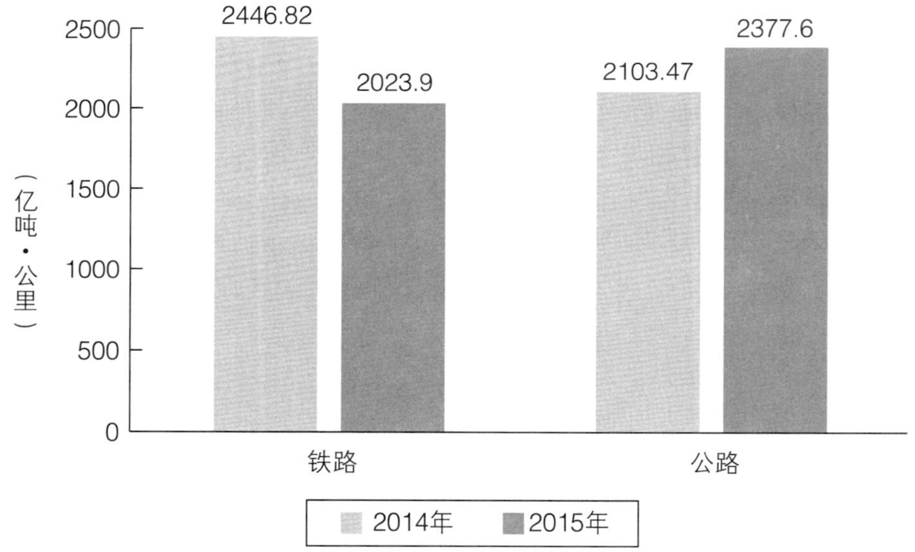

图 3　2014—2015 年内蒙古自治区货运周转量完成情况

四、物流业固定资产投资额大幅提高

内蒙古自治区物流相关行业固定资产投资额完成 1308.57 亿元，同比增长 30.52%，占第三产业投资完成情况比重的 21.05%。

五、社会物流总费用增速放缓

2015 年，内蒙古自治区社会物流总费用完成 2760.0 亿元，同比增长 5.34%，增速较 2014 年同期下降近 7 个百分点。从结构来看，运输费用完成 1900.0 亿元，同比增长 5.91%，占社会物流总费用的 68.84%；保管费用完成 638.0 亿元，同比增长 3.91%，占社会物流总费用的 23.12%；管理费用完成 222.0 亿元，同比增长 4.72%，占社会物流总费用的 8.04%。如图 4 所示。

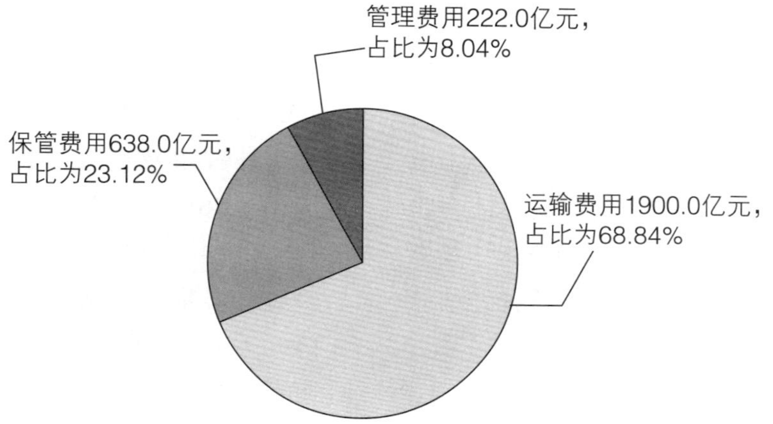

图 4　2015 年内蒙古自治区社会物流总费用构成比例

六、物流企业面临转型升级新考验

受经济大环境不景气以及企业加快改革重组的影响，2015 年内蒙古自治区物流统计工作共统计企业 102 户，其中 60 户物流企业、42 户企业物流。剔除 10 家因经营问题导致上报数据不准确的企业。从汇总结果来看，相比较前三季度，受季节影响物流企业在第四季度各项数据下降明显，许多企业提前停产进入“冬歇期”。2015 年，内蒙古自治区物流企业收入为 140.7 亿元，同比下降 7.36%；物流企业利润完成 9.8 亿元，同比下降 31.87%，持续走低。与此同时，内蒙古自治区物流业从业人员、物流人员的劳动报酬均有不同程度的下降。

（内蒙古发展改革委　内蒙古统计局　内蒙古物流协会）

2015年吉林省物流业运行情况

2015年是“十二五”规划的收官之年，也是吉林省振兴发展中极不平凡的一年。面对错综复杂的国内外环境和经济下行压力不断加大的困难局面，吉林省物流业运行总体呈现出前低后高、逐步稳固的态势。吉林省社会物流总需求增速进入一个相对稳定的区间，社会物流总费用与GDP比率略有下降，物流运作效率有所提高，物流业的稳步发展为吉林省经济稳定发展发挥了支撑和保障作用。

一、社会物流总需求相对稳定

2015年，吉林省社会物流总额为38333.2亿元，按同比价格计算，增长7.6%，增速与上年同期相比上升0.1个百分点，增速趋于平稳。

2015年吉林省社会物流总需求构成情况如下：

工业品物流总额28787.6亿元，与2014年同期相比增长8.4%，与2014年同期相比上升0.4个百分点，占吉林省社会物流总额的比重为75.1%，与2014年同期相比提高0.6个百分点；外省市及进口货物物流总额为8260.9亿元，与2014年同期相比增长5.3个百分点，增速与2014年同期相比下降0.6个百分点，占吉林省社会物流总额的比重为21.55%，占比下降0.4个百分点，其中进口物品物流总额同比下降30.7个百分点；农产品物流总额为1209.3亿元，与2014年同期相比增长6.5%，增速与2014年同期相比上升0.2个百分点，占吉林省社会物流总额的比重为3.15%；再生资源物流总额为28.1亿元，比2014年下降27个百分点，占吉林省社会物流总额的比重的0.07%；单位与居民物品物流总额为47.2亿元，同比增长4.9%，占吉林省社会物流总额的比重为0.12%。2015年吉林省社会物流总额构成情况如表1所示。

表 1　　2015 年吉林省社会物流总额构成情况

社会物流总额构成	计量单位	绝对值	同比增长（%）
其中：农产品物流总额	亿元	1209.3	6.5
工业品物流总额	亿元	28787.6	8.4
外省市及进口货物物流总额	亿元	8260.9	5.3
再生资源物流总额	亿元	28.1	-27.0
单位与居民物品物流总额	亿元	47.2	4.9
合计	亿元	38333.2	7.6

二、社会物流总费用增速明显减慢，物流运作成本持续降低

2015 年，全社会物流总费用 2359.9 亿元，同比增长 3.2%，与 2014 年同期相比回落 2.9 个百分点。社会物流总费用与 GDP 的比率为 16.5%，比 2014 年略有下降，物流运作成本持续降低。

其中：运输费用 1292.8 亿元，同比增长 1.6%，增速与 2014 年同期相比回落 5.5 个百分点，占社会物流总费用的比重为 54.8%，同比降低 1.9 个百分点。在全部运输费用中，铁路货运量连续四年呈下降趋势，与 2014 年同期相比铁路货运量、货运周转量分别下降 29.3% 和 27.2%，运输费用下降 27.5 个百分点；公路运量增长稳定，与 2014 年同期相比公路货运量、货运周转量分别增长 6.2% 和 6.6%，公路运输费用同比增长 6.6%。

保管费用 757.8 亿元。同比增长 6.2%，增速与 2014 年同期相比回落 2.8 个百分点，占社会物流总费用的比重为 32.1%，与 2014 年同期相比上升 1.8 个百分点。

管理费用 309.4 亿元，同比增长 3.4%，增速与 2014 年同期相比回落 5.6 个百分点，占社会物流总费用的比重为 13.1%，与 2014 年同期相比基本持平。

2015 年吉林省社会物流各种运输方式共计完成货物货运量 4.87 亿吨，与 2014 年同期相比下降 8.7%，实现货物运输周转量 1797.0 亿吨・公里，同比下降 3.6 个百分点。

三、物流行业增加值增速平稳

2015 年，吉林省物流业增加值 817.2 亿元，同比增长 6.2%，与 2014 年同期相比增速上升 0.2 个百分点。

其中：交通运输业增加值 589.1 亿元，同比增长 5.7%；贸易业增加值 145.4 亿元，同比增长 6.2%；仓储业增加值 67.3 亿元，同比增长 7.6%；邮政业增加值 16.1 亿元，同比增长 17.8%。

四、物流相关行业固定资产投资增长较快，物流基础设施条件继续改善

2015 年吉林省物流相关行业固定资产投资

总额为1548.9亿元，同比增长20.9%（见表2）。

具体投资构成情况如下：交通运输业完成投资额为593.6亿元，同比增长7.3%。仓储业固定资产投资额为352.5亿元，同比增长61.4%。贸易业固定资产投资额为593.4亿元，同比增长18.2%。邮政业固定资产投资额为9.4亿元，同比增长24%。

表2　　2015年吉林省物流相关行业固定资产投资情况

物流相关行业固定资产投资	计量单位	绝对值	同比增长（%）
其中：交通运输业	亿元	593.6	7.3
仓储业	亿元	352.5	61.4
贸易业	亿元	593.4	18.2
邮政业	亿元	9.4	24.0
合　计	亿元	11548.9	20.9

（吉林省发展改革委　吉林省统计局　吉林省物流与采购联合会）

2015 年江苏省物流业发展情况

2015 年，江苏省物流业运行总体平稳，物流需求稳中有增，运行效率继续提高。

一、物流业运行情况

（一）社会物流总额同比增长超过 8%

2015 年，江苏省社会物流总额实现 230955 亿元，同比增长 8.1%。其中，工业品物流总额、进口物流总额、农产品物流总额、外省市商品购进额、单位与居民物品物流总额、再生资源物流总额占社会物流总额的比重分别为 81.8%、5.6%、1.2%、11.0%、0.2% 和 0.2%。"十二五"期间，江苏省社会物流总额年均增长 11.4%，低于"十一五"期间年均 16.9% 的增幅。

（二）社会物流总费用同比增长超过 5%

2015 年，江苏省社会物流总费用为 10412 亿元，同比增长 5.4%。其中，运输费用、保管费用、管理费用占社会物流总费用的比重分别为 51.9%、37.6% 和 10.5%。社会物流总费用与 GDP 的比率为 14.8%，比 2014 年年底下降 0.3 个百分点。"十二五"期间，江苏省社会物流总费用年均增长 8.5%，社会物流总费用与 GDP 的比率累计下降 0.7 个百分点。

（三）物流业增加值同比增长超过 8%

2015 年，江苏省实现物流业增加值 4720 亿元，按可比价格计算同比增长 8.8%，占江苏全省 GDP 的比重为 6.7%，占江苏全省服务业增加值的比重为 13.8%。"十二五"期间，江苏省物流业增加值年均增长 10.5%，占 GDP 的比重累计提高了 0.2 个百分点，占服务业的比重累计下降了 2.1 个百分点。

（四）重点监测物流企业运营情况总体平稳

2015 年，江苏省 161 家省重点物流企业年平均物流业务收入为 30947 万元，同比增长 8.2%；平均业务成本为 28964 万元，同比增长 9.4%；平均业务利润额为 2217 万元，同比增长 5.9%，利润率为 7.7%；平均缴纳税金为 269 万元，同比下降 4.0%。7 家企业出现亏损，亏损面为 4.3%。2015 年江苏全省物流业景气指数（LPI）平均值为 54%，反映江苏全省物流经营活动比较活跃，物流经济运行总体平稳。

二、物流主管部门积极引导物流业做大做强

2015 年，江苏省经信委为推动物流业健康发

展，做了大量具体细致的工作。

一是适时组织全省现代物流工作联席会议，密切各职能部门的联系配合，加强顶层设计，强化规划引导，完善政策措施，认真做好“十三五”物流业发展战略部署。周密组织了省经信委转型升级引导资金申报工作，进一步加大对智慧物流等重点物流领域、重大物流项目的支持力度。

二是为贯彻落实国家物流业中长期发展规划和三年行动计划，开展了智慧物流示范企业试点工作。研究了江苏智慧物流发展战略，提出了江苏智慧物流发展的基本思路、主要目标、重点方向和任务举措。计划围绕重点地区和重点行业，扶持和推进一批智能物流运营网络中心、管理调度中心、物流配送中心和公共信息平台等应用示范项目建设，为全省智慧物流建设做好典型示范，提升对重点制造业创新智造的支撑和保障。

三是持续培育规模骨干企业。2015 年，江苏省新认定 8 家省级重点物流基地，扶持了惠隆港务集团等省级重点物流基地（园区）等物流运作载体平台建设，鼓励和吸引了更多的骨干物流企业入驻基地（园区），促进供应链相关环节在物流基地（园区）内实现集聚、衔接和联动，江苏省物流基地综合服务能力进一步提升，集聚效应进一步显现。

四是引导企业提升品质。2015 年，伴随着江苏省省级重点物流企业、省级物流企业技术中心认定工作的持续推进，一批综合能力较强、行业影响较大的第三方物流企业整体水平明显提升，新认定省级重点物流企业 21 家、省级物流企业技术中心 4 家，国家 4A 级及以上物流企业达到 161 家，位列全国第一。

江苏省已明确了两项 2016 年的物流业重要指标：全社会物流总额力争增长 8.5% 以上，增加值增长 7.5% 以上；全社会物流总费用与 GDP 的比率下降 0.2 个百分点。为实现上述指标，江苏省物流主管部门将继续把降低物流成本、提高物流效率为重点任务，坚持以市场为导向、企业为主体、先进技术为支撑，坚持规模与质量并重、效率与效益并进，抓好以下三点工作：

一是大力推动智慧物流建设。围绕智慧江苏建设和《中国制造 2025 江苏行动纲要》等重大战略工程的实施，积极组织开展全省智慧物流示范企业试点工作，着力打造一批智慧物流示范企业和示范项目，推动物流企业效率提升和物流产业向价值链高端延伸。同时，积极促进产业融合发展。充分发挥物流业跨行业、跨部门、跨区域、渗透性强的复合型产业特点，积极推动物流业与制造、流通、金融等行业的多业联动发展，促进资源整合和产业融合。加大对包括丝绸之路经济带物流联动发展联盟在内的物流区域协调机制的支持，促进在更广阔的范围内实现物流资源整合。

二是协调推进重点物流工程建设。加强工业领域物流和物流供应链管理方面的研究推动工作。加强与各物流专业职能部门的合作，共同推动综合交通物流枢纽体系、多式联运体系、城市共同配送体系、电商快递物流体系、冷链物流体系等重大工程建设，共同构建和完善江苏省物流大市场。

三是努力培育优势物流企业。坚持把培育规模骨干企业作为发展江苏省物流业的重要举措，继续扶持省级重点物流基地等物流运作载体平台建设，继续开展省级重点物流企业、省级物流企业技术中心认定工作，引导扶持一批综合能力较强、行业影响较大的第三方物流企业上规模、上水平，并积极发挥好引领带动作用，着力打造江苏物流知名品牌。

（江苏省经信委经济贸易处）

2015年浙江省物流业发展情况

2015年浙江省立足服务三大国家战略，立足全省做大做强海港、陆港、空港和物流平台“三港一平台”的要求，着力推动以宁波舟山港口一体化为龙头的海港发展，以义乌“国际陆港城市”、杭州传化“公路港”为示范的陆港发展，以杭宁温干线机场为重点的空港发展，以国家交通运输物流公共信息平台为核心的物流信息互联互通，着力建立和完善现代物流服务体系，加快提升物流业发展水平，为全面建成小康社会提供物流服务保障。

一、经济发展概况

（一）经济运行概况

2015年，浙江省生产总值为42886亿元，比2014年增长8%。其中：第一产业增加值1833亿元，比2014年增长1.5%；第二产业增加值19707亿元，增长5.4%；第三产业增加值21347亿元，比2014年增长11.3%，第三产业对GDP的增长贡献率为65.7%。三次产业增加值结构由2014年的4.4∶47.7∶47.9调整为4.3∶45.9∶49.8，三产比重提高1.9个百分点。

2015年，浙江省全年货物进出口总额21566亿元，比2014年下降1.1%。其中：出口17174亿元，比2014年增长2.3%；进口4392亿元，比2014年下降12.5%。浙江省跨境电子商务出口270亿元，比2014年增长34.7%。

（二）交通运输概况

2015年，浙江省交通运输、邮电等服务业发展良好。全年交通运输、仓储和邮政业增加值1599亿元，比2014年增长5.7%。全年货运量总体呈上升趋势，但是增幅相比2014年有所下降。全年铁路、公路和水运完成货物周转量9878亿吨·公里，比2014年增长3.5%。

1. 公路运输

2015年，浙江省完成公路货运量12.25亿吨，比2014年增长4.7%；完成货物周转量1513.92亿吨·公里，比2014年增长6.7%。截至2015年11月，浙江省完成货物运输量11.07亿吨，周转量1361.93亿吨·公里，同比增长4%和5.9%。

2015年，浙江省完成高速公路投资279亿元，普通国省道228亿元，计划建成高速公路3项23公里和普通国省道7项145公里，实际建成高速公路4项46公里和普通国省道公路

10项170公里；计划新开工普通国省道项目6项95公里，实际开工7项115公里，均超额完成目标任务。

2. 水路运输

2015年，浙江省完成水路货运量7.48亿吨，比2014年增长0.7%。7个内河港完成货物吞吐量2.8亿吨，比2014年下降8.7%；完成集装箱吞吐量37.1万标标箱，同比增长32.4%。

2015年，浙江省完成水路货物周转量8152.07亿吨·公里，比2014年增长3.1%。其中：沿海运输货物周转量为5671.61亿吨·公里，占水路运输货物周转量的69.6%，比2014年增长5.3%；远洋运输货物周转量2186.37亿吨·公里，占水路运输货物周转量的26.8%，比2014年下降1.3%；内河运输货物周转量294.09亿吨·公里，占水路运输货物周转量的3.6%，比2014年下降2.9%。

2015年，嘉兴港完成集装箱吞吐量122.8万标准箱，同比增长6.2%，增幅居浙江省沿海港口首位，其中完成外贸集装箱36.9万标准箱，同比增长9.8%。全港海河联运内河集装箱航线已开通至富阳、长兴、绍兴、德清4条航线，全年完成集装箱吞吐量3.2万标准箱，同比增长超100%；推动独山港区集装箱业务规模化运作，到洋山港的“独山快航”航班从每周三班加密至每周九班，带动该港区全年完成集装箱量16.6万标准箱，同比增长73%。

3. 铁路运输

2015年，浙江省实现铁路货运量0.33亿吨，同比下降6.1%；实现铁路货物周转量212.42亿吨·公里，同比下降4.8%。

4. 航空运输

2015年，浙江省境内的7个运输机场共完成货邮吞吐量59万吨，比2014年增长5.3%，其中杭州萧山机场完成货邮吞吐量42万吨，占浙江省货邮吞吐总量的71.2%，位列全国机场第10位。杭州萧山国际机场成为全国第五大航空口岸。

（三）港口物流概况

2015年，浙江省港口累计完成货物吞吐量138136.1万吨，同比减少0.7%。其中：沿海港口累计完成109930.1万吨，同比增长1.6%；内河港口累计完成28206万吨，同比减少9%。累计完成外贸货物吞吐量44366.9万吨，同比增长0.4%，其中：沿海港口累计完成44183.3万吨，同比增长0.3%；内河港口累计完成183.6万吨，同比增长27.4%。累计完成集装箱吞吐量2294万标准箱，同比增长6%，其中：沿海港口累计完成2256.9万吨，同比增长5.7%；内河港口累计完成37.1万吨，同比增长32.4%。

截至2015年年底，浙江省宁波—舟山、温州、台州和嘉兴4个沿海港口拥有万吨级以上泊位219个，居全国第三位；完成货物吞吐量11亿吨，完成集装箱吞吐量2257万标准箱，其中：宁波—舟山港完成货物吞吐量8.9亿吨，连续7年蝉联世界第一；完成集装箱吞吐量2063万标准箱，世界排名升到第四位。

二、物流业发展情况

（一）物流运行平稳

2015年，浙江省社会物流总额达13.26万亿元，同比增长7.7%；物流业增加值达到4280亿元，同比增长9.1%，占浙江省GDP比重达9.98%，占三产比重达20.05%，物流业在国民经济中的地位不断提升。

（二）物流基础建设投资持续增加

2015年，浙江省完成交通基础设施建设投资1425.29亿元，同比增加了14.65%。其中：铁路建设完成投资171.27亿元，同比增加了19.1%；城市（市域）轨道交通建设完成投资251.96亿元，同比增加了40.37%；公路基础设施建设完成投资820.44亿元，同比增加了10.02%；水路建设完成投资147.55亿元，同比增加了1.25%；民航完成投资34.07亿元，同比增加了14.18%。

2015年，浙江省的205个服务业重大项目年度计划投资340.1亿元，实际完成投资353.3亿元，投资完成率为103.9%，高于2014年10.1个百分点。全年共有62个项目新开工，15个项目竣工，127个项目完成年度投资计划，98个项目超额完成年度投资。现代物流项目实际完成投资62.3亿元，占年度计划的124.1%，高于2014年同期38.6个百分点。27个现代物流项目中，“义新欧”铁路物流中心、东风汽车公司华东（湖州）物流基地投资进度分别为926.7%、718%。中通浙中总部基地、义乌市保税物流园区等4个项目新竣工。

（三）物流企业实力不断提升

2015年，浙江省共有48家获评国家A级物流企业。其中：5A级企业1家；4A级企业7家；3A级企业26家；2A级企业12家；1A级企业2家。截至2015年年底，浙江省共有481家企业进入国家A级物流企业系列，浙江省物流企业竞争力不断提升。浙江省各市县A级物流企业分布情况如下图所示。

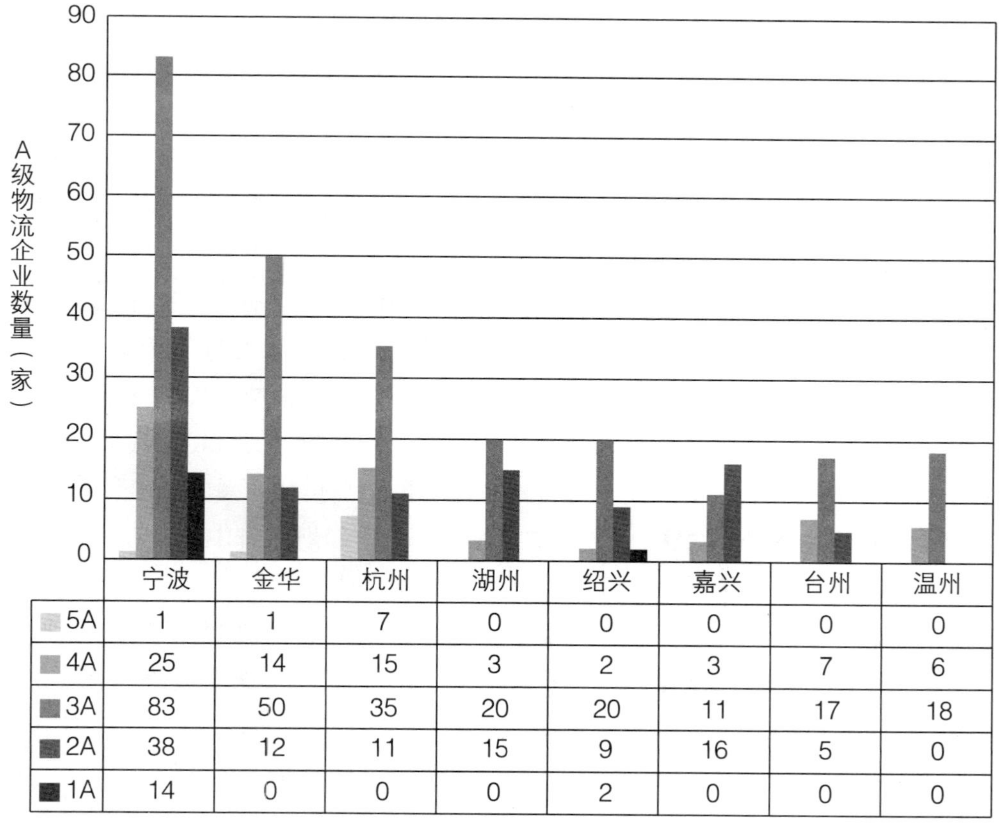

	宁波	金华	杭州	湖州	绍兴	嘉兴	台州	温州
5A	1	1	7	0	0	0	0	0
4A	25	14	15	3	2	3	7	6
3A	83	50	35	20	20	11	17	18
2A	38	12	11	15	9	16	5	0
1A	14	0	0	0	2	0	0	0

浙江省各市县A级物流企业分布图

（四）物流基础工作稳步推进

一是积极开展国家级物流标准化试点工作。积极推动杭州获批国家级物流标准化试点城市，并获得中央财政专项资金支持；加强对杭州国家级物流标准化试点指导，推进托盘标准化及循环共用的配套设施设备升级改造、物流综合信息服务平台和托盘共用系统平台建设、标准化城市物流基础设施建设与改造。杭州市正在细化实施方案、广泛选择项目，有序推进试点进程。

二是实施“城市共同配送工程”试点。新增湖州、舟山两市作为“城市共同配送工程”试点城市，配套财政资金、物流用地、车辆通行等政策，支持连锁企业自建配送中心开展集中配送；支持第三方物流企业与大型商贸企业合作，为多个网点提供共同配送；支持建设物流信息服务平台。共支持了12家物流企业为1500个网点开展共同配送，在提高共同配送率的同时，也在一定程度上缓解了城市拥堵难题。

三是制定发布物流业景气指数。依托浙江省300家A级物流企业，对新订单、物流成本、行业发展预期等12项指数进行监测，建立了物流景气指数监测平台，分析物流业运行状况，连续5季度发布景气指数报告，成为经济运行的风向标。

（五）电子商务市场主体蓬勃发展

2015年浙江省实现网络零售额7610.6亿元，同比增长48.3%，总量居全国第二位，超额完成“十二五”规划目标。网络零售额与社会消费品零售总额比值达38%，远远高于全国约15%的水平。

2015年浙江省各类电子商务市场主体蓬勃发展，拥有各类活跃网店100多万家，其中天猫网店近4万家、跨境电商经营主体近4万个；电商服务企业3000家左右，其中规模以上电子商务服务企业约1000家；建有电商产业基地204个。电子商务带动直接就业达到210万人。

2015年，浙江跨境电商进口额超过60亿元；出口额约270亿元，同比增长34.7%，约占全国的16%，居广东之后列全国第二位。截至2015年年底，浙江省共有4万多个卖家在各类平台上开设跨境出口网店30多万个。

截至2015年年底，浙江省共有20家省级跨境电子商务园区和32个省级公共海外仓，海外仓覆盖美国、日本、俄罗斯、德国、匈牙利等主要跨境电商出口国家，有效破解跨境电商物流问题，推动“浙江制造”建立境外自主零售体系，提升国际市场定价话语权。

2015年浙江省工业企业电商应用的企业数达到8.29万家，比2014年新增0.56万家，增幅为6.76%，其中：工业企业共开设天猫店2.5万家，销售额超过3000亿元。截至2015年年底，浙江省有18551家规模以上企业已开展了电子商务应用。

2015年浙江省建成阿里巴巴·区域产业带24个，入驻商家达11.5万家，交易额突破500亿元，居全国首位。3000家各类电商服务企业左右，营业收入约1400亿元，约占全国30%左右的市场份额，总量居全国首位。

2015年浙江省中小企业上网比重、B2B平台的服务收入、C2C综合交易平台的交易额均居全国第一。在2015年的“双十一”购物节上，阿里巴巴天猫的最终交易额达912.17亿元。阿里巴巴、淘宝网和支付宝已分别成为全球最大的中小企业电子商务平台、网络零售平台和网上支付平台。浙江电子商务第三方平台网站已逾1000家，浙江省行业网站数占全国的21%，全国行业电子商务网站100强中，浙江占54席，仅杭州地区就占全国总数的1/7。

（六）快递业转型升级成效显著

2015年浙江省邮政管理局下发的《关于快递行业转型升级十大工程实施意见》，提出了涵盖行政许可、产业发展、执法监管、行业安全等方面，包括审批优化工程、帮扶发展工程、产业对接工程、场地扩容工程、装备升级工程、末端提质工程、便捷通行工程、素质提升工程、阳光执法工程、安全保障工程10大项36小项的“十大工程”，从管理部门和企业两个角度，对浙江省快递业发展提出了具体的量化目标与实施路径。通过实施“十大工程”，浙江省快递行业呈现规模与质量并进、速度与效益并重、增长与转型并举、生产与安全并抓的局面，实现省快递业又好又快发展。

2015年浙江省快递业务量达383145.9万件，业务量同比增长55.91%，占全国的18.54%，2011—2015年浙江省快递业务量年均复合增长率为66.66%。2015年浙江省快递收入达3838082.6万元，收入同比增长39.85%，占全国的13.86%，2011—2015年浙江省快递收入年均复合增长率为45.99%。

（周庆特　施忆忆　李丹妮　王莉莎　徐秀丽　蒋长兵　浙江工商大学）

2015 年安徽省物流业发展情况

"十二五"以来，安徽省物流业保持较快增长，服务能力显著提升，基础设施条件不断改善，发展环境日趋优化，物流业已成为安徽省经济发展的重要力量。2015 年是"十二五"收官之年，安徽省物流业继续保持良好的发展态势，为地区经济发展提供了支撑。

一、物流业运行情况

（一）规模效益不断提升

2015 年，安徽省实现物流业增加值 1280 亿元，是 2010 年的 1.91 倍，年均增长 13.8%；物流业增加值占生产总值的比重为 5.8%，比 2010 年提高了 0.4 个百分点，占服务业增加值的比重达到 15.6%。

（二）物流效率进一步提升

2015 年，安徽省社会物流总费用为 3700 亿元，与生产总值的比率为 16.8%，比 2010 年的 18.1% 降低了 1.3 个百分点。

二、物流业发展情况

（一）基础设施日趋完善

"十二五"以来，安徽省交通运输网络建设进一步加快，基本形成"两纵五横三联"交通综合网络，多种运输方式间的转运和衔接水平进一步提高。截至 2015 年年底，安徽省内高速公路总里程已达 4246 公里，比 2010 年增加了 1317 公里；铁路通车里程达到 4150 公里，比 2010 年增加了 1272 公里，高铁已覆盖安徽全省 13 个市 17 个县；内河高等级航道里程达到 1428 公里，比 2010 年增加了 344 公里。截至 2015 年年底，安徽全省已有民用机场 5 个，比 2010 年增长了 25%；合肥新桥国际机场、池州九华山机场建成投入使用，黄山、阜阳、安庆、芜湖机场设施条件进一步完善。截至 2015 年年底安徽全省共有一类口岸 7 个、二类口岸 3 个，有 5000 吨级以上生产性泊位 135 个，比 2010 年增长了 82.2%；港口吞吐能力达 5 亿吨，比 2010 年增长了 25%；港口集装箱吞吐能力达 141 万标准箱，比 2010 年增长了 370%。芜湖港成为上海国际航运中心的重要喂给港，马鞍山口岸郑蒲港区获国家批准扩大开放。“合新欧”货运班列稳定运行。

（二）园区建设初见成效

2015年，合肥市成功申建国家一级物流园区布局城市，安庆、阜阳、马鞍山、芜湖列入国家二级布局城市，物流城市空间布局进一步优化。截至2015年年底，安徽全省已建成货运物流、商贸物流、生产物流、电商物流等具有一定规模的各类物流园区达80个，比2010年翻了一番。其中芜湖朱家桥物流园、合肥空港物流园等26个物流园区成为省级服务业集聚区，初步形成一批功能完善、设施先进的物流园区和中心。截至2015年年底，安徽省已有5个海关特殊监管区域和场所先后获批，是2010年的5倍，它们分别是：合肥综合保税区、合肥出口加工区、芜湖综合保税区、蚌埠（皖北）保税物流中心（B型）和安庆（皖西南）保税物流中心（B型）安徽（蜀山）。此外，跨境电子商务产业园也已正式通关运行。

（三）市场主体不断壮大

“十二五”以来，安徽省物流业资源整合和主体培育步伐加快，传统运输业、仓储业加速向现代物流业转型，初步形成了一批所有制多元化、服务网络化和管理现代化的物流企业。截至2015年年底，安徽省共有A级以上物流企业119家，比2010年翻了三番，市场主体不断壮大。徽商物流等10家企业被商务部确定为国家第一批重点物流企业，企业竞争力不断增强。截至2015年年底，安徽省物流从业人员达到210万人，比2010年新增40万人，年均增长4.3%。

（四）发展环境明显改善

“十二五”以来，安徽省政府先后出台了《安徽省现代物流业发展规划》《关于促进物流业健康发展的实施意见》《关于深化流通体制改革加快流通业发展的实施意见》等促进物流业发展的政策文件，进一步优化了物流业发展环境。2015年，在政府部门的支持下，安徽省物流公共信息平台初步建成，物联网、云计算等现代科学技术得到广泛推广应用，物流业标准化试点工作有序推进，物流人才培养工作和产学研合作不断深入。

三、推进物流业持续发展的重点工作

总体上看，安徽省物流业取得了长足发展，但与发达省市和加快转型升级的发展需求相比，还存在一些突出问题：一是基础设施相对滞后。现代化仓储、多式联运转运等设施不足，物流基础设施之间不衔接、不配套问题较为突出，物流园区建设发展亟待规范。二是企业竞争力较弱。物流企业规模偏小，服务功能单一，第三方物流发展不足，“小而散”局面没有根本改变。目前安徽全省5A级物流企业仅有2家，比江苏省少13家，比浙江省少11家。三是信息、技术、装备等现代化水平偏低。安徽省智能化交通、移动信息服务、物流载体跟踪等新技术应用水平较低，装卸搬运、分拣包装、加工配送等专用物流装备应用不足，货物托盘、集装箱等标准化建设滞后。四是市场秩序有待规范。物流行业乱收费、乱罚款问题依然存在，信用体系建设滞后，无序竞争和服务同质化问题严重。此外，城乡区域发展不均衡、高端专业人才匮乏、物流统计不健全等问题一直制约着安徽全省物流业的发展。

毋庸置疑，要推动物流业与现代农业、先进制造业和金融等其他服务业融合发展，加快打造具有安徽特色的现代物流产业体系，必须切实做好以下工作，解决好上述问题。

一是加强物流基础设施网络建设。着力改

善交通基础设施薄弱环节，加快构建以综合交通通道为主骨架，快速铁路网、高速公路网、高等级航道网为支撑，航空运输服务覆盖全省的现代综合交通运输网络，推动形成省内相互衔接、互联互通的快速物流通道。优化各种运输方式在线路、节点上的匹配和衔接，促进顺畅衔接和高效中转，提升物流体系综合能力。加强仓库、堆场、接驳、停车场等转运设施建设，改善物流装卸、搬运、分拣设备，提高货物换装的便捷性和兼容性。高标准规划建设物流园区，促进物流资源和物流要素整合集聚，增强物流园区辐射带动能力。加强城市配送中心规划，在城市社区和村镇布局建设共同配送末端网点，优化城市商业区和社区物流基础设施布局，形成层级合理、规模适当、需求匹配的物流仓储配送网络。加快快件分拨（转运）中心等骨干快递设施建设。

二是推动物流企业做大做强。鼓励物流企业通过参股控股、兼并重组、协作联盟等方式做大做强，形成一批技术水平先进、主营业务突出、核心竞争力强的大型现代物流企业集团。鼓励运输、仓储等传统物流企业向上下游延伸服务，推进物流业与其他产业融合发展。鼓励和支持第三方物流企业发展，进一步加快制造企业、商贸企业分离外包物流业务，促进企业内部物流需求社会化。着力引进世界知名和国内龙头物流企业进驻安徽，支持设立区域物流总部、运营中心、分拨中心和转运中心。完善物流企业信用评价指标体系，建立物流企业诚信监督制度，引导我省物流企业健康发展。积极推动物流企业进行国家认证，培育一批符合国家标准的5A级物流企业。

三是加快物流现代化标准化建设。加强物联网等先进信息技术在物流领域的应用，加快企业物流信息系统建设，推进各类物流公共信息平台整合发展和信息共享，推动全社会物流信息资源的开发利用。鼓励物流企业采用新技术和新装备，加快对现有仓储、转运设施、运输工具、停靠和卸货站点的现代化建设和改造，推进港口、码头、货场、物流园区设施现代化。推进物流科技研发基地建设，加快运输、仓储、配送、装卸、冷链等专业物流设施设备的研发应用。完善以物流国家标准和行业标准为主体、以地方标准为补充、以团体标准和企业标准为支撑的物流地方标准体系，加快制定一批有影响力的物流地方标准。加大物流标准实施力度，推进重点物流企业参与专业领域物流技术标准和管理标准制定工作。积极采用适合我省物流业发展的国际先进标准。选择大型物流企业、配送中心、售后服务平台、物流园区、物流信息平台等，开展物流服务标准化试点示范工作。加强重要物流标准宣传培训和推广应用。

四是大力发展绿色物流。大力推行绿色运输、绿色仓储、绿色配送，实现物流绿色低碳发展和节能减排。优化运输结构，合理配置各类运输方式，提高铁路和水路运输比重，大力发展甩挂运输、多式联运、共同配送等先进物流组织模式，着力提高车货匹配，减少返空、迂回运输。鼓励和引导物流企业选用节能环保车辆、新能源汽车等节能环保物流设施设备。引导企业建立逆向物流体系，促进资源循环利用。鼓励包装重复使用和回收再利用，支持开展托盘租赁回收业务。加强危险品运输和仓储管理，强化物流过程的环境风险防范与控制，最大限度减少环境事故。

五是推动国际物流发展。加快推进合肥综合保税区、芜湖综合保税区、合肥出口加工区、蚌埠（皖北）保税物流中心（B型）、安庆（皖西南）保税物流中心（B型）等海关特殊监管区域建设，积极争取设立宣城保税物流中心（B型），复制推广自由贸易试验区海关监管创新制度，增强进出口货物集散能力，打造国际物流分拨配送中心。大力发展保税物流，加强商务、海关、检验检疫、边防、海事、国税等部门联动，实现保税物流园区仓储运输、信息服务、海关监管、报关退税等一条龙服务。加快跨境电子商务发展，支持省内企业通过电子商务平台在线交易、支付结算、跨境配送，为省内企业“走出去”提供物流服务保障。建立口岸物流联建联动机制，进一步提高通关效率。

六是实施一批重大项目。围绕物流业薄弱环节和产业发展需求，重点在制造业物流与供应链管理等十大工程领域，谋划实施一批重大项目。依托安徽省级现代物流重大工程包，建立健全安徽省物流重点项目库，分类管理、滚动实施。进一步健全项目推进机制，实行项目建设属地负责制，强化部门帮扶企业联系协调机制。进一步加强物流项目推介和招商引资，积极承接现代物流业转移。着力强化要素保障，对入选安徽省重点项目库的物流项目，在资金、用地、规划等方面倾斜支持。“十三五”期间，重点建设100个左右投资强度大、产业层次高、带动能力强的物流重大项目，培育一批物流业新增长点。

（安徽省发展改革委贸易服务处）

2015 年福建省物流业发展情况

"十二五"期间，福建省认真贯彻落实"十二五"国民经济和社会发展规划纲要提出的把物流业培育成为福建省主导产业之一的战略部署，有效实施《福建省"十二五"现代物流业发展专项规划》，初步形成了"大产业、大网络、大服务"物流业发展格局。2015 年是"十二五"收官之年，福建省物流业面对在宏观经济下行压力加大的复杂形势，积极转型升级创新发展，行业发展呈现出各项指标平稳增长的良好态势。

一、物流业运行情况

（一）社会物流总额增速回落

2015 年福建省社会物流总额为 5.5 万亿元，比 2010 年增长 77.8%，可比增长 8%，增幅比 2014 年回落 2.2 个百分点。

分结构看，由于工业物流需求结构进入持续调整阶段，工业品物流总额增速持续减缓，2015 年福建省工业品物流总额为 4.2 万亿元，可比增长 10.2%，增幅比 2014 年回落 2 个百分点。进省货物物流总额为 1 万亿元，可比增长 1.8%，增幅比 2014 年回落 2.9 个百分点，增速回落的主要原因：一是进口下降，进口总额按可比价格计算，比上年下降 9.9%；二是自外省进入的大宗物资运量均下滑，石油、钢铁、水泥、化肥、粮食、木材、铁矿石七类大宗物资内贸进省量比上年分别下降 1.1%、14%、2.2%、13.5%、21.2%、34.1% 和 2.9%。

与民生相关的物流需求保持较快增长，2015 年单位与居民物品物流总额增长 13.4%。

（二）物流业增加值增速趋缓

2015 年福建省物流业增加值为 1816 亿元，比 2010 年增长 78.4%，可比增长 8.3%，增速比 2014 年回落 1.9 个百分点。其中：交通运输仓储邮政业增加值为 1396 亿元，可比增长 8.7%；批发和零售业增加值为 420 亿元，可比增长 7.1%。物流业增加值占 GDP 的比重为 7%，比 2014 年提高 0.2 个百分点；占服务业增加值的比重为 17.1%，比 2014 年下降 0.2 个百分点。

（三）社会物流总收入稳步增长

2015 年福建省社会物流总收入为 3806 亿元，比 2010 年增长 82.9%，可比增长 9.2%，增幅比 2014 年回落 2.9 个百分点。其中：交通运输仓储邮政业 3091 亿元，可比增长 9.3%；

批发和零售业615亿元，可比增长8.8%。

（四）物流业固定资产投资保持较高增速

2015年福建省物流业完成固定资产投资额3050亿元，比2010年增长102.7%，比上年增长27%，增幅比上年提升5.6个百分点，高于全社会固定资产投资额增速9.8个百分点，创2011年以来增速的最高点。其中：交通运输仓储邮政业完成投资额2530亿元，比上年增长25.7%，增幅比上年提升6个百分点；批发和零售业完成投资额520亿元，比上年增长33.6%，增幅比上年提升1.9个百分点。

二、物流业发展情况

（一）货运量持续增长

2015年福建省公路完成货运量9.42亿吨，同比增长14.7%；完成货物周转量1126.29亿吨公里，同比增长15.5%。

2015年福建省沿海港口完成货物吞吐量5.03亿吨，同比增长2.3%，比2010年增长52%；完成集装箱吞吐量1363.69万标准箱，同比增长7.3%，比2010年增长57.3%。其中：外贸集装箱吞吐量为845.00万标准箱，同比增长12.8%；内贸集装箱吞吐量为518.69万标准箱，同比下降0.5%。

2015年福建省营业性水路完成水路货运量29370.64万吨，同比增长13.9%；完成货物周转量43080332.23万吨·公里，同比增长17.8%，平均运距1466.78公里。

（二）快递业务大幅增长

一是快递业务量和收入继续增长。2015年福建省服务企业业务量累计完成8.89亿件，同比增长35.72%，比2010年增长789%，占全国快递业务量的4.3%；单月快递业务量突破1亿件。快递业务收入突破100.85亿元，同比增长24.38%，比2010年增长288%，占全国快递业务收入的3.6%。快递业务收入占行业总收入的比重为71.6%，比上年提高4.15个百分点。

二是同城快递业务和异地快递业务持续增长。2015年福建省同城快递业务量完成12278.1万件，同比增长29.38%；实现业务收入9.01亿元，同比增长24.89%。异地快递业务量完成74478.73万件，同比增长36.41%；实现业务收入67.83亿元，同比增长23.03%。国际及港澳台快递业务稳定增长。全年国际及港澳台快递业务量完成2029.37万件，同比增长52.92%；实现业务收入14.89亿元，同比增长13.4%。

三是民营快递规模持续扩大。2015年，福建省民营快递业务量占福建省快递业务总量的比重为85.7%，业务收入占福建省快递业务收入总量的73.7%，分别比上年同期提升2.7个和4.9个百分点；国有企业快递市场占有率继续下滑，业务量占福建省快递业务总量的14%，业务收入占福建省快递业务收入总量的18.7%，分别比上年同期下降了2.7个和3.7个百分点；外资企业市场占有率相对稳定，业务量占福建省快递业务总量的0.4%，与上年同期相同；业务收入占福建省快递业务收入总量的7.7%，比上年同期下降1.2个百分点。

（三）经营主体规模持续扩大

“十二五”时期伴随着国家系列推动物流业发展的利好政策，福建省物流企业快速成长，整体实力得到提升。截至2015年年底，在福建省物流企业中，有231家获评国家3A级及以上物流企业，数量居全国第4位；有25家获评2014年度中国先进物流企业，数量居全国第3位（两年一评）；有5家获评星级冷链物流企业。福建省拥有18家国家级、省级甩挂运输试点企业，试点企业数量全国领先。厦门象屿集团、福建交通集团在2015年全国物流企业50强中分别位列第5位和第12位。

（四）冷链物流快速发展

"十二五"时期，随着居民消费水平的显著提高，福建省生鲜食用农产品产量和流通量逐年增加。2015年福建省进入流通的肉、禽、蛋、奶、果、蔬、水产等主要生鲜农产品超过3500万吨。社会对冷链物流投资的热情持续升温，推动福建省冷链物流快速发展。

一是综合水平位居前列。2015年福建省生鲜食用农产品的综合冷链流通率为25%左右，高于全国平均水平6个百分点。肉类、果蔬、水产品冷链流通率分别为20%、3%和50%，与全国平均水平相比，分别为持平、低6个百分点和高20个百分点。

二是硬件设施建设加快。"十二五"时期，福建省建成了一批现代化冷库，冷链物流新型装备得到推广应用，低温环境下的仓储、加工、运输配送等设施协调发展的格局初步形成。截至2015年年底，福建省已拥有冷库总库容量和冷藏运输车辆分别是2005年年底的3.2倍和5.2倍。截至2015年年底，福建省冷库总库容量达282.88万吨，位居全国前列。其中≥-2℃的高温库41.92万吨，≤-18℃的低温库240.96万吨；共有冷藏车、冷藏集装箱车、保温车2千余辆，其中：冷藏集装箱车495辆，保温车237辆。人均冷库容量73.5千克，是全国平均水平的2.85倍。

三是经营主体不断壮大。"十二五"以来，福建省的农产品、水产品加工与流通企业积极拓展冷链物流业务，第三方冷藏运输企业应运而生并得到较快发展。截至2015年年底，福建省已有146个库容在5000吨以上的企业，其中有5家企业进入中国物流与采购联合会评选的全国冷链物流星级企业行列。福建省第三方冷藏仓储企业的仓储能力为68.1万吨，占福建省冷库总容量的24%；37家第三方冷藏运输企业共拥有冷藏运输车辆632辆，占福建省冷藏运输车辆总数的46.6%。第三方冷藏运输企业快速发展。

四是技术水平明显提升。"十二五"时期，福建省的相关企业积极应用新技术、新装备、新工艺，涌现出一批科技含量较高的代表性企业。以南平长富乳业、光泽圣农食品、龙岩森宝食品等为代表的一批大型乳制品、肉制品生产企业，在原料获取、分割加工、冷藏运输、终端销售等环节实现了全程低温控制；以厦门万翔、源香，福州名城、民天，漳州大正、海魁，宁德三都澳冷库等为代表的一批第三方冷冻冷藏企业，采用先进的仓储管理模式，应用条码、RFID（无线射频）、电子标签等技术，自动化程度高；厦门正旸物流冷链物流公司，率先推出了以蓄冷板和蓄冷箱技术为基础的多温层配送，大大提高了温控效率。此外，卫星定位、全程监控、可追溯等技术也在福建省的冷藏运输和配送环节得到推广应用。

（福建省发展改革委　福建省物流协会）

2015 年江西省物流业发展情况

2015 年面对经济下行压力，江西省物流业积极应对经济下行的压力，继续加快转型升级、创新发展工作，行业发展呈现稳中向好的积极态势。

一、物流业运行情况

（一）社会物流总额比上年增长

2015 年，江西省社会物流总额为 47235 亿元，比上年增长 7.8%。从物流总额构成看：工业品物流总额为 29246 亿元，比上年增长 7.2%，占江西省社会物流总额比重的 61.9%；农产品物流总额 2087 亿元，比上年增长 4.8%，占江西省社会物流总额比重的 4.4%；区域外流入货物物流总额 12297 亿元，比上年增长 10.6%，占江西省社会物流总额比重的 26.0%；贸易批发物流总额 3287 亿元，比上年增长 4.7%，占江西省社会物流总额比重的 7.0%；单位与居民物品物流总额 70 亿元，比上年增长 37.3%，占江西省社会物流总额比重的 0.2%；再生资源物流总额 248 亿元，比上年增长 10.0%，占江西省社会物流总额比重的 0.5%。

（二）社会物流总费用比上年增长

2015 年，江西省社会物流总费用为 2913 亿元，比上年增长 5.3%，占 GDP 比重的 17.4%，同比下降 0.2 个百分点。从物流总费用构成看：运输费用为 1799 亿元，同比增长 6.3%，占江西省社会物流总费用的 61.5%，其中：铁路运输费用 57 亿元，同比下降 3.1%，占比 3.2%；道路运输费用 1542 亿元，同比增长 5.4%，占比 85.7%；水上运输费用 10 亿元，同比增长 6.9%，占比 0.6%；装卸搬运及其他运输费用 189 亿元，同比增长 17.5%，占比 10.5%。保管费用 833 亿元，同比增长 5.5%，占比 28.5%，其中：利息费用 353 亿元，同比增长 6.7%，占比 42.3%；仓储费用 186 亿元，同比增长 9.0%，占比 22.3%；保险费用 9 亿元，与上年持平，占比 2.9%；货物损耗费用 33 亿元，同比下降 17.5%，占比 4.0%；配送费用 37 亿元，增长 8.8%，占比 4.4%；流通加工费用 175 亿元，同比增长 4.8%，占比 21.0%；包装费用 36 亿元，同比增长 9.1%，占比 4.3%。管理费用 284 亿元，同比增长 3.3%，占比 9.7%。

（三）物流业增加值比上年增长

2015年，江西省物流业增加值1203亿元，比上年增长7.7%，占第三产业增加值的18.6%，占江西省GDP的7.2%。

（四）物流业固定资产投资比上年增长

2015年，江西省物流相关行业固定资产投资1789亿元，比上年增长29.5%，同比下降10个百分点。

二、物流业发展情况

（一）交通运输条件不断改善

截至2015年年底，江西省公路通车里程为15.7万公里，比2014年年末增加1110公里，其中：高速公路通车里程5058公里，比2014年年末增加574公里；铁路营运里程3872.3公里，比2014年年末增加307.5公里。公路运输在江西省综合运输体系中继续处于主体地位。

（二）货运及货运周转量增长平稳

2015年，江西省完成货物运输量16.1亿吨，比上年增长6.2%。其中：铁路货运量为3942.7万吨，比上年下降18.2%；公路货运量为14.8亿吨，比上年增长7.3%；水运货运量为9400.7万吨，比上年增长2.6%。完成货物运输周转量3904.4亿吨·公里，比上年增长1.9%。其中：铁路周转量为497.0亿吨·公里，比上年下降8.2%；公路周转量为3200.1亿吨·公里，比上年增长4.1%；水运周转量为207.4亿吨·公里，比上年下降3.7%。

2015年，江西省完成港口吞吐量3.27亿吨，集装箱吞吐量35.9万标准箱。其中：九江港完成货物吞吐量10425万吨，同比增长29.7%，正式迈入亿吨大港行列；完成集装箱吞吐量25.5万标准箱，同比增长13.8%。南昌港完成货物吞吐量3054.5万吨，同比增长12.6%；完成集装箱吞吐量10.7万标准箱（首次突破10万标箱），同比增长11%。

（三）物流市场主体规模不断扩大

近几年，江西省物流业发展步伐加快，已形成50个物流产业集群，涵盖了工业、农业、商贸业等特色产业，通过物流业与特色产业深度融合发展，实现了多赢。一是产业规模不断扩大，2015年50个物流产业集群主营业务收入达685.7亿元，同比增长17%；实现税收45亿元，同比增长9.3%；入驻物流企业7427家，吸纳就业人员34.4万人。二是信息化水平明显提升，通过打造信息平台，实现物流服务中的人、货、车的全称透明化，有效降低了物流成本。三是龙头企业更大更强，截至2015年年底，江西省共有物流企业1.5万家，其中规模以上物流企业8500家；有A级物流企业91家，其中5A级企业2家。四是物流成本明显下降，通过实施省级城市配送试点，建设口岸物流基础设施，提高物流产业信息化水平，有效降低了企业物流成本。五是基础设施建设明显改善，2015年江西省一大批标准化、智能化程度高、产业影响力大的物流基础设施项目陆续开工、建设、投产，推动了物流产业集群发展。六是对外开放成果显著，2015年江西省陆续举办的赣港、赣粤经贸活动，共推介物流产业招商项目116个，投资总额达1424亿元。

（江西省物流行业协会）

2015 年山东省物流业运行情况

2015 年山东省实现生产总值（GDP）63002.3 亿元，同比增长 8%，经济增长的基本面良好。经济的平稳发展为全省现代物流业提供了较为稳定的市场需求，物流运行总体平稳，物流相关产业固定资产投资保持较快增长。同时，经济运行下行压力依然较大，物流发展仍存在不确定因素。

2015 年山东省物流业运行情况如下。

一、社会物流需求持续增加

2015 年山东省物流总额达到 190321.4 亿元，同比增长 2.5%。其中：农产品物流总额为 7727.9 亿元，同比增长 8.1%，占全省物流总额的 4.1%，占比比上年提高 0.3 个百分点；工业品物流总额为 148238.9 亿元，同比增长 2.3%，占全省物流总额的 77.9%，占比比上年下降 0.2 个百分点；进口物流总额为 6065.6 亿元，同比下降 25.4%，占全省物流总额的 3.2%，占比比上年下降 1.2 个百分点；外地货物流入物流总额为 23426.6 亿元，同比增长 9.6%，占全省物流总额的 12.3%，占比比上年提高 0.8 个百分点；再生资源物流总额为 2732.8 亿元，同比增长 12.6%，占全省物流总额的 1.4%，占比比上年提高 0.1 个百分点；单位与居民物流总额为 2129.5 亿元，同比增长 27.8%，占全省物流总额的 1.1%，占比比上年提高 0.2 个百分点。

二、物流业区域发展不均衡，进口因素影响较大

2015 年山东省物流业区域发展不均衡比较明显，从各市物流总额看，超过 2 万亿元的有 3 个市，依次是青岛市、临沂市和烟台市，三市物流总额分别为 27076.3 亿元、24506 亿元和 20319.7 亿元，占山东全省物流总额的比重分别为 12.1%、10.9% 和 9.1%。超过 1 万亿元的市达到 9 个，除上述 3 个市外依次是济南市（19001.7 亿元）、潍坊市（18031.0 亿元）、淄博市（15871.1 亿元）、东营市（14845.7 亿元）、聊城市（13856.4 亿元）和德州市（11597.4 亿元）。从增长速度上看，莱芜市、菏泽市和济南市的增速分别位居山东省前三位，增长速度依次为莱芜市 13.1%、菏泽市 12.6%、济南市 9.7%；受进口减少影响，日

照市和青岛市的增速分别下降23.1%和0.3%。

三、物流业固定资产投资增长较快，各地差距明显

2015年山东省物流相关行业固定资产投资完成5509.4亿元，同比增长31.2%，高于山东全省固定资产投资增速17.3个百分点，占全部固定资产投资的比重为11.6%，比上年提高1.5个百分点。其中：交通运输业投资2082.1亿元，占全部固定资产投资的37.8%；邮政仓储业707亿元，占全部固定资产投资的12.8%；批发零售业2720.3亿元，占全部固定资产投资的49.4%。分市来看，物流相关产业投资居前三位的为烟台市、青岛市和泰安市，分别完成投资777.8亿元、773.4亿元和556亿元，占山东全省固定资产投资的比重依次为14.1%、14%和10.1%。物流业投资占当地固定资产投资的比重居前三位的为泰安市、烟台市和日照市，三市物流业投资分别占各市固定资产投资的比重依次为21.2%、16.7%和14.1%。从发展速度看，威海市、东营市和泰安市物流业投资增速依次为86.7%、60.1%和54.6%，居山东全省的前三位。

2015年山东全省及各市物流总额情况详见表1，2015年山东全省及各市物流相关行业固定资产投资情况，如表2所示。

表1　2015年山东全省及各市物流总额统计情况　单位：亿元

	社会货物物流总额	同比增长（%）	农产品物流总额	工业品物流总额	进口货物物流总额	外地货物流入物流总额	再生资源物流总额	单位与居民物品物流总额
山东省	190321.4	2.5	7727.9	148238.9	6065.6	23426.6	2732.8	2129.5
济南市	19001.7	9.7	431.6	5429.2	243.5	12527.9	9.1	360.4
青岛市	27076.3	-0.3	550.7	17809.1	1543.1	6538.6	189.7	445.1
淄博市	15871.1	-0.1	200.3	11269.7	114.3	4169.0	19.0	98.8
枣庄市	4952.1	7.0	253.1	3810.8	11.9	754.7	75.5	46.1
东营市	14845.7	0.8	199.9	13059.3	493.9	1046.2	11.2	35.2
烟台市	20319.7	6.6	657.3	15279.6	1326.1	2811.3	81.7	163.8
潍坊市	18031.0	6.4	795.4	13284.9	368.2	3288.8	141.7	152.0
济宁市	8802.8	0.0	780.9	5526.4	124.3	2163.0	93.2	115.0
泰安市	9968.5	2.7	389.3	6975.2	33.1	2483.0	13.7	74.1
威海市	9599.8	7.3	288.3	7039.0	268.3	1913.0	6.3	84.8
日照市	4390.8	-23.1	223.7	2598.6	685.4	813.8	34.0	35.3
莱芜市	2955.9	13.1	85.3	1687.0	56.6	347.2	757.4	22.4

续 表

	社会货物物流总额	同比增长（%）	农产品物流总额	工业品物流总额	进口货物物流总额	外地货物流入物流总额	再生资源物流总额	单位与居民物品物流总额
临沂市	24506.0	8.1	549.2	10360.4	166.6	13193.0	1183.0	137.9
德州市	11597.4	9.4	474.0	9782.1	60.0	1058.8	128.0	94.4
聊城市	13856.4	8.2	477.7	9326.7	157.6	3763.0	38.0	93.4
滨州市	9299.9	4.0	381.5	7652.9	279.9	924.7	7.2	53.8
菏泽市	9303.9	12.6	368.4	7263.8	132.7	1387.7	34.2	117.0

表2　　2015 年全省及各市物流相关行业固定资产投资

	固定资产投资总额（亿元）	物流相关产业固定资产投资总额（亿元）	同比增长（%）	各市物流投资额占全省固定资产投资的比重（%）	物流投资占全部固定资产投资的比重（%）	相关行业固定资产投资额（亿元）		
						交通运输业	邮政仓储业	批发零售业
山东省	47381.5	5509.4	31.2	100.0	11.6	2082.1	707.0	2720.3
济南市	3498.4	318.0	39.5	5.8	9.1	225.0	22.7	70.4
青岛市	6555.7	773.4	39.8	14.0	11.8	398.1	88.3	287.0
淄博市	2731.6	175.6	-8.3	3.2	6.4	68.0	23.1	84.5
枣庄市	1625.9	196.6	26.3	3.6	12.1	47.4	15.8	133.3
东营市	3084.7	384.4	60.1	7.0	12.5	118.3	86.3	179.8
烟台市	4667.1	777.8	21.7	14.1	16.7	279.5	160.8	337.5
潍坊市	4516.7	409.2	22.4	7.4	9.1	91.1	76.8	241.3
济宁市	2891.0	281.5	33.7	5.1	9.7	91.4	31.5	158.7
泰安市	2618.2	556.0	54.6	10.1	21.2	110.0	19.8	426.3
威海市	2543.7	338.3	86.7	6.1	13.3	108.3	43.4	186.6
日照市	1407.8	198.4	14.1	3.6	14.1	134.4	10.7	53.3
莱芜市	619.1	49.5	45.2	0.9	8.0	32.4	6.7	10.4
临沂市	3219.2	277.0	32.7	5.0	8.6	76.5	20.1	180.4
德州市	2237.9	199.9	-1.5	3.6	8.9	28.4	28.8	142.7

续 表

	固定资产投资总额（亿元）	物流相关产业固定资产投资总额（亿元）	同比增长（%）	各市物流投资额占全省固定资产投资的比重（%）	物流投资占全部固定资产投资的比重（%）	相关行业固定资产投资额（亿元）		
						交通运输业	邮政仓储业	批发零售业
聊城市	2100.8	288.4	44.0	5.2	13.7	136.7	26.8	124.9
滨州市	1990.2	191.0	-10.6	3.5	9.6	90.3	38.3	62.4
菏泽市	1073.3	94.5	33.0	1.7	8.8	46.4	7.2	40.9

（山东省经济和信息化委员会　山东省统计局）

2015 年河南省物流业发展情况

2015 年，在国内省内经济下行压力加剧的背景下，河南省物流运行总体呈现稳中趋缓态势，物流市场需求结构加快调整，消费类物流和特色专业物流较快增长，物流领域投资力度加大，物流运行效率进一步提升。

一、物流业运行总体情况

（一）物流需求稳中略缓，消费类物流贡献持续提升

2015 年，河南省社会物流总额为 93538.48 亿元，增长 9.0%，比 2014 年回落 1.6 个百分点。从结构上看，在网络购物等居民消费强力拉动下，以快递为代表的物流需求增长最快，单位与居民物品物流总额为 163.78 亿元，增长 40.5%，比 2014 年提高 16.8 个百分点；进口物流总额为 1916.16 亿元，增长 21.9%，比 2014 年提高 9.0 个百分点；工业品物流总额、外省流入物流总额分别为 76750.36 亿元和 8163.26 亿元，增长 9.4% 和 6.5%，分别比 2014 年下降 2.3 个和 0.5 个百分点；农产品物流总额、再生资源物流总额保持稳定增长，分别增长 4.6%、12.3%，农产品物流总额增幅比 2014 年下降 1.9 个百分点，再生资源物流总额提高 0.8 个百分点。2015 年河南省社会物流总额及构成情况如表 1 所示。

表 1　2015 年河南省社会物流总额及构成　单位：亿元

指标名称	2015 年	增速（%）	构成（%）
社会物流总额	93538.48	9.0	100.0
其中：农产品物流总额	6467.42	4.6	6.9
工业品物流总额	76750.36	9.4	82.1
进口货物物流总额	1916.16	21.9	2.0
再生资源物流总额	77.50	12.3	0.1

续 表

指标名称	2015 年	增速（%）	构成（%）
单位与居民物品物流总额	163.78	40.5	0.2
外省流入物品物流总额	8163.26	6.5	8.7

（二）社会物流总费用增速回落，物流效率持续提升

2015 年，河南省社会物流总费用为 6255.43 亿元，同比增长 6.9%，比 2014 年回落 0.2 个百分点，社会物流总费用与 GDP 的比率为 16.9%，物流运行效率不断改善。从物流环节的费用成本看，交通运输费用占比最大，管理费用增长最快。2015 年河南省交通运输费用为 4010.40 亿元，同比增长 6.8%，占社会物流总费用的 64.1%，增速比 2014 年下降 0.1 个百分点；保管费用为 1707.17 亿元，管理费用 538.05 亿元，分别同比增长 7.9% 和 9.7%。2015 年河南省社会物流总费用及构成情况详见表 2。

表 2　2015 年河南省社会物流总费用及构成　单位：亿元

指标名称	2015 年	同比增速（%）	构成（%）
社会物流总费用	6255.43	6.9	100.0
其中：运输费用	4010.40	6.8	64.1
保管费用	1707.17	7.9	27.3
管理费用	538.05	9.7	8.6

（三）物流增加值稳步增长，为经济发展提供有力支撑

2015 年，河南省物流业完成增加值为 1981.59 亿元，同比增长 8.8%，保持较快增长。物流业增加值占河南省 GDP 的 5.4%，占服务业增加值的 13.6%，成为推动经济发展的重要力量。从结构上看，邮政快递行业继续保持迅猛发展，完成增加值 161.00 亿元，增幅达到 35.1%；交通运输业所占比重最大，达到 64.7%，完成增加值 1281.31 亿元，同比增长 8.6%，增速同比回落 0.3 个百分点；仓储业完成增加值 127.10 亿元，贸易业完成增加值 412.18 亿元，同比分别增长 9.2% 和 10.8%。2015 年河南省社会物流业增加值及构成情况如表 3 所示。

表 3　　2015 年河南省社会物流业增加值及构成　　单位：亿元

指标名称	2015 年	同比增长（%）	构成（%）
物流业增加值	1981.59	8.8	100.0
其中：交通运输业	1281.31	8.6	64.7
仓储业	127.10	9.2	6.4
贸易业	412.18	10.8	20.8
邮政业	161.00	35.1	8.1

（四）物流相关领域投资加大，拉动投资增长作用明显

2015 年，河南省交通运输场站、物流园区、分拨配送中心等设施建设稳步推进，一批重大物流项目建成投用，物流基础设施功能进一步提升。全年河南省物流相关产业完成固定资产投资 1906.31 亿元，同比增长 36.7%，分别高于河南省固定资产投资（不含农户）增速、服务业投资增速 20.2 个和 14.9 个百分点，拉动河南省投资增速 1.7 个百分点。2015 年河南省物流业相关固定资产投资及构成如表 4 所示。

表 4　　2015 年河南省物流业相关固定资产投资及构成　　单位：亿元

指标名称	2015 年	同比增长（%）	构成（%）
物流相关行业固定资产投资	1906.31	36.7	100
其中：铁路运输业	73.29	18.8	3.84
道路运输业	896.50	42.3	47.03
航空运输业	87.54	1.3	4.59
仓储业	628.96	50.8	32.99

（五）交通货运量增速有所放缓，但仍好于全国平均水平

2015 年，河南省全社会完成货运量 21.19 亿吨，同比增长 6.0%，比 2014 年回落 3.4 个百分点，但比全国水平高 1.6 个百分点。完成货物周转量 7582.38 亿吨·公里，同比增长 3.1%，比 2014 年回落 0.1 个百分点，比全国水平高 3.6 个百分点。其中，铁路累计完成货运量 9802 万吨，同比下降 9.7%，比全国水平高 2.2 个百分点；公路完成货运量 19.16 亿吨，同比增长 6.6%，比全国水平高 0.2 个百分点；民航完成货物运输量 20.29 万吨，同比增长 8.8%，比全国水平高 3.6 个百分点；水路完成货运量 10459.34 万吨，同比增长 11.9%，高出全国水平 8.2 个百分点。

（六）行业集中度不断提高，物流豫军初步形成

近年来，在不断吸引国内外物流龙头企业

入驻发展的同时，本土物流企业也不断发展壮大，传统运输、仓储、流通物流企业加快向现代物流企业转型。2015 年河南省新增 3A 级以上物流企业 20 家，21 家物流园区被省政府认定为省级示范物流园区，27 家物流企业进入河南省服务业百户领军企业。

二、重点行业物流运行情况

2015 年，伴随河南省产业结构调整升级步伐加快，物流供给结构也发生了明显变化，航空、铁路、公路、快递等领域物流发展呈现不同趋势和特点。

（一）航空货运企稳回升，覆盖网络进一步扩大

2015 年，郑州机场货运增速经历一季度下滑后逐季回升，最终全年增长 8.8%，货邮吞吐量突破 40 万吨，居全国第 8 位，成为继上海、广州、深圳之后的国内第四大货运机场，增速居全国主要机场前列。截至 2015 年年底，郑州机场已开通货运航线 34 条，每周航班达 94 班，全货机通航点达 36 个，其中国际通航点 25 个，全货机航班数量居全国第 3 位，初步形成了覆盖欧美亚的货运航线网络。2015 年河南省航空货邮吞吐量走势如图 1 所示。

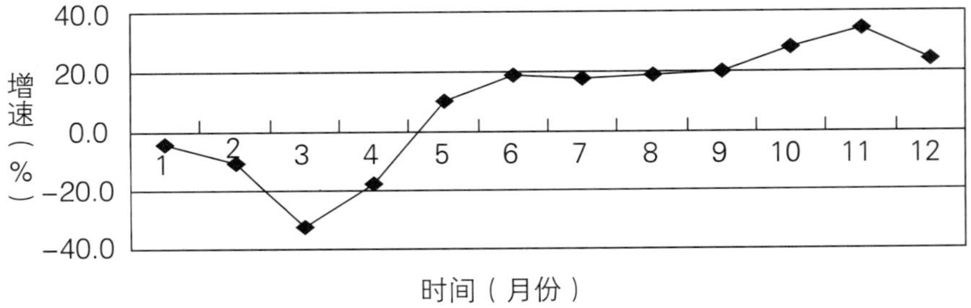

图 1　2015 年河南省航空货邮吞吐量走势

（二）快递物流持续迅猛增长，业务规模稳居全国第一方阵

2015 年，河南省实现快递业务量 51449.7 万件、业务收入 63.11 亿元，分别同比增长 74.5% 和 54.5%，居全国第 3 位和第 4 位，郑州市快递业务量在全国主要城市中位居第 16 名。郑州开展跨境贸易电子商务试点以来，业务量持续增长。截至 2015 年年底试点项目业务量约为 5001.6 万单、货值 39.26 亿元、税收 1.12 亿元，进口商品来自世界 55 个国家，出口商品发往 77 个国家，业务量、纳税额、参与企业数量等综合指标居全国试点城市首位，影响力不断提升。2015 年河南省快递业增长走势如图 2 所示。

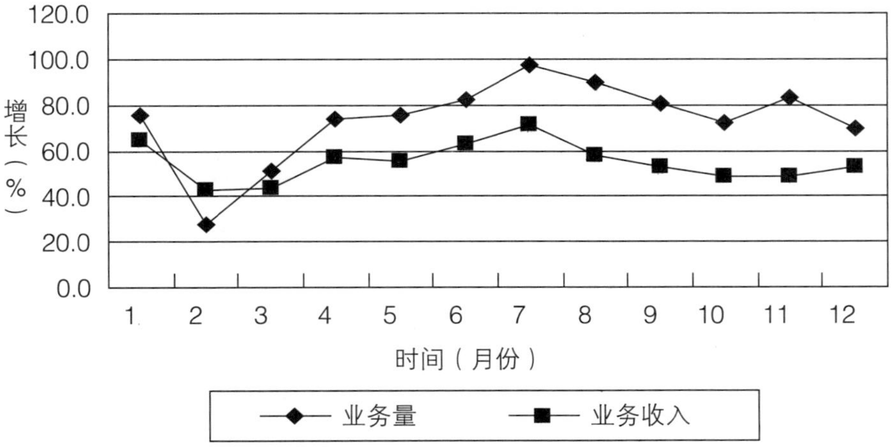

图2　2015 年河南省快递业增长走势

(三)公路货运保持中速增长，物流主体地位不断加强

2015 年河南省公路货运呈现了稳中有升、中速发展的态势。货物运输量达到 19.16 亿吨，同比增长 6.6%；货物周转量达到 5208.16 亿吨·公里，同比增长 8.0%。公路货运量和周转量分别占全部货运量和周转量的 90.4% 和 68.7%，保持着河南省交通货运市场的主体地位。2015 年河南省公路货运走势如图 3 所示。

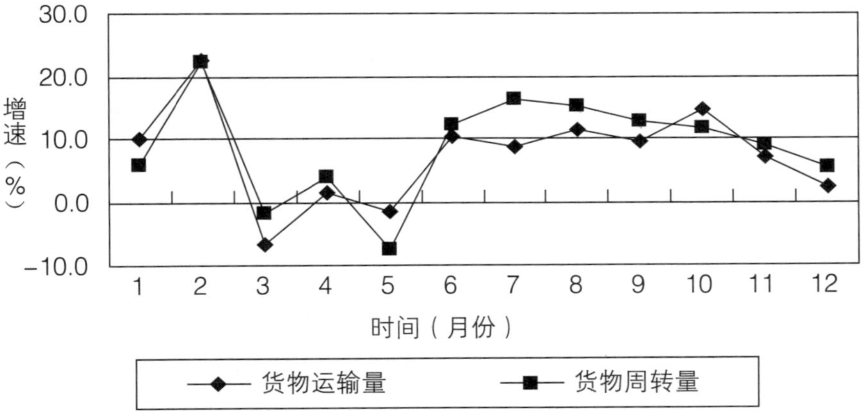

图3　2015 年河南省公路货运走势

(四)铁路货运加快调整结构，"黑冷白热"现象突出

2015 年河南省铁路运输受煤炭、钢材等大宗产品运输需求下降影响，货运量和货物周转量呈现连续回落态势，降幅分别为 9.7% 和 12.9%。但同时，铁路货运结构在加快调整，生活消费品等"白货"占比不断上升，单位产品的总价值、附加值不断提高，特别是郑欧国际铁路货运班列实现往返均衡和高频常态开行，截至 2015 年年底，郑欧班列总累计开行

256 班，累计货值 12 亿美元，货重 10.78 万吨，货值、货重均居国内中欧班列首位。2015 年河南省铁路货运走势如图 4 所示。

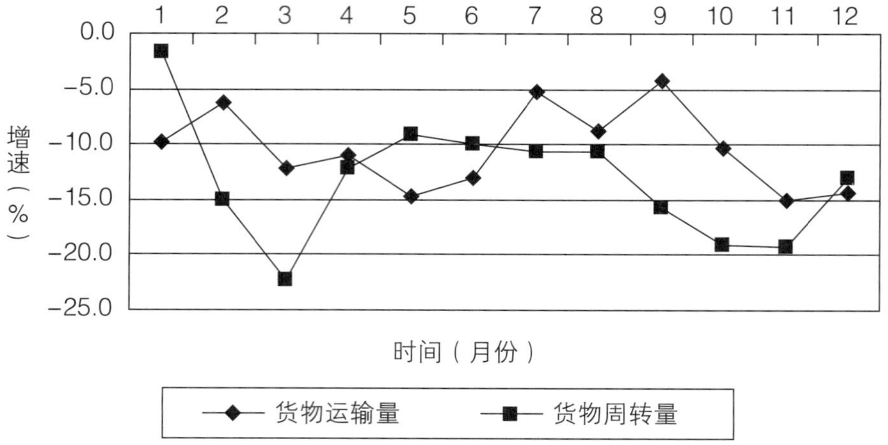

图 4　2015 年河南省铁路货运走势

三、物流业发展面临的问题及改进对策

2015 年，河南省物流运行总体良好，但在中观和微观层面面临诸多困难和问题亟待研究解决。

（一）部分物流企业盈利水平下降

据对重点物流企业调查显示，2015 年以来河南省物流企业主营业务成本增达 21%，高于主营业务收入增幅 9.2 百分点。其中，管理成本增长最快，平均增长 30%。主要原因是：一方面，行业竞争日趋激烈，物流服务价格持续低迷；另一方面，人工成本、土地成本等物流要素成本快速上涨，企业盈利空间进一步萎缩，经营压力增大，部分物流园区及仓储企业出现亏损，一些新建物流园区出现招商困难问题。

（二）物流“最后一公里”问题依然突出

一是城市仓储、分拨配送等基础设施资源紧缺，随着城市化进程加快，城市周边仓库货场建、撤频繁，物流仓储设施、配送中心设施不断外迁，配送半径不断扩大，增加了物流运行成本；二是城市内物流配送效率偏低，现行城市交通管理方式不适应快速发展的居民消费物流需求，城市配送路难行、车难停、货难卸等问题比较突出。

（三）物流行业税收负担偏重

据重点企业调查显示，虽然“营改增”政策实施有利于促进物流一体化运行，但运输、仓储企业整体税率分别由 3%、5% 上升为 11%、6%，不少物流企业整体税负有所上升的主要原因是：物流行业属于轻资产行业，经营中可抵扣项目较少，尤其是服务于小微型企业的物流企业难以得到增值税进项抵扣发票。同时，占物流经营成本较大比重的过路、过桥费等相关费用无法纳入增值税抵扣，致使一些物流企业的税负加重、经营压力加大。

要解决行业发展中存在的问题，需要相关部门和业内企业共同努力。我们建议从以下几方面加大工作力度，为物流业发展营造更好的发展环境。

一是要着力降低物流运行成本。加强对重点物流企业、物流园区运营情况的动态监测，开展物流成本情况调查，全面落实国家降低物流成本相关政策，制定出台河南省降低企业物流成本和税费负担的具体政策措施。清理物流领域行政审批前置的服务项目及收费。鼓励企业加强内部管理挖潜，强化综合成本管控，实现降成本增效益。

二是支持专业物流加快发展。进一步扩大国际物流规模，实施卢森堡—郑州“双枢纽”战略，推动卢森堡货航物流基地等项目尽快落地和建设，加快郑州国际陆港公铁、海铁联运设施建设，建成多式联运物流监管中心，开通郑欧班列经土耳其至欧洲新线路，推动郑州—日韩地区的铁海联运业务常态化运行。支持快递快运、食品冷链、电子信息、医药、大宗原材料和工业品等专业物流发展壮大，进一步巩固提升全国区域性专业物流基地和中心地位。

三是推动物流园区升级改造。组织开展物流园区建设提升工作，推动各地加快规划建设和改造提升一批骨干物流园区，引导物流企业、重点项目和要素资源不断集聚。支持以国家级和省级示范物流园区为骨干，建立河南省物流园区联盟协作机制，推进园区之间资源共享、标准互认、信息互通，逐步形成覆盖河南省的智能物流园区节点网络。

四是加快城乡物流配送体系建设。加强城市配送体系建设，加快建设一批城市共同配送中心，开辟城市配送专用路线，建设社区、机关、学校等快递智能自提柜等配套设施。推进郑州国家共同配送试点和洛阳国家电子商务与物流快递协同发展试点。支持农村物流加快发展，深入推进“快递下乡”工程，持续推动“新农村现代流通网络建设工程”以及邮政“三农”服务站建设。

（河南省发展改革委　河南省统计局　河南省物流与采购联合会）

2015 年四川省物流业发展情况

2015 年，面对国际、国内经济下行压力持续加大的复杂严峻形势，四川省委、省政府认真贯彻落实党中央、国务院稳增长的各项决策部署，及时出台了系列有针对性的稳增长政策措施，促进四川省经济呈现出总体平稳、稳中有进的发展态势，圆满实现了“十二五”规划目标。

一、四川省国民经济总体平稳有进

2015 年四川省实现地区生产总值（GDP）30103.1 亿元，按可比价格计算比上年增长 7.9%，增速比全国平均水平高 1 个百分点。其中：第一产业增加值为 3677.3 亿元，比上年增长 3.7%；第二产业增加值为 14293.2 亿元，比上年增长 7.8%；第三产业增加值为 12132.6 亿元，比上年增长 9.4%。

全年粮食和油料产量稳定。其中：粮食产量 3442.8 万吨，比上年增长 2%；油料产量 307.4 万吨，比上年增长 2.2%。生猪出栏 7236.5 万头，比上年减少 2.8%；牛羊禽出栏继续保持较快增长，牛出栏 295.5 万头，比上年增长 6%；羊出栏 1698 万只，比上年增长 4%；家禽出栏 66154.9 万只，比上年增长 2.3%。

全年工业生产平稳增长。全年规模以上工业增加值比上年增长 7.9%，增幅比全国平均水平高 1.8 个百分点。分轻重工业看，轻工业增加值增长 9.3%，重工业增加值增长 7.3%。分行业看，41 个大类行业中有 36 个行业增加值实现增长。其中：酒、饮料和精制茶制造业增加值比上年增长 11.4%，非金属矿物制品业比上年增长 20.1%，石油和天然气开采业比上年增长 17.7%，汽车制造业比上年增长 10%，计算机、通信和其他电子设备制造业比上年增长 2.5%。全年规模以上工业企业实现出口交货值 2719.3 亿元，比上年下降 15.8%。规模以上工业企业产销率为 96.7%。

全年实现社会消费品零售总额 13877.7 亿元，比上年增长 12%。按消费形态分，全年实现商品零售额 11921.7 亿元，比上年增长 11.9%；餐饮收入 1956 亿元，比上年增长 12.3%。

二、物流业总额增幅降低，结构调整加快

2015 年，四川省社会物流总额增幅降低，结构调整加快；社会物流总费用上升趋缓，物流业保持平稳发展态势。2015 年，四川省社会物流总额为 57314.5 亿元，按可比价格计算（下同），同比增长 6.6%，增幅比上年低 1.3 个百分点。从构成情况看，工业品物流总额为 40545.2 亿元，同比增长 5.8%，增幅比上年低 2.1 个百分点，占四川全省社会物流总额比重的 70.7%，在社会物流总额中的比重比上年降低 0.8 个百分点；农产品物流总额为 5454.7 亿元，同比增长 2.1%，增幅与上年持平，占四川全省社会物流总额的比重为 9.5%，在社会物流总额中的比重比上年降低 0.4 个百分点；进口（包括外省流入）物流总额为 9512.2 亿元，同比增长 10.9%，增幅比上年降低 1.7 个百分点，占四川省社会物流总额的比重为 16.6%，在社会物流总额中的比重比上年提高 0.9 个百分点；再生资源物流总额为 1366.9 亿元，同比增长 12%，增幅比上年提高 1 个百分点，在四川省社会物流总额中的比重为 2.4%，占比提高 0.2 个百分点；单位与居民物品物流总额为 435.53 亿元，同比增长 15%，增幅比上年降低 5 个百分点，占四川省社会物流总额的比重为 0.8%，占比提高 0.1 个百分点。

2015 年，四川省社会物流总费用为 5522.5 亿元，同比增长 3.7 %，增幅比上年回落 3.5 个百分点。其中：运输费用为 3170.8 亿元，同比增长 –3 %，占社会物流总费用的 57.4 %，在社会物流总费用中的比重较上年下降 4 个百分点；保管费用为 1843.0 亿元，同比增长 17.3 %，增幅比上年提高 1.3 个百分点，占社会物流总费用的 33.4 %，占社会物流总费用的比重较上年提高 3.9 个百分点；管理费用为 508.7 亿元，同比增长 4.6 %，增幅比上年回落 2.3 个百分点，占社会物流总费用的 9.2 %，占社会物流总费用的比重较上年提高 0.1 个百分点。

2015 年，四川省社会物流总费用与 GDP 的比率为 18.3 %，同比降低 0.4 个百分点，经济运行中的物流效率有所提升，但成本依然较高。

2015 年，四川省物流业实现增加值 1756.84 亿元，按可比价格计算，同比增长 8.4%，增幅比上年高 0.1 个百分点。物流业增加值占全省 GDP 的比重为 5.8%，占四川省服务业增加值的比重为 14.5%。

2015 年，四川省民航货邮吞吐量 57.41 万吨，同比增长 2.23%。2015 年四川省实现铁路货运发送量 5876.64 万吨，同比增长 –18%，其中铁路集装箱发送量 300.6 万吨，同比增长 –13.7%。从重点物资运输情况来看，2015 年四川省重点物资发送增幅靠前的依次是纺织品、文教品、鲜活、木材等；重点物资到达增幅靠前的依次是电气、金属品、纺织品等，降幅靠前的依次是水泥、金矿、焦炭、磷矿石、粮食等。

2015 年四川省实现铁路货运到达量 10028.8 万吨，同比增长 –15.1%。其中铁路集装箱到达量 706.1 万吨，同比增长 –17.3%。

2015 年四川省实现公路货运量 150363 万吨，同比增长 5.8%，其中高速公路货运量为 112234.7 万吨，同比增长 7.2%；实现公路货运周转量 16932604 万吨・公里，同比增长 12.1%。

2015 年四川省实现水路货运量 8690.29 万吨，同比增长 3.9%；实现水路货运周转量 1913861.25 万吨・公里，同比增长 24.1%。

2015年四川省实现港口货物吞吐量9558.38万吨，同比增长4.4%，其中：宜宾港完成集装箱吞吐量200056标准箱，泸州港完成集装箱吞吐量420375标准箱。

2015年，四川省完成快递业务量48796.57万件，同比增长28.61%；完成快递业务收入62.89亿元，同比增长31.12%。

（文德华　四川省现代物流协会常务副会长兼秘书长）

2015 年陕西省物流业发展情况

2015 年，陕西省物流业积极应对经济下行的压力，贯彻落实省政府“稳中有升、提质增效”的经济发展战略，以“物流 + 互联网”为切入点，继续加快转型升级、创新发展工作，行业运行呈现出稳中有进、稳中有为的积极态势，有力支撑了陕西省社会经济平稳较快的发展。

一、物流业主要经济指标完成情况

（一）社会物流总额

2015 年，陕西省社会物流总额为 37078.1 亿元，同比增长 3.6%，较上年回落 4.3 个百分点。其中：农产品物流总额 1471.58 亿元，同比增长 2.4%，增幅较上年同期回落 4.5 个百分点；工业品物流总额 18746.1 亿元，同比下降 3.7%，增幅较上年同期回落 9.7 个百分点，且连续两年回落；流入货物物流总额 16753.1 亿元，同比增长 12.8%，增幅较上年同期提高 2.2 个百分点；再生资源物流总额 41.52 亿元，同比增长 21.7%，增幅较上年同期提高 4.2 个百分点；单位和居民物品物流总额 65.74 亿元，同比增长 157.5%，增幅较上年同期提高 138.9 个百分点。2006—2015 年陕西省社会物流总额变化情况如图 1 和表 1 所示。

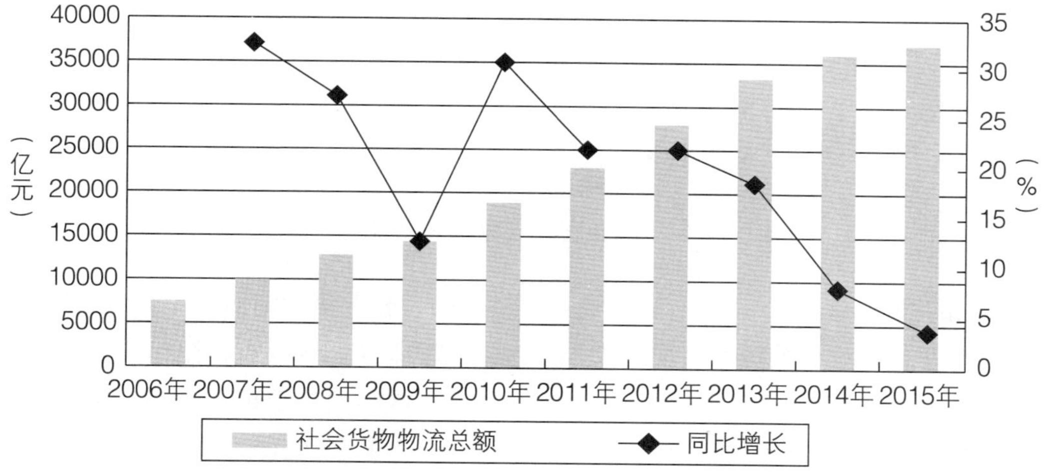

图 1　2006—2015 年陕西省社会物流总额走势

表 1　　2015 年陕西省社会物流总额构成情况

	2015 年	2014 年	同比增长（%）	增速同比增加（百分点）
社会货物物流总额（亿元）	37078.1	35802.0	3.6	－4.3
其中：农产品物流总额（亿元）	1471.58	1436.89	2.4	－4.5
工业品物流总额（亿元）	18746.11	19458.04	－3.7	－9.7
流入货物物流总额（亿元）	16753.10	14847.43	12.8	2.2
再生资源物流总额（亿元）	41.52	34.12	21.7	4.2
单位和居民物品物流总额（亿元）	65.74	25.53	157.5	138.9

（二）社会物流总费用

2015 年，陕西省社会物流总费用为 2884.7 亿元，同比增长 5.0%，较上年回落 9.1 个百分点。其中：物流运输费用 2017.11 亿元，较上年增长 5.6%；物流保管费用 642.2 亿元，较上年增长 3.6%；物流管理费用 225.39 亿元，较上年增长 3.6%。物流运输、保管、管理三大费用增幅较上年分别回落 11.8 个、3.4 个、4.3 个百分点。

2015 年，陕西省物流运输、保管和管理费用在社会物流总费用中所占的比重分别为 69.9%、22.3% 和 7.8%（见图 2）。

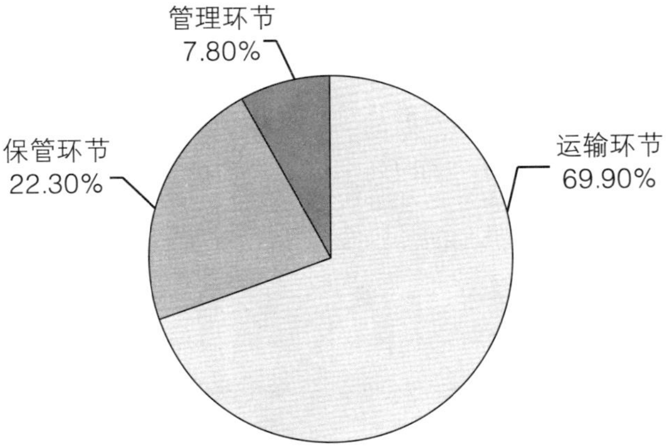

图 2　2015 年陕西省社会物流总费用构成示意

（三）物流相关行业总收入

2015 年，陕西省物流相关行业实现总收入为 2076.7 亿元，较上年增长 5.5%，收入增幅较上年回落 5 个百分点。物流相关行业实现增加值 1194 亿元，较上年增长 5.6%（按现行价格计），较上年增幅回落 5.1 个百分点。

2015 年，陕西省物流相关行业增加值占陕西全省国内生产总值的比重为 6.6%，较上年提高 0.2 个百分点，占第三产业增加值的比重为 16.6%，较上年降低 1.0 个百分点。

（四）社会物流需求情况

2015 年，陕西省社会物流需求系数为 2.04，同比增长 0.9%，一方面表明 2015 年每产出 1 个单位的 GDP，需要 2.04 个单位的物流总额作为支撑；另一方面也表明 2015 年陕西省在 GDP 总量增幅回落的基础上，对物流总额的需求增长减缓。

（五）物流相关行业固定资产投资情况

2015 年，陕西省物流相关行业完成固定资产投资 2682.8 亿元，同比增长 14.4%，增幅较上年回落 22.8 个百分点。其中：交通运输业完成固定资产投资 1730.4 亿元，同比增长 15.5%，增幅较上年回落 7.9 个百分点；批发和零售业完成固定资产投资 685.4 亿元，同比增长 5.7%，增幅较上年回落 36 个百分点；仓储业完成固定资产投资 252.0 亿元，同比增长 30.1%，增幅较上年提高 0.6 个百分点，邮政业完成固定资产投资 15 亿元，同比增长 2.18 倍，增幅较上年大幅提高。2015 年，陕西省除邮政和仓储业的固定资产投资增长外，其他物流相关行业的固定资产投资增幅均有不同程度的回落。如表 2 所示。

表 2　2015 年陕西省物流相关行业固定资产投资占比及增速情况　单位：亿元

	2015 年	占总量的比重（%）	同比增长（%）	增速同比增长（百分点）
物流相关行业固定资产投资	2682.8	100	14.4	–22.8
其中：交通运输业	1730.4	64.5	15.5	–7.9
仓储业	252.0	9.4	30.1	0.6
邮政业	15.0	0.6	218.0	263.8
批发和零售业	685.4	25.5	5.7	–36.0

二、货运物流业基本情况

2015 年，陕西省各类运输完成货物运输总量 16.41 亿吨，较上年增加 4.4 %；各类运输完成货物运输周转量 3549.57 亿吨·公里，较上年增加 0.7 %。货邮吞吐量为 21.53 万吨，较上年增加 13.5 %。

（一）公路运输量增幅平稳

2015 年陕西省完成公路运输量 13.1 万吨，较上年增加 9.7 %；完成公路货物周转量 2111.73 亿吨·公里，较上年增加 10.1 %。公路货物运输量占陕西全省货物运输总量的 79.8%，公路货运仍然是陕西省货运物流的主要方式。2015 年，陕西省公路物流受经济下行影响明显，公路运输量情况与经济发展趋势基本吻合。2015 年陕西省第一季度货运量增幅较往年同期有所放缓，第二、第三、第四季度在省政府“稳增长、促投资”政策促进下，全省加大工业及固定资产投资力度，同时第三季度农副产品丰收，公路货运量增幅逐步回升并保持稳定。

（二）铁路货运量持续下降

2015 年，陕西省完成铁路运输量 3.29 亿吨，较上年下降 12.1 %；完成铁路货物周转量 1435.91 亿吨·公里，较上年下降 10.5 %，完成铁路集装箱吞吐量 20 万标准箱，较上年增长 17.4%。

2015 年，受国内宏观经济结构调整、煤炭等大宗物资需求减少的影响，陕西省铁路货物运输量持续下降。煤炭是陕西省铁路主要运输货物之一，由于市场需求减少，导致运输量下降，成为影响陕西省铁路货运量增幅下降的主要因素。据西安铁路局数据显示，2015 年该局在陕西省境内煤炭运输完成发送量 7493.1 万吨，占全部货物发送量的 68.4%，较上年减少 366.2 万吨，同比下降 4.7%。

（三）航空货运市场需求旺盛

2015 年，陕西省完成航空货运量 7 万吨，较上年增长 2.4%；完成航空货运周转量 1.13 亿吨·公里，较上年增长 5.1%。

2015 年西咸新区空港新城已有普洛斯等 8 家世界 500 强物流企业入区设立分支机构，包括圆通在内的 7 家中国 5A 级物流企业入区设立分支机构开展业务，以及京瓷、雀巢、三星在内的多家世界 500 强公司设立仓储基地。

（四）水路货运整体呈下降趋势

2015 年，陕西省完成水路货物运输量 218 万吨，较上年增加 17.2%；完成货物运输周转量 8030 万吨·公里，较上年增长 28.7%。2015 年，受沿线高速公路及农村路网大量通车的影响，陕西省传统水路上的一些货物运输开始转用更为便捷、快速的公路运输，致使陕西省水路运输整体货运形势呈现下降趋势。但因安康地区紫阳港迁建等水路建设工程开工，当地短途建筑砂石料等建材运输量猛增，导致 2015 年陕西省水路货运量统计数字呈增加态势，明显好于实际情况。

（五）管道物流增幅较大

2015 年，陕西省完成管道货运量 312 万吨，较上年增长 22.1%；完成管道周转量 93.52 亿吨·公里，较上年增长 30.8%。

（六）电子商务快速发展

2015 年，陕西省在工商管理部门登记注册的电子商务企业超过 15 万户，已有 3 个省级电子商务示范园区、2 个电子商务示范县和 20 家电子商务示范企业。2015 年，陕西省快递服务企业完成业务量 2.04 亿件，同比增长 47.87%；快递服务企业完成业务收入 27.28 亿元，同比增长 51.93%。

2015 年陕西省物流货运量及货运周转量构成情况如表 3 所示。

表 3　**2015 年陕西省物流货运量及货运周转量构成**

	货运量（亿吨）	同比增长（%）		货运周转量（亿吨·公里）	同比增长（%）
合计	16.4	4.4	合计	3549.57	－1.3
公路货运量	13.1	9.7	公路周转量	2111.73	10.1
铁路货运量	3.29	－12.1	铁路周转量	1435.91	－10.5
航空货运量	0.0007	2.4	航空周转量	1.13	5.1
水路货运量	0.0218	17.2	水路周转量	0.8	28.7
管道货运量	0.0312	22.1	管道周转量	93.52	30.8

三、物流业基本情况

2015 年，陕西省物流业从业人员超过 63 万人；陕西省道路运输企业达 28.42 万户，同比增长 3.2%，增幅较上年回落 8.9 个百分点。

2015 年，陕西省物流业从业人员平均收入为 37742 元，其中企业中货车司机等一线员工工资较上年平均增长约 8%，其他管理和辅助员工工资平均增长 5% 以上。企业员工的“五险一金”额约占员工工资的 26%。

2015 年，陕西省公路货运车辆共计 43.69 万辆，其中载货汽车 40.44 万辆，比上年增长 4.1%，增幅回落 5.7 个百分点；机动三轮车和农用车共计 3.25 万辆。

2015 年，陕西省已有国家 A 级物流企业 61 家。其中：5A 级物流企业 5 家，4A 级物流企业 16 家，3A 级物流企业 25 家，2A 级物流企业 12 家，1A 级物流企业 3 家。在 61 家 A 级物流企业中，有运输型企业 15 家、仓储配送型企业 11 家、综合服务型企业 35 家。

四、物流布局和设施建设情况

（一）高速公路网干线网初具规模

2015 年，陕西省高速公路总里程突破 5000 公里，高速公路出口达到 21 个，高速公路已连通全省 97 个县（市、区），构建起了通江达海的高速公路网。陕西全省已经形成以西安为中心的“2637”（两环、六辐射、三纵七横）高速公路干线网，基本上连通了陕西省内所有市县及工农业基地、商品集散地、高新开发区和物流园区。陕西省内物流货运基本实现当日往返，陕西省内到省外周边中心城市的物流货运已经实现当日到达。

（二）物流园区初具规模

2015 年，陕西省已有覆盖省内各节点城市和重点地区的各类主要物流园区（物流配送中心）32 个，营业库房面积约 350 万平方米。建设中的西安国际港务区、西安咸阳空港物流园区、宝鸡陈仓物流园区、榆林能源化工基地物流园区、汉中褒河物流园区、渭南潼关物流港、安康综合物流园七大物流园区，已经初具规模，园区部分功能已经投入运营。

（三）内陆港建设稳步推进

2015 年，陕西省西安国际港务区获得国际、国内港口代码，5 个海关特殊监管区获得国家批准。西安市开通了向韩国的货运航线和向中亚的“长安号”货运班列，西安铁路枢纽形成了 2 亿吨/年的货运能力。西安市铁路集装箱中心站、西安公路港、西安综合保税区三大平台，开展的跨境贸易电子商务已经走在全国前列。2015 年西咸新区保税物流中心通过国家 4 部委联合验收。

（四）物流节点城市地位确定

2015 年，陕西省西安市被确定为全国物流节点城市、全国综合交通枢纽和国家一级物流园区布局城市；宝鸡、榆林、咸阳被确定为全国物流园区二级布局城市。西安咸阳机场成为国内航空一类口岸，西安国际港务区的铁路站（点）成为国内一类口岸。

（五）货运航线不断扩展

西咸新区空港新城正在加快建设以咸阳机场为核心，面向“一带一路”沿线城市的货运航线和集散式航线网络。“十三五”期间，西咸新区空港新城将布局向南经广东深圳通往东南亚的货运航线，向东经韩国首尔通往北美的货运航线，向西经乌鲁木齐至中亚、欧洲，打通“一带一路”物流大通道。

五、物流业发展的对策

近年来，在国家政策的推动下，陕西省物流业发展呈现良好态势，但仍然存在一些亟待解决的问题，比较突出的有：一是政府监管物流企业的部门较多，企业办理的同一事项往往涉及多个政府部门，存在重复监管、多头执法的现象；二是"营改增"后物流业中公路货运企业的税负增加；三是城市交通管理中"重客轻货"倾向严重，城市道路限行规定需要调整和完善，物流货运车辆通行难问题增加物流成本；四是城市物流用地规划布局不统一、缺乏科学性和长期性；五是原有物流用地受城市扩大和改造拆迁影响大幅缩减，拆迁后的土地置换周期长或难以保障；六是中小物流企业融资难、融资成本高。

显然，上述问题不解决就会影响陕西省物流业发展的质量和进程。因此我们建议，要以落实陕西省"十三五"物流业发展规划为目标，以开展物流业供给侧改革为重点，以降成本、补短板为抓手，从以下几方面入手推进全省物流业快速发展。一是要积极培育一批网络化、规模化发展的国家级和省级物流示范园区和龙头企业，支持和培育国家 A 级物流企业，推动政府出台的扶持优惠政策落地；二是要积极引进国内外知名物流、电子商务企业在陕西省设立职能机构，以物流标准化、信息化和低碳化为重点，鼓励企业加快更新装备和设施标准化改造；三是要全力构筑陕西省物流配送网络，建设若干个辐射国内和省际的物流集散地，提升航邮、铁路、公路和高铁物流通道的能效，完善城市车辆通行管理；四是要积极推进供应侧改革，鼓励大型制造、商贸企业整体剥离物流业务或自荐第三方物流企业，实现物流社会化运作；五是要整合现有的物流园区（物流配送中心），提升营运功能，引导物流设施、物流企业向物流园区集聚，提高物流设施、土地等资源的利用率；六是要引导银行金融机构探索适合物流企业特点的信贷产品和服务方式，搭建各类物流金融服务平台，拓宽物流企业的融资渠道；七是要强化物流规划与产业规划、国土规划、城市规划之间的协调衔接，充分发挥市场配置资源的作用。

（闫鸣　陕西省物流与采购联合会）

2015 年甘肃省物流业发展情况

2015 年，面对严峻复杂的外部环境和较大的经济下行压力，甘肃省委、省政府牢牢把握稳中求进工作总基调，积极适应经济发展新常态，狠抓党中央国务院稳增长、促改革、调结构、惠民生、防风险等一系列政策措施的落实，扎实推进各项工作，全省经济呈现总体平稳，稳中有进的发展态势。伴随着经济的平稳发展，物流业呈现稳中有好的发展态势。

一、社会物流总额平稳增长，增速回落

2015 年，甘肃省社会物流总额完成 1.36 万亿元，同比增长 4.6%，增幅比上年同期有所回落。其中：工业品物流总额完成 0.7 万亿元，同比增长 6.8%，占甘肃省社会物流总额的 52.5%，工业品物流仍占主导地位；外省流入货物物流总额呈下降趋势，外省流入货物物流总额完成 4572 亿元，同比下降 22.7%，占甘肃省社会物流总额的 33.6%；农产品物流平稳增长，农产品物流总额完成 1722 亿元，同比增长 5.8%；进口贸易仍处于下降局面，进口货物物流总额完成 136 亿元，同比下降 25.4%；单位与居民物品物流总额完成 16 亿元，同比增长 19%，受电子商务市场繁荣及网购与快递的推动，单位与居民物品物流量保持快速增长态势。

二、货运及货运周转量增长平稳

2015 年，甘肃省铁路、公路、航空、管道完成货运量 6.63 亿吨，比上年增长 6.3%。其中：铁路货运量完成 0.6 亿吨，比上年下降 8%。公路货运量完成 5.2 亿吨，比上年增长 7.5%。油气管道货运量完成 0.8 亿吨，比上年增长 11.6%。

2015 年，甘肃省各种运输方式完成货运周转量 2912 亿吨公里，比上年下降 3.6%。其中：铁路货运周转量完成 1313 亿吨，比上年下降 13.8%；公路货运周转量完成 912 亿吨，比上年增长 5.8%。

三、物流业固定资产投资快速增长

2015 年甘肃省物流相关行业固定资产投资

额完成1287亿元，比上年增长20.3%。其中：交通运输业、仓储业、邮政业投资额完成815亿元，比上年增长3.5%；批发零售业投资额完成472亿元，比上年增长67%。

2015年甘肃省完成交通运输固定资产投资100.9亿元。其中：国省道建设改造项目完成投资118.1亿元，当年13条906公里二级公路全部建成，10项783公里二级公路项目全面开工；公路灾后重建项目完成投资14.84亿元，建成国省干线公路地震及水毁重建项目3项201公里，农村公路灾后重建项目691项1800公里；农村公路建设项目完成投资113.9亿元，建成农村公路共计14765公里，其中建制村通畅工程完成11025公里。

四、社会物流总费用水平依然较高

2015年甘肃省社会物流总费用为1336亿元，比上年增长1%。社会物流总费用与生产总值的比率19.7%，比上年下降0.1个百分点。在社会物流总费用中，运输费用为957亿元，比上年增长1.6%；保管费用为278亿元，比上年下降0.9%；管理费用为101亿元，比上年增长0.8%，显示出经济运行中的物流成本依然较高。

五、快递业迅猛发展

2015年甘肃省邮政业务总量突破16亿元，比"十一五"末翻一番，业务收入超过20亿元。其中在电商爆发式发展的带动下甘肃省快递业发展迅猛，全年快递业业务量达到3500万件；快递业完成业务收入7亿元，占甘肃省邮政业务收入的近44%。快递业正在成为甘肃省新的经济增长点。

截至2015年年底，甘肃省快递企业总数已达1000家、从业人员超过8000人、营业网点达到2573个，EMS、顺丰、申通、圆通、中通、韵达、宅急送、联合、汇通等十家重点快递公司全部覆盖到县级城市，乡镇一级邮政企业网点覆盖率达100%，行政村网点覆盖率达12%以上。

"十二五"期间，甘肃省快递物流园区建设步伐加快，在兰州、定西、白银等地，联合弘物流园、安定区电商快递创业园区、临洮王家大庄电商快递物流园区、甘肃中进邦农现代商贸物流中心和鼎丰现代物流园陆续被列入规划建设。其中，联合弘物流园、鼎丰现代物流园已建成运营。为进一步实现快递业务"货畅其流"，甘肃省政府相关部门积极引导各快递企业入驻物流园区，提升配送效率。

（甘肃省发展改革委　甘肃省物流与采购联合会）

2015 年宁夏回族自治区物流业发展情况

2015 年，宁夏回族自治区物流运行呈现缓中趋稳态势，增速较上年同期有所回落，但与民生相关的物流业发展态势良好，行业整体保持较快增长，结构性优化特征进一步显现。

总体看，2015 年宁夏回族自治区物流业发展呈现以下特点。

一、物流需求动力不足

2015 年，宁夏回族自治区社会物流总额完成 5069.2 亿元，同比下降 1.2%，增速比上年同期回落 6.1 个百分点，从各季度来看，增速比第一季度回落 1.6 个百分点，比第二和第三季度分别回升 3.2 个和 0.3 个百分点，物流需求动力不足，但一年中物流运行总体呈现稳中趋升的发展态势（见图 1）。

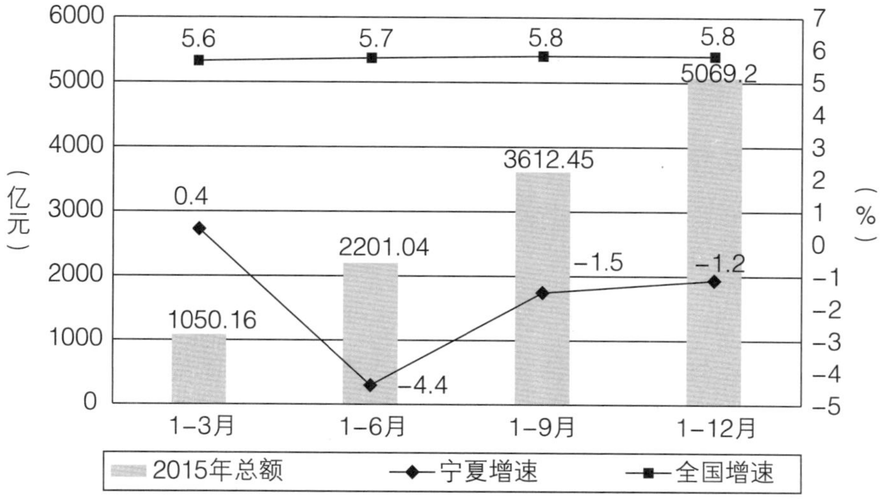

图 1　2015 年宁夏回族自治区社会物流总额及增长变化情况

（一）工业品物流增速放缓

2015 年，宁夏回族自治区工业品物流总额完成 3603.1 亿元，同比增长 0.1%，增幅比第一、第二、第三季度分别回升 1.4 个、4.3 个、0.6 个百分点，增幅比上年同期回落 3.5 个百分点。在工业品物流需求结构中，受传统产业产能过剩影响，水泥和煤炭等行业物流需求增速下滑较大，分别下降 9.2% 和 9.5%；高技术产业物流需求则保持快速增长，同比增长 25%，比工业品物流需求增速高出 24.9 个百分点。工业品物流占全社会物流总额的 71.08%，比 2014 年提高 0.94 个百分点，拉动社会总物流增长 0.07 个百分点。

（二）批发业物流增速持续回落

2015 年，受经济持续低迷的影响，宁夏回族自治区消费品市场需求明显回落，但降幅收窄。当年全区批发业物流总额完成 996.9 亿元，同比下降 7.6%，增速比第一、第二、第三季度分别回落 11.8 个、1.9 个、0.8 个百分点，增幅比上年同期回落 13 个百分点。

（三）农产品物流增长较快

2015 年，宁夏回族自治区农产品物流总额完成 404.2 亿元，同比增长 9.6%，增速比第一、第二季度分别回升 5.4 个、10.2 个百分点，比第三季度回落 1.2 个百分点，增幅比上年同期提高 4.2 个百分点。

（四）进口货物物流延续降势

由于宁夏回族自治区进口企业少，尤其在内需不足的拖累下，主要进口企业没有进口意愿，致使 2015 年宁夏回族自治区进口降幅一直处于高位。2015 年，宁夏回族自治区进口货物物流总额完成 52.8 亿元，同比下降 28.1%，增速比第一、第二季度分别回落 33.5 个、26.7 个百分点，增速比第三季度回升了 4.1 个百分点，增幅比上年同期回落 98.3 个百分点。

（五）单位与居民物品物流总额保持快速增长

2015 年，宁夏回族自治区与民生相关的单位与居民物品物流总额完成 12.19 亿元，同比增长 13.3%，增速比社会消费品零售总额高 6.2 个百分点。在“互联网 +”快速发展的带动下，宁夏回族自治区快递物流需求加快增长，2015 年全区快递业务量完成 2231.9 万件，同比增长 47.4%，增速比第一、第二、第三季度分别回落 11.3 个、7.8 个、3.4 个百分点，增速低于全国 0.6 个百分点，在全国 31 个省中排位第 15 位；快递业务收入为 4.84 亿元，同比增长 44.3%，增速比第一、第二、第三季度分别回落 16.1 个、3.2 个、1.5 个百分点，但高于全国增速 8.9 个百分点，在全国 31 个省区中排在第 11 位。2015 年宁夏回族自治区快递业务完成情况如图 2 所示。2015 年宁夏回族自治区社会物流总额构成情况如图 3 所示。

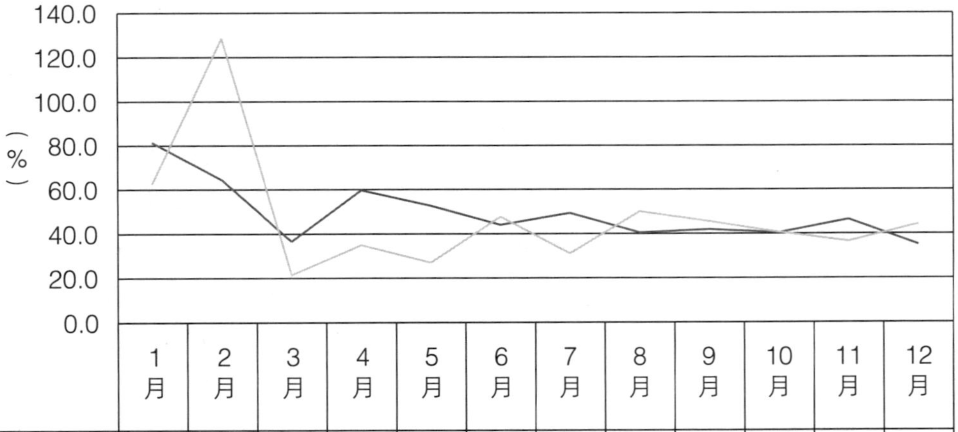

	1月	2月	3月	4月	5月	6月	7月	8月	9月	10月	11月	12月
快递业务量的增速（%）	81.4	64.3	36.6	59.6	52.6	44.0	49.3	40.5	41.9	40.4	46.4	35.1
快递业务收入的增速（%）	62.5	128.6	21.5	35.0	27.0	47.7	31.1	50.0	45.5	40.6	36.5	44.2

图2　2015 年宁夏回族自治区快递业务完成情况

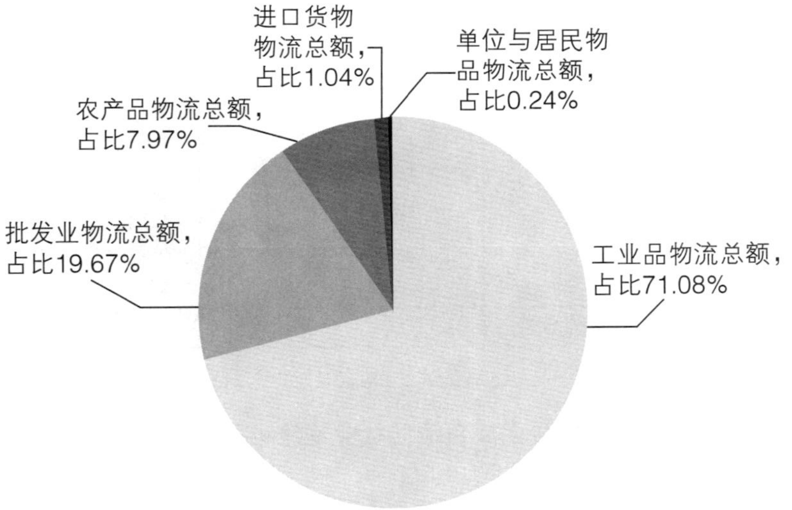

图3　2015 年宁夏回族自治区社会物流总额构成

二、社会物流总费用仍然偏高

2015 年，宁夏回族自治区社会物流总费用为 678 亿元，同比增长 1.2%，增速比第一、第二、第三季度分别回落 4.0 个、4.9 个、2.4 个百分点，增幅比上年同期降低 5.3 个百分点。社会物流总费用与 GDP 的比率为 23.3%，比上年同期低 1.1 个百分点，与全国相比仍处于高位运行。

从结构看，运输费用占总费用的 75.8%，增速同比增长 2.0%，增速比第一、第二、第三季度分别下降 2.1 个、3.9 个、1.0 个百分点，增幅比上年同期降低4.8个百分点；保管费用占总费用的17.6%，增速同比下降1.7%，增速比第一、第二、第三季度分别下降7.0个、7.0个、6.8个百分点，增幅比上年同期降低7.8个百分点；管理费用占总费用的6.6%，增速与上年持平，增速比第一、第二、第三季度分别回落20个、10.0个、6.7个百分点，增幅比上年同期降低4.7个百分点。

三、物流业增加值增速下降

2015年，宁夏回族自治区物流相关行业实现增加值338.27亿元，占宁夏回族自治区GDP的11.6%。按可比价格计算，同比下降1.7%，增速比上年同期回落3.6个百分点。其中：交通运输业、仓储、邮政业实现增加值200.66亿元，同比下降2.3%，增速比上年同期回落3.6个百分点；批发零售业实现增加值137.61亿元，同比下降0.6%，增速比上年同期回落3.4个百分点（见图4）。

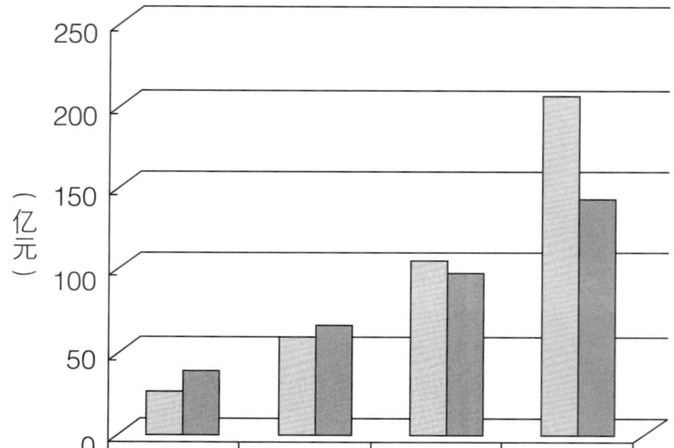

	1—3月	1—6月	1—9月	1—12月
□ 交通运输、仓储、邮政业	19.9	53.14	100.42	200.66
■ 批发零售业	32.73	61.52	92.49	137.61

图4　2015年宁夏回族自治区社会物流相关行业增加值走势

四、货运和货运周转量增速回升

受经济形势大环境的影响，2015年宁夏回族自治区全社会完成货运量43769.49万吨，同比增长3.1%，增速比上年同期回升2.3个百分点。全区累计完成货运周转量869.33亿吨·公里，同比下降0.6%，增速比上年同期回升3.4个百分点。

（一）铁路货运及货运周转量持续两位数下降

2015年，宁夏回族自治区完成铁路货运量5631.1万吨，同比下降19.4%，增速比上年同期回落2.2个百分点。在统计的13个大品类中有7个品类为正增长，6个品类为负增长。其中：煤炭完成1804.7万吨，同比减运797万吨、下降60.6%；石油、钢铁、粮食、化肥、化工、集装箱等分别完成 288. 8 万吨、133. 2 万吨、82. 3 万吨、88. 9 万吨、109. 2 万吨、164. 2 万吨，同比分别增长 14. 5%、92. 9%、8. 8%、17. 4%、30. 5% 和 33. 2%。铁路完成货运周转量 241. 7 亿吨·公里，同比下降 20. 4%，增速比上年同期回落 4. 1 个百分点。

（二）公路货运及货运周转量平稳增长

2015 年，宁夏回族自治区完成公路货运量 36994. 83 万吨，同比增长 7. 8%，增速比第一、第二、第三季度分别上升 5. 0、3. 3、1. 8 个百分点，增速比上年同期回升 2. 2 个百分点；完成公路货运周转量 571. 85 亿吨·公里，同比增长 7. 8%，增速比第一、第二、第三季度分别上升 3. 7 个、3. 5 个和 1. 8 个百分点，增速比上年同期增加 3. 7 个百分点。

（三）航空货运量同比增长

2015 年，宁夏回族自治区完成航空货运量 1. 27 万吨，同比增长 15. 9%，增速比第一、第二季度分别下降 12. 1 个、2. 3 个百分点，比第三季度增加 5. 6 个百分点，增幅比上年同期回落 8. 1 个百分点；完成航空货运周转量 2044. 2 万吨·公里，同比增长 18. 5%，增幅比上年同期回落 17. 2 个百分点。

（四）管道货运量小幅增长

2015 年，宁夏回族自治区完成管道货运量 1142. 3 万吨，同比增长 0. 4%，增速比第一、第三季度分别下降 38. 3 个、0. 9 个百分点，比第二季度提高 2. 4 个百分点，增幅比上年同期回升 2. 1 个百分点；完成管道货运周转量 55. 6 亿吨·公里，同比增长 38. 4%，增幅比上年同期提高 34. 6 个百分点（见图 5）。

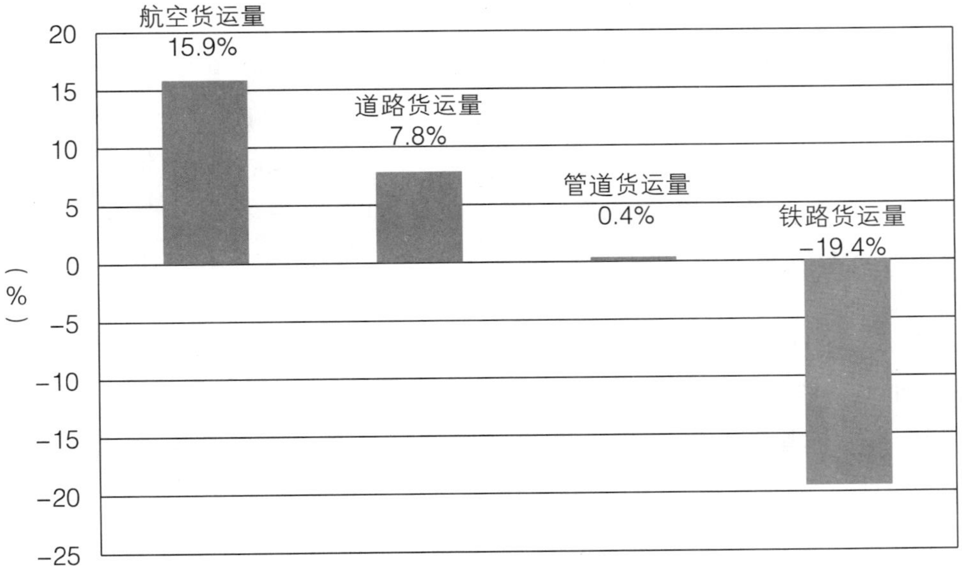

图 5　2015 年宁夏回族自治区货运量增长走势

五、物流业固定资产投资增速回落

2015 年，宁夏回族自治区完成物流业固定资产投资 302.55 亿元，同比增长 11.9%，增幅比第一、第二、第三季度分别回落 67.8 个、49.1 个、3.9 个百分点，增幅比上年同期回落 19.8 个百分点。比同期宁夏回族自治区全社会固定资产投资增幅高 1.5 个百分点。其中：交通运输仓储邮政业投资额同比增长 24.1%，增幅比第一、第二、第三季度分别回落 164.1 个、57.6 个、3.6 个百分点，增幅比上年同期回落 16.8 个百分点；批发零售业投资额同比下降 37.9%，增幅比第一、第三季度分别回升 8.8 个、0.8 个百分点，比第二季度回落 11.9 个百分点，增幅比上年同期回落 41.7 个百分点。

六、重点物流企业盈利能力整体偏弱

2015 年，宁夏回族自治区物流企业经营环境依然较为严峻，劳动力等刚性成本持续上涨，物流企业加快转型、变革与调整，物流企业盈利能力整体偏弱。当年全区重点考核的 42 家物流企业累计实现物流业务收入 22.34 亿元，同比下降 7%；实现物流业务成本 20.08 亿元，同比下降 3%，物流业务收入增速低于成本增速 4 个百分点；物流人员劳动报酬 1.79 亿元，同比增长 7%；实现物流业务利润 1.41 亿元，同比下降 43%；物流企业负债为 33.89 亿元，同比下降 96%。

七、重点企业物流规模增速放缓

2015 年，在整体需求放缓的背景下，宁夏回族自治区重点企业积极主动应对，严控成本，加快转型升级，其中部分企业产能过剩矛盾较为突出，企业销售总额增速有所回升，购进总额增速下降较大，物流成本增速回升。全年全区重点考核的 99 户企业实现销售总额 1059.89 亿元，同比下降 6%，增幅比第一、第二、第三季度分别回升 6.1 个、7.9 个、5 个百分点，增幅比上年同期回升 0.2 个百分点；实现企业购进总额 782.28 亿元，同比下降 49%，增幅比第一、第二、第三季度分别回落 19.9 个、29.5 个、26.0 个百分点，增幅比上年同期回落 25.7 个百分点；实现物流成本 63.39 亿元，同比增长 3%，增幅比第一、第二季度分别回升 2.3 个、3.0 个百分点，比第三季度回落 3 个百分点，增幅比上年同期回升 11.2 个百分点；年末存货比年初存货减少 3.9 亿元，同比下降 3%，增速比年初存货降 9 个百分点。

（刘汉才　顾宁军　宁夏现代物流协会）

2015 年石家庄市物流业发展情况

“十二五”以来，石家庄市物流业在各项利好政策的助推下，开拓进取创新发展，行业发展呈现稳步向好的态势。

一、物流业平稳较快发展

“十二五”以来，石家庄市物流业市场需求持续增加，物流业增加值不断增长，固定资产投资占全市投资的比重稳中有升。2015 年，物流业增加值完成 457.9 亿元，同比增长 10.4%，占 GDP 的 9.06%，占第三产业的 19.2%，为经济发展发挥了重要的支撑保障作用。

二、物流市场主体规模不断壮大

石家庄市现有物流企业 1815 家，企业从业人员 57108 人。全市现有 3A 级以上物流企业 8 家，其中 5A 级企业 2 家（河北省物流产业集团有限公司、冀铁集团公司）、4A 级企业 1 家（河北快运集团有限公司）、3A 级企业 5 家（河北冀运集团有限公司、河北顺邦物流集团有限公司、远成集团有限公司石家庄分公司、河北润丰物流有限公司、石家庄盛福源商贸有限公司）。

三、物流网络初具规模

石家庄市地处冀中南，北靠北京和天津，具有重要的地理位置优势，有较为发达的公路、铁路、航运基础条件和运输能力，是国务院批准定位的华北地区重要商埠，市场辐射面覆盖华北、东北、西北等广大地区，是中国北方重要的物流中心，现代物流网络体系已初具规模。已经建成了石家庄润丰物流园等大型物流园区，集公、铁、航联运于一体，形成完善的商品集散、商品中转、商品配送、货运代理、保税加工、信息服务、物流咨询、商品展示、电子商务等服务功能。此外，在建和谋划了诚通联众物流园、石家庄内陆港国际保税物流园区、石家庄北方农产品物流中心等多个现代物流重大项目。这些项目建成后，石家庄市的物流资源将得到有效整合和提升，现代物流的专业化、规模化、社会化将初步形成。

四、知名物流企业争相入驻

多个国际国内知名物流企业已经或准备入驻石家庄市：广东深国际物流、四川卓新物流入驻正定商贸物流产业聚集区；美国合众国际速递公司在综合保税区建设国际快件中心项目已签订合作框架协议；美国普洛斯集团已在藁城区完成物流项目备案；北京铁路局与高邑远鹏物流合作，共同建设高邑冀中南国际智能物流港；投资 16 亿元的中储石家庄物流中心项目已落户南部综合物流产业聚集区；中国物流公司投资 25 亿元的诚通联众物流园项目落户鹿泉绿岛开发区，一期已经竣工并投用；广东龙浩集团在空港投资 300 亿元建设航空物流中心项目已达成合作意向。上述重大物流项目的建成投用，必将大大提高石家庄市物流业自动化、标准化、信息化水平。

五、服务能力大幅提升

经过“十二五”期间的建设，石家庄市物流服务能力和水平大幅提升，以公路和铁路为主的大宗商品物流更加优化高效、冷链物流、医药物流等专业物流业态快速兴起，多式联运、甩挂、快递等物流形式蓬勃发展。物流信息化水平进一步提高，企业普遍通过信息技术对物流实施管理，物联网、云计算开始推广应用。物流信息平台建设快速推进，装卸搬运、分拣包装、加工配送等专用物流装备和智能标签、跟踪追溯等技术迅速推广。

（石家庄市发展改革委）

2015 年大连市物流业发展情况

“十二五”期间大连市物流业伴随着诸多利好因素快速发展，已成为仅次于装备制造业的第二大支柱产业，打破了以往大连市经济以装备制造、石化、造船、电子为支柱产业的格局，形成了“五朵金花”竞相绽放的新格局。

2015 年，面对复杂多变的市场形势和经济运行的下行压力，大连市政府继续加大对物流业发展的支持力度，全年地区物流业发展继续保持总体向好的局面。

一、物流需求增速回落，物流市场分化明显

2015 年大连市实现社会流总额 23528.7 亿元，同比下降 7.3%。其中：农产品物流总额为 879 亿元，同比增长 4.1%；工业品物流总额为 7280.3 亿元，同比下降 29.3%；市外流入物品物流总额为 15369.4 亿元，同比增长 7.9%。在市外流入物品物流总额中，进口货物物流总额为 3295.6 亿元，同比下降 16.5%；外市进市物流总额为 12073.8 亿元，同比增长 17.2%，大连市需求结构进一步优化。

（一）工业品物流需求大幅回落

受腹地经济增长缓慢、房地产市场低迷、产能过剩等多重因素影响，2015 年大连市工业品物流需求大幅下降，尤其是钢铁、煤炭等大宗生产资料物流需求下滑较为严重。数据显示，全年地区工业品销售产值同比下降 23.8%，煤炭吞吐量同比下降 9.9%，铁路钢铁装卸量同比下降 23.1%，钢铁销售产值同比下降 40.3%。

（二）进口市场疲软物流需求下降

据海关统计，2015 年大连市（按经营单位所在地统计，含省属在连企业）外贸进出口总值同比下降 14%。其中出口同比下降 12.1%，进口同比下降 15.7%。

（三）与民生相关的物流需求保持快速增长

2015 年，在“互联网 +”快速发展的带动下，大连市快递快运、冷链物流、电商物流等与民生相关的物流需求保持快速增长。据相关数据显示，2015 年大连市社会消费品零售总额同比增长 8.5%。2015 年大连市快递业务量达 6557.9 万件，同比增长 48.68%；快递收入达 133912.4 万元，同比增长 29.12%。2015 年大连市网络购物同比增长 52.8%。

二、社会物流总费用增速下降

2015年，大连市社会物流总费用为1221.6亿元，同比下降3%，增速较上年同期回落1.8个百分点，社会物流总费用占GDP比重15.8%，占比较上年同期回落0.6个百分点。其中：运输费用为733亿元，同比下降4.4%；保管费用为171亿元，同比下降2.3%；管理费用为317.6亿元，同比增长0.1%。

三、物流业增加值增速放缓

2015年，大连市物流业增加值为815.4亿元，同比增长3.0%，占大连市GDP比重的10.6%，较上年同期提高0.3个百分点，占比已由2011年的9.8%提升2015年的10.6%，物流业对地区经济增长的贡献率持续提升。

四、社会物流总收入平稳增长

2015年，大连市社会物流业务总收入为1488.6亿元，同比增长6.7%。其中：交通运输业、仓储业、邮政业收入为692.9亿元，同比增长4.2%，带动大连市规模以上服务业收入2.6个百分点；批发零售业收入为795.7亿元，同比增长9%，增速较上年同期提高13.9个百分点。

五、物流业固定资产投资规模大幅下降

2015年，大连市完成物流业固定资产投资491.5亿元，同比下降30.4%。其中：交通运输、仓储和邮政业完成395.8亿元，同比下降33.9%；批发零售业完成95.7亿元，同比下降10.8%。

六、物流市场主体规模不断扩大

2015年，大连市物流企业已达6211家，从业人员已超过13万人（其中中专以上学历人员占比近60%）。大连市物流行业形成了投资主体多元、分布领域广泛、中外企业竞相发展的新态势。随着物流行业转型升级做强做大的深入，一批优秀物流企业脱颖而出。截至2015年年底，大连市通过评审的3A级以上物流企业有25家，13家企业被评为“辽宁省现代物流示范企业”，4家被推荐为辽宁省服务业区域领军企业，3家企业入选全国首批《食品冷链物流追溯管理要求》国标试点企业。

2015年大连市加大了跨境电子商务政策扶持力度。2015年9月，颁布制定了《大连市跨境电子商务扶持资金管理暂行规定》；12月，组织大连市跨境电子商务服务平台申报辽宁省培育外贸竞争新优势项目；与阿里巴巴、谷歌签署了战略合作协议；先后举办了“大数据创新应用交流讲座暨谷歌精准营销助力中小企业转型升级专项培训”“推动大连市传统外贸企业跨境电商转型研讨会”等一系列推进活动，推动跨境电子商务发展环境不断优化。通过一系列创新活动，互联网+外贸的融合发展，取得了新的成效，以跨境电商为带动的外贸竞争新优势逐步显现，跨境电子商务的健康发展。截至2015年，大连市自建跨境电子商务平台217个，第三方平台326个，开展跨境电子商务企业达2350多家。截至2015年年底，金普新区跨境电商综合实验区暨中韩贸易合作区共有阿里巴巴等注册登记企业232家，签约入驻

企业210家，入驻运营企业78家，涵盖跨境电商领域上中下游全产业链。

2015年，大连市电子商务取得突破性发展。全年全市电子商务交易额达到3500亿元。大连和瓦房店成功争创为国家电子商务与物流快递协同发展试点城市和农村电子商务示范县，创建国家电子商务示范企业2家，省级电子商务集聚示范区2个，争取中央财政扶持资金4800万元。

（大连市发展改革委）

2015 年南京市物流业运行情况

2015 年，南京市物流业运行总体平稳，物流需求稳中有增，运行效率有所提高。根据物流直报系统统计和与物流发展相关的统计数据核算，2015 年南京市物流业发展情况如下。

一、社会物流总额

2015 年，南京市社会物流总额为 27787.52 亿元，同比增长 7.96%。其中：工业品物流总额为 15600.05 亿元，同比增长 7.19%，占社会物流总额的 56.14%；进口货物物流总额为 1355.36 亿元，同比下降 10.28%，占社会物流总额的 4.88%；农产品物流总额为 199.33 亿元，同比增长 8.29%，占社会物流总额的 0.72%；外省市商品购进额为 10476.99 亿元，同比增长 11.68%，占社会物流总额的 37.70%；其他为 155.79 亿元，占社会物流总额的 0.56%。

二、社会物流总费用

2015 年，南京市社会物流总费用为 1433.03 亿元，同比增长 7.59%。社会物流总费用与 GDP 的比率为 14.74%，比 2014 年下降 0.4 个百分点。物流总费用的构成为：运输费用 702.49 亿元，同比增长 6.95%，占社会物流总费用的 49.02%；保管费用 544.13 亿元，同比增长 8.43%，占社会物流总费用的 37.97%；管理费用 186.41 亿元，同比增长 7.60%，占社会物流总费用的 13.01%。

三、物流业增加值

2015 年，南京市物流业增加值为 655.72 亿元，按可比价格计算增长 8.41%，物流业增加值占全市服务业增加值的比重为 11.77%。

（南京市商务局）

2015年常州市物流业运行情况

2015年，在国内经济下行压力增大的形势下，常州市物流业运行总体态势较好，物流需求平稳，为常州市社会经济较快发展提供了支撑和保障。

2015年，常州市物流业运行情况如下：

一、社会物流总额

2015年，常州市社会物流总额为17436.4亿元，同比增长8.83%。其中：工业品物流总额为13936.6亿元，同比增长14.36%，占社会物流总额的79.93%；进口物流总额为422.8亿元，同比下降7.32%，占社会物流总额的2.42%；农产品物流总额为73.38亿元，同比增长5.83%，占社会物流总额的0.4%。

二、社会物流总费用

2015年，常州市社会物流总费用为747.79亿元，同比增长7.47%。其中：运输费用为386.88亿元，同比增长9.33%，占社会物流总费用的51.74%；保管费用为273.09亿元，同比增长8.8%，占社会物流总费用的36.52%；管理费用为87.83亿元，同比增长8.84%，占社会物流总费用的11.75%。

2015年常州市社会物流总费用与GDP的比率为14.2%，与2014年持平。

三、物流业增加值

2015年，常州市物流业增加值为337.2亿元，同比增长5.8%；占常州市服务业增加值的比重为12.9%。

（常州市经信委）

2015 年苏州市物流业发展情况

2015 年，面对工业生产低迷、消费增幅下降、外贸持续下滑的不利形势，苏州市贯彻落实国务院和江苏省政府的决策部署，以重大项目和载体建设为重点，充分发挥市场在资源配置中的决定性作用，加快转变物流业发展方式，苏州市物流业呈现总量平稳增长、结构调整步伐加快，发展质量不断提升的良好态势。

一、物流总量平稳增长，物流费用大幅上升

2015 年受工业产值基本持平和消费结构加快调整影响，苏州市物流市场在调整中保持低速增长态势。1—10 月，苏州全市完成全社会公路货运量 9716.8 万吨，同比增长 1.3%；完成水路货运量 921.2 万吨，同比增长 1.9%；完成铁路货运量 149.6 万吨，同比下降 18.3%。

2015 年，苏州市实现社会物流总额 3.99 万亿元，同比增长 0.72%，其中：工业品物流总额下降 0.35%、进口货物物流总额下降 3.51%；完成社会物流总费用 1768.2 亿元，同比增长 10.99%，其中：运输费用增长 15.16%、仓储费用增长 6.77%、管理费用增长 2.57%。

二、支持政策得到落实，港口物流增长较快

2015 年，苏州港完成货物吞吐量 5.4 亿吨，同比增长 13.4%，居世界第五，较 2014 年全球排名提升 2 个位次。其中：外贸货物吞吐量 1.42 亿吨，比 2014 年增长 15.5%；集装箱运量 510.2 万标准箱，比 2014 年增长 17.8%。由于苏州港不断优化口岸环境，区域性转运大港优势进一步显现，在大宗散货和集装箱等货种上，保持稳健增长。完成金属矿石 15095 万吨，同比增长 18.61%；完成煤炭及制品 13415 万吨，同比增长 9.6%；完成集装箱吞吐量 510 万标准箱，同比增长 17.77%。

2015 年以来，太仓港赴洋山港“五定班轮”已进入常态化运行；3 月，太仓港启运港退税政策正式落地实施，太仓港业务量快速增长。全年完成货物吞吐量 2.03 亿吨，同比上涨 29.75%；完成集装箱吞吐量 370.61 万标准箱，同比增长 21.24%。8 月，太仓华能煤炭储

运码头通过验收并正式对外开放，太仓港煤炭吞吐能力大幅提升，全年实现煤炭及制品吞吐量达 5506.24 万吨，同比增长 34.41%，呈激增态势。太仓港已成为长江下游主要的煤炭中转港。

三、保税物流持续下滑，进口业务下降明显

受外资向内地转移、自贸区政策“虹吸”效应以及清理外贸奖励政策等影响，2015 年苏州市保税物流业务持续下滑。1—10 月，苏州全市保税区进出境仓储或转口货物总值 418.24 亿美元，同比下降 10.4%；其中，出口下降 8.8%，进口下降 12.1%。保税仓库进出境货物 69.3 亿美元，同比下降 14.5%，其中，出口下降 0.4%，进口下降 21.4%。综合保税区、保税港区进出口维持 2014 年“一增三降”态势，苏州高新区综合保税区进出口总值同比增长 31.4%，苏州工业园区综保区进出口总值同比下降 7.3%，昆山综合保税区进出口总值同比下降 0.4%，张家港保税港区进出口总值同比下降 21.6%。苏州高新区综保区 2015 年实现货物贸易进出口总值 1041.46 亿元人民币，比 2014 年增长 31.4%，其中出口 660.17 亿元人民币，同比增长 23.0%，进口 381.28 亿元人民币，同比增长 49.3%。产业结构、业务形态和贸易方式不断优化，全年一般贸易增幅达 619.0%，海关特殊区域物流货物占比亦有较大提升，较 2014 年增长 92.1%。

四、集聚发展成效显著，各类效益同步提升

以公路运输、城乡共同配送为依托，苏州物流企业集聚发展势头看好。2015 年苏州传化公路港已集聚整合物流企业 584 家，建设运营辐射全国各大城市的零担快运专线近 300 条，截至 2015 年 10 月，公路港平台已实现营业额 20.44 亿元，入库税收 1 亿元；运宝网与互联网金融已投入运营，成功打造了“物流 + 互联网 + 金融服务”的发展模式。张家港玖隆物流园重点打造华东地区钢材物流的“信息中心、交易中心、结算中心、价格中心、加工中心”五大中心，园区已建成 40 万平方米高标准室内仓储设施、5 万平方米露天堆场，11.6 万平方米玖隆大厦投入使用；1—11 月，物流园营业收入 1116 亿元，新增入驻企业 233 家，新增注册资本 17.58 亿元，累计引入各类企业 1500 家，注册资本超 150 亿元，预计全年可突破 1300 亿元、利税超 3.5 亿元。

五、业务创新稳步推进，发展潜力普遍看好

江苏物润船联网络股份有限公司利用自主知识产权的 AIS 船舶定位技术，将水上物流运输与移动互联网深入融合，建立了中国水陆联运网公共服务平台，建立起水上物流大数据，为大宗生产资料企业、贸易商、物流企业、船厂、港口、码头和政府监管部门提供一站式智能物流服务和监管。

苏州高新区“苏满欧”班列自 2013 年 9 月运行以来，发运货量节节攀升。已成为国内运行速度最快、以小时计时的中欧班列。3 年来已由“苏满欧”一条线路，发展为东线“苏满欧”“苏满俄”和西线“苏新亚”的进出口双向国际铁路货运大通道。出口班列从每月开行 3 列，发展为每月开行 10 列。“苏满欧”班列经满洲里出境，经俄罗斯、白俄罗斯全境抵达

波兰华沙，全程11200公里，全程运输时间14天左右，比海运节省2/3的时间，货源为液晶显示屏、稳压电源等电子产品。2015年“苏满欧”国际货运班列发运货值达到8.66亿美元，同比增长418%。“‘苏满欧’国际班列已经成为华东地区连接欧洲、中亚各地的重要陆路国际运输通道，也成为苏州市、江苏省主动融入对接‘一带一路’国家战略的重要载体项目。”

昆山唯品会落户淀山湖以来发展迅速，2013年销售超过53亿元，税收贡献超过8000万元；2014年两家公司销售突破90亿元，税收突破1.2亿元，其中昆山公司销售达到52.8亿元；2015年1—10月，唯品会销售已达47亿元，全年可实现近80亿元的产出，纳税贡献突破1.5亿元。苏州南环桥批发市场积极拓展农产品社区配送业务，在建设社区农产品平价直销店和企事业单位配送的基础上发展建设了“食为天”网站，试行线上线下并行，全年预计可实现配送销售额7000万元。

六、重点项目进展顺利，部分项目竣工投产

2015年列入江苏省“十二五”物流规划的重点项目建设进展顺利，其中：苏州物流中心现代物流公共信息平台、吴江综合永鼎物流园、昆山（千灯）普罗斯物流项目、张家港正大富通连锁汽配服务中心、张家港玖隆钢铁物流中心等均竣工投运；吴江新地现代物流项目1号、2号、3号库主体已完工；苏州越海全球物流项目已建成一期二期库房辅房40800平方米，在建工程达44690平方米；昆山众品冷链物流项目一号库房已投运，2号库房正在施工；张家港保税区进口汽车物流园汽车口岸码头、堆场、运营公司、航线、检测站、上牌点等软硬件配套设施已完成，宝马旗舰店、庞大项目、云峰集团项目进展顺利。

（苏州发展改革委）

2015 年南通市物流业发展情况

2015 年，在市委、市政府的正确领导下，南通市按照“加快建设服务长三角和长江流域的区域现代物流中心”要求，以载体打造、项目建设、企业培育为抓手，以加速产业集聚、强化资源整合、提升物流效能为导向，强化目标考核，力求工作创新，加速推进现代物流业发展。

一、物流总量平稳增长

2015 年，南通市实现交通运输、仓储及邮政业增加值 220.3 亿元，比上年增长 3.1%。南通市全年完成物流业总量 6.16 亿吨，同比增长 12.0%。全年完成公路货运量 111662 万吨，比上年增长 3.4%。完成港口货物吞吐量 22077 万吨，比上年增长 1.1%，其中：进港货物吞吐量 13043 万吨，比上年增长 0.2%；外贸吞吐量 5152 万吨，比上年增长 7.0%。港口完成集装箱吞吐量 75.9 万标准箱，比上年增长 6.7%，其中外贸航线 31.3 万标准箱，比上年下降 1.1%。民航完成货邮吞吐量 3.61 万吨，比上年增长 13.3%。

2015 年南通港完成煤炭吞吐量 4968.5 万吨，同比下降 5.3%；完成金属矿石吞吐量 5682.4 万吨，同比下降 7.4%，两项合计同比下降6.4%。2015 年南通港的水泥、矿建材料、粮食和非金属矿石四个货类的吞吐量分别净增 236.1 万吨、201.2 万吨、161.7 万吨、161.5 万吨，紧跟其后的是石油及制品、化肥及农药，分别净增 90.9 万吨、56.1 万吨，大宗货运量上升。

二、规模企业发展迅速，骨干企业运行良好

2015 年南通市有两家物流企业进入中国物流企业 50 强行列。其中：南通市林森物流集团有限公司以主营业务收入 24.2 亿，列第 43 名；江苏（海安）商贸物流产业开发区以主营收入 18.8 亿，列第 50 名。截至 2015 年年底，南通市规模物流企业达 200 家，实现业务总收入约 210 亿元，同比增长 20% 以上。截至 2015 年年底，南通市 A 级以上物流企业突破 100 家，全市省重点物流企业升至 24 家。

2015 年海门叠石桥物流网络已覆盖全国 300 多个城市和地区，全年实现货运总量 240

多万吨。南通经济技术开发区集中了一批体量较大的物流企业，如百成大达、大地物流、一德物流、嘉达港务、中化储运等进入全市物流企业应税销售前二十强，同时也集中了一批规模大、仓储容量大的贸易企业，如东海石化全年应税销售超过40亿元，长江石化约35亿元、天诚石化15亿元，这类企业全年应税销售合计超百亿元。

三、集聚效应初步显现

“十二五”时期，南通市物流基础设施建设有序推进。截至2015年年底，南通市已有南通综合物流示范园、江苏海安商贸物流园、南通洋口港现代物流产业园等11个重点物流园区，其中省级物流基地5家，园区内物流企业达500家，物流业务总收入超过70亿元，同比增长30%以上。

2015年南通综合物流示范园、江苏海安商贸物流园积极申报省级示范物流园区。如皋港信息交易中心基本建成即将投入运营，物流总部大厦已有部分企业入驻。如皋港保税物流中心（B型）已获国家海关总署等四部委批准，一期保税、监管仓库建成运营；二期仓库、堆场、办公设施等基本建成，2015年已通过省海关初验。2015年南通市被列为国家二级物流园区布局城市。

四、项目建设稳步推进

2015年，南通市继续安排了一批重点现代物流项目，落实具体责任人，加强项目库管理，形成“开工一批、竣工一批、达产一批、储备一批”的良好格局。重点建设了崇川农副产品物流中心二期、南通粮食物流中心、林森物流二期等一批最重点物流项目；依托如东洋口港、如皋港区、吕四港区，积极推进大型天然气、成品油、煤炭交易中心建设；海安棉花物流中心、通州棉花仓储配送中心、国际棉花交易服务中心等一批项目也陆续投运；通州湾华东商贸城、国际物流园以及华电煤炭集散交易中心等项目落户，通州湾综合物流保税仓库2栋共4万平方米的仓库主体在建，通州湾电子商务城主体基本竣工，以通州湾电商城为平台的江海国际（南通）商品贸易中心正在快速筹建，江苏（通州湾）—东盟大宗商品贸易中心已向省政府申报；南通市开发区江苏百成大达物流有限公司投资1.86亿元的长三角零担货物快速分流配送网项目已投入运营，全年实现应税收入近2亿元；2015年南通市苏通科技产业园区吸引了南通宇培仓储有限公司、南通苏普仓储有限公司、乐歌物流（南通）有限公司、江苏中投国际物流有限公司等一批重大物流项目落户。

2015年南通市交通物流设施建设加快。沪通长江大桥加快建设，宁启铁路复线电气化改造竣工试运营，宁启铁路二期开工建设；通洋高速一期建成通车，海启高速开工建设，锡通高速完成前期工作，形成“一环三射两通道”的高速公路网布局，实现高速公路县级节点全面通达；兴东机场一类航空开放口岸获批；连申线三级航道建成通航，九圩港复线船闸开工建设。

五、快递业务快速增长

2015年南通市快递服务企业业务量完成12503.38万件，同比增长41.27%；快递业务收入完成15.30亿元，同比增长34.28%。快递业务收入占行业总收入的比重为53.57%，比上年提高3.7个百分点。

同城快递业务增势强劲。2015年南通市同城快递业务量完成2142.21万件，同比增长87.51%；实现业务收入1.50亿元，同比增长85.75%。

异地快递业务快速增长。2015年南通市异地快递业务量完成10222.07万件，同比增长34.72%；实现业务收入10.08亿元，同比增长31.72%。

国际及港澳台快递业务稳定增长。全年国际及港澳台快递业务量完成139.10万件，同比增长15.44%；实现业务收入2.30亿元，同比增长2.28%。

民营快递企业持续快速发展。2015年南通市国有快递企业业务量完成1661万件，实现业务收入2.28亿元；民营快递企业业务量完成10778万件，实现业务收入11.51亿元；外资快递企业业务量完成64.38万件，实现业务收入1.51亿元。国有、民营、外资快递企业业务量市场份额分别为13.28%、86.20%和0.52%，业务收入市场份额分别为14.9%、75.23%和9.87%，与上年相比，民营快递企业市场份额持续提升。

六、物流技术应用不断加快

南通电子口岸建设自2013年正式启动以来，南通市物流企业信息应用能力提升明显。南通港口集团通过港航EDI（电子数据交换）系统建设，已经实现与上海港航EDI系统联网；如皋港现代物流基地引进了先进的物联网技术，建立了如皋港现代物流电子信息平台；海安县委托惠普（中国）有限公司和奥铁士信息科技（江苏）有限公司开发海安物流公共信息平台。我市部分园区和物流企业在原有信息系统基础上，进一步采用物联网、RFID（无线射频识别）技术、NFC（近距离无线通讯）等先进技术，提升数据收集能力，科技创新能力不断增强。

（南通市经信委）

2015年盐城市物流业发展情况

2015年盐城市物流业呈平稳增长态势，基础投入显著增加，规模不断扩大，企业快速成长，效率逐步提高。

一、行业发展指标全面增长

2015年盐城市社会物流总额达1.25万亿元，同比增长16.2%；物流业增加值达350亿元，同比增长16.7%。总体看，2015年盐城市物流业发展的各项指标呈全面增长态势：盐城市物流企业中营业收入亿元以上的企业35家，省级重点物流企业达16家，省级物流基地6家，均处苏北首位；全年完成全社会货运量1.56亿吨，同比增长4.9%，货运周转量392亿吨公里，同比增长5%；民航货邮吞吐量3006吨，同比增长39%；沿海港口完成货物吞吐量7574.8万吨，同比增长24.1%，其中大丰港区累计完成货物吞吐量4487.83万吨，同比增长9.5%。盐城市实现集装箱吞吐17.08万标箱，同比增长65.5%；完成外贸吞吐量881.13万吨，同比增长32.9%。盐城市邮政企业和规模以上快递服务企业业务收入12.39亿元，同比增长24.9%。

二、物流基础设施建设取得突破

2015年盐城市物流行业发展的良好态势，得益于长期以来市政府及相关企业对物流基础设施的投入。多年来盐城市重点支持具有货运枢纽功能的综合型物流园区的建设，加快建设满足两种运输方式有效衔接的多式联运项目以及适合组织甩挂运输的物流基地项目和物流作业相关基础设施。按照交通运输部推广传化“公路港”模式要求，盐城市积极与苏州传化公路港集团开展合作洽谈，建设了盐城公路港物流项目。截至2015年，盐城市拥有盐城现代物流园区、大丰港物流中心、城西南现代物流园区及江苏里下河物流园区4个省级重点物流基地，江苏悦达环球物流、盐城中远物流有限公司等9家省级重点物流企业，形成了以市区为中心，各县城和港区为节点、沿204国道、沿海高速带状分布的物流功能集中区的架构，物流基地的辐射和带动作用逐步显现。

2015年，盐城港“一港四区”建成万吨级码头泊位17个，货物吞吐量大幅增长。南洋机场改扩建工程顺利推进，临海高等级公路全线贯通，沿海综合交通体系基本形成。重大产业项目取得突破，列入省沿海开发五年推进计划的 78 个重点项目，累计完成投资 3626 亿元。50 多家央企在盐投资 85 个重大项目，总投资 1828 亿元。

三、特色物流日益显现

2015 年盐城市物流业发展特色日益明显，大丰港的港口物流、市现代物流园区商贸物流、城南物流园区汽车物流、城市配送物流、里下河物流园区特种钢材物流和煤炭物流均展现了与众不同的特色。第一是汽车物流规模较大、技术装备较为先进，代表企业是悦达物流、车城物流、久盈鑫物流三大物流公司。第二是医药物流强劲，总量位居浙江省第一名，代表企业是华晓医药物流、国药物流和康生医药物流等。第三是快递物流高速发展，业务量年增长 40% 以上。第四是农产品物流体量大，如银海农家乐棉花拥有亚洲最大的棉花仓储库，宏健粮油、中储棉、中储粮和华东农产品物流中心的规模都比较大。此外，烟草物流、盐业物流、化工物流、食品冷链、水产品物流等特色物流也呈现持续发展的势头。

盐城市从 2006 年就重视专业物流园区的规划建设，强调建设工业园区和专业市场的物流服务功能区，更好地发挥行业集聚优势，行业发展集聚优势明显。2015 年大丰港物流园区（国际中转物流）、阜宁港物流园区（区域节点中转物流）、建湖里下河物流园区（专业市场配送物流）、盐城现代物流园区（都市商贸物流）、盐城城西南物流园区（服务产业基地的工业物流）、华东农产品物流中心（区域农产品配送物流）等为经济社会转型提供了重要支撑。

盐城市西南现代物流园规划总面积 3 平方公里，是江苏省重点物流基地、江苏省现代服务业集聚区、江苏省示范物流园区和省电子商务示范基地。自启动建设以来，积极打造区域性现代商贸物流中心，目前，核心区已引进、建设亿元以上物流项目 25 个，电商快递项目 65 个。形成以悦达摩比斯和神龙物流为代表的汽车零部件和整车物流、以苏宁云商和格力电器为代表的家用电器物流、以华晓医药和万佳医药为代表的医药物流、以天地汇亚邦公路港和神龙公路港为代表的公路港物流、以中邮 EMS 和顺丰快递为龙头的快递物流的集群式发展态势。2015 年，实现主营业务收入 60 亿元，税收 2.9 亿元。

四、新兴业态迅猛发展

2015 年盐城市物流业新兴业态发展良好。首先是电子商务增势迅猛，全年全市完成电子商务交易额 1200 亿元，比上年增长 26.3%；网络零售额 158 亿元，比上年增长 31.6%。2015 年盐城市在 B2B 电商平台注册的企业近 1 万家，经阿里巴巴、中国制造网实地认证的企业 500 多家；B2C 在天猫商城注册 600 多家。同时农村电商发展迅速，正在成为苏北农村电商的重要增长点。目前，东台市已被确定为国家级电子商务进农村综合示范县，另有建湖县等 1 县、14 村被列入省级农村电商示范。其次是建立线上线下相结合的鲜活农产品社区直供网络，打通农产品流通“最后一公里”。全年累计建成直供点 120 个，直供蔬菜 150 多种，价格低于市场均价 15% 以上，惠及全市城乡 120 多个社区、100 多万居民。

（盐城市经信委）

2015 年无锡市物流业发展情况

2015 年，无锡市物流业在调整结构转型升级的同时，基础设施、技术装备和信息化水平得到提升，全行业呈现出较好的发展势头。已初步形成公路货运为主体、水路货运为特色、铁路货运为补充、航空物流为新增长点的布局合理、衔接有序、能力充分的发展格局，具备高新综合保税区、长江综合物流一类口岸、运河二类口岸和铁路二类口岸，并呈现综合化、规模化、专业化的特点。

一、物流市场规模不断扩大

2015 年无锡市实现货运总量 16056 万吨，同比增长 5.35%；实现港口吞吐量 19864 万吨，同比增长 5.02%。全年完成公路货运量 1.3 亿吨，货物周转量 146.7 亿吨公里，分别同比增长 2.5% 和 7.4%；完成水路货运量 2503 万吨，货物周转量 282.5 亿吨公里，分别同比增长 6.2% 和 4.3%。无锡规模以上港口完成货物吞吐量 2 亿吨，同比下降 1.4%，其中江阴港完成货物吞吐量 1.2 亿吨，同比增长 0.5%。

2015 年无锡市规模以上港口完成外贸吞吐量 1581 万吨，同比增长 7.1%，其中江阴港完成 1558 万吨，同比分别增长 7.3%。港口集装箱吞吐量下降较快。无锡规模以上港口完成集装箱吞吐量 48 万标准箱，同比下降 13.0%，其中江阴港完成 45 万标准箱、同比下降 13.6%。煤炭、矿建、金属矿石和钢铁四大货种完成吞吐量 1.5 亿吨，同比下降 1.0%。其中：煤炭保持增长，同比增长 0.3%；钢铁、矿建持续下降，同比分别下降 5.5% 和 6.2%；金属矿石企稳回升，同比增速从上半年的 -9.9% 回升为当前的 6.0%。

机场生产总体保持稳定增长。无锡苏南国际机场完成货邮吞吐量 8.9 万吨，同比下降 7.6%。

2015 年无锡市已有专业货运市场 37 个，仓储面积 2500 多万平方米。截至 2015 年年底无锡市有 19 家各类物流园区，占地面积 3000 多万平方米，入驻物流企业总数近 3800 家，其中 7 家物流园区被省发改委命名为省级服务业集聚区。

截至 2015 年年底，无锡市有道路货运经营业户 14895 家；道路运输货物营运车辆 7.1 万辆，吨位数达 53.13 万吨，同比增长 4.5%

和 8.5%；户均车辆数 100 辆以上的道路货运企业 139 家，同比增长 1.5%。

2015 年，无锡市规模以上快递服务企业业务量完成 26662.38 万件，比上年增长 44.1%。

二、城市配送工作成效初显

截至 2015 年年底，无锡市共有城市配送试点企业 6 家，城市配送试点车辆 70 辆，试点企业已运营 200 多家服务网点的商品配送。根据城市配送发展的基础，出台了《无锡市城市共同配送试点企业实施方案》和《无锡市城市共同配送试点车辆标志使用暂行标准》，编制了《城市配送试点企业质量信誉考核办法》。基本建成无锡市城市配送信息服务平台，试点企业信息化、智能化水平得到有效提升。

三、物流基础设施建设步伐加快

2015 年无锡市加快物流基础设施建设投资力度，其中：中国邮政速递物流无锡长三角邮件集散中心一期工程总建筑面积 17.48 万平方米，总投资 8.59 亿元；无锡西站物流园区已完成投资 3.5 亿元；金南物联甩挂运输股份有限公司甩挂运输场站项目占地 80 亩，总建筑面积 6.4 万平方米，总投资 3.5 亿元等。金南物流目前已建成以北塘为中心，新区、惠山、江阴、宜兴四大配送基地，形成总部中心管理、辐射区域基地的城市配送体系，并实现甩挂运输与城市配送的无缝衔接。通过与美的、小天鹅、荣事达、海尔等大型企业的战略合作，结合自主研发的基于智能化、信息化的管理系统，提供专业化仓储加工配送服务，业务涵盖供应链一体化的各个环节，为将来提供全程物流服务做出了铺垫。

2015 年无锡市物流园区建设成效显著，西站物流成功申报成为国家级物流园区，无锡成为同类型城市中唯一拥有 2 个国家级物流园区的城市。甩挂运输有效推进。培育市级甩挂运输试点 1 家，协助部省完成金南物流国家级甩挂试点的考核工作，完成申报 2015 年甩挂车辆购置奖励工作。

无锡西站物流园是以大规模原材料集散及提供综合服务为主的物流园区。西站物流以铁公水多式联运为核心，在 2.5 公里引航河道上建成 15 个 500~1000 吨级泊位，年设计最大运力为 470 万吨。依托新长铁路藕塘编组站，投资建设 5 条铁路专用线，其中包括 2 条贯通式装卸线（有效长 850 米）、3 条尽头式装卸线（有效长 380 米），年设计最大运力为 400 万吨，发挥着区域枢纽的重要作用。目前园区已建成各类物流仓储、设施和专业市场近 100 万平方米，物流实际运营面积 200 万平方米。中国五矿、天津物产和浙江物产等一批世界 500 强企业先后在园区投资设立区域性总部基地。深国际等一批国内外知名电商物流企业也纷纷落户园区。西站物流园 2015 年被命名为省级物流示范园区。

四、制度创新提升竞争力

2015 年无锡市物流企业转型升级步伐加快，制度创新助推行业企业成为省内最大干线运输联盟企业，为以后供应链上游的整合打下了坚实的基础。

无锡众盟物流股份有限公司是由无锡夏氏、诚亿物流、中卡物流等多家中小物流企业采用股份制合作方式联合成立，联盟成员结构分为联盟股东、授权加盟商和业务合作伙伴。众盟物流通过走集约化路线，整合各企业间快货专线运输。联盟成立以来，联盟的业务范围由原来的覆盖全国 20 个城市发展到覆盖 30 多个城市，实现城市服务范围覆盖率提高了 50% 以上。截至 2015 年年底，无锡市中小物流联盟金品专线达 115 条。

五、物流业发展特点纷呈

综观全市交通物流业发展，基本呈现出综合化、规模化、专业化的特点：一是以西站物流、高新物流为代表的以大规模原材料集散及提供综合服务为主的物流园区，其特点是运输方式多样，具备多式联运的功能，可以发挥区域枢纽的重要作用；二是以禾健物流为代表的以整合社会货运资源为主的物流园区，其特点是通过兼并重组走规模化、信息化服务的道路，发展交通物流整合社会闲散资源；三是以金南物流为代表的提供专业化仓储加工配送的物流企业，其特点是通过为大型企业提供专业化服务，为将来提供全程物流服务做出了铺垫；四是以众盟物流为代表的以整合干线运输资源为主的中小企业联盟，其特点是通过走线路集约化、联盟化的道路，推动物流行业的整合发展，现在已成为省内最大干线运输联盟企业，为以后供应链上游的整合打下坚实的基础；五是以华讯方舟为代表的搞科技物流信息化企业，其特点是通过走“互联网 + 物流”的道路，大幅度提高效率降低运行成本，在推动物流行业转型升级的同时，为将来物流行业的发展指明了一条路径。

（无锡市经信委）

2015 年扬州市物流业发展情况

2015 年在经济增长迈向“新常态”、三大需求以及三次产业由“高速增长”转为“中高速增长”的背景下，扬州市物流发展呈现总量规模增速放缓、物流成本平稳降低的态势，快递物流、航空物流、医药物流等专业物流加快发展。

一、物流业发展概况

（一）物流业总量规模增速放缓

2015 年扬州市物流业保持平稳增长，物流增加值为 259. 6 亿元，比“十二五”初的 2011 年增加了 103. 2 亿元，年均增长 13. 5%，高于扬州市 GDP 年均增速 2. 3 个百分点，低于“十二五”年均增速目标 1. 5 个百分点。受经济下行压力影响，“十二五”期间扬州市物流增加值增速放缓，总体呈现“M”走势，如图 1 所示。

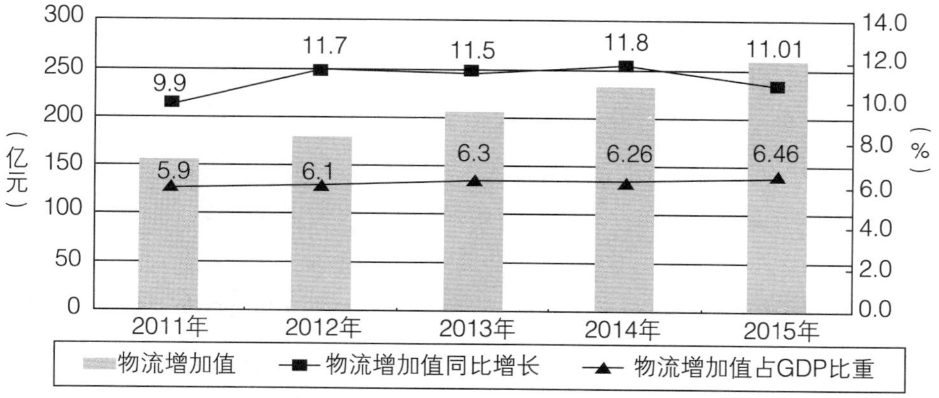

图 1　“十二五”期间扬州市物流增加值走势

数据来源：《扬州统计年鉴》《扬州市物流统计公报》。

（二）工业品物流主导地位突出

2015年，扬州市社会物流总额12087.99亿元，同比增长10.06%，其中工业品物流总额9399.12亿元，同比增长8.73%，占社会物流总额的77.76%。对比五大类物流总额数据，“十二五”期间，扬州市工业品物流始终占据主导地位，占扬州市社会物流总额比重达75%以上。

（三）社会物流总费用平稳降低

“十二五”期间，扬州市物流总费用整体呈现平稳下降趋势。2015年扬州市社会物流总费用占GDP比重为15.1%，比2011年的15.6%降低了0.5个百分点，比“十一五”期末降低了1.5个百分点（见图2）。从费用构成来看，总体运输费用占比呈下降趋势，保管费用占比呈增长趋势，管理费用占比基本保持不变。

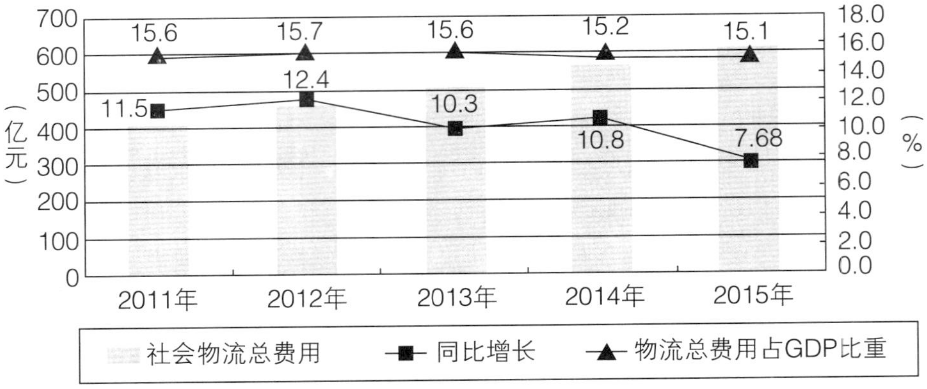

图2 “十二五”期间扬州市物流总费用走势

数据来源：《扬州市物流统计公报》。

（四）初步构建三级物流体系

“十二五”期间，扬州市基本构建了“物流集聚区—物流基地—农村物流示范点”三级物流体系。截至2015年年底，扬州市拥有市级以上物流集聚区共计9家，其中：省级物流集聚区2家、省级物流基地3家、省级农村交通物流基地2家。2015年，9家市级以上物流集聚区累计完成固定资产投资35.0亿元，同比增长20.7%；实现营业收入403.8亿元，同比增长8.8%。

（五）物流基础设施逐步完善

截至2015年年底，扬州市共有生产用码头泊位350个，设计吞吐量能力12337万吨，最大靠泊能力10万吨级；拥有航道183条，总里程2298.6公里（含京杭运河扬州段127.5公里），其中等级航道516.2公里；拥有公路里程达10641.7公里，其中高速公路317.8公里、等级公路占比达88.2%；拥有一类航空口岸——扬州泰州机场，共开通北京、深圳等国内热点航线19条；拥有宁启、连淮扬镇等铁路途径。随着区域性交通枢纽的不断完善，扬州铁路、公路、水路、空港有力支撑起了货物联运和口岸互通的框架。

二、行业物流发展情况

（一）四种运输方式物流发展概况

1. 公路货运总量负增长

截至2015年12月，在扬州注册的公路物流企业共计1590家（含分支机构，另从事道路运输货运经营业户约3.6万户），占物流企业总量的75.3%。其中：道路危险货物运输物流企业50家、专业货物运输物流企业（集装箱、罐式或冷链）124家、普通货物运输物流企业1110家；共有营运货车总数4.6万辆、30.1万载重吨。公路物流企业是扬州市物流企业的主体，“十二五”期间，扬州市公路物流企业承担的公路货运量占扬州市货运总量的55%以上，然而从发展速度来看，公路货运规模增长滞缓，2011—2015年扬州市公路货运总量、公路货运周转量年均增长-0.8%、8.55%。

2. 水路、港口物流增长趋缓

截至2015年12月，已在扬州市注册的从事港口、水路运输及其相关企业共计242家，占企业总量的16.0%，其中：水路普通货物运输物流企业72家，水路危险货物运输物流企业14家，货代、船代等代理企业130家，港务相关企业26家；共有货船3083艘、479万吨，其中：标准船型船舶478艘、专用运输船舶452艘。“十二五”期间，扬州市水路物流发挥运输距离优势，水路货运周转量占扬州市货运周转量的60%以上，年均增长9.1%；港口货物吞吐量年均增长6.9%，其中集装箱吞吐量年均增长10.6%。

3. 铁路物流规模较小

扬州市拥有宁启铁路沿线3个铁路站，以客运为主。截至2015年12月，已在扬州市注册的铁路运输相关物流企业共计21家，其中：铁路运输代理企业15家、铁路运输企业6家（4家为中铁快运分支机构），铁路物流规模较小。

4. 航空运输快速发展

扬州市拥有一类航空口岸——扬州泰州机场19条航线。截至2015年12月，扬州市共有在扬注册航空物流相关企业24家，其中：航空运输代理企业23家、航空运输企业1家（为深圳航空分支机构）。截至2015年年底，扬州泰州机场货邮吞吐量为6169.4吨，同比增长30.7%，总量位居江苏全省9大机场第6位，增速位居江苏全省9大机场第2位。

5. 管道运输方兴未艾

目前，扬州市境内油气长输管道总长已达380.62公里。其中，投入运营或试运营的管道有4条，即中石油西气东输冀宁管道扬州段（165.7公里，管输能力245亿立方米/年）、中石化川气东送江苏仪征段（39.6公里）、中石化管道储运公司扬州仪征段（73.36公里，管输能力6000吨/年）、中石化苏北成品油管线扬州段（91.8公里）。此外，尚有江苏油田扬州境内原油输送管道、扬州境内各燃气公司连接主干道的支线和大型燃机发电企业天然气专线等。

（二）行业物流发展概况

1. 快递物流持续高速增长

近几年电子商务作为新兴流通方式促进快递物流快速发展。截至2015年年底，扬州市已列入统计的快递企业64家（不含分支机构），运营快递企业有EMS、顺丰、圆通、申通、中通等34个品牌。根据自2013年扬州市规模以上快递服务企业业务量、业务收入统计数据来看，快递物流爆发式增长，年均增速分别达49.7%和38.9%。

2. 汽车物流总体低迷

目前，围绕上汽大众第五工厂30万辆整车生产，在仪征注册的汽车物流企业共计25家，其中：提供整车及零部件仓储、运输、整车出厂和零部件线上装配物流服务的企业18家，从事整车和配件销售、仓储和配送的7家。集聚在仪征汽车物流园内的汽车物流企业占比达92%以上。2014年，仪征汽车物流产业共实现营业收入8.6亿元，汽车物流产业初具规模。受宏观经济影响，2015年，围绕上汽大众第五工厂30万量整车生产的汽车物流企业共实现汽车物流营业收入7.1亿元，同比下降17.4%，汽车物流总体低迷。

3. 医药物流加快第三方化

国药控股扬州有限公司建设经营的国药控股医药物流中心，是国药控股在江苏省设立的唯一一家医药物流集散配送中心，也是扬州市仅有的一家具有规模的医药物流中心，主要承接国药控股集团药品配送业务。经过多年建设，国药控股扬州有限公司已在扬基本构建了医药“物流分拨中心—公共配送中心—末端配送网点”三级共同配送网络。目前，国药控股响应市场需求，引入“互联网+”思维，加快整合电子商务业务和第三方物流配送功能，促进国药控股医药物流中心第三方化发展。2015年国药控股医药物流中心实现营业收入35.5亿元，同比增长10%。

4. 冷链物流加快发展

截至2015年12月，扬州市共有冷链物流运输企业10家，共有冷库总容量6.29万吨，其中：冷冻容量1.25万吨、冷藏容量5.04万吨；加工冷藏能力6万吨；加工冷冻能力3.1万吨。自2013起，扬州市通过引进重庆万吨农产品加工及冷链物流配送基地等项目，以食品工业园冷链物流集聚区为载体，进一步完善鲜活农畜产品储藏、加工、运输和配送等冷链物流基础设施，冷库容量不断增加。

5. 石化物流规模持续稳定

长江石化物流中心是江苏省省级重点物流基地，是扬州化学工业园区石化物流产业发展的主要载体，共拥有各类储罐508座、容积290.8万立方米，其中保税储罐50.33万立方米。长江石化物流中心经过多年发展，已初步成为国内有较大影响力的乙烯、丙烯仓储中转基地，其中：低温乙烯储罐建成7.5万立方米，年周转能力达100万吨；丙烯储罐建成近5万立方米，年周转能力达60万吨。预计中石化商业储备油库等在建项目建成后，各类储罐容积将超过400万立方米，有望成为全国内河最大的石化物流港、长江沿线最大的石化仓储基地。2015年长江石化物流中心实现物流业营业收入19.4亿元，同比增长4.3%，石化物流规模持续稳定。

6. 粮食物流平稳发展

截至2015年12月，扬州市共有粮食仓储企业62家，仓容159万吨。其中：国有企业56家，仓容136.8万吨；民营、外资企业6家，仓容22.2万吨。粮食仓储企业主要集中在江都、高邮、宝应等粮食主产区，占比高达74.2%。随着全国新增1000亿斤粮食生产能力规划的实施，自2014年起，扬州市加快粮食仓储的旧房改造及扩容，预计“十三五”期末，扬州市粮食仓容将达185万吨，粮食物流发展将进入加速期。

7. 农村物流网络格局初步形成

近年来为畅通城乡双向物流渠道，扬州市政府加大了农村产业布局和城市物流的延伸，截至2015年12月，扬州市已建成省级农村交通物流基地8个，其中：服务农副产品运输的基地3个、服务农用物资运输的基地3个、服务农村生活用品运输的基地2个；设置了60个货物配载点。这些基地和货物配载点的服务范围覆盖扬州市80%的乡镇，扬州市初步形成农村区域物流网络格局。

三、加快物流业发展的思路

总体看“十二五”时期扬州市物流业发展成效显著，但若要完成扬州市“十三五”规划中确定的社会物流总费用占 GDP 比重下降到14.5%、物流业增加值年均增长10%的发展目标，还需要在理清自身问题的同时制定可行的解决方案，更需要政府部门、企业和社会相关各方的齐心协力。

目前扬州市物流业发展存在一些问题，比较突出有四点：

一是本地规模物流企业偏少，竞争力不强。截至2015年12月，扬州市拥有规模以上（即年营业收入1000万元以上或就业人数50人以上）物流企业231家，A级物流企业26家，分别占物流企业总量的10.9%和1.2%，规模物流企业总量偏少，且企业竞争力不强。以三大专业物流行业为例，汽车物流：仪征25家汽车物流企业物流营业收入仅占30万辆整车及其零部件物流营业总业务收入的1/6，一半以上在仪征运营的汽车物流企业未在仪征注册和纳税；快递物流：扬州快递物流基本被申通、顺丰、圆通等非本地快递品牌瓜分，2015年外地品牌快递业务量占扬州市的比重为100%。水运代理：目前在扬注册从事货代、船代业务的企业分别为147家、48家，其中39.3%和31.3%为外地大型代理企业分支机构，主要集中在上海、南京等地。宏观经济下行将加剧物流企业竞争压力。

二是物流资源有待整合，物流集约化、规模化发展有待提升。根据“十三五”规划建设的物流园区统计，目前，扬州市各地累计布局物流园区25个，其中现有园区7个、在建或待建园区18个。“十二五”期间，扬州市共建重大物流项目（即总投资10亿元或1亿美元以上项目）21个，项目总投资184.3亿元，其中：在建10个、竣工投产11个。“十三五”拟实施重大物流项目34个，项目计划总投资515.2亿元，其中结转建设项目9个、规划待建项目25个。物流园区盲目设计和重复建设的现象在“十三五”规划设计过程中依然存在，将继续导致扬州市物流园区遍地开花的现象存在。

三是现代化物流基础发展滞后，物流质态有待提升。从集疏运体系来看，扬州市基本实现了公路、水路、铁路、航空口岸、管道“五位一体”，但五种运输方式缺乏无缝连接，集疏运体系有待完善。从物流组织方式来看，“十二五”期间，扬州市仅开展了扬州—成都（扬州—水—重庆—公—成都）1条公水联运试点和扬州港集装箱、扬州天成物流、扬州三笑物流3个物流甩挂试点项目，甩挂和多式联运等现代化物流方式的应用亟待加强。从信息化应用水平来看，目前，除扬州长江石化物流中心、扬州公铁水联运物流集聚区及扬州三笑物流园等部分物流园区和企业建有物流信息中心或交易平台外，扬州没有统一的物流公共信息平台，不同物流信息系统之间无法实现资源共享。从物流市场化情况来看，扬州工业企业自有仓储占全社会仓储面积的70%以上，仅有20%的原材料物流和15%的产品销售物流由第三方物流企业承担，物流需求潜力未能充分释放，制约了第三方物流市场的发展。

四是物流体系结构有待构建，城乡协调发展有待加强。从物流体系构建来看，以医药领域城市共同配送体系为例，作为扬州市唯一一家规模医药物流中心国药控股医药物流集散配送中心，其主要承接国药控股集团药品配送业务，还需加大其第三方化引导。从城乡物流发展来看，目前扬州市共有83个乡镇街道，现有的8个省级农村物流示范点和60个货物配载点无法满足日益增加的乡镇物流需求，农村物流发展提速刻不容缓。

要解决上述问题，确保扬州市物流业持续发展，必须做好以下工作。

（一）立足国家战略，积极打造综合立体交通体系

1. 加快沿江沿运港口物流一体化

抓紧实施京杭运河航道建设和船闸扩能工程，推进扬州运河集装箱中转中心建设，优化扬州港、运河港合理布局和功能提升，推进宁镇扬港口一体化联动错位发展，推动与上海港口的“国际中转集拼”业务合作，与京杭运河水水中转、共同打造长江经济带“江海河联运”枢纽。借助长江经济带海关区域通关一体化改革实施的契机，积极推动沿江港口口岸资源整合，实施全省沿江沿运河港口“港港联动”，提升扬州水港口岸核心竞争能力。力争开通国际近洋航线以及至连云港、宁波港等的内河航线，打通与中西亚国家的国际物流大通道。

2. 加快融入全国铁路网

加快连淮扬镇铁路及五峰山过江通道建设，积极推进北沿江高速铁路、江北沿江城际铁路、宁扬、扬马城际铁路等前期工作。加快推进铁路入港工程，加强与霍尔果斯、满洲里等口岸合作，搭建连接“苏满欧”“苏新欧”“连新欧”等跨国货运铁路直达通道。

3. 推动机场资源整合

借助扬州泰州机场开放一类航空口岸，加快推进扬州泰州机场口岸开放配套工程和机场等级提升工程，积极开通国际国内、特别是“长江经济带”中西部省份、“一带一路”重要节点城市的国际国内航线，增加航空口岸容量和规模。深化空域管理改革，加强与上海、南京、无锡等机场合作，依托空港资源，大力发展通用航空，发展空港物流。

4. 完善油气管道布局

根据《长江经济带综合立体交通走廊规划》，建设仪征至长岭原油管道复线，加大成品油库建设，继续优化LNG接收站及分销转运站建设，进一步提升、完善仪征长江油气码头，扶持引导我市造船业加快发展适合长江运输的LNG运输船。

5. 建设综合交通枢纽

推动火车东站、汽车西客站等交通枢纽设施建设，加强水运、铁路、公路、航空和管道的有机衔接，建设和完善能力匹配的集疏运系统，加快推进区域性综合交通枢纽建设。

（二）优化载体布局，着力打造区域性物流节点城市

1. 加强物流园区规划布局

基于扬州物流园区遍地开花、各自为政、规模不大的现状，打破部门割裂，创新机制体制，因地制宜地制定《扬州市物流园区发展规划》，引导县（市、区）政府分工协作，根据网络化运营的思路，按照沿江、沿运、临空港和沿路网“四大物流带”进行物流园区规划布局，防止重复建设，其中，沿江物流带重点整合提升扬州港口物流园区、江都沿江物流集聚区、仪征沿江物流集聚区、扬州长江石化物流中心等；沿运河物流带重点整合提升扬州商贸物流园、江都邵伯沿运物流园、宝应运河综合物流园等；临空港物流带主要规划建设苏中空港物流园；沿路网物流带重点优化整合广陵食品工业园冷链物流基地、扬州现代物流产业园（邗江）、江都商贸物流园、仪征汽车物流园、高邮开发区综合物流园、宝应开发区物流园等。

2. 加快物流园区转型升级

一是开展物流园区整合试点，积极探索多

样化管理模式和利益分享机制，支持物流园区以合作共建等形式，整合周边物流园区，实行资源整合和功能布局优化。二是优化物流园区集疏运体系，加强园区内多式联运、甩挂运输等设施建设，加强园区与外部运输网络的有效对接。三是提高物流园区现代化水平，积极推进物联网、云计算、移动互联网等高新技术在物流园区的开发应用，加快推进先进物流装备在园区的应用。四是完善物流园区综合服务功能。积极提高园区的物流金融、供应链设计、管理咨询、技术研发等增值服务能力，积极构建园区政务服务、公共信息、投融资等服务平台，全面提升园区配套服务能力。五是推动物流园区创新发展。鼓励园区发展城市公共货运、共同配送等新型物流形式，推广“物流＋商贸”“物流＋金融”“物流＋电子商务”等新型业态。

3. 鼓励物流园区跨区域合作

顺应“两带一路”主要交通节点物流中心建设，商贸物流企业“走出去”需求，鼓励和引导扬州物流园区在打造与跨境电子商务发展相适应的跨境物流、区域物流、城市配送、多式联运等现代物流领域的基础上，推动其与国内开展“两带一路”物流业务的物流园区、物流企业联合联动，整合境内外物流资源。推进扬州物流园区与上海港、连云港开展战略合作，实现资源整合一体化发展。积极开拓海外市场，不断丰富与欧洲、中亚、东亚等相关国家的物流合作内容，加大与中亚、欧洲物流市场对接力度。

（三）立足专业化，加快专业物流发展

1. 加快发展冷链物流

分类打造扬州冷链物流基地。以扬州食品产业园农产品加工及冷链物流配送基地、戚伍水产品冷鲜物流中心、诚信物流园等冷链物流基地为载体，逐步构建果蔬、肉禽、水产品、速冻产品等冷链物流体系。加强冷链物流基础设施建设和冷链物流装备技术升级，加快节能环保的各种新型冷链物流技术的自主研发、引进消化和吸收。立足食品科技园等项目建设，逐步完善孵化企业、整合创新、人才培育、技术辐射、产业聚集、信息交流等服务功能，打造冷链物流公共服务平台。建立区域性各类生鲜农产品冷链物流公共信息平台，为建立冷链物流产品监控和追溯系统奠定基础。立足扬州食品工业园食品保税仓库及交易中心，开辟冷链物流保税业务。

2. 大力发展石化物流

建设和完善长江石化物流中心运输管道、仓储等基础设施和装备，整合长江石化物流园和仪征港区及临近码头的空间资源，将长江石化物流园向港区拓展。加快筹建件杂货物流园，拓展长江石化物流中心散货运输功能。优化岸线利用，突出现有码头升级改造，重点发展甲醇、乙烯、丙烯、丙烷等液体化工品仓储，打造石化运输码头；依托扬州港仪征港区和南京港，规划园区铁路专用支线和铁路货运站，完善铁路运输功能，逐步推动公铁水多式联运化工综合物流港建设，建立多式联运中心。

3. 加快发展汽车物流

优化提升仪征汽车物流园规划设计，完善仪征汽车物流园基础配套。借力－12.5 米深水航道改造和宁启铁路复线电气化改造契机，强化铁路专线跟踪申报，推动绿地汽车物流码头建设，规划汽车滚装客运码头，为汽车物流铁运、水运创造条件。加快建立区域汽车物流需求信息平台，促进汽车零部件物流企业“走出去”和市场资源“引进来”双向互动。密切跟踪上海大众整车二期、汽车后市场等项目，探索建立具有一定辐射能力的二手车交易、回收拆解市场，拓展物流领域，拉长增粗产业链，提升汽车物流产业附加值。

4. 聚力发展电子商务物流

在推动长江石化物流中心石化大宗产品公共交易平台、扬州公铁水联运物流集聚区百分百电子商务创意产业园、高邮诚信电子商务物流园、扬州电子商务快递物流园等电子商务物流载体建设的基础上，针对性地打造3～5个具有本地特色的全国性的特色产业垂直型电商平台，逐步提升物流与电子商务的协调发展。鼓励企业、园区建立电子商务物流公共服务设施，自建物流园、物流仓、物流配送中心，大力招引国内知名第三方物流配送企业、快递企业进园区开设区域分拣中心。整合扬州已有快递服务中心、O2O社区智能便民服务点、社区物流等末端配送模式资源，推进建设“扬州现代快递末端配送网”。

5. 促进农村物流发展

整合农业、农机、农资、邮电、供销社的现有网络资源，建设服务“三农”的物流体系。鼓励实施农村电子商务和连锁经营，带动农村电子商务物流发展，做好网络延伸和市场管理。引导城市物流网络进一步向农村延伸，引导在城市已不具备比较优势或市场饱和的物流企业向小城镇与乡村有序转移。

（四）培育本土物流龙头企业，转变物流业发展方式

1. 提高物流企业技术含量

加速物流装备现代化，推进物流信息化、标准化发展，鼓励重点物流园区（集聚区）和重点企业参与物流领域标准制订。倡导发展绿色物流。鼓励和引导物流企业选用节能环保车辆、新能源汽车等节能环保物流设施，促进资源的循环利用。

2. 培育本土龙头企业

加大对物流企业兼并重组政策支持力度，制订物流行业及相关企业准入标准，引导支持大型物流企业整合、重组，形成主营业务突出、核心竞争力强的现代化大型物流集团。积极引进和发展物流企业总部，鼓励物流企业以扬州为总部基地或结算中心，在国内或境外布设物流网络。

3. 支持物流模式创新

逐步提高连锁经营企业统一采购、配送比例，建立安全放心的食品配送网络，支持商贸、物流企业以联盟、共同持股等多种形式开展共同配送；支持各类批发市场完善和提升物流服务功能，形成集展示、交易、仓储、加工、配送等功能于一体的集约式商贸物流园区。

4. 加快物流基础信息平台建设

加快建设专业物流信息管理平台，加快口岸物流网建设，推进物联网管理模式，实现航运公司、货主、各类代理机构以及与口岸航运相关的金融、保险、海关国检等供应链各环节的信息以高效、准确、快速的方式传递，形成便捷高效的物流信息走廊。推动物流企业、客户终端及相关管理部门之间的信息技术共享、数据资源共享。加强专业物流信息平台与公共信息服务平台以及其他区域物流信息平台对接，实现物流资源共享和信息互联互通。

（孙景亮　夏坚　沈玲　扬州市发展改革委（服务业办公室））

2015 年镇江市物流业运行情况

2015 年，镇江市物流业发展总体平稳，物流需求不断增长，运行效率继续提高。

2015 年，镇江市物流业运行情况如下：

一、社会物流总额

2015 年，镇江市社会物流总额为 9961.5 亿元，同比增长 8.2%。其中：工业品物流总额为 9485.7 亿元，同比增长 8.6%，占社会物流总额的 95.2%；进口货物物流总额为 198.7 亿元，同比下降 12.8%，占社会物流总额的 2%；农产品物流总额为 90.4 亿元，同比增长 5.6%，占社会物流总额的 0.9%；外省市商品购进额为 136.8 亿元，同比增长 19.0%，占社会物流总额的 1.4%。

二、社会物流总费用

2015 年，镇江市社会物流总费用为 540.7 亿元，同比增长 6.3%。社会物流总费用与 GDP 的比率为 15.4%，比上年下降 0.2 个百分点。物流总费用的构成：运输费用为 292.1 亿元，同比增长 4.5%，占社会物流总费用的 54.0%；保管费用为 186.1 亿元，同比增长 8.3%，占社会物流总费用的 34.4%；管理费用为 62.5 亿元，同比增长 9.5%，占社会物流总费用的 11.6%。

三、物流业增加值

2015 年，镇江市物流业增加值为 238.4 亿元，同比增长 12.2%，占服务业增加值的比重为 14.5%，与上年持平。

（镇江市经信委）

2015年青岛市物流业发展情况

“十二五”时期，青岛市高度重视物流业发展，印发了《青岛市“十二五”现代物流业发展规划》《关于促进现代物流业加快发展的意见》，开展“千万平方米”物流园区建设工程，积极扶持龙头物流企业发展，努力推进信息化和标准化建设，大力发展跨境跨区域物流合作，不断优化物流发展环境，物流业发展水平显著提升。

2015年是“十二五”收官之年。青岛市在集聚区建设、信息化升级、多式联运发展、物流招商引资等方面集中发力，提升了物流业发展的质量和效益，圆满完成了“十二五”收官战。

一、物流业发展情况

（一）物流业运行平稳

“十二五”期间，青岛市物流规模保持稳定增长，社会物流总额、物流业增加值年均分别增长1.6%、10.2%；物流业增加值占青岛市GDP、占服务业增加值比重，年均分别为8.9%、17.8%，均高于全国6.8%、15.5%的平均水平；行业纳税总额累计超过77亿元，新增就业人员14.2万人。

2015年，青岛市物流业发展态势平稳向好。全年实现社会物流总额27076.3亿元，是2010年的1.07倍；实现物流业增加值838.7亿元，是2010年的1.47倍，同比增长8.8%，比青岛市生产总值增速高0.7个百分点。物流业增加值占生产总值的比重为9%，占服务业增加值比重的17.1%，物流业对经济支撑作用增强，重要支柱产业地位进一步巩固。物流总费用占青岛市GDP的比重为14.8%，低于全国平均水平，比2010年降低4.5个百分点，表明青岛市物流运行效率较高。

（二）综合运输服务能力显著提高

截至2015年年底，青岛市港口共拥有生产性泊位121个，开通海上航线153条，与180个国家和地区700多个港口开展贸易往来，全年实现港口货物吞吐量4.97亿吨，比2010年增长39.3%；实现集装箱吞吐量1743.56万标准箱，比2010年增长45.2%；实现外贸吞吐量3.28亿吨，比2010年增长27.7%。

截至2015年年底，青岛市机场共有通航航线144条，其中：国内120条，国际19条，地区5条；通达城市84个，其中：国内66个，国际13个，地区5个；全年实现航空货邮量20.8万吨。

截至2015年年底，青岛市市域内铁路里程达403公里，比2010年增长72%；铁路货运量达到8140万吨，比2010年增长62%。截至2015年年底，青岛市公路总里程达16301公里，其中国省道里程3177公里，全年实现公路货运量20073万吨。2015年青岛市实现快递业务收入37.1亿元。

2015年青岛港完成海铁联运箱量30万标准箱，同比增长36%，跃居全国港口首位；中韩陆海联运甩挂运输出入青岛通道402车次，货量达1058吨，货值达1.7亿美元，货物总值占山东全省6个通道总货值9成以上。

（三）物流设施体系建设日益完善

截至2015年年底，青岛市初步形成以海港、空港、陆路三大物流系统为支撑的区域性现代物流枢纽。自2010年以来，青岛市开工建设投资过亿元的物流项目有100余个，累计总投资超过500亿元。其中“千万平方米”物流园区建设工程累计完成投资404亿元、竣工1100万平方米；前湾国际物流园、保税港区物流园、空港物流园和西海岸出口加工区等6个物流中心、胶州三里河等7个配送中心已形成规模，前湾南港区物流园、胶州湾国际物流园、城阳综合物流园、楼山物流园和董家口港区物流园正在建设中。中韩陆海联运国际甩挂运输实现常态化运营。中铁联集青岛中心站与青岛港共同搭建陆港平台，构建“前港后站、一体运作”的海铁联运模式，实现了中心站与前湾港的有效对接。

1.“千万平方米”物流园建设工程成效显著

2015年，青岛市“千万平方米”物流园工程完成投资106.78亿元，竣工168.29万平方米，投入使用面积149.39万平方米。建成上臧等3个市级配送中心，推进福兴祥等5个区域中心和中国北方冷链物流基地等2处大型农（水）产品加工配送中心建设。

2. 物流园区建设稳步推进

截至2015年年底，青岛市胶州湾国际物流园普和仓储等13个重点项目完成投资67.7亿元，竣工面积58.5万平方米；传化公路港一期项目主体竣工6万平方米；宝湾物流国际物流中心项目前期手续基本办理完毕，已主体试桩。二期已主体试桩，开始地面施工。西海岸物流园区玲珑物流等5个重点项目完成投资3.45亿元，竣工面积46.8万平方米；城阳现代物流产业区普洛斯青岛空港物流园三期等3个重点项目完成投资17.61亿元，竣工面积33.4万平方米；雨润国际物流中心主体基本建成。陆港物流园城市共同配送产业中心等6个重点项目完成投资18.02亿元，竣工面积29.59万平方米。南泉物流园二期工程正在推进仓库主体建设。投入运营面积、竣工率均超额完成年度计划。

3. 交通物流服务保障战略加快推进

2015年7月，青岛市交通运输委印发了《交通物流服务保障“一带一路”战略三年（2015—2017年）推进工作方案》，明确提出到2017年青岛将基本建成“一带一路”综合交通枢纽和物流枢纽城市的工作目标。

2015年5月，青岛港与郑州铁路局签订《郑州铁路局与青岛港（集团）有限公司战略合作协议》，青岛港与郑州内陆港铁海联运实现通关一体化，正式开通运行青岛港至郑州内陆港铁海联运“直通式”班列。班列每周运行两班，每月完成箱量1100标准箱。目前，河南地区65%的出口货源均通过青岛港运往世界各地。

2015年7月，青岛至中亚集装箱班列正式开行。中亚铁路班列开行后，青岛至欧盟俄东地区的铁路货运物流时间可缩至12～18天。目前，青岛港已经铺设了近20条覆盖山东、辐射西部、直至中亚的铁路班列。青岛至中亚铁路班列的开行搭建了一条全新高效的国际物流大通道，有效串联起“日韩”“东盟”“中亚”“欧洲”四个经济圈，加快形成陆海统筹、东中西互联互通互济的新格局。截至2015年年底，青岛至中亚集装箱班列已开行110列，完成集装箱量11164标准箱。

2015年11月，青岛市口岸办与东莞市口岸办签署了《青岛口岸和东莞口岸关于“中韩快线”班列合作协议》，正式开通了“中韩快线”。“中韩快线”班列采取原箱循环方式在“广东石龙—青岛胶州—韩国”间开行，该班列国内段单程运行时间控制在33小时内，加海运仅需4天，把原有的由广东直接装船运送货物到韩国的运输时间缩短了7天。“中韩快线”的开通促进了胶州铁路集装箱中心站加速发展，对青岛市打造转口贸易国际物流枢纽具有重要意义。

2015年6月，胶东国际机场（青岛新机场）可研报告获国家发改委批复，标志着工程进入全面建设阶段。2015年11月30日《青岛新机场总体规划》获批。新机场航站楼将采用“海星”造型。新机场运行等级为4F最高等级，可起降空客380、波音787等目前最大机型。近机位达到71个、安检口距最远登机口650米，在国内同等规模已建成机场中近机位最多、步行距离最短、中转效率最高。下一步，青岛市将按照“2015开工建设年、2016全面推进年、2017主体攻坚年、2018安装调试年、2019验收转场年”的工作计划，突出“智慧机场、绿色机场、文化机场、特色商贸、综合交通”五大特色，力争将青岛新机场打造成为现代时尚、功能齐备、便捷舒适、节能环保的百年新机场。

2015年青岛国际航运服务中心全面启动，同时发布了首个东北亚航运指数——中韩、中日航运“青岛指数”。青岛指数旨在立足青岛航运特色，通过运价、运量、成本等方面的比例关系，反映青岛地区航运市场的情况，为企业的决策提供参考，为政府政策提供现实依据。同时，将打造指数衍生品、成为航运企业的风险对冲手段作为发展方向。

2015年11月，青岛西海岸通用机场正式获批，成为岛城首家获得批复的通用航空机场。根据西海岸新区产业发展规划，新区将重点培育通用航空产业这一新兴产业，打造通用航空全产业链。流亭机场、青岛新机场、西海岸通用机场，三大机场将相互配合、优势互补，共同构筑起现代化的物流体系。

2015年4月，交通运输部批准了青岛港前湾港区迪拜环球码头工程初步设计。工程主要建设2个10万吨级和2个3万吨级集装箱泊位及配套设施，码头泊位长度1320米，设计年通过能力220万标准箱，工程总概算约41.54亿元。

4. 城市共同配送体系建设加快

2015年青岛市加快发展城市共同配送体系建设，一是加强城市共同配送物流基础设施建设，在城区建成上臧配送中心等3个市级城市物流公共配送中心、在区（市）建设福兴祥配送中心等5个区域中心和中国北方冷链物流基地等2处大型农（水）产品加工配送中心。二是全球捷运OLC海运物流公共平台、山东外运物流在线服务统一平台以及海红配送管理综合系统平台初具规模，日日顺物流“车小微”模式服务解决城市“最后一公里”配送难题。青岛市集中、协同配送比例提高到15%以上，市区共同配送站点覆盖率达38%以上，城市快消品共同配送比例超过30%，初步实现纺织服装、粮食食品、医药等方面共同配送。三是加快城市末端配送，在邮件收发密集区建设公共自助提货柜207台、末端配送站点300多处、线上线下体验店50多处。推动车辆、托盘等先进物流技术应用，新增标准化托盘2万块，标准化改造车辆36台。

（四）物流企业发展层次不断提升

“十二五”时期，青岛市针对物流市场呈现的规模小、数量多、极度分散及竞争混乱等制约物流业发展、阻碍行业提质增效的突出问题，着重强化品牌骨干物流企业的培育，发挥其对物流企业的引导和表率作用，加大对传统物流企业兼并重组的政策支持力度，鼓励物流企业通过参股、控股、兼并、合资、合作等多种形式进行资产重组，培育一批服务水平高、国际竞争力强的大型现代物流品牌企业，青岛市物流市场主体进一步发展壮大。

1. A级物流企业数量不断增加

截至2015年年底，青岛市A级物流企业数量达到60家，比2010年增加了21家，其中当年新增A级物流企业6家。在60家A级物流企业中，有5A级企业7家、4A级企业24家。其中：运输企业只有4家，分别有4A级企业2家、3A级企业2家；仓储企业13家，分别有4A级企业6家、3A级企业7家。同时，中创物流等16家企业被评为全国百强物流企业、海程邦达物流等30家企业荣获全国先进物流企业称号、思锐物流等8家企业被评为中国物流品牌价值百强企业。

2. 物流企业信息化程度明显提升

“十二五”期间，青岛市快速推进物流领域信息化建设工程，行业运行监测能力和信息化管理、服务水平逐步增强，发展环境明显改善。截至2015年年底，青岛市80%的物流企业已经建立了内部物流管理网络系统，多数物流企业使用GPS、条码技术、EDI（电子数据交换）、ASS（自动分拣系统）、RFID（射频识别）、无线手持终端等技术，物联网、云计算等现代信息技术。搭建了青岛市物流公共信息平台、大宗商品物流交易平台、综合交通信息服务平台。

2015年青岛市“互联网+物流”初见成效，全球捷运OLC海运物流公共平台、山东外运物流在线服务统一平台以及海红配送管理综合系统平台初具规模。日日顺物流“车小微”模式服务水平优化提升，解决城市“最后一公里”配送难题。中储物流开展的“打造中国放心库”活动，为客户提供从采购、生产到销售的供应链一体化综合物流服务，在青岛市物流业中起到了带动示范作用。

（五）物流业发展环境进一步优化

“十二五”期间，青岛市加强了物流发展顶层设计，印发了《关于促进现代物流业加快发展的意见》，设立了物流发展专项资金，对甩挂运输、公共信息平台、新技术标准化应用和重点建设项目予以扶持。2012年以来，青岛市有国家和市委支持的物流项目37个，累计资金1.23亿元。口岸通关环境明显改善，青岛口岸发展国际过境集装箱运输业务获准实施，国务院正式批复青岛保税港区为汽车整车进口口岸，丝绸之路经济带区域“9省10关”“9+1检验检疫”平台实现一体化，青岛机场口岸实施72小时过境免签政策。规范化建设不断加强，颁布实施了《青岛市常温仓储物流服务质量规范》《青岛市药品冷链物流服务质量规范》《青岛市物流配送服务质量规范》《青岛市道路危险货物运输服务质量规范》等

7 项行业服务质量规范文件。

二、物流业发展前景可期

总体上看，青岛市物流业已步入转型升级、结构优化、提质增效发展的新阶段。但是，物流业发展总体水平与国内外先进城市还有一定差距，发展方式相对粗放，主要表现为：一是物流运行成本比较高。2015 年青岛市社会物流总费用占全市 GDP 的比率为 14.8%，高于欧美发达国家近 1 倍，高于金砖国家印度 2 个百分点、巴西 4 个百分点，也高于国内城市深圳 1.3 个百分点左右。二是物流企业集约化水平不高。青岛市有物流企业 8000 多家，其中注册资本 1000 万元以上的企业 450 余家，约占企业总数 5.6%；地方税收超过 100 万元企业 500 余家，约占企业总数 6.3%；营业收入 10 亿元以上的企业 30 余家，约占企业总数 0.4%。三是运输组织现代化水平低。青岛市冷链运输车辆约 70 台，不到 30% 的生鲜农产品实现了冷链流通，而欧美发达国家已经达到 100%。甩挂运输牵引车与挂车比例为 1:1.1，低于欧美发达国家 1:3 的比例。港口集装箱海铁联运占比不足 2%，而欧美发达国家约为 40%。四是基础设施布局有待优化。随着青岛市旧城改造、老旧工业企业外迁、董家口港的快速发展以及胶东国际机场的建设，使得原有的物流基础设施建设从规模、布局和服务内容上都需要进一步优化调整。五是信息化标准化发展滞后。现有的信息平台业务功能比较单一，物流信息的共享、驳接能力较差，尤其是跨平台、跨行业的对接能力很弱，同时物流相关标准的推广应用不够，各环节标准体系之间衔接不足。

未来青岛市物流建设将以《青岛市“十三五”物流业发展规划》为指引，重点抓好推进物流通道建设升级、构建物流节点服务体系、打造“一带一路”国际物流枢纽、引导物流企业做强做专、推动智慧物流快速发展、促进多式联运发展、提速电商物流发展、优化城乡物流配送、提升快递业发展水平、加快冷链物流发展、强化危化品物流监管等工作；围绕“一核、一轴、三区”总体布局，重点规划建设董家口港区物流园、前湾港南港区物流园等 5 个物流园区和辛安物流中心、楼山物流中心等 6 个物流中心。使青岛市物流业基本建成便捷高效的现代物流服务体系，物流服务水平显著提高，集聚辐射能力进一步提升，对经济发展的带动引领作用充分显现。

按照《青岛市“十三五”物流业发展规划》明确的目标，到 2020 年，青岛市物流业将取得快速发展：

——物流业对经济贡献进一步提升。青岛市物流业增加值达到 1200 亿元、年均增速 7.5%，物流总费用占全市 GDP 比重为 13% 左右。港口货物吞吐量和集装箱吞吐量分别达到 5.5 亿吨和 2000 万标箱，机场货邮吞吐量达到 30 万吨。

——物流设施网络建设更加完善。完成 1200 万平方米物流园区工程建设任务。基本建成董家口港区物流园、胶东空港物流园、即墨国际陆港物流园等 5 个园区，楼山、龙泉、新河、店埠等 6 个物流中心。投产运营万邦物流等 50 个重点项目。

——物流企业竞争力显著增强。从事国际物流、多式联运、城市配送、冷链物流、电商物流等现代物流企业快速发展，具有全国知名度的供应链管理企业达 3 ~ 5 家，营业收入 50 亿级物流企业达 10 家，青岛市国家 A 级以上物流企业达到 80 家。

——物流辐射能力明显提高。形成“一纵一横”国家级、“三纵三横”市级物流通道，新建和改造8条陆路运输通道；开通青岛港至吉大港等15条集装箱直达航线，建设乌鲁木齐等三大核心“内陆港”；开通重庆等4条国内“空中快线”，开发直航美国等6条洲际航线。

（青岛市交通运输委物流业发展处）

2015 年临沂市物流业发展情况

2015 年，临沂市实现生产总值（GDP）3763.2 亿元，同比增长 7.1%，经济发展在保持相对平稳中呈现积极转型的良好态势。良好的经济发展形势为临沂市物流业稳步发展提供了坚实的基础，2015 年临沂市物流业运行总体平稳，物流相关产业固定资产投资保持较快增长。

一、物流业运行情况

（一）社会物流总额保持增长

2015 年，临沂市实现物流总额 24506 亿元，居山东省第二位，同比增长 8.1%。其中：农产品物流总额为 549.2 亿元，占临沂市物流总额的 2.15%；工业品物流总额为 10360.4 亿元，占临沂市物流总额的 40.49%；进出口物流总额为 166.6 亿元，占临沂市物流总额的 0.65%；外地货物流入总额为 13193.0 亿元，占临沂市物流总额的 51.55%；再生资源物流总额为 1183.0 亿元，占临沂市物流总额的 4.62%；单位与居民物品物流总额为 137.9 亿元，占临沂市物流总额的 0.54%（见图 1）。

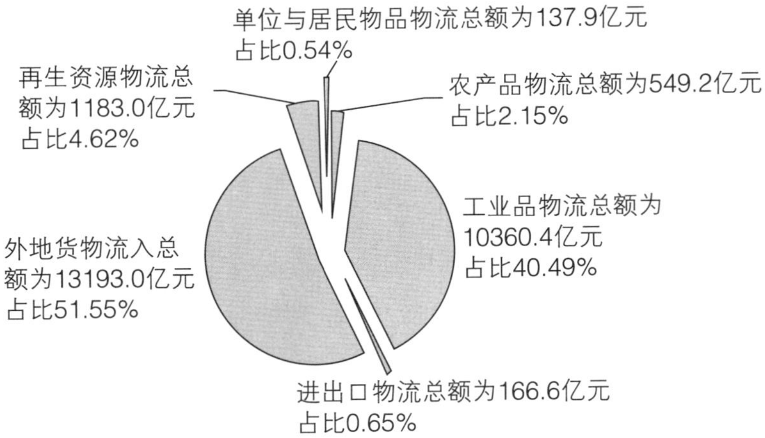

图 1　2015 年临沂市物流总额构成情况

（二）物流相关产业固定资产投资平稳

2015年临沂市固定资产投资总额为3219.2亿元，物流相关产业固定资产投资总额为277.0亿元，比上年同期增长32.7%，高于固定资产投资增幅18.8个百分点，占山东全省物流投资的比重为5.0%，占全部固定资产投资的比重为8.6%。其中：交通运输业为76.5亿元，邮政仓储业为20.1亿元，批发零售业为180.4亿元（见图2）。

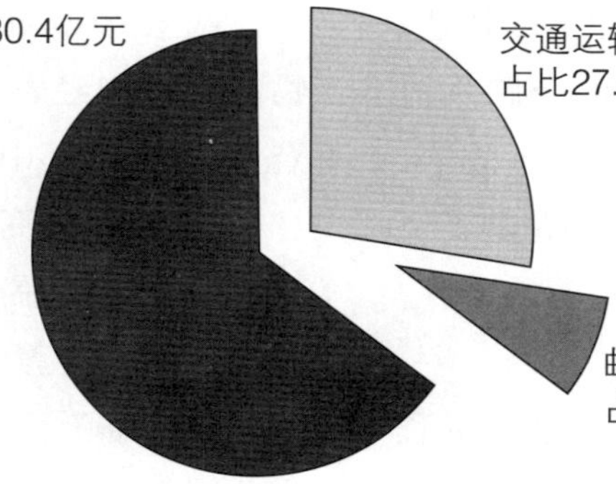

图2　2015年临沂市物流相关产业固定资产投资构成情况

（三）物流业发展依然处于上升阶段

2015年临沂市实现物流业增加值360亿元，居全省第3位，高于GDP增幅2个百分点。整体看，2015年全年临沂市物流业发展依然处于上升阶段，但是受到经济下行压力影响，增速与前几年相比有所减缓，与全国和山东省的发展趋势大致相符。2015年年初临沂市开展大气污染综合治理行动，铁腕治污，一批工业企业被停产整治或限期整改，对制造业物流产生了一定影响，上半年物流总额增幅仅为6%左右。从下半年开始，部分停产或限产企业完成整改以及部分企业在环保倒逼作用下加快转型升级步伐，物流需求开始增加，第三方物流企业的生产资料和产品运输业务量开始恢复，加上商贸物流量一直处于快速增长状态，使得下半年的物流总额增速有所回升，最终增速稳定在8%以上。

二、物流业发展情况

近年来，临沂市政府高度重视物流业的发展，一方面，积极出台相关政策，营造有利于物流业发展的政策环境；另一方面，不断加大物流业发展的工作力度，鼓励引导物流企业创新发展。连续3年每年设立1亿元临沂商城发展专项资金，明确了5亿元电子商务现代物流产业发展基金，撬动社会资金20多亿元；积极落实土地、金融和税收扶持政策，对物流仓储用地按照工矿仓储用地中的仓储用地基准地价进行评估，加大对物流企业银行授信等融资支持力度，落实“营改增”试点过渡期间财政补助政策。在政府部门的支持推动下，临沂市物流业发展取得了积极成效。

（一）交通物流体系初步形成

经过多年的发展建设，临沂市初步形成了陆海空三位一体的物流体系。

1. 公路运输能力强、网络覆盖面广

截至2015年年底，临沂市公路物流网络已遍布全国各地，覆盖2100个县级以上网点；临沂市已拥有2000多条国内配载专线，几乎通达全国所有港口和口岸，日均配载车辆2万多车次；临沂市公路运输可实现600公里以内当日或次日到达、600～1500公里隔日到达、3000公里以上3～7日到达。发达的公路物流运输体系，提升了货运周转速度和拼车效率，为物流配载实现及时、高效、成本低提供了坚实的基础。

2. 铁路物流网络不断完善

截至2015年年底，临沂市铁路通车里程为518公里，临沂市已经形成胶新线和新菏兖日铁路构成的"一纵一横"铁路物流主骨架。2015年临沂市开行了临新欧、临满欧以及临沂至昆明、西宁、成都等8条货运班列，初步改变了一直以来临沂物流以公路为主的格局，优化了物流运输网络。2015年12月，中国铁路总公司将临沂市列为全国50个重点铁路物流枢纽城市之一，表明临沂市已经成为全国重要的铁路枢纽地区，同时也标志着临沂市铁路建设进入国家战略。

3. 航空物流快速起步

2015年临沂机场对外开放迈出坚实步伐，临沂航空口岸获准临时开放，临沂—韩国航线顺利开行，截至2015年年底已执飞100多个航次，完成吞吐量1.2万人次。2015年临沂机场实现货运吞吐量5009吨，迈入了中型机场行列。

4. 无水港高效运营

内陆"无水港"临沂港高效运营，与青岛港、日照港等实现了出口业务直通，2015年实现集装箱操作量4.97万标箱，同比增长126.2%。

（二）物流基础设施和企业队伍不断壮大

截至2015年年底，临沂市共建物流园区22家。其中鲁南铁路物流园被列为全国铁路物流园建设样板工程。2015年临沂市成功列入《国家物流园区发展规划》，成为国家二级物流园区布局城市之一。

截至2015年年底，临沂市在工商登记的物流公司和经营户达2094家，共有星级物流企业17家，其中5A级3家、4A级4家。

（三）电子商务和商贸物流快速发展

2015年，临沂市积极实施"互联网+商城"计划，智慧临沂商城项目上线试运行，规划建设了临沂商城跨境电商创业园等9个电商产业园；发展建立了42个电商平台，培育了新明辉商城、伊亲购、连胜体育、南洋厨具等一批国内行业领先的知名垂直电商平台。

2015年临沂市实现电子商务交易额1100亿元，比上年增长33.2%；临沂商城实现市场交易额3203.3亿元，比上年增长19.8%，对物流市场需求稳定增长。

2015年临沂商城实现电子商务交易额577.5亿元，快递下乡，品牌快递网络乡镇（街道）覆盖率已达100%。电子商务与物流快递实现了协同发展。

在临沂市商贸业保持稳定发展、交易额不断增长的带动下，临沂市商贸物流业继续保持快速发展趋势，2015年临沂市商贸物流总额为5026.77亿元，同比增长23.9%，对临沂市物流发展起到了带动作用。

（四）物流标准化信息化建设扎实推进

2015年，临沂市以争取国家物流标准化试点为契机，大力支持物流信息化、标准化、集约化发展，临沂商城被确定为全省20家智慧园区试点之一，成功争取并扎实开展了首批省级城市共同配送试点；大力支持供应链金融创新发展，搭建物流金融服务平台，推广立晨物流供应链管理创新模式，加快满易网、智慧临沂商城等信息平台建设，促进商流、物流、信息流和资金流融合发展。

下一步临沂市将按照山东省政府发布的《山东省物流业转型升级实施方案》要求，充分发挥临沂市物流业发展联席会议的职能作用，大力发展现代物流，构建多式联运物流体系，提升物流信息化、标准化水平，培育一批服务水平高、竞争力强的现代物流企业，发展多种新业态物流，全力推动物流业转型升级。

（临沂市经信委）

2015 年威海市物流业发展情况

近年来，威海市将物流业作为服务业发展的重点，加强规划引领、强化协调推进，全市物流业发展取得了明显成效，对威海市经济社会快速发展和工农商贸行业结构调整、转型升级的支撑作用进一步增强。

一、物流业基本情况

2015 年威海市物流业发展态势良好，已初步形成特色鲜明、功能完备的现代物流产业格局。港口、公路、铁路、机场等交通基础设施网络框架初步建成，海运、公路、铁路、航空、陆海联运、快递等多种物流运输方式竞相发展，运力结构持续优化，物流企业迅速成长，总体规模不断壮大，保税物流、冷链物流呈快速发展态势。

（一）物流业运行良好

2015 年，威海市物流相关产业固定资产投资总额达 338.3 亿元，比上年同期增长 86.7%，增速居山东全省首位；社会货物物流总额达 9599.8 亿元，增速达 7.3%，高于山东省近 5 个百分点。

（二）物流总量稳步增长

2015 年，威海市累计完成货物发送量 8384.7 万吨，同比增长 6.3%，其中公路运输完成货物发送量 6700 万吨，同比增长 5.6%，海上运输完成货物发送量 1667.8 万吨，同比增长 8.9%。港口吞吐量完成 7323.8 万吨，同比增长 3%，其中集装箱吞吐量 106.1 万标准箱，同比增长 3.2%；铁路货物到发量 56.2 万吨，同比增长 1.1%；民航货邮吞吐量 0.53 万吨，同比增长 97.7%。

（三）物流基础设施日益完善

截至 2015 年年底，威海市拥有威海港、石岛港、龙眼港、威海国际机场 4 个国家一类开放口岸，张家埠港、乳山口港 2 个国家二类开放港口；建有生产性码头泊位 111 个，其中万吨级以上泊位 42 个，年通过能力 3350.7 万吨；开通国际航线 28 条，其中：国际集装箱班轮航线 20 条，国际客货班轮航线 6 条，国际空中航线 2 条，2013 年 12 月开通威海至台北航线，威海市海港口岸已与 80 多个国家和地区的港口建立了贸易往来，基本形成了通达世界各地、辐射周边国家和地区的海上运输体系。公路方面，形成了烟威高速和威青高速一南一北两大高速对外通道，以 G309 荣兰线为主的中部普通干线公路对外通道，以二级以上公路为主的连接各市区、乡镇的境内高等级干线公路网。铁路方面，建有 138 公里的桃威地方铁路，开办全国货运直通运输、国际联运、集装箱五定班列业务，开行了威海至北京、济南、汉口和菏泽共 4 对旅客列车，已形成年货物运输 800 万吨的能力。航空货运方面，威海机场开通了北京、上海、深圳等 12 条国内航线和韩国首尔 1 条国际航线，2013 年开通了台湾地区航线。

2015 年，威海市开通了出口韩国跨电子商务出口海运通道，使电商货物运输时间与空运相当，节约成本高达 70%，实现了“空运时效、海运价格”。2015 年 3 月，威海口岸、石岛口岸和龙眼港口岸同时获国家质量监督检验检疫总局批准成为进口冰鲜水产品指定口岸；2015 年 7 月，威海港和石岛新港获国家质量监督检验检疫总局批准筹建进口肉类指定口岸。

（四）物流企业规模不断壮大

截至 2015 年年底，威海市有综合性港口码头 11 家，万吨级以上泊位 16 个；国际水运企业 5 家，运输船舶 3 艘、1.4 万载重吨；省际水运企业 27 家，运输船舶 90 艘、60.1 万载重吨；中韩班轮运输企业 5 家，客箱班轮 5 艘、4001 客位、1202 箱位。有从事道路货物运输经营的专业货运企业 220 余家、集装箱运输企业 79 家，拥有营运货车 2.9 万余辆、23.8 万吨位，开通了东北三省、北京、广州等 50 余条货运专线。

（五）物流园区和物流中心建设初具规模

截至 2015 年年底，威海市已建设了威海国际物流园、威海市货运市场、中国外运威海分公司集装箱场站、威海汇峰现代物流园、文登中海川物流园、乳山华润物流园等一批物流园区和物流中心，物流园区集聚效应初步显现。保税物流、冷链物流等适应威海市产业特点的特种物流得到快速发展，建有威海港物流园公用型保税仓库、威海金琳公用型保税仓库、威海久业公用型保税仓库和威海国际物流园公用型保税仓库 4 个公用型保税仓库和三角轮胎集团自用型备料保税仓库。已建成冷链物流库 500 多座，库容达到 160 万吨，年周转量近 500 万吨。

（六）制造企业与物流业联动发展稳步推进

截至 2015 年年底，威海市规模以上工业中有 70% 已按照现代物流管理理念开展以订单为中心的物流管理系统改造，90% 以上企业通过招标等方式与专业物流企业开展了业务合作，在仓储、运输和配送等环节上，实现了较高程度的物流业务外包。三角集团、成山集团为国家两业联动示范企业。成山、金猴、山花等 12 家企业为省两业联动示范企业。

（七）商贸物流和农村物流网络体系建设成效显著

截至 2015 年年底，威海市已建有各类专业商品交易市场 73 处，其中年成交额过亿元专业化批发市场 32 处。建设了家家悦集团宋村生鲜配送中心和温泉日用快消品智能配送中心、荣成市生产资料有限公司、文登汇润果品有限公司等农资农产品配送中心，山东燕喜堂医药连锁有限公司等医药流通配送中心等专业化物流配送中心。“农家店”、社区超市、医药连锁店、快餐连锁店等总数达到 1260 多处，覆盖 100% 的社区和乡镇以及 60% 以上的行政自然村。以城区店为龙头、镇级店为骨干、村级店为基础，城乡相连、镇村结合的城乡流通网络业已形成。

（八）邮政快递企业发展迅速

截至 2015 年年底，威海市已取得快递经营许可证的快递企业及分支机构共计 91 家，有从业人员 3153 人，拥有机动车 1968 辆。EMS、顺丰、申通、圆通等国内 20 多个重要品牌以及 DHL 等国际快递巨头均已在威海市开展业务。全年累计完成快递服务业务量 2754.38 万件，同比增长 43.39%。

（九）物流新技术和信息系统得到推广与应用

截至 2015 年年底，威海市道路运输管理行业已建立了 GPS 监管服务中心，从事道路货物专线运输、集装箱运输和危险货物运输的车辆普遍采用了 GPS 或北斗卫星定位信息管理技术。卫星定位技术、条码技术、自动分拣系统（ASS）、地理信息系统（GIS）、射频识别（RFID）、无线手持终端等物流信息技术装备逐步得到推广与应用，物流管理信息化水平得到进一步提升。

二、物流业发展的对策措施

尽管威海市物流业发展呈平稳向好态势，但总体来看，行业仍处于粗放型发展阶段，仍存在一些制约着行业发展的短板：一是综合运输体系尚需进一步完善优化。区域内新的产业开发区、集聚区间运输和与周边部分地区高速运输通道需进一步改善，区域内港口、道路、铁路、航空运输协调度较低，衔接不够顺畅。多式联运、甩挂运输等先进运输组织方式还处在起步阶段，发展较慢，组织化程度较低，承担的运输份额比重较小。综合运输体系尚需进一步优化。二是货运资源不足。受地理位置位于胶东半岛最东端、产业结构偏轻、周边港口竞争优势等因素影响，存在货物转运量不大、本地货物总量不足等问题。三是物流信息化水平不高。大部分物流企业还依赖传统的线下业务承揽渠道，综合物流信息平台入驻企业不多，功能发挥不足，物流供需双方信息衔接不畅。四是运输市场主体规模化程度不高。运输市场“多、小、散、弱”，专业货运企业车辆拥有数仅占全市货车总数的 10% 左右，缺少主导市场发展、带动作用明显、现代化程度高的大型物流企业。

面对制约威海市物流业发展的短板问题，需要采取相应措施积极补短，推动威海市物流业持续稳步健康发展。

一是进一步完善物流运输基础设施。水路，构建以威海湾港区为中心港区，以石岛港区、靖海湾港区、龙眼湾港区为重点港区，以蜊江港区和乳山口港区为辅助港区的港口体系，加强与全省运输网络的衔接和同韩国仁川港、群山港等港口的合作，实行港铁联动、陆港联动发展。公路，加快推进文莱高速公路建设，积极运作启动威海绕城高速项目，进一步完善威海市高速公路网络，形成与青荣城际铁路等快速交通网的合理配套，实现区域间更高效、更快捷的公路连接。铁路，加强与威海港港口设施的对接合作，完善转运衔接和过境运输通关设施，为开办过境集装箱货物运输业务创造条件；适时建设投资 10.6 亿元的南海新港疏港铁路，为文登区、南海新区建设提供强力支撑。航空，规划建设占地 110 亩的空港物流中心，打造空铁、空港、空陆相互衔接的快速高值货物集散中心。物流园区，在南海新区等新的产业聚集区、开发区布局建设一批功能集成、经营集约的综合性、专业性物流园区（中心），推进物流园区、物流中心、物流节点合理布局。

二是加快发展国际物流。紧紧把握中韩自贸区地方经济合作示范区建设的重大机遇，抢抓“一带一路”战略和韩国实施“欧亚计划”的机遇，争取开通韩国—威海—中亚/欧洲货运通道，提升中韩陆海联运层次，加快推动海铁国际联运。支持优势物流企业通过在国外设立办事处、与国外物流合作等方式，构建国际物流服务网络。加快推进韩国食品日用品交易集散中心和威海港国际物流园韩国商品物流集散平台、跨境电商综合园区建设，打造线上线下辐射全国的韩国商品集散地。依托威海海洋商品国际交易中心和好运渔乡国际商业中心，打造海洋渔业产品交易集聚区。发挥威海市距离韩国最近、对日韩航线航班多，海运低成本和电子口岸建设等综合优势，积极吸引区域周边进出口商品通过威海市出口日韩，吸引日韩家电、装备类产品借助威海市海铁联运通道运往中亚、欧洲。

三是推动“互联网+高效物流”建设。加强北斗导航、物联网、云计算、大数据、移动互联等先进信息技术在物流领域的应用，支持威海港集团等骨干物流企业和第三方机构搭建面向供需双方，连接港口、海关、检疫等电子口岸的综合物流信息服务平台，推进互联网+车货匹配、运力优化，实现车辆、网点、用户等精准对接，探索实行“一票到底”的联运服务。支持制造企业、商贸流通业、物流企业建立面向上下游客户的信息服务系统，应用条码识别和无线射频识别、跟踪定位、二维码和语音拣选等信息技术，建设智能仓储调度系统。加快推进威海电子口岸信息平台建设，积极探索建立与仁川市互通的中韩电子口岸，打造中韩通关示范口岸。

四是大力发展绿色物流。以域内各主要港口为中心，以各物流园区为节点，构建能力匹配的集疏运通道，配备现代化的中转设施，实现物流作业各环节、各种物流设施设备以及物流信息的衔接配套。进一步开发、优化联运线路，推进陆海联运、海铁联运、水水中转等多种联运工程。完善威海市甩挂运输运营中心功能，开辟区域间甩挂运输黄金线路，发展甩挂运输等高效运输组织方式。支持采用低能耗、低排放运输工具，提高托盘等标准化器具和包装物的循环利用水平，构建低环境负荷的循环物流系统。

五是推进物流标准化建设。加强行业物流标准的培训和推广应用，支持仓储和转运设施、运输工具、停靠和卸货站点的标准化建设和改造，积极发展标准化、厢式化、专业化的公路货运车辆，推广托盘、集装箱、集装袋等标准化设备，支持物流企业开展物流服务标准化试点，参与相关国家标准、行业标准制修订工作，提高物流行业标准化水平。

六是完善城乡商贸物流配送体系。合理布局各专业批发市场、城市中心商业区、区域商业圈，加强社区便民商业圈和乡镇商贸中心等城乡商贸物流设施建设。引导家家悦集团、燕喜堂医药等大型商贸企业开展集团化、连锁化经营，建设“网上商城”，深入推广农超对接、区超对接、农批对接、农校对接等产销衔接方式，建立农产品进城快捷通道。鼓励物流仓储运输企业发展面向工商企业的社会化共同配送、进入城乡配送领域开展专业化配送服务，着力构建城乡互连、区域连锁、服务规范、方便快捷、畅通高效、保障有力的城乡物流配送体系。适应电子商务的快速发展，进一步优化邮政快递业发展环境，完善快递车辆通行措施，进一步丰富完善我市中韩海运邮路和海运快件业务，规划建设快递物流园区，推动快递业产业集聚、集约经营。支持快递企业与民航、铁路、公路、海运企业开展合作，降低成本。推进“快递下乡”工程和快递进机关、社区、学校“三进工程”，畅通末端投递。

七是加快冷链物流发展。依托威海市海洋

资源丰富、海洋食品工业发达的区位和产业优势，加快冷链物流服务能力建设，助力企业发展。支持海洋、农畜产品经营企业更新改造冷链运输配送车辆、保鲜和冷藏冷冻仓储设施，做好产销衔接，完善冷链物流网络。重点支持好当家集团、赤山集团、泰祥集团、乳山正洋食品等一批重点骨干企业，建设水产品加工和冷冻调理食品、畜禽、果蔬等冷链产品经营、储运一体化基地，整合社会分散冷链物流资源，进一步完善冷链运输体系建设。依托中外运威海分公司、海联集装箱运输公司等对外运输企业，提高外运冷链物流服务能力，为我市企业开拓国际市场提供冷链运输保障。

（肖虹　威海市经信委）

2015 年荆门市物流业发展情况

2015 年，荆门市现代物流业快速发展，为地区经济发展发挥了积极作用。

一、物流业发展概况

（一）物流规模迅猛扩大

2015 年，荆门市实现社会物流总额 5816 亿元，比上年增长 15.5%；实现物流业增加值 80.29 亿元，比上年增长 13.5%。

2015 年，荆门市货物运输量达到 14440 万吨，比上年增长 7.5%；货物周转量达到 287.11 亿吨公里，比上年增长 9.4%。

2015 年，荆门市物流批发零售总额达到 541.43 亿元，是 2010 年的 2.47 倍。“十二五”期间荆门市物流批发零售总额年均增长 19.9%。

（二）节点建设步伐加快

截至 2015 年年底，荆门市有各类物流园 23 个，其中：已投入使用 9 个，在建 14 个；建成农村物流点 9 个。李宁物流园、东方百货物流配送中心、众城物流园等建成投入使用，杨家桥物流中心、屈家岭中国农谷农产品物流园、京山金瑞物流园、腾飞达物流园、钟祥综合物流园等一批物流园即将建设完工投入营运，和瑞燃气 LNG 物流中心、沙洋新港物流园、彭墩汉光农业综合物流园等项目正在抓紧建设中。

（三）市场主体不断壮大

2015 年，荆门市已在工商注册的物流企业有 266 家，比“十二五”初期增加了 172 家、增长了 1.83 倍。其中有 6 家企业年销售收入过亿元，6 家企业依次是：金鸿和瑞燃气、楚元石化物流、荆铁佳洲石油化工、东生晨光、嘉伦华汽车贸易和民丰科技物流企业。

2015 年，通旺达物流和凯达物流两家企业被国家认定为 4A 级物流企业，荆门市物流企业的管理水平和信息化建设不断取得突破。

（四）物流通道基本畅通

截至 2015 年年底，荆门市已基本建成“两纵一横”的高速公路网、“八纵六横一环”的干线公路网和农村路网，通车公路已达 13917.7 公里，比上年增长 69.7%。其中等级公路为 13355.69 公里，比上年增长 7.0%。当年长荆铁路电气化改造工程完成，蒙华铁路正式开工建设。

截至 2015 年年底，荆门市已通航水域达

11 处、航道 26 条，通航里程为 425 公里，年综合通过货运能力增长至 528 万吨。基本形成了依托长荆铁路和沪蓉高速架构的东西物流通道，依托焦柳铁路和二广高速架构的南北物流通道。依托汉江、联通长江水运架构的水陆物流通道正在抓紧建设中。

（五）现代物流技术逐步应用

近年来，荆门市一些物流业开始应用现代物流技术，提升竞争力。众诚物流、弘业、通旺达、楚元石化、京山金瑞物流等一批物流企业用现代物流技术改造传统配送体系，智能化物流网络得到充分运用；李宁工业园等一批工业企业利用现代物流技术提升效率、降低成本，以订单为中心改造现有业务流程，在生产组织、原材料采购及产品销售、配送和运输等方面实行一体化运作，降低了库存，提高了资金周转率；物流企业加快改制重组，发展连锁经营、电子商务、物流配送，信息化水平进一步提升。大多数物流企业重视并逐步运用 EDI、GPS、GIS 等信息技术和 ERP、TMS、WMS 等管理信息系统，气调库、自动分货等设施设备已在部分企业使用。

（六）发展环境日益优化

2015 年，荆门市市委、市政府把现代物流业发展摆上了重要议事日程，一方面，在政策和资金上给予支持；另一方面，组织编写了《荆门市物流产业发展及物流园区规划研究报告》和《荆门市“十三五”物流发展规划》，目前《荆门市物流产业发展及物流园区规划研究报告》已通过专家评审并付诸实施，《荆门市“十三五”物流发展规划》正在紧张有序的编制中。在荆门市市委、市政府各部门的积极引导支持下，荆门市现代物流业发展环境呈现不断优化态势。

二、物流业发展中存在的问题及对策

（一）发展中存在的问题

2015 年荆门现代物流业发展势头良好，但依然存在一些亟待研究解决的问题。

从物流产业发展水平来看，目前荆门市物流业总体规模偏小，聚集度不够，还不足以对本地制造业和农产品流通提供良好的支撑。从物流市场主体来看，目前荆门市物流业网络化运营较弱，信息化支撑不够，能提供信息服务、物流咨询与物流系统设计的现代物流综合服务的企业很少，物流品牌价值不明显；物流运输途径单一，运作粗放，信息化、物联网、大数据等先进技术手段运用不够。从物流园区建设来看，基础设施设备简陋、信息化水平低，创新能力不强、服务功能单一，经营管理能力较弱，第三方、第四方物流需求不足且供给乏力。从政策支持和发展环境来看，管理分散化、多元化，弱化了市场化资源的配置效率，准入审批多、多头监管、重复执法、标准体系不合理等问题并存，在落实和完善支撑物流业发展的用地政策、税收优惠政策、金融扶持政策等方面，与周边地市有较大差距，与荆门经济发展要求不匹配。中小物流企业普遍融资难、征地难、税负重、成本高，发展困难。从人才建设方面来看，荆门市现有一万多名物流从业人员中，高等院校毕业的精通物流管理的专业人员不足 10 人，不到千分之一。人才培育难、引进难、留住难，成为发展的重要障碍因素。尤其是物流创新总体水平较低，对全社会物流效率提升的带动作用还不强，物流产业创新驱动发展的效应尚未显现。推动物流产业结构升级进展缓慢、新型物流体系尚未形成，对全社会物流效率明显提升的推动作用不强，突出表现在社会物流总费用占荆门市 GDP 的比重依然较高。

此外，政府市场监管缺位、行业自律不成熟、企业诚信缺失，在一定程度上影响和阻碍了荆门现代物流业的健康发展。

（二）对策建议

目前荆门物流业处于发展方式转变、产业优化升级的重要关口，处于脱胎换骨、加快发展的重要关口，机遇与挑战并存，机遇大于挑战。因此相关各方必须增强机遇意识、忧患意识、责任意识，准确把握战略机遇期的深刻内涵，采取积极的应对措施更加有效地应对风险和挑战，推动荆门市物流业发展迈上新台阶。

一要加大组织领导力度。要尽快成立荆门市现代物流业发展领导小组，由市政府领导任组长，市直相关部门主要负责人为成员。领导小组负责统筹协调荆门市现代物流业发展，研究和决定现代物流业发展中的重大事项，解决重大问题，督办重要工作落实，搞好宏观指导，政策扶持，综合协调，成员单位各司其职、各负其责。

二要加大各方服务力度。要举荆门市之力，为壮大物流市场主体服好务。以整合物流资源，精心培育大型物流龙头企业为重点，积极鼓励、大力支持其通过参股、承包、兼并、收购、连锁、托管等多种方式，实现规模扩张，做大做强。要放宽准入条件，简化审批手续，减少行政收费，加大优质服务力度，加大物流市场经济秩序的整治规范力度，为现代物流业创造一个公平公正竞争、宽松和谐的市场环境。

三要加大规划引领力度。要尽快组织力量，高起点、高水平编制荆门市“十三五”现代物流业发展规划，以其前瞻性、导向性、战略性引领其发展。注重现代物流业与新型工业化、城镇现代化相互协调发展。维护规划的严肃性，增强规划的执行性和约束力。

四要加大项目支撑力度。要积极科学谋划对荆门市物流业发展具有带动性、对转型升级具有代表性、对持续发展具有支撑性、对建成长江经济带物流节点城市和江汉平原生产性物流基地具有影响力的重大项目，加强对接国家和湖北省的物流业发展战略，储备一批具有发展潜力的项目，不断充实和完善规划项目库。分阶段、分步骤实施一批富有带动和影响的重大项目，以项目建设推动物流设施基础完善，促进荆门市现代物流业加快发展。

五要加大产业融合的力度。要提升物流智慧化、社会化、一体化、网络化水平，鼓励运输、仓储等传统物流企业向上下游延伸服务，推动物流业与其他产业互动融合。加快电子商务物流及城市物流发展，建立快速便捷的城乡配送物流体系。鼓励物流企业创新形式，发展农村物流服务，推动农资下乡和农产品进城。围绕农产品、化工、机械、电子商务等重点领域。积极引导物流企业更新物流技术装备，提高物流基础设施的配套性、兼容性及自动化水平，完善企业物流服务链，建全物流企业服务网络体系，提升荆门市物流企业的专业化水平和综合服务功能。推进物流管理信息系统建设，引进推广先进的信息技术和物流技术，推进条码、电子数据交换、射频技术、地理信息系统和全球定位系统，以及供应链管理等技术应用，促进荆门市现代物流业的创新发展。

六要加大政策扶持的力度。要尽快设立支持现代物流业发展专项引导基金，通过贴息、补助、奖励等多种形式，支持重点物流项目、物流信息化建设项目、物流企业退城进园集聚发展和物流企业兼并重组。在关键技术开发推广、产业发展研究和区域合作等方面向物流园区及企业直接补贴或贷款贴息补助；强化土地要素支持。优先支持重点物流项目新增建设用地。积极申报重点物流项目纳入省级重点项目计划，争取省重点项目用地指标；支持物流企业创新融资。鼓励民间和外资资本进入物流领域；加大金融业的信贷支持，对新评定为国家级2A及以上、“湖北十佳”、“湖北省重点物流企业”的物流企业给予不同额度的奖励。鼓励和扶持物流企业积极申报国家、省级有关物流基础设施建设的专项扶持资金。对物流园区、物流企业等重大物流基础设施建设项目，由同级财政部门给予全额贴息。

七要加大人才培育的力度。制定并完善现代物流人才建设目标和计划，纳入荆门市人才培育计划统筹安排；加强从业人员在职培训，着力培养职业技能型人才；拓展职业发展空间；推进校企合作；推行定向人才培育机制；重点培养和引进高层次专业型物流管理人才，将高端物流人才引进计划纳入荆门市人才发展战略之中。

八要加大行业自律的力度。充分发挥荆门市现代物流发展促进会在市场规范、行业自律、人才培养、技术交流、政策建议等方面的桥梁纽带作用，推动诚信体系建设，规范物流企业行为。负责做好A级物流企业评级和物流企业资信评级工作；定期收集荆门市物流企业的生产运营数据，定期撰写物流业分析报告，为政府科学决策提供依据；定期组织物流企业“走出去”，积极扩大对外交流；健全和完善各项行业基础性工作，积极推动行业规范自律和诚信体系建设，促进行业健康发展。

（荆门市现代物流发展促进会（市物流协会））

2015 年湘潭市物流业发展情况

2015 年，面对复杂严峻的经济形势，湘潭市认真落实稳中求进系列政策措施，保持了经济总量的平稳较快增长。湘潭市实现地区生产总值 1703.10 亿元，同比增长 9.6%；实现物流业增加值 130.13 亿元，同比增长 8.2%，占地区生产总值的比重为 7.6%。

一、社会物流总额

2015 年，湘潭市社会物流总额达到 3731.74 亿元，同比增长 6.5%。从社会物流总额构成来看：农产品物流总额为 345.56 亿元，同比增长 2.0%，占全市社会物流总额的比重为 9.3%；工业品物流总额为 2899.11 亿元，同比增长 7.5%，占比 77.7%；外部流入货物物流总额为 445.72 亿元，同比增长 3.7%，占比 11.9%；再生资源物流总额为 19.86 亿元，同比增长 3.7%，占比 0.5%；单位与居民物品物流总额为 21.49 亿元，同比增长 24.5%，占比 0.6%。

二、物流企业总收入

2015 年，湘潭全市物流企业实现收入 218.86 亿元，同比增长 4.3%。从物流企业总收入构成来看：铁路运输业收入 23.84 亿元，同比下降 3.2%，占湘潭市物流企业总收入的比重为 10.9%；道路运输业收入 121.56 亿元，同比增长 4.1%，占比 55.5%；水上运输业收入 18.92 亿元，同比下降 1.6%，占比 8.6%；管道运输业收入 1.72 亿元，同比增长 4.2%，占比 0.8%；装卸搬运和运输代理业收入为 5.65 亿元，同比下降 30.1%，占比 2.6%；仓储业收入为 15.56 亿元，同比增长 40.8%，占比 7.1%；邮政业收入为 10.03 亿元，同比增长 23.5%，占比 4.6%。

批发业收入为 19.61 亿元，同比增长 6.5%，占比 9.0%；零售业收入 1.09 亿元，同比增长 6.9%，占比 0.5%；包装服务业收入 0.88 亿元，同比增长 3.5%，占比 0.4%。

三、社会物流总费用

2015 年，湘潭市社会物流总费用为 264.03 亿元，同比增长 1.9%，社会物流总费用占 GDP 的比重为 15.5%。从社会物流总费用构成来看：运输费用为 151.16 亿元，同比下降 3.1%，占社会物流总费用的 57.2%。其中：铁路运输费用 21.95 亿元，同比下降 3.8%，占运输费用的 14.5%；道路运输费用 111.23 亿元，同比下降 1.5%，占运输费用的 73.6%；水上运输费用 15.85 亿元，同比下降 13.2%，占运输费用的 10.5%；管道运输费用 2.13 亿元，同比增长 3.4%，占运输费用的 1.4%。

保管费用 57.01 亿元，同比下降 2.1%，占社会物流总费用的 21.6%。其中：利息费用 11.52 亿元，同比下降 20.1%，占保管费用的 20.2%；仓储费用 8.64 亿元，同比增长 33.3%，占保管费用的 15.2%；保险费用 0.85 亿元，同比增长 18.1%，占保管费用的 1.5%；货物损耗费用 1.05 亿元，同比下降 3.7%，占保管费用的 1.8%；信息及相关服务费用 4.38 亿元，同比增长 3.1%，占保管费用的 7.7%；配送费用 16.14 亿元，同比下降 2.7%，占保管费用的 28.3%；流通加工费用 1.89 亿元，同比增长 2.7%，占保管费用的 3.3%；包装费用 1.52 亿元，同比增长 9.4%，占保管费用的 2.7%；其他保管费用 11.02 亿元，同比下降 3.8%，占保管费用的 19.3%。

管理费用 55.86 亿元，同比增长 24.4%，占社会物流总费用的 21.2%。

四、物流业增加值

2015 年，湘潭市物流业实现增加值 130.13 亿元，同比增长 8.2%，占地区生产总值的比重为 7.6%，占服务业增加值的比重为 20.7%。从物流业增加值构成来看：交通运输、仓储和邮政业实现增加值 42.96 亿元，同比增长 2.7%，占全部物流业的 33.0%；批发业实现增加值 48.92 亿元，同比增长 6.1%，占全部物流业的 37.6%；其他行业物流实现增加值 38.25 亿元，同比增长 10.4%，占全部物流业的 29.4%。

五、物流企业竞争力不断增强

2015 年，湘潭市 3A 级及以上的物流业企业共计 17 家。其中：5A 级企业 1 家，为云通物流服务有限公司；4A 级企业 7 家，分别是：伟鸿食品有限公司、湖南湘钢洪盛物流有限公司、湖南天士力民生药业有限公司、聚宝金昊农业高科有限公司、旺实业有限公司、湘乡万里行物流有限公司、湖南华绿生物科技有限公司；3A 级企业 9 家，分别是：湖南新物产现代物流有限公司、湘电集团湖南物流有限公司、湖南湘潭汽车运输总公司、湖南湘平高速航运有限公司、湖南长盛科技开发有限公司、韶山新真喜食品有限公司、湘潭百嘉香食品贸易有限公司、湖南顺祥物流有限公司、湘潭金启航物流有限公司。

（湘潭市商务局　湘潭市统计局　湘潭市物流与采购联合会）

2015 年郴州市物流业运行情况

2015 年郴州市物流业发展态势良好，具体情况如下：

一、社会物流总额

2015 年，郴州市社会物流总额达到 6072.8 亿元，同比增长 12.9%。从社会物流总额构成来看：农产品物流总额为 595.2 亿元，占社会物流总额的 9.8%；工业品物流总额为 4639.3 亿元，占社会物流总额的 76.4%；外部流入货物物流总额为 783.5 亿元，占社会物流总额的 12.9%；再生资源物流总额为 42.6 亿元，占社会物流总额的 0.7%；单位与居民物品物流总额为 12.2 亿元，占社会物流总额的 0.2%。

二、物流行业总收入

2015 年，郴州市交通运输、仓储和邮政业总收入为 71.6 亿元。从物流企业收入构成来看：道路运输业收入为 50.6 亿元，占比为 70.6%；水上运输业收入为 0.11 亿元，占比为 0.15%；管道运输业收入为 0.12 亿元，占比为 0.17%；铁路运输业收入为 0.98 亿元，占比为 1.4%；装卸搬运和运输代理业收入为 4.3 亿元，占比为 6%；仓储业收入为 9.6 亿元，占比为 13.4%；邮政业收入为 5.9 亿元，占比为 8.2%。

三、社会物流总费用

2015 年，郴州市社会物流总费用为 382.3 亿元，同比增长 13.1%，社会物流总费用占 GDP 的比重为 19.0%，同比下降 1.2%。从社会物流总费用的构成来看：运输费用为 295.5 亿元，占社会物流总费用的 77.3%；保管费用为 39 亿元，占社会物流总费用的 10.2%；管理费用为 47.8 亿元，占社会物流总费用的 12.5%。

四、物流业增加值

2015 年，郴州市物流业实现增加值 157 亿元，占地区生产总值的比重为 7.8%，同比增长 14.5%，占服务业增加值的比重为 22.0%。从物流业增加值构成来看：交通运输、仓储和邮政业实现增加值 73.7 亿元，占物流业增加值的 46.9%；批发业实现增加值 47.3 亿元，占物流业增加值的 30.2%；其他行业物流实现增加值 36 亿元，占物流业增加值的 22.9%。

五、物流企业竞争力不断提升

经过近几年的发展，郴州市物流企业的竞争力不断提升，2015 年郴州市 3A 级及以上的物流企业升至 11 家。其中 4A 级物流企业 4 家，分别是郴州市金煌物流有限公司、湖南兴义物流有限公司、郴州市泓广物流有限责任公司和郴州市恒丰物流有限公司；3A 级物流企业 7 家，分别是湖南省惠尔物流有限公司、郴州市辉达物流仓储有限公司、郴州市宏顺物流有限公司、郴州市义捷现代物流有限公司、郴州东汇宏力混凝土有限公司、资兴市达达农产品冷链物流有限公司和湖南省煤业集团资兴物资供应有限公司。此外，还有 3 家物流企业进入优秀“质押监管”企业行列，分别是郴州市金煌物流有限公司、湖南兴义物流有限公司和资兴市达达农产品冷链物流有限公司。

（郴州市发展改革委　郴州市统计局　郴州市物流与采购联合会）

2015 年巴中市物流业发展情况

多年来，巴中市依托区位、交通、产业和资源优势，不断优化物流企业发展环境，加强综合交通体系建设，努力培育现代服务业，现代物流业发展态势良好。

一、物流业发展概况

（一）综合交通体系不断完善

近几年，随着巴中市大交通建设的强力推进，区域交通枢纽正逐渐形成，区域优势不断凸显。截至 2015 年年底，巴中市公路通车里程已达 17077 公里，其中：高速公路 242 公里，省道 663 公里，县道 1675 公里，乡道 2286 公里，村道 12211 公里；铁路通车里程已达 129 公里。巴南高速、巴广高速、巴达高速、巴陕高速（巴中段）为骨架的高速公路网已经形成，广巴铁路、巴达铁路南北贯通，实现了巴中至成都、西安、重庆三小时交通圈，巴中至达州、汉中、南充、广元一小时通达，市内各县 30 分钟通达。形成以高速公路、铁路为骨架，省道干线为支撑，农村公路为基础的综合交通运输体系，建成贯通南北、连接东西、外快内畅、四通八达、通江达海的区域交通枢纽。

（二）现代运输能力快速提升

截至 2015 年年底，巴中市机动车保有量 338435 辆，而且以每年 4000 多辆的速度持续递增。巴中市拥有货车 22922 辆，其中：大重型货车 3572 辆，中型货车 2537 辆。据统计资料显示，2015 年巴中市实现货运量 2736 万吨，比 2014 年增长了 18.8%。其中：实现公路货运量 2251 万吨，比 2014 年增长了 14.1%，实现公路货运周转量 376678 万吨公里，比 2014 年增长 13.5%；实现铁路货运量 153 万吨，实现铁路货运周转量 7908 万吨公里；实现水路货运量 332 万吨，实现水路货运周转量 2347 万吨公里。

（三）现代物流园区和企业蓬勃发展

目前，巴中市已经发展形成了一批主营业务突出、核心竞争力较强的物流企业，培育出了城西物流园区、兴文物流园区、盘兴物流园区、平昌县川东北现代物流港、南江县东榆商贸物流园、通江县物流中心等具有良好成长性的物流园区或企业。2015 年，巴中市有 3 家物流企业营业收入过亿元，其中：四川省巴中运输集团有限公司，营业收入 4.22 亿元；中国邮政集团公司巴中市分公司，营业收入2.85亿元；四川巴中国家粮食储备库，营业收入1.12亿元。与此同时，四川泰通运输有限公司、平昌县腾达运输有限公司、平昌县东城物流有限公司、南江县通运汽车运输有限责任公司、四川光雾山红叶旅游运业有限公司等一大批新兴民营企业发展势头强劲。

（四）商贸流通体系基本形成

2015年，巴中市以“两化互动、统筹城乡，追赶跨越，加快发展”为统领，根据市场需求、产业布局、产品流向、交通条件等因素，着力打造“市有中心商圈、县有特色商业街、乡镇有商贸综合服务中心、村有农家店”的商品流通网络，形成以城带乡、城乡一体、层次分明、功能完善、规范有序的现代流通体系。着力构建农村日用消费品、农业生产资料、农副产品和再生资源回收四大流通网络体系。打造出了像草坝街商贸与巴中历史文化的深度融合的商业城，形成了一批主题特色突出、建筑风格鲜明、文化底蕴深厚、集聚效应显著的特色商业街区。西部国际商贸城、巴中汽贸建材城，秦巴山区特色农产品交易中心、柳津桥国际城商业综合体、汽车交易市场、农资配送中心等一批重大市场建设项目业已建成，形成商品组织规模大、现代化程度高、品牌竞争能力强、辐射横跨区域广的消费品和生产资料分销体系。有力推动了巴中市国有、民营、外地资金多种所有制经营主体协调发展，形成了各类企业齐头并进的良性格局。

（五）对经济社会的贡献作用日趋突出

物流业的持续发展为巴中市经济社会发展提供了有力保障。据统计资料，2015年巴中市有交通运输、仓储和邮政业规模以上企业40家，比2014年净增了6家、增长了17.6%。在我国经济结构调整和巴中市经济下滑的大背景下，2015年巴中市规模以上物流企业从业人员平均人数为8242人，比2014年的7938人增长了3.8%；实现营业收入12.31亿元，比2014年增长了1.4%；营业利润率4.6%，比2014年增长了0.3个百分点；企业社会贡献率达到34.0%，比2014年的31.3%提高了2.7个百分点；实现行业增加值19.32亿元，同比增长7.0%。2015年巴中市规模以上物流企业运营的主要指标均实现了不同程度的增长，为巴中市社会和经济发展做出了突出的贡献。

二、物流业持续发展的对策

（一）物流业发展存在的问题

一是规划引领不够。由于巴中市物流业起步较晚，起点较低，尤其是在国民经济发展中的地位没有得到有效确认。至今巴中市从市到县区均没有制定物流业专项发展目标和规划，没有出台促进物流业发展的专门政策性文件，没有建立现代物流业发展的专项资金。因此，在对物流业发展的政策支持力度明显落后于其他地方。

二是企业层次较低。首先是规模小，巴中市部分物流企业特别是民营企业仍以家庭经营模式为主，经营规模小，服务对象单一，难以形成规模效应。特别是至今没有一家巴中的物流企业进入四川省A级物流企业名单。其次是物流企业服务层次较低。大多数物流企业主要服务内容还是以传统的运输、仓储、配送为主，缺乏增值性和创新性服务；信息化程度低，尚未建立统一的公共物流信息平台，也没有建立区域性、综合性的货运信息网络，大多数企业仍以传统的信息方式进行交易；第三方物流企业滞后，企业物流和物流企业不能有效融合，物流社会化、专业化、组织化程度低；

大多数物流企业操作流程不规范，没有开展等级评估和认证。最后是缺少拥有现代物流意识、能掌握和运用现代物流技术与管理的专门人才。由于企业层次不高，造成了巴中市物流业还没有建立起健康的、有序的经营环境，导致无序竞争、恶性竞争、侵害客户权益现象时有发生。

三是产业要素不全。首先是缺乏制度规范。没有根据快速发展的物流市场需求，及时调整和完善配套行业标准及管理制度，行业标准不统一，准入门槛低，良莠不齐，冲击了物流业的健康发展。其次是政策扶持不到位，对物流业发展投入十分有限。金融、税收、土地等方面扶持政策少，宣传不到位，多数企业表示对现有的优惠政策不知情。此外，大部分企业反映企业税负重、成本高、停车难、进城难等情况。最后是缺乏龙头企业带动。由于没有与工业、商贸、涉农等产业和区域有效对接，信息不能共享，不能形成功能完善的物流配送系统，因此难以培育和壮大本地龙头企业，也难以引进大型龙头企业来巴中发展。多数物流企业功能单一，技术力量和综合化程度低，缺乏辐射带动力。

（二）加快物流业发展的对策

一是尽快编制物流业发展规划。按照“整体规划、适度超前、分步推进”的原则，科学编制《“十三五”巴中市现代物流业发展规划》。统筹考虑巴中市产业结构布局、环境保护、投资来源、运营组织以及建成后经营效率和效益等因素，注重与城市发展规划、农业发展规划等各项社会发展规划之间的有机衔接，科学制定指导方针、总体思路和发展目标。

二是培育壮大现代物流企业。首先是建立园区聚合现代物流业。整合园区资源，重点建设好兴文物流园区、盘兴物流园区两个物流中心，完善信息共享机制，鼓励和引导物流企业向物流园区、物流中心聚集，增强园区的聚合效应，提升物流企业机械化、信息化水平。其次是整合资源发展现代物流业。引导中小物流企业通过联盟、联合、兼并、重组，培育发展集约化、规模化、信息化的物流企业，提高企业市场竞争力。同时，强化园区集成功能，积极引进商贸、货运、仓储等不同企业进入园区发展，打造一批集市场信息、仓储、配送、多式联运及展示、交易等多功能于一体的现代物流基地，实现物流企业集聚发展，提升规模效应。最后是积极招商引资引进现代物流业。进一步加大物流业招商引资力度，包装、打造一批物流经营项目对外推介，大力引进大型物流企业来巴中市投资发展。重点围绕国内知名的第三方物流业开展招商引资，争取在巴中市设立分公司、中心，面向全国或区域性的总部运营、集中采购、物流方案设计等经营活动，带动巴中市物流业向现代物流业转型，助推巴中市经济发展。

三是加强物流信息化建设。结合巴中市电子商务发展规划，加快企业物流信息系统建设，鼓励应用物流信息软件、平台开发、快递物流、仓储配送等电子商务配套体系发展，鼓励专业化电子商务服务企业开展技术和服务模式创新。做到区域内物流信息共享，合理分配物流资源，降低企业信息化建设、电子商务应用及物流成本。

四是加强人才培育和引进。在巴中市现代服务业发展若干政策的基础上，加大对物流从业人员在人才落户、子女入学、奖励等方面给予优惠政策；借鉴发达地区经验，引导大专院校、科研机构与物流企业合作，加强物流“产、学、研”基地建设，培养理论结合实际的人才，为现代物流业发展提供智力支持和人才储备；着力开展物流人才教育和培训工作，通过各种渠道组织开展符合物流企业实际用人需要的职业技术培训，进一步加大对从业人员的培训力度和服务质量的跟踪管理。

五是加强物流行业管理。加强物流行业协会的组织和制度建设，强化行业自律。协会要充分发挥其在政策建议、规范市场行为、交流与合作等方面的积极作用。规范物流企业财务管理，加强物流统计工作的培训，提高企业统计人员的业务素质。加快建立与国家一致的物流统计报表制度和统计工作模式，完善巴中市物流统计报表制度。定期组织开展物流业专题调研，分析物流业发展的现状和存在的问题，为行业管理和政府科学决策提供依据。

（四川省巴中市商务局）

第六部分

物流技术与装备

2015年中国载货车行业

2015年，我国继续进行产业结构调整，经济发展进入新常态。受经济发展下行压力加大的影响，全国载货车市场需求进一步下降。

一、载货车行业总体情况

2015年，我国载货车行业实现载货车生产2833026辆、销售2855881量，销售同比下降10.3%（详见表1）。其中：重型载货车生产536089辆、销售550716辆，销售同比下降26.0%；中型载货车生产204029辆、销售200414辆，销售同比下降19.1%；轻型载货车生产1553734辆、销售1558543辆，销售同比下降6.3%；微型载货车生产539174辆、销售546208辆，销售同比增长3.1%。

表1　2015年我国载货汽车细分市场生产销售情况

	生产量（辆）		销售量（辆）		销售同比增长（%）
	2015年	2014年	2015年	2014年	
载货车合计	2833026	3195901	2855881	3184406	-10.3
重型载货车	536089	747451	550716	743991	-26.0
中型载货车	204029	247899	200414	247839	-19.1
轻型载货车	1553734	1661643	1558543	1662634	-6.3
微型载货车	539174	538908	546208	529942	3.1

（一）大型载货车行业

2015年我国重型载货车市场受经济结构调整和转型升级的影响最严重，全年共销售重型载货车55万量，仅略高于2008年全球金融危机时期。经济结构调整导致重型载货车市场需求总量增速放缓，对需求结构也产生深远影响，同时使牵引运输在市场中地位进一步提升。

在细分市场上，2015 年重型载货车生产延续了 2012 年以来的走势，全年实现整车销售 129995 辆，市场份额降至 23.6%；半挂牵引车市场份额继续保持快速增长，全年销售 250180 辆，占重型载货车市场总量的 45.4%；重型载货非完整车辆销售 170541 辆，市场份额降至 31.0%。2008—2015 年我国重型载货车细分市场销售情况如表 2 所示，2008—2015 年我国重型载货车市场各品种销售占比变化情况如图 1 所示。

表 2　2008—2015 年我国重型载货车细分市场销售情况　　单位：辆

年　份	2008	2009	2010	2011	2012	2013	2014	2015
重型载货车（整车）	106746	134281	247698	269907	202121	219967	198944	129995
半挂牵引车	194155	211106	354623	257574	190645	263383	278990	250180
重型载货车非完整车	239547	290784	415112	353160	243235	290754	266057	170541
合　计	540448	636171	1017433	880641	636001	774104	743991	550716

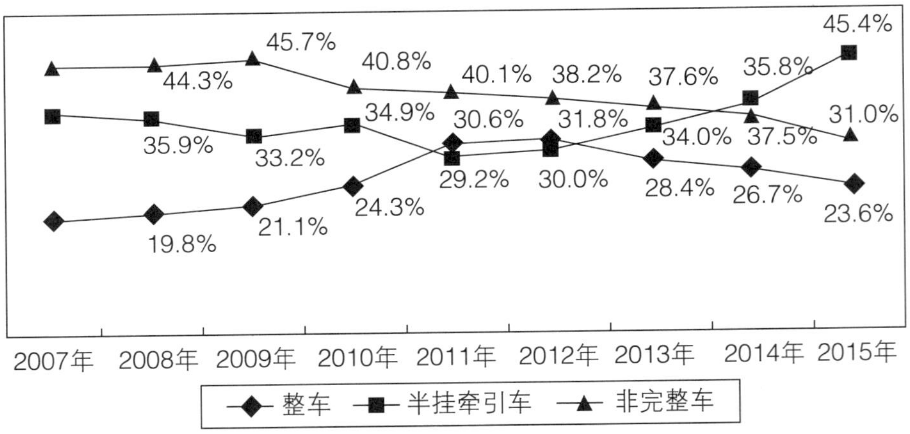

图 1　2008—2015 年我国重型载货车市场各品种销售占比变化情况

2015 年我国重型载货车市场需求全年呈弱势，详情如图 2 所示。第一季度和第二季度销售同比降幅分别为 33.7% 和 28.8%，平均降幅超过 30%。下半年市场需求下跌趋势减缓，第三季度实现销售度同比下降 26%，第四季度同比下降 12.2%。

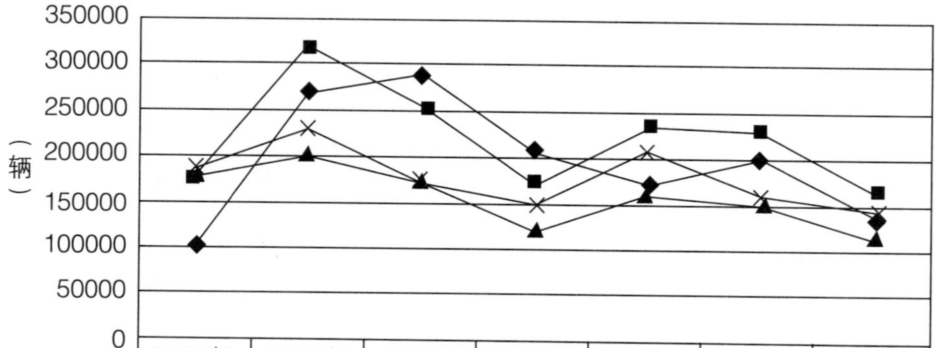

	2009年	2010年	2011年	2012年	2013年	2014年	2015年
1季度	102058	267550	290648	203432	168771	202937	134625
2季度	172244	316466	253183	168173	233908	226019	160864
3季度	176764	204278	168528	120336	164530	153311	113309
4季度	185105	229139	169180	144060	206895	161724	141918

图 2　2009—2015 年我国重型载货车分季销售变化情况

（二）中型货车行业

2015 年我国中型载货车市场需求比上年进一步下滑。市场连续 4 年的回落态势，使中型载货车市场需求降至 200414 辆，低于 2008 年全球经济危机时的 207109 辆，如表 3 所示。

表 3　2008—2015 年我国中型载货车细分市场销售情况　　单位：辆

年　份	2008	2009	2010	2011	2012	2013	2014	2015
中型货车（整车）	124563	181577	179424	191843	184050	175897	150278	109905
中型货车非完整车	82546	76389	92342	100116	106219	110942	97561	90509
合　计	207109	257966	271766	291959	290269	286839	247839	200414

在细分市场上，中型载货车整车市场需求下降幅度明显高于非完整车辆，详见图 3，全年整车销售 109905 辆，占中型载货车市场 54.8%，较 2014 年下降 5.8 个百分点；非完整车辆销售 90509 辆，较 2014 年销量减少约 7000 辆，市场份额增至 45.2%，为近年最高点。

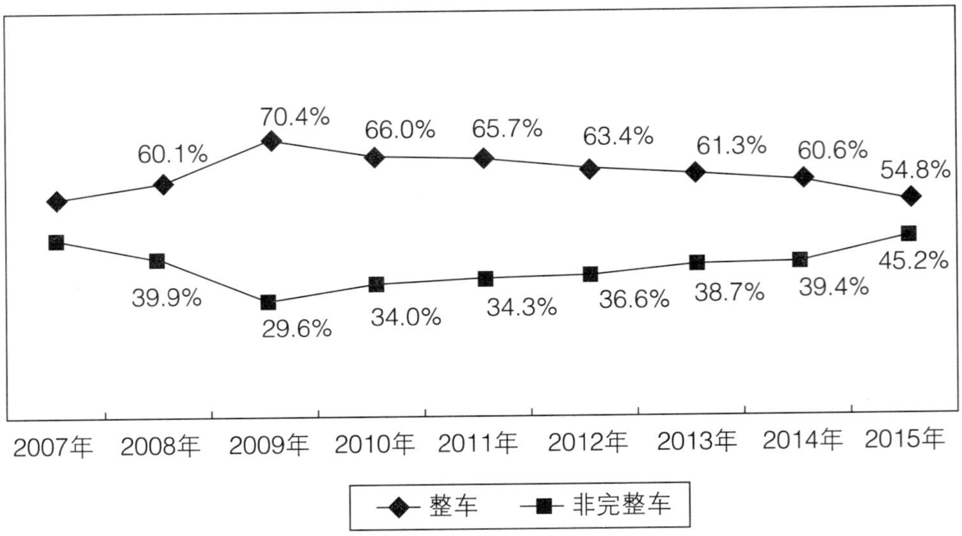

图 3　2008—2015 年我国中型载货车细分市场销售占比变化情况

从分季度销售情况看，2015 年中型载货车市场需求走势与重型车市场相似，首季销售同比下降 32. 3% ，第二季度销售同比下降 24% ，第三季度和第四季度出现明显的止跌趋势，销售分别同比下降 16. 8% 和 3. 2% 。

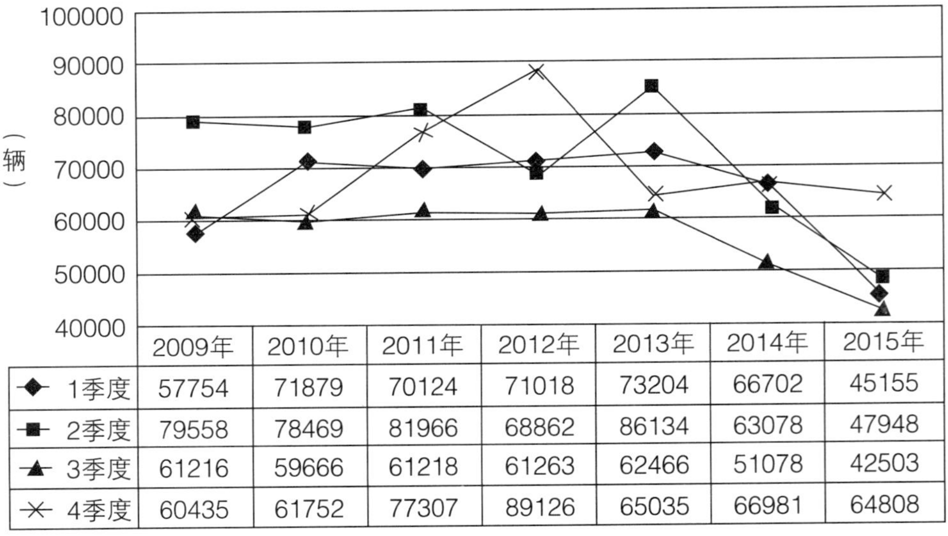

	2009年	2010年	2011年	2012年	2013年	2014年	2015年
1季度	57754	71879	70124	71018	73204	66702	45155
2季度	79558	78469	81966	68862	86134	63078	47948
3季度	61216	59666	61218	61263	62466	51078	42503
4季度	60435	61752	77307	89126	65035	66981	64808

图 4　2009—2015 年我国中型载货车分季销售走势

（三）轻型载货车行业

2015 年我国轻型载货车市场继续延续上年下跌走势，全年销售同比下降 6. 3% ，但下降幅度小于 2014 年同比 12. 9% 的降幅。受排放标准提升和城市物流要求的提高，轻型载货车中高端市场份额进一步提升。

在细分市场，轻型载货车非完整车辆实现销售87642辆，市场份额为5.6%；轻型载货车整车实现销售1470901辆，市场份额增至94.4%。2015年我国轻型载货车市场细分市场销售情况如表4所示，2015年我国轻型载货车细分市场销售占比情况如图5所示。

表4　2008—2015年我国轻型载货车细分市场销售情况　单位：辆

年　份	2008	2009	2010	2011	2012	2013	2014	2015
轻型货车整车	1103597	1461371	1883634	1756188	1733974	1803504	1559520	1470901
轻型货车非完整车	96306	98227	141987	123872	108736	104824	103114	87642
合　计	1199903	1559598	2025621	1880060	1842710	1908328	1662634	1558543

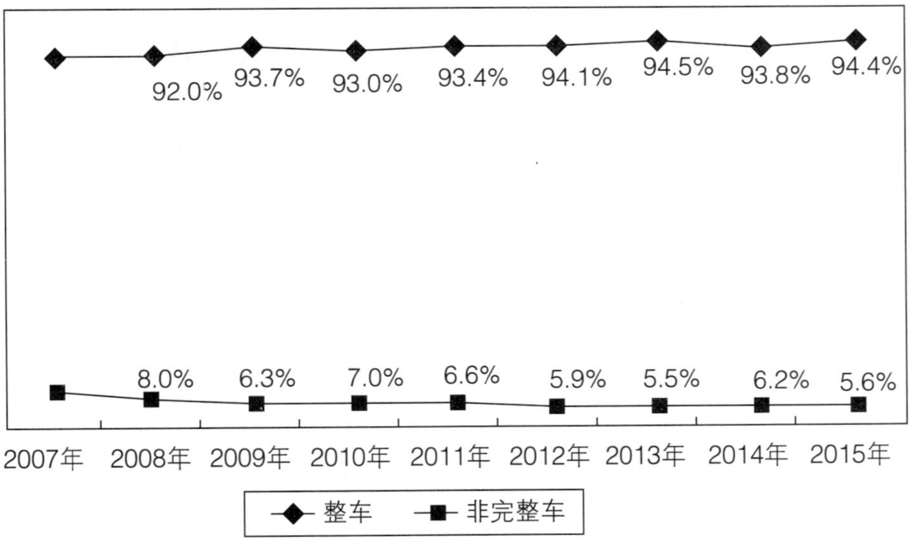

图5　2008—2015年我国轻型载货车细分市场销售占比情况

从分季销售情况看（详见图6），在载货车市场整体不景气的环境下，轻型载货车市场需求开始触底回升。2015年第一季度轻型载货车销售同比下降达21.1%，第二季度同比下跌4.8%，第三和第四季度分别同比增长4.9%和2.3%。下半年销售占全年销量的48%，为近5年来最高比重，表明我国轻型载货车已经先于重中型载货车，进入市场恢复期。

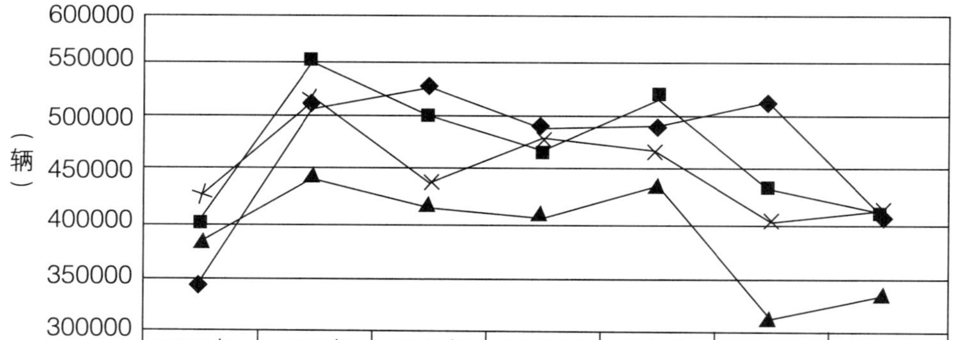

	2009年	2010年	2011年	2012年	2013年	2014年	2015年
◆ 1季度	344035	511453	528286	490481	490696	512313	404395
■ 2季度	401622	553225	499531	465344	513308	430818	410153
▲ 3季度	384356	446622	416214	405903	437731	316014	331397
× 4季度	423794	514321	436544	480982	466593	403489	412598

图 6　2009—2015 年我国轻型载货车分季销售情况

（四）微型载货车行业

2015 年我国微型载货车市场的表现与 2014 年一致，是载货车行业中唯一没有出现销量下降的车型，全年实现销售 546208 辆（见表 5），销量同比增长 3.1% 。在细分市场，微型载货车非完整车辆全年销售量仅有 500 余台，所占比重不足 0.1% ，如图 7 所示。

2015 年我国微型载货车市场需求没有跟随载货车市场整体低迷而下跌，一方面，是因为近年微型载货车在功能上越来越偏向于乘坐与运输相结合的跨界产品；另一方面，是因为载货车排放升级，使轻型车价格上升，而微型车在产品向大型化发展后接近低端轻卡功能的同时，在环保约束方面受到的管制相对“宽容”，价格上与轻型载货车比较优势更加明显，也是微型载货车市场需求扩大的原因。

表 5　2008—2015 年我国微型载货车市场销售情况　　单位：辆

年　份	2008	2009	2010	2011	2012	2013	2014	2015
微型载货车整车	261466	472914	520539	484020	533247	526527	527751	545695
微型载货车非完整车	31186	32776	25732	8156	1565	492	2191	513
合　计	292652	505690	546271	492176	534812	527019	529942	546208

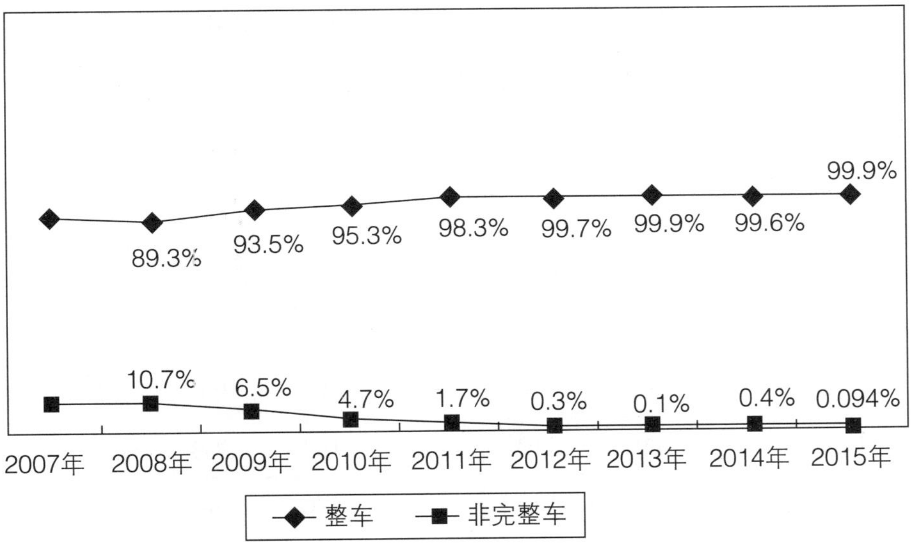

图 7　2007—2015 年我国微型载货车细分市场占比变化情况

2015 年分季度销售情况看，一至四季度微型载货车销售同比分别增长 -8.2%、9.8%、8.2% 和 4.0%。如图 8 所示。

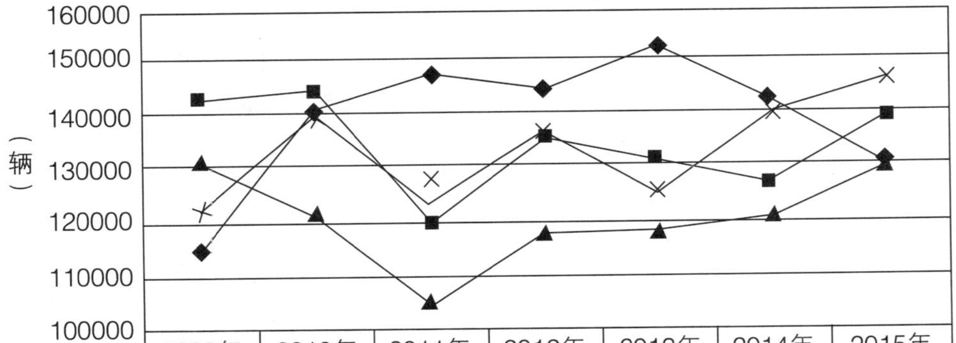

	2009年	2010年	2011年	2012年	2013年	2014年	2015年
1季度	114498	140842	147692	144604	152417	142256	130563
2季度	143239	144724	119978	135317	131222	126580	139027
3季度	131468	121251	104869	118111	118682	120731	130648
4季度	121279	139454	122408	136780	124698	140375	145970

图 8　2009—2015 年我国微型载货车分季销售情况

二、载货车进口情况

2015 年我国进口各类载货类汽车 7664 辆，其中进口重型载货车约 3800 台辆，占进口载货车总量的一半。如表 6 和表 7 所示。

表 6　　2008—2015 年我国进口重型载货车占国内重型载货车市场销售量的比重

年　份	2008	2009	2010	2011	2012	2013	2014	2015
进口量占国内销售量的比例（%）	1.71	1.28	1.33	1.86	2.43	0.89	0.51	0.69

表 7　　2008—2015 年我国载货车进口情况

单位：辆

车型类别			2008 年	2009 年	2010 年	2011 年	2012 年	2013 年	2014 年	2015 年
货车整车	柴油	车总重≤5t	253	119	65	37	81	85	83	104
		5t＜车总重≤14t	418	213	146	161	209	283	102	108
		14t＜车总重≤20t	289	140	60	170	144	206	146	135
		车总重＞20t	6461	6038	11454	14630	13766	5035	1812	1138
	汽油	车总重≤5t	1268	607	1599	2984	3703	3750	7374	3295
		5t＜车总重≤8t	10	9	8	16	36	26	18	32
		车总重＞8t	6	1	14	18	37	39	22	64
	非公路用自卸车	电动轮货运自卸车	72	87	60	79	61	18	8	0
		其他	131	135	124	163	181	216	99	39
	半挂车专用公路牵引车		1249	836	1443	1177	1213	1537	1823	2139
	其他货运机动车辆		14	16	4	18	21	2	14	8
	货车合计		10171	8201	14977	19453	19452	11197	11501	7062
特种车	特种车合计		498	375	333	214	235	224	298	211
货车底盘	货车底盘	车总重≥14t	526	510	445	128	105	26	0	2
		车总重＜14t	11	15	0	18	28	60	156	328
	汽车起重机底盘		0	0	0	0	1	0	0	0
	非公路用自卸车底盘		0	0	0	0	0	1	0	0
	其　他		6	31	407	658	205	77	22	61
	货车底盘合计		543	556	852	804	339	164	178	391
载货类车辆合计			11212	9132	16162	20471	20026	11585	11977	7664

三、载货车企业

（一）重型载货车企业

2015年，我国重型载货车市场销量排名前五的重型载货车企业共销售重型载货车458051辆，占重型载货车市场份额的83.2%，较2014年的81.6%上升1.6个百分点；销量排名前十的企业共销售重型载货车534134辆，占市场份额的97.0%，同比增长0.4%。

2015年我国重型载货车市场销售量排名前十位的重型载货车企业销量全部呈下跌态势。其中：东风汽车公司实现销售117151辆，较2014年同比下降24.5%，跌幅小于行业平均水平，市场份额增至21.3%，保持市场份额第一的位置；中国重型汽车集团有限公司实现销售98823辆，较2014年同比下降18.5%，市场份额升至17.9%，市场份额排名保持第二位；中国第一汽车集团公司实现销售86205辆，较2014年同比下降26.1%，市场份额为15.7%，位居市场份额排名第三位；陕西汽车集团有限责任公司实现销售80960辆，销量较2014年同比下跌22.6%，市场份额增至14.7%，位居市场份额排名第四位；北汽福田汽车股份有限公司销售出现31.4%的降幅，市场份额跌至13.6%，位居市场份额排名第五位。上汽依维柯红岩商用车有限公司销量出现65.2%的下跌，市场份额排名跌至第十位。其他前十位企业销量虽然各有下跌，但市场份额变化不大，如表8所示。

表8　2015年我国载重车市场销量排位前十的重型载货车生产企业销售情况

序号	企业名称	重型载货车销量（辆）		销量同比增长（%）	企业销量占重型载货车总销量的比重（%）	
		2015年	2014年		2015年	2014年
	总　计	550716	743991	-26.0	100.0	100.0
1	东风汽车公司	117151	155142	-24.5	21.3	20.9
2	中国重型汽车集团有限公司	98823	121306	-18.5	17.9	16.3
3	中国第一汽车集团公司	86205	116634	-26.1	15.7	15.7
4	陕西汽车集团有限责任公司	80960	104539	-22.6	14.7	14.1
5	北汽福田汽车股份有限公司	74912	109273	-31.4	13.6	14.7
6	安徽江淮汽车股份有限公司	29935	39833	-24.8	5.4	5.4
7	成都大运汽车集团有限公司	15202	16255	-6.5	2.8	2.2
8	安徽华菱汽车有限公司	13167	18750	-29.8	2.4	2.5
9	北奔重型汽车集团有限公司	9071	11597	-21.8	1.6	1.6
10	上汽依维柯红岩商用车有限公司	8708	25000	-65.2	1.6	3.4

（二）中型载货车企业

2015年，我国中型载货车市场销量排名位居前五的中型载货车生产企业共实现销售164901辆，占中型载货车市场总销量的82.3%，较2014年中型载货车市场销量排名位居前五的中型载货车生产企业所占市场份额上升了5.2个百分点；销量排名位居前十的中型载货车生产企业总计销售中型载货车195140辆，占市场份额的97.4%，较2014年同比增长了2.4个百分点。

在销量排名位居前五的中型载货车生产企业中，东风汽车公司实现销量55168辆，较2014年下降了13.3%，市场份额升至27.5%，领先居第二位的中国第一汽车集团公司6.1个百分点；中国第一汽车集团公司实现销售42813辆，较2014年销量下降了13.9%，市场份额为21.4%，较2014年同期增长了1.3个百分点；重庆力帆汽车有限公司实现中型载货车销售40819辆，同比增长53.9%，市场份额达到20.4%，行业排名升至第三位；庆铃汽车（集团）有限公司实现销售15750辆，销量比2014年下降了15.3%，市场份额升至7.9%，排名第四位；四川现代汽车有限公司实现销售10351辆，销量同比下降4.4%，排名第五位，市场份额占比为5.2%。如表9所示。

表9　2015年我国中型载货车行业销售排名位居前十的中型载货车生产企业销售情况

序号	企业名称	中型载货车销售量（辆）		销售同比增长（%）	企业销量占中型载货车总销量的比重（%）	
		2015年	2014年		2015年	2014年
	总计	200414	247839	−19.1	100.0	100.0
1	东风汽车公司	55168	63661	−13.3	27.5	25.7
2	中国第一汽车集团公司	42813	49718	−13.9	21.4	20.1
3	重庆力帆汽车有限公司	40819	26529	53.9	20.4	10.7
4	庆铃汽车（集团）有限公司	15750	18597	−15.3	7.9	7.5
5	四川现代汽车有限公司	10351	10822	−4.4	5.2	4.4
6	安徽江淮汽车股份有限公司	8017	11261	−28.8	4.0	4.5
7	成都大运汽车集团有限公司	7026	6662	5.5	3.5	2.7
8	北汽福田汽车股份有限公司	6138	10753	−42.9	3.1	4.3
9	中国重型汽车集团有限公司	5736	32651	−82.4	2.9	13.2
10	山东唐骏欧铃汽车制造有限公司	3322	3573	−7.0	1.7	1.4

（三）轻型载货车企业

2015 年，我国轻型载货车市场销量排名位居前五的轻型载货车生产企业实现销售 863565 辆，市场份额合计 55.4%，较 2014 年下降了 3.1 个百分点；销量排名位居前十的企业共实现销售 1239870 辆，市场份额为 79.6%，同比略增 0.2 个百分点。

2015 年我国轻型载货车企业中，销售量位居前五的企业市场份额变化不大，北汽福田汽车股份有限公司、江铃控股有限公司和安徽江淮汽车股份有限公司依然位居轻型载货车行业前三位，但北汽福田汽车股份有限公司的轻型载货车市场份额进一步下降至 17.1%，随着中高端市场的增长，北汽福田汽车股份有限公司在轻型载货车行业的优势进一步减弱。金杯汽车股份有限公司实现销售 137617 辆，同比下降 12.6%，由于 2014 年排在第四位的东风汽车公司销售降幅达 23.1%，使金杯汽车股份有限公司排位升至行业第四位，东风汽车公司则跌至行业第五位。

此外，重庆力帆汽车有限公司销售突破 10 万辆，同比增长 74.8%，市场份额达 6.6%，排在行业第六位；中国重型汽车集团有限公司的销量突破 5 万辆，排到行业第十位。

表 10　2015 年我国载货车市场销量排位前十的轻型载货车生产企业销售情况

序号	企业名称	轻型载货车销量（辆）		销售同比增长（%）	企业销量占轻型载货车总销量的比重（%）	
		2015 年	2014 年		2015 年	2014 年
	总 计	1558543	1662634	-6.3	100.0	100.0
1	北汽福田汽车股份有限公司	266776	298478	-10.6	17.1	18.0
2	江铃控股有限公司	169186	179880	-5.9	10.9	10.8
3	安徽江淮汽车股份有限公司	166522	175763	-5.3	10.7	10.6
4	金杯汽车股份有限公司	137617	157439	-12.6	8.8	9.5
5	东风汽车公司	123464	160599	-23.1	7.9	9.7
6	重庆力帆汽车有限公司	103347	59110	74.8	6.6	3.6
7	长城汽车股份有限公司	99463	118286	-15.9	6.4	7.1
8	庆铃汽车（集团）有限公司	64203	60468	6.2	4.1	3.6
9	重庆长安汽车股份有限公司	57621	56523	1.9	3.7	3.4
10	中国重型汽车集团有限公司	51671	20570	151.2	3.3	1.2

（四）微型载货车企业

2015 年我国微型载货车市场销量排名位居前五的微型载货车企业合计销售微型货车 489351 辆，销量比 2014 年略有增加；市场份额为 89.6%，较 2014 年下降 1.6 个百分点。

2015 年我国微型载货车市场销量排名位居前五的微型载货车生产企业中，上汽通用五菱汽车股份有限公司的市场销量和份额都继续保持增长，全年实现销售 242399 辆，较 2014 年同期增长 10.4%，市场份额进一步增至 44.4%；北汽福田汽车股份有限公司实现销售 88102 辆，同比下降 3.4%，市场份额跌至 16.1%，排在第二位；重庆长安汽车股份有限公司实现销售 85736 辆，同比增长 4.2%，市场份额升至 15.7%，排在第三位；东风汽车公司实现销售 54088 辆，同比下降 25.8%，市场份额下降至 9.9%，排在第四位；金杯汽车股份有限公司实现销售 19026 辆，市场份额从 2014 年 1% 增至 3.5%，排在第五位。

表 11　2015 年我国载货车市场销量排位前十的微型载货车生产企业销售情况

序号	企业名称	微型载货车销量（辆）		销售同比增长（%）	企业销量占微型载货车总销量的比重（%）	
		2015 年	2014 年		2015 年	2014 年
	总 计	546208	529942	3.1	100.0	100.0
1	上汽通用五菱汽车股份有限公司	242399	219466	10.4	44.4	41.4
2	北汽福田汽车股份有限公司	88102	91210	-3.4	16.1	17.2
3	重庆长安汽车股份有限公司	85736	82293	4.2	15.7	15.5
4	东风汽车公司	54088	72848	-25.8	9.9	13.7
5	金杯汽车股份有限公司	19026	5093	273.6	3.5	1.0
6	山东凯马汽车制造有限公司	17948	14221	26.2	3.3	2.7
7	中国第一汽车集团公司	15563	11165	39.4	2.8	2.1
8	奇瑞汽车股份有限公司	15428	17276	-10.7	2.8	3.3
9	四川现代汽车有限公司	4028	4473	-9.9	0.7	0.8
10	广汽吉奥汽车有限公司	3261	7438	-56.2	0.6	1.4

（潘增友　中国汽车技术研究中心）

2015 年中国工业车辆行业

伴随我国经济步入调整期，我国工业车辆行业的销售量上也出现了明显的相关变化，继 2014 年四季度工业车辆的订单量开始出现下滑后，2015 年全年国内工业车辆市场销售呈负增长态势。总体看在 2015 年机动工业车辆各车型中，平衡重类叉车（包括电动平衡重叉车和内燃平衡重叉车）的销售降幅达 16%，仓储类叉车（包括电动乘驾式仓储叉车和电动步行式仓储叉车）的销售虽然增幅略有下降，但整体继续保持了稳定增长的势头。

根据中国工程机械工业协会工业车辆分会 2015 年采录汇总报告销售量数据显示：2015 年我国共销售机动工业车辆 327626 台，与 2014 年同期的 359622 台相比，减少了 8.90%；共销售非机动工业车辆 1154356 台，与 2014 年同期的 1197188 台相比，下降了 3.58%。2015 年我国机动工业车辆各月销售情况如表 1 所示。

表 1　2015 年我国机动工业车辆各月销售情况　　单位：台

类别名称 / 月份	Ⅰ类	Ⅱ类	Ⅲ类	Ⅳ类 + Ⅴ类	Ⅰ～Ⅲ类电动叉车	Ⅰ+Ⅳ+Ⅴ类平衡重式叉车	Ⅰ～Ⅴ类工业车辆
	电动平衡重乘驾式叉车	电动乘驾式仓储叉车	电动步行式仓储叉车	内燃平衡重式叉车〔实心、充气轮胎〕			
1	3195	587	5887	16476	9669	19671	26145
2	1896	400	3452	10781	5748	12677	16529
3	3683	743	6068	28123	10494	31806	38617
4	3087	652	7126	22984	10865	26071	33849
5	3309	582	6323	20416	10214	23725	30630

续 表

类别名称 / 月份	Ⅰ类	Ⅱ类	Ⅲ类	Ⅳ类＋Ⅴ类	Ⅰ～Ⅲ类电动叉车	Ⅰ＋Ⅳ＋Ⅴ类平衡重式叉车	Ⅰ～Ⅴ类工业车辆
	电动平衡重乘驾式叉车	电动乘驾式仓储叉车	电动步行式仓储叉车	内燃平衡重式叉车〔实心、充气轮胎〕			
6	3373	586	6680	17682	10639	21055	28321
7	3218	648	6218	16082	10084	19300	26166
8	2942	602	6342	15558	9886	18500	25444
9	3499	609	6634	15734	10742	19233	26476
10	3157	723	5957	14904	9837	18061	24741
11	3008	646	6592	15016	10246	18024	25262
12	3799	883	7011	13753	11693	17552	25446
合计	38166	7661	74290	207509	120117	245675	327626

一、国内市场

2015 年我国叉车市场全年共销售机动工业车辆 236976 台，与 2014 年的 268910 台相比，下降了 11.88 %。我国市场的销售量占亚洲叉车市场销售量 409630 台的 57.85%，比 2014 年下降了 3.60 个百分点，仍列亚洲第一位；占世界叉车市场总销售量 1064224 台的 22.27%，比 2014 年下降了 2.90 个百分点，继续位列世界第一大销售市场。

下图为 2015 年各月我国国内市场机动工业车辆的销售情况，从图中可以清楚地看到我国国内市场机动工业车辆全年销售量的走势。

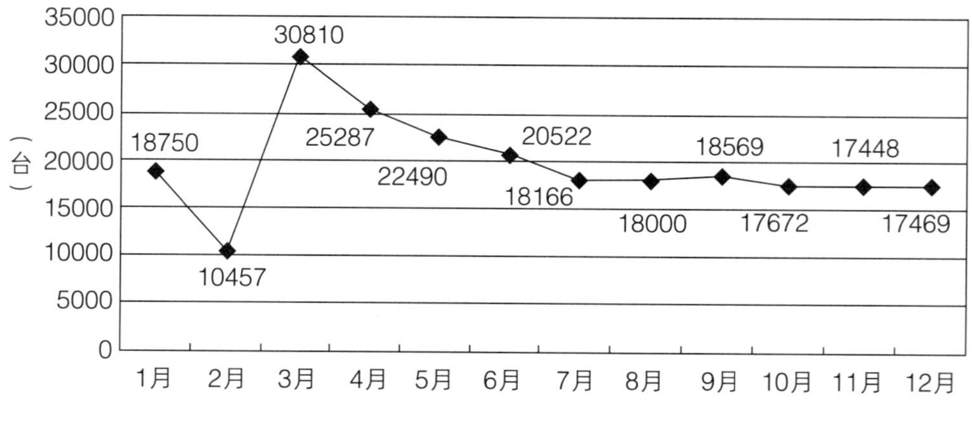

2015 年各月我国国内市场机动工业车辆的销售走势图

二、出口情况

2015年我国机动工业车辆的出口量比2014年略有增长，但出口金额下降了3.10%。从出口车型来看，电动叉车的出口量同比增长，内燃叉车的出口量则继续负增长，且电动叉车出口量所占比例首次超过内燃叉车。根据海关总署的统计数据显示，2015年我国机动工业车辆的出口数量为134395台，与2014年的133208台相比，上升了0.89%。其中：电动叉车（含巷道堆垛机）的出口数量为75292台，与2014年的出口数量65599台相比，上升了14.78%；内燃叉车（含集装箱叉车）的出口数量为59103台，与2014年的出口数量67609台相比，下降了12.58%。2008—2015年我国机动工业车辆出口数量和金额情况如表2所示。

表2　2008—2015年我国机动工业车辆出口数量和金额情况

年度	出口数量（台）	同比增长（%）	出口金额（美元）	同比增长（%）
2008	60333	23.45	722682384	36.48
2009	27558	-54.32	309421396	-57.18
2010	47143	71.07	517832892	67.36
2011	84249	78.71	1014556246	95.92
2012	97786	16.07	1251750489	23.38
2013	112703	15.25	1369437533	9.40
2014	133208	18.19	1624387978	18.62
2015	134395	0.89	1574109829	-3.10

2015年我国出口的机动工业车辆中，亚洲占比为33.09%、美洲占比为28.19%、欧洲占比为25.26%、非洲占比为6.85%、大洋洲占比为6.61%；出口的电动叉车（含巷道堆垛机）中，美洲占比为31.92%、亚洲占比为30.47%、欧洲占比为28.44%、大洋洲占比为6.77%、非洲占比为2.40%；出口的内燃叉车（含集装箱叉车）中，亚洲占比为36.43%、欧洲占比为21.22%、美洲占比为23.43%、非洲占比为12.52%、大洋洲占比为6.40%。2015年我国机动工业车辆出口世界各洲的数量及占比情况如表3所示。

表3　2015年我国机动工业车辆出口世界各洲的数量及占比情况

分类 / 大洲	机动工业车辆		电动叉车		内燃叉车	
	数量（台）	占比（%）	数量（台）	占比（%）	数量（台）	占比（%）
亚　洲	44475	33.09	22945	30.47	21530	36.43

续 表

分类 / 大洲	机动工业车辆		电动叉车		内燃叉车	
	数量（台）	占比（%）	数量（台）	占比（%）	数量（台）	占比（%）
非　洲	9206	6.85	1804	2.40	7402	12.52
欧　洲	33953	25.26	21414	28.44	12539	21.22
拉丁美洲	12308	9.16	2704	3.59	9604	16.25
北 美 洲	25576	19.03	21328	28.33	4248	7.18
大 洋 洲	8877	6.61	5097	6.77	3780	6.40
合　计	134395	100.00%	75292	100.00%	59103	100.00%

2015 年我国出口至世界五大洲的非机动工业车辆（轻小型搬运车辆）共计 1582421 台，与 2014 年同期的 1575776 台相比，上升了 0.42%。其中出口北美洲的非机动工业车辆（轻小型搬运车辆）数量占非机动工业车辆（轻小型搬运车辆）出口总量的 31.69%，位列第一。2015 年度我国非机动工业车辆（轻小型搬运车辆）出口世界各洲的情况如表 4 所示。

表 4　　2015 年度我国非机动工业车辆（轻小型搬运车辆）出口世界各洲情况

大洲名称	非机动工业车辆（轻小型搬运车辆）出口情况	
	出口数量（台）	份额占比（%）
亚　　洲	417560	26.39
非　　洲	49520	3.13
欧　　洲	453297	28.65
拉丁美洲	123429	7.80
北 美 洲	501397	31.69
大 洋 洲	37218	2.34
合　　计	1582421	100.00%

三、进口情况

2015 年我国共进口叉车及装有升降或搬运装置的工业车辆 12632 台，与 2014 年的 12572 台相比，上升了 0.48%；进口金额为 283928995 美元，与 2014 年的 291695891 美元相比，下降了 2.66%。其中：进口电动叉车

（含巷道堆垛机）9118 台，比 2014 年的 8597 台上升了 6.06%；进口内燃叉车（含集装箱叉车）968 台（其中集装箱叉车 1 台），比 2014 年的 872 台上升了 11.01%；进口未列名叉车 2546 台，比 2014 年的 3103 台下降了 17.95%。2008—2015 年我国工业车辆进口情况如表 5 所示。

表 5　　2008—2015 年我国工业车辆进口情况

年　份	进口数量（台）	同比增长（%）	进口金额（美元）	同比增长（%）
2008	13807	-16.57	343233710	-1.22
2009	9652	-30.09	293627560	-14.45
2010	14644	51.72	389169560	32.54
2011	15632	6.75	368447853	-5.32
2012	12970	-17.03	321267736	-12.81
2013	12063	-6.99	301439716	-6.17
2014	12572	4.22	291695891	-3.23
2015	12632	0.48	283928995	-2.66

2015 年我国进口的工业车辆分别来自 33 个国家和地区，按大洲进行分类统计得出的占比情况如下：进口的 10086 台机动工业车辆中，来自欧洲的占比为 49.32%、来自美洲的占比为 16.47%、来自亚洲的占比为 34.16%、来自大洋洲的占比为 0.06%；进口的 9118 台电动叉车（含巷道堆垛机）中，来自欧洲的占比为 52.03%、来自美洲的占比为 15.07%、来自亚洲的占比为 32.90%；进口的 968 台内燃叉车（含集装箱叉车台）中，来自欧洲的占比为 23.76%、来自美洲的占比为 29.65%、来自亚洲的占比为 45.97%、来自大洋洲的占比为 0.62%。

（张洁　中国工程机械工业协会工业车辆分会秘书长）

2015 年中国托盘业

2015 年，尽管我国经济下行压力加大，但物流业尤其是物流装备业因滞后效应仅仅感到一些寒意，行业基本面尚好。托盘业因自身的特殊性，虽然盛况略衰，但上升态势依旧。

一、托盘业的基本情况

（一）托盘保有量

依据托盘市场供需情况分析推测，截至 2015 年年底，我国托盘保有量为 10.2 亿片（如图 1 所示），比 2014 年增长 16%。

截至 2015 年年底，我国五大类托盘保有量的占比情况分别是：木托盘占比 78%，塑料托盘占比 15%，纸托盘占比 4%，金属托盘占比 2%，复合材料托盘等占比 1%。目前，我国托盘市场中仍以木托盘、塑料托盘、纸托盘、金属托盘和复合托盘五大类为主，其中：木托盘保有量仍占绝对多数；塑料托盘保有量增长较快，占比已由 2010 年的 10% 增至 2015 年的 15%。

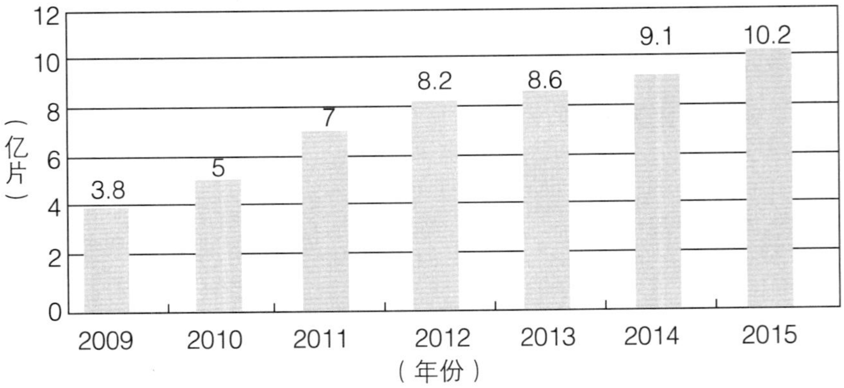

图 1 2009—2015 年中国托盘保有量情况

总体看，我国托盘市场占据绝对多数保有量的木托盘的生产量呈逐年减少态势，保有量占比也在逐年下降。导致这一情况的主要原因是全球木材资源保障性变差，供给量减少。一方面，2015 年我国开始限制商业采伐天然林，原木供应量锐减，按照国家林业局的统计，此举导致我国每年将减少 4494 万立方米的原木砍伐量；另一方面，世界主要木材出口国纷纷限制本国的森林砍伐和原木出口，使得全球木材资源供应更加紧张、价格不断攀升。为保护本国森林资源，加强环境保护和生物多样性，世界各主要原木出口国纷纷制定了限制原木出口的政策或规定。如俄罗斯三次提高原木的出口关税，严格限制原木直接出口；2013 年加拿大提高了对未加工原木出口征收的“国内生产替代费”；2014 年 4 月，缅甸政府开始停止原木的出口，2015 年乌克兰通过了《关于木材销售和出口活动实行国家调控修正案》，规定 10 年内暂停为加工木材和锯材出口；2014 年刚果开始全面限制原木出口；力度最大的是 2014 年法国木材协会明确提出限制原木出口我国市场。此外，因木材市场供给量减少，一些供应商开始寻找替代品弥补空缺也导致木材供应参差不齐、质量不稳。一些木托盘生产企业迫于现实不得不采取变换树种、减少进口数量、削减生产量的办法应对风险。

塑料托盘保有量明显上升的主要原因是其利用面不断扩大，使用量大幅增加。由于塑料托盘耐用性好、使用寿命长、易清洗、形式多样、量身定做简单，非常适用于食品、饮料、化工、汽车等行业，加之原油降价，塑料托盘的成本进一步下降，因而塑料托盘近几年越来越受到用户的青睐。

纸托盘虽然利用面扩展较快，但普及使用的限制因素较多，保有量提升不快。金属托盘经过多年发展，已在铁托盘的基础上出现了铝制托盘和铝合金托盘。

（二）托盘生产企业的基本情况

2015 年我国有各类托盘生产企业 12000 家，其中：木托盘生产企业占比 58%，塑料托盘生产企业占比 17%，复合材料托盘生产企业占比 15%，纸托盘生产企业占比 5%，金属托盘生产企业占比 5%。

在各类托盘生产企业中 90% 为民营小微企业，企业注册资金在 50 万～5000 万元，而且许多企业在生产托盘的同时还生产其他产品。位于长三角、珠三角、环渤海地区以及上海、广州、天津、北京等大型城市经济圈的托盘生产企业约占全国托盘生产企业总数的 35%，其托盘生产量占全国托盘生产总量的 60%。

二、托盘生产的发展情况

近些年我国的托盘生产规模不断扩大，托盘生产数量增长很快，托盘生产出现了以下变化。

（一）木托盘生产向机械化方向转变

近几年，受人工成本上升较快的影响，木托盘生产成本涨幅较大。劳动成本急速上升，但产品售价又提不上去，企业的运营压力难以化解。我国木托盘生产一直以来大都依靠人力手工完成，因而产品质量参差不齐，标准保证性差。当客户特别是大客户、大订单对托盘的品质提出越来越严格的要求时，托盘生产企业靠人力手工作业既无法满足客户的质量要求，也难以按合同期限准时交货。因此，一些木托盘生产企业开始购入机械生产设备，用机械生产代替人工生产。目前。如天津新创、前程包装、罗浮山卡板等几家知名大型木托盘生产企业均已采用机械化生产方式，还有一些企业正在积极筹备转向机械化生产。

（二）托盘箱产量上升

由于托盘箱在具有托盘功能的同时，又可防盗、防晒，因而附加价值高于托盘，又因其生产工艺不太复杂，所以托盘箱的需求增长较快，产量上升趋势明显。

（三）企业从单一生产向生产、回收、维修一体化转变

我国托盘生产企业以民营小微企业为主，行业竞争激烈，企业竞争力不足。疯狂的低价竞争导致托盘生产的利润空间变小，加之木材涨价和木材供应资源不稳定，以及循环经济、环保要求、综合利用等原因，一些托盘生产企业开始从单一生产销售托盘向生产、回收和维修三位一体转变。据中物联托盘委组团出国考察发现，国外同行的情况亦是如此，有的企业甚至从以单一依赖托盘生产和销售为主，转向以托盘回收、维修再利用为主。

（四）新技术、新材料、新产品大量涌现

自2000年以来，我国托盘生产业陆续涌现出新产品、新技术和新材料。如，某托盘生产企业研制的EVA改性复合材料，属于新型环保塑料发泡材料，通过改性发泡复合即可具有良好的缓冲性能，是理想的抗震、隔热、防静电的托盘材料。利用这种材料制造出来的托盘具有可生物降解、无环境污染、成本低、重量轻、耐水、抗寒、无味、无毒、免熏蒸等优点。用这种新材料生产的新型托盘受到业界广泛关注。又如，某塑料托盘生产企业研发的一种新型塑料托盘，由于科学合理地加入了长玻璃纤维，使托盘变得重量很轻，具有良好的韧性和耐寒、耐高温、可塑性强、美观耐用、物美价廉等特点。此外，近年还出现了嵌入钢件的塑料托盘和以废纸、废塑料、木屑、秸秆、树枝为原材料生产的复合材料托盘。

三、托盘利用情况

近几年，伴随着劳动成本的不断上升和劳动力资源供给的不足，我国托盘市场需求强劲，托盘利用面逐年扩大。各类托盘的利用情况如下。

（一）托盘的规格

目前，我国社会广泛使用的托盘有木托盘、塑料托盘、纸托盘、金属托盘和复合材料托盘，这五大类托盘的标准化率在10%～25%。2008年我国公布的两种标准托盘的规格尺寸为1200mm×1000mm和1100mm×1100mm，其中1200mm×1000mm规格尺寸的托盘为优先选择规格。尽管这两个标准均在国际标准化组织/托盘标准化技术委员会（ISOT/C51）规定的范围之内，但从近几年的情况来看，1200mm×1000mm托盘的利用比例增长速度比1100mm×1100mm高，而且这一趋势有进一步增强的迹象。

目前，全球范围内托盘标准化程度最高的国家是澳大利亚，标准化率高达90%以上，日本和韩国的托盘标准化率均在40%以下。我国现阶段利用的托盘75%～85%为非标准托盘，这些托盘主要用于企业内的物料搬运、仓储等作业环节。企业内部非标托盘利用居多是由于企业的产品多种多样、形状各异，企业大多关注包装材料成本的问题，而忽视与托盘尺寸匹配的问题。

（二）托盘利用场所

目前，我国托盘利用率较高的场所依次为：配送中心、物流园区、仓库、超市、工厂车间、货运枢纽、港口码头和机场等，各场所托盘利用率占比情况如图2所示。

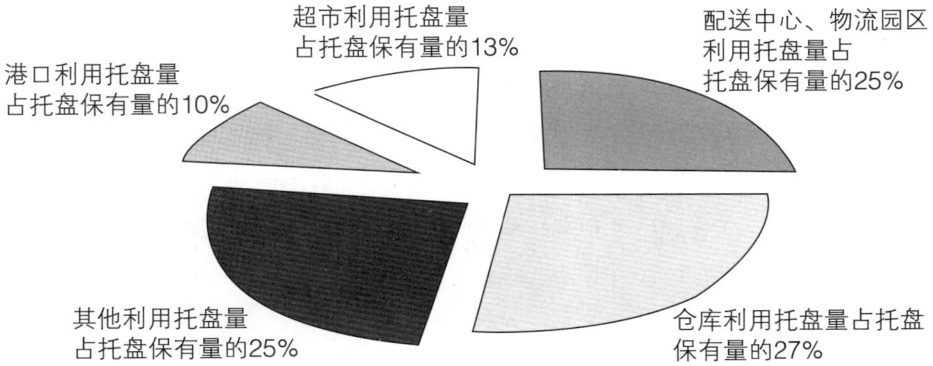

图2　我国相关场所利用托盘量占比构成图

四、托盘租赁情况

现阶段我国托盘（包含笼式周转箱）租赁总量约为1200万个。用于租赁的托盘基本是1200mm×1000mm、1100mm×1100mm的标准托盘。其中：木托盘租赁量约占托盘租赁总量的70%，塑料托盘租赁量约占托盘租赁总量的30%。

目前我国从事托盘租赁的企业有：中国国际海运集装箱（集团）股份有限公司、招商路凯包装设备租赁（上海）有限公司、集保物流设备（中国）有限公司、上海众力物流设备租赁有限公司、上海现代物流投资发展有限公司、中包精力托盘共用系统有限公司、无锡美捷现代物流科技有限公司、全亚供应链管理（上海）有限公司、苏州工业园区安华物流系统有限公司、昆山日昌明栈板制品有限公司、深圳市顺航通国际货运代理有限公司、山东力保托盘租赁有限公司和新加坡好运租赁有限公司。

托盘租赁是发展方向，势在必行。许多企业都看好托盘租赁市场，认为前景无限。但是我国的托盘租赁一直都没有做大做强。究其原因，主要是因为托盘租赁有许多难点。如托盘租赁需要规模、范围、人力和财力的支持，而且回收期长、风险大、利润低。有的企业虽有雄厚的资金想进入托盘租赁业，但因投资回报期长、利润低、风险大最终知难而退。跨国公司集保，已有百余年的业内经营经验，10年前来我国搞托盘租赁，至今尚未收回投资成本，而且还要面对同行的竞争。

我国发展托盘租赁必须有国家的扶持政策、资金支持和杠杆调节，政府、企业、用户三者共同参与，才能推动托盘租赁业健康发展。

（靳伟　中国物流与采购联合会托盘专业委员会常务副主任）

第七部分

物流教育、信息化、标准化

2015 年中国物流教育与培训

物流人才作为我国人才队伍建设的基础，是推动物流业发展的主力军，是物流产业转型升级，高质量运营的坚实支撑。在近几年国家陆续出台一系列促进物流业快速发展的政策推动下，我国物流业取得了较大发展，同时物流教育与培训工作也取得了长足的进步和显著的成绩，为物流行业输送了大批专业人才。截至 2015 年年底，我国已开办物流相关专业的本科院校达 522 所，专业布点数近 600 个，在校学生约 10 万名；开办物流相关高职院校 900 多所，专业布点数为 1000 多个，在校生近 30 万名；开办物流专业中职院校超过 1000 多所，专业布点数超过 1000 多个，在校生超过 10 万名。未来随着国家全面深化改革的推进，物流人才培养将迎来重要的战略机遇与发展转型期。

一、2015 年行业推动物流教育发展的重要举措

（一）制定物流行业人才培养相关标准

2015 年中物联相关部门继续加大推动物流教育发展工作的力度，为提升行业人才培养质量，制定人才培养相关标准。

1. 继续推进“中国物流行业人才标准体系”项目建设

由中物联牵头组织编制的“中国物流行业人才标准体系”项目于 2012 年启动，该标准体系由“职业标准、职业资格、能力单元”三层结构组成。其中：中华人民共和国物流行业标准《物流从业人员职业能力要求第 1 部分：仓储配送作业与作业管理》（WB/T 1055—2015）、《物流从业人员职业能力要求第 2 部分：运输、运输代理作业与作业管理》（WB/T 1056—2015）已经正式实施；《物流从业人员职业能力要求第 3 部分：综合作业与作业管理》《物流从业人员职业能力要求第 4 部分：物流管理》《物流从业人员职业能力要求第 5 部分：物流战略与规划》经调研、起草、研讨和修改完善后，已完成征求意见稿，向社会公开征询意见。

2. 开发系列物流职业教育标准规范

根据行业发展的需要，开发了系列物流职业教育现代学徒制标准规范，稳步推进《物流现代学徒制框架》《物流学徒制课程设计与开发规范》《物流学徒制导师培训标准》《物流

学徒制评估师培训标准》《物流学徒制评估员工作规范》等系列标准规范的开发工作。

3. 制定本科物流专业教学质量国家标准

根据教育部高等学校物流管理与工程类专业教学指导委员会应《关于深化高等学校创新创业教育改革的实施意见》的要求，就“制订实施本科专业类教学质量国家标准，修订实施高职高专专业教学标准和博士、硕士学位基本要求，明确本科、高职高专、研究生创新创业教育目标要求，使创新精神、创业意识和创新创业能力成为评价人才培养质量的重要指标”，组织有关专家对原专业类教学质量国家标准进行修订、补充，送普通高等学校本科专业类教学质量国家标准审核专家组审核，并根据审核意见修改定稿提交教育部。

（二）搭建院校间沟通交流平台，促进本科、职业教育多层次专业建设

1. 举办专业教学研讨会

为促进物流本科、职业教育多层次专业建设，2015 年中物联继续与相关部门合作，共同搭建院校间沟通交流平台，推进物流教育与培训工作提质创新。一是和教育部高等学校物流管理与工程类专业教学指导委员会共同举办了第十四届全国高校物流专业教学研讨会，就国际化科研与教学合作、物流学科实验教学创新、物流人才培养模式创新等议题进行了研讨交流。会议同期还举办了“郑明杯”第五届全国大学生物流设计大赛合作签约仪式及案例发布仪式。二是和全国物流职业教育教学指导委员会共同举办了第七届全国职业院校物流专业教学研讨会，以“战略 · 体系 · 创新”为主题，就物流职业教育发展的新形势和面临的新问题进行了深入研讨交流，涉及澳大利亚物流职业培养体系、标准体系、中外合作办学、中高职衔接、人才培养模式创新等内容。会议同期举行了西藏职业技术学院与中物联物流职业教育援藏代表单位（浙江经济职业技术学院、北京络捷斯特科技发展股份有限公司、中国财富出版社、山东商业职业技术学院）对口支援的签约仪式，本次活动涉及捐助设备资源逾 400 万元。

2. 推进国家开放大学物流学院学分银行建设

中物联与国家开放大学合作成立了国家开放大学物流学院，依托双方优势和资源，积极探索行业学院的办学模式，引入职业资格、学习单元和学分，并通过学分银行实现非学历继续教育和学历继续教育有效衔接。2015 年，中国物流与采购联合会被国家开放大学列入继续教育学习成果认证、积累与转换试点单位。

（三）开展物流行业培训工作

2015 年中物联根据行业发展对人才需求的新变化，有针对性地开展了物流培训工作。一是针对物流企业家及高级管理人员对更新理念、知识、扩大视野、提升领导力的需求，开设了“中国物流企业家高级研修班”。2015 年年内开设的两期研修班，学员主要是全国 A 级物流企业及大型物流企业的总裁、总经理和物流总监，授课老师均为国内知名学者和企业家，授课注重理论和行业企业案例相结合，效果非常好。二是实施物流人才知识更新工程。举办“新常态下物流企业发展之路高级研修班”，请专业学者为来自全国物流企业、制造业及物流行业协会的 70 余名代表参讲课充电、更新知识，对提高参培人员职业素养及专业技术技能具有很大的帮助。三是开展物流院校骨干教师培训工作。分别举办了全国职业院校电商物流职业能力拓展培训班和全国职业院校物流学徒制岗位技能培训班，为职业院校物流专业的老师。

（四）强化国际交流与合作

1. 改组中国物流与供应链管理高等院校国际合作联盟

中国物流与供应链管理高等学校国际合作联盟是由中物联牵头、各高等学校物流院系自愿参加并形成的非营利性的民间协作组织。联盟将统筹高校对外合作的资源、项目与活动，建立物流高等教育国际交流与合作的工作平台和信息平台，推进联盟单位与国外知名高校在学术交流、科研合作、师生交流与培训、合作办学等方面的合作。2015 年 9 月，确定了联盟组织机构、制定了联盟工作规划，有 52 家单位成为联盟首批成员。

2. 中英双方物流职业教育项目合作稳步推进

2015 年 9 月，首批中英物流现代学徒制试点项目总结研讨会在上海举行。会议认为，现代学徒制是行业、企业深度参与职业教育人才培养全过程的一种有效模式，开展物流现代学徒制试点工作对构建现代物流职业教育体系具有重要的推动作用，是物流行业人才培养的有效途径。

二、物流教育培训工作任重道远

（一）物流人才培养面临的新形势与机遇

1. 物流行业发展提质增效显著，对物流人才的培养提出了新需求、提供了新机遇

《物流业发展中长期规划（2014—2020）》在对我国物流业发展现状、问题和面临形势深入分析的基础上，提出了指导思想、目标和原则、主要任务和重点工程。特别把重视和加强物流人才培养工作作为八项政策措施之一。明确提出“按照现代职业教育体系建设要求，探索形成高等学校、中等职业学校与有关部门、科研院所、行业协会和企业联合培养人才的新模式”。同时，物流业作为国家推进“一带一路”战略布局的重要支撑，战略地位更加凸显，并进入新的战略转型和发展阶段，急需高素质的专业人才队伍。

2. 中央明确加快发展现代职业教育，为我国物流职业教育的发展指明了方向

目前我国物流从业人数已超过 2800 万人，年新增岗位 130 万，但我国物流产业大而不强，因此培养大批物流高素质技术技能人才对于提高行业服务质量水平，加快行业发展具有十分重要的作用。党的十八大明确：加快发展现代职业教育。党的十八届三中全会提出：加快现代职业教育体系建设，深化产教融合、校企合作，培养高素质劳动者和技能型人才。国务院《关于加快发展现代职业教育的决定》、教育部等六部门印发的《现代职业教育体系建设规划（2014—2020）》，绘就了我国职业教育改革发展的宏伟蓝图。2015 年 6 月，国务院在北京召开深化职业教育改革创新座谈会。会上刘延东副总理强调，要贯彻落实党中央、国务院决策部署，深化改革、创新模式、完善政策，加快构建现代职业教育体系，为促进大众创新创业和国家现代化建设提供有力人才支撑。

3. 培训认证工作需与时俱进、创新发展

中国物流与采购联合会从 2001 年启动物流与采购人才战略工程，并于同年受劳动部的委托，组织行业专家制定了《物流师国家职业标准》，2003 年 1 月由劳动部颁布实施。2003 年起，中物联按照此标准要求，结合行业发展特点及对人才需求，率先在全国范围内开展物流师职业资格认证工作，2005 年在全国范围内开展注册采购师职业资格认证工作。中物联建立了系统、规范的行业认证管理制度、考试大

纲和题库，组织专家开发了系列模块化培训教材；选拔培养了一大批优秀师资；依托院校、省市物流协会和社会培训机构建立了覆盖全国的培训和认证网络。12 年来累计为社会培训认证物流、采购方面的学员达 60 多万人，极大地缓解了我国物流、采购人才短缺的问题，得到政府、行业企业、院校和社会的高度认可。

2012 年，发改委批准立项《物流企业岗位设置和能力要求》行业标准，由中物联承担制定工作，此标准借鉴了发达国家先进经验，同时充分结合我国现阶段物流业发展，该标准将对我国职业教育和从业人员培养发挥重要的推动作用。

自 2014 年以来，国务院为推进减政放权、降低就业和创业门槛，推动大众创业、万众创新，先后分 6 批次取消了共 319 项职业资格许可和认定项目，中物联也于 2016 年 1 月原物流师、注册采购职业资格认证项目于停止认证工作。根据国务院常务会议提出的“凡没有法律法规依据和各地区、各部门自行设置的各类职业资格，不再实施许可和认定，逐步建立由行业协会、学会等社会组织开展水平评价的职业资格制度；今后，政府对培训认证市场的监管作用将加强，培训认证工作的推动和实施将主要由行业具体承担”精神要求，本次国家对职业资格改革，从长远看对行业今后取得职业资格认定、组织职业资格认证的主体地位十分有利。

目前，我国物流岗位从业人员达到 2890 万人，每年新增就业岗位 130 万个。随着物流业的快速发展，企业对于从业人员的职业化素养及专业水平的要求越来越高，但在现有从业人员中，专业技术结构较低于其他行业平均水平，物流和采购人才紧缺成为制约我国物流业发展的主要瓶颈。中国物流与采购联合会作为行业内唯一一家经国务院批准设立的综合性社团组织，同时也被赋予了行业标准建立、人才培养的相关职能。为适应物流产业转型升级、满足企业、行业对于从业人员的职业培训需求，中物联依托《物流企业岗位设置和能力要求》及中物联物流、采购职业能力、知识和组织体系，于 2016 年 5 月开展了物流、采购从业人员职业能力等级认证工作，并对考试合格的人员颁发《物流从业人员职业能力等级证书》和《采购从业人员职业能力等级证书》。

（二）物流教育培训的重点工作

新时期物流产业的发展对物流人才的培养工作提出了新的要求，未来物流教育培训工作将继续围绕根据党的十八届三中全会精神和《国家中长期教育发展和改革规划纲要（2010—2020 年）》确定的战略目标，不断整合物流企业、行业协会资源，借鉴国外的先进经验，全力提高物流人才教育培训质量。

一是加快建立完善的行业人才标准体系。借鉴发达国家先进经验，逐步探索并建立我国物流行业人才标准体系，构建职业标准、能力单元、职业资格、培训课程多层次的物流职业标准体系，物流行业从业人员培训和评估标准由通用标准向各特定领域专业标准延伸，形成完善的与国际接轨的人才标准体系。

二是积极申请开展物流师、采购师水平评价职业资格鉴定工作，完善职业资格认证体系。根据国务院常务会议提出的“凡没有法律法规依据和各地区、各部门自行设置的各类职业资格，不再实施许可和认定，逐步建立由行业协会、学会等社会组织开展水平评价的职业资格制度；今后，政府对培训认证市场的监管作用将加强，培训认证工作的推动和实施将主要由行业具体承担”精神要求，作为全国性物流与采购行业组织的中国物流与采购联合会将积极申请承担国家物流师、采购师职业资格鉴定工作，按照国务院对职业资格认证工作的总体部署，做好相应的准备工作，不断完善现有职业资格认证体系。根据行业人才标准，调整培训大纲、修订培训教材、完善培训内容；规范资格考试认证流程，在完善题库建设的同时，实现试卷考试和网络考试的有机结合。

三是探索学历教育与非学历教育有效衔接。目前，国家开放大学物流学院还处于起步阶段，下一步将重点对物流专业中职、高职和本科的教学指导方案、教学标准、教学大纲、课程进行梳理，研究中高职及本科衔接的框架以及通过学分银行实现学历教育与非学历教育融通的路径，推动学院尽快启动正常招生教学工作。

四是引领院校物流人才培养工作向国际化水平迈进。发挥教育部高等学校物流管理与工程类专业教学指导委员会和全国物流职业教育教学指导委员会的作用，切实提升教师队伍水平和教材质量，推动教学改革，大力推行产教合作，实现教学和实践的有机结合。配合教育主管部门，积极推动中职、高职和本科教育教学立体衔接，向国际化物流人才培养目标迈进。以国家开放大学物流学院为平台开展中专、专科、本科学历继续教育和非学历继续教育，并通过国家继续教育学分银行实现非学历继续教育和学历继续教育有效衔接。

五是提高行业人才服务水平。建立物流行业人力资源需求预测和就业状况定期发布制度；为从业人员提供终身学习的全程服务；与其他行业、各省市、各专业领域合作，提供专业化、体系化的中高层人员培训和企业人才培养管理咨询等服务；围绕A级企业，以中国物流企业家商学院为服务平台，开发针对不同企业的人才培养工作。

（中国物流与采购联合会教育培训部）

2015 年中国物流信息化

2015 年，我国经济发展面临多重困难和严峻挑战，物流业也面临着下行的压力。国务院关于积极推进“互联网 +”行动的指导意见，首次提出了“互联网 +”高效物流行动计划，为推进我国物流信息化的快速发展和物流企业跨界融合、转型升级指明了方向。

一、国家对物流信息化工作高度重视

2015 年国家相关部门先后出台了系列政策，对物流信息化工作给予了高度重视。

2015 年 7 月 1 日，国务院印发的《关于积极推进“互联网 +”行动的指导意见》明确指出：“互联网 +”是把互联网的创新成果与经济社会各领域深度融合，推动技术进步、效率提升和组织变革，提升实体经济创新力和生产力，形成更广泛的以互联网为基础设施和创新要素的经济社会发展新形态。并提出了“互联网 +”高效物流重点行动计划：一是构建物流信息共享互通体系。发挥互联网信息集聚优势，聚合各类物流信息资源，鼓励骨干物流企业和第三方机构搭建面向社会的物流信息服务平台，整合仓储、运输和配送信息，开展物流全程监测、预警，提高物流安全、环保和诚信水平，统筹优化社会物流资源配置。二是建设深度感知智能仓储系统。在各级仓储单元积极推广应用二维码、无线射频识别等物联网感知技术和大数据技术，实现仓储设施与货物的实时跟踪、网络化管理以及库存信息的高度共享，提高货物调度效率。三是完善智能物流配送调配体系。加快推进货运车联网与物流园区、仓储设施、配送网点等信息互联，促进人员、货源、车源等信息高效匹配，有效降低货车空驶率，提高配送效率。“互联网 +”高效物流行动计划的提出明确了物流业的发展目标和物流信息化的发展方向，将极大地促进物流与互联网的跨界融合。

2015 年 4 月 24 日，交通运输部发布的《关于开展全国道路运政管理信息系统互联互通工作的通知》明确，自 2015 年 5 月起，全面启动各地运政系统建设和联网工作，在 2015 年度内全面实现全国道路运政基础数据的共享交换，基本实现运政业务跨区域、跨部门的业务协同。到 2016 年年底前，实现全国部、省、市、县四级运政系统业务的全面协调联动，为构建“省际联动、行业协同、资源共享、互联互通”的道路运输行业信息化体系奠定基础。交通运输部决定启动全国道路运政管理信息系统互联互通工作，将加快推动全国道路运政管理信息系统建设，尽快实现跨区域、跨部门数据共享与业务协同，更好地提升道路运输行业的服务、监管和决策水平。

2015 年 5 月 25 日，商务部等 10 部门联合印发的《全国流通节点城市布局规划（2015—2020 年）》中明确指出，要提升综合运输支撑能力，构建便捷高效的综合运输服务体系，优化综合交通基础设施网络布局，合理配置综合运输通道资源。加快铁路、公路、水运、航空枢纽等基础设施建设，加快推进中西部地区、老少边穷地区综合交通建设，促进东、中、西部基础设施的互联互通。优化运输组织，完善综合运输标准体系，推进集装箱多式联运、甩挂运输、陆海联运等先进运输组织方式，促进各种运输方式高效衔接，提高主要流通节点城市之间干线运输效率和组织化水平。依托货运枢纽拓展现代物流服务功能，提高交通运输对流通节点城市发展的保障能力和服务水平。整合城市交通资源，建立和完善城市绿色货运服务体系，完善城市物流园区、分拨中心、配送中心和一般货运装卸站点等设施网络布局，优化车辆通行管控措施，提高城市配送服务效率和水平。这将加快推进全国物流运输基础设施建设，更好发挥流通产业的基础性和先导性作用，进一步释放消费潜力。

2015 年 5 月 28 日，国家邮政局、商务部联合发布的《关于推进“快递向西向下”服务拓展工程的指导意见》提出：到 2020 年我国基本实现“乡乡有网点，村村通快递”。“快递向西向下”服务拓展工程将基本形成覆盖城乡、配套衔接、布局合理、便民惠民的快递骨干网和末端投递网。进一步巩固快递与电子商务的协同发展，使快递与农民网商的协同效应明显增强，服务城乡、服务三农作用得到显著发挥。意见要求，采取四方面重点措施推进“快递向西向下”服务拓展工程：一是完善中西部、农村地区快递基础设施；二是加强资源整合共享与合作开发；三是健全农产品快递服务；四是提升中西部、农村地区快递服务水平。这将极大地促进电商与农产品快递协调发展。

2015 年 7 月 24 日，国家标准委印发的《物流标准化中长期发展规划（2015—2020 年）》明确：到 2020 年我国物流标准化工作主要实现以下目标：一是物流标准体系进一步优化。建成适应物流业发展的层次分明、结构合理、重点突出、衔接配套、科学适用，强制性标准与推荐性标准相互协调，国家标准、行业标准、团体标准协同有序发展的物流标准体系，物流安全、诚信、绿色以及模式创新、设施设备等关键技术标准有所突破，制定 100 余项物流标准，满足新常态下物流业全面健康可持续发展的需求。二是物流标准化机制更加完善。初步建立分工明确、协调有序、高效运作的物流标准化管理机制。物流标准化基础研究、标准制修订、实施推广、评估监督、人才培养等工作机制进一步完善，对物流业科学发展的支撑作用明显增强。三是物流标准水平明显提高。物流标准科学性、有效性和实用性显著增强，科学研究与标准研制的结合更加紧密，标准在国际竞争中的影响力显著提升。四是物流标准实施效果显著增强。物流标准的宣传推广渠道和手段不断拓展，物流标准实施信息反馈机制进一步完善，在重点领域开展 100 个物流标准化试点，物流标准化示范项目成效显著，在促进物流运行效率提高方面的作用进一步显现。

二、物流业信息化发展成效显著

2015 年中物联网络部开展了为期半年的物流信息化监测调查（以下简称调查），发出调查问卷的有效回收率为 44.38%。经对有效问卷汇总整理得出，2015 年我国物流企业信息化投资有所上升，物流信息技术的应用更加普及，物流信息化应用效果显著。

调查显示，68% 的样本企业已将业务范围延伸至全国地区。打破地域限制，扩展全国性业务成为行业企业发展的趋势之一。

调查显示，综合性大物流是近年来物流企业为适应激烈的市场竞争选择的发展方向。从汽车物流和医药物流的发展可以看出，物流服务向专业化发展已成为行业企业发展的首选。一方面，随着工业化与信息化深度融合的持续推进，供应链上下游的协同管控越发受到重视，工业物流服务逐渐成为市场竞争中不可或缺的重要环节，其中以汽车物流为典型代表；另一方面，冷链物流因受温度、光照等诸多条件限制，对物流设备、物流技术和物流管理信息系统等都有着更为严苛的要求，也成为当前物流专业化服务的主要领域之一，其中以医药物流为典型代表。调查的样本企业服务类型如图 1 所示。

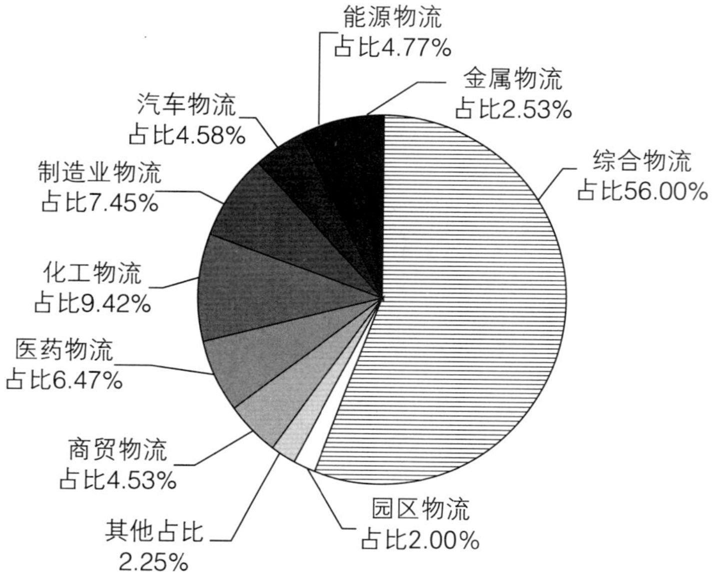

图 1　样本企业物流服务类型构成

（一）物流信息化基本建设

1. 物流信息化投资率有所提升

调查显示，2015 年 69.54% 的样本企业进行了信息化投资，投资率较 2014 年有所提升。其中：约有 35.58% 的样本企业投资率超过 10%；11.35% 的企业信息化投资率不足 1%，36.18% 的企业信息化投资率介于 1% ~5%，16.89% 的企业信息化投资率在 5% ~10%（见图 2）。

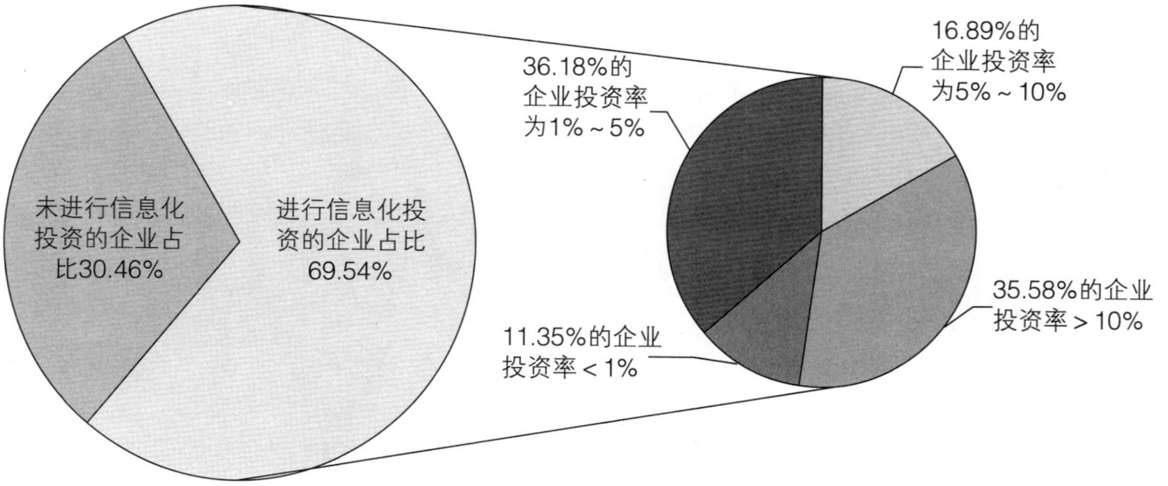

图2　样本企业信息化投资率组成

目前，企业实施信息化建设有外包和自主研发两种方式。前者能获得更为专业的系统建设和系统集成方案，成熟度较高；后者因研发的信息系统对自身业务流程的需求更为熟悉，因而针对性更强。调查显示，样本企业在两种物流信息化建设形式的选择上差别不大，选择外包的企业占样本企业总数的 48.36%，选择自主研发的企业占样本企业总数的 51.64%（见图3）。

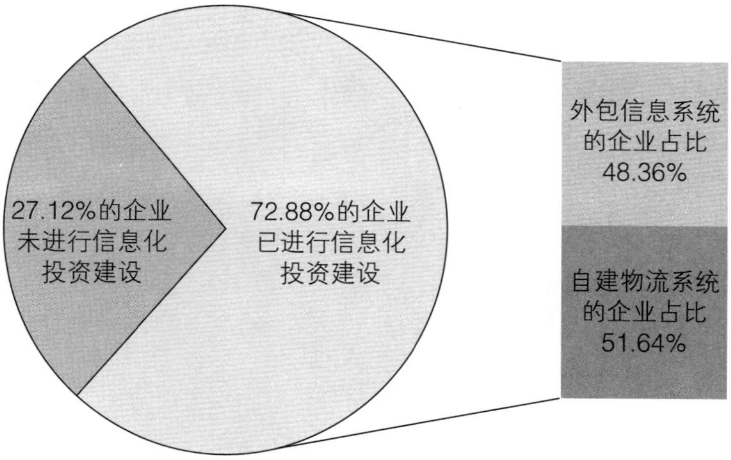

图3　样本企业物流信息化建设形式

2. 信息平台和门户网站大多用于信息发布

调查显示，超过98%的样本企业建有自己的门户网站和信息平台。其中只有 21.36% 的企业将电子交易纳入其中并推行应用，大多门户网站和信息平台的用途仍是单纯定位在信息发布上（见图4）。

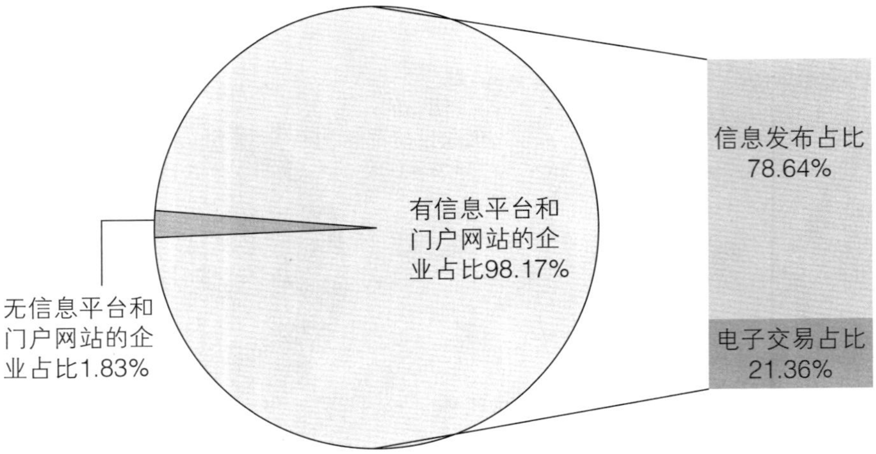

图4 样本企业门户网站和信息平台的用途

3. 物流信息集成日渐成为建设重点

调查显示，物流信息集成技术受到大多数样本企业的关注，有 64.48% 的样本企业将构建信息平台（内部信息处理、OA、增值业务）作为信息化建设的重点。此外，部分企业将软件开发，RFID、RF、GIS、GPS 和条码等信息技术的应用、数据分析、数据挖掘、网络建设作为物流信息化建设的重点（见图 5）。

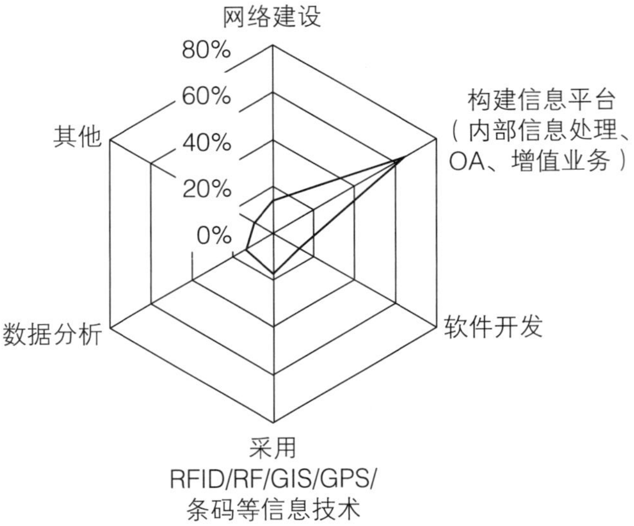

图5 样本企业物流信息化建设重点

4. 制约企业物流信息水平提升的主要问题

调查显示，有 41.68% 的样本企业认为资金是企业物流信息化建设中的主要问题；有 38.37% 的样本企业认为人才是企业物流信息化建设中的主要问题；有 17.3% 的样本企业认为行业标准缺失是企业物流信息化建设中的主要问题。显然资金和人才是制约企业物流信息化提升的主要问题。

（二）物流信息技术应用

1. 条码、电子单证等技术得到基本应用

调查显示，2015 年样本企业在物流业务中应用条码和电子标签等技术的比率继续提升。其中：条码应用率达到 65.71%，较 2014 年增长 3.28%；电子标签应用率达到 42.34%，较 2014 年增长 1.76%；电子单证使用率达 51.37%，较 2014 年增长 5.24%（如图 6 所示）。物流信息技术总体上的发展趋势是毋庸置疑的，这些技术的应用在很大程度上提升了企业的信息化水平，物流信息技术的创新应用是推进物流信息化发展的重要手段。

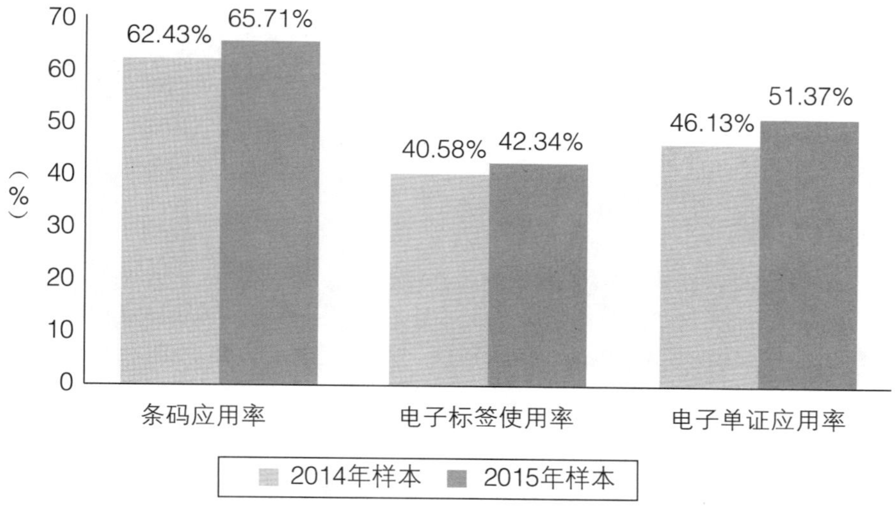

图 6　样本企业条码、标签、单证使用率

2. 物流软件得到普及应用

本次调查选取了七种常见的物流业务管理软件，调查显示，近年来物流企业应用物流软件的比率逐步提升，而且使用的软件种类日益丰富，企业更加注重软件与业务的切合度以及与企业未来发展的相关性（如图 7 所示）。

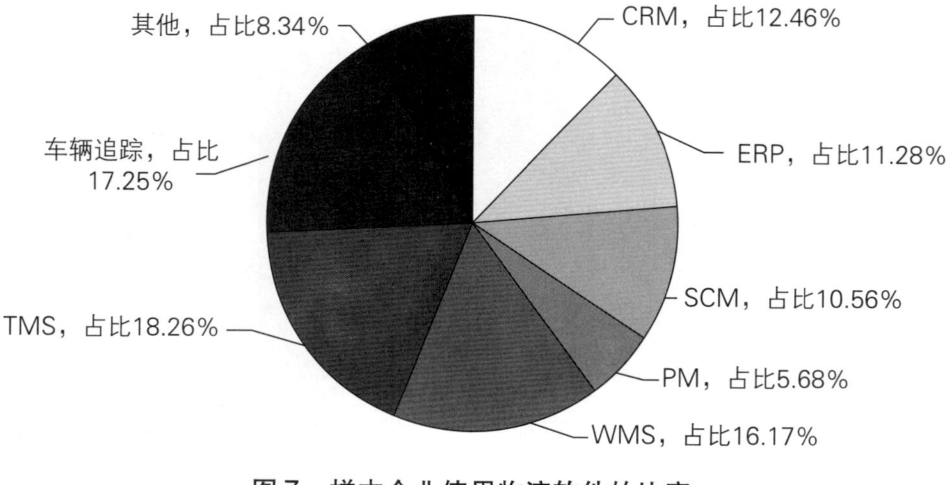

图 7　样本企业使用物流软件的比率

3. 信息交换方式逐渐以信息化交换为主导

调查表明，物流企业与外部主体业务信息交换中，以 EDI（电子数据交换）和互联网等为代表的信息化交换方式逐渐成为市场主导，使用率由 2014 年的 69.71% 上升至 71.28%；而传统方式（电话、传真等）由 2014 年的 30.26 % 下降至 28.38% （见图 8）。信息交换方式的变革直接影响着物流业务进行中信息交换速率和准确度的提升。

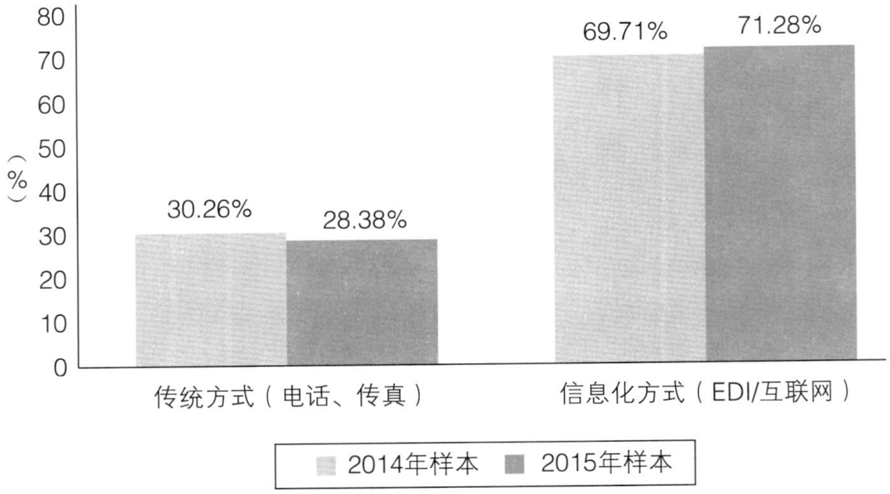

图 8　2014—2015 年样本企业信息交换方式对比

（三）物流信息化应用情况

调查显示，样本企业物流信息化水平呈逐年上升趋势，物流信息化效果显著，如图 9 所示。

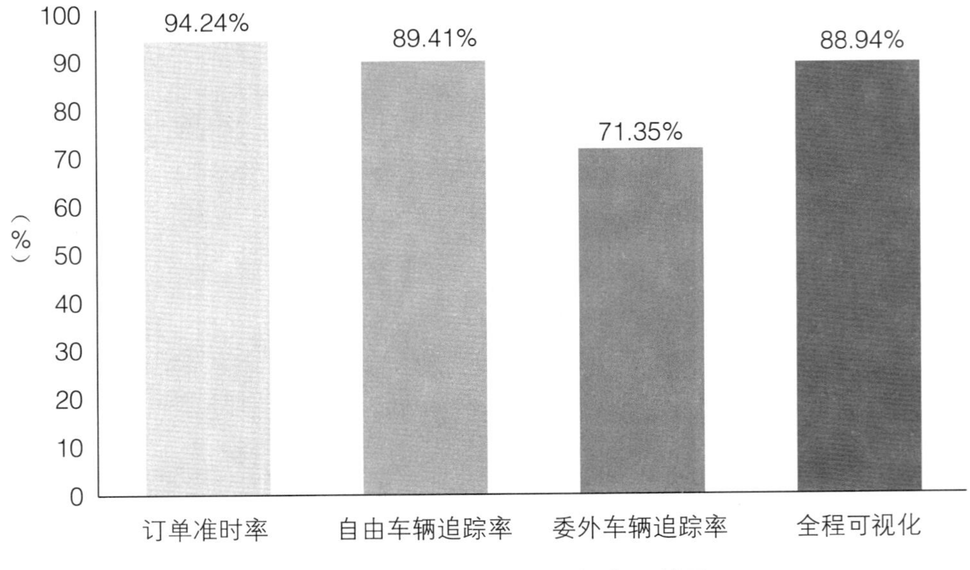

图 9　样本企业物流信息化应用效果

1. 订单（运单）准时率得到大幅度的提升

调查表明，2015 年样本企业的订单（运单）准时率与 2014 年同期相似，订单（运单）准时率达到 93.48%，其中 80% 的企业订单（运单）准时率超过 90%，物流服务水平大幅度提升。

2. 车辆追踪水平显著提升

调查显示，样本企业中有 88.86% 的企业实现了对自有车辆的追踪，较 2014 年的 88.50% 略有提升，其中有 79.15% 的企业自有车辆追踪率达到 100%；有 72.59% 的样本企业实现了对外车辆的追踪，较 2014 年的 69.71% 也有所提升，其中：有 50.17% 的企业对外部车辆的追踪率达到了 100%；有 81.57% 的企业对外部车辆的追踪率超过 50%。

3. 全程透明可视化率显著提升

调查表明，样本企业中有 88.94% 的企业实现了全程透明可视化。其中：46.27% 的企业的全程透明可视化能力达到 100%；有 72.54% 的企业全程透明可视化程度超过 80%。

（四）物流软件提供商的服务形式

1. 服务形式多元化

调查表明，随着近年来供应链管控理念的深入人心，物流软件提供商的服务形式趋于多元化，已逐渐形成系统开发为主供应链咨询服务为辅的格局。调查显示，52.27% 的样本企业以系统开发为主要服务形式（见图 10），其中采取独立开发形式的企业占比 74.16%，采取合资开发方式的企业占比 25.84%；34.68% 的样本企业以供应链咨询服务作为企业的重点服务形式。

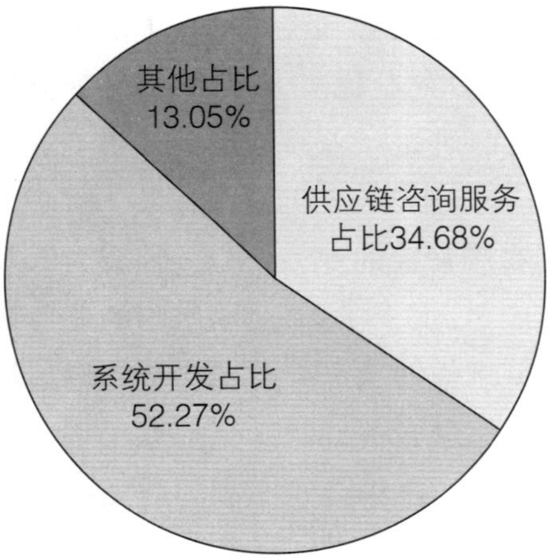

图 10　样本企业服务形式构成

2. 仓储、运输和库存类管理软件市场普及率较高

调查显示，抽取样本企业研发的普及性较高的 5 种物流信息管理软件进行比较，可得出仓储、库存和运输信息管理三种物流信息管理软件的市场普及率最高，其中：仓储管理软件的市场普及率为 26.48%、库存管理软件的市场普及率为 21.34%、运输管理软件的市场普及率为 18.28%，详情如图 11 所示。

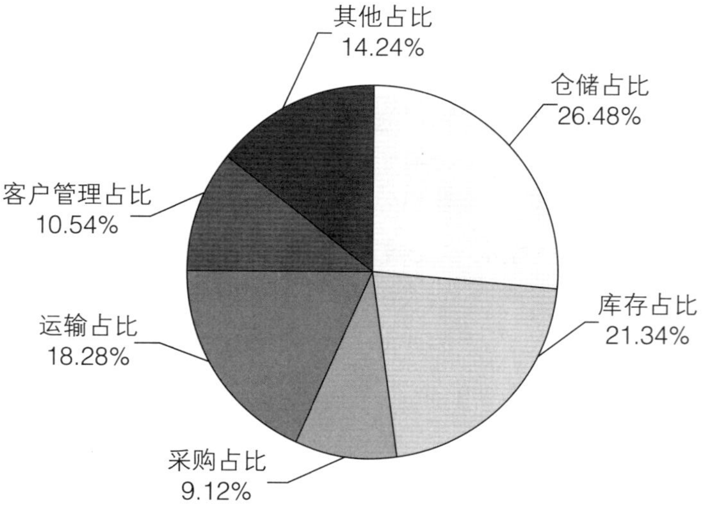

图 11　样本企业研发的物流管理软件市场普及率

三、智慧物流是物流业发展的方向

近几年，物流行业企业加快物流信息化进程，通过信息平台使供应链上下游数据共享和协同作业提高效率，提升物流管控的专业化、精细化水平。总体看，向智慧物流前进是产业物流的发展方向。

（一）产业物流信息化提升了物流管控的专业化、精细化水平

武汉东本储运有限公司通过实施备件入厂物流管理系统，实现了供应商出库信息、备件在途信息和备件送达信息的实时传递，在供应商、承运商、物流商和主机厂之间搭建起高效沟通的桥梁，大大提高了供应链上信息传递的效率。通过系统对备件物流各个节点的实时确认，实现了备件入厂物流全过程可视化跟踪管理，提升了管理精度和备件异常追溯效率，缩短了异常处理时间，保证了备件采购订单及时完成，赢得了客户的信赖。

中国航空工业集团公司的供应链物流服务系统，以电子采购信息为依托，围绕航空制造核心企业构建了集成的服务网络。该系统可在服务航空的同时有效提高区域内公路、铁路、港口等物流资源的利用效率。同时，借助开放的供应链物流信息化系统，可以逐步整合利用社会上闲散的物流资源，促进社会物流服务水平的提升。该系统的建设，对大型制造企业建设高效物流服务体系具有良好的示范作用和借鉴意义。

唯智为沃尔玛打造的 TMS 系统立足于沃尔玛中国的业务特点，采用先进的管理理念和技术将沃尔玛运输管理系统打造为国内先进的物流信息化平台，使沃尔玛中国的所有配送中心和门店集中在同一个网络运营，实现了系统的集中部署和管控，实现了供应链业务信息的共享和有效调度，消除了各种原因造成的“信息孤岛”及“信息差异”协同作业。该系统使沃尔玛中国实现了全网物流作业标准化，提升了沃尔玛中国的作业效率和客户服务及满意度。通过构建物流管理信息平台，沃尔玛中国实现供应链管理可视化和一体化、物流前后端计划的整合和联动、对物流业务流程的实时监控和异常预警，满足了沃尔玛中国零售物流信息管

理的需求，实现物流业务工作流电子化和门户的共享。

（二）大数据、GPS等智慧技术的应用，提升了产业物流的效率

中石化化工销售有限公司自主研发的物流信息系统（LIS）项目，将GPS定位信息与LIS中的订单信息进行有机集成，实现了物流实时动态信息的全方位掌控和化工销售物流关键节点的全流程控制。基于系统大数据，项目开拓性地利用系统自动判断发货车辆的送到地信息是否在返程订单的发货仓库的映射关系表内，判断返程订单的送到地信息是否在起始订单的发货仓库的映射关系表内，根据起始运距信息、返程运距信息、返程提货空驶运距信息和运输完成空驶运距信息得到重车行驶率参数，将重车行驶率参数与重车行驶率最小值进行比较后，提出发货车辆回程车调配方案。本项目提高了物流运输过程中回程车的匹配效率，能够为运输车辆的使用者精确高效的调配到回程车资源，同时保证了相关信息在关联单位之间有效传递，方便快捷组织回程车运输，减少了环境污染，节约了资源。

一汽物流管理信息平台以财务业务一体化为平台主线，以产生企业ERP的系统思想及模块化架构打造了专属于物流企业的“ERP”，将企业经营中的业务流程、管理流程、财务会计流程有机融合、系统固化，将公司的财务信息、业务信息、管理信息集中到同一数据库中进行处理，实现了公司的物流、资金流、信息流的一体化管理，实现了公司基础数据、业务流程的标准化和规范化，实现了公司经营数据动态、透明、共享和集成。通过平台大数据分析等技术，实现了一汽物流网络的数据采集、地理位置分析、辅助决策分析等综合管理应用，为一汽物流车辆监管提供了直观、有效的业务管理平台，为公司管理层的决策提供信息化支撑。

（三）产业物流平台化是发展趋势

北京泛太物流有限公司自主研发的售后服务供应链平台实现了财务、物流、采购和营销全方位、全流程的覆盖和支撑，提升了电信大企业在采购、物流配送、资源优化、成本控制和销售等方面的精细管理和宏观调控能力。泛太把十余年的行业经验与专业知识提炼为平台管理、网点管理、流程管理三个层面的统一标准，并固化到信息平台中，为电信企业实现运营一体化和全流程实时监控，实现科学采购计划与业务滚动预算管理、综合成本控制、资产管理、风险防范和决策分析提供了关键的工具与支撑。该“平台”的建设应用，促进了企业的物流、采购、财务、金融等业务的标准化与规范化，有助于推动企业将这些业务流程外包，对推动我国物流企业转型升级具有积极的意义。

全国棉花交易市场的基于物联网的棉花流通综合服务平台，可使每一棉包原棉从出厂到交易、到物流配送、再到纺织厂的整个流转过程实施实时监测、跟踪和追溯，从而实现对棉花流通和质检环节的透明化和统一化管理。通过该平台，棉花货权人通过各环节的在线监测、定位、质量追溯等实时掌握棉花的动态信息。同时，借助该平台以及交易市场建设的远程视频信息采集系统在内的第三方监管体系，能够实现在库棉花的安全保管，即便在棉花购销过程中也无须多次移库，可有效消除多次开包、重复检验现象，实现了棉花物流、商流和信息流的有效分离，减少了重复出入库费用，大大降低了棉花物流成本，提高了流通效率。

四、物流信息平台向产业化、专业化发展

（一）向物流电子商务平台发展

林安物流平台通过建设线下的物流信息交易市场和线上信息化交易平台，采用“基地+电子商务”的运作模式，实现了“线上+线下”有机结合，已将平台打造成为集物流信息发布、查询、交易、手机定位与查询、GPS导航与监控、物流政策与咨询、供应链管理、金融、保险、财务结算等于一体的全新的第四方物流综合服务平台，专为制造企业、批发商、物流企业、个体司机等物流供应链的企业和个人提供公共信息咨询和服务。同时，以物流园区的实体物流信息市场为载体，以先进的物流电子信息系统为纽带，以供应链一体化服务为核心，构筑起厂家、商家、流通一体化的产业基地群，极大地降低了物流成本，提高了物流服务效率，实现了物流资源的全面整合。

山东京博物流股份有限公司研发的捷运互联物流电商平台，利用平台整合制造业、配货站和货代公司等货主进行加盟，形成了加盟型的第四方物流平台，吸引了社会车辆和公司加入。通过抢单、竞价和自动撮合等多种交易模式，满足了车主和货主的需求，解决了车货不匹配、过程无监管、交易无担保等问题，让小货主享有大货主同样的服务，让社会车辆可在平台上找到货源，让货主可以找到性价比更高的车源。

（二）向物流供应链上下游方向协同发展

美欣达集团公司通过国家交通运输平台与下游物流供应商实现了互联互通；通过运输管理系统（TMS系统）实现美欣达印染发运业务的信息化管理；通过与CRM系统、运管平台系统的接口，实现数据从供应链、发运一直到承运商的贯通，对发运管理的全程进行管理和实时反馈。一方面，借助上下游互联项目，推动美欣达建设了TMS系统，实现了运输管理信息化，解决了业务部门对账以及日常管理中的诸多难题；另一方面，美欣达物流的信息化作为产业互联的基础，反过来又促进了上下游互联项目的顺利实施。上下游互联项目与企业物流信息化建设两者间形成了良好互动、相互促进的态势。

河南宇鑫物流ILIS系统是基于供应链全流程的信息平台，从客户订单受理—运输在途—仓库管理分拨—网点送货—系统自动清分结算，各个节点均有系统智能支持、有效监督管理。WMS、TMS、GPS、GIS等信息平台，可以实现订单管理、仓储管理、运输管理、同城配送所有的信息技术需求。智能化、功能完善的信息系统是保障城市配送高效、准确、集约运行的基础保障。

宏伟工业供应链充分利用IBM GBS的丰富行业洞察与技术实践经验，以云计算、大数据技术为核心，全面构建面向未来中国制造企业发展需求的供应链云。在IBM GBS的全面支持下，宏伟将建立科学的、标准化的流程体系，打造统一的供应链信息共享平台，实现客户订购、物流、仓储及供应商信息的准确、及时和全面共享；以销售、采购、库存、仓储、物流、结算等端到端业务流程为纽带，建立服务于客户、供应商、第三方物流及内部员工的端到端协同工作平台；梳理和细化销售、采购、库存等各阶段的业务流程和数据交换标准，建立规范化的供应链管理流程和协同工作环境；通过与金融机构的协作，实现供应链电子支付、电子结算功能，并通过供应链金融服务体系的搭建，为中小供应商提供供应链金融服

务；通过建立供应链专家体系，为中小企业提供供应链咨询服务。随着该平台的建成，宏伟将实现从传统供应链服务提供商向基于云及大数据的供应链服务供应商的转型，而且该平台将成为中国高端制造企业乃至众多中小制造企业获得高效、专业、灵活的供应链服务的核心平台。

（三）跨境电商对物流信息平台的发展提出新的课题

“中邮海外仓”是专为国内电商卖家提供美国、澳洲、英国及巴西等多国境外远程仓储管理服务的系统。该系统为中小出口企业提供端到端的仓配一体解决方案，是中国邮政国际业务的创新产品。为统一客户订单接入，覆盖头程运输、出口报关、结汇退税、境外仓储管理、尾程配送、售后服务等内容。并根据各国法律条件，提供基于海关监管保税仓或普通仓的仓储+配送。通过该服务，大幅提升国际卖家的订单履行效率和配送时效，海关清关速度快且能对监管可视，有批量发运和旺季运输的解决方案，服务价格体系更具竞争力，为客户降低物流成本并提升销售服务品质。

“无界”电商平台是由中远物流推出的。“无界”不仅为客户提供方便快捷、价格优惠的海运服务，同时也提供包括报关清关、国内外长短途陆运等在内的全面延伸服务，实现全球范围内的点到点运输。为适应移动互联网的迅猛发展和智能手机的广泛应用，“无界”还特别提供了完善的智能手机应用界面，为最终客户提供多种平台接入方式。摒弃传统物流模式的低效性和复杂性，“无界”将订舱、报关、清关、倒短、陆运等一系列服务，通过科学的计划、合理的安排，形成了顾客可以直接从网上购买的高度整合的标准化产品。客户还可以在网上浏览最新的行业前端信息，运价变化趋势等信息。这种运营模式明显降低了物流环节双方的交易成本，在保证服务质量的同时提高了服务效率，使得整个行业的服务水平、标准化和集中化的程度提升到了一个新的高度。

五、物流园区信息化向智慧物流园区发展

传化公路港物流有限公司自主研发的大数据物流智能路由核心平台全网运单中心指传化物流搭建线上线下实现物流货物数据信息化管理中心，同时也是实现货物装车优化配载、货物路由优化选择的智慧物流平台。围绕运单生命周期管理为核心，线下采集货物数据，线上管理运单状态，优化计算，实现互联网物流集约效应。目前，在传化物流公路港运营的成都（含南通）、杭州（含富阳）、苏州（含无锡）这三个主要的基地，平台平均每日向会员企业发出19000个路由优化建议，企业采用率达到50%。目前已有80%的企业使用过这一服务。

林安创建了中国物流信息交易平台（www.0256.cn），搭建并实现了物流、信息流、资金流、商流“四流合一”，是目前国内公路物流线上和线下相结合的创新信息化交易平台，平台致力于以电子商务和网络公共平台为依托，整合国内物流行业资源，打造厂家和商家面向物流供应商的网络物流集中采购渠道、物流供应商面向厂家和商家的网络营销渠道、物流供应商之间的同行网络共赢合作渠道，力求成为国内最有影响力的物流行业平台。通过平台的建设，创新物流公共平台的运作模式、提升服务功能、解决物流公共平台难以落地和后期运作困难等问题，通过制造企业与物流企业联手，从供应链角度整合上下游企业的物流活动，融合渗透、联动发展，推动传

统物流园区向现代物流园区的转型升级。

六、物流诚信体系的建设取得重大突破

物流诚信体系缺失一直是困扰我国物流行业健康发展的难题，近一段时间，国家发改委、商务部、交通运输部等相继发布文件，明确要求加强物流诚信体系的建设。2015 年，中国物流与采购联合会发布了《物流信息平台诚信公约》，并成立了物流信息平台诚信公约联盟，已经起草了物流诚信构成要素的团体标准，同时与国家交通物流公共信息平台合作开发了物流诚信共享平台，物流信息平台诚信公约联盟单位通过平台可发布投诉信息，目前通过物流诚信平台可查询到运政信息、工商信息、身份证信息、司法信息、评级信息、投诉信息等。中物联诚信平台是我国物流行业第一个可共享投诉信息的全国的共享平台，对促进我国物流诚信体系的建设，提高物流从业人员违约成本，建立物流从业人员良好的信用记录有重大意义。

七、智慧技术支撑物流行业的深度融合

智能加制造将是中国经济发展的重要出路，同样，智慧加物流也是中国物流企业的出路。在“互联网＋”时代下，随着共享经济理念的深入，物流产业各个环节的内部融合，物流产业链上下游的外部融合，物流行业与互联网、金融等行业的跨界融合都是物流业必须面对的问题。随着谷歌的 AlphaGo、IBM Watson 等智能机器人的出世，信息技术已经从感知技术升级为认知技术，物流也将从智能时代迈入真正意义上的智慧时代。通过智慧技术，首先实现的是全国物流信息平台的智慧融合，其次是物流上下游的智慧融合，最后是物流与其他产业的智慧融合，那到时，建立全国物流产业链智慧生态圈将一定会实现。

（晏庆华　中国物流与采购联合会网络事业部）

2015 年中国物流标准化

2015 年是我国标准化发展历程中具有里程碑意义的一年，也是标准化工作踏上改革发展新征程的一年，标准化工作改革的全面启动预示着我国标准化事业发展进入了一个新的历史阶段。

2015 年，在国家质检总局和国家标准委的领导下，物流行业依据国家标准化工作改革方案的精神，开展物流标准的清理、整合、优化，加强标准的实施应用，培育和发展团体标准，加快推进标准化结构性改革，政府标准和市场标准的二元结构的标准体系正在形成。

一、物流标准化政策陆续出台

2015 年，有关标准化工作的几个重大政策法规陆续出台，开启了我国标准化工作的新篇章，对物流行业标准化工作产生了重大影响。

（一）《深化标准化工作改革方案》

2015 年 3 月 11 日，国务院印发《深化标准化工作改革方案》（以下简称《方案》），部署改革标准体系和标准化管理体制，改进标准制定工作机制。《方案》提出了“建立政府主导制定的标准与市场自主制定的标准协同发展、协调配套的新型标准体系，健全统一协调、运行高效、政府与市场共治的标准化管理体制，形成政府引导、市场驱动、社会参与、协同推进的标准化工作格局，有效支撑统一市场体系建设，让标准成为对质量的硬约束，推动中国经济迈向中高端水平”的改革总体目标。

《方案》明确了 6 个方面的改革措施：一是建立高效权威的标准化统筹协调机制，统筹标准化重大改革，研究标准化重大政策，对跨部门跨领域、存在重大争议标准的制定和实施进行协调。二是整合精简强制性标准。逐步将现行强制性国家标准、行业标准和地方标准整合为强制性国家标准。强制性国家标准由国务院批准发布或授权批准发布。三是优化完善推荐性标准。进一步优化推荐性国家标准、行业标准、地方标准体系结构，推动向政府职责范围内的公益类标准过渡，逐步缩减现有推荐性标准的数量和规模。四是培育发展团体标准。鼓励具备相应能力的学会、协会、商会、联合会等社会组织和产业技术联盟，协调相关市场主体共同制定满足市场和创新需要的标准，增加标准的有效供给。五是放开搞活企业标准。

建立企业产品和服务标准自我声明公开和监督制度，逐步取消政府对企业产品标准的备案管理，落实企业标准化主体责任。六是提高标准国际化水平。积极参与国际标准化活动，推动与主要贸易国之间的标准互认，大力推广中国标准，以中国标准“走出去”带动我国产品、技术、装备、服务“走出去”。

《方案》明确改革的三个阶段。第一阶段从2015—2016年，主要是推进改革的试点工作，修改完善相关法律法规和管理制度，同时对现行标准体系进行全面清理和复审；第二阶段从2017—2018年，主要是稳妥向新型标准体系过渡；第三阶段从2019—2020年，基本建成新型标准体系，我国标准国际化水平大幅提升，完成各项改革任务。

（二）《国家标准化体系建设发展规划（2016—2020年）》

2015年12月17日国务院办公厅印发《国家标准化体系建设发展规划（2016—2020年）》（以下简称《规划》）。《规划》提出“要落实深化标准化工作改革要求，推动实施标准化战略，建立完善标准化体制机制，优化标准体系，强化标准实施与监督，夯实标准化技术基础，增强标准化服务能力，提升标准国际化水平，加快标准化在经济社会各领域的普及应用和深度融合，充分发挥“标准化+”效应，为我国经济社会创新发展、协调发展、绿色发展、开放发展、共享发展提供技术支撑”的总体要求，以及未来五年国家标准化的主要任务和重点领域和十个重大工程。

在商贸和物流领域提出：“加强批发零售、住宿餐饮、居民服务、重要商品交易、移动商务以及物流设施设备、物流信息和管理等相关标准的研制，强化售后服务重要标准制定，加快建立健全现代国内贸易体系。开展运输技术、配送技术、装卸搬运技术、自动化技术、库存控制技术、信息交换技术、物联网技术等现代物流技术标准的研制，提高物流效率。”

在十大重大工程之一的“现代物流标准化工程”中提出要“落实《物流业发展中长期规划（2014—2020年）》，系统推进物流标准研制、实施、监督、国际化等各项任务，满足物流业转型升级发展的需要。完善物流标准体系，加大物流安全、物流诚信、绿色物流、物流信息、先进设施设备和甩挂运输、城市共同配送、多式联运等物流业发展急需的重要标准研制力度，制定100项基础类、通用类及专业类物流标准。加强重要物流标准宣传贯彻和培训，促进物流标准实施。实施商贸物流标准化专项行动计划，推广标准托盘及循环共用。选择大型物流企业、配送中心、售后服务平台、物流园区、物流信息平台等，开展100个物流标准化试点。针对危险货物仓储运输、物流装备安全要求等强制性标准，推进物流设备和服务认证，推动行业协会、媒体和社会公众共同监督物流标准实施，加大政府监管力度。积极采用适合我国物流业发展的国际先进标准，在电子商务物流、快递物流等优势领域争取国际标准突破，支撑物流业国际化发展”。

（三）《物流标准化中长期发展规划（2015—2020年）》

为贯彻落实《物流业发展中长期规划（2014—2020年）》，国家标准化管理委员会联合国家发展和改革委员会、工业和信息化部、公安部、交通运输部、农业部、商务部、海关总署、国家质量监督检验检疫总局、国家粮食局、国家铁路局、国家邮政局、中国物流与采购联合会、中华全国供销合作总社、中国铁路总公司等单位编制了《物流标准化中长期发展规划（2015—2020年）》（以下简称《规划》）。

《规划》明确了到2020年我国物流标准化工作的发展目标、主要任务、重点领域、重点工程等，是物流标准化工作的重要指导性文件。《规划》以“物流标准化升级”为主线，依据创新机制、协同推进、突出重点、注重实效的原则，结合标准化改革的阶段目标和物流标准化工作在体系构建、制修订、实施、监督、管理方面存在的问题，提出未来五年物流标准化工作的发展目标。

《规划》提出了六项主要任务，并按照目前物流标准的现状，确定了重点开展、大力推进以及积极探索的物流标准制修订重点领域，确定了包括托盘标准应用推广、冷链物流、物流信用、物流信息、电子商务物流、物流服务标准化试点、物流标准国际化培育以及物流标准化基础能力建设等重点开展的八项标准化工程，同时明确了每项工程的牵头单位和参加单位。

（四）《2015年国家标准化工作重点》

2015年4月21日，国家标准委印发《2015年全国标准化工作要点》（以下简称《工作要点》）。《工作要点》提出了推进《标准化法》修订工作，开展现行标准化相关法规、规章和规范性文件的清理评估，制定强制性标准清理整合工作方案，优化推荐性标准立项和审批程序，进一步扩大团体标准试点，加快推进企业产品标准信息公共服务平台建设，推进统一社会信用代码制度建设，推动《国家标准化体系建设发展规划（2015—2020年）》的发布等标准化改革重点任务；提出了农田建设、鲜活农产品、美丽乡村、“中国制造2025”、节能环保、战略性新兴产业、物流、社会信用、公共文化服务、公共安全等涉及农业、工业、商业、服务业的重点领域标准制定工作；提出了探索区域标准化协作机制、加强企业标准体系建设、开展实施信息反馈与监测、建立完善标准化服务体系、建立全国标准信息网络平台等标准的实施应用工作重点。

《工作要点》明确，要“制修订鲜活农产品标签标志、冷链运输贮藏操作规范和质量溯源等标准”“加强物流标准体系建设，制定出台《物流标准化中长期发展规划》。继续推动商贸物流领域标准化，加大托盘、冷链物流标准制定和实施力度”“推进服务业试点示范建设”“强化食品领域重点标准制修订”，以及公共安全标准化等多项与物流标准化相关的重点工作。

（五）《关于加快推进重要产品追溯体系建设的意见》

2015年12月30日，国务院印发《关于加快推进重要产品追溯体系建设的意见》（以下简称《意见》）。《意见》提出：按照食品安全法、农产品质量安全法、药品管理法、特种设备安全法和民用爆炸物品安全管理条例等法律法规规定，围绕对人民群众生命财产安全和公共安全有重大影响的产品，统筹规划全国重要产品追溯体系建设，“到2020年，追溯体系建设的规划标准体系得到完善，法规制度进一步健全；全国追溯数据统一共享交换机制基本形成，初步实现有关部门、地区和企业追溯信息互通共享；食用农产品、食品、药品、农业生产资料、特种设备、危险品、稀土产品等重要产品生产经营企业追溯意识显著增强，采用信息技术建设追溯体系的企业比例大幅提高；社会公众对追溯产品的认知度和接受度逐步提升，追溯体系建设市场环境明显改善”。

二、物流标准化工作回顾

2015年，物流标准化工作紧紧围绕国务院

2015年发布的《深化标准化工作改革方案》和《贯彻实施〈深化标准化工作改革方案〉行动计划（2015—2016年）》文件要求，重点开展了以下工作：一是对现有的强制性国家标准进行清理、预评估，为下一步的精简整合提供依据；二是开展推荐性国家标准、行业标准的优化清理，重点开展了农产品冷链物流标准的清理，为进一步优化推荐性标准体系提供保障；三是制定和发布了一批重要领域的物流标准，为行业发展提供基础支撑；四是开展国家质检公益科研专项课题研究，在七个领域研究并制定重点标准；五是落实国家标准化改革，开展团体标准的试点，推动标准体系向二元结构转变；六是在重点领域开展物流标准的实施推广，充分发挥“标准化+”的效应，使标准服务于行业、服务于企业。

（一）精简整合物流相关的强制性国家标准

2015年，国家标准化管理委员会对全国2027项强制性国家标准及756正在制订的国家标准计划项目开展了整合精简评估，由标准的归口管理单位先期对本单位归口的国家强制性标准，以及正在制定的国家强制性标准计划项目进行清理评估。本次清理工作，将强制性标准严格限定在保障人身健康和生命财产安全、国家安全、生态环境安全和满足社会经济管理基本要求的领域内通用、跨领域通用标准范围内，超范围制定的标准原则上都会被废止或转化为推荐性标准。判定的依据包括标准是否有明确的法律法规依据、内容是否适合用标准形式来规范、内容是否已完全被其他强制性标准所覆盖，以及是否有明确的执法部门等。

精简整合的与物流相关的强制性国家标准有25项，包括16项国家标准和9项正在制订的国家标准计划项目。相关的标准化技术委员会按照《强制性国家标准预评估办法》先期预评估后，16项强制性国家标准中继续有效的10项，转化为推荐性国家标准的4项，需要修订的1项，废止1项；9项在制的强制性国家标准计划项目中7项终止不再制定，2项继续制定。

下一步，国家标准化管理委员会还将开展强制性行业标准和强制性地方标准开展清理评估，今后强制性标准将只有强制性国家标准，不再有行业和地方的强制性标准，对经过评估确需继续保留的，将与现有的强制性国家标准进行整合或上升为强制性国家标准。

（二）优化完善物流推荐性标准

2015年年初，为贯彻落实汪洋副总理在《关于农产品冷链流通标准有关情况的报告》上的批示，商务部与国标委多次组织国家发展改革委、工业和信息化部、交通运输部、农业部、商务部、卫生计生委、食品药品监管总局、林业局、认监委、供销总社、中国物流与采购联合会等多个部门对现有的近200项农产品冷链流通标准进行清理整合工作。通过近一年的清理、论证，商务部向国家标准委提出了《农产品冷链流通标准清理整合意见》，该《意见》对现有的200项标准提出了废止、整合、继续有效的建议。下一步，国家标准化管理委员会将会同相关部门发布农产品冷链标准专项计划。

2016年4月，国家标准委印发了《推荐性标准集中复审的通知》（以下简称《通知》），《通知》要求，到2016年年底前，对我国推荐性国家标准、推荐性行业标准，以及正在制定过程中的推荐性国家标准、推荐性行业标准制修订计划项目进行集中复审，将通过复审形成废止一批、转化一批、修订一批的标准项目清单，重点解决推荐性标准中存在的交叉、矛盾和滞后老化等突出问题，为推动推荐性标准向政府职责范围的公益类标准过渡奠定基础。依据《通知》的文件要求，全国物流标准化技术委员会从4月开始，制定了复审的细则，时间进度安排等将对归口的172项国家、行业标准（包括在制标准）开展集中复审。

（三）2015年度发布的物流相关国家标准和行业标准

2015年我国新发布物流国家标准共计5项（见表1），新发布物流行业标准共计43项（见表2）；有14个省区市发布了物流地方标准，在国家标准委备案的物流地方标准51项。

在2015年发布的国家、行业和地方标准中，有涉及冷链物流、粮食物流、烟草物流、快递、国际物流等专业类物流标准和涉及物流设备、物流包装、物流从业人员能力要求、电子商务物流等的通用类物流标准。

表1　　2015年发布的物流国家标准目录

序号	标准号	标准名称	发布日期
1	GB/T 19786—2015	木质包装容器检测规程（修订、代替GB/T 19786—2005）	2015年5月15日
2	GB/T 31550—2015	冷链运输包装用低温瓦楞纸箱	2015年5月15日
3	GB/T 13873—2015	道路车辆货运挂车试验方法（修订、代替GB/T 13873—2009）	2015年9月11日
4	GB/T 5398—2016	大型运输包装件试验方法（修订、代替GB/T 5398—1999）	2015年3月24日
5	GB/T 32568—2016	重复使用包装箱通用技术条件	2015年3月24日

表2　　2015年发布的物流行业标准目录

序号	标准编号	标准名称	发布日期	标准主管部门
1	QC/T 980—2014	煤炭运输车辆	2015年3月13日	工信部
2	QC/T 23—2014	鲜奶运输车辆（修订、代替QC/T 23—1992）	2015年3月13日	工信部
3	YC/T 531—2015	烟草行业卷烟仓库代码编制规则	2015年3月13日	国家烟草专卖局
4	YZ/T 0137—2015	快递营业场所设计基本要求	2015年3月13日	国家邮政局
5	YC/T 514—2014	烟草商业企业卷烟物流配送中心卷烟物流质量管理规范	2015年3月26日	国家烟草专卖局

续 表

序号	标准编号	标准名称	发布日期	标准主管部门
6	YC/T 515—2014	烟草工业企业卷烟数字化仓库管理规范	2015 年 3 月 26 日	国家烟草专卖局
7	YC/T 516—2014	烟草商业企业卷烟仓储管理货位编码规则	2015 年 3 月 26 日	国家烟草专卖局
8	YC/T 517—2014	卷烟密集式仓储系统技术规范	2015 年 3 月 26 日	国家烟草专卖局
9	YC/T 518—2014	工商卷烟物流同城共库管理规范	2015 年 3 月 26 日	国家烟草专卖局
10	YC/T 520—2014	烟草商业企业卷烟物流配送中转站管理规范	2015 年 3 月 26 日	国家烟草专卖局
11	MH/T 1057—2014	限制数量危险品组合包装及包装件试验规范	2015 年 3 月 26 日	中国民用航空局
12	MH/T 1058—2014	货物航空冷链运输规范	2015 年 3 月 26 日	中国民用航空局
13	LY/T 2375—2014	托盘用木材质量分级	2015 年 3 月 26 日	国家林业局
14	GA 1131—2014	仓储场所消防安全管理通则	2015 年 5 月 15 日	公安部
15	SB/T 11091—2014	冷库节能运行技术规范	2015 年 7 月 13 日	商务部
16	SB/T 11092—2014	多温冷藏运输装备技术要求及测试方法	2015 年 7 月 13 日	商务部
17	SB/T 11094—2014	中药材仓储管理规范	2015 年 7 月 13 日	商务部
18	SB/T 11095—2014	中药材仓库技术规范	2015 年 7 月 13 日	商务部
19	SB/T 11099—2014	食用菌流通规范	2015 年 7 月 13 日	商务部
20	SB/T 11100—2014	仁果类果品流通规范	2015 年 7 月 13 日	商务部
21	SB/T 11101—2014	荔果类果品流通规范	2015 年 7 月 13 日	商务部
22	SB/T 11102—2014	菱镁工艺品运输包装	2015 年 7 月 13 日	商务部
23	LS/T 1713—2015	库存粮食识别代码	2015 年 7 月 13 日	国家粮食局
24	JT/T 931. 1—2014	国际道路运输电子单证格式第 1 部分：货物运单	2015 年 8 月 17 日	交通运输部
25	JT/T 932. 1—2014	甩挂运输数据交换第 1 部分：运输站场信息	2015 年 8 月 17 日	交通运输部

续　表

序号	标准编号	标准名称	发布日期	标准主管部门
26	JT/T 932. 2—2014	甩挂运输数据交换第 2 部分：运单信息	2015 年 8 月 17 日	交通运输部
27	JT/T 947—2014	港口危险货物经营企业安全生产标准化规范	2015 年 8 月 17 日	交通运输部
28	YZ/T 0141—2015	快递代收货款服务信息交换指南	2015 年 9 月 30 日	国家邮政局
29	YZ/T 0145—2015	快递末端投递服务规范	2015 年 9 月 30 日	国家邮政局
30	YZ/T 0146—2015	快递服务监管信息交换规范	2015 年 11 月 11 日	国家邮政局
31	JT/T 1005—2015	国际道路运输信息系统基本技术要求	2015 年 12 月 15 日	交通运输部
32	T1053—2015	酒类商品物流信息追溯管理要求	2015 年 12 月 15 日	国家发改委
33	WB/T 1054—2015	餐饮冷链物流服务规范	2015 年 12 月 15 日	国家发改委
34	WB/T 1055—2015	物流从业人员职业能力要求第 1 部分：仓储配送作业与作业管理	2015 年 12 月 15 日	国家发改委
35	WB/T 1056—2015	物流从业人员职业能力要求第 2 部分：运输运输作业与作业管理	2015 年 12 月 15 日	国家发改委
36	WB/T 1057—2015	商用车背车装载技术要求	2015 年 12 月 15 日	国家发改委
37	WB/T 1058—2015	汽车零部件物流器具分类及编码	2015 年 12 月 15 日	国家发改委
38	YZ/T 0148—2015	快递电子运单	2015 年 12 月 15 日	国家邮政局
39	YZ 0149—2015	快递安全生产操作规范	2015 年 12 月 15 日	国家邮政局
40	SB/T 11132—2015	电子商务物流服务规范	2015 年 12 月 15 日	商务部
41	SB/T 11151—2015	冷链配送低碳化评估标准	2015 年 12 月 15 日	商务部
42	MH/T 1062—2015	例外数量危险品包装要求及包装件测试规范	2015 年 12 月 15 日	中国民用航空局
43	SN/T 4270—2015	出口商品运输包装纸袋检验规程	2015 年 12 月 15 日	国家质量监督检验检疫总局

（四）开展国家质检公益科研专项课题研究

2015 年 3 月，由国家科技部、国家质检总局下达，中国物流与采购联合会主持，中国标准化研究院、北京交通大学、北京科技大学、交通运输部公路科学研究所、中国仓储协会、北京国邮科讯科技发展有限公司、国富通信息技术发展有限公司 7 家协作，共同完成的《支撑物流和电子商务发展的 30 项重要标准研究》（项目编号：201510210）国家质检公益专项课题启动。

本课题共有 79 人参加，分为八个研究组，将完成三个主要任务，一是通过对物流业与电子商务现状、特征及发展趋势的研究，深入分析我国物流标准化的现状与需求，完善我国物流标准化体系，提出电子商务标准化建设体系，完成七个重要领域的技术研究报告与项目总报告；二是通过广泛的调研和系统的研究，完成本项目中确定的物流运行管理、物流设施设备、综合运输、仓储管理、商贸物流、邮政快递物流、电子商务七个重要领域 30 项重要的国家标准（送审稿）；三是研究开发“物流业诚信信息管理系统”和“物流服务质量测评软件工具”，为标准的实施应用提供平台服务，同时选取 10 家左右的物流企业、电商企业，通过标准的试点，开展标准的应用，使标准具有科学性、符合性，并为今后的标准化示范工作打下良好的基础。

（五）培育和发展团体标准

培育和发展团体标准是深化标准化改革的一项重要举措。之前我国的标准包括了国家标准、行业标准、地方标准，这些标准均由政府主导制定和发布，且 70% 为一般性产品和服务标准，这些标准中又有 70% 以上的标准应由市场主体遵循市场规律制定，在国际上，这类标准均由社会团体和相关机构制定和发布，国际上通行的这类标准（团体标准）在我国也没有法律地位，使得市场自主制定、快速反映需求的标准不能有效供给。2015 年国务院印发的《深化标准化工作改革方案》提出“建立政府主导制定的标准与市场自主制定的标准协同发展、协调配套的新型标准体系”，要求“培育发展团体标准，在标准制定主体上，鼓励具备相应能力的学会、协会、商会、联合会等社会组织和产业技术联盟协调相关市场主体共同制定满足市场和创新需要的标准，供市场自愿选用，增加标准的有效供给”，提出“在工作推进上，选择市场化程度高、技术创新活跃、产品类标准较多的领域，先行开展团体标准试点工作”。

2015 年 6 月，国家标准委选取了 39 家相关的协会、学会和机构首批试点，中国物流与采购联合会成为物流领域的唯一一家团体标准试点单位，要求在试点期间建立团体标准全流程的管理制度，在物流的重点领域开展团体标准的制定，总结标准的实施，对试点期间的团体标准的服务、引导、规范、监督机制等提出合理化建议等。

经过一年的试点，中国物流与采购联合会已发布了团体标准的相关管理办法、制修订流程等管理制度，组建了 6 个标准工作组，在医药物流、食品冷链物流、汽车物流、物流服务平台、大宗商品流通等领域开展团体标准的制定等工作。在标准的需求、制定和实施方面，中国物流与采购联合会团体标准更侧重于标准的“有用”，由专业委员会牵头，会员共同发起，在制定前就考虑如何使用，策划好通过什么方式固化使标准真正“落地”，将标准与行业发展、自律相结合，与企业协同发展相结合。

2016 年，列入中国物流与采购联合会团体标准的项目之一《物流诚信共享信息构成要素及交换要求》编制工作正式启动，这项标准由中国物流与采购联合会网络部牵头，会合国内近80家物流服务平台共同制定。这项团体标准主要解决的是物流服务平台间协同、合作的接口问题，是建立在中物联“联平台”的基础上，为降低物流违约成本，共建物流行业诚信，实现平台间物流违约信息的互联互通提供支撑的一项标准。2016年5月13日，全国200余家物流信息平台参加的“全国物流信息平台诚信互联大会”上，同期召开了标准的征求意见会，得到了与会代表的充分肯定。标准预计将在2016年下半年发布。

（六）重要标准的实施推广

1. 标准化托盘及其循环共用的推广

为贯彻落实国务院《物流业发展中长期规划（2014—2020年）》和部分城市物流工作座谈会精神，自2014年起，商务部、财政部、国家标准委等有关部门开始实施商贸物流标准化行动计划，该项工作以托盘标准化及其循环共用为切入点，促进相关配套设施设备标准化的升级改造和普及推广，以点带面，辐射带动京津冀、长三角、珠三角地区乃至全国的商贸物流标准化水平提升。

经过一年多的试点，2015年由商务部研究院、中物联托盘委和中国仓储协会对我国托盘业现状、商贸物流标准化工作成效、托盘标准化试点情况做了统计，发布了《2015年上半年托盘标准化发展统计监测分析报告》（以下简称《报告》），《报告》显示：重点推进企业的标准托盘应用水平大幅提升、相关设施设备标准化改造稳步推进、重点推进企业应用物流相关标准与规范的水平有所提高以及企业物流成本占比下降显著。《报告》同时也指出，我国托盘标准化推进过程中仍然存在标准的强制性不够、企业标准化建设的动力不足、托盘循环共用各环节协调性不足以及托盘标准化宣传推广力度不够等问题，提出下一步可从加强组织协调、加强政策法规建设、完善试点工作、加强宣传推广力度以及加强诚信体系建设五个方面入手，进一步推进商贸物流标准化建设工作。

2015年，商务部在2014年试点的基础上，扩大试点地区范围，选取了150家企业（协会）开展试点，并把物流配送包装纳入专项行动内容，使托盘与包装相衔接，促进物流配送包装减量化、绿色化和循环利用。

2. 《物流企业冷链服务要求与能力评估指标》国家标准应用

《物流企业冷链服务要求与能力评估指标》自2015年7月1日正式发布实施以来，中国物流与采购联合会依据此国标开展的冷链物流企业星级评估工作也步入正轨，目前已完成了第一批冷链物流企业星级评估的工作，并于2015年9月22日举行了授牌仪式。第一批共13家星级冷链物流企业，其中五星级冷链物流企业8家，四星级冷链物流企业2家，三星级冷链物流企业3家。第二批星级企业评估工作也正在进行中，截至2015年12月底，共有9家企业已完成现场评估的工作。今后，随着冷链物流企业星级评估规模的扩大，将有更多的政府和企业参与其中，共同推动冷链物流行业的健康发展。

3. 《食品冷链物流追溯管理要求》国家标准试点

全国物流标准化技术委员会与中国物流与采购联合会冷链物流专业委员会联合分别于2014年和2015年两次开展了《食品冷链物流追溯管理要求》国家标准试点工作。在试点期间，由中国物流与采购联合会冷链物流专业委员会组成专家团队、被服务方等组成试点评估组，对企业进行走访，了解企业的实际运作。通过试点，试点企业在以下方面得到了提升：一是30家企业分别依据标准建立或进一步完善了食品在物流环节的追溯体系，建立了相应的管理制度；二是将追溯管理纳入了技术人员培训课程；三是信息采集的要素基本上满足了国家标准的要求；四是有10多家企业完善了信息化管理系统，实现仓储、运输、配送智能化管控，实现信息追溯的系统化管理；五是追溯记录的标志、保存等越来越完善。通过试点，企业提升的服务水平，服务的品质也得到了客户的认可。

（李红梅　中国物流与采购联合会标准委）

2015 年中国物流与供应链领域科技文献发表情况

本文通过统计 2015 年多个检索数据库中我国国内外物流与供应链相关文献的发表情况，并与 2014 年的一些相关数据进行对比，分析得出 2015 年国内外在物流与供应链领域的科技研究情况。数据分析表明，2015 年物流与供应链领域科技理论的研究仍旧是我国学术界关注的重点，但是相关文献数量在部分数据库中呈现减少的趋势。总体看，与其他国家相比我国的物流科研水平正不断提高，与国外物流业发达国家之间的差距在不断缩小。

一、2014—2015 年各文献数据库发表文献、项目情况统计

以下数据均由 2016 年 7 月 3 日检索所得，检索范围为2014—2015 年所发表的物流与供应链相关科技文献。根据检索条件，检索汇总 SCI - E、Ei、SSCI 等数据库的数据如表 1 所示。

表 1　　2014—2015 年各文献数据库收录的物流与供应链相关文献统计

数据库名称	相关文献发表数量（篇）		同比增长（%）
	2014 年	2015 年	
SCI	1446	1364	−5. 67
Ei	9150	7630	−16. 61
SSCI	822	812	−1. 22
自然基金网	129	124	−3. 88
国家哲学社会科学规划办公室	13	11	−15. 38
我国高校人文社会科学信息网	41	43	4. 88
中国学术期刊网络出版总库	8176	8081	−1. 16

续 表

数据库名称	相关文献发表数量（篇）		同比增长（%）
	2014 年	2015 年	
中国优秀硕士学位论文全文数据库	1992	1597	-19.83
中国博士学位论文全文数据库	26	22	-15.38
中国重要报纸全文数据库	1719	1762	2.50
中国重要会议论文全文数据库	82	84	2.43

二、SCI 文献库统计分析

（一）检索条件

在 Web of Science 数据库中，以“logistics”或“supply chain”为检索条件，以标题为检索范围，勾选 SCI - E 数据库，得到 2014 年和 2015 年的 SCI 文献收录数据。其中 2015 年的 SCI 文献为 1364 篇，相较于 2014 年的 1446 篇减少了 5.67 个百分点，而且 2015 年用英文撰写的文献占比数为 98.39%，仅比 2014 年降低了 0.3 个百分点。说明物流相关学者及科研人员的英文实力比较稳定。

（二）论文发表地区

从检索到的 1364 篇相关论文中可以看出，我国和美国的文献发表数量以绝对优势多于排名相对靠后的国家和地区，走在了物流科研的最前端。且 2015 年我国相关论文发表数量比 2014 年呈增长趋势，2014 年我国相关文献发表数量的占比比美国少 1.87 个百分点，2015 年比美国高出 3.08 个百分点，成为发表文献数量最多的国家。由此也间接反映了我国物流业发展的规模、速度、质量、模式都出现了跨越式的增长。

表 2 2014—2015 年 SCI 数据库中物流与供应链相关科技文献发表数量排名前十的国家情况

国家和地区	2014 年文献数量（篇）	占比（%）	国家和地区	2015 年文献数量（篇）	占比（%）
美国	372	25.73	中国	353	25.88
中国	345	23.86	美国	311	22.80
英国	109	7.54	英国	86	6.30
伊朗	91	6.29	伊朗	80	5.87
德国	76	5.26	加拿大	77	5.65
加拿大	74	5.12	印度	71	5.21
中国台湾地区	70	4.84	德国	64	4.69
意大利	59	4.08	意大利	57	4.18

续 表

国家和地区	2014 年文献数量（篇）	占比（%）	国家和地区	2015 年文献数量（篇）	占比（%）
印度	57	3.94	澳大利亚	51	3.74
法国	56	3.87	台湾地区	49	3.59

2015 年相关文献发表数量最多的机构是香港理工大学，共 31 篇；第二名是伊斯兰自由大学，共 27 篇；第三名是印度理工大学，共 22 篇；第四名是宾夕法尼亚联邦高等教育系统，共 18 篇；第五名是浙江大学，共 17 篇。值得注意的是，在发表文献的机构中，我国的大学占据绝大多数，其中香港理工大学在各大科研机构中独占鳌头。同时，国内其他大学也拥有可观的科研输出，说明国内大学对于物流领域的科研项目投入有所增加，可量化成果丰硕。

（三）发表期刊分布

在 SCI 2015 年发表的文献中，共有 90 篇来自期刊《国际生产经济学杂志》，占总数的 6.22%；有 73 篇来自《国际生产研究杂志》，占总数量的 5.05%，位居第二；有 44 篇来自《工程中的数学问题》，占数量的 3.04%，排名第三。另外，《欧洲运筹学期刊》《运输研究部分电子物流与运输回顾》《清洁生产杂志》和《计算机工业工程期刊》等刊登相关文献的数量均超过 30 篇。

三、Ei 文献库统计分析

（一）检索条件

在 Ei Village 中以“logistics”或“supply chain”为关键字，以“Subject/Title/Abstract”为检索项，检索 2015 年的文献发表情况，共检索到 7630 篇文献资料，其中我国有 1805 篇、美国有 1500 篇、德国有 414 篇。与前几年相比，我国依然保持一种在物流科研上的高度热情，文献发表量近几年一直与第二名的美国保持较大的距离，这在一定程度上能够反映我国对物流业的高度重视并且在物流领域内有属于自己的权威。2015 年 Ei 文献库中发表的关于物流和供应链文献数量排名前五的国家情况如表 3 所示。

表 3　　2015 Ei 文献库中物流和供应链文献数量排名前五的国家

排 名	国 家	文献数量（篇）
1	中国	1805
2	美国	1500
3	德国	414
4	英国	396
5	印度	348

以关键字“logistics”或“supply chain”并且作者地区为china为检索条件，以“Subject/Title/Abstract”为检索项，时间跨度为2015 to 2015进行检索，共检索到文献1805篇，表4为相关数据与2014年的对比情况。从表4可以看出2015年我国的文献量在总体中的比重比2014年有所下降。从数据也可以看出，我国的物流产业正在向更加成熟的领域迈进，一些初期初级的研究及文献已经饱和。

表4　2014—2015年Ei数据库中我国作者发表文献数量及占比情况

年份	Ei中的文献数量（篇）	我国发表的文献数量（篇）	所占比重（%）
2014	9150	4218	46.10
2015	7630	1805	23.66

（二）作者单位及地区

从数据库Refine Results板块的作者单位中可以发现，大部分的文献出自我国高校的物流专业。分析2015年各大高校的文献数量可知，北京交通大学交通运输学院位列第一，发表了34篇；其次是西南交通大学交通运输与物流学院（25篇），中国电子科技大学经济管理学院（23篇）位列第三。与前几年相比可发现，我国各高校的物流科研水平逐渐靠近，文献篇数差距逐渐缩小，分布更加均匀（见表5）。

表5　2015年Ei数据库中物流相关文献数量排名前十的单位

2015年		2014年	
作者单位	文献数量（篇）	作者单位	文献数量（篇）
北京交通大学经济与管理学院	34	西南交通大学交通运输与物流学院	78
西南交通大学交通运输与物流学院	25	北京交通大学交通运输学院	27
中国电子科技大学经济管理学院	23	同济大学经济管理学院	27
天津大学经济与管理学院	22	四川大学商学院	22
华南理工大学工商管理学院	22	沈阳航空航天大学经济管理学院	22
合肥工业大学管理学院	18	德黑兰大学工业工程学院	19
重庆大学经济与工商管理学院	17	斯伦贝谢公司	18
斯伦贝谢公司	17	谢里夫理工大学工业工程系	18
香港理工大学工业与系统工程系	15	南丹麦大学商务与经济系	18
德黑兰大学工业工程学院	15	中国科技大学管理学院	17

（三）发表期刊分布

在 Ei 文献库 Refine Results 版块的期刊分布中可以发现，2015 年《国际生产经济学》期刊中收录的文献最多，有 182 篇，位居第一；位居第二的是《国际生产研究》，有 159 篇；位居第三的是《计算机科学讲义》（包括其子系列《人工智能讲义》和《生物信息学讲义》），各有 155 篇；《清洁生产》以 116 篇位居第四；《欧洲运筹学》以 110 篇位居第五，具体情况如表 6 所示。

表 6　2015 年 Ei 文献库物流相关文献数量排名前五的期刊

期刊名	文献数量（篇）
International Journal Of Production Economics《国际生产经济学》	182
International Journal Of Production Research《国际生产研究》	159
Lecture Notes In Computer Science（Including Subseries Lecture Notes in Artificial Intelligence and Lecture Notes in Bioinformatics）《计算机科学讲义》	155
Journal Of Cleaner Production《清洁生产》	116
European Journal Of Operational Research《欧洲运筹学》	110

四、SSCI 文献库统计分析

（一）检索条件

在 SSCI 数据库中以物流或供应链为关键词进行检索，以标题为检索范围，时间为 2015 年，得到文献数量为 812 篇，比 2014 年有小幅减少。

（二）作者单位及地区

2015 年在 SSCI 数据库中发表物流相关文献前五的机构分别是：香港理工大学（17 篇）、浙江大学（14 篇）、华南理工大学（13 篇）、宾夕法尼亚联邦高等教育系统（13 篇）、中国科技大学（11 篇）。对比 SSCI 的统计数据可知，排名前三的高校在往年物流研究领域的成绩十分突出，宾夕法尼亚联邦高等教育系统与中国科学技术大学紧跟其后。

从表 7 中可以看出，美国在社会科学领域的物流研究处于绝对龙头地位，而我国内地和英国的物流研究发展紧随其后。

表 7　2014—2015 年 SSCI 数据库发表物流相关文献数量排名前十的国家

2015 年			2014 年		
排名	国家和地区	文献数量（篇）	排名	国家和地区	文献数量（篇）
1	美国	245	1	美国	267
2	中国	166	2	中国	158

续　表

2015 年			2014 年		
排名	国家和地区	文献数量（篇）	排名	国家和地区	文献数量（篇）
3	英国	79	3	英国	104
4	加拿大	44	4	德国	52
5	德国	43	5	中国台湾地区	48
6	澳大利亚	40	6	加拿大	42
7	意大利	39	7	澳大利亚	33
8	西班牙	36	8	西班牙	31
9	中国台湾地区	34	9	荷兰	31
10	印度	32	10	伊朗	31

（三）发表期刊分布

在 SSCI 文献库中，发表物流相关文献数量排名前五位的期刊是：《国际生产经济学》位居第一，共 59 篇，占比 7.27%；《运输研究部分电子物流与运输回顾》位居第二，36 篇，占比 4.43%；《供应链管理国际期刊》位居第三，36 篇，占比 4.43%；《国际生产研究》位居第四，35 篇，占比 4.31%；《国际实物分销与物流管理》位居第五，31 篇，占比 3.82%。

五、中国期刊全文数据库文献统计分析

（一）中国学术期刊网络总库文献库

在中国知网（http://www.cnki.net）中国学术期刊网络出版总库，以物流和供应链为关键词并选择中英文扩展检索项进行检索，分别检索 2014 年和 2015 年的文献发表情况，其中一些有代表性的学科相关文献情况如表 8 所示。

表 8　2014 年和 2015 年中国学术期刊网络出版总库不同学科物流相关文献数量

学科类别	中国学术期刊网络出版总库相关文献数量（篇）	
	2014 年	2015 年
宏观经济管理与可持续发展	4107	3220
企业经济	2280	2312
工业经济	1432	1415
贸易经济	1096	1333

续 表

学科类别	中国学术期刊网络出版总库相关文献数量（篇）	
	2014 年	2015 年
计算机软件及计算机应用	452	372
交通运输经济	298	261
公路与水路运输	238	210

在中国知网（http：//www. cnki. net）中国学术期刊网络出版总库经检索得，2015 年中国学术期刊网络出版总库中的相关文献有 8081 篇，比 2014 年的 8176 篇略有减少。

在中国知网（http：//www. cnki. net）中国学术期刊网络出版总库搜索 2014 年和 2015 年两年相关文献出现物流关键词词频，得出排名前十关键字词频情况如表 9。从表 9 可以看出，2014 年和 2015 年排名前十的关键字词频变化不大，供应链、物流、供应链管理的出现频率仍靠前，但与 2014 年对比，2015 年冷链物流词频较高，这说明当前我国对冷链物流的研究比较多。

表 9　中国学术期刊网络出版总库中 2014 年和 2015 年物流关键词词频排名前十的情况

2015 年		2014 年	
关键词	词频（次）	关键词	词频（次）
供应链	846	供应链	840
物流	682	物流	710
电子商务	269	供应链管理	268
供应链管理	253	电子商务	250
物流管理	183	物流管理	183
冷链物流	146	物流企业	146
物流企业	133	物流业	140
物流业	122	对策	138
农产品	116	第三方物流	117
物联网	112	物联网	111

（二）中国优秀硕、博士学位论文文献库

1. 中国优秀硕士学位论文文献库

在中国期刊全文数据库（http://www.cnki.net）中，选择中国优秀硕士学位论文全文数据库。以“物流”“供应链”为关键词，它们的逻辑关系为“或者包含”，分别检索2014年和2015年的文献情况，得到表10所示的信息。中国优秀硕士学位论文主要的论文类别是行业指导、基础研究、工程技术。这些学位论文包含的学科专业主要有管理科学与工程（393篇）、企业管理（125篇）、工商管理（46篇）、国际贸易学（41篇）等。2014—2015年物流、供应链位居发表数量前十位的高校如表10所示。

表10　2015年中国优秀硕士学位论文全文数据库中物流相关文献数量排名前十的高校

排名	高校名称	发表文献数量（篇）
1	电子科技大学	125
2	吉林大学	100
3	北京交通大学	91
4	华东理工大学	81
5	北京交通大学	71
6	大连理工大学	68
7	西南交通大学	63
8	上海交通大学	56
9	中国海洋大学	51
10	大连海事大学	50

2. 中国博士学位论文全文数据库

在中国期刊全文数据库（http://www.cnki.net）中，选择中国博士学位论文全文数据库，以“物流”“供应链”为关键词，它们的逻辑关系为“或者包含”，分别检索2014年和2015年的文献情况，得到记录如表1所示。中国优秀博士学位论文主要的论文类别是基础研究、行业指导、政策研究。这些学位论文包含的学科专业主要有管理科学与工程（14篇）、企业管理（3篇）、交通运输规划与管理（1篇）等。2014—2015年物流、供应链文献发表数量排名前五的高校如表11所示。

表11　2015年中国博士学位论文全文数据库中物流相关文献数量排名前五位的高校

排名	高校校名	发表文献数量（篇）
1	中国科学技术大学	5

续　表

排名	高校校名	发表文献数量（篇）
2	重庆大学	4
3	南京航空航天大学	2
4	华中科技大学	2
5	吉林大学	2

3. 中国重要会议文献库

在中国期刊全文数据库（http://www.edu.cnki.net）中，进入中国重要会议论文全文数据库。分别检索 2014 年和 2015 年收录的会议文献情况，其中检索以“物流”“供应链”为关键词，它们的逻辑关系为“或者包含”。检索得到中国重要会议上发表的文献中包含的主要关键词如表 12 所示。

表 12　2014 年和 2015 年中国重要会议发表的物流与供应链相关文献中位居前五的关键词统计

2015 年			2014 年		
排 名	关键词	词频（次）	排 名	关键词	词频（次）
1	物流	25	1	供应链	16
2	供应链	5	2	物流	13
3	烟草	4	3	电子商务	4
4	电子商务	3	4	信息化	4
5	专业	3	5	服务	4

4. 中国重要报纸文献库

在中国期刊全文数据库（http://www.edu.net）中，进入中国重要报纸全文数据库。以“物流”“供应链”为关键词，分别检索 2014 年和 2015 年的文献情况，得到 2014 年发表文献 1719 篇、2015 发表文献 1762 篇的结果。

其中，2014 年和 2015 年发表于物流和供应链相关的文献排名前十位的报纸如表 12 所示。从表 13 可以看出 2015 年发表的关于物流与供应链的文献比 2014 年上升了 2.5% 左右。其中，现代物流报位居第一，并且 2015 年现代物流报发表相关文献的数量较 2014 年有小幅度增长。21 世纪经济报道和医药经济报再次挤进了前十的行列，南方日报也挤进了前十的行列，而中国纺织报、中国证券报和中华合作时报退出了前十的行列。

表 13　2014 年和 2015 年刊载物流与供应链相关的文献数量前十位的国内报纸

排序	2014 年		2015 年	
	报纸名称	刊载文献数量（篇）	报纸名称	刊载文献数量（篇）
1	现代物流报	169	现代物流报	177
2	北京商报	67	北京商报	94
3	国际商报	66	中国商报	78
4	中国经营报	64	国际商报	72
5	中华合作时报	47	中国经营报	52
6	中国商报	46	21 世纪经济报道	45
7	中国纺织报	45	第一财经日报	39
8	中国冶金报	42	南方日报	37
9	第一财经日报	40	中国冶金报	31
10	中国证券报	36	医药经济报	27

六、国家自然科学基金网统计分析

在国家自然科学基金网站（http://isis.nsfc.gov.cn）项目检索中，以项目主题词为“物流”或“供应链”为检索条件检索 2014 年和 2015 年国家自然基金网批准项目。剔除不相关课题检索结果如表 14 所示。总体上看，物流项目数有较大幅度的减少，而供应链项目数未变，项目数总体增长率为 -3.88%。

表 14　国家自然基金网 2014 年和 2015 年获批项目数

物流项目数（个）		供应链项目数（个）		项目数合计（个）		项目数增长率（%）		
2014 年	2015 年	2014 年	2015 年	2014 年	2015 年	物流	供应链	合计
37	32	92	92	129	124	-13.5	0	-3.88

七、国家社科基金项目统计分析

在全国哲学社会科学规划办公室网站（http://www.npopss-cn.gov.cn）中的 2015 年国家社科基金年度项目的公布列表中，可以检索到立项的物流或供应链的一般项目（如表 15 所示）。从表中可以看出，2015 年的供应链项目数有小幅度增长，而 2015 年的物流项目数小幅度下滑。

表 15　　2014 年和 2015 年国家自然基金批准的物流和供应链项目统计

物流项目数（个）		供应链项目数（个）		项目数合计（个）		项目增长数（个）		
2014 年	2015 年	2014 年	2015 年	2014 年	2015 年	物流项目	供应链项目	合计
6	2	7	9	13	11	-4	2	-2

八、教育部人文社会科学一般项目统计分析

在中国高校人文社会科学信息网（http：//sinoss.net）中公布的《2015 年教育部人文社会科学研究一般项目（规划基金项目、青年基金项目、自筹经费项目）立项一览表》里，搜索与“物流”或“供应链”有关的一般项目（包括一般项目中的青年基金项目），结果如表 16 所示。从表 16 中不难看出，2015 年一般项目数较 2014 年有较明显的增长，供应链项目数较 2014 年也有一定幅度的增长，2015 年一般项目增长率达到 4.88%。

表 16　　2014 年和 2015 年教育部人文社会科学一般项目的批准情况

项目名称	物流项目（个）		供应链项目（个）		项目合计（个）		项目增长率（%）		
	2014 年	2015 年	2014 年	2015 年	2014 年	2015 年	物流项目	供应链项目	合计
一般项目	9	8	32	35	41	43	-11.1	9.375	4.878
青年基金项目	6	6	23	25	29	31	0	8.696	6.897

九、数据源和方法

本文所涉及七个检索数据库，分别是美国科学引文索引（SCI）文献库、美国工程索引（Ei）文献库、社会科学引文索引（SSCI）文献库、中国学术文献总库（cnki）文献库、国家自然科学基金网、全国哲学社会科学规划办公室以及中国高校人文社会科学信息网。

科学引文索引（Science Citation Index，SCI）是由美国科学信息研究所（ISI）1961 年创办出版的引文数据库。它与 Ei（工程索引）、ISTP（科技会议录索引）并称为世界三大科技文献检索系统。SCI 在充分考虑了期刊的学术价值的基础上，运用引文数据分析和同行评估相结合的方法，收录了全世界出版的数、理、化、农、林、医、生命科学、天文、地理、环境、材料、工程技术等 150 多个学科领域，6381 种期刊。因而，SCI 检索系统被国内外学术界作为制定学科发展规划和进行学术排名的重要依据，是国际公认的反映基础学科研究水准的代表性工具。其网络版数据库 SCI-E 更是方便了读者的检索与研究。

社会科学引文索引（Social Sciences Citation Index，SSCI）为 SCI 的姊妹篇，亦由美国科学信息研究所创建，是目前世界上可以用来对不同国家和地区的社会科学文献的数量进行统计分析的大型检索工具。1999 年 SSCI 全文

收录1809种世界最重要的社会科学期刊，内容覆盖包括人类学、法律、经济、历史、地理、心理学等55个领域。收录文献类型包括：研究论文，书评，专题讨论，社论，人物自传，书信等。选择收（Selectively Covered）期刊为1300多种。

《工程索引》（The Engineering Index）是供查阅工程技术领域文献的综合性情报检索刊物，简称Ei，1884年创刊，由美国工程信息公司编辑出版。每年摘录世界工程技术期刊约3000种，还有会议文献、图书、技术报告和学位论文等，报道文摘约15万条，内容包括全部工程学科和工程活动领域的研究成果。数据库每年新增50万条工程类文献，数据来自5100种工程类期刊、会议论文和技术报告，原始文献来自40余个国家，涉及的语言多达39种。年报文献量16万余条，每期附有主题索引与作者索引，每年还另外出版年卷本和年度索引，年度索引还增加了作者单位索引。

中国学术文献总库（cnik）是中国知网的核心资源，是由众多院士、科学家、专家学者参与策划、编纂的我国知识信息资源的大规模集成体。目前中国知网已实现了国内25%的知识资源的数字化和网络化共享，集结了7000多种期刊、近1000种报纸、18万本博士和硕士论文、16万册会议论文、30万册图书以及国内外1100多个专业数据库，是全球信息量最大、最具价值的中文网站。

科学基金网络信息系统（Internet - based Science Information System，ISIS）由国家自然科学基金委员会于2000年委托香港城市大学和爱瑞思软件（深圳）有限公司共同开发完成。该系统旨在辅助科学基金项目全过程精细化管理。

全国哲学社会科学规划办公室是全国哲学社会科学规划领导小组的办事机构。其主要职责是负责制订全国哲学社会科学发展规划和年度计划方案、具体管理和筹措国家社会科学基金、检查中长期规划和年度计划实施情况，交流社会科学研究信息、组织对重大课题研究成果的鉴定、验收和推广。

中国高校人文社会科学信息网（简称社科网）是教育部社会科学司指导下建设的为人文社会科学服务的专业性门户网站。社科网自2001年建设以来，在科研管理软件、科研项目管理、社科新闻资讯、成果网络出版等方面为高校人文社会科学的发展做出了应有的贡献。

（季夏冰　杨恩缘　胡一焱　王萧懿　蒋长兵　浙江工商大学）

中国远洋物流有限公司
——务实，协调，创新，进取

中国远洋物流有限公司成立于2002年1月8日，中国远洋海运集团成员企业，是居中国市场领先地位的国际化第三方物流企业，是中国历史最久、规模最大、实力最强的船务代理企业之一。

中远物流定位于“整合的物流服务提供商”，以做“最强的物流服务商、最好的船舶代理人”为目标，秉承“服务客户最优，回报股东最大”的经营理念，在家电和电子、化工、航空、石化电力、核能核电、会展物流领域为国内外客户提供全程物流解决方案，提升供应链管理品质；为全球国际贸易商提供海运和空运货代服务，为海内外船东提供中国港口的船务代理服务，实现客户价值最大化。

中远物流在中国设立了9家区域公司、3家专业公司、400多个业务分支机构，在17个国家和地区设立了海外业务机构，与40多家海外国际货运代理企业签订了长期合作协议，形成了遍及中国、辐射全球的服务网络系统。

国际化，中远物流与您同行

中远物流拥有和控制4000余辆各类运输车辆，大件运输车辆500多轴线，14000多载重吨。在中国运营300多个堆场、危险品库、冷库、立体自动化分拨中心和海关监管库、保税库，在北美、西亚、西欧拥有各类仓储和运输资源，是中国最具实力的陆上运输和仓储企业之一。

中远物流是国内少数拥有核心技术的物流企业，自主研发的"公路大件运输决策系统""大件货物滚装上下船计算机模拟系统""飞机大部件跨洋运输技术""多式联运—大集中货运主干信息系统""大件运输关键技术研究与应用""设置在运输平台上的包装箱及其运输平台"等物流技术获得了5项国家级专利和5项科技进步成果奖。在推广通用物流信息技术的基础上，自主研发综合物流管理信息系统、配送中心信息系统和船代、货代业务等专业信息系统，建立了安全快捷的数据交换和电子商务平台。

中远物流建立了完善的企业管理体系，按照ISO 9001:2008、ISO 14001:2004和OHSAS18001:2007标准建立了完善的以风险为导向的企业管理体系并通过BSI认证，荣获BSI颁发的"与标准同行，追求卓越奖"。与中国人民大学合作开发并应用客户完全满意度测评系统（TCSS），充分利用第三方进行客户满意度测评，持续提升为国内外客户提供全程物流解决方案的能力和供应链管理品质。

作为中国远洋海运集团全球契约的首批履约成员单位之一，中远物流从人权、劳工、反腐败、产品责任、安全、环境等方面关注企业社会责任的实施，倡导绿色物流的环保理念，在行业内率先实施HSE管理体系，将可持续发展与企业的整体管理体系融合起来，每年投入巨资对运输车辆和物流设备进行更新和改造，以满足生态环境对车辆的特殊要求，促进环境和企业的和谐发展。

中远物流的努力和业绩得到了客户和社会的认可，2005年位列中国首批9家5A级物流企业榜首；2009—2013年，获得中国国际物流节组评的"物流经典解决方案奖""中国物流杰出企业""中国物流业品牌价值百强企业"等多个奖项；2015年2月，中远物流荣获第四届"全国文明单位"称号。

中国远洋物流有限公司（中国外轮代理有限公司）

地址：北京市朝阳区八里庄北里220号中远物流大厦　邮编：100025
电话：010-51568000
传真：010-51568000
网址：www.cosco-logistics.com.cn，www.penavico.com.cn
免费服务热线：8008105158/8008105156
邮箱：service@cosco-logistics.com.cn

北京福田智科物流有限公司
——高效联通 成就价值

北京福田智科物流有限公司成立于2002年5月，位于北京市海淀区，注册资本8000万元，员工2000余人，年营业额近20亿元。公司以北京为管理中心，分别在北京、山东、湖南、广东等地设立8个分公司，并下设50余个业务部，运营网络遍布全国。

公司自成立以来，始终坚持管理、机制、科技创新，形成了以整车物流、生产物流、零部件物流、国际物流为核心的四大业务格局，已发展成为国内领先的物流企业。

公司先后通过了国际质量管理体系ISO 9001、环境管理体系ISO 14001、健康安全体系OHSAS 18001认证，并先后被评为“中国汽车物流行业十大影响力品牌”，连续6年蝉联“全国先进物流企业”“中国物流百强企业”，被行业授予“中国物流文化建设示范基地”“汽车物流行业特别突出贡献企业”“中国物流社会责任贡献奖”“汽车物流行业创新奖”等荣誉称号70余项。2014年，公司荣升为国家“5A级综合服务型物流企业”。

高效联通，成就价值。公司以“专业、睿智、真诚、可信赖”的品牌个性，实现“智领科技、信赖服务、卓越效益”的品牌价值，通过管理与技术的持续创新，到2020年，公司经营规模实现突破，成为品质卓越的智慧型物流领导企业。

公司地址：北京市海淀区丰秀中路1号
联系电话：010-58710733
客服电话：4008865156
公司网址：www.ft56.com

北京长久物流股份有限公司

——行天下 长久远

北京长久物流股份有限公司

北京长久物流有限公司成立于2003年9月10日，2011年8月2日长久有限整体变更为股份有限公司。公司目前主要从事整车运输物流服务，专注于搭建物流网络、整合物流资源及物流规划。公司自成立以来，以其高质高效的服务，在业内享有良好的品牌声誉，曾多次获得“年度全国先进物流企业”等荣誉称号。

面对全球经济一体化和网络经济时代的到来，长久物流在巩固其核心汽车物流业务的同时，正积极拓展其他业务领域，致力于发展成为国内一流的、具有竞争力的、能提供综合物流解决方案的优秀第三方物流供应商。长久物流始终恪守“至诚、志专、致远”的核心价值观，锐意创新、不断进取！

公司优势

1. 独立于汽车生产厂商的第三方汽车物流优势
2. 经营模式优势
3. 客户资源优势
4. 物流网络优势
5. 信息化管理优势
6. 运力保障优势
7. 专业化品牌优势
8. 人力资源优势

发行概况

报送信息	内容
公司全称	北京长久物流股份有限公司
股票简称	长久物流
股票代码	603569
公司总股本	40001万股
本次上市流通股本	4001万股
上市日	2016年8月10日
发行价	15.43元/股
发行市盈率	22.98倍
上交所上市公司家数	第1115家（今年第35家）

募投项目

本次发行募集资金，将为发行人实现上述战略目标提供有力的资金支持，并发挥重要作用，主要体现在以下方面：

1. 为公司实现未来业务发展目标提供资金保障，并为公司未来计划扩大投资时再融资提供广阔的平台。

2. 优化业务模式，提升公司信息化程度，降低运营成本，为公司在未来行业竞争中的核心竞争力提供更好的保障。

3. 进一步丰富客户群体，丰富服务提供品种，加大高附加值服务在整体业务中的比例，提升整体盈利水平。

4. 发行上市后，公司作为公众公司，可以快速提高公司市场知名度，增强公司在市场的影响力，也提高公司对优秀人才的吸引力，有利于公司的长远发展。

www.changjiulogistics.com
地址：北京市朝阳区东三环北路霞光里18号佳程广场B座7层
电话：010—57355999 传真：010—57355800
官方客服热线：4008185959

北大荒集团

安全 诚信 高效 共赢

北大荒物流集团是国家“AAAAA”级物流企业，全国物流行业先进集体，具有完善的信息网络、配送网络、基地网络和一批具有实际经验、高素质专业人才的综合性、多功能的现代物流企业，是国内物流领域中服务功能最为齐全的物流企业之一。

集团下设客运、货运、仓储、加工、冷链物流、粮食物流、质押监管、港口中转、集装箱运输、石油运输、天然气运输、国际货物运输代理、物流装备制造、信息指挥中心、汽车租赁、二手车交易、报废汽车拆解、BB肥制造等20多个专业化子公司及分公司，在京津唐、长三角、珠三角、东北亚、中西部地区拥有五大物流中心，在黑龙江省内拥有六大物流园区，配送网络遍布全国，并在各中心城市及港口和发达地区设有分支机构。

经过北大荒物流人十余年的不懈奋斗，集团在国内物流领域享有较高声誉，已通过ISO 9001:2008质量管理体系认证；被中国物流与采购联合会评为“AAAAA”级物流企业、国家道路运输二级资质企业、全国物流行业先进集体；被中国消费者协会授予“诚信、维权单位”的物流企业；首批被国家税务总局列为物流企业税收试点单位之一；通过了安全生产标准省级一级企业的资质评定；被评为“中国食品物流行业50强”企业；“十年来对物流行业最具贡献50家物流企业”之一、“中国物流采购与联合会”常务理事单位；“黑龙江物流采购与联合会” 副会长单位；“黑龙江省道路运输协会”副会长单位；先后被中共黑龙江省委员会、黑龙江省人民政府授予“文明单位”等各项光荣称号。

地　址：黑龙江省哈尔滨市香坊区香电街65号
联系电话：0451-55399535
传　真：0451-55399555
www.bdhwl.com

第八部分

部分优秀物流企业及经典案例

中远网络构建甘肃烟草综合物流管控平台

一、企业简介

（一）应用企业介绍

甘肃烟草工业有限责任公司（以下简称甘肃烟草）的前身是兰州卷烟厂。现有职工1900余人，企业总资产78亿元。2014年，企业卷烟产销量达到100万箱，实现销售收入136.6亿元，同比增长22%；实现税利111.3亿元，同比增长22.6%，纳税额位居全省第一位，是甘肃省经济社会发展的重要支撑。

（二）开发企业介绍

中国远洋海运集团有限公司由中国远洋运输（集团）总公司与中国海运（集团）总公司重组而成，是中央直接管理的特大型国有企业。中国远洋海运集团着力布局航运、物流、金融、装备制造、航运服务、社会化产业和基于商业模式创新的互联网+相关业务“6+1”产业集群，进一步促进航运要素的整合，全力打造全球领先的综合物流供应链服务商。

中远网络物流信息科技有限公司（以下简称中远网络）是中远集团下属的唯一IT旗舰公司，负责整个中远集团的IT业务，承接集团以及国内外大中型企业有关供应链和物流系统信息管理平台解决方案的咨询、设计和研发项目。多年来，中远网络已经为烟草、交通运输、电信、铁路港口、汽车制造、零售、电子电器、农资等行业提供了大量优秀物流解决方案，企业规模和经营业务范围不断扩大，技术研发水平不断提高，在2009年公司被国家发改委评为全国信息化试点单位。中远网络是国家认定的高新技术企业和软件企业，是国家发改委第一批全国信息化试点单位，国家信息产业部认定的全国首批由行业信息化管理机构向信息化产业转型的40家试点单位之一，国家信息产业部认定的行业信息技术应用推广服务机构示范企业，国家发改委批准的2006年信息产业化专项和技术创新专项的实施单位，科技部2007年科技支撑项目“智能集装箱”承接单位之一，欧盟FP-7研究框架（2008年）SMART-CM项目承接单位之一，已经通过ISO 9000认证并具备工信部认证的二级系统集成商资质和CMMI三级资格。

二、项目建设思路

（一）应用企业存在的问题

中远网络接手甘肃烟草物流项目后，即对甘肃烟草的信息化建设进行了梳理，发现甘肃烟草已有的物流业务相关信息系统主要包括行业系统和公司系统两部分，但由于这些系统是在不同的时期分别采购或独立开发的，缺乏前瞻性和兼容性，因此存在不少问题：

一是业务流程缺乏梳理及统一规范。甘肃烟草物流中心建立不久，多个业务板块初步整合到一起，在原来物流管理由营销、采购等相关部门分别管理的情况下，未从物流的专业角度进行业务流程的梳理和规范化。

二是信息孤岛现象依然存在，缺乏物流信息系统的集成。甘肃烟草原有的多套物流系统是在不同的时期、按照不同的需求、由不同的系统供应商、采用不同的技术进行建设的，各系统间从未进行有效的衔接，信息孤岛现象依然存在。

三是缺乏对物流业务的综合管控手段。目前在企业层面，没有统一的物流综合管理平台，各物流信息系统之间也未构建统一的联系，大量物流信息分散在企业的不同部门，各部门的物流信息系统无直接的信息接口，对于散落在各处的物流信息无法及时获取，无法实现信息的可视化和一体化流程管理。

四是缺乏与供应链上下游企业交流的信息平台。企业与其供应链上游的原料、辅料等企业和供应链下游的商业公司、第三方物流企业未建立一体化的组织协调机制和对接的信息平台，不利于供应链协作与整体发展。

（二）项目建设的基本思路

根据目前甘肃烟草物流信息化建设上存在的问题，运用先进的供应链管理理念和方法，开发一个建立在甘肃烟草各物流信息系统有效集成基础之上的，可实现对物流业务综合管控的一体化物流信息化平台（以下简称物流综合管控平台）。

甘肃烟草的物流信息化建设必须坚持供应物流、生产物流、销售物流以及逆向物流等全程供应链管理的思路，以原料、辅料、成品的仓储管理、运输管理、费用管理为重点，兼顾日常物流基础管理需要，紧紧依托基础业务流程，建立起甘肃烟草统一使用的物流信息系统，实现与行业相关管理系统、公司管理系统等业务系统之间的有效对接，打通物流中心以及各职能部门间的限制，从物流全过程出发，对物流资源进行整合、完善、集成、提升，实现物流集中调度、统一作业、全程跟踪、统计分析和绩效评价的全面提升，建立一套既简单明了又满足实际业务需要的、符合行业规范的物流综合管控平台，切实提高公司物流管理信息化水平。

三、项目简介

（一）项目总体架构

物流综合管控平台项目的总体架构设计遵循业界流行的开放和兼容的标准，满足甘肃公司整体信息体系架构建设要求。物流系统框架在技术框架上分为展现层、应用层、数据层、支撑层、访问层、外部公共接口六大部分。

展现层：为企业员工、客户、合作伙伴等不同用户提供了一个单一的访问甘肃烟草各种信息资源的入口，用户可以通过这个门户获得个性化的信息和服务。

应用层：应用层为用户层提供物流业务管理的应用功能，包括计划管理、调度管理、运输管理、仓储管理、决策分析、运费管理等。

数据层：能够对结构化数据和非结构化数据进行管理和存储。结构化数据包括：XML 和 DBMS；非结构化数据包括 TXT、HTML 等文本文件，MP3、AVI、RM、WMV、MPG 等音视频文件，DOC、PPT、XLS 等 Office 系列文件，JPG、GIF、BMP、PNG、PSD 等图形图像文件，ZIP、PDF、SWF 等其他格式文件。在数据接口上支持 Web Service 模块化组件，同时，数据服务应为其上层提供各种数据操作的应用编程接口 API。

支撑层：支撑层是甘肃烟草物流综合管控平台的应用支撑平台，是指为甘肃烟草信息系统提供应用中间服务的各类应用中间件，包括身份认证服务、地理信息引擎、工作流引擎、企业服务总线、数据交换平台等。

访问层：实现用户通过各类终端设备来访问表现层以获取信息资源，终端访问设备是指浏览器、PC、POS、TPOS、手机、数字电视等各种终端设备。

外部公共接口：为信息资源的管理层、应用层和表现层提供大量的应用接口，包括一号工程、以集成平台为代表的已有系统、国家局相关系统等。

（二）项目技术架构

物流综合管控平台项目的软件开发采用基于 J2EE 架构的软件平台，完全符合 J2EE 规范。Java 2 Platform Enterprise Edition （J2EE）是一个开放的、基于标准的开发和部署的平台，用于构建 N 层的、基于 Web 的、以服务端计算为核心的、模块化的企业应用。该平台为设计、开发、集成和部署企业应用提供基于组件的方法。J2EE 拥有广泛的业界支持，技术成熟，已经成为企业应用开发的标准。该平台为创建、部署和管理企业级类应用以及代码的可移植性及重用提供了一个安全、可扩展的环境。J2EE 平台提供了一个多层结构的分布式的应用程序模型，该模型具有重用组件的能力、基于扩展标记语言（XML）的数据交换、统一的安全模式和灵活的事务控制。不仅可以比以前更快地发表对市场的新的解决方案，而且独立于平台的基于组件的 J2EE 解决方案不再受任何提供商的产品和应用程序编程界面（APIS）的限制。提供商和买主都可以自己选择最合适于它们的商业应用和所需技术的产品和组件。

（三）项目功能架构

物流综合管控平台项目总体功能架构分为三块。

一是基础资源管理层。基础管理包括资源管理、系统操作管理等内容，是物流综合管控平台运行需要维护的基础内容。

二是调度作业层。根据“统一调度、分层管理”的统一指导思想，物流平台设计过程中充分考虑甘肃烟草自有成品销售、成品生产、厂内移库、原料出口、辅料采购等业务的计划管理和调度需要，提炼出核心的调度作业层功能。

三是监控管理层。监控管理是在对业务的实际过程和信息进行监控的基础上，结合甘肃烟草工业公司自身的业务规律，对相关信息进行有效的监控管理，对关键计划、人员、库存、库容、费用、运输过程、仓库作业过程等内容进行监控预警，对物流运作绩效进行有效的评估。

（四）项目数据架构

数据架构主要是基于物流行业和软件行业的数据标准、数据质量、数据功能以及数据安全标准为基础，物理结构按应用数据库存储、备份库存储两个部分进行划分，具体内容包括：

一是应用数据库存储。应用数据库存储是本系统的数据存储核心，用于为业务系统功能提供数据来源。为有效保证系统的访问效率及访问质量，对应用数据库的设计采用数据来源层、业务主题层和功能服务层的三层结构设计。

二是备份库存储。系统为保证在数据层面的安全，根据应用数据库的数据信息，对数据按照生命周期可以分为生产数据、历史数据，将采用数据同步技术把数据按历史数据及实时生产数据进行归档存储，以保证应用数据库的安全。

（五）项目集成方案

根据需求，甘肃烟草此次进行的物流系统的建设需要接入的系统有烟草行业卷烟生产经营决策管理系统（一号工程）、国家局工商在途系统、协同营销信息系统、企业数字证书认证系统（CA）、单点登录系统等。在实施过程中，既要对现有信息系统做无缝的对接，同时对未来业务发展也需要预留必要的信息系统接口。

四、项目效益分析

自2012年起，中远网络的综合物流管控平台已成功中标一些大型制造企业的物流信息化项目，并已经在甘肃烟草成功地实施，取得了显著的经济效益、管理效益和社会效益。

（一）经济效益

一是资金占用率降低。甘肃烟草通过物流综合管控平台的应用，实现了自身整体层面物流信息的有效整合，并采用了先进的物流调度管理手段，实现了成品烟、原料、辅料平均库存的明显下降，车辆配载率明显提高，大幅度地降低了资金占用率，带来了明显的经济效益。

二是产品销量提升。平台通过与原料ERP系统、辅料ERP系统、协同营销系统等的有效对接，实现了真实的市场信息的采集、分析和处理，为准确、及时、有效的物流服务提供了保障。甘肃烟草能够根据市场的需求快速、及时地做出物流响应，在第一时间贯彻执行，并实时监控每一步物流操作和运行，提高了客户服务满意度和产品忠诚度，增强了企业产品的市场竞争能力，提升了甘肃烟草的整体销量。

三是降低了物流成本。通过项目的成功实施，提升了甘肃烟草的整体物流运行效率，提高了各物流环节之间的衔接速度和有效性。同时通过对公司整体物流信息的有效把控，实现了整体物流资源的有效配置，进一步降低了甘肃烟草的整体物流费用。

（二）管理效益

一是实现供应链的全程可视化。甘肃烟草物流综合管控平台的有效实施，可以使甘肃烟草的管理层实时、快速、准确地了解公司的整体物流运行情况，及时地发现物流运行中存在的问题，并根据平台提供的关键监控和预警信息做出正确的物流管理决策。同时，本平台成功实现了烟草工业公司层面物流信息的有效集成，实现了物流的综合管控和业务的综合调度，实现了甘肃烟草物流管理的供应链全程化和可视化。

二是实现精细化管理。精细化管理一直是物流管理的目标，但在实施物流综合管控平台之前，甘肃烟草仓库业务流程的管控和库存的精细化管理（包括详细的库位管理、批次管理、作业人员管理等）水平还不高。平台建立后，通过条码、RFID的数据采集手段，通过严谨的作业流程管控，使得仓库管理精细化、大大提高库存管理的准确性，并且安全管理仓库，防止偷盗、恶意破坏等违法行为，使成品烟、原料、辅料的仓储管理上水平。

（三）社会效益

甘肃烟草响应烟草国家局的号召，建立了覆盖成品、原料、辅料的统一物流综合管控平台。平台实现了与甘肃烟草内部系统及国家局行业系统的对接，并达到了物流资源统一调度、物流费用统一核算、作业流程重新梳理、人员重新分配、物流过程全程监控等一系列成效。

甘肃烟草的综合物流管控平台还取得了其他烟草工业公司的一致认可，为其他工业公司的物流信息系统建设乃至其他行业的物流信息化建设提供宝贵的经验。

（中远网络物流信息科技有限公司）

江苏中博的中博通信 SCM 系统

一、公司简介

江苏中博通信有限公司（以下简称江苏中博）是中国通信服务江苏公司的全资子公司，2007 年由中国通信服务股份有限公司收购并在中国香港上市。江苏中博前身为江苏省电信器材工业公司，最前身为江苏省邮电器材公司，是一家有着近 50 年发展历史的国有企业，在工商界，特别是通信业界享有较高的知名度和美誉度。

江苏中博是 AAA 级资信单位，已通过 ISO 9001 质量管理体系、ISO 14001 环境管理体系和 OHSAS 18001 职业健康安全管理体系认证，连续多年被评为江苏省文明单位、江苏省电信系统文明单位。江苏中博是国家 AAAA 级物流企业，江苏省重点物流企业，南京市重点物流企业，2012 年度全国先进物流企业，中国物流与采购联合会会员单位，中央企业红旗班组；江苏中博通信有限公司技术中心于 2013 年被评为“江苏省认定物流企业技术中心”；江苏中博是江苏省质量技术监督局授权的通信产品质量检测机构，中国合格评定国家认可委员会认可实验室（国家级实验室），江苏省标准化委员会团体会员单位。

江苏中博的战略定位是：为国内领先的信息产业供应链服务专家，除提供仓储、配送等传统第三方物流服务外，还提供逆向物流、终端维修、采购代理、产品质量检测、产品销售代理等增值服务，并积极探索物流咨询、物流金融、进出口等延伸业务，从而实现供应链服务的整体优化及绩效的显著提高。

江苏中博与中国电信、中国移动、中国联通等各大通信运营商及华为、中兴、爱立信、阿尔卡特 · 朗讯等国内外知名设备制造商建立了长期稳定的合作关系。

江苏中博凭借一流的管理团队和优质的通信服务，实现了持续的跨越式发展，已跻身十亿级企业行列。

二、项目建设背景

随着业务的快速发展，江苏中博不断创新业务模式，业务规模不断扩大，对信息化的要求越来越高，管理越来越精益化，原有的信息系统已无法满足业务和管理的发展需求。

一是业务规模不断扩大需要智能物流系统支撑。随着江苏中博经营规模的不断扩大，对作业效率及作业精准度要求越来越高。一方面，原有的物流系统缺乏智能高效的库内调度功能，原有的搬运调度全凭借调度人员的经验来现场指挥，导致搬运效率低下，搬运人员和搬运设备没有得到充分的组合应用。一旦未来吞吐量大幅提升时，现有的库内调度效率将不能满足需求。另一方面，随着运输量的不断增加，对江苏中博在车辆实时调度，装载优化、路线优化、运输过程监控等方面提出了更高的要求，以提升车辆的运输效率、降低运输成本、增加运输过程的智能化管理，以满足更多的业务管理需求。

二是客户服务要求不断提高需要系统同步支撑。伴随客户的服务要求日益提高，江苏中博对有效整合协同客户系统与自身内部系统的要求越来越高，而现有系统之间的对接功能明显不足。一方面，当客户需要的物流服务涉及多个系统时，相同的物流信息需要多次人工录入，效率低、准确度不高；另一方面，原有的系统对在途运输缺乏有效管控，不能对在途运输物资进行监控和管理。整个在途运输过程存在管理漏洞，不仅无法为客户提供准确的到货信息及实时运输状态。

三是精细化管理迫在眉睫。随着江苏中博业务的不断发展，对管理的要求也越来越高，精细化管理迫在眉睫。仓储的精细化管理，如原有信息系统的仓储功能仅能处理物流订单及常规的出入库操作，无法做到货位的可视化管理，不能通过在系统中查找物资，从而迅速查找到物资所存放的位置及所处状态，不能对存储物资进行追溯管理。计费的精细化管理，如原系统无法对不同项目的不同线路进行细分自动计费，仅能通过大致划分后，由人工进行计算细分，这样不仅工作量大，且准确度低，业务的快速发展亟待改变这一现状，更好地实现对仓储、运输、加工、装卸等各种作业费用的统计。

为解决上述问题，江苏中博决定建设中博通信 SCM 项目。

三、项目建设内容

江苏中博的中博通信 SCM 系统是采用国际通用的 J2EE 和 . NET 等技术规范研发，系统作业流程符合精细化作业标准，项目与上海博科、深圳金蝶等知名软件公司合作，建设具有江苏中博特色的物流智能化管理系统，针对不同类型的物流服务要求，都能够在复杂网络中快速执行变更，实现按需即变的物流管理系统解决方案。

中博通信 SCM 系统目前主要包含以下功能。

（一）订单管理（OMS）

管理及跟踪订单，帮助客户动态掌握订单在不同承运商、不同城市的进展和完成情况，实时管理整个订单履行周期，以协调货品移动、产品补给、库存状态，提升仓储和物流过程中的作业效益，合理安排物流资源，提高物流资源的利用率，实现最佳的供给，从而使物流成本最小化，订单管理是系统流程驱动的首要环节，也是仓储和运输作业一体化的集中管控的应用。

（二）仓储管理系统（WMS）

仓储管理主要包含入库管理、出库管理、库存管理、盘点管理、加工管理、RF 功能管理等子模块。可进行多组织架构、多物流中心的网络结构管理、适用于第三方物流、自有物流、组装物流等多种物流业态；可进行多形态的仓库管理，如平面堆场、普通货架、立体货架仓库等；支持全局库存的可视化管理；支持物料出入库全程跟踪管理；支持精益的库内作业管理；支持条码及 RFID 等新技术应用集成。

（三）策略管理（SMS）

策略管理是中博通信 SCM 系统核心功能之一，对于大多数企业来说，物流系统优化是其降低其物流运作成本的关键所在。中博通信 SCM 系统允许以自定义的形式来设置符合公司和仓库运作所需的各种策略，帮助公司获得降低物流成本。系统提供的策略包括拣货过程优化、储位调整优化、自动装箱优化、补货优化、运力资源优化、储位优化等策略方案等。

（四）运输管理系统（TMS）

基于供应链网络设计，通过订单全生命周期管理、节点监控，达到业务全程可视化，提高企业对业务风险的管控力，改善企业运作以及客户服务品质。运输管理系统主要包含运输作业管理和运力资源管理两个业务单元。运输作业业务单元，支持物流总部、区域物流和前端物流多级架构的分销物流模式。并融合了长途干线运输和短途配送业务，可支持长途干线运输的多式联运业务，支持短途配送运输的多形式配送业务，支持作业单分段及合并，作业单分量及合并以及车辆配载优化。运力资源管理业务单元分为自车运力资源和外车运力资源。自车运力资源重点在于自由车辆的日常维护及安全管理；外车运力资源重点在于外部运力的选择和考核。为了提高对运输的管理，系统设置多张单据用于记录在运输中的事件及运输质量。

（五）计费与结算管理

中博通信 SCM 系统计费管理，基于自然逻辑语言来实现企业复杂多变的计费合约：通过对订单信息的准确识别，获取计费规则引擎运行所需的参数，进行费用计算，使计费简易化、可视化、集成化及规范化，达到规范计费管理。计费规则可应用于不同客户，而不受订单特性、产品类型及具体货位影响，轻松完成对库存处理、存储到最终完成各环节的费用计算与跟踪，增加盈利的目的。支持 API 扩展，允许用户自行开发优化算法和计费规则，更好地实现对仓储、运输、加工、装卸等各种作业费用的统计。

四、项目效益分析

（一）经济效益

中博通信 SCM 系统建设完成以后，对江苏中博的业务发展产生了极大地推动作用，提高了物流运作效率，降低了各项运作成本，拉动了利润增长。

（二）间接经济效益

中博通信 SCM 系统的使用，进一步确保货物能准时送达客户处，有效提高了客户的满意度，提升了企业的品牌形象，提升了企业的竞争力。

（三）社会效益

中博通信 SCM 系统的实施可以极大地提高物流运作效率，科学的调度提高了车辆使用率，节约油耗减少排放；智能化的信息系统减少了不必要的重复工作，节约电力资源。项目秉承了“绿色物流”理念，为环境的保护与资源的可持续开发做出了积极贡献，对于行业内信息化应用及低碳环保均有示范作用。

（四）对业务流程及企业竞争力的影响

中博通信 SCM 系统实现了物资从入库、仓储、分拣、出库、起运至到货、回单、账单确认及付款，全过程操作信息的共享与互动，既优化了业务流程，又简化了系统操作量，使企业与供应链上下游的操作流程一体化，减少数据录入的次数，降低操作成本，提高数据准确性，最大限度减少信息流失，消除信息盲点，有效控制异常发生。并通过智能化策略功能，提供了整个物流作业流程的效率与效益。该项目系统不仅对业务流程进行了简化优化，同时进一步提升了江苏中博的核心竞争力。

五、推广意义

中博通信 SCM 系统不同于以往单一的、静态的软件开发和硬件配置，其最大的特色是具备极高的可移植性、成长性与再用价值，自主设置功能与安全性能极强，这样避免了以往系统较易固化、跟不上业务发展需要的弊病，而先进成熟的开发技术也降低了研发风险。

通过中博通信 SCM 系统对物流智能化高效操作，供应链上下游客户系统资源进行有效对接整合，实现了物流作业上的一体化协同及物流状态可视化，为客户提供高质量、高效率的物流服务。此项目对传统物流业务的信息化建设有很强的推广示范作用。

（中国物流与采购联合会网络部）

安徽江汽物流有限公司：商用车 GPS 在途监控项目

一、应用企业简介

安徽江汽物流有限公司（以下简称江汽物流）成立于 2003 年，前身是合肥江淮汽车制造厂运输车队，由安徽江淮汽车集团有限公司控股，是隶属于江淮汽车集团的独立法人。江汽物流于2015 年4 月整体并入安徽江淮汽车股份有限公司，正式成为上市公司子公司。江汽物流注册资本 6800 万元，多年来主要经营指标保持持续增长，2015 年实现营业收入 9.87 亿元。

江汽物流现拥有零部件、整车仓储和配送中心 5 座，自有仓储面积 32000 平方米，租赁仓储面积 32534 平方米，整车库面积 24.7 万平方米。江汽物流连续 4 年获得省、市 A 级纳税企业，银行 A 级授信企业；2010 年荣获全国先进物流企业称号；2011 年 6 月被评为国家 4A 级物流企业；2013 年荣获安徽省信息化优秀应用企业称号；2014 年荣获全国先进物流企业并成为年度汽车物流行业十年突出贡献企业。2015年发展成为中物联汽车物流分会副会长单位。

江汽物流业务几乎涵盖了汽车物流的全部过程，包括整车物流、零部件物流、仓储配送、生产物流、产成品物流。此外，江汽物流还承担车辆管理和维修、通勤客运与汽车租赁服务等一系列业务。经过多年发展，江汽物流现已形成乘用车储运公司、商用车储运公司、零部件储运公司、客运服务公司四大事业部和七大管理平台，并下辖两个全资子公司——合肥和瑞出租车有限公司和安徽和勤租赁有限公司。

作为江淮汽车实现“十三五”战略目标的重要战略支撑，江汽物流在“十三五”期间，以“服务好主业，发展为主业”为使命，坚持“汽车物流解决方案服务商”的战略定位，协同构筑整车市场竞争优势。以“整车物流”为核心业务，以“零部件物流”为战略业务，发展出租、团体租赁、公车服务业务，形成多个利润支柱。江汽物流力争“十三五”末实现营业收入 20 亿元，建成 5A 级物流企业，创建成为国家级物流技术中心，发展成为 4PL 物流企业，实现跨越式发展。

二、项目介绍

江汽物流的商用车GPS在途监控项目于2014年8月开始建设，2015年2月出入库流转模块GPS在途监控正式上线，2015年4月长途发运模块GPS在途监控正式上线，实现了信息化手段和管理机制对运输过程的全面监控。项目以商储公司服务体系为契机，明确“敬客经营、服务主业”的经营意识，树立高准时率、低质损率的服务理念，以经销商权益保障方案为支撑，以GPS在途监控系统为主要抓手，通过系统对送车时效和送车质量考核，考核金额直接通过系统关联至财务核算系统予以兑现。

项目涉及信息化软件技术、经销商权益保障体系、财务核算体系以及便携式GPS硬件设备、LED显示屏、腕带、扫码枪等。

信息化技术

1. 入库

通过仓储WMS系统同GPS系统做数据交互，设备在WMS系统进行绑定。

仓储WMS系统将下线流转车辆的信息、设备和人员通过扫单据和腕带进行一一绑定，绑定后车辆信息通过接口传至GPS系统，为此台车监控的起点，中间环节会对车辆的超速、偏移、长停、离线等异常进行监控，如果有异常GPS系统会将异常传给WMS系统对应的驾驶员，当WMS系统处理完异常后会将异常状态返回给GPS系统，GPS系统将异常关掉，车辆流转至发运中心仓库后，也是通过扫腕带和入库单条码，将入库时间再通过接口回传至在途监控系统，为此台车监控的终点。

2. 出库

通过运输TMS系统同GPS系统做数据交互，设备在GPS系统进行绑定。

出库的距离非常短，最短的估计就十几米（一个围墙之隔）。出库只会扫一次码，没有结束时间，GPS会对人一直监控，如果有异常，GPS系统会将异常传给TMS系统对应的驾驶员，当TMS系统处理完异常后会将异常状态返回给GPS系统，GPS系统将异常关掉。

3. 在途

通过仓储TMS系统同GPS系统做数据交互，设备在TMS系统进行绑定。

运输TMS系统将调度单业务分配给承运商、实现调度单业务、人和设备一一绑定，当车出发运中心的时候，会将出门扫码信息通过接口传给GPS系统，为运输监控的起点，中间环节会对运输车辆离境、进入特殊区域、每日进程、预到达（就是目的地电子围栏）、超速、离线等异常进行监控，当到达目的地踩点后，为运输监控的终点，此时设备与调度单解绑，此设备和驾驶员才可以开始下一趟任务，除特殊业务以外，所有调度单必须同设备和驾驶员进行绑定，否则无法打印出送车单据，从而也实现了设备对送车运力的管控。

三、主要经济指标

（一）有形效益

有形效益具体如下表所示。

有形效益表

序号	指标名称	调整前数据	调整后数据	增减比例	备注
1	送车及时率	50.8%	88.04%	37.24%	
2	平均在途天数	3.35 天	2.85 天	-14.9%	
3	客户满意度	78.9%	89.84%	10.94%	
4	物流客服人员	6 人	4 人	-33.3%	
5	问题处理响应度	24	6	-75%	

（二）无形效益

一是实现了对承运商送车的过程管控，通过系统对何时离境和何时到达目的地进行踩点。

二是提升送车及时率、提高管理水平。

三是客户满意度有较大提升，最大限度地避免因物流送车不及时或送车信息反馈不准确影响销售的情况发生。

四是实现了送车线路资源的共享，对运力结构和线路资源优化，提供了可供分析的数据。

五是对送车异常可以做到及时预应，服务质量不断提升。

六是减轻了客服人员的工作量，从电话询问车辆在途信息转为系统直接查询。

七是强化了对送车运力的管控，运力结构逐渐合理化。

（三）项目创新点

一是实现了对送车运力的管控，实现了调度单、人和设备的一一绑定，没有进行绑定的调度单无法打印出送车单，任务结束设备同调度单进行解绑，进行下一趟送车任务，如果不能正常踩点的送车单系统不能进行自动解绑，需要承运商发出申请至业务部门手工解绑后才能进行下一趟运送任务，业务部门也会将设备的使用率纳入对承运商的考核中。

二是实现了对车辆真实送出的管控，在途监控系统会将离境时间，即离开出发地所在的城市给业务系统，紧急订单出门 4 个小时未踩到离境点，普通订单出门 24 个小时未踩到离境点，系统数据将飘红并产生报警信息。

三是实现了对车辆真实到达的管控，已同营销公司达成共识，以 GPS 在途监控数据为基础，要求经销商到车 4 小时内完成“到车确认”，如有未确认则考核经销商。

四是实现了送车线路资源的共享，对运力结构和线路资源优化，提供了可供分析的数据。

五是每日行驶里程的记录，发运上路后，在途监控系统将每日里程传给 TMS，正常订单每天 350 公里，紧急订单每天 450 公里，这个标准进程可以设置，对于行驶里程没有达到，系统将进行报警。

六是实现了在途异常系统填报和关闭，通过信息系统和 LED 显示屏展现异常信息，由承运商通过系统进行反馈处理，经业务部门确认后，进行系统关闭，最终形成问题处理的闭环。

（四）项目对行业的贡献

商用车在途监控的部署推广，针对物流行

业中对于库内物流管控力度大，运输过程中的物流管控力度弱的特点。如何加强此方面的监控，将是物流行业中值得探讨的一个话题，特别是商用车新车人工驾送业务，本案例在如何实现运力管控，监控车辆真实送出和到达，督促车辆的及时发出和经销商的及时收车，送车线路资源的共享，日行驶里程的管控，异常报警通过系统进行处理和关闭，对送车过程中的超期等违规直接转到运费核算系统予以兑现等方面取得了较好的成果，送车质量、客户满意度和管理水平都得到了较好的提升，值得行业借鉴和推广。

（中国物流与采购联合会网络部）

国药物流的冷链一体化

国药集团医药物流有限公司（以下简称“国药物流”）是国药控股股份有限公司的全资子公司，国药物流于2004年5月注册成立，注册资本3亿元人民币。国药物流自成立以来，经营规模不断扩大、经济运行质量不断提高、盈利能力持续增长，现已发展为我国最大的药品、医疗保健产品的供应链服务提供商，拥有并经营着覆盖全国大陆全部省（市区）的药品配送服务网络。截至2015年年底，国药物流依托国药控股网络资源，已在北京、上海、天津、广东、辽宁、山西、湖北、湖南、广西、江苏、安徽、新疆、河南、河北、四川、吉林等地建有20多个现代化物流中心。全国物流仓库超过140万平方米，自有运输车1600多辆，其中冷藏车超过300辆。国药物流自有物流服务已覆盖全国30多个一级城市，200多个二、三级城市，2000多家商业公司，1万多家医院，10万多家药店及诊所，是我国网络覆盖最全的医药物流企业和国家一级抢险、救灾、军需、外援等药械商品的特种储备企业。

国药物流是我国第一家，也是唯一一家获得国家食品药品监督管理局全国统一第三方医药物流认证的企业，国药物流的核心业务包括进口保税物流、药品物流、器械物流、冷链物流、零售物流、院内物流、临床试验物流和各类个性化的医药物流解决方案。目前，国药物流已建立了完全符合GSP和其他合规要求的流程和制度，已通过ISO 9001（2000版和2008版）认证和德国DEKRA认证，两次通过上海市GSP认证审核。

当前，国药物流正着力打造基于“赛飞（SAVE）供应链云服务平台”的专业医药供应链交付服务体系，致力于为客户提供包括冷链运作、全程温度监控、冷链技术研发和冷链集成解决方案为一体的冷链运营交付体系。

一、提出冷链一体化

目前我国冷链行业尚处于起步阶段，行业企业大多规模小、基础差、组织分散、竞争力弱。由于相关行业标准和规范不完善，各冷链企业基本上是各自为战独自打拼市场，冷链技术及解决方案多是针对某个节点，缺乏全程冷链的方案和整合能力；各个供应商都有一套自己的冷链操作流程和规范要求，而且互不相容，加大了冷链物流作业难度。由于行业细分程度较低，加之分散的冷链资源难以形成优势，导致冷链物流中频频出现冷链断链、冷链不冷的事故。

国药物流自成立以来，始终坚持“关爱生命，呵护健康，用心交付”的理念，以行业领跑者的姿态行进在我国医药冷链物流的前端。针对我国冷链市场对冷链物流的需求，以对每个货主乃至每个用药患者的药品安全负责的高度社会责任感，提出了冷链一体化的新型业务模式。冷链一体化，就是要实现对冷链药品的仓储和运输全过程的实时化、集中化、可视化全程监管，实现冷链药品收验、储存、包装、配送等各环节无缝衔接和冷链物流的全闭环作业；冷链一体化，就是对冷链各环节实现全程不间断的监管，使每一个环节都处于安全、可及、可视、高效的管理之下，实现国药物流的“赛飞（SAVE）”理念。为了实现这一目标，国药物流与诸多供应商进行了合作，不断摸索与改进，不断创新、不断前进。

二、践行冷链一体化

药品冷链物流既有仓储，也有运输。由于运输过程中的药品温度是不稳定的、实时变化的，所以对运输过程中涉及的配送车辆、中转储存、冷链包材等关键点进行管控，是冷链一体化的精髓。

为实现冷链一体化的目标，近几年，国药物流持续推进全国医药物流分销配送网络建设，积极践行全国冷链药品物流一体化的运作和管理，加大对中转储存、配送车辆、冷链包材等关键点的建设管理。

（一）强化仓储建设

在冷链药品的物流环节，药品的储存安全是全链的基石。一直以来，国药物流视冷链药品储存为重中之重，不断加大对冷链物流基础设施建设的投入，截至目前国药物流的冷藏库区总面积已达到 27450 平方米，正在使用的冷库温湿度监控系统完全可以达到甚至高于 GSP 的相关要求，国药物流所建的冷链物流基础设施处于国内领先水平。

国药物流是全国唯一的一家获得多仓业务许可的医药物流公司，为推进全国冷链物流的一体化运作，近几年国药物流不断加大对全国各地分仓设施设备的升级建设，提升分仓的信息化水平，夯实冷链物流的基石。

为解决对各分仓冷链资源统一管理的问题，国药物流借助实施国控一体化的契机，在体系内推广使用通过全面测试的设施设备。目前，国药物流各分仓均已采用统一的设施设备和信息平台，为实现各分仓冷链资源统一管理打下了坚实基础。

为提升信息化管理水平，国药物流的信息技术团队已构建了一体化的信息平台，并完成了对各分仓信息的对接。待信息平台建成使用后，可实现对所有分仓冷藏库区温湿度监控的信息共享和统一管控，实现真正意义上的多仓运营。

目前，国药物流所属的 20 多个物流中心已实施统一的标准化作业规范和管理，依靠量化的、可视的运营数据体系，各物流中心之间网络运作呈现协调、高效的局面。

（二）严格冷藏车监管

2015 年，仅国控体系内委托国药物流配送的冷链药品货值已达 49 亿元，其中采用冷藏车配送的药品货值约为 5 亿元，占总量比例的 8.5% 。由于冷藏车配送的冷链药品，大多货值高、货量大并且集中，一旦出现意外，经济损失巨大。为了有效规避此类风险，国药物流加强了对冷藏车管理的力度。

1. 严格车辆验证

国药物流严格遵守 GSP 相关要求，对用于配送冷链药品的冷藏车必须经过验证，且投入使用后每年均需在夏冬气候极端时进行再验证，以确保冷藏车的性能满足配送冷链药品的需求。为了做好车辆验证工作，推进冷链一体化目标，国药物流与物流公司、冷藏车制造企业等合作单位坦诚沟通，向他们分享自己多年积累的验证经验，主动为伙伴提供相关的培训与指导，帮助它们顺利通过车辆验证。通过车辆验证，实现了验证标准的统一化。

2. 安装温度监控系统

为确保每个货主乃至每个用药患者的药品安全，杜绝药品在冷链物流过程中发生冷链断链事故，国药物流要求承运商的冷藏车辆必须安装温度监控系统，同时，监控系统要向国药物流的 TMS 系统开放接口，以便借助自身一体化信息平台进行监管和调度。

然而，目前与国药物流合作的各承运商所采用的监控系统及信息平台千差万别，使国药物流对多家承运商车辆进行监管难以落实。现实倒逼国药物流尽快实施对承运商资源的整合。整合一定会涉及众多合作企业的利益，一定会使国药物流面临诸多难题。但是，只要是有益于每个货主乃至每个用药患者的药品安全，相信会得到各承运商合作伙伴的理解和支持。国药物流相信在各承运商合作伙伴同心同德的共同努力下，资源整合一定会为各方带来多赢的成果。

（三）创新冷链包装

国药物流对于药品需求量相对较小、收件位置较为分散的订单，多采取冷链包装 + 空运的方式进行配送。冷链包装箱使用的是被动制冷冷媒，这种制冷方式要求冷链包装箱对外界环境温度变化要有足够的抵抗能力。传统的冷链包装箱使用的冷媒多为 HDPE 凝胶冰盒，箱体多为 EPS 泡沫箱，冷链包装箱成本虽然较低廉，但保温时效短且易受外界环境温度变化影响。尽管用冷链包装箱运送常规药品，在一定的条件下是没有问题的，但因缺少统一的生产制造规范标准，各包材供应商生产的冷链包装箱质量大多参差不齐，特别是因冰盒封口不严、压痕渗漏等原因造成冰盒破损、内容物泄露导致药品污染报废的案例时有发生，极大地影响了客户体验。

为了改变这一尴尬局面，国药物流近年来不断与包材供应商进行合作，共同开发了新型冷链包装箱。新型冷链包装箱的箱体采用聚氨酯（PU）材质一体发泡成型，导热系数仅为 0.02W/（m×k），为传统 EPS 材质的 1/2。而冷媒采用 PCM 相变材料，性能稳定、储能量达 250kJ/kg，制冷效果远高于 HDPE 凝胶冰盒。因此材料储能量巨大，可以有效降低冰盒的体积与重量。经过诸多的静态和动态测试结果表明，新型冷链包装箱的保温时效远高于传统冷链包装箱，在外界环境温度极端高温或低温时箱内仍能长时间维持冷藏温度。国药物流使用此种新型包装箱，将从根本上避免受传统冷链包装箱性能影响产生的在途配送风险。同时，可以实现全年均采用同种包装方式发送货，提高作业效率。

（四）加强在途温度监控

为确保冷链药品配送万无一失，必须加强在途药品的温度监控。如何对冷链药品在途温度进行实时监控与反馈？如何在即将出现异常情况时及时采取处理措施规避风险？使用冷链包装箱进行配送的药品能否像冷藏车一样及时的反馈温度信息？能否将冷链包装箱变成一辆小冷藏车？这些都是国药物流冷链一体化的重要议题。

近几年，在现代科技的快速发展的推动下，融合了 GPS 及 LBS 定位技术的温度记录仪逐渐在市场上崭露头角。该类型温度记录仪可以实时将温度数据、地理位置、警告信息等咨询上传到数据平台，监控人员可以及时、可视的收到相关数据。当温度波动超过一定范围时，平台会提前向配送人员、监控人员报警，及时提示风险，从而避免可能出现的温度异常的潜在风险。除此之外，该类型温度记录仪也具有光感传感器（开箱报警），重力传感器（碰撞报警）等模块，从而实现对承运商配送的进一步管控。

自 2014 年起，国药物流主动与相关温度仪供应商进行合作，在相关业务中积极推广使用此类温度记录仪，现已实现市内配送的全覆盖，并即将实现全国范围内的使用。此类温度记录仪为冷链配送打开了一扇新的大门，物流公司在配送药品时完全可以主动预防冷链断链意外风险。

三、收获冷链一体化

冷链一体化是系统工程，只有实现对承运商、冷藏库、冷藏车、冷藏箱、温度记录仪等各种要素进行统一管理，冷链一体化才不再是空谈。国药物流自 2013 年以来，逐步开发建立了冷链操作监控系统（即 CCMS），该系统从操作层面对冷链全程进行了有效管理，从包材入库、冰盒预冷处理到药品包装、温度跟踪等均纳入了系统管控，实现了每一笔冷链配送、每一条订单都可以追踪溯源，每一个冰盒信息都可以从系统查询。实践表明，该系统的管控大大提升了作业管理效率，降低了人工成本，尤其是在出现问题时可对作业流程进行逆向追踪提供技术支持，便于及时发现问题、解决问题，避免类似问题重现。

作为中国医药物流业的最大的服务商，国药物流不仅要面对诸多的货主，更要面对全国数以亿计的用药患者，因此，保障药品储运安全是国药物流义不容辞的社会责任。实现冷链一体化，让每一位患者都能用上放心药、安全药是国药物流的美好愿景和使命。尽管前行之路漫漫、坎坷不平，难阻国药物流不断探索前行与同行者分享经验、共同建立完善的医药物流体系、保障患者用药安全的初衷。

（朱正　国药集团医药物流有限公司冷链质量员）

宝湾物流独特的商业模式解析

宝湾物流控股有限公司（以下简称“宝湾物流”）是由深圳赤湾石油基地股份有限公司和中国南山开发（集团）股份有限公司共同投资成立的。自成立至今十几年来，宝湾物流已逐步发展成为以仓储物流为主业，物流信息服务、货物装卸、分拣、城市配送以及机械设备租赁等多业务齐头并进的大型国际物流园区开发商和运营商。

宝湾物流 2003 年开始在上海投资建立物流园区，近年来的复合增长率每年均超过 30% 。截至 2016 年年中，宝湾物流在运营园区已达 16 个，在运营园区仓库面积已达 179 万平方米，在建园区仓库面积近 100 万平方米，拟建园区仓库面积超过 200 万平方米，预计到 2018 年在建及拟建园区全部投产后，宝湾物流在运营园区将超过 500 万平方米。宝湾物流已在园区网络布局及园区运营管理等方面均处于行业领先地位，整体规模稳居行业第一阵营前列。

宝湾物流能在各路资金大鳄纷纷抢滩布局、竞争日益激烈的物流地产行业取得目前的领先地位，取决于三个因素：一是两大国资背景的股东给予的强大资金实力支持；二是自身独特的商业模式；三是国家政策支持推动下物流行业蓬勃发展的宏观环境。

宝湾物流的独特商业模式是宝湾物流是经过多年实践，自我整合形成的。其商业模式是一套从项目选址到园区建设再到园区运营与延伸发展的，具有内部可复制性的运营模式。这个模式是宝湾物流人的智慧结晶，是宝湾物流持续发展的秘籍。

一、项目选址科学精准

独到的选址眼光和独特的项目选址模型是打造宝湾物流独特商业模式的利器。宝湾物流每一个项目取得的成功都是对其独到的选址眼光和独特的项目选址模型的点赞。宝湾物流凭借这一利器开创出了事业发展的新天地。

（一）选址眼光聚焦国家“一带一路”战略

截至目前，宝湾物流在北京、上海、广州、深圳、昆山、天津、成都、廊坊、合肥、南京、南通、武汉、无锡、镇江等 10 余个城市已投入运营的物流园区和在青岛、宁波、嘉兴、长沙、重庆、西安、咸阳、常州、江阴、鄂州、孝感以及沈阳等 10 余个城市在建或拟建的物流园，共同形成了一个辐射全国覆盖沿海、长江沿线和铁路干线的高效物流园区网络。宝湾物流的大多数物流园区或分布在“一带一路”沿线，或是围绕“一带一路”进行的布局，正是这种得天独厚的地理优势大大提升了宝湾物流的整体竞争力。宝湾物流的一个个物流园区就如同分布在“一带一路”上的颗颗明珠，光彩夺目，极具价值。

（二）选址模型科学

宝湾物流自有的选址模型是其多年项目开发实践的经验总结和升华。多年来，选址模型为宝湾物流的项目决策提供了科学准确的依据，为宝湾物流取得令人瞩目的成果发挥了重要作用。

宝湾物流自有的选址模型把影响物流中心项目选址的影响因素归纳为“区位优势、经济水平、土地市场、人口、物流市场”等若干因素。为保证数据回归性，又把若干因素细分为若干个具体因子。每个因子与其他因子两两对比的结果，要依据既定的评价标准转化为得分，从而得出目标项目的评分等级。宝湾物流自有的选址模型的科学性已经过市场的严苛检验，是宝湾物流的核心竞争力。

二、项目定位高瞻远瞩，项目建设精益求精

宝湾物流的项目定位于高端市场的高端客户，用一流的服务水平为一流的企业服务。无论是珠三角或长三角地区还是内陆城市，每一个物流园区项目的建设标准都是以最大化地满足甚至超出客户预期为目标，而不是以节省建设成本为出发点。正是宝湾物流秉承项目定位高瞻远瞩、项目建设精益求精的理念拓展市场，才成就了自身享誉全国的著名物流品牌，为其长远发展打下了坚实的基础。

宝湾物流在区域市场展现出的明显的竞争优势，与其自身的高端仓储定位是分不开的。由于宝湾物流的仓租率高于区域市场平均水平，所以其每一个物流园的仓租收益在当地都处在领先地位，投资回报高出当地市场平均水平超 10% 。尽管近年来受电商等新生业态高速发展的影响，物流地产在各路资金的纷纷抢滩下呈几何基数增长，物流园区的供求关系由之前的供不应求逐渐发生转变，但高端仓储设施的比例依然相对偏低，市场对高端仓储设施的需求热情没有降低。

三、园区运营标准化

宝湾物流对其在全国各地建设的 16 个物流园区进行规范统一的运营管理，无论客户处在哪个园区，只要是在宝湾物流的物流园网络中，都可以得到规范、标准、统一的物流服务体验。宝湾物流的园区运营标准化包括以下内容：

一是质量保障管理体系。宝湾物流从发展之初，就参照国际现代化仓库标准和系数制定了《宝湾物流园项目规划设计手册》，对仓库的整体建筑、结构、排水、消防、电气设备等进行了严格的规划，确保宝湾物流的每栋仓库都达到国际标准。

二是标准化流程管理制度。宝湾物流对园区的管理建立了极其严格的标准化管理流程，如《宝湾物流园消防设备维护工作细则》《客户入驻管理作业流程》《客户装修管理作业流程》《客户报修管理作业流程》及《客户退租管理作业流程》等制度，保证了各园区管理的严谨性和服务的一致性。

三是标准化的园区解决方案。包括标准设

施开发和定制仓储设施。

标准设施开发。宝湾物流选择主要物流枢纽和城市配送中心等战略节点城市及经济热点城市，规划建造符合国际高标准仓库指标和系数及《宝湾物流项目规划设计手册》，可为来自国内外优秀的第三方物流供应商、制造商、批发商、零售商、快递快运公司和电子商务企业提供高效、安全、优质的物流仓储设施。

定制仓储设施。宝湾物流通过自有的、专业的物流设施规划团队和项目开拓团队，根据客户的个性化需求，选择合适的地点专业规划物流园区，并定制、开发、建设和管理客户专用的物流仓储设施。

四、延伸服务独具特色

宝湾物流一方面，通过自身的高端定位聚焦物流行业的高端客户，同时通过后续运营服务的标准化来提升客户的满意度，从而提高客户的忠诚度；另一方面，针对客户的个性化需求提供独特的延伸服务，为客户提供一站式选择服务，以期提高客户的黏度，为客户创造更大价值。

一是供应链延伸业务。库存管理（库存信息查询、缺货预警、供应商管理库存等）、仓储操作（进出库装卸、理货、搬运等）、城市配送业务等。

二是物流增值业务。包括分拆、分拣、贴标签、流通加工、包装、组装等。

五、结　语

宝湾物流凭借独特的商业模式不断发展壮大，成为享誉全国的著名物流品牌，成为“一带一路”上的闪亮明珠。未来宝湾物流将不断修正和完善自身不足，为国家“一带一路”建设继续做出贡献。

（郭剑阳　宝湾物流控股有限公司高级业务经理）

林安保险：为物流“保驾护航”

随着物流业的快速发展和市场竞争日益加剧，物流企业在经营服务中会遇到很多问题，有机构做的调研统计显示，客户对物流企业的经营服务最不满意的6个问题分别是：运作成本高（占比为10%），服务出错率高（占比为19%），信息更新不及时不准确（占比为21%），服务态度差（占比为27%），物流速度慢（占比为34%），货损率高（占比为37%）。其中货损率问题占比最高。

在企业的运营中，抛开日常运作中面临资金短缺、信息系统故障和自然灾害、意外事故造成的信息系统故障等经营性问题，仅货损率就会给物流企业带来经济损失，轻者效益锐减，重者不堪重负、深陷泥潭。各种社会风险和连带责任让物流企业期盼保险业的护航。

一、林安保险的设立

2015年11月林安集团成立了林安保险。林安集团成立林安保险的目的就是要为物流保驾护航。愿景是以广州为基点辐射全国，服务于全国的物流行业。

林安保险的设立并不是一时冲动，而是根据行业发展的需要经过调研逐步确定的。林安保险最初是林安集团承担园区所有人责任，主动联合保险机构，针对物流企业的业务特点研究设立了物流保险险种，具体有内陆及水路货物运输保险、物流责任保险、承运人责任保险、团体意外险、仓储保险、司机工人等人身意外保险等。

林安保险设立的险种不但是经过反复调研，还吸取了以往的经验教训。其实早在1998年，就有社会各界呼唤建立物流保险的声音。2002年3月和2004年7月，也分别出现了物流险和物流责任险，但都因自身存在缺陷夭折了。其中的主要缺陷有：物流保险责任范围较小，不能充分满足物流企业，特别是国际物流企业的责任保险需求；列举的物流货物损失原因有些笼统且数量有限，没有全面体现物流服务企业在提供运输、储存、装卸、搬运、配送服务过程中因过失造成物流货物本身和费用损失的情形以及我国物流企业面临的民事赔偿责任风险；部分条款对一些附加险项下的保险人赔偿责任范围较为模糊，实践中容易发生争议；计收保费没有考虑我国物流企业实际情况，按照被保险人的营业收入计算增加了物流企业的成本。

林安保险针对以上种种问题，在充分借鉴前者的实践经验的基础上还注重结合物流企业的现状和自有园区的实际情况，同时针对地方保险分公司的政策性问题，在合法合规的前提下，与知名的专业保险经纪公司进行产品和政策合规方面的深入合作，因而险种更加适用行业企业。

二、林安保险服务理念

林安保险服务理念：快捷（Fast）、公道（Fair）、贴心（Friendly）。林安保险的服务团队由有多年工作经验的国际保险经纪人、专业理赔公估人、财产保险客户服务人员、防损工程师和核保人等组成，团队负责客户的售前、售中和售后服务。林安保险在公估、理赔和响应速度等方面以诚信为本，竭尽全力满足客户需求，让客户体验到有如知己般的贴心服务。

三、林安保险及案例

（一）物流责任保险

物流责任保险是指被保险人在经营物流业务过程中，对由于列明原因造成的物流货物损失，依法应由被保险人承担赔偿责任的，由保险人根据保险合同的约定负责赔偿。

物流责任保险本是保障物流行业企业的一份多元化保障，但因多年来赔付比例超高、道德风险高、承运人安全意识风险差等，导致物流行业本源风险系数的居高不下，各大保险公司已逐渐关闭承接新业务，老业务高赔付的续约也逐渐砍掉。

林安集团深耕物流业11年，致力于打造第四方物流一站式综合诚信服务平台，为物流供应链各环节提供全方位服务。为扶持平台上中小物流企业做大做强，林安集团联合保险公司，创新开发了新一代“物流责任险”，扩充多种责任范围，条款中对于过失造成赔偿责任更加清晰，除去以往模糊字眼，最大限度地保护承运人的利益，尽力做到满足市场需求。

保险案例：

被保险人为林安园区内广州某汽车运输物流公司，购买了物流责任保险（绝对免赔额：人民币10000元或者核定损失的15%，大者为准），整票货值为130万元人民币。

2016年5月10日，被保人承运30卷镀锡板从无锡运往东莞，该批货物于2016年5月21日运达收货人的工厂。收货人在卸货的时候，发现其中20卷镀锡板外包装都有不同程度的碰撞或破损痕迹，并立即将货损情况告知被保人。收到货损通知后，被保人及时通知林安保险管理部。结果获赔80万元人民币。

（二）货物综合险

林安保险诚意开发的货物综合险，是名副其实的国内水路陆路货物运输一切险（部分货物标的物只承保基本险）。一般而言，运输货物保险基本险的责任通常包括如下项目：一是因火灾、爆炸及相关自然灾害所导致的货物损失；二是因运输工具发生意外事故而导致的货物损失；三是在货物装卸过程中的意外损失；四是合理的、必要的施救费用等。运输货物保险综合险则不仅承保上述责任，而且还承保盗窃、雨淋等原因造成的货物损失。此险种因费率低至0.16‰，因而是花最少的钱、保最多的货。

林安集团积极发展全国连锁物流骨干网络，海口信息化平台于2016年6月18日正式投入使用。因海口主要生产及运输蔬果类，对蔬果保险有较大需求，故在项目推广货物综合险的当天，即得到海口众多物流企业的认可，当天投保量达 100 单。翌日，即发生赔损事件，林安保险团队根据货物综合险合同条款，第一时间给客户做出赔偿，得到客户的认可。

保险案例：

被保险人为某电子科技公司。

2016 年 4 月 30 日，被保人委托某物流公司安排将 14 台广告机从广州运往汕头。承运过程中由于道路颠簸造成其中的 1 台 64 寸和 1 台 108 寸广告机屏幕破损。通过破损照片，林安保险清楚地看到屏幕完全破裂，无法显示图像，需要更换屏幕。但由于该批机器是厂家按照购买客户的要求定做的，如果单独再生产两个屏幕，生产成本会高于实际销售金额，故作全损处理。

理赔结论：被保险人购买陆上运输综合险，无任何除外条款适用，保单责任成立。被保险人共损失 40500 元人民币，扣除免赔额 10000.00 元人民币，被保险人获赔 30500.00 元人民币。

快捷理赔的标准是 40000 元以下人民币；快捷理赔的原则是：小额、快捷、灵活、简单、标准、公道。

目前，林安保险经快捷理赔的案例占到林安保险受理案件总数的 70% ，其中 60% 的理赔是在 5 个工作日内完成结案。

（三）林安车险

自 2015 年全国保监会落实“车险费改”政策后，货车保险市场已不具有车队承保方式的优惠，任一货车出损，都按照政策执行统一系数保费，这样自有车辆的保险成本自然会增加，保险公司给的优惠相应也会减少。

林安保险诚意为平台物流企业开发的林安车险，创新提出“车队模式”，可给车队实行按照月结计算保费，为企业节省宝贵的流动资金。

林安车险自推出以来，众多车队已享受月结优惠，大大降低了车队的运营成本，其中园区车辆出损金额在本年度已经同比下降 41% 。

（四）关怀团体意外险

林安集团从事多年信息化平台运营及园区管理，深知园区开展物流工作存在较多隐患，特意推出“林安关怀团体意外险”，林安关怀团体意外险一般是企业作为投保人，员工作为被保险人，统一以团体方式投保的人身意外保险，其保险责任通常包含意外身故、意外伤残、意外医疗、意外住院津贴等。

林安关怀团体意外险自推出以来，园区物流企业作业工人若不幸发生意外，即可获得相关赔偿和补贴，大大提高了园区作业人员的意外保障，让千里之外的家人得以安心。

（五）相关附属险种

林安保险为增加园区经营安全防范，陆续推出了仓储财产一切险和园区司机意外保险 。

1. 仓储财产一切险

仓库货物属企业财产险范畴，需要林安保险的工作人员上门勘查核实后根据实际情况确定是否可以承保，承保所需的费率是多少等。投保仓库财产险，一般需要提供“资产负债表”，由保险人员根据财产总额和投保对象的具体情况，结合现场调查数据测算出保费。基本险、财产综合险、财产险的费率由低到高不等。林安保险推出的仓储财产一切险的平均费率在千分之 1.2 左右。

2. 园区司机意外保险

若园区司机在保险有效期内，因遭受非本意的、外来的、突然发生的意外事故，致使身体蒙受伤害而残废或死亡时，林安保险将按照保险合同的规定给付保险金。

四、结　语

林安集团作为物流行业的领军企业，将竭力推动林安保险为行业企业“保驾护航”，为物流行业的发展做出应有的贡献。

（余栋梁　林安集团执行总裁　温宇恒　保险事业部负责人）

创新驱动　协同发展
——安能力促信息化智能化升级

一、安能简介

安能始于2010年6月1日，定位于5千克以上（包含5千克）的零担货运领域。通过整合传统物流专线、零担快运网络和信息技术平台，创造新的商业模式，致力打造中国最大的零担快运加盟网络平台。截至目前，安能的配送网络已覆盖全国98%的区域，已在全国建立170多个分拨中心，拥有10000多名员工和8000多家认证加盟商和合作伙伴，全国转运中心运营场地总面积达100多万平方米，运输线路达2100余条，服务于全国30多个省市、1000多个市县（区）。

安能始终以客户为中心持续创新，始终坚持加盟网点建设的优化管理、自购进口车辆、搭建最优线路，优化运力成本。为客户提供“安全、准时、服务、经济”的公路快运服务体验。

二、IT智能化管理

安能自成立至今，始终坚持以信息技术作为核心竞争力之一，通过不断推进企业信息化建设，为广大客户提供更加优质的服务体验。

伴随着物流行业的发展进入“信息化”“智能化”新阶段，安能加快了向网络化、智能化、互联化、融合化推进的节奏，陆续自主研发了多项创新成果，如为辅助各层级管理者进行实时现场管理的“倚天智能管理系统”，为配合安能电商小包业务上线而自主研发的ERP系统和在物流运输环节利用大数据技术实现线路智能优化设计与自动化分析的决策仪盘表等，有效地促进了客户服务品质和公司业务的持续、高速增长，获得了业界的认可。

（一）倚天智能管理系统

2016年4月底，安能IT信息管理部联合运营管理部、萧山分拨中心、苏州分拨中心等业务部门共同打造的“倚天智能管理系统”项目一期在萧山分拨中心正式上线。该系统是安能自有团队历经7个多月的时间研发出来的，是安能核心业务流程和主要信息系统向智能化迈进的重要体现。

“倚天智能管理系统”是安能运营与信息发展规划的重点项目，其系统研发理念是基于视觉、智能化、实时化、移动化辅助管理者进行“实时”现场管理。该系统能够显著提升分拨货物流通的效率，改善管理的滞后性，强化总部、分拨、操作各层级的监管力度。

“倚天智能管理系统”项目共涉及三套自主研发系统：数据采集终端 PDA、倚天智能管理系统、手机移动终端 APP。其中，数据采集终端 PDA 可实现装、卸操作数据实时上传，数据库存实时更新，操作货量智能分配。操作人员只要登录 PDA 开始进行作业，管理人员即可在倚天智能管理系统实时监控装、卸车进度、跟踪人员在线状态，并依据此进行场内任务调度。仓管员等一线管理人员可以利用手机移动终端 APP 实现现场移动监管，接收查阅指派消息，代替了以往必须登录 PC 端系统查阅的麻烦。分拨操作员、叉车司机等作业人员，也可随时登录 APP 查阅操作货量等相关数据，便捷、简便。

“倚天智能管理系统”能够实现货量分配智能化，有效提升操作效率，特别是大幅提升了安能管理和流程的精细化程度，及货物在途状态的数据采集频率，待系统调试稳定后将完全实现对安能作业现场的实时管理。

（二）大数据和云计算为主的物流信息管理平台

大数据和云计算的发展，促动了物流模式的持续变革创新，依据大数据和云计算，可高效整合物流资源，降低物流各节点的运营成本，极大提升物流效率，这也促使物流企业的信息管理系统不断升级。根据公司业务实际需要，安能 IT 信息部自主研发了一套 ERP 系统，该系统既有满足传统业务需要的系统模块，如基础信息管理、物料管理、订单管理、运单管理、操作管理、运输管理、结算管理、预付款管理、客服管理、时效管理、GIS 地址匹配管理、报表管理及快件查询管理等模块，同时也有区别于传统的红、黄、绿不同颜色的集包体系、图片文字识别录单平台以及对业务员垂直管理的安能宝积分体系模块。该系统接入菜鸟电子面单、图片文字识别录单平台，可为未来安能自动化分拣和货量预警、班车预警、动态路由提供前置信息，为安能信息化建设打造以大数据和云计算为主的物流信息管理平台奠定坚实的基础。

（三）利用大数据技术实现自动化分析决策

安能对未来的信息化建设有着清晰的规划——利用大数据技术实现自动化的分析决策。具体来说，就是通过大数据的应用建立内部自驱动、外部互联互通的全流程生态信息网络，促进业务和技术的双重创新。在物流运输环节实现最优路径、最低成本和最佳时效，提升每一辆车的装载率；不仅对整体的业务规划合理与否进行分析，同时可以在日常的运营操作上优化各时效类别货物的路由、时效和成本，具体到每辆车与其所载货物是否匹配、人员排班是否合理，进而实现运营的自动化和智能化能力，实现资源的快速汇集，共创价值。

三、结　语

在物流信息化高速发展的今天，企业只有充分运用信息技术不断创新，才能取得长远发展。在未来的发展中，安能将全面完善信息化系统，覆盖业务核心环节，实现业务效率提升与成本优化；将不断深化 IT 智能化管理，根据业务需求进行创新，推动自身向网络化、智能化、互联化、融合化快速迈进，实现以 IT 技术提升物流行业效率的目标。

（曲洪伟　上海安能聚创供应链管理有限公司品牌文化部总监）

鲜易供应链的集成整合实践

一、鲜易供应链简介

河南鲜易供应链有限公司（以下简称鲜易供应链）定位于中国温控供应链集成服务商。鲜易供应链按照为客户提供全程可视化供应链集成服务的理念，借助自身的网络化温控仓储和冷链运输配送系统，以IT信息技术和供应链金融为核心，围绕供应链优化开展国内外贸易、流通加工、温控仓储、干线运输、城市配送、终端连锁、网络营销、展示交易等业务，为客户提供温控供应链服务。在协助客户专注于自身核心业务、提升温控供应链协同效率和竞争力的同时，通过打造云仓网、干线网、共配网和信息网，开展仓运配+金融一体化服务。鲜易供应链积极发挥自身优势推动产业资源整合，为早日实现"打造统一、安全、高效、协同、温控供应链服务世界级企业"的愿景不懈努力。

二、鲜易供应链的服务体系

目前，鲜易供应链已经形成了四大服务体系：

一是温控仓储服务体系。鲜易供应链在全国布局20多个温控基地，仓储总容积192万立方米，覆盖华北、西北、东北、华中、华东、华南、西南七大区域，形成了完善的DC、TC、PC、EC网络，为客户提供存储、拆零、分拣、配货、包装、贴标、流通加工、检验检疫、进销存服务、退换货及保税一体化服务。

二是冷链干线服务体系。鲜易供应链围绕全国五纵五横交通运输网络，布局20多个基地网络，覆盖28个省市自治区，为客户提供全程可视化的冷链专线和零担卡班服务：整车干线的冷链运输服务除港澳台和西藏、新疆、青海外均已覆盖；零担卡班已开通9条线路，覆盖11个直辖市、省会城市，每天定点发车，准时到达。

三是冷链城配服务体系。鲜易供应链依托全国20多个城市共配网络，为工业企业、餐饮、团膳及商超等客户提供端到端的冷链城配服务（门店分仓、门店配送、生鲜配送等）。目前鲜易供应链已在北京、天津、长春、沈阳、郑州、武汉、合肥、包头、广州9大城市开展冷运城配服务，上海、南京、西安、成都、长沙等即将陆续开通。

四是供应链金融服务体系。针对有资金需求的中小型生产客户及商贸流通客户，鲜易供应链联手金融机构推出定制化的金融解决产品“存货易”和“代采易”，帮助客户有效缓解资金压力，助力其进一步做大做强。

三、鲜易供应链的核心竞争力

鲜易供应链经过持续发展建设已经形成了具有特色的核心竞争力，具体体现在以下六个方面：

一是“群、链、网”相结合的服务网络。鲜易供应链自身积累的20多个温控供应链基地的优质物流资源，温控仓储资源、冷链干线资源、冷链城配资源和供应链金融资源，四大服务体系和覆盖物流节点城市的DC、TC、PC、EC网络，共同构成了鲜易供应链的“群、链、网”相结合的网络化服务竞争力。

二是仓运配一体化的服务系统。鲜易供应链依托网络化温控仓储及冷链运输配送系统，以IT信息技术和供应链金融为核心服务手段，搭建了仓运配+金融一体化的服务系统，能够帮助客户实现商流、物流、信息流及资金流同步，形成了鲜易供应链为客户提供一条龙、一站式温控供应链集成优化服务竞争优势。

三是多样化的供应链金融解决方案。在产地，鲜易供应链可为农产品加工企业及贸易商提供原料代采+流通加工+温控仓储+冷链运输+产品分销执行+供应链金融的系统化服务，帮助企业或贸易商有效缓解因农产品“季产年销”带来的资金压力。在销地，鲜易供应链可为品牌企业或其经销商提供“温控仓储+干线运输+区域分拨+城市配送+采购及分销执行+供应链金融”等系统集成服务，帮助品牌企业或其经销商提升供应链运营效率。围绕中小型冷链食品加工企业融资难、融资高的难题，鲜易供应链可提供原料定金代采+温控仓储+冷链运输+产品分销+供应链金融的系统化服务，帮助他们缓解资金压力，提升市场分销能力。针对KA商超供应商因结款账期长带来的资金压力，鲜易供应链以其现有或未来一段时间所有的应收账款作为质押物，根据应收账款池中余额情况，为KA商超供应商提供流动资金贷款或有偿授信等金融服务。

四是强大的信息化支撑系统。鲜易供应链拥有专业的TMS（干线+城配）运输管理系统、WMS（DC+TC）仓库分拣管理系统，已实现订单统一接入、供应链金融、运营大屏、智能派单、智能调度，对冷库、车辆冷链服务过程中的精准化、可视化管理，达到供应链整体协同。鲜易供应链构建的PAAS平台+互联网云计算，使业务与信息系统深度融合，搭建了产业互联网时代智慧、开放的供应链服务平台。

五是开放的科研创新平台。鲜易供应链立足于冷链物流产业，以突破温控物流内产品开发、冷链、物联网、车联网等产业关键技术制约为目标，致力于推进温控供应链工程化基础平台和冷链物流公共服务创新平台建设。鲜易供应链创建的河南省温控供应链工程研究中心，在专注开展冷链技术、装备技术、工程技术、物联网应用技术、车联网技术、冷链管理技术等产业核心技术的研究的同时，积极推动冷链物流相关知识体系及标准体系的建设，成为业内开放的科研创新平台。

六是强大的资源整合能力。鲜易供应链依靠自身庞大的冷链物流网络和延伸的附加值业务，掌握了海量数据，通过信息集成实现了对行业资源、社会资源的有效整合，进而提升供应链整体运行效率和运行价值。通过供应链集成整合，鲜易供应链与同行业企业从传统的竞争关系发展成为竞合关系，与同行业企业“不再是一个此消彼长的关系，而是一个相互促进的关系”。

四、鲜易供应链集成整合实践

2015年，鲜易供应链和河南中原四季水产物流港（以下简称四季物流港）经过充分协商达成了强强联合的战略合作协议：共同组建河南四季鲜易供应链有限公司（以下简称四季鲜易）。2015年12月，四季鲜易正式运营。此次合作是建立在优势互补的基础上，因而优化整合使双方的各种资源配置更加合理，产生了“1+1>2”的效果，提升温控供应链协同效率和竞争力。同时此次鲜易供应链资源整合实践，向社会展示了鲜易供应链具有的供应链集成整合实力。

（一）资源整合定位

四季鲜易定位于立足郑州、辐射中原，互动园区、城区、港区、中原经济区，打造产业集聚、功能集成、经营集约的O2O集成服务平台，为上下游客户提供商品交易、信息交互、物流配送、供应链金融、技术咨询等一体化增值服务。优化社会资源配置，实现“四流同步”（商流、物流、信息流、资金流），“五商汇集”（生产商、采购商、分销商、贸易商、服务商），带动四季水产物流港转型升级，整合产业链、优化供应链、重塑价值链。

此次整合是把鲜易供应链具有的优势与四季物流港的优势进行优化配置，发挥最佳效能。鲜易供应链的优势有：提供温控供应链集成服务和国内外集采分销系统服务的能力，提供供应链金融、电子商务展示等增值服务的实力，专业的管理咨询经验和运营管理着B2B平台——鲜易网、B2C平台——日日鲜商城和冷链资源交易平台——冷链马甲3个电子商务平台；四季物流港的优势是：具有温控基础冷库资源和规模群体的商流资源，是中西部地区最大的、交易最活跃的专业冷冻产品交易批发市场。

（二）资源整合成效

截至2016年6月底，整合后的四季鲜易在四个方面取得了预想的成果。

在线上交易方面：链接鲜易网线上平台，协助商户打造线上分销渠道和品牌推广平台，实现线上交易额2.44亿元。

在运输网络方面：以郑州为中心，整合开通28条零担线路，覆盖河南省、河北、两湖、陕西等36个城市，加快了商品的流速，提升了服务能力。

在集采服务方面：以商户需求为核心，聚焦肉类、水产及速冻食品展开集采，月采购规模5000吨以上，月贸易规模超过5000万元。

在供应链金融方面：依托供应链金融服务平台，通过金融撬动帮助43家客户实现业绩提升。

五、结　语

当今世界已进入全球互联网供应链时代，发展中的鲜易供应链将秉承开放性、创新性、学习性、成长性，在产业链、供应链上谋求与国内外企业的联盟合作，与合作伙伴共同发现价值、设计价值、创造价值、保障价值、分享价值，共建智慧生鲜供应链生态圈。

鲜易供应链先后获得“中国供应链管理示范企业”“中国冷链管理示范企业”“中物联常务理事单位”“中物联冷链委轮值理事长单

位”“中国仓储与配送协会副会长单位”“AAAA 级物流企业”“五星级冷链物流企业”“中国仓储服务金牌企业”“河南物流行业诚信企业”等资质荣誉，是“河南省温控供应链工程研究中心”承建单位。

（谷桂林　河南鲜易供应链有限公司品牌经理）

希杰荣庆："仓干配一体化"的创新服务

希杰荣庆物流供应链有限公司（以下简称希杰荣庆）是一家集冷链、普货、化工三大核心业务的国家"AAAAA"级大型综合性物流企业，亦是一家物流产业链齐全的现代物流供应链企业。近年来，希杰荣庆发挥自身资源优势，积极改善仓储配送服务模式，全力实现货物运营流程无缝对接，实现企业高效、系统运转及货物安全快捷运行，用为客户打造贴心服务的行动赢得了客户赞誉，得到了业界的认可。2012年希杰荣庆获评"中国冷链金链奖·十佳冷链服务商"，2014年和2015年连续两年希杰荣庆被中物联冷链委评选为"中国冷链物流百强企业第一名"，2015年希杰荣庆被中物联评为"冷链物流五星级企业"、被中国食品工业协会评为"中国食品物流20强企业第一名"。

一、"仓干配一体化"服务

近两年，希杰荣庆按照绿色、环保、健康、安全、快捷的服务标准，打造以冷链物流为主，化工、普货物流业务协调发展的专业化物流企业。同时，充分利用自身的物流优势，按照"专注合约物流，打造贴心服务"的市场定位，为客户提供全方位、综合性的"仓干配一体化"物流服务。

推进"仓干配一体化"服务是希杰荣庆适应市场需要提出的战略转型策略，就是将过去的以干线运输为主的运营模式向终端配送延伸，变单一物流服务为"仓干配一体化"物流服务。希杰荣庆根据自身业务发展认为，未来仓储—干线—运转中心—营业站点—终端配送的一体化是趋势。因此积极推进"仓干配一体化"的运营模式。目前希杰荣庆提供的"仓干配一体化"服务，主要是解决卖家货物配备（集货、加工、分货、拣选、配货、包装）和组织对客户的送货。希杰荣庆"仓干配一体化"的流程如下图所示。

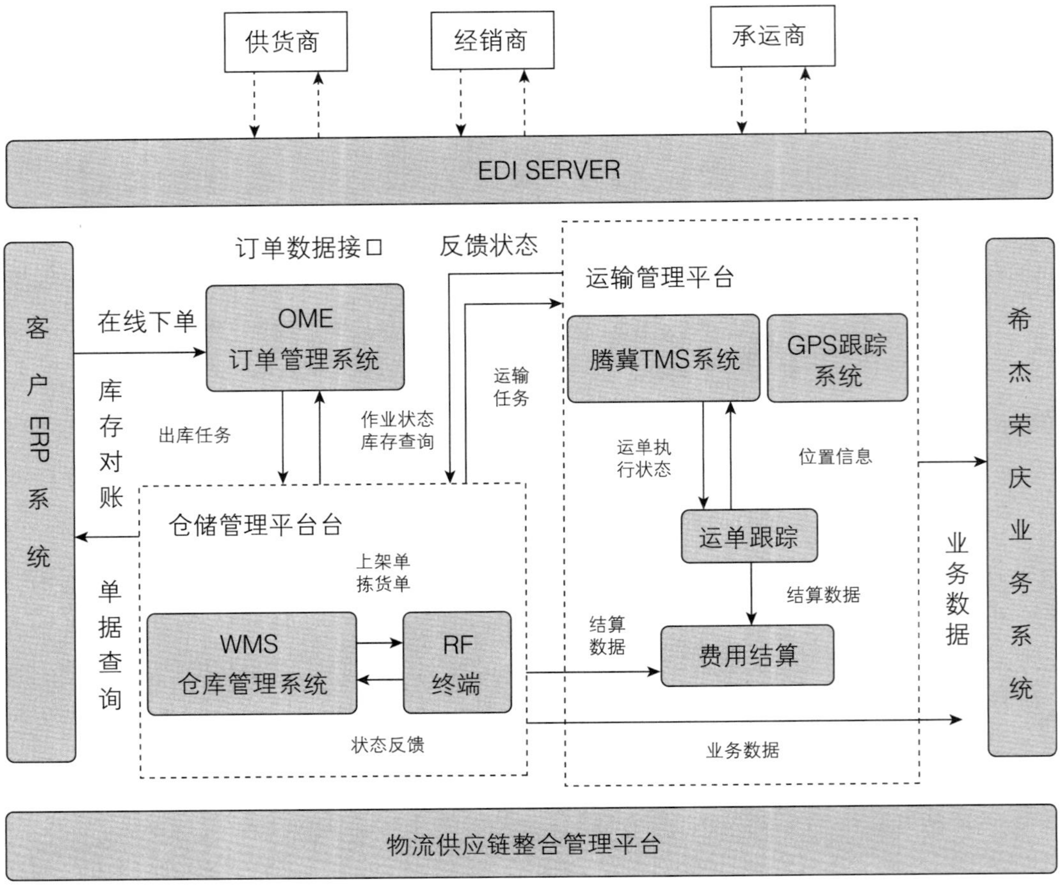

希杰荣庆“仓干配一体化”的流程图

二、“仓干配一体化”的实力

提供“仓干配一体化”物流服务必须有相应配套设施和实力的支持，希杰荣庆目前自身已具有基本的“仓干配一体化”实力。

希杰荣庆现有物流运营网点已覆盖全国1500多个城市，希杰荣庆自己拥有50余万平方米仓储资源和1500余台自有车辆，这些基础设施是希杰荣庆提供“仓干配一体化”物流服务的基础。为加速推进“仓干配一体化”物流，希杰荣庆不断加大仓储资源投入，提升覆盖全国的运营网络和仓储、配送的竞争优势，让希杰荣庆的服务措施更实、服务能力更高、服务效率更优、服务意识更强。同时，希杰荣庆通过不断强化物流信息化建设，在各项经营、管理活动中均建立了强大的信息系统。希杰荣庆开发建立的强大核心业务系统主要包括：客服管理系统（CRM）、运输资源管理系统、定位系统（GPS）、仓储管理系统（WMS）等，这些系统已形成完善的企业信息化架构，真正实现了企业管理的透明化、规范化和高效率。客户可以通过希杰荣庆信息化平台清晰地掌控货物库存的变化，并全程监控车辆运行状态，真正享受到希杰荣庆定制化的贴心服务，做到省心、放心和舒心。

希杰荣庆的自动化仓库信息化程度非常高，客户可以通过希杰荣庆信息化平台清晰地掌控货物库存的变化。如希杰荣庆昆山分公司有仓库7万多平方米，其中立体库5万多平方米，近7万个货位/100万个SKU，订单准确率、拣货准确率、库存准确率、备货及时率等KPI指标如果没有专业化的设备和配套的信息系统管理、仅靠人工是行不通的。依据货架规划和拣货策略的不同属性，配备了平移电动托盘车、拣选车、前移式叉车、平衡重式叉车共51台、两条自动扫描称重打包分拣线。通过在承接项目上做试点，采用条码集成技术，仓库内覆盖RF无线信号传输，确保每个SKU的出入库信息都能够在WMS系统中准确实时共享。

希杰荣庆的冷链运作流程是全程透明化的，而且可实现全程GPS运输导航、跟踪、车厢温度实时动态回传。标准化的操作流程，完善的运营监控和精益管理，持续的改善，让客户的货物得以安全、及时、准确的送达。希杰荣庆的冷链物流实力有两方面：一是硬件实力。目前希杰荣庆自建先进冷库8万余平方米，仓库设计采用国际最先进的设计方案，建筑材料是引进国外最高端的温控材料；运输车辆数量多，拥有全国规模最大的冷链运输车队；冷机设备是引进国际最先进的冷王等知名品牌，且有超过20家外包供应商；冷柜采用惯用的高效压缩、双排冷凝、双绿无氟等先进技术，达到最佳控温；温控设备完善，包括专业的数据采集器、传感器、触摸屏、现场人机界面等。二是软件实力。希杰荣庆不断完善冷库信息系统建设，如冷链信息化系统、冷链全程监控管理系统、冷链配送及采购系统等的建设；强化冷库温控措施，库房均采用RFID技术全程实时进行温控，温控仓储特效范围在零下20摄氏度至零上20摄氏度，通过传感器的RFID标签，把实时温度数据存储于RFID芯片中，再通过手持读写器批量读取货物温度信息，大大降低了成本和人工出错率。

希杰荣庆不断在服务上下功夫，力争将服务做到最优。希杰荣庆坚持服务创新理念，努力做到“人无我有，人有我精”，从食品快消品向医药领域推进战略转型；希杰荣庆专注于冷链合约物流，针对不同的客户提供量身定制的个性化服务方案；希杰荣庆一直坚守“24×7×365”的服务理念，即全天候、全时段、无节假日服务，努力成为客户“最值得信赖的冷链物流服务专家”；希杰荣庆向客户提供货到付款、签单返回、货物暂存、市内取派等增值服务，进而使客户享受到更优质的服务体验。正是由于雄厚的基础实力和过硬的服务，希杰荣庆获得了客户的高度认可，成为玛氏、哈根达斯、金帝、费列罗、肯德基、必胜客、诺和诺德、国药、湾仔码头、三全食品等国内外诸多知名品牌的物流服务提供商。

2015年5月，某客户整合仓储业务，将上海某地仓库关闭，由嘉兴某仓库覆盖上海市内配送业务，希杰荣庆负责上海市内货品的分拣与配送。具体操作由希杰荣庆从嘉兴仓库将货品调拨至希杰荣庆自设中转库，然后再进行夜间分拣和次日配送，日操作量最高峰时转运和分拣货物达到1000立方米。为了保障项目的顺利推进，希杰荣庆商超配送中心先期做了充分的数据分析和运营模拟，经反复研讨后确定方案。据了解，为迎接挑战，希杰荣庆4月就在加强一系列的共组部署，包括实施冷藏库区改造，落实人员配置、培训，筹备和升级分拣、单据系统，实施模拟预演，确认项目实施SOP（标准操作规范）等，顺利通过了该客户的综合测评。

三、"仓干配一体化"服务电商

面对快速发展的电商，希杰荣庆发挥自身资源优势为电商量身定制个性化和"一站式"的"仓干配一体化"物流服务方案。

为电商厂家提供完备的仓储服务。对于有相应仓储能力的客户，希杰荣庆物流扮演着干线运输保障货物供应的角色；而对于没有仓储能力但又有仓储需求的客户，希杰荣庆物流始终以一流的仓储水平为其提供"贴心服务"。

为厂家—电商提供干线运输服务。希杰荣庆利用自己干线运输的实力优势，承担着将上游厂家的货物运输到电商仓库的运输服务商角色。如，希杰荣庆与某 A 厂家达成长期合作协议，将 A 客户的产品定期运输至其自建的电商平台仓库，从而保障 A 客户电商平台该商品的充分供应。

加强与快递公司的双向合作。希杰荣庆坚持走物流高端市场的发展策略，专注合约物流。为了提高运营效率和保证客户服务质量，希杰荣庆将客户的货物依据不同类型进行分类，大宗的货物则通过自己的物流系统进行处理。而其中的零担货物，则选择与市场上服务质量优异的快递公司进行合作，既保证了服务质量，又保证了货物运输的时效性，赢得了客户的肯定与赞誉。相应地，由于希杰荣庆的服务质量和市场信誉，一些快递公司同样也将自己接到的大宗货物，承包给希杰荣庆进行运输。既节约了运输成本，又提升了运营效率，取得了双赢的效果。

"最后一公里"无论对于电商企业还是快递企业都是难以突破的瓶颈。希杰荣庆为推动"仓干配一体化"迎难而上，加快布局电商终端的"最后一公里"配送。一是加大终端配送网络建设。希杰荣庆依据市场发展最近两年持续加大了物流终端网络体系的建设力度。截至目前，希杰荣庆已经建成初具规模的终端配送网络，以解决货物配送的"最后一公里"问题。二是申请快递牌照。依据公司未来发展战略和拓展公司的业务模式，希杰荣庆正在申请快递牌照。

希杰荣庆将通过"仓干配一体化"服务，建立一流的物流服务体系、专业的运输体系，致力于成为最优秀的中国第三方物流服务商。

（陈彬　耿祥伟　程博竞　希杰荣庆物流企划部）

中物华商的母婴供应链平台——商易链

一、商易链简介

“商易链—中国母婴供应链综合服务平台”（以下简称商易链）是中物华商集团（以下简称中物华商）首创的、立足于母婴行业的电商平台。商易链由中物华商旗下的中物华商国际物流（安徽）有限公司运营管理。

商易链借助“互联网+”趋势潮流，为母婴行业上下游提供在线交易、供应链金融、跨境采购、生态圈合作、大数据支持等综合服务；以综合的B2B服务将母婴供应链线上线下创新融合，以精准的O2O服务为传统母婴实体店实现互联网升级转型和跨境产品销售。同时借助“商易链—中国母婴产品多端可追溯查询系统”，为销售商、消费者实现母婴商品流通全链条安全保障。

二、商易链的特色优势

（一）渠道之变，平台王道模式

母婴行业传统渠道的信息汇集有限，并且存在严重的信息不对称，而线上交易可以将供应商、母婴店的档案信息和交易信息进行留存，同时终端消费者的反馈信息可以快速传递到前端母婴店和供应商手中，引导服务和产品的优化升级，进而致使全母婴产业链条的转型升级。商易链汇集了上下游终端渠道信息，为母婴行业上下游商户解决了信息不对称的难题。

商易链已将线下交易的场景全部线上化，实现商务流、订单流、信息流、物流、资金流的“五流合一”，实体母婴店可以在平台上采购、支付、配送，供应商可以在平台产品上架、售卖、收款和发货，因此在商易链平台形成一个交易闭环，同时商易链采集交易闭环里面每个环节点的数据，能够实时监控实体母婴店真实的运营状况。因为实体母婴店大多为中小微企业，其融资渠道较窄，获取银行贷款难度较大，一旦遇到资金紧张的难题，就会束手无策。而商易链引入银行金融机构搭建供应链金融服务，可依据实体母婴店在平台线上流水交易的数据，给予母婴店一定额度的授信资金用于采购进货，解决了母婴店资金紧缺问题，同时加速供应商资金周转，促进线上交易的健康良性循环增长。

由于商易链沉淀了大量的交易数据，而且可以监控物流、资金流的运转过程，从而形成了一道天然的风控屏障，同时借助银行体系的征信系统和公司自有的风控模型，建立起商易链平台的风控体系。商易链掌握了供应链金融的渠道，拥有强大的资金供应端，而且对资金需求端的优劣程度具备完善的信用评级体系，已然形成了平台供应链金融的核心竞争力。

商易链可将海外跨境资源与线上线下全覆盖的销售渠道结合起来，对平台用户的跨境产品需求进行汇总，凭借强大专业的跨境集采能力，与海外品牌商进行合作洽谈，实现模式创新与做大进口规模相结合、促进跨境平台与实体产业融合发展相结合，为国内商户及家庭带来质优价美的海外跨境产品。

（二）体验至上，O2O 服务革新

商易链立足于线下实体母婴店的场景消费，将过去产品营销转化为体验营销，从用户体验角度出发，定制特色化 O2O 微商城服务，实现商品线上化、服务本地化、咨询信息化、会员社群化，不仅为实体母婴店带来个性化标签，同时满足消费者线下场景体验消费、线上一键便利下单的消费需求。

商易链旨在构建专业的母婴综合服务平台，通过整合包括早教、孕育咨询、儿童摄影、月嫂中心等生态圈服务和母婴店实体产品在内的微商城体系，将实体产品与服务产业结合起来，满足消费者对于优质孕育服务的需求，推动线上线下一体化联动发展。

商易链采集在线平台的交易数据流，并对收集的数据进行分析、加工、挖掘和最终的可视化分享，为商易链的多方用户提供多边价值。商易链一方面，根据终端消费者的消费习惯、浏览记录、个人偏好等原始数据流，对终端消费者进行个性化推荐，解决消费者的多元化、长尾需求；另一方面，将所有交易数据进行加工分类，为母婴店、供应商提供有价值的信息以便其更好地决策。此外，商易链还会对消费者潜在的需求进行深度数据挖掘，真正围绕用户需求，根据市场的需要促使产品转型，实现真正的供给侧改革。

（三）保障先行，重回安全初心

由于母婴行业的特殊敏感性，母婴用品的安全性成为消费者关注的首选因素。鉴于国内频出的食品、用品安全事件，消费者渐对国货信任感缺失，转向追捧跨境海外产品。但是目前的海淘、代购以及一些跨境平台的资质不合规范、采货渠道不透明、选品能力缺失，又使消费者举棋不定，望而却步。

商易链以为中国母亲提供安全、放心、可追溯的母婴产品保障体系为使命，倾向于开拓重度垂直的供货渠道，并以反向可追溯产品体系确保正品优质。对于母婴用品，不仅在采货源头严格把控货品质量，还要在商品流通领域建立起全流程追溯机制，通过“易链码”的形式，确保每一个通过商易链渠道进入国内市场的产品都是 100% 原装正品，从而为千万母婴的健康提供安全保障。

三、结 语

中物华商首创的商易链，根植于用户价值链，紧跟母婴行业的用户需求，基于在线交易平台的规模化运营降低成本，凭借供应链金融打造核心竞争力，借助强大的跨境集采能力进行跨境产品引入，利用大数据支持实现精准营销，同时实施微店定制化服务体系，形成线上线下协同发展特色，并且提供产品可追溯服务，保障母婴用品的安全可靠，从而解决消费者、母婴店、供应商三方的不同问题，实现母婴供应链的持续升级和整个母婴生态的布局。

（沈志安　中物华商国际物流（安徽）有限公司总经理）

盖氏邦晔打造智慧物流园区

一、园区发展情况

聊城盖氏邦晔物流有限公司（以下简称盖氏邦晔）位于聊城经济技术开发区。盖氏邦晔经营管理的聊城盖氏邦晔物流园区（以下简称园区）规划占地 1200 亩，总投资 15 亿元，总建筑面积 80 万平方米。园区定位于打造集运输、仓储、加工、城市配送、冷链物流、五金建材、电子商务、信息交易等多功能于一体的现代化、信息化、生态化和智慧化物流园区。

在各级政府和社会各界的关怀帮助下，园区发展迅速。截至 2015 年年底，已累计完成建筑面积 40 万平方米、引进各类商家 700 余家。2015 年园区实现货物吞吐量 600 万吨，交易额突破 150 亿元，创造就业岗位 5000 余个，发挥出良好的经济效益和社会效益，盖氏邦晔已成为山东省和聊城市物流行业的领军企业。

盖氏邦晔是中国物流与采购联合会常务理事单位、中物联物流园区专委会副主任单位、中物联应急物流专委会常务理事单位，是山东交通学院、聊城大学实践教学基地，聊城职业技术学院培养基地。盖氏邦晔被评为“中国 5A 级物流企业”“中国优秀物流园区”“中国物流产学研基地”“中国五星级仓库”“中国仓储服务金牌企业”“仓储业转型升级示范企业”“中国物流园区五十强”、山东省“Ⅲ级物流园区”“山东省物流与采购行业综合实力五十强企业”“山东省十佳物流园区”和聊城经济技术开发区“建区 20 周年功勋企业”。2015 年 12 月，盖氏邦晔被评为“山东名牌”。

二、园区尽显智慧特色

盖氏邦晔致力于打造“一个中心、六个平台”的智慧化物流园区，以此形成核心竞争力。“一个中心”指综合服务中心，“六个平台”指公共信息平台、仓配一体化平台、TMS 快运平台、物流金融平台、冷链物流平台和电商平台。

经过不断投资建设和精心打造，一个智慧化的物流园区已展现在人们眼前，智慧物流特色明显。

——综合服务中心。盖氏邦晔的综合服务中心，采用大厅窗口式运作，可为园区客户提供物业服务、证件办理、车辆综合服务、物流金融、保险、信息咨询、财务管理、人事代理、高速通行卡充值、固话宽带办理、手机充值、宣传策划、移动加油、园区一卡通统一结算等综合服务。对外联系协调工商税务、交通交警、安全质检、金融保险、检测检疫等部门机构，起到上下协调、部门沟通、客户服务的纽带作用，为客户提供一站式综合服务。

综合服务中心建立了园区产品集中展销实体店和B2C电商平台，配合城市配送体系，有效减少了中间环节，让广大消费者享受到实惠的仓库提货价，同时帮助园区客户业务拓展、共同成长。

——公共信息平台。以信息化为支撑，包括数字化园区系统、公共信息系统等。此外，盖氏邦晔与江苏镇江“惠龙e通”战略合作，搭建了货物运输集中配送网络。

公共信息平台具有调度全国空驶运力的网络功能，具有促进货源、车源和物流服务等信息的高效匹配能力，可有效降低货车空驶率，呼叫调度准时、信息真实，形成集物流信息发布、在线交易、数据交换、跟踪追溯、智能分析等功能为一体的公共信息平台，助推当地物流业转型升级。

——仓配一体化平台。以现代化仓储设施和城市配送体系为支撑，与中铁物流集团合作搭建了WMS仓储管理系统，可以实现仓储、运输、配送各环节无缝对接的物流模式，为客户提供一站式仓储配送服务，解决商家货物的配备和组织对末端配送的问题。

通过信息化应用及智能化管理，实现了配送范围覆盖聊城八县市全部126个乡镇，并且承接了银座商城、百大三联、振华量贩、亿沣超市等百余家商超及便利店的城市共同配送业务，实现了物流园区和城市配送的一站式运作与一体化发展。

——TMS快运业务物流平台。系盖氏邦晔与中铁物流集团合作搭建的平台。TMS快运业务物流平台由自营分拨中心、自营干线运输、终端门店组成。分拨中心承担货物集散、分拣功能，货物通过干线运输在各分拨中心之间实现中转，终端门店为客户提供上门揽收、送货上门、自提、入仓及其他个性化服务。通过TMS快运业务物流平台，园区的货物可运往全国2000多个城市。

——物流金融平台。平台通过集成的工具支持完整的服务监督、费用审计、发票生成、清款、收付款等作业流程，为园区客户提供物流金融服务。为推进园区消费统一结算系统的实施，盖氏邦晔自主研发了“园区一卡通”业务。只要客户手持一张“园区一卡通”，即可通过金融平台完成费用缴纳、综合支付管理、费用查询、对账单下载等业务，同时，借助平台盖氏邦晔与银行、小额贷款等金融机构的合作，提供“仓单质押”“控货贷”“物流POS”等更丰富的金融服务，可以满足广大客户的融资需求，降低物流作业成本，为其发展提供助力。

——冷链物流平台。聊城市具有较强的冷链集散周转能力和庞大的冷链运输资源，盖氏邦晔物流园现有的冷库已不能满足园区客户的需求。盖氏邦晔近期正筹备新建一座三层、五万吨的高标准冷库，通过先进制冷技术应用和冷链运输资源整合，打造集存储、运输、加工、交易、配送、信息等功能于一体的，辐射冀鲁豫地区的冷冻食品和生鲜产品配送基地。

——电商平台。服务园区所有客户，将园区客户经销的全部产品通过网络平台和实体店进行销售，探索“网订店取”“网订店送”等新型配送模式，借助盖氏邦晔的城市配送体系，形成“互联网 + 仓储 + 配送”的全新运营模式，有效地减少中间环节，将产品的“仓储价”提供给广大消费者，同时也帮助客户进行业务拓展。建立健全覆盖线上网络和线下实体店消费的信用评价机制。营造诚信文化氛围，引导联盟商户对商品质量、服务水平、购物环境等方面的提升。

三、企业愿景

盖氏邦晔以发展地方经济、造福一方百姓为己任，致力于通过发挥企业的核心竞争力来为客户提供更优质贴心的供应链服务，积极引领物流管理服务理念的转变。未来将充分响应国家“互联网 +”行动计划、“山东省物流业转型升级实施方案”等政策号召，进一步完善物流园区服务功能，大力开展智慧物流配送业务，打造智慧物流园区。在做透当地的基础上，适时选取新的物流节点城市将成熟的物流园区运营和智慧物流配送模式进行复制，输出品牌、管理和服务，构建全国性的盖氏邦晔智慧物流网络。为山东省乃至全国物流业的崛起做出更大的贡献，力争早日实现“服务八方、物流天下”的宏伟蓝图。

（桑昌营　聊城盖氏邦晔物流有限公司总经理）

中铁现代物流：夯实基础　谋求转型

中铁现代物流科技股份有限公司（以下简称“中铁现代物流”）是由世界500强企业中国铁路物资股份有限公司（以下简称“中国铁物”）控股的国有大型第三方物流公司，成立于2002年，注册资本1.18亿元人民币。

经过十多年的积极探索和努力，中铁现代物流在全国主要枢纽城市设了19家分（子）公司，控制协调遍布全国的1500多个配送中心及作业部，依托先进的物流信息系统支持，形成了以枢纽城市为核心、覆盖全国的物流网络体系。

中铁现代物流是国家发改委重点联系指导的大型物流企业、中国物流与采购联合会重点物流企业财税与投融资工作联系机制企业，是中国首批“AAAAA级综合服务型物流企业”“AAA级（最高级别）信用物流企业”“质押监管优秀企业”“物流产学研基地”“中国物流示范基地”“中国物流实验基地”“中国物流管理创新型企业”“中国物流杰出企业”和“北京市第一批重点总部企业”，被国家人事部评为“全国物流行业先进集体”，连续多年被中国交通运输协会评为“中国物流百强企业”和“全国先进物流企业”。

一、基础物流简介

作为中国铁物物流板块的旗舰企业和专业化平台公司，中铁现代物流围绕“铁路物资供应链服务和钢铁供应链集成服务”两大业务领域，以钢材为主的大宗生产资料综合物流服务为核心，大力发展供应链一体化综合物流业务，拥有基础物流、港口物流、铁路物流、在线供应链物流、钢铁物流、煤炭物流、机电接运七大业务板块，业务范围涉及钢铁、煤炭、矿石等大宗生产资料、快速消费品、汽车等诸多领域。

基础物流业务是中铁现代物流的传统支柱业务和实体物流运作的主要承载者与实施者，是中铁现代物流业务的基石。中铁现代物流的基础物流业务包括：大宗生产资料物流、生活资料物流、设备与零部件物流、大件运输物流和多式联运物流。中铁现代物流的基础物流业务以专业化的仓储、装卸、在途库存管理、流通加工、区域配送、干线运输、短途配送、多式联运（包括国际铁路联运）等为主，涉及高端钢材产品，如不锈钢、马口铁、镀锌板、冷轧卷板等精品钢材物流领域；汽车、货车、造船、机械设备等设备与零部件物流领域；洗护用品、牛奶、饮料等快速消费品物流领域。

经过十多年的发展，中铁现代物流基础物流业务凝聚了蒙牛、纳爱斯、佳通轮胎、中石油华北公司、海尔等一批全国性大客户，并逐步与国际接轨，与德国 SEW 、日本 JFE、日本新日铁以及韩国浦项等开展了业务合作。

近几年，为提升自身基础物流的服务能力，中铁现代物流在自有物流基地的基础上，积极探索多种仓库建设方式，不断加强仓储能力建设，分别在华东地区、华北地区、华中地区和西南地区整合社会仓储资源，建成 7 个自管库，可用仓储面积达 25.64 万平方米，有力地满足了中铁现代物流基础物流业务的发展需求。

二、基础物流业务及实践

（一）大宗生产资料物流

大宗生产资料物流是中铁现代物流主要的基础物流业务之一，服务对象为高端钢材产品。一般在对高端钢材产品提供基础物流的同时还要提供高端增值物流服务，如精细化防护、高难度装卸和运输作业等。目前，中铁现代物流在大宗生产资料物流方面合作的客户有日本 JFE、日本新日铁和武钢集团等。

实践案例：广州 JFE 钢板有限公司（下称“GJSS”）是广州钢铁企业集团有限公司与日本 JFE 钢铁株式会社于 2004 年 1 月 15 日共同投资成立的中外合资企业，是华南地区唯一一家生产高档冷轧、热浸镀锌钢板的企业。其生产装备和技术水平处于世界领先行列，产品全面覆盖高级轿车用钢板和高档家用板，主要供应国内日系三大车厂等众多汽车生产厂家以及家电制造厂家，部分产品远销国外。2008 年至今，中铁现代物流作为第三方物流承运商一直与 GJSS 保持密切的物流合作，2009 年正式成为 GJSS 主要承运商之一，主要负责 GJSS 的长途汽运以及水路运输。

在与 GJSS 的业务运作中，中铁现代物流始终以 GJSS 的需求为中心，围绕 GJSS 最关心的品质防护问题不断强化服务能力，提升服务质量。一是改进了长途汽运中绑扎资材和散货船运中隔离资材等防护设备与措施，提升了运输的安全性，降低了资材损耗。如 2014 年中铁现代物流对 2000 吨级以下海运精品钢材捆绑装置的改善取得了较好效果，还取得了国家知识产权局授予的实用新型专利证书。二是提升船运比例，缩短了交货期，降低了物流成本。科学增加船舶数量使运力增加，使单月船舶到港时间间隔缩短、交货期缩短，最大限度地满足了 GJSS 的需求。通过中铁现代物流专业化的物流服务，GJSS 的经营效益不断取得新突破，实现了物流成本最优化。中铁现代物流与 GJSS 的合作取得了双赢。

（二）生活资料物流

生活资料物流是中铁现代物流主要的基础物流业务之一，服务对象为日化品、食品等周转速度快的产品，以及需要低温或恒温保鲜的食品、农产品。目前，中铁现代物流的生活资料物流服务的主要客户有百威啤酒、恒大冰泉、纳爱斯等。

实践案例：2015 年，中铁现代物流凭借丰富的铁路运输资源和成熟的物流作业经验，成功获取昆明纳爱斯运输项目。在项目运作过程中，中铁现代物流以客户为本，想客户所想，急客户所急，不断完善项目流程，提高发运效率和准点率，有效地降低了货损率和客户投诉率，推进百威啤酒运输项目顺利进行，得到了客户的一致好评。

（三）设备与零部件物流

设备和零部件物流是中铁现代物流的基础物流业务之一，服务对象是汽车、火车、造船、机械设备等零部件生产企业的设备和零部件。目前，中铁现代物流的设备与零部件物流服务的主要客户有德国 SEW、佳通轮胎、东风本田等。

实践案例：中铁现代物流为武汉东风本田等汽车主机厂及其供应商的零部件供货体系提供的汽车零部件物流服务。为本田体系提供物流服务，首先要了解它们对物流的要求。因为本田体系采用的是拉动式生产，即按订单生产、采购部品的精益生产模式；在传统的供应模式中，主机厂采购的目的是为了补充库存，即为库存而采购。而在拉动式供应链管理的精益生产模式下，“零库存”是供应链体系追求的目标，以生产订单为驱动进行准时化的部品纳入，要求配套的物流必须做到适品、适时、适量，即把正确的零部件在适当的时刻以完好的状态送达准确的地点。

在此次物流服务中，中铁现代物流充分发挥熟悉零部件供应商生产节拍、采购供应体系、收发货存在的问题等优势，有针对性地对零部件供应商展开资材的集中物流提案，全方位介入零部件供应商的资材供应物流，有效地帮助客户提高了整体物流品质，降低了客户整体物流成本和收发货管理成本。

（四）大件运输物流

大件运输物流是中铁现代物流的基础物流业务之一，服务对象是各种工程项目中的超长、超宽、超高、超重的特种设备和物资。中铁现代物流具有重大件运输 2 级资质，可承运“四超”（超长、超宽、超高、超重）特种设备和物资，能满足化工、风电、水电、冶金、港口、铁路、公路、大型厂房搬迁等工程项目运输服务的要求，提供成套设备运输和货运代理总承包运输业务，超限货物运输咨询监理及运输方案设计论证业务。

公司在东南亚和巴基斯坦大件运输方面有着丰富的运作经验。通过国内和海外团队对于海陆联运各节点的实地考察，分析整个路线的交通状况，确保运输的安全和通畅，竭力帮助客户实现从国内工厂到海外项目现场的地车板交货。

（五）多式联运物流

多式联运是综合利用铁路、公路干线、大型船舶固定航线进行长距离大数量运输的重要运输形式，是开展物流服务的关键环节。多式联运物流是中铁现代物流的基础物流业务之一。中铁现代物流的多式联运业务以完善基础物流能力为根本，不断整合运输资源，创新业务模式，深耕生产型企业，围绕大客户大市场，为客户提供集约化、专业化的干线运输服务。

实践案例：2014 年中铁现代物流运作了百威啤酒项目公铁联运总承包项目，通过“铁路 + 公路”的综合运输方式，取得了在为客户节约了大量的物流成本的同时又提高了运输效率的成绩。同时，中铁现代物流根据百威啤酒在全国各地的 DC 运作布局和不断增加的生产工厂数量，对 DC 仓库运作提供了量身定制的供应链一体化服务方案，对有车辆资源的区域进行公路运输的招投标，将百威啤酒的经营业务进行区域化扩展。此项合作取得了双赢成果。

三、转型发展的举措

按照以大宗生产资料综合物流服务为核

心，以供应链集成服务为重点，打造铁路物流特色突出、金融物流行业领先的专业化综合物流服务商的愿景，中铁现代物流将着力开展综合物流服务，走特色化经营道路，丰富业务范围、优化业务结构，实现差异化、专业化经营，在提供仓储、装卸、运输的基础上，进一步延伸客户服务，积极打造成为客户服务中心、加工和维修中心、信息处理中心和金融中心，为客户提供深度交易服务、深度分拨配送、深度结算及销售管理和信息管理等一站式供应链服务。

一是加强市场营销工作。要结合区域化特色，清晰定位业务细分市场。在客户类型上，着重开发当地三资企业、新兴中小制造企业，以及有业务外包需求的大中型国有企业；在行业上，降低钢铁行业物流集中，向快速消费品行业、电子行业、汽车行业、医药行业和冷链行业拓展。在业务类型上，积极拓展快速响应的入厂物流、循环取货、流通加工、信息服务、方案设计定制化增值服务，根据不同客户需求，提供定制化服务，节约客户物流费用，提升物流质量。

二是提升营运能力和管理效率。建立成本控制激励机制，不断强化运营成本管理，重视规划和事前控制，从根本上降低运营成本。精简机构，提高核心资源配置效率，建立以业务和客户为导向的流程体系，积极向现代化物流公司转变。

三是持续推进物流网络化和一体化。充分借助各种物流平台与电商平台，与各种物流平台和电商平台融合创新发展。搭建撮合交易的平台，加快制造业与服务业的融合，整合产品资源、客户资源、物流资源、信息资源。加强公司内部之间的业务联动，通过共享业务信息资源，在业务开发与运作上相互支持、相互协作，有效降低业务运作成本，切实提高业务效益，打造特定线路上的专线优势。

四是积极开展国际化物流合作。不断深入学习和熟悉海外市场，积极向国际惯例靠拢，寻求国际合作，为全面参与全球化的竞争积累经验；促进海外业务的拓展，提高企业竞争力。

（中铁现代物流科技股份有限公司）

服务八方　物流天下
——山东盖世集团创新发展之路

山东盖世国际物流集团（以下简称盖世集团）是一家以物流业为核心，涉足物流、电商、商贸、房地产四大业态的大型综合型企业集团。盖世集团自1998年开始运营至今，现已发展成为全国规模最大的综合性物流园区之一。盖世集团拥有济南总部、盖世济北、盖世冠威三个大型物流基地，其中济南园区发挥公路运输优势，济阳园区靠近机场，对接快递、航空运输，齐河园区借助全省铁路枢纽建设，对接铁路运输，形成了“三区联动、中心提升、线上线下、突出主业、融合发展”的良好局面，打造了一个综合性公共物流服务平台。

目前，盖世集团资产总额达210亿元，常温仓库总面积150万平方米，冷库30万吨；辐射全国各大中城市的货运专线1600余条，基本实现全国各省市无盲点覆盖；入驻客户3000余家，日均人流量超过6万人、车流量超过1.2万辆、货流量超过5万吨，已成为济南市最大的物流公共服务平台和重要的区域性物流周转中心。

盖世集团成立18年来，在物流交易总额、货物吞吐量、财税贡献等方面，都取得了跨越式发展，累计实现物流交易总额近5000亿元，年货物吞吐量达到1561万吨。作为济南市最大的物流企业孵化基地，共培育孵化物流企业556家，带动创业、就业达到5.5万人，周边配套服务将近10万人，具备了强大的辐射集聚效应。

经过多年的培育，盖世集团拥有中国5A级物流企业、中国物流百强企业、中国物流示范基地、中国物流产学研基地等国家品牌，“盖世”被国家工商总局认定为“中国驰名商标”。位列2015年度“全国通用仓储企业40强”第五位、“冷藏仓储企业30强”第18位、“中国冷链物流企业百强”第38位。2016年，盖世集团率先通过了国家发改委、国土部、住建部终审，成为国务院《物流业发展中长期规划（2014—2020年）》首批“国家示范物流园区”（全国共29家），国家级品牌地位越来越巩固。

一、模式创新赢得发展空间

十几年来，盖世集团不断探索、勇于实践，在发展模式方面，创造性地探索并形成了物流与市场“一站式运作”“一体化发展”的独特运营模式，“商贸与物流”叠加开发，为我国物流园区建设及以现代物流业的发展提供了重要实践经验，通过物流、商贸平台的开发，整合分散的物流量与市场资源，以信息技术为手段，形成商贸与物流的良性互动，促进整个物流平台优势互补、和谐发展，打造了一个公共物流服务平台，形成了综合性的外向竞争实力。

2016年盖世物流园区获评首批“国家级示范物流园区”成为济南唯一一家获得此项殊荣的企业。盖世集团之所以能够取得今天的成绩，是其在运营模式及发展思路上积极不懈地开拓创新的必然结果。

（一）“产业链延伸”及“产业融合”之路

农产品贸易方面：2004年，盖世集团结合山东省是农业大省的实际情况，积极拓展农产品贸易，投资建设盖世集团农贸大市场，成立济南市盖世农产品物流交易中心，定位于打造济南市最大的农产品采购和配送中心。目前，蔬菜、水产、茶叶、粮油、酒水、副食等专业市场已成规模，打造了一个农产品一站式购齐交易平台。

冷链物流方面，盖世集团2007年开始投资建设山东盖世冷链物流平台项目，定位于打造全国规模最大、设施最好、服务最优的现代冷链物流平台，2009年被列为国家物流产业振兴规划重点扶持企业，以及全国食品冷链物流定点联系企业。目前盖世集团冷库规模增至30万吨，入驻客户总数达到1500多家，引进了内蒙古小肥羊、草原兴发、伊利实业、巾帼水产、国联水产等知名企业，日货物吞吐量3000多吨，产生了良好的经济效益和社会效益。为进一步延伸产业链，2014年，盖世集团引进“仓配一体化”模式，启动了冷链物流配送项目，仅用11个月就实现了山东省17地市冷链运营网络布局，并开通了北京、天津等省外线路，实现班车运输，天天对发，形成了集代购、交易平台、加工、包装、储存、运输、宅配等功能于一体的完整的物流链条。

电商方面，盖世集团借助入驻园区的电商企业形成的综合性电商物流平台，投资建设了“盖世云仓电商智能仓配一体化”项目（简称盖世云仓），形成了物流业与电商协同发展的新优势。盖世云仓通过数字化物联手段，精准控制电子商务的采购、仓储、发货、送达各个环节，形成了集线上线下、前端后端为一体的供应链服务型电商物流体系，为客户提供专业的电子商务第三方精细化仓配一体化服务。同时借助分仓形式，使不同商家的货品可以汇集在同一个仓库里，为不同商家货品的搭配销售、组合销售提供了便利和可能性。

借助现有农产品物流及冷链物流优势，盖世集团同步启动了农产品电商业务，推出“天天优菜”电商品牌，提供基于电子商务的B2B销售渠道，为中小餐饮商家提供一站式的集采购、仓储、加工、配送等于一体的供应链服务。通过自行开发的移动端信息系统，上游与农产品基地合作，下游解决“最后一公里”配送难题，横向提供农产品O2O云解决方案，纵向可实现向快餐等其他行业扩展的功能，打造了我市独具特色的农产品电商物流平台。

（二）“产城融合”及“生态发展”之路

盖世集团物流园区建设和发展，以最终形成“产业功能、城市功能、生态功能”融为一体的“产城综合体”模式为目标，努力构建多元功能复合共生物流产业区，集团济南园区、盖世冠威园区、盖世济北园区三个大型物流基础，跨黄河两岸形成有效的组团形布局，融入济南都市圈区域的发展格局，凸显了其由产业融合到产城融合的总体发展思路。为进一步推进园区的“产城融合”和“生态发展”，盖世集团在新一轮发展规划中，引入生态园区、绿色仓储的概念，配合济南市城市发展目标以及物流产业规划，打造“黄河物流生态走廊”，推进开放式仓储平台、体验式展示交易中心、物流主题公园等项目建设，打造与市民生活相关的情景感知高效能仓储系统，实现周边人文及黄河景观环境的绿色发展、和谐发展。

（三）“互联网+”及“信息化”之路

作为山东省公共物流信息平台试点示范园区，盖世集团先后投资近5000万元全面推进信息化建设，现已构建了盖世集团内控管理系统平台及业务管理系统平台，盖世集团大型计算机网络系统、智能停车场系统、视频监控系统、公共广播系统、数据服务器机房等大型智能系统，以及OA办公自动化系统、财务管理系统、数据库服务系统等应用软件系统均已经投入使用。2010年，盖世集团启动了数字化物流园区项目，打造了盖世物流信息服务平台，将目前已形成的实体物流平台升级到网上，打造一个开放式的数据应用平台，为入驻物流园区客户提供统一高效的沟通服务界面，大大提升了园区的信息化水平。

二、转型升级建设美好明天

基于十几年发展奠定的良好基础，下一步盖世集团将针对现有园区进行全面转型升级。

盖世集团转型升级的总体思路是：打造区域物流中心。

盖世集团将依然立足于树立行业标杆，打造特色模式，在先行先试、示范引领方面发挥更大作用，作为重要节点和载体，在我市区域物流中心城市建设中发挥应有作用。在新一轮发展规划中，盖世集团将配合济南市区域物流中心城市建设，对现有园区进行全面转型升级，将济南园区打造成基于“大数据、大金融、大物流”的国际化物流总部基地，推动园区由单一的物流运作平台向供应链相关环节延伸，向产业链枢纽地位转型，推动全市物流业转型升级。

（一）重大调整：高端物流综合体+信息管理平台，推进园区改造升级

重新科学规划园区布局，将现有货运市场改造为高端物流综合体，投资建设盖世云仓服务平台。集团拟结合行业发展趋势，预计总投资20亿元，将原有货运市场改扩建为高端的物流综合体，作为园区改造提升的一期项目实施，建设内容主要包括物流企业综合办公区、多式联运功能区、盖世云仓功能区等，项目配套建设车货匹配平台、集货分拣平台、盖世云仓服务平台等先进物流信息管理系统，打造开放式仓储业务，将仓储系统变成金融和供应链增值中心，构筑大进大出商贸物流格局，实现货运市场全新换代升级。

（二）全新运营：一基地+四中心，打造物流总部基地

盖世集团将投资建设盖世物流大厦项目，打造“一个基地、四个中心”的全新运营模式（物流总部基地+管理服务中心+采购交易中心+信息服务中心+金融结算中心），构建济南北大门物流总部基地，借助集团品牌优势和客户资源优势，引进知名物流企业总部，打造物流总部经济，力争在最短的时间内矗立起济南物流业发展高地，建成我市区域性物流中心城市的标志性建筑。

（三）战略升级：互联网+大数据+物流园区，探索智慧物流园区建设

盖世集团将推进实施“水星计划”和“阿波罗计划”，开发基于大数据的盖世云物流服务平台，逐步打造我市物流行业发展指数、指标体系。目前盖世集团已与北京九章云极大数据公司合作，共同开发建设物流大数据平台和公共信息服务平台。项目建设基于“一纵”“一横”两个方针，“一纵”是指实现“行业供应链优化服务解决方案”，结合盖世集团现有的盖世云仓、盖世冷链、农品电商三个新项目，打造垂直行业独有的IT信息化系统；“一横”即构建“园区综合运营管理平台解决方案”，结合盖世集团传统业务，发展园区运营支撑平台和园区线上服务平台。

（四）产业延伸：冷链物流＋仓配一体化，构建供应链物流服务体系

2016年着手增开河北、山西、河南、上海、江苏、浙江等山东省周边的城市干线运输，以及山东县区网络渠道下沉业务，实现盖世冷链零担网络化业务范围覆盖全国，在全国一线城市、部分二、三线城市建立相匹配的冷链物流中心，冷链供应链服务客户过百家。同时，与冷冻产品贸易、海洋捕捞、大型海运物流企业对接，承接进出口产品冷链运输业务。

（五）网络扩张：盖世品牌＋模式复制，实现“服务八方 物流天下”

盖世集团将借力国家“一路一带”战略，利用盖世品牌优势，继续扩大规模，实施“走出去”战略，通过品牌和管理输出，展开全国网络布局，逐步构建全国性盖世物流网络，把盖家沟物流国际园区建成全国重要的区域性物流枢纽和现代物流产业示范基地。目前，盖世集团已与菏泽市曹县县政府签订协议，共同开发建设电子商务产业园项目。

以上项目全部建成并投入使用后预计园区年可增加产值300亿元，新增税收2亿元，安置就业10000人，盖家沟国际物流总部基地将成为济南城市门户亮点工程。盖世集团将通过园区改造提升战略的实施，努力打造现代化、国际化、信息化的国际一流物流园区，为我国现代物流业和商贸服务业的发展做好标杆示范。

（盖忠琳　山东盖世国际物流集团党委书记、总经理）

第九部分

物流综合

2015 年中国物流行业十件大事

1. 国务院出台“互联网 +”行动指导意见，“互联网 + 高效物流”纳入 11 项重点行动。

2. 国务院印发《关于促进快递业发展的若干意见》，我国快递业务量突破 200 亿件。

3. 国家发改委启动实施现代物流重大工程，现代物流纳入国家重大工程包。

4. 我国网络零售额预计达到 4 万亿元，电商物流“进社区”“到农村”“出国门”。

5. 我国高速公路 ETC 实现全部联网，一卡实现畅行全国。

6. 铁路货运深化改革，推动铁路向现代物流转型发展。

7. 国企改革提速，四大航运央企启动重组。

8. 国标委发布《物流标准化中长期发展规划（2015—2020 年）》，中物联物流团体标准试点启动。

9. 物流安全问题引起重视，15 部门集中开展危爆物品寄递物流清理整顿专项行动。

10. 国家放开民航货运、铁路运输价格和港口竞争性服务收费，清理规范港口、水运、物流等涉企收费。

（中国物流与采购联合会）

2015 年度中国物流企业 50 强排名

根据国家发展改革委、中国物流与采购联合会《社会物流统计核算与报表制度》的要求，中国物流与采购联合会组织实施了重点物流企业统计调查，根据调查结果，提出了中国物流企业 50 强排名（见下表）。

2015 年 50 强物流企业主营业务收入共达 8400 亿元，按可比口径计算，同比下降 1.8%，物流业务收入排名第 50 名天津大田运输服务有限公司为 22.5 亿元，比上年同期增加 2.1 亿元。

根据物流企业物流业务收入统计调查数据排序，是一项公益性的活动。我们希望通过中国物流企业 50 强排名，客观真实反映物流企业改革发展成果，引导我国物流企业做大做强，提高我国物流业竞争力。

2015 年度中国物流企业 50 强排名

排名	企业名称	物流业务收入（万元）
1	中国远洋运输集团总公司	12471555
2	中国海运（集团）总公司	7906602
3	中国外运长航集团有限公司	7531999
4	厦门象屿股份有限公司	5992331
5	河北省物流产业集团有限公司	5501006
6	顺丰速运（集团）有限公司	4810000
7	中铁物资集团有限公司	3596298
8	天津港（集团）有限公司	3503500
9	山东物流集团有限公司	2643449

续 表

排名	企业名称	物流业务收入（万元）
10	河南煤业化工集团国龙物流有限公司	2312648
11	中国物资储运总公司	1985395
12	中国石油天然气运输公司	1807000
13	安吉汽车物流有限公司	1760700
14	福建省交通运输集团有限责任公司	1531857
15	德邦物流股份有限公司	1292149
16	冀中能源峰峰集团邯郸鼎峰物流有限公司	1275631
17	锦程国际物流集团股份有限公司	1090132
18	广州铁路（集团）公司	1013000
19	招商局物流集团有限公司	948081
20	连云港港口集团有限公司	913693
21	中国石油化工股份有限公司管道储运分公司	843068
22	嘉里物流（中国）投资有限公司	825784
23	云南物流产业集团有限公司	810904
24	全球国际货运代理（中国）有限公司	749351
25	青藏铁路公司	672534
26	武汉商贸国有控股集团有限公司	661073
27	一汽物流有限公司	649009
28	中铁铁龙集装箱物流股份有限公司	631602
29	重庆港务物流集团有限公司	623592
30	通辽铁盛商贸（集团）有限公司	610235
31	重庆长安民生物流股份有限公司	607144
32	秦皇岛港股份有限公司	582974
33	日照港（集团）有限公司	518736
34	冀中能源国际物流集团河北冀中唐能贸易有限公司	508933
35	江苏徐州港务集团有限公司	445803
36	广东省航运集团有限公司	420427

续 表

排名	企业名称	物流业务收入（万元）
37	湖南星沙物流投资有限公司	359829
38	北京长久物流股份有限公司	339481
39	河北省粮食产业集团有限公司	329198
40	上药山禾无锡医药股份有限公司	327301
41	南京港（集团）有限公司	286588
42	林森物流集团有限公司	284395
43	唐山港集团股份有限公司	282719
44	江苏九州通医药有限公司	272958
45	江苏宝通物流发展有限公司	268993
46	青岛铁路经营集团有限公司	265975
47	中铁现代物流科技股份有限公司	238614
48	五矿物流集团有限公司	237392
49	江苏省如皋港现代物流基地	229302
50	天津大田运输服务有限公司	225150

（中国物流与采购联合会　中国物流信息中心）

2015 年全国仓储企业 100 强排名

中国仓储协会根据企业自愿申报和调查掌握的行业数据，以 2015 年年底企业自有和租用仓库设施的总规模为依据，排出全国仓储企业 100 强，其中包括“通用仓储企业 40 强”“仓储地产企业 10 强”“冷藏仓储企业 30 强”“危化品仓储企业 10 强”和“危化品储罐企业 10 强”。

表 1　　2015 年全国通用仓储企业 40 强

名次	企业名称	仓库面积（万平方米）
1	中国外运和航集团有限公司	585
	安得物流股份有限公司	
3	青岛日日顺物流有限公司	500
4	厦门象屿股份有限公司	306
5	中远物流仓储配送有限公司	150
	山东盖世国际物流集团有限公司	
	嘉里大通物流有限公司	
8	上海现代物流投资发展有限公司	88
9	湖北国储物流股份有限公司	70
	深圳市富泰通国际物流有限公司	
	深圳市兆航物流有限公司	
12	北京昌达物流集团有限公司	52

续 表

名次	企业名称	仓库面积（万平方米）
13	山东佳怡物流有限公司	50
14	陕西商业储运总公司	47
	广州市广百物流有限公司（广州市商业储运公司）	
16	海口三顺物流有限公司	45
17	湖南湾田实业有限公司	43
18	广东天图物流股份有限公司	42
19	伊藤忠物流（中国）有限公司	40
	北京科捷物流有限公司	
	重庆公路运输（集团）有限公司	
22	北京祥龙物流（集团）有限公司	38
23	深圳市越海全球物流有限公司	36
24	上海商业储运有限公司	35
25	武汉捷利物流有限公司	30
26	上海顶通物流有限公司	29
27	招商局物流集团广州物流有限公司	27
28	济南零点物流港有限公司	25
29	贵州志吉物流有限责任公司	24
30	深圳市铭可达物流有限公司	23
31	广东怀远物流实业有限公司	22
	四川省宏图物流股份有限公司	
33	云南腾俊国际物流有限公司	20
34	中南鑫邦置业有限公司	19
35	沈阳储运集团有限公司	19
36	中国华良物流集团北良有限公司	16
37	威海国际物流园发展有限公司	15
38	建发物流集团有限公司	14
39	江苏超达物流有限公司	13
	上海菱华仓储服务有限公司	

注：仓库面积包括自有仓库和租用仓库。

表2　　2015年全国仓储地产企业10强

名次	企业名称	仓库面积（万平方米）
1	普洛斯投资管理（中国）有限公司	1354
2	上海宇培（集团）有限公司	265
3	安博（中国）房地产咨询有限公司	260
4	宝湾物流控股有限公司	148
5	上海维龙企业管理咨询有限公司	135
6	新地物流发展有限公司	120
7	北京百利威仓储物流有限公司	100
8	第一创建仓储服务（深圳）有限公司	65
9	广州富力国际空港综合物流园有限公司	46
10	西藏京通易购商务有限公司	41

表3　　2015年全国冷藏仓储企业30强

名次	企业名称	冷库面积（万立方米）
1	河南鲜易供应链股份有限公司	192
2	太古冷链物流（上海）有限公司	158
3	中外运普菲斯冷链物流有限公司	138
4	重庆明品福物流有限责任公司	87
5	沈阳副食集团公司	85
6	招商美冷（香港）控股有限公司	71
7	成都银犁冷藏物流股份有限公司	63
8	湖南红星冷冻食品有限公司	50
9	新疆拓普农业股份有限公司	38
10	河南万邦国际农产品物流城	37
11	辽宁省大连海洋渔业集团公司	33
	德州飞马冷链物流有限公司	
	重庆凯尔国际冷链物流发展有限公司	
	甘肃瑞鑫冷链物流园	

续 表

名次	企业名称	冷库面积（万立方米）
11	大连獐子岛中央冷藏物流有限公司	33
16	杭州五丰联合肉类有限公司	30
17	武汉山绿冷链物流有限公司	29
18	山东盖世国际物流集团有限公司	27
	安徽和合冷链食品股份有限公司	
	天津蓝玺冷链物流有限公司	
21	重庆万吨冷储物流有限公司	23
22	蓬莱汇洋食品有限公司（蓬莱京鲁渔业有限公司）	20
23	贵州瀑布冷链食品投资有限公司	19
24	上海领升实业有限公司	18
25	上海名联冷冻仓储有限公司	17
	北京中冷物流股份有限公司	
27	大连百盈食品有限公司	13
	上海长兴岛渔港有限公司	
29	佛山市南海区大沥桂江冷库储存配送有限公司	12
	北京京津港国际物流有限公司	

注：仓库容积包括自有仓库和租用仓库。

表 4　　2015 年全国危险品仓储企业 10 强

名次	企业名称	仓库面积（万平方米）
1	上海北芳储运集团有限公司	14
2	上海外高桥物流中心有限公司	8
	上海鼎铭集装箱储运公司	
4	上海晶通化轻发展有限公司	7
	天津全程物流配送有限公司	
6	天津裕华经济贸易总公司	4
7	中外运化工国际物流有限公司	3

续　表

名次	企业名称	仓库面积（万平方米）
7	湖南长沙化工原料总公司	3
	南京联合全程物流有限公司	
	上海山汉国际物流有限公司	

表5　　2015年全国危险品储罐企业10强

名次	企业名称	储罐容积（万立方米）
1	中化实业有限公司	512
2	正本物流有限公司	100
3	舟山世纪太平洋化工有限公司	80
4	莱州东方石油化工港储有限公司	58
5	珠海恒基达鑫国际化工仓储股份有限公司	45
6	上海孚宝港务有限公司	36
7	太仓阳鸿石化有限公司	34
8	江阴华西化工码头有限公司	31
9	东莞三江口港储罐有限公司	26
10	厦门博坦仓储有限公司	21

物流企业综合评估全国第十九批、第二十批 A 级物流企业名单

第十九批 A 级物流企业（共 301 家）

5A 级物流企业（21 家）

中都物流有限公司
中国通信服务股份有限公司
中铁特货运输有限责任公司
北京铁路局
中集现代物流发展有限公司
唐山港集团股份有限公司
太原铁路局
沈阳铁路局
江苏徐州港务（集团）有限公司（4A 升 5A）
济南铁路局
郑州铁路局
武汉铁路局
物产中拓股份有限公司
广东广物物流有限公司（4A 升 5A）
广州金博物流贸易集团有限公司
南宁铁路局
成都铁路局
昆明铁路局
西安铁路局
兰州铁路局
乌鲁木齐铁路局

4A 级物流企业（92 家）

中铁铁龙集装箱物流股份有限公司特种集装箱运输分公司
北京汇天力物流有限公司（3A 升 4A）
北京盛丰物流有限公司
北京昌达物流集团有限公司
北京中铁工业有限公司
北京远成物流有限公司（3A 升 4A）
北京中铁铁龙多式联运有限公司
上海中集集装箱有限公司
上海宝臣物流有限公司
上海盛旭物流有限公司
上海明乾物流有限公司
上海锦江航运（集团）有限公司
秦皇岛冀盛物流有限公司
河北顺邦物流有限公司（3A 升 4A）
山西汽运集团临汾汽车运输有限公司
山西汽运集团晋城汽车运输有限公司
山西兴隆物流有限公司

大连集龙物流有限公司
唐山海港长航物流有限公司
吉林省金正物流有限公司（3A 升 4A）
吉林大药房药业股份有限公司
长春远方实业集团有限公司
长春千锤纸业有限公司（3A 升 4A）
常熟华坤仓储有限公司（3A 升 4A）
江苏宏信超市连锁股份有限公司
江苏方正钢铁集团有限公司
江苏坤轮物流有限公司
无锡市顺丰速运有限公司
昆山世远物流有限公司（3A 升 4A）
南通天顺运输有限公司（3A 升 4A）
南通市云顶实业总公司
南通纪氏金属材料有限公司（3A 升 4A）
江苏和盛农资连锁有限公司（3A 升 4A）
温州市鹿富物流有限公司（3A 升 4A）
台州顺丰速运有限公司（3A 升 4A）
浙江高通物流有限公司（3A 升 4A）
桐乡市濮院物流园区发展有限公司（3A 升 4A）
宁波港铃与物流有限公司（3A 升 4A）
福建省东山县东海岸保税仓储物流中心有限公司（3A 升 4A）
福建九州通医药有限公司（3A 升 4A）
福州青州集装箱码头有限公司
福建恒安物流有限公司（3A 升 4A）
泉州盛辉物流有限公司
泉州高时物流有限公司（3A 升 4A）
厦门市顺丰速运有限公司
江西省通信产业服务有限公司（3A 升 4A）
吉安市综合物流中心有限公司
景德镇市恒通物流有限公司
江西康尔达物流有限公司
山东长富物流集团有限公司
青州市泓德物流有限公司
山东金钊源物流集团有限公司
山东盛泽物流有限公司
山东西王物流有限公司
山东顺丰速运有限公司（3A 升 4A）
山东振华物流有限公司（3A 升 4A）
青岛顺丰速运有限公司（3A 升 4A）
山东齐畅冷链物流股份有限公司（3A 升 4A）
郑州豪翔运输有限公司
河南省顺丰速运有限公司
河南万里集团焦作天星汽车运输有限公司
十堰兆泰物流有限公司（3A 升 4A）
湖北寿康永乐商贸集团有限公司
襄阳乾通实业有限公司
湖北富华棉业集团股份有限公司
武汉威伟机械设备实业有限公司
湖北众旺达物流有限公司
襄阳厚载科技有限公司
湖北爱奔物流产业有限公司
荆门市通旺达物流有限公司
湖北富迪实业有限公司
武汉武商量贩连锁有限公司
中百集团武汉生鲜食品加工配送有限公司
湖北交投商贸物流有限公司
武汉圣泽捷通物流有限公司（3A 升 4A）
增益供应链（武汉）有限公司
湖南涟钢物流有限公司（3A 升 4A）
湖南红光物流有限公司
衡阳欣衡物流有限公司
衡阳力丰物流有限公司
深圳市佳捷现代物流有限公司（3A 升 4A）
深圳市联运通物流有限公司

海南金盘物流有限公司
海南海峡航运股份有限公司
四川省通信产业服务有限公司物流分公司（3A 升 4A）
四川佳祥物流有限公司（3A 升 4A）
成都鹏翔运通物流有限公司
贵州省交通物资总公司
酒泉钢铁（集团）有限责任公司物流中心
青海省汽车运输集团有限公司
喀什远方国际物流港有限责任公司
新疆拓普农业股份有限公司

3A 级物流企业（144 家）

云丰国际物流（上海）有限公司
上海易浦物流有限公司
重庆市涪陵区明龙货物运输有限责任公司
重庆市江津利华贸易有限公司
重庆钢铁集团运输有限责任公司
山西一路发物流有限公司
山西汽运集团长治汽车运输有限公司
山西汽运集团物流有限公司
山西碧锦纳川贸易有限公司医药分公司
大连集益物流有限公司
大连港毅都冷链有限公司
沈阳全程德邦物流有限公司
常熟市天境物流有限公司
常熟市金萍国际货运代理有限公司
无锡通联物流有限公司
常熟国通物流有限公司
苏州环盛国际货运代理有限公司
江苏恒亿物流有限公司
扬州华伦物流运输有限公司
扬州市江都区新世纪物流有限公司
扬州市龙腾物流服务有限公司
无锡达利园运输有限公司
无锡市中卡物流有限公司
无锡诚亿物流有限公司
南通万盛棉业有限公司
南通万达物流有限公司
南京永和迅物流有限公司
苏州中远物流有限公司（2A 升 3A）
浙江康宏物流有限公司
绍兴市兴业快运有限公司
温州德邦物流有限公司
台州市宏星物流有限公司
浙江浙中物流有限公司
绍兴申圆物流有限公司
绍兴市中都物流有限公司
永嘉县振兴货运有限公司
杭州盛丰物流有限公司
浙江合运物流有限公司（2A 升 3A）
宁波海晖国际物流有限公司
宁波中陆联合物流有限公司（2A 升 3A）
浙江百富国际物流有限公司（2A 升 3A）
宁波宁电海运有限公司
宁波凯裕物流有限公司
中世国际物流有限公司
合肥安运物流有限公司
铜陵市通达联运有限责任公司
铜陵隆祥物流有限公司
漳州市鸿发物流有限公司
片仔癀（漳州）医药有限公司
福建施乐农业生产资料有限公司
福州星光德邦物流有限公司
福建鹭燕中宏医药有限公司
福建金运国际物流有限公司
石狮市富星电子商务物流园开发有限公司
泉州陆达物流有限公司
冠辉物流（中国）有限公司
石狮胜泓物流有限公司
福建金海湾供应链管理有限公司

福州中外运大裕保税仓储有限公司
福建兴顺物流有限公司
福州新港国际集装箱码头有限公司
福建江阴国际集装箱码头有限公司
福建龙岩天和盛物流有限公司（2A 升 3A）
莆田盛辉物流有限公司
晋江市万安运输服务有限公司
晋江市金海运输有限公司
福建泉州市联鑫货运有限公司
泉州四海物流有限公司
泉州集韵物流有限公司
福建福祥物流有限公司
厦门全程德邦物流有限公司
福建省晶华盐业物流有限公司
厦门特运物流有限公司
赣州市南康区小松兴轩物流有限公司（2A 升 3A）
赣州雁达货运有限公司（2A 升 3A）
景德镇市安捷物流有限公司
景德镇市信联物流有限公司
江西国磊物流有限公司
临沭县盛元锦程物流有限公司
山东雅利安供应链管理有限公司
烟台川大物流有限公司
河南天纵货运有限公司
焦作市豫通物流有限公司
漯河市龙和汽车运输有限公司
漯河市鑫田快运有限公司
襄阳同顺物流有限公司
湖北盛丰物流有限公司
湖北新赛农产品物流有限公司
襄阳光彩中之捷物流有限公司
十堰市畅翔物流有限公司
十堰市远华物流有限公司
巴东县顺达物流有限公司
十堰黄海宏志工贸有限公司（2A 升 3A）
湖北顺泰商贸有限公司
湖北省随州国汽城开发有限公司
湖北老巴王生态农业发展有限公司
湖北天海益达物流有限公司
湖北中禾粮油有限公司
荆门市弘业物流有限公司
湖北捷阳物流有限公司
湖北省绿亿园农产品有限公司
潜江同光面粉有限责任公司
湖北寰城投资有限公司
武汉石化交通运输有限公司
武汉友谊副食品商业有限责任公司
武汉雅元肉类食品股份有限公司
招商局物流集团湖北物流有限公司
武汉联创方圆物流有限公司
湖南省煤业集团资兴物资供应有限公司
郴州东汇宏力混凝土有限公司（2A 升 3A）
衡阳盛泰物流有限公司
衡阳市璐辉物流有限公司
娄底市金惠物流有限公司
湛江锦程物流有限公司
汕头市德邦物流有限公司
深圳市瀚安物流发展有限公司
广东盛丰物流有限公司
深圳市神州通物流有限公司
深圳市东方佳源实业有限公司
深圳市乾泰恒物流有限公司（2A 升 3A）
深圳棋洋国际物流有限公司
深圳顺仓物流有限公司
深圳市赣峰物流有限公司
深圳市湘粤华物流有限公司
广州智德物流有限公司

定安宏通物流有限公司
海南集韵物流有限公司
洋浦振业物流有限责任公司（2A 升 3A）
海南嘉德物流有限公司
遂宁中海鹤汇农特产品冷链物流有限公司
成都正大和协物流有限公司
成都市汇翔实业有限公司（2A 升 3A）
成都新成储物流有限公司
成都汇福物流有限公司
贵州黔和物流有限公司
陕西恒仁物流有限公司
西安志成德邦物流有限公司
白银有色铁路运输物流有限责任公司
甘肃陇运现代物流有限责任公司
银川新华百货东桥电器有限公司
宁夏万马大件运输有限公司
新疆德鲁亚国际物流有限公司
新疆诚通国际物流有限公司
新疆顺丰速运有限公司

2A 级物流企业（40 家）

天津市浩海国际货运代理有限公司
重庆卡沃物流有限公司
嘉兴市乍浦恒泰联运运输有限公司
海宁八方物流有限公司
台州新时空货运代理有限公司
绍兴市飞马货运有限公司
绍兴市王氏物流有限公司
宁波市兴州物流运输有限公司
福建紫金顺安物流有限公司
莆田烟草物流有限公司
福建省莆田盛丰物流有限公司
景德镇市远航物流有限公司
定南县永立物流有限公司
烟台裕顺货运服务有限公司
河南省裕华商储实业有限公司
河南宛美物流有限公司
湖北京穗物流有限公司
孝昌县管氏茶业有限责任公司
湖北火烧坪高山蔬菜集团物流有限公司
湖北国宝桥米有限公司
京山泰昌米业有限公司
湖北庄品健实业（集团）有限公司
神农架林区华阳物流有限责任公司
湖北泽中物流有限公司
湖北康宏粮油食品有限公司
湖北神鹭水产品有限公司
湖北省龙感湖帝龙高科技农贸有限公司
深圳市森海诺物流供应链有限公司（1A 升 2A）
深圳市天鹰供应链管理有限公司
深圳捷递国际物流有限公司
深圳市航威实业有限公司
深圳市阿雷货运有限公司
广西西江物流有限公司
成都市锦江区顺发拓展运业有限公司
广州山九物流有限公司成都分公司
贵州现代物流工程技术研究有限责任公司
云南国储物流股份有限公司
云南东航物流有限公司
西安虹桥货运有限责任公司
青海省汽车运输集团凯达货物运输有限公司

1A 级物流企业（4 家）

新昌陆海国际物流服务有限公司
宁波中兴兴通供应链有限公司
深圳市嘀嘀物流有限公司
甘肃省煤炭运输销售公司

2014 年下半年通过复核的 A 级物流企业名单（共 411 家）

5A 级物流企业（33 家）

嘉里大通物流有限公司
中国远洋物流有限公司
中铁快运股份有限公司
中铁现代物流科技股份有限公司
中国兵工物资集团有限公司
中铁联合物流股份有限公司
华润医药商业集团有限公司
北京市邮政速递物流有限公司
振华物流集团有限公司
天津滨海泰达物流集团股份有限公司
上海安吉汽车零部件物流有限公司
远成集团有限公司
中海集团物流有限公司
上港集团物流有限公司
上海中远物流有限公司
重庆轮船（集团）有限公司
重庆长安民生物流股份有限公司
唐山海港远大物流有限公司
长春一汽国际物流有限公司
一汽物流有限公司
苏州物流中心有限公司
中国外运长江有限公司
义乌市国际陆港集团有限公司
福建盛丰物流集团有限公司
厦门港务发展股份有限公司
青岛日日顺物流有限公司
烟台港集团有限公司
洛阳铁路运通集团有限公司
湖南一力股份有限公司
深圳市亦禾供应链管理有限公司
广东林安物流发展有限公司
中国外运广东有限公司
兰州金轮实业有限责任公司

4A 级物流企业（130 家）

中国新兴交通物流总公司
美集物流（北京）有限公司
北京中远物流有限公司
中国外轮代理有限公司
中远国际航空货运代理有限公司
天津市德利得物流有限公司
天津天保国际物流集团有限公司
天津中石化工物流有限公司
天津市邮政速递物流有限公司
上海云峰集团国际贸易有限公司
上海通贸国际供应链管理有限公司
上海华谊天原化工物流有限公司
上海顶通物流有限公司
上海会成物流有限公司
上海景鸿国际物流股份有限公司
中国上海外轮代理有限公司
上海郑明现代物流有限公司
秦皇岛中首物流有限公司
山西太铁联合物流有限公司
太原钢运物流有限公司
通辽市金播化肥储备有限责任公司
通辽东方利群药品有限公司
通辽瑞丰物流有限责任公司
大连中远物流有限公司
沈阳煤业（集团）国源物流有限责任公司
辽宁铁信实业集团有限公司
长春东北亚物流有限公司
大庆钻探工程公司运输一公司
江苏高兴达物流有限公司
张家港保税区长江国际港务有限公司
华润张家港百禾医药有限公司

华友管业有限公司
南京新干线物流有限公司
江苏恒联国际物流有限公司
江苏新誉能源物流有限公司
昆山飞力仓储服务有限公司
苏州依厂物流有限公司
江苏苏汽国际物流集团有限公司
江苏省九洲交通物流集团
昆山市建伟物流有限公司
南京交运集团有限公司
张家港润盛科技材料有限公司
南京长安民生住久物流有限公司
张家港沿江国际物流有限公司
江苏梦兰物流园区开发有限公司
江苏省扬州港务集团有限公司
浙江新安物流有限公司
杭州汤氏物流有限公司
金承物流集团有限公司
浙江陆通物流有限公司
浙江衢州汽车运输集团有限公司
浙江荣通物流有限公司
浙江振华物流有限公司
浙江正北实业有限公司
浙江中盛物流有限公司
镇海石化物流有限责任公司
宁波中远物流有限公司
中国宁波外轮代理有限公司
宁波雅戈尔国际贸易运输有限公司
浙江九龙国际物流有限公司
宁波市金星物流有限公司
宁波中通物流集团有限公司
安徽安达物流有限公司
泉州隆汉物流有限公司
福建省晋江市交通物流有限公司
福建省邮政速递物流有限公司
万全现代物流股份有限公司
福建兄弟物流有限公司
福建中邮物流有限责任公司
厦门华贸物流有限公司
厦门联合物流有限公司
厦门港务物流有限公司
厦门荣利达物流集团有限公司
顺通达集团有限公司
厦门大顺集团有限公司
萍乡市达金物流有限公司
上饶市新华龙物流有限公司
北方兴业物流有限公司
兖矿东华物流有限公司
青岛福兴祥物流有限公司
青岛中远物流有限公司
中国青岛外轮代理有限公司
中远物流仓储配送有限公司
青岛天璇物流有限公司
恒通物流股份有限公司
深国际北明全程物流有限公司
渤海轮渡股份有限公司
漯河双汇物流投资有限公司
河南九州通医药有限公司
郑州澳柯玛物流开发有限公司
贰仟家汽车新服务有限公司
洛阳市大一物流有限公司
宜昌三峡茶城集团有限公司
兴山县兴发汽运有限公司
武汉中力物流有限公司
武汉市正达物流有限公司
武汉云申物流有限公司
武汉中百物流配送有限公司
武汉市车城物流有限公司
湖南中南物流有限公司
华润湖南双舟医药有限公司

湖南博瑞新特药有限公司
东风车城物流股份有限公司
中联物流（中国）有限公司
广州广日物流有限公司
广州市穗佳物流有限公司
广东广信通信服务有限公司
广州中远物流有限公司
中国广州外轮代理有限公司
广汽丰通物流有限公司
广州中联环宇货业储运有限公司
中山港航集团股份有限公司
广西中信国际物流有限公司
广西壮族自治区邮政速递物流有限公司
四川通宇物流有限公司
中铁二局集团物资有限公司
四川粮油批发中心直属储备库
四川省物流产业股份有限公司
四川省邮政速递物流有限公司
中铁八局集团现代物流有限公司
贵州宁铁南昆物流有限责任公司
陕西西部物流有限公司
陕西黄马甲物流配送股份有限公司
陕西天润金属物流有限公司
陕西易通国际货运有限公司
青海省富康医药集团有限责任公司
西宁长丰集团物贸有限公司
宁夏佳奇石化实业有限公司
新疆维吾尔自治区邮政速递物流有限公司
新疆兆中快运物流有限公司

3A 级物流企业（189 家）

北京中远劳捷斯物资有限公司
中国北京外轮代理有限公司
北京泛太物流有限公司
天津市东丽区联合运输有限公司
中国天津外轮代理有限公司
中国远洋天津物流有限公司
天津远成物流快运有限公司
天津全程德邦物流有限公司
顺丰速运（天津）有限公司
上海百联配送实业有限公司
上海化学工业区物流有限公司
上海康芸物流发展有限公司
上海市纺织运输公司
上海外高桥国际物流有限公司
中远化工物流有限公司
上海全胜物流股份有限公司
上海外轮代理浦东有限公司
上海泓明国际货运有限公司
上海华联超市物流有限公司
上海精准德邦物流有限公司
重庆市河牛滚装船运输有限公司
中国唐山外轮代理有限公司
秦皇岛龙腾运输集团有限公司
石家庄远成物流有限公司
秦皇岛日月星物流有限公司
兴隆县汇丰物流配送有限公司
山西汽运集团迎泽物流有限公司
内蒙古老哈河粮油工业有限责任公司
通辽大华物流有限责任公司
通辽成大冷藏运输有限公司
通辽市国强物流有限公司
通辽四方物流有限公司
中国大连外轮代理有限公司
无锡高新物流中心有限公司
常熟中远物流有限公司
连云港外代国际货运代理有限公司
连云港中远物流有限公司
南京中远物流有限公司
扬州外轮代理有限公司
镇江中远物流有限公司

中国连云港外轮代理有限公司
中国太仓外轮代理有限公司
苏州市特种守押保安服务公司常熟分公司
江苏通联农资连锁有限公司
苏州爱乐美实业有限公司
扬州申通快递有限公司
常熟日新中外运运输有限公司
昆山市交运仓储有限公司
昆山张大千绿色物流有限公司
宿迁交通物流有限公司
太仓万方国际码头有限公司
张家港驰乐汽车配件有限公司
张家港保税区沿江运输有限公司
南通双和食品有限公司
江苏嘉安食品有限公司
南通通强物流有限公司
南通九环实业有限公司
江阴中远物流有限公司
浙江诚信物流有限公司
浙江兴一物流有限公司
浙江富阳口岸国际物流有限公司
浙江五星物流有限公司
长兴顺达汽运有限公司
义乌国联物流有限公司
义乌市长航国际物流有限公司
浙江鸿汇医药物流有限公司
义乌市申通快递有限公司
浙江玉柴九隆物流有限公司
义乌市顺远国际货运代理有限公司
浙江海悦国际货运代理有限公司
浙江汇隆物流有限公司
杭州德邦货运代理有限公司
杭州日通物流有限公司
杭州萧邦物流有限公司
嘉兴顺丰运输有限公司
顺丰速运（湖州）有限公司
浙江长兴田川物流有限公司
浙江鼎发物流有限公司
浙江恒逸物流有限公司
浙江鲁氏物流有限公司
浙江绍广物流有限公司
浙江松茂船务有限公司
浙江中外运有限公司金华分公司
浙江舟山中集国际集装箱货运有限公司
舟山润联国际集装箱储运有限公司
宁波海联物流有限公司
宁波恒胜物流有限公司
宁波宏达货柜储运有限公司
宁波龙星物流有限公司
宁波芦城国际物流有限公司
宁波市环北物流有限公司
宁波英特药业有限公司
浙江万信物流有限公司
浙江兴港国际货运代理有限公司
宁波安迅达国际物流有限公司
宁波万力食品有限公司
宁波市宇达物流有限公司
宁波市镇海新世纪运输有限公司
宁波志成德邦物流有限公司
余姚市鑫天地货运有限公司
余姚市姚江物流有限公司
福建八方迅通物流有限公司
福建嘉丽物流有限公司
福建金胜物流有限公司
晋江市路成达物流运输有限公司
泉州顺丰运输有限公司
石狮市顺裕物流有限公司
万全仓储（福州）有限公司
厦门中远物流有限公司
中国厦门外轮代理有限公司

厦门宏高货运有限公司
厦门象屿太平综合物流有限公司
厦门港务物流保税有限公司
厦门华贞辉物流有限公司
厦门捷递物流有限公司
华夏（厦门）物流有限公司
江西大龙物流有限公司
江西赣西物流有限公司
江西乾峰实业发展有限公司
日照中远物流有限公司
青岛远洋鸿池物流有限公司
青岛联合国际船舶代理有限公司
青岛保税物流园区怡港国际物流有限公司
青岛德邦物流有限公司
烟台万方物流有限公司
烟台市联民物业管理有限公司
山东朗越国际运输服务有限公司
烟台连峰商贸有限公司
烟台安民物流有限公司
蓬莱安邦油港有限公司
烟台金利达物流有限公司
中国供销石油烟台有限公司
中海石油（龙口）基地物流有限公司
漯河宏运汽车运输集团有限公司
郑州花花牛货运有限公司
河南全领域物流有限公司
河南中远物流有限公司
郑州德邦物流有限公司
湖北省十堰亨运集团物流有限公司
湖北元大粮油科技有限公司
武汉市江天金属材料有限公司
武汉中远物流有限公司
武汉船发国际货运有限公司
武汉竹叶山中环商贸城有限公司
岳阳市海纳物流有限公司
岳阳运发物流有限公司
湖南中电物流有限公司
湖南长盛科技开发有限公司
永州市金桔尔物流有限公司
永州市邦联医药物流有限责任公司
湖南省惠尔物流有限公司
湖南湘平高速航运有限公司
广州壹加投资发展有限公司
中联运通控股集团有限公司
深圳中远物流有限公司
广州广裕仓码有限公司
茂名中远物流有限公司
湛江中远物流有限公司
中国汕头外轮代理有限公司
中国湛江外轮代理有限公司
中国防城外轮代理有限公司
广西桂网物流有限责任公司
广西物资集团桂林储运总公司
海南农垦现代物流有限责任公司
四川君安物流集团有限公司
泸州三友物流运输集团有限公司
泸州市天润实业有限责任公司
泸州唐氏运业有限公司
四川峨眉山峨胜物流发展有限公司
四川南方凯路物流有限责任公司
成都全程德邦物流有限公司
贵阳博众物流运输有限公司
贵州勇拓黔图物流发展有限责任公司
昆明中远物流有限公司
云南新为物流有限公司
云南云辉货运有限公司
云南东方物流有限公司
西安市华中快运有限公司
陕西润海物流有限公司
咸阳兴源汽车运输有限公司

旬阳县捷荣运输有限公司
旬阳县祥和运输有限公司
青海省物产民爆器材专卖有限公司
宁夏李旺实业发展有限公司
宁夏原野物流有限责任公司
国药控股宁夏有限公司
宁夏恒源同达冷链物流有限公司
新疆金属材料有限责任公司
新疆顺通物流有限公司

2A 级物流企业（54 家）

上海南华国际物流有限公司
上海泓明供应链有限公司
昆山大洋货运有限公司
昆山好运通国际货运有限公司
常熟外轮代理有限公司
南通新轮国际储运有限公司
南通远通货柜储运有限公司
无锡中远物流有限公司
中国江阴外轮代理有限公司
中国南京外轮代理有限公司
泰州外轮代理有限公司
常州外轮代理有限公司
中国镇江外轮代理有限公司
嘉兴市伟盛国际货运代理有限公司
义乌市倍力货物运输有限公司
浙江三特生态渔业发展有限公司
嘉兴外轮代理有限公司
嘉兴中远物流有限公司
中国台州外轮代理有限公司
义乌市新港国际货运代理有限公司
绍兴市联诚物流有限公司
杭州恒佳运输有限公司
浙江景宁畲乡物流有限公司
浙江旺通物流有限公司
宁波鲁甬佳物流有限公司
宁波新盟国际船务有限公司
宁波金星港通物流有限公司
安徽中远物流有限公司
中国日照外轮代理有限公司
德州飞马肉联集团有限责任公司
青岛港湾国际物流有限公司
襄樊市洪沟农副产品有限公司
十堰鹏程达物流有限公司
武汉远洋大型汽车运输有限公司
武汉日昱物流有限公司
武汉市润华物流有限责任公司
湖北经纬国际货运有限公司
成都诚信达物流有限公司
凉山烟草运输有限责任公司
四川回春堂药业连锁有限公司
四川遂宁市全泰堂药业有限公司
泸州隆盛物流有限公司
雅安市名山区运发物流有限公司
四川吉星物流有限公司
四川君诚投资有限公司
四川省雅洲府物流有限公司
曲靖市富翔物流有限公司
汉中群峰工贸有限责任公司
甘肃省物产集团河口物流园有限公司
青海国储物流有限公司
海原县昌浩工贸运输有限公司
银川市天地快运物流
哈密顺顺通物流有限公司
新疆天顺供应链哈密有限责任公司

1A 级物流企业（5 家）

中国丹东外轮代理有限公司
靖江外轮代理有限公司
镇江远港物流有限公司
嘉兴市东港货运有限公司
宁波保税区金铭国际贸易有限公司

附件

2014 年下半年通过复核的 A 级物流企业名单（共411 家）

注：2014 年下半年应复核的企业共计 776 家。其中，本次通过复核的411 家，升级的企业 26 家，准备升级的企业 21 家，申请延期复核的企业 287 家，放弃复核的企业 31 家。

准备升级的企业 21 家：吴江经济技术开发区物流中心、厦门兴荣国际物流有限公司、厦门海翼物流有限公司、青岛南车四方车辆物流有限公司、中山市曙光运输有限公司、鸿讯物流有限公司、江苏澳翔物流有限公司、张家港市虎翼车业服务有限公司、福州顺丰速运有限公司、恒泰祥（福建）物流有限责任公司、航都（厦门）国际货运代理有限公司、上港集团九江港务有限公司、河南省东健物流有限公司、河南大用运通物流有限公司、武汉市德邦物流有限公司、湖南国储物流投资控股有限公司株洲分公司、湖南华绿生物科技有限公司、广州市望达物流有限公司、佛山市南海金叶物流有限公司、贵州山水物流有限公司、厦门市快行线物流有限公司。

延期复核企业 287 家：中国物资储运总公司、天津大田集团有限公司、大新华物流有限公司、中床国际物流集团有限公司、大庆油田物资公司、福建省厦门象屿股份有限公司、青岛远洋大亚物流有限公司、宝供物流企业集团有限公司、中信物流有限公司、上海通成运输有限公司、阳泉市德运昌物流有限公司、赤峰中昊运输有限责任公司、乌海鑫诺物流有限公司、乌兰察布华通物流有限责任公司、吉林省天荣工贸有限责任公司、吉林龙谷物流有限公司、中床国际物流吉林有限公司、沈阳铁道吉林市铁凇集团有限公司、一重集团齐齐哈尔中实运业有限公司、南京今维宁投资发展有限公司、无锡星网物流有限公司、日梱物流（中国）有限公司、镇江惠龙长江港务有限公司、中国张家港外轮代理有限公司、苏州高新区保税物流中心有限公司、江苏九州通医药有限公司、苏州恒莱国际货运有限公司、临海市江南物流中心有限公司、芜湖远方物流有限公司、安徽华源物流有限责任公司、安徽徽运物流有限公司、繁昌县海洋运输有限公司、合肥永春物流有限责任公司、中外运合肥物流有限公司、厦门速传物流发展股份有限公司、山东博远物流发展有限公司、山东华派克物流有限公司、山东隆力源物流有限公司、烟台高信投资管理有限公司、山东东方海洋科技股份有限公司、大新华轮船（烟台）有限公司、武汉市西马运输有限公司、武汉宏青运贸有限公司、荆州市浩然物流有限公司、长沙联运物流有限公司、华中物流有限公司、深圳市金鹏物流园物流有限公司、广东宏昌实业有限公司、深圳市宝鼎威物流有限公司、广州市裕丰控股股份有限公司、广东南商物流有限公司、海南港航控股有限公司、洋浦隆鑫船务有限公司、贵州穗黔物流有限公司、陕西国储股份有限公司、北京国商物流有限公司、北京佳方物流有限公司、上海复闽仓储有限公司、上海乐惠物流有限公司、国药集团医药物流有限公司、上海利和物流有限公司、上海亚太国际集装箱储运有限公司、上海中远国际航空货运代理有限公司、上海中远物流配送有限公司、上海集发物流有限公司、上海新天天大众低温物流有限公司、上海欧迪斯物流有限公司、上海百联石化物流有限公司、内蒙古中储物资储运有限责任公司、吉林省顺风物流有限公司、吉林省金正物流有限公司、哈尔滨市都乐物流有限公司、黑龙江金谷物流有限公司、黑龙江省顺丰速运有限公司、黑龙江海安现代物流股份有限公司、南京大件起重运输集团有限公司、南京万通物流有限公司、苏州工业园区联合储运有限公司、常熟市通运物流有限公司、江苏达海物流有限公司、张家港捷通中石化工物流有限公司、昆山市金山运输有限公司、苏州高新物流管理有限公司、苏州快而捷物流有限公司、苏州市佳盛实业有限公司、太仓超大物流有限公司、苏州市特种守押保安服务公司张家港分公司、张家港保税区安平运输有限公司、昆山恒莱亦禾供应链管理有限公司、南通市百发实业有限责任公司、苏州市报关集团昆山有限公司、张家港金安危化押运有限公司、镇江市纬泰联运有限公司、江苏冉光物流有限公司、昆山恒安运输有限公司、昆山宏程运输有限公司、昆山佳利货运有限公司、昆山一帆运输有限公司、南通大江物流有限公司、南通汇益食品有限公司、南通鑫泰医药有限公司、苏州中运杰物流有限公司、无锡市迅杰物流有限公司、高邮市诚信物流有限公司、高邮市红太阳物流有限公司、江苏鑫力国际物流有限公司、昆山亚东安顺达集运物流有限公司、昆山中汇物流有限公司、南通九洲大件起重运输有限公司、南通庆堂春医药有限公司、南通鑫鑫医药药材有限公司、苏州永顺宏船舶服务有限公司、扬州第一运输有限公司、扬州远安物流有限公司、仪征上汽赛克物流有限公司、杭州杭锅运输有限公司、金华市经纬货运有限公司、杭州近江物流有限公司、浙江省长兴县长运船务有限公司、远成物流股份有限公司金华分公司、浙江天虹物流有限公司、浙江尊龙物流有限公司、义乌市华皓国际货运有限公司、浙江锦鸿国际货运代理有限公司、杭州翔化物流有限公司、杭州正刚物流有限公司、浙江近远达物流有限公司、浙江路网物流有限公司、宁波市环集国际物流有限公司、宁波陆风国际货运代理有限公司、宁波捷尔国际货运代理有限公司、余姚市集装箱物流有限公司、慈溪市联众家电物流有限公司、安徽百路物流有限公司、芜湖方圆物流有限公司、安徽幸运国际物流股份有限公司、马鞍山市江东航运有限公司、巢湖皖维物流有限公司、茌平县第一汽车运输有限公司、山东大舜医药物流有限公司、德州锦华物流有限公司、山东世茂国际物流有限公司、东营市华星物流有限责任公司、山东嘉隆物流有限公司、诸城长途汽车运输有限公司、山东辰烨投资有限公司、潍坊福田雷沃重工物流有限公司、潍坊市储运有限公司、烟农临沂配送有限公司、烟台交运集团莱阳运输有限公司、烟台交运珠玑物流园有限公司、烟台御海国际物流有限公司、烟台集大物流有限公司、山东省烟台市果品总公司、烟台交运集团龙口运输有限公司、河南一诺钢铁物流网络信息有限公司、漯河市公路运输公司、襄樊襄管物流有限公司、宜昌市老周物流有限责任公司、武汉市金潮物流有限公司、襄阳国邦实业有限公司、湖北正英实业集团股份有限公司、襄阳市广友食品有限公司、应城市锦程物流有限责任公司、湖南中飞物流有限公司、湖南日安物流有限公司、湖南红星冷冻食品有限公司、湖南力邦物流有限公司、湖南畅达物流有限公司、湖南融城物通天下物流有限公司、长沙辉成物流服务有限公司、长沙沂蒙货物运输有限公司、湖南泰和物流有限公司、湖南新物产现代物流有限公司、湖南省湘南物流有限公司、岳阳国联物流发展有限公司、中外运瑞驰物流有限公司、佛山市运输有限公司、珠海公交信禾物流有限公司、广州市圣通运输服务有限公司、中山市亚太食品药品物流有限公司、广州中冠安泰石油化工有限公司、广东世纪捷飞物流有限公司、广州市德辉物流有限公司、海南福海船务有限公司、海南邮政物流有限责任公司、海南佳运物流有限公司、海南福鼎物流有限公司、海南粤海航运物流有限责任公司、贵阳博众物流运输有限公司、云南成华运输吊装有限公司、玉溪市鹏程运输有限公司、西安神州通物流有限公司、西安市诚信三和快运有限公司、西安闽兴钢材现货交易市场有限公司、甘肃省万达实业总公司、青海省物产化工有限责任公司、银川长城远通物流有限公司、新疆亚中机电销售租赁股份有限公司、上海九州通物流有限公司、哈尔滨市滨拓物流有限责任公司、东宁县吉信国际货物运输代理有限责任公司、黑龙江省哈牡绥东投资有限公司、昆山吉平货运有限公司、昆山市海鸿货运有限公司、昆山市佳鸿货运有限公司、昆山市京津冀联运有限公司、昆山市神州物流服务有限公司、昆山市兴安岭仓储物流有限公司、昆山市真安货运有限公司、苏州国际快件中心有限公司、江苏博明物流有限公司、昆山诚捷货运有限公司、昆山市中力储运有限公司、江苏博瑞达物流有限公司、江苏汉博物流有限公司、昆山沧运物流有限公司、昆山恒莱深港新干线物流有限公司、昆山恒莱亦禾物流仓储有限公司、昆山捷特货运有限公司、昆山市昌恒货运发展有限公司、昆山市恒莱报检有限公司、昆山市嘉乐物流综合服务有限公司、昆山市苏闽运输有限公司、昆山市宣昆运输有限公司、昆山台欣货物运输有限公司、昆山雅涛物流有限公司、昆山一诺三思货运有限公司、昆山宝泰万家货物运输有限公司、昆山明珠运输有限公司、昆山市合隆运输有限公司、昆山市建昌运输有限公司、昆山市金达货运有限公司、昆山托宝箱运输有限公司、昆山亚通物流有限公司、昆山远征货运有限公司、浙江长兴申兴物流有限公司、浙江捷通国际货运代理有限公司、浙江子辰贸易有限公司、浙江凯宇物流有限公司、杭州宁捷物流有限公司、台州兴港国际集装箱储运有限公司、杭州众用汽车运输有限公司、杭州准点物流有限公司、慈溪市天天发物流有限公司、宁波中陆集装箱储运有限公司、合肥明辉运输有限公司、黄山市速通物流有限公司、黄山合兴来仓储物流有限公司、黄山市立信商贸有限公司、日照道育船货代理有限公司、诸城市良丰物流储运有限公司、济源市亚之桥环球物流有限公司、漯河市双红运输有限公司、卓尔宝沃勤武汉物流有限公司、湖北储备物资管理局五三八处、襄樊百川通物流有限公司、监利农佳农贸有限公司、宜城万景实业有限公司、武汉思凯物流有限责任公司、衡阳白沙洲物流园有限公司、岳阳市运来物流有限公司、湖南科通电气设备制造有限公司、佛山市百安国际货运代理有限公司、广东红东物流股份有限公司、广州市弘森商贸有限公司、海南全顺达物流有限公司、海南泓泰医药物流管理有限公司、海南三叶医药物流管理有限公司、成都西联钢铁有限公司、泸州市纳溪区龙车开明物流运输有限公司、泸州市蜀联货运有限公司、四川省瑞威物流有限公司、四川立博物流有限责任公司、四川明宇物流有限公司、四川驹马运输有限公司、陕西新武物流有限公司、陕西金世纪汽车运输服务有限公司、陕西永生钢材交易市场有限公司、西安华通货运有限公司、西安秦皖物流有限公司、西安秦浙物流有限公司、西安物特物流有限公司、甘肃省皋兰物资储运石化工贸总公司、宁夏英力特物流有限责任公司、石嘴山市齐协力运输有限公司、石嘴山市顺安隆运输有限公司、新疆快立达物流有限公司、新疆亚中物流商务网络有限责任公司广汇美居物流园。以上公司由于企业改制重组、经营结构调整、业务整合、股权变更、人事变动、整体搬迁等原因申请延期复核。

放弃复核的企业31家：沈阳铁道锦州铁兴集团有限公司、义乌市东吴工艺品有限公司、青岛裕龙国际物流控股股份有限公司、河南中博股份有限公司、湖南白沙运输有限公司、中海物流（深圳）有限公司、广东九州通医药有限公司、甘肃铁联运输服务有限责任公司、天津天荣国际货运开发有限公司、唐山外代国际货运有限公司、河北省邮政速递物流有限公司唐山市分公司、义乌商翔贸易有限公司、义乌市中洋国际货运代理有限公司、浙江泰邦物流有限公司、嘉兴市邦达物流有限公司、福鼎市晖达物流有限公司、青岛裕龙国际物流有限公司、河南大通物流有限公司、中山市粤通物流服务有限公司、广州安泰达物流有限公司、天津中远物流有限公司、长兴金钉子物流有限公司、安吉县远大交通运输有限公司、宁波市每食屋工贸有限公司、浙江亿莱盛气体化工有限公司、慈溪市浒山镇顺发货物托运处、宁波晨客隆超市有限公司、福建阳光物流有限公司、河南路达物资公司、湖南昭华物流有限公司、新疆生产建设兵团奎屯储运有限公司、宁波保税区上善仓储有限公司。以上公司因物流业务调整、并购重组、经营模式改变等原因，不再保留A级企业资质。

物流企业信用评价 A 级信用企业（第十五批、第十六批、第十七批）名单

第十五批（排名不分先后，8家）

广州市大本营物流有限公司
广州市运必佳物流有限公司
广州同创物流有限公司
广州浙信物流有限公司
广州市飞鹏物流有限公司
广州同星物流有限公司
广州湘粮物流有限公司
广州市远泰物流有限公司

第十六批（排名不分先后，共45家）

AAA 级信用企业 36 家

北京泛太物流有限公司
广州市大楚物流有限公司
广州安曙达物流有限公司
广州建梅物流有限公司
广州互德物流有限公司
济宁卓鑫物流有限公司
山西大秦物流有限公司
漯河市立达运输有限公司
四川长虹民生物流有限责任公司
河南万里集团焦作天星汽车运输有限公司
武汉东本储运有限公司
长春一汽富晟大众物流有限公司
漯河市泰威物流有限公司
新疆拓普农业股份有限公司
河北省国和投资集团有限公司
镇海石化物流有限责任公司
浙江大恩物流有限公司
河南省甲乙丙丁物流有限公司
浙江永升医药物流有限公司
北京长久物流股份有限公司
山东泰安交通运输集团有限公司
江苏徐州港务（集团）有限公司
江苏景瑞农业科技发展有限公司
中铁快运股份有限公司
广东秦粤物流有限公司
重庆公路运输（集团）有限公司
湖北安捷物流有限公司

宁波志成德邦物流有限公司
湖南通信产业服务有限公司
宝供物流企业集团有限公司
河南中远物流有限公司
潍坊丰驰冷链物流有限公司
新疆宝新恒源物流有限公司
新兴铸管（新疆）物流有限公司
广东林安物流发展有限公司
正本物流有限公司

AA 级信用企业为（排名不分先后，8 家）

广州粤新物流有限公司
广东红东物流股份有限公司
北京联合通达物流有限公司
攀枝花市攀青物流有限公司
贵州黔和物流有限公司
贵州龙里林隆实业有限公司
云南能投物流有限责任公司
龙岩市卓信物流有限公司

A 级信用企业为（1 家）

贵州苗都现代医药物流经营有限公司

第十七批（排名不分先后，共 21 家）

AAA 级信用企业 11 家

河南宇鑫物流集团有限公司
湖南湾田实业有限公司
中铁现代物流科技股份有限公司
江苏悦达物流有限公司
长春市新悦经贸有限责任公司
山东京博物流股份有限公司
山东高密恒丰粮库有限公司
东莞市德邦货运有限公司
长春京铁物流有限公司
四川安吉物流集团有限公司
中山市德邦物流有限公司

AA 级信用企业 10 家

自贡三辰实业有限公司
长兴必达物流有限公司
浙江八达仓前物流有限公司
峨眉山市众城物流有限责任公司
大连金玛商城企业集团庄河物流有限公司
唐山中储鼎天物流有限公司
唐山曹妃甸区宝丰临港物流有限公司
青岛怡坤物流有限公司
珠海市德邦物流有限公司
宁波速搜物流有限公司

（中国物流与采购联合会行业事业部）

2015年“中国物流示范基地”和“中国物流实验基地”名单

中国物流示范基地6家

盐城市现代物流园区
山东京博物流股份有限公司
江苏景瑞农业科技发展有限公司
北京长久物流股份有限公司
长兴综合物流园区
南京长安民生住久物流有限公司

中国物流实验基地4家

新兴铸管（新疆）物流有限公司
贵州龙里双龙快递物流集聚区
上海天地汇快轩供应链管理有限公司
宁波天地汇海联公路港

（中国物流与采购联合会行业事业部）

2015 年度中国物流与采购联合会科学技术奖获奖项目主要完成单位及完成人名单

获奖等级	奖种	项目名称	主要完成单位	主要完成人
一等奖	发明奖	基于移动互联网 O2O 模式的物流多目标优化调度技术及应用	清华大学（计算机系、清华信息科学与技术国家实验室、智能技术与系统国家重点实验室）、北京物流协会、北京大田仓储有限公司、北京盛光文化传媒有限公司、海南鸿顺德为现代农业科技有限公司、常青竹（北京）科技有限公司、湖南舒天便民连锁有限公司	徐华、林友来、李求诚、杨涛、李立、常永利、李勇辉、杨睿尘、黄少阳、张聪、袁源
二等奖	发明奖	低碳环保长寿命机油滤清器	烟台沃卡瑞过滤材料有限公司、北京德利得物流有限公司	李宗泽、恽绵
二等奖	发明奖	Tesd 爆胎应急安全装置	泰斯福德（北京）科技发展有限公司	杨桂荣、王忠、冯文彩

续 表

获奖等级	奖种	项目名称	主要完成单位	主要完成人
一等奖	进步奖	快递物流行业车联网运营系统	顺丰科技有限公司	庄子骏、姜明涛、朱锐、宋文勇、翟慧君、张华、雷禹、陈嘉思、徐瑶、杜衍栋、刘杰
一等奖	进步奖	烟草专用自动拆码垛系统	普天物流技术有限公司	李军、胡宇昕、张正明、陈光辉、刘清波、胡寸魁、罗阳、韩良星、胡桂珍、郝闯、曾小平
一等奖	进步奖	翻箱倒料机系列产品	云南昆船设计研究院	杨锦鹏、方锦明、甘丽琴、金国峰、刘欢、马立新、熊高金、宋尉、王新红
一等奖	进步奖	基于智能物流的综合运输管理与服务平台的研发与推广应用	北京中交兴路供应链管理有限公司	孙鹏、臧江、马松枝、杨铮、张彤
一等奖	进步奖	LNG 产业物联网大数据平台	云顶科技（江苏）有限公司	孙健、张航、李鑫凌、吴品彦、张楠、尹振宇、陆章其、戢汉帮
一等奖	进步奖	甩挂运输法规政策研究	交通运输部规划研究院	魏永存、谭小平、姚晓霞、李弢、王婧、秦建国、高美真、张弛、张洋、林坦、史言
一等奖	进步奖	基于供需双不确定环境的物流服务供应链协调机制研究	天津大学	刘伟华、彭岩、刘亮、谢冬、刘春玲、葛美莹、杨怡、徐海涛、胡斯敏、贺雅琳、刘松涛
一等奖	进步奖	“移动网仓”	浙江网仓科技有限公司	邓志君、吴桂林、陈通喜、陶臻、王恒、姜俊
一等奖	进步奖	高位拣选设备关键技术研发及产业化	宁波如意股份有限公司	张提成、傅敏、叶国云、冯振礼、张根社、叶青云、张巍

续 表

获奖等级	奖种	项目名称	主要完成单位	主要完成人
一等奖	进步奖	基于GPS/RFID的冷链运输车辆监控系统设计与研究导航定位的冷链物流监控系统	上海郑明现代物流有限公司	刘凤陈、张新华、周艳、陈红、陈雪莹、杜海、冯涛、武建炳、何竞一、胡天维、黄金
一等奖	进步奖	混合垃圾干式自动化精细分选成套设备	云南财经大学、昆明腾威机电有限公司	冉文学、李严锋、宋志兰、邵玉华、徐帮辉、王家鹏、郑贤荣、乔建霖、柴永福、赵迟明、陈凡
一等奖	进步奖	后金融危机时代江苏国际货代物流业应对发展与挑战研究及应用	江苏海事职业技术学院	陈军、刘红明、秦德如、缪琨、张金艳、陈希、方爱华、李坚、李昂、李春红、吴永锐
一等奖	进步奖	资产全寿命周期管理采购策略研究	江苏省电力公司、江苏省电力公司南京供电公司、江苏省电力公司电力经济技术研究院、南京和瑞供应链管理有限公司	蔡榕、周旸、王金虎、高正平、张子阳、程剑筠、徐冶秋、丁一、成义新、张盛、蔡传玉
一等奖	进步奖	"互联网+"水产业务综合管理平台	上海农业信息有限公司	张向飞、朱轶峰、王健、陈薇、叶有灿、刘炜、陈旭、陆健东、宣毅、吴春辉、吴赟
一等奖	进步奖	基于物联网的高端冷藏产品物流云服务平台关键技术研发与产业化	日照三运实业股份有限公司、山东新贵科技股份有限公司	郭方泉、扈全民、孔鲁娜、宋波、刘国成、韩吉田
一等奖	进步奖	物流业务与信息化综合管理系统	华通行物流有限公司	刘秋红、向忠、瞿佳庆、王潇俊、蒋熙熙、方济发、谢应国
一等奖	进步奖	电子化政府采购行业应用型中间件平台系统项目	国采（北京）技术有限公司、深圳市中采信息技术有限公司	吴文毅、赵昌勇、成德桂、陈锦琳、宋维斌、宋文昭、刘辉、唐植友、成德桂

续 表

获奖等级	奖种	项目名称	主要完成单位	主要完成人
一等奖	进步奖	基于 SaaS 云技术的智慧物流供应链管理公共云平台建设项目	江西正广通供应链管理有限公司、正邦集团有限公司、江西正博智慧科技有限公司、上海博科资讯有限公司	刘子瑜、季贤平、杨文华、邱海辉、周胜华、周校平、杨光才、周敏、吴峰、张宝娟、陈亮亮
一等奖	进步奖	航天物流系统规划设计与实施	北京物资学院、中国运载火箭技术研究院物流中心配送部、北京伍强科技有限公司	王成林、陈薇、尹军琪、邹德伟、王朝阳、刘崇、贾美慧、温卫娟、王小亮、孙伟琛
一等奖	进步奖	中储智慧运输物流电子商务平台	中储南京智慧物流科技有限公司、南京络捷思铭物流科技有限公司	李敬泉、戴庆富、刘云飞
一等奖	进步奖	钢塑组合模板体系	中铁建设集团有限公司模架中心	田正章、曲澍、师玮、菅云凯、张红伟
一等奖	进步奖	生鲜配送自提系统	松下冷链（大连）有限公司、大连冰山集团有限公司	纪志坚、张竞浩、李徽、王铁、徐委、于燕、杨宝江、许志杰、张玉辉、王亮、夏德利
一等奖	进步奖	基于优化技术的农产品物流企业协同创新研究	临沂大学、枣庄学院	卢中华、孙洪春、孙敏、周厚春、王玲、任庆军、李凯、李信利、马登程
二等奖	进步奖	智能采集及传输多层物流应用云平台	中国联合网络通信有限公司研究院、上海盖拓信息技术有限公司	张云勇、王炯、房秉毅、王智明、王志军、吴春华、张杰、杨喜欢、卫伟

续　表

获奖等级	奖种	项目名称	主要完成单位	主要完成人
二等奖	进步奖	甩挂运输规划与管理关键技术及其应用	北京航空航天大学、山东省交通运输厅	李红启、高洪涛、王博、鹿应荣、王广鹏、王伟、李嫣然、卢越、董燕
二等奖	进步奖	多阶螺杆连续脱硫绿色制备颗粒再生橡胶成套技术	北京化工大学、江苏强维橡塑科技有限公司、南京绿金人橡塑高科有限公司	张立群、任冬云、史金炜、王士军、邹华、费德立、刘力
二等奖	进步奖	多元联动的综合型物流实验教学平台的研发与应用	深圳市鑫海腾邦资讯科技有限公司、清华大学深圳研究生院、安徽工商职业学院	陈特喜、高本河、赖礼芳、邓永长、胡华中、齐庆、姜方燕、张璇、范生万
二等奖	进步奖	甩挂运输运营组织关键技术研究与示范应用	交通运输部规划研究院	谭小平、李弢、林坦、张弛、史言、秦建国、张洋、魏永存、高美真
二等奖	进步奖	太阳能型蓄冷式冷藏车	河南冰熊专用车辆制造有限公司、河南冰熊冷藏汽车有限公司	金元朝、马锡瑞、洪震川、樊志轩、付刚岑、陈建辉
二等奖	进步奖	江淮“威司达”系列中型载货车开发	安徽江淮汽车股份有限公司	苏荣、江腾飞、章志才、许明春、王杰、韩勇、司志明、佘威、董超
二等奖	进步奖	中邮海外仓系统	中国邮政速递物流股份有限公司、中国邮政集团公司	李雄、方志鹏、戴明坚、靳勇平、王钻、李木、孙韬
二等奖	进步奖	“握物流”全国货运智能配载交易平台	广州增信信息科技有限公司	柏友文、欧阳铭、王海涛

续 表

获奖等级	奖种	项目名称	主要完成单位	主要完成人
二等奖	进步奖	《中国联通移动媒体应用系统业务规范 V2.0》等4项企业标准	中国联合网络通信有限公司	田文科、李广聚、成洁、张云勇、董晖、李向东、房秉毅、李素粉、王志军
二等奖	进步奖	SKU360华东一号基地管理系统	胜斐迩仓储系统（昆山）有限公司	Claus Henkel、Gary Ooi、黄志明
二等奖	进步奖	射频识别（RFID）技术与应用（第2版）	湖南现代物流职业技术学院、北京京胜世纪有限公司、湖南省物流公共信息平台有限公司	米志强、梁飞、杨暑、王武
二等奖	进步奖	基于大数据和云计算的道路货运行业在途车联网服务平台	北京中交兴路车联网科技有限公司	李艺、张志平、张鹤高、李宏、王鹏、蔡抒扬、吴强军、高峰、黄宏旺
二等奖	进步奖	药品冷链物流运作规范	浙江英特药业有限责任公司、北京松冷冷链物流有限公司、中国医药商业协会、浙江省医药行业协会、浙江英特物流有限公司	姜巨舫、孙立军、姜晓丽、朱苗佳、张峰、吴华庆、邵越炯、王江伟、刘琼
二等奖	进步奖	中国邮政跨境电商综合服务平台	中国邮政速递物流股份有限公司、中国邮政集团公司	李雄、方志鹏、戴明坚、靳勇平、唐艳轩、霍俊、孙韬
二等奖	进步奖	东风日产工厂内物流系统创新开发及应用	东风日产乘用车公司、广州风神汽车有限公司	王金宁、阳玉龙、杨耀辉、杨峰松、庹鹏刚、周火星、万明勇、王俊杰、李杰

续 表

获奖等级	奖种	项目名称	主要完成单位	主要完成人
二等奖	进步奖	物流仓储中心建设工艺需求及设计参考	北京求实工程管理有限公司	邹雪云、张大平、夏俊华、蒙丽佳、谢阳、郑洁、田金坡、李永江
二等奖	进步奖	新型内贸集装箱箱型关键技术研究	交通运输部水运科学研究所、中国国际海运集装箱（集团）股份有限公司、中铁集装箱运输有限责任公司	卢成、李继春、赵洁婷、王婧、高峰、邓延洁、张华、金菁、郑勉
二等奖	进步奖	广物仓储物流管理系统	广东广物物流有限公司、湖南创博龙智信息科技股份有限公司	黄盛、陈志强、宋哥、李魁、阳盾、傅涛
二等奖	进步奖	捷运互联－物流电商平台	山东京博物流股份有限公司	高英江、马雪英、岳晓彤、贾振、曹连峰、付广州
二等奖	进步奖	D6 快递业务管理系统与手持终端的应用	上海指端信息科技有限公司	盛勤、李童军、陈巧、张秀生、李门徒、元维喜、阮明、秦铁、殷文燕
二等奖	进步奖	现代物流仓储智能指挥系统	安得物流股份有限公司	卢少艺、刘勋功、陈居文、李辅、王贤海、刘敬、芮定文
二等奖	进步奖	南京浩宇物流管理信息系统	南京浩宇物流有限公司	陈新江、张睿智、陈坚、郭伟华、袁金龙、郝宁波、贾信文、丁帆
二等奖	进步奖	烟草智能密集式仓库系统设计与应用研究	中国烟草总公司职工进修学院	胡红春、李广才、徐珂、司军鹏、武帅、张国华、蒋霞、沈长鹏、林茂

续　表

获奖等级	奖种	项目名称	主要完成单位	主要完成人
二等奖	进步奖	轻量化纯电动厢式物流车	江苏奥新新能源汽车有限公司、长三角新能源汽车研究院有限公司	史践、陈亚梅、刘洪标、蔡正兵、赵赫、丁元章
二等奖	进步奖	物流无纸化派单系统	江苏买卖网电子商务有限公司	曹晖、张程、张光云
二等奖	进步奖	中国物流金融服务平台	中物动产信息服务股份有限公司	刘景福、邝冬蓓
二等奖	进步奖	国际间政府采购技术防护体系构建研究报告	中国标准化研究院	尹彦、张晓瑞、冯永琴、曾凌云、刘红喜、宋黎、丁于思、钱玉民
二等奖	进步奖	冷链物流标准化技术应用项目	广州医药有限公司	陈光焰、庄洁宁、黄献华、李广玮
二等奖	进步奖	校园快递智能生态“小邮局”服务平台开发与应用	徐州工程学院、菜鸟网络科技有限公司、徐州华卓环保科技有限公司	梁子婧、吴凯、陈建明、卢松泉、赵洋、戚鹤亭、万宏、陈丰照、李君
二等奖	进步奖	中国内河航运物流智慧平台	江苏物润船联网络股份有限公司	朱光辉、赵衍维、王钦才、张荐林
二等奖	进步奖	物流园区专线联合业务管理系统	上海天地汇供应链管理有限公司	徐水波、何长春、林刚、傅志远、王海金、胡乔飞、祁森森
二等奖	进步奖	智慧城市的包裹管家	中邮科技有限责任公司	刘海芳、杨彦、张巍、陈德高、滕飞、安东波、吴超、张博晗、张天祖
二等奖	进步奖	服务于汽车物流 JIS 上线的自动立体货架	北京中都星徽物流有限公司	朱励光、于冬、公旭鹏、黄浩、陈霈霖、李雪莲、李跃强、刘冬翔

续 表

获奖等级	奖种	项目名称	主要完成单位	主要完成人
二等奖	进步奖	固定式登车桥	苏州市琇泽升降机械科技有限公司	顾雪方
二等奖	进步奖	干散货物 20 英尺 PTA 罐式集装箱的研发与应用	大连中集物流装备有限公司	倪建生、王忠连、周瑞峰、李永哲、王文博、于金有、吴云日、李志刚、金锋
二等奖	进步奖	江淮重型天然气牵引车系列产品开发	安徽江淮汽车股份有限公司	周福庚、江元、张辉、徐金志、欧勇、高艳军、代璞丰、章健国、张贵勇
二等奖	进步奖	全程冷链物流可视化管理系统	荣庆物流供应链有限公司	郑全军、刘永生、曾弘峰、胡丹、余晶、于金龙、宋金秋、王赛、刘海付
二等奖	进步奖	辽宁辉山乳业集团（沈阳）有限公司液奶车间立体库设备项目	江苏高科物流科技股份有限公司	何志刚、张春江、杨树人、郭斌、何波
二等奖	进步奖	用全额绿色高值节能化四项全扣合式组合法将废轮胎制成超细胶粉母料新技术	上海橡源驰晨环保科技发展有限公司	陈汇宏、胡嘉庆、沙良宝、鱼伟令、陈书怡、胡侃
二等奖	进步奖	基于高性能传感器的危化品储运安全防护物联网系统	西安定华电子有限公司	王瑞、王璞、岳国华、张鹏飞、刘凯峰、吴彦平、卢道宁、皇甫智勇、田景涛
二等奖	进步奖	北京烟草基于物联网部分技术应用的卷烟物流体系建设项目	中国烟草总公司北京市公物流中心	刘进民、王永革、尤洪涛、孙壮志、赵全利、陆涛、张兴旺、吴效伟、杜连城
二等奖	进步奖	基于北斗卫星的应急物流伴随保障系统	中国人民解放军空军勤务学院	桂云秋、辛后居、王甫红、徐常凯、辛安、郑金忠、胡勇、崔崇李、徐启丰

续 表

获奖等级	奖种	项目名称	主要完成单位	主要完成人
二等奖	进步奖	物联网（信息安全）技术开发平台	徽商职业学院、无锡泛太科技有限公司	张玉荣、杨恒、王兴伟、张韶、林晓、李伟、江波、汤进、王翊郑晓
二等奖	进步奖	基于重组并购的物流公司成长路径探讨	苏州大学金融工程研究中心、内蒙古财经大学金融学院、天津滨海联科软件技术有限公司	禹久泓、顾彬、蒙蒙、王之博、李杨、马海涛
二等奖	进步奖	危化品（液体）智能仓储标准化管理云平台	天津东软金算盘软件有限公司	马庆新、王爽、谢永刚、翟玲、鲁艳萍
二等奖	进步奖	物资供应主动服务能力建设	江苏省电力公司物资供应公司	薛祥、袁黎、温富国、徐承松、周贻红、郭伟、丁辉、肖少非、王咏梅
二等奖	进步奖	基于政产学研协同创新的航运人才培养体系建设研究	上海海事大学	瞿群臻、甘胜军
二等奖	进步奖	徐州港区物流公共服务平台研究与应用	徐州工程学院、徐州天大信息科技发展有限公司、江苏鼎驰电子科技有限公司	陈丰照、陈建明、李浩、李成、吴璟、张宇、陈文文、贾志伟、杨皓
二等奖	进步奖	智能管车	北京汇通天下物联科技有限公司	张克刚、朱文亮、王明福、石甫、李锋、刘林、苏介眉
二等奖	进步奖	规模化滤棒柔性生产及自动化物流系统的开发和应用	昆明昆船物流信息产业有限公司	方泳、易曲锋、谭曦、秦颖、刘瑞刚、孙岳先、邱飚、白进松、聂炜
三等奖	进步奖	医院医疗用品库存优化与补货管理系统研制	北京九州通医药有限公司	高智勇

续 表

获奖等级	奖种	项目名称	主要完成单位	主要完成人
三等奖	进步奖	易得利仓储管理系统	常州易得利供应链管理有限公司	闵志君、聂芬、刘彦
三等奖	进步奖	物流法律法规	北京物资学院、东北财经大学、浙江工业大学	李爱华、郑秋阳、孙勇、黄伟峰、吴红霞、李佳
三等奖	进步奖	药品移动助销系统创新项目	中国联合网络通信有限公司集团有限公司河北省分公司	田文科、李广聚、成洁、张秀芳、王国联、董晖、甄腾
三等奖	进步奖	易得利智慧物流港管理平台	常州易得利供应链管理有限公司	闵志君、聂芬、刘彦、郝宁波
三等奖	进步奖	码头业务操作实训	天津海运职业学院	张敏、王晶、闫高杰、谭刘元、曹青、杨丽华
三等奖	发明奖	一种隐蔽型双轴铰链半折门机构	大连中集物流装备有限公司	苏继军、倪建生、王文博、刘春良、刘艳坤、孙士国、单承毅
三等奖	进步奖	中国公共采购理论与实践	佛山市南海区公共资源交易中心	黄冬如
三等奖	进步奖	物流大数据混合存储系统关键技术的研究与实现	临沂大学、临沂商城管理委员会	张明、王海峰、卢中华、江兆林、高希龙、李信利
三等奖	进步奖	无线智能全流程商品定位与指示系统	北京京东尚科信息技术有限公司	张春鹏、汤敬仁、韩海峰、胡金星、李丹、易旭、宁润苏
三等奖	进步奖	智能物流分拣系统和基于物联网的立体网络共性平台	安徽一一通信息科技有限公司	刘葆林、程志友、程晨、李名权、杨良峰、程俊杰、邵影柱

续 表

获奖等级	奖种	项目名称	主要完成单位	主要完成人
三等奖	进步奖	惠龙易通货运集配电商平台	惠龙易通国际物流股份有限公司、镇江惠龙长江港务有限公司、江苏惠银科技股份有限公司	施文进、李培杰、阎九吉
三等奖	进步奖	中国航天运载火箭燃料供给罐式集装箱	大连中集物流装备有限公司	倪建生、王忠连、回凤娜、李永哲、于美娜、吴云日、金锋
三等奖	进步奖	城市共同配送公共服务信息平台——物流唐山	唐山唐联电子商务有限公司	赵冬莲、张洪伟、魏雨宝、赵本林、李清洁、唐作田
三等奖	进步奖	智能化温湿度验证系统	苏州市计量测试研究所	周斌、陈如冰、徐含青、胡涵星、方信昀、潘建良、邱东凤
三等奖	进步奖	“中国物流网”云平台	山东壹车壹本信息科技股份有限公司、潍坊市智慧潍坊建设办公室	刘相义、孙凯丽、刘宁、桂峰、陈兵兵、郑燕玲、张文龙
三等奖	进步奖	医疗机构药品物流管理平台（MILS）	陕西医药控股集团派昂医药有限责任公司	张冬民、李天侗、王辉、付强、蔡辉、杨军、李鹏
三等奖	进步奖	滚装码头	上海海事大学、上海海通国际汽车码头有限公司、中国港口协会滚装码头分会	王学锋、陈舸、秦汾、王立坤、章强、朱玉华、张坚列
三等奖	进步奖	广日物流发运协同作业平台	广州广日物流有限公司	张凌、张世良、成铨、吴斌勇、岑刚辉、吴志忠
三等奖	进步奖	基于北斗技术的农产品（畜禽）供应链控制服务平台建设与应用示范	上海农易信息技术有限公司	王海山、苏航、宋轶勤、王旭、祝国栋、苏芳、吴元庆

续 表

获奖等级	奖种	项目名称	主要完成单位	主要完成人
三等奖	进步奖	天然橡胶跨境电商及保税交割创新解决方案	橡胶谷集团有限公司、青岛橡胶谷产业供应链有限公司	张焱、邓颖、杨洪义、闵祥鹏、刘作杭、王宁、钟磊
三等奖	进步奖	面向多业态集团型企业的绩效考核系统	安徽省徽商集团有限公司	吴红星、巢良存、潘万金、刘光景、张皓、余保山、章龙
三等奖	进步奖	电梯包装木箱工艺优化	华通行物流有限公司	刘秋红、朱海浪、宋雄、吴奇正
三等奖	进步奖	远成私有云建设	远成物流股份有限公司	范若鹏
三等奖	进步奖	长久物流客户服务管理系统	北京长久物流股份有限公司	向红、苏茜娃、张颖、杨宁
三等奖	进步奖	《现代运输管理》	安庆师范学院、中国烟草总公司职工进修学院	汪时珍、张爱国、张云丰、胡红春、夏应芬
三等奖	进步奖	远成物流订单管理系统	远成物流股份有限公司	李接华
三等奖	进步奖	供应链信息资源协同管理平台	中国第一汽车集团进出口有限公司	张萌、高跃峰、常丹丹、董睿、贾科、马超、杜建明
三等奖	进步奖	专用叉车最佳使用年限研究测算	重庆长安民生物流股份有限公司	李习文、罗红、张萍、位小欢、宋玉阳
三等奖	进步奖	智能物联网仓库可视化管理平台	上海物贸生产资料物流有限公司、上海海事大学	瞿伟谷、杨斌、刘钢、郝杨杨、周懿、王洁、马冬卫
三等奖	进步奖	郑明现代3PL供应链金融服务管理系统	上海郑明现代物流有限公司	陈英梅、黄金、郑富贵、陈诚、季忠财、揭冬平、马云龙

续 表

获奖等级	奖种	项目名称	主要完成单位	主要完成人
三等奖	进步奖	信息化与自动化的结合在汽车零部件精准配送上的研究与应用	广州风神物流有限公司	罗春龙、胡云、苏水清、李秀华、吴创伟、曾德才、冯建钊
三等奖	进步奖	辽宁康迪医药有限公司现代医药物流中心的规划与建设解析	上海通量信息科技有限公司	张凌辉、陈鄂
三等奖	进步奖	基于 ISO 9001 的南海电子化政府采购平台	佛山市南海区公共资源交易中心	黄冬如、李粤、潘业臻、马志昌、李霞
三等奖	进步奖	散料快速装卸、防洒落装置	深圳市万港物流发展有限公司、钦州万港物流发展有限公司	柯雄燊、柯雅玲、姚勇剑
三等奖	进步奖	基于云物流的流水生产线缓存控制系统	中国烟草总公司职工进修学院、河北中烟有限责任公司、河南海田自动化公司	王德吉、金姝彬、谢俊明、吕新磊、汪翠兰、王栋梁、王玉
三等奖	进步奖	大赢家国际物流信息平台	宁波大赢家物流技术有限公司	贺舟舰、张鼎龙、陈继川、吕政
三等奖	进步奖	物流企业人力资源管理	上海海事大学经济管理学院	瞿群臻、甘胜军
三等奖	进步奖	托盘箱安全锁扣的应用开发	大连中集物流装备有限公司	苏继军、倪建生、王文博、刘春良、孙士国、单承毅、刘艳坤
三等奖	进步奖	基于大数据技术理念的烟机精益化性能改造	中国烟草总公司职工进修学院、河南中烟工业有限责任公司漯河卷烟厂	王德吉、张建勋、王玉、李永杰、王爱成、王聚奎、王会峰

续 表

获奖等级	奖种	项目名称	主要完成单位	主要完成人
三等奖	进步奖	废橡胶再生环保型新技术新装备研发及产业化	莒县东盛橡胶有限公司	王京东、段奉亮、赵国、张友京、刘中胜、陈洪运、王飞
三等奖	进步奖	汽车零部件运输配载模型建立及应用	武汉东本储运有限公司、华中科技大学、武汉昱谷信息技术有限公司	蒋晖、王琳、刘玲、徐贤浩、李昆鹏、巴清、管畅
三等奖	进步奖	运用云计算实现成品烟箱条码防差错检测	中国烟草总公司职工进修学院、河南中烟工业有限责任公司漯河卷烟厂、西门子自动化公司	王德吉、张建勋、王玉、李永杰、汪翠兰、谢俊明、陈志勇
三等奖	进步奖	中石化煤炭物流体系优化方案	北京弘帆物流股份有限公司	兰本军、钟声
三等奖	进步奖	万信全国物流公共信息平台	江西万信物流有限公司、江西省经济管理干部学院	刘光森、刘光林、邓伟、匡志鹏、姚海彪、舒志、林峰
三等奖	进步奖	江苏万寨物流园钢材电子交易信息平台技术方案	徐州工程学院、江苏万寨物流园	张中强、张晶、宋效红、胡晶、李君、张兵、李思伟
三等奖	进步奖	疫苗冷链物联网综合监管系统	杭州奥肯科技有限公司	林南、林雄伟、杨勤之、郑锡宁、张金生
三等奖	进步奖	新型冷链物流专用保温箱	松冷（武汉）科技有限公司、北京松冷能源科技有限公司	孙立军、耿墨礼、吴江灿、石袁、韩春晖、苏晨
三等奖	进步奖	郑明现代基于 J2EE 的物流仓储管理信息系统的设计与实现	上海郑明现代物流有限公司	郑富贵、陈诚、陈红、陈雪莹、杜海、武建炳、何竞一

续　表

获奖等级	奖种	项目名称	主要完成单位	主要完成人
三等奖	进步奖	钢铁在线监测预警平台	唐山市唐宋企业管理咨询有限公司	宋雷、张婷婷、马强、赵青、刘亚玲、王宪、田知博
三等奖	进步奖	高速公路设备设施火灾监测系统关键技术研究	闽江学院	李皞、李琳、王建平、狄俊安、林中燕、杨杰、李祎彧
三等奖	进步奖	商贸流通业供应链一体化服务平台研究与应用	广州华新商贸有限公司	莫俊刚、蔡军、周劲杰
三等奖	进步奖	货来货往信息交换平台	上海乘风企业管理咨询有限公司	栾剑锋、邱文学、严加远、张明、庞妙冉
三等奖	发明奖	运多多物流信息 OTO 服务平台	无锡运多多网络科技有限公司	武昊昱、武永栓、刘璐
三等奖	进步奖	年产 5 万吨柴油发动机氮氧化物还原剂（车用尿素溶液）项目	辽宁润迪汽车环保科技股份有限公司	邹建波、王宝峰、李其章、王志云、孙慧、崔忠贺、陈春媛
三等奖	进步奖	易栈智能社区服务平台	易栈有限公司	倪彦、陈明
三等奖	进步奖	《现代采购管理（第 2 版）》	安庆师范学院、中国烟草总公司职工进修学院	张支南、王红、胡红春、张军、陈婷
三等奖	进步奖	56888 智慧物流服务平台	深圳市国讯通科技实业有限公司	蔡燕东、王吉玉、高子全、叶荣标、陈燕
三等奖	进步奖	整车场地使用太阳能发电研究	重庆长安民生物流股份有限公司	郭金雨、黄斌、路兴欣、岳刚、宋玉阳、周进、张祥
三等奖	进步奖	海航航空货运管理系统	海航货运有限公司、海南易建科技股份有限公司	訾胤、王杰、张向南、张同爽、郭耀丹、李尧、王子威
三等奖	进步奖	TD75 型通用固定式带式输送机关键技术研究	河南工程学院	刘建英、方月、刘军、陈静、王鹤、李立琳、吴素珍

续 表

获奖等级	奖种	项目名称	主要完成单位	主要完成人
三等奖	进步奖	基于工业云的物流生产远程维护系统	中国烟草总公司职工进修学院、河南中烟有限责任公司、中科院先进所	王德吉、谢俊明、孟瑾、吴雪琴、李小福、汪翠兰、张建勋
三等奖	进步奖	国际航空快递机舱配载优化研究及应用	深圳技师学院 United Parcel Service of America、Inc. 亚太转运中心（运必送物流有限公司）	资道根、郑志军、方培锋
三等奖	进步奖	在途物流位置能力开放平台	中国移动通信集团辽宁有限公司、中国移动通信集团公司	张亚超、陈欢、李辉
三等奖	进步奖	《现代物流实训手册》	武汉商贸职业学院、上海优为科技有限公司、天地华宇武汉分公司	陈英华、郝双喜、何芳、张怡、田立、李海英
三等奖	进步奖	智能物流移动终端	中国联合网络通信有限公司研究院、上海世麦智能科技有限公司	张云勇、王炯、房秉毅、王智明、王志军、高超然、钟芹盛
三等奖	进步奖	流通类专业课程“消费者行为学”教材	浙江树人大学、浙江红石梁集团有限公司、中国烟草总公司职工进修学院	高孟立、胡红春、吴俊杰、张玉荣、曾锵、余维臻、姜慧华
三等奖	进步奖	DSTR 信息管理系统开发与应用	广州风神物流有限公司	余娟、陈虎、王姝、秦天玲、何俊亮、胡云、吴荣树

续　表

获奖等级	奖种	项目名称	主要完成单位	主要完成人
三等奖	进步奖	杭州悠可化妆品 WMS 建设项目	上海通天晓信息技术有限公司、杭州悠可化妆品有限公司	吴煜、黄朗阳、曹向超、单涛
三等奖	进步奖	战略协同视角下的物流企业责任竞争力治理机制研究	临沂大学、山东金兰现代物流发展有限公司	孙朋杰、李晓东、陈令军、李宗青、卢中华
三等奖	进步奖	供应链收益共享契约的协调模型与优化策略研究	河海大学常州校区	庞庆华、杜栋、宿晓

2015 年中国物流十大年度人物

冉　旭　平安银行现代物流金融事业部总裁
白席能　延安利源物流有限公司董事长
刘振东　恒通物流股份有限公司 董事长兼总经理
李关鹏　中国外运股份有限公司总裁
李艳归　湖南一力股份有限公司
李锦仪　福建陆地港集团有限责任公司董事长
徐　平　河南省进口物资公共保税中心有限公司总经理
徐冠巨　传化集团有限公司董事长
崔洪金　天津安达集团股份有限公司董事长
盖忠琳　山东盖世国际物流集团有限公司党委书记、总经理

2015 年度“宝供物流奖”及“宝供物流奖学金”获奖名单

“宝供物流奖”获奖名单

奖项	获奖项目	获奖者	工作单位
一等奖	用于库房智能温湿度控制的太阳能发电系统关键技术研究	高飞	总装备部军械技术研究所
	中邮海外仓系统	方志鹏、戴明坚、靳勇平、孙韬	中国邮政速递物流股份有限公司
二等奖	智能手持终端与 D6 业务管理系统协助全峰高效作业	盛 勤	上海指端信息科技有限公司
	交通运输行业企业社会责任发展报告	匡海波	大连海市大学
	电力表计包装箱自动开箱系统	彭榜盈	普天物流技术有限公司
	面向异车型集送问题的车辆路径优化与算法	田宇、伍炜勤	中山大学管理学院
	基于云制造的起重机协同设计平台研究	李宗琛	武汉理工大学物流工程学院
	可折叠蔬果物流箱	甘卫华、许颖	华东交通大学机电工程学院工业工程与物流管理系
	农产品物流体系购建理论与实践	李严锋	云南财经大学物流学院

续 表

奖项	获奖项目	获奖者	工作单位
三等奖	可应用于物流优化领域问题的混合群体智能优化算法研究	向万里	兰州交通大学交通运输学院
	并行模拟退火算法的研究及其在物流配送车辆路径问题中的应用	王超	北京工业大学
	省域甩挂运输发展规划技术及其应用	李红启	北京航空航天大学交通科学与工程学院
	运多多物流信息服务平台	刘璐、武永栓	无锡运多多网络科技有限公司
	BPM 搬家业务管理云平台	闫美云、沈维莲	天津东软金算盘软件有限公司
	智能马头业务管理平台	田金平、王晨	天津安洁新力科技有限公司
	互联网 + 货运超市	李贤辉	达州达运公路物流港有限公司
	抢险救灾通用战备物资军地联储保障策略与实证研究	王海兰、贾巨民、李欣	军事交通学院军事物流系
	城市物流系统可靠性优化研究	张浩	北京工商大学
	基于制造商物流需求的国际物流园区投资环境评价	舒楠、庞燕	中南林业科技大学
	鞍钢股份物流综合管理信息系统的应用	侯海云	鞍钢股份有限公司物流管理中心
	供应链金融物流监管风险控制与效益拓展系列应用研究	王爽	天津滨海职业学院

“宝供物流奖学金”获奖名单

序号	学校名称	获奖者姓名
1	北京交通大学	胡明瑶（博士）、黄思翔
2	中山大学	卢晨曦、陈锐
3	浙江工商大学	俞伟、毛佩琦
4	华中科技大学	石渊龙（硕士研究生）、覃雪莲
5	南京财经大学	王陈玉（硕士研究生）、汪幸

续　表

序号	学校名称	获奖者姓名
6	东南大学	曹佳敏、徐小玲（博士研究生）
7	北京邮电大学	崔楠、凌佳翡（硕士研究生）
8	解放军后勤指挥学院	驾志强（硕士研究生）、高飞（博士研究生）
9	华东交通大学	许颖（硕士研究生）、吴海群
10	武汉理工大学	李宗琛（硕士研究生）、孙振宁（硕士研究生）
11	长安大学	张修洋（硕士研究生）、丁大川
12	北京物资学院	宋子龙（硕士研究生）、任小宇
13	西南财经大学	燕宇飞、徐凤琴
14	大连海事大学	骆嘉琪（硕士研究生）、谭笑
15	天津大学	梁志成、周琪
16	浙江大学	李磊、蔡帆帆
17	山东交通学院	孙九龙、沈力
18	北京工商大学	曲冲冲、王雯（硕士研究生）
19	上海海事大学	潘世阳、高玮蔚
20	兰州交通大学	张莉英、王艳霞
21	中南财经政法大学	杨露、周佳琪（硕士研究生）
22	广东财经大学	应诗婷、毛应（硕士研究生）
23	山东大学	李安赛、石林炜（硕士研究生）
24	华南理工大学	孔淑怡、纪静娜（硕士研究生）
25	中南林业科技大学	舒南（硕士研究生）、郑莉（硕士研究生）
26	江西财经大学	秦莉莉、肖欣
27	吉林大学	刘晓宇（硕士研究生）、杜鑫（章）
28	同济大学	陈艳萍、曹晓怡（硕士研究生）
29	湖南商学院	袁文静、刘雅丽
30	武汉大学	贾兴洪（博士研究生）、高悦凯（硕士研究生）

（中国物流发展专项基金“宝供物流奖”办公室）

2015 年美国物流业[①]

2015 年美国经济实现了 2.4% 的增长，其中消费大约贡献了 70% 的 GDP。消费支出增加、市场信心走强通常有望增加物流服务需求，推动物流业增长，因此消费有可能成为美国物流活动最重要的驱动力。

2015 年美国商业物流成本的驱动因素发生了巨大变化。B2C 电子商务的快速增长使得发货人在包裹和快递服务上的支出迅速增加。同时，煤炭用量的下降以及原油价格的下跌，使得铁路运输和管道运输成本降低。低廉的燃油价格也减少了汽车运输以及其他运输方式的燃油附加费用。虽然一些前沿技术目前尚未大量投入使用，但是对新技术的讨论从未间断。

2014—2015 年，美国商业物流成本上升趋势有所放缓，只增长了 2.6% （详见下表）。其中美国商业物流成本中占比最大的运输费用仅仅增长了 1.3% 。增速放缓原因之一是能源价格的回落降低了燃料附加费用，这几乎影响到所有的运输方式。另外，整车运输运力过剩压低了运价，导致这一重要细分市场营收增长被限制在 3.0% 。

仔细分析运输成本可以发现，2015 年可能是美国交通运输的一个转折点：能源指向型运输模式收益下降，如铁路运输和管道运输；同时以消费者为中心的运输模式加速增长，如包裹快递行业和零担运输业。煤炭运量锐减很大程度上导致铁路运输业出现 8.9% 的收益跌幅；油价低廉使得美国国内原油和天然气产量低迷，导致管道运输业收益减少 11.8% 。与之相反，电子商务在零售行业持续加速增长，推动包裹快递行业和汽车零担运输业分别增长了 8.0% 和 7.0% 。所以消费者现在或许正掌控着美国的运费结构，有可能取代能源（燃料）在物流成本方面的作用。

① 本文根据《第 27 次 CSCMP 美国物流年报》编译整理。

2015 年美国商业物流成本统计　　单位：十亿美元

	2015 年	同比增长（%）	五年复合年增长率（%）
运输成本			
整车运输	278.8	3.0	7.1
零担运输	63.7	7.0	3.4
私人或专用运输	240.1	1.0	5.3
汽车运输	582.6	2.6	5.9
包裹	82.2	8.0	6.7
货车载重	60.8	–12	4.4
联合运输	19.9	2.0	2.1
铁路运输	80.7	–8.9	3.8
航空运输（包括国内、进口、出口、货物和快递）	67.4	2.1	4.6
水运（包括国内、进口与出口）	47.6	2.1	3.9
管道运输	29.5	–11.8	2.7
小计	889.9	1.3	5.5
库存持有成本			
仓储成本	141.0	2.5	4.7
财务成本（加权平均资本成本×商业库存总量）	158.1	7.4	0.9
其他成本（折旧、缩水、保险费用、操作费用等）	128.2	5.1	2.6
小计	427.3	5.1	2.6
其他成本			
承运商的支持活动	45.7	2.0	6.3
托运人的行政支出	45.3	6.3	4.8
小计	91.0	4.1	5.5
美国商业物流成本总额	1408.2	2.6	4.6

当前，美国物流体系健全，所需服务和特性产品一般较易获得，为提高成本效率而设计的系统正在使定价更有利于发货人。然而，基础设施落后与行业加速增长之间的差距将给这

一系统带来更大压力，因为这一系统并不是为电商驱动的“最后一英里，最后一分钟”配送模式而设计。因此，短期内解决基础设施问题对大运量物流部门至关重要。

下一个十年，物流行业将会进入一个新的时期。颠覆性的力量例如技术（包括物联网、分析方法、机器人、3D 打印）、经营限制（包括规章制度限制、司机短缺、基础设施薄弱）等将以惊人的速度演变，并可能从根本上改变游戏规则。在这一过渡时期，只有那些注重培养技能以适应变化的企业才有可能脱颖而出。

下面从运输方式的层面梳理 2015 年美国物流业的发展情况。

在此引用 XPO 物流公司主席兼首席执行官布兰得利 S. 雅各布斯的观点对美国物流业的现状做一个大致的概述：“物流和运输支出对大公司来说属于主要持续性开销，削减这些开销对管理层来说压力巨大。在供应链中还存在着许多低效率的现象，例如，货运卡车仍然会不合时宜地出现在不该出现的地方。能够进行海运的货物却通过航空运输，并不紧急的货物却进行加急运输。由于库存准确性没有达到 100%，出现商品运输地址错误或运输延迟。所有这些类型的低效率问题都需要聚焦解决，才能降低供应链成本。客户、承运人和第三方物流企业需要以合作的、解决问题的方式来对待服务和成本问题。物流行业应该向客户提供能够创造价值的想法，而不仅仅是提供货运能力。目前行业正在向这个方向发展。在与客户合作的基础上，大企业正在利用自身优势形成并组合各种解决方案。随着时间的推移，这个行业将由少数大型企业组成，它们的服务范围非常广泛，能够帮助客户减少低效率问题并控制供应链成本。当然，也会有一些不错的小企业，但是它们的存在将是例外，而不是常态。我所说的价值增值水平的提高，是需要大量技术投入的，这将超出小型企业的能力范围。”

一、公路运输：运费低迷的一年

汽车运输是美国规模最大的运输方式。根据美国货车运输协会的消息，2015 年全美汽车运输业实现收益 5830 亿美元，雇员超过 700 万人。其营运业务开支，包括零担运输和整车运输，占到行业总支出的 59%。整车运输子业务可以细分为干货运输、温控（或冷藏）运输、平板车运输、散装运输、罐装运输、短驳联运以及使用其他专业设备进行运输。

对于汽车运输承运人及其客户来说，2015 年美国汽车运输业的主要特点是运力过剩，这使得运价在连续多年增长之后出现下跌。年初运价开始出现疲软，随着时间的推移运价迅速下跌。大部分承运人通过提高运营效率和减少订单来应对物流环境的恶化。运价骤降并不是汽车运输公司面临的唯一困境，随着劳动力市场的紧缩、规则制度更加严格，招聘和保有卡车司机变得越来越困难并且价格不菲，货车运输的职业也失去了吸引力。

据 Truckstop. com 的消息，2015 年第一周至 2016 年同期，干货运输现货市场费率降低 15%。卡斯货运指数也印证了运价下降的趋势，2016 年 4 月的开支数据相比 2015 年同期呈现 8.3% 的降幅，同期货运量也减少了 4.9%。

来自美国运输统计局的数据表明，2014 年全美卡车吨位总数显著增长，2015 年则保持稳定。运价走低这一点可以解释为运力过剩，以及卡车公司追求低产出运输所致，如联运和零担运输。同时根据 EIA 的消息，美国高速公路柴油价格作为计算燃油附加费用的关键指标，在2015年下降近30%。面临运价下跌，承运人已经采取措施提高效率，适当提升现有运营标准，如运载里程共享水平；减少了对新装备的投入。例如，FTR Associates报告显示2014—2015年，Class 8重卡净订单从37.6万件减少到28.4万件。

卡车司机短缺。卡车司机的缺乏导致承运人对卡车司机的争夺仍然激烈。据美国劳工统计局的统计，2010年卡车司机的需求量略微超过150万，达到最低点；然而当前的市场需求量接近170万。同时，许多上市货运公司财务显示，员工薪酬增速高于总体收入增长速度。有观点认为，影响卡车司机增长的原因之一是严厉的规章制度。例如电子日志制度、基于发囊的违禁药品检测制度以及驾驶员毒品检测信息收集制度。这些规章制度能够减少15%的行业产能。

特种汽车货运部门。专业车队运输是承运人的一大亮点，对发货人来说也越来越重要。发货人使用专业的运输车队能在复杂环境中提高效率，保证货品安全，满足服务需求。同时，对一些大型承运人来说，专业运输车队是一个基本增长领域。

2015年全美零担运输市场喜忧参半。多个大型零担运输承运人企业营收和车辆吨位总数有所减少，然而一些专注电子商务或零售行业的公司则能够大体维持甚至稍稍提升业务成交量。通常，零担运输承运人会给出稳定的报价，一些公司还会投资购买大型扫描设备以保持运价水平。

货物运输设备市场出现疲软。据Truck-stop.com的消息，从2015年1月到2016年4月平板车运输报价回落11%。其他专业设备运输报价也持续回落，同期出现了17%的跌幅。

汽车运输市场疲软更可能是一种短期现象，而不是一种“新常态”。随着劳动力市场回暖以及承运人减支计划的实施，经济加速增长将可能导致运力紧缩，运价上升。

二、包裹和快递：由B2C来加油

美国的包裹和快递行业（包括快递员和邮递员）价值820亿美元，首次入编《美国物流年报》。联邦快递、联合包裹服务和美国邮政署是世界上规模最大的三个运输公司，是包裹和快递行业的主导者，坐拥完善的运输网络和最后一英里配送的基础设施。区域和地方承运人则主要凭借其低廉运营成本的竞争优势，占据着剩下的市场份额。

包裹和快递行业提供两类服务：按时送达服务（例如次日达航空快递）和一般性的投递服务（即地面运输）。2015年，联邦快递地面运输收益增长了9%（不包括新收购的GENCO快递公司的收益），联合包裹服务地面运输收益增长了大约3%。两家公司的速递服务收益都与2014年持平，总体业务规模有所缩减。

B2C和全方位零售的挑战

包裹和快递市场的主要增长动力是B2C电子商务和全方位零售的迅速增长，B2C电子商务和全方位零售正使服务组合向地面运输服务转变，承运人最后一英里配送和逆向物流的经营模式正在受到挑战。

2015年，B2C电子商务货运量在包裹和快递承运人地面业务中，占据重要的、持续增长的地位。到2020年，电子商务规模可能达到目前的两倍，联合包裹服务预计电子商务货运量的增长将会对其包裹业务量产生比例效应（见图1）。

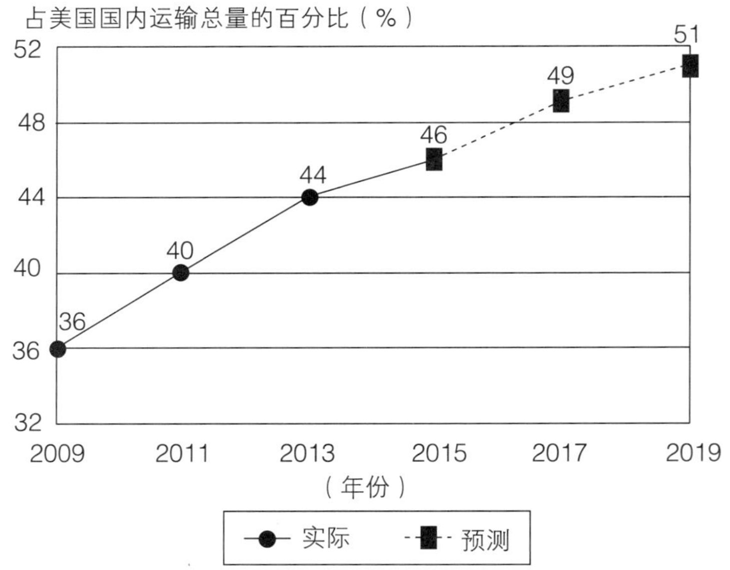

图 1　2009—2019 年联合包裹服务 B2C 包裹业务增长走势

资料来源：联合包裹服务 投资者关系综述。

B2C 运输龙头企业效益增长面临的挑战如下：就定价规则而言，B2C 运输收益比一般运输服务更低，入户投送也会带来更高的运营成本。此外，越来越多的零售商更倾向于选择当天送达服务，从附近商店发货而不是区域配送中心发货，大有从市场领导者手中抢夺业务量的趋势。最后，电子商务提供灵活的退货政策，这将直接从消费者那里生成大量的小件运输订单。这些变化给联邦快递和联合包裹服务快递收发工作带来了重大挑战。然而，这一趋势正好与美国邮政署的优势相契合，2015 年美国邮政署运输和包裹规模增长了 14% 。

包裹和快递行业龙头企业正在积极应对这些挑战。他们应对的方法之一是进行大量技术投资，如机器人、车辆路线规划软件，并加强与美国邮政署的合作。美国邮政署的合作伙伴包括联邦快递 SmartPost 和联合包裹服务 SurePost 对 B2C 和全方位零售的需求持续增长，为此量身定做并制定了一系列的解决方案，包括联邦快递设立配送管理员、UPS 建立营业点网络，并推出“我的选择”服务。此外，他们也通过收购其他公司来拓展其服务范围，为处理 B2C 业务创建一个更广阔的平台。例如，2015 年联邦快递收购 GENCO 快递公司、联合包裹服务收购丛林狼物流公司就属此类。

桑福德伯恩斯坦股票分析师大卫 · 弗农认为，很多复杂的因素正在影响包裹和快递行业承运人，如快递业务量的压力、低网点密度 B2C 运量的增长、劳动分工、员工的挑战以及迫在眉睫的机器人投资。但消费者网上购物和追求即时满足感的趋势，可能是正在发挥作用的、最具革命性的力量。随着零售商调整经营方式以满足顾客对网上购物的需求，在迅速满足顾客需求上角力，我们看到运输和物流服务的需求也随之发生了变化。虽然有很多初创企业瞄准这一需求市场，众包模式似乎仍在发力。并且零售商也正在被迫内包配送业务、大量补贴配送成本，并增加库存量。当今包裹和快递行业大型承运人是美国物流系统里的重要角色。进行服务调整以适应“最后一英里与最后一分钟结合”的市场运输需求，将会是这一部门在未来几年面临的关键挑战，当然，同时也是机会。

据《华尔街日报》消息，联合包裹服务近期对当天送达服务新兴企业 Deliv 投资 2800 万美元，与 Postmates 类似，Deliv 公司外包其最后一英里的送货服务。《福布斯》报道，Uber 也正在利用其超过 16 万名活跃司机的网络进行包裹投递测试。在一种更加传统的氛围里，地区包裹承运人正在改善技术和效率。受到严重冲击的美国邮政署正通过多种方式打造全新的市场格局，尤其是在最后一英里的投递网络，美国邮政署有潜力做得更好。

一个重要的发展方向是大型零售商正开始内包部分物流功能，并开始建立自己的运输网络。2015 年亚马逊开始建设物流基础设施。此外，亚马逊继续在密集城区建造仓库，如在纽约；也租赁飞机，采购额外的地面运输能力。大型零售商在业务量和资金资源上显然能够满足人口稠密地区的要求。如果亚马逊的案例有任何启示，那就是投资市场通常会接受这种在短期内没有回报的投资。

三、铁路：煤和石油的终结

美国拥有世界上最庞大的货运铁路运输系统，总长达 14 万英里，2015 年账面收入超过 800 亿美元。根据美国铁路协会（Association of American Railroads，AAR）的数据，全美范围内铁路雇员达 18.5 万人。据 AAR 的统计，7 条 I 级铁路创造了 95% 的收入，这表明该行业高度集中。与高速公路及航空系统不一样，货运铁路公司不仅要负责维护其所经营的铁路网，还要进行资产运营。

首先，铁路面临不断变化的货运组合。2015 年宏观经济疲软、煤炭和原油的铁路运量大幅下滑，加上联合运输增长停顿，导致全美整体铁路货运量下降了 2.5% 。

AAR 的数据显示，因为“廉价”的天然气和环保法规造成美国煤炭需求下降，煤炭的铁路运量在 2014—2015 年下降了 14% （见图 2）。在此前货运量已连续 4 年平均每年稳定下滑 3% 的基础上，2015 年煤炭运量下降速率大幅加快。很显然，煤炭已失去了以往的重要性。根据美国能源信息署（Energy Information Administration，EIA）的数据，全美燃煤发电的比重已从 2000 年的 56% 跌至 2015 年的 33% 。因得益于水力压裂法的应用，2015 年全美的天然气首次超过煤炭成为发电的主要燃料。

BNSF 铁路公司执行主席马特·罗斯认为，“2015 年，能源市场发生多个变化——之中尤其以发现储量丰富的低成本天然气和很多公共设施煤改气这两件事影响最大——从根本上改变了美国铁路运输的商品种类。对于美国铁路来说，煤炭运量下跌可能是其自 1980 年《斯塔格斯铁路法》颁布以来遭遇的最大的结构性变化。该法令部分解除了对美国铁路的管制。能源市场动态也导致通过铁路的原油运量减少，对支持额外新的良好发展的商品产生了更大的影响。好消息是，铁路在显著增加的多式联运中占有一席之地，而且卡车货运的联运潜在转化率依然强劲。铁路效率直接有助于节省燃油，从而降低成本，减少排放，这不仅有利于供应链，也有利于整体经济。为吸引更多的此类型运输，铁路继续专注于新方法，以提高效率和可靠性，通过其联运通道的额外转换，将继续发挥以上优势。此外，得益于私营铁路的大量投资，国家铁路网的状况非常不错。政府主要是州和地方一级的政府，需要下达许可来支持及促进多式联运和其他部门持续增长所需的投资。一流的基础设施，再加上内在的环境优势和经济优势，铁路交通会成为铁路客户和政策制定者的最佳选择。”

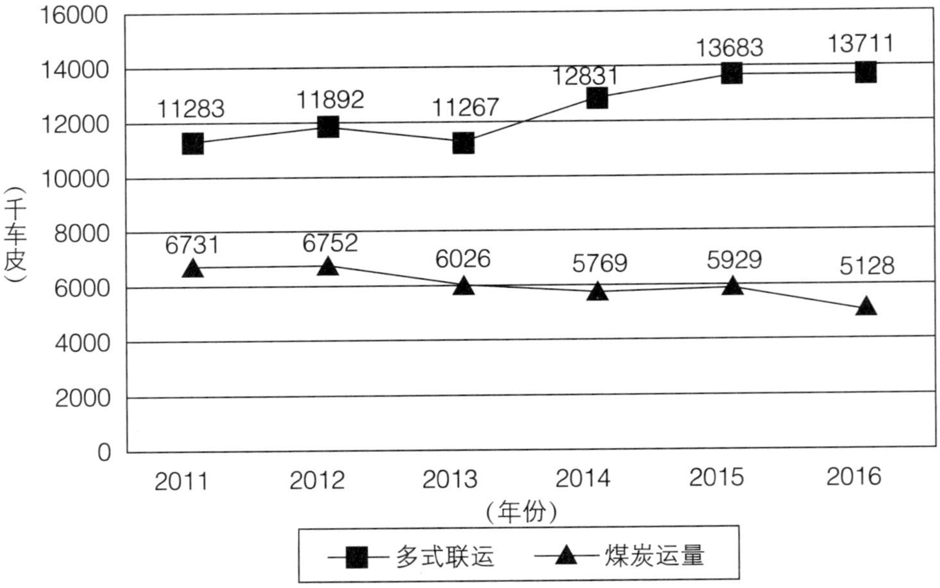

图2 2011—2016 年美国煤炭运量和多式联运变化趋势

资料来源：AAR；A. T. Kearney analysis。

联合运输在最近几年里都是美国铁路行业收入增长的稳定来源，但在 2015 年却遭遇了瓶颈。燃油附加费和公路货运的基础费率双双下降，许多托运人可能已选择通过卡车而非铁路来运输货物。然而，如果能够消除货运行业的运力过剩，解决西海岸的港口问题，并且持续投资铁路基础设施，以改善联运服务，2015 年的小难题或可得到解决。

其次，铁路面临资本性支出。据美国联邦铁路管理局的估计，全美铁路货运收入的 15% ~20% 要用于资本性支出，以维持及提升服务质量和安全性。根据其年度报告，2010—2015 年全美 I 级铁路的资本性支出平均每年增加 12% ，用以帮助缓解前几年的运力瓶颈（见图 3）。“主动列车控制”（Positive Train Control，PTC）是一项可分析实时状况并由此防止事故的技术，是目前最新的安全举措。根据 AAR，铁路系统迄今为止已在 PTC 上投资超过 60 亿美元，另外的 100 亿美元投资将在 2018 年到位。

总体而言，与公路交通相比，铁路交通有许多与生俱来的好处，比如对环境的影响更小、燃料效率更高，而且是由其使用者负责维护。然而就服务质量而言，比起公路运输，铁路一向更慢、更不可靠。随着铁路网不断完善，铁路覆盖面增大，托运人或可更多受益。

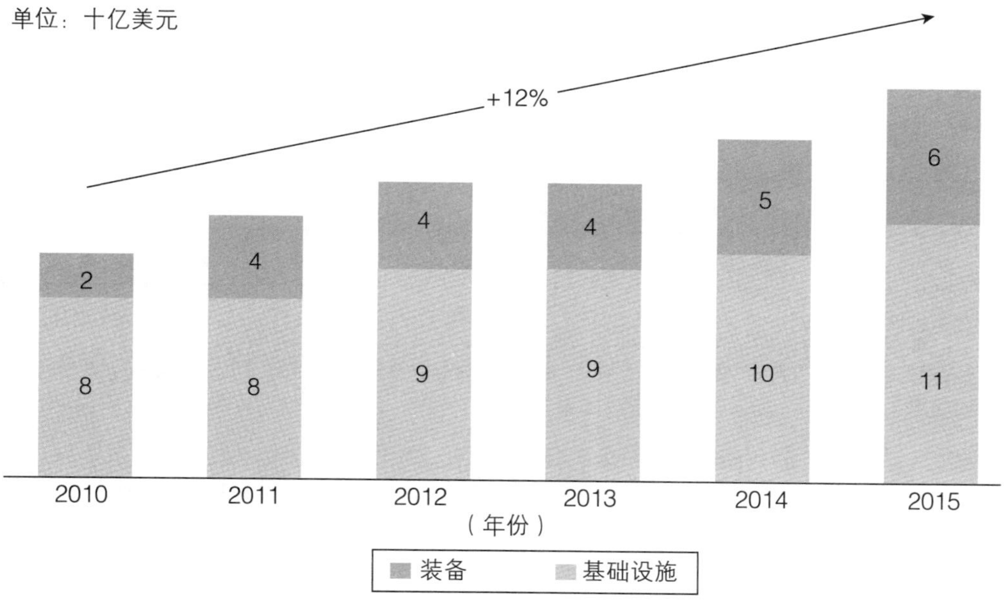

图3　2010—2015年美国Ⅰ级铁路资本性支出走势

注：由于四舍五入，数字可能并非精确。

资料来源：年度报告；A. T. Kearney analysis。

四、航空运输：运力过剩和运费下跌

美国企业，特别是高附加值产业，其投入和产出中相当大的份额都是通过国际空运来进出口的。这使得航空货运成为供应链中的关键环节（另外，对承运人来说，严格意义上的国内航空货运，不论是规模还是重要性都微不足道）。

2015年，美国承运人相关的航空运输量（国内空运和进出口）价值超过670亿美元。波音公司的报告指出，按照收入吨公里来计算，亚洲的航空公司占据了全球市场份额的36%，北美占据了25%的市场份额，欧洲则占据了21%的市场份额。装货的空间有两种来源：一是来自货运航空公司，它们可提供整架飞机来运货；二是来自客运航空公司，它们可提供客机的货舱。

因为经济的不确定性，对航空货运服务的需求依然低迷，而与此同时，货运和客运航空公司正纷纷转向启用宽体飞机，这使得本已运力过剩的境况雪上加霜。因此，理所当然地，运价一再被压缩：从上海到洛杉矶的德鲁里空运指数①在2015年1月至2016年2月间下跌了37%（见图4）。

① 该指数衡量的是，在上海至洛杉矶航线上，货运代理商为购买从一个标准递延机场到另一标准递延机场的空运服务（运输至少1000千克的货物），所支付给航空公司的总空运买价（all-in airfreight buy rate）的平均值。此价格单位为美元/千克，包括基础运费、燃油附加费以及安全附加费，不包括送货上门的费用。

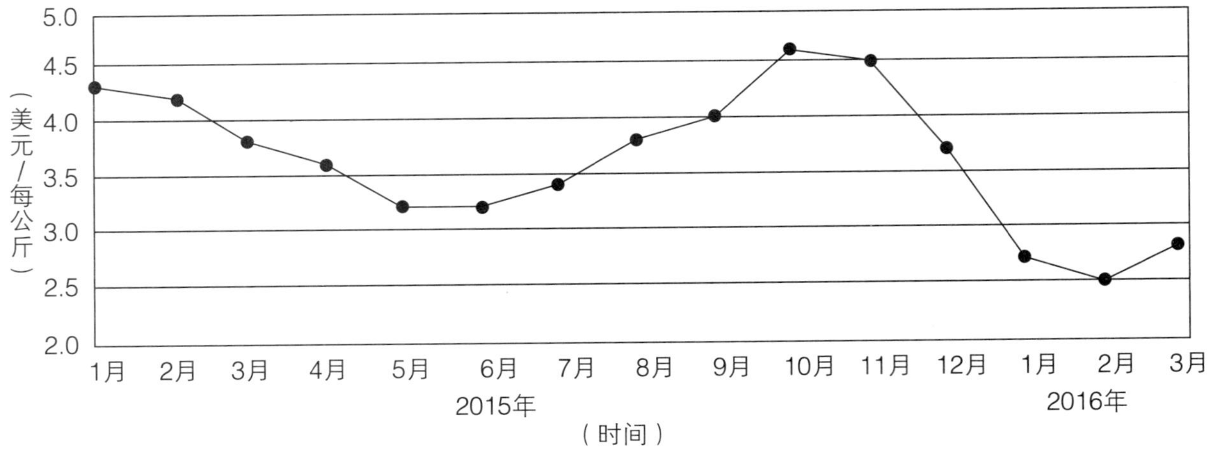

图 4　2015 年 1 月至 2016 年 2 月从上海到洛杉矶的德鲁里空运指数走势

注：指数显示的货运代理商为购买从一个标准递延机场到另一标准递延机场的空运服务所支付给航空公司的总空运买价的平均值。

资料来源：Drewry’s Sea & Air Shipper Insight。

根据国际航空运输协会（International Air Transport Association，IATA）的数据，客运航空公司在 2015 年将其机舱容量扩大了 9000 吨，货运航空公司则增加了 4000 公吨。IATA 表示，鉴于空运需求复苏乏力，全球载货率（即预先支付的货位占总货位的百分比）为 41.9%，处于 7 年来的最低点。在北美，这个数字甚至更低：2016 年 3 月仅为 34.2%，而仅仅两年之前，这个数字还是 37.4%。

展望未来，随着客运航空公司扩大他们在亚洲和中东的飞机编队，更多不被需要的货运空间将应运而生，运力过剩无法避免。在亚洲、非洲和中东，某些空运航线是专用航线，比如温控货运专线，这些航线供不应求。化工承运人也提出更为严格的条件，因为他们的货物十分危险，需要专用飞机进行运输。

五、港口水运：波动的行业

美国的港口水运基本上以国际业务为主：在进出美国的国际远洋运输上，美国的承运人占据很大份额；但美国内河水运，例如沿密西西比河而下的散装货物运输，仅占美国商业物流成本中相当小的份额。美国的水运在 2015 年的货运周转总值为 476 亿美元。从广义上讲，货物通常以集装或散装的方式运输（不论干湿），集装箱货物主要为制成品，而散装货物则主要为原材料，如石油、液化天然气、煤炭、矿石或谷物。

集装箱运输运力过剩明显，为美国承运人创造了一个运费有利的环境。根据 Alphaliner 公司的数据，2015 年其集装箱船增加了 8.5% 的标准箱容量，而集装箱运费在 2016 年 4 月达到了历史新低：根据上海航运交易所的数据，东向运费 2015 年已遭压低，此时更是触底至 753 美元每 FEU（40 英尺集装箱）。与此同时，进入美国的入境集装箱货运量有温和增长。这种动态很可能会进一步推动产业整合。阿拉伯联合国家轮船公司与赫伯罗特公司、韩进海运和现代汽车株式会社的潜在合并可能会增加过往交易产生的中断。2015 年，马士基和地中海航运组成了2M联盟，2016年则有可能会看到两个新超级联盟的诞生，即THE和海洋联盟。这些协定会导致船舶共享协议发生调整，而这可能会显著影响依赖于跨太平洋服务的美国承运人和进口商。

蔓延开的运力过剩正在削低干散货部门的运费。据彭博新闻社报道，尽管大宗商品水运需求下降，自2015年12月以来，干散货运输船的总载重量已经增加了超过280万吨，因此这一切就不会令人感到惊讶：波罗的海干散货指数在2015年8月达到1222的高点之后，连续六个月下降，并于2016年2月跌至最低点290。

长滩和洛杉矶的港口是美国最重要的集装箱港口。2015年，西海岸集装箱港口的劳工问题致使服务中断，直接导致运输船转而停靠其他港口，迫使一些货主转向东海岸，并且改变了季节模式。

六、管道：正努力满足需求

鉴于安全性和成本优势，美国大多数的原油、石油产品和天然气是通过管道运输。根据美国运输部的数据，有近20万英里的液体石油管道、32万英里的天然气输送管道和22万英里的燃气配送管道，将能源和原材料从产地或进口港运输到中游及终端用户那里。管道运营商2015年的收入为295亿美元。

在过去的十年中，美国的石油和天然气生产死灰复燃。这种复兴要求人们对管道系统进行改造，这迫使运营商建设新的管道，重新启用或拆除现有的基础设施，而这些设施中的大部分是用于从沿海港口向大陆炼油厂运输产品。管道运输能力已经跟不上生产复苏的速度。然而，近期能源价格下降正给了资本投资迎头赶上的机会。

原油及精炼产品

在典型出口地区，管道基础设施的建设要大约三年时间完成，而石油和天然气开发项目耗时更短。近些年，在等待项目完成的时间里，原油运输会采用其他运输模式进行过渡，包括油罐火车（crude-by-rail，CBR）、驳船和卡车（见图5）。

特别是，快速增长的原油产量不断迫使运营商加强对CBR的依赖。EIA在2012年公布的一项研究报告中表示，通过铁路运送石油的成本高达管道输送的三倍。

天然气

根据EIA的数据，2013年时，该产业就有能力从加拿大，以及美国中西部和东南部向美国东北部每天输进250亿立方英尺天然气。然而，宾夕法尼亚、俄亥俄和西弗吉尼亚州的天然气产量增长已经迫使天然气管道运营商修改其管道系统，以适应每天多达83亿立方英尺的天然气双向流出美国东北。一些观察家预测，至2017年，东北部几乎1/3的天然气管道可允许双向流动。

新的基础设施

从2010—2015年，管道输送能力一直受限，为应对这个问题，大量投资已注入新管道基础设施的建设中。研究咨询公司估计，美国将贡献全球20%的新建石油和天然气管道。经济咨询公司环球通视的分析表明，在未来10年内，美国计划在管道上的投资估计约为平均每年548亿美元，在所有运输方式中占计划投入资金的3/4。

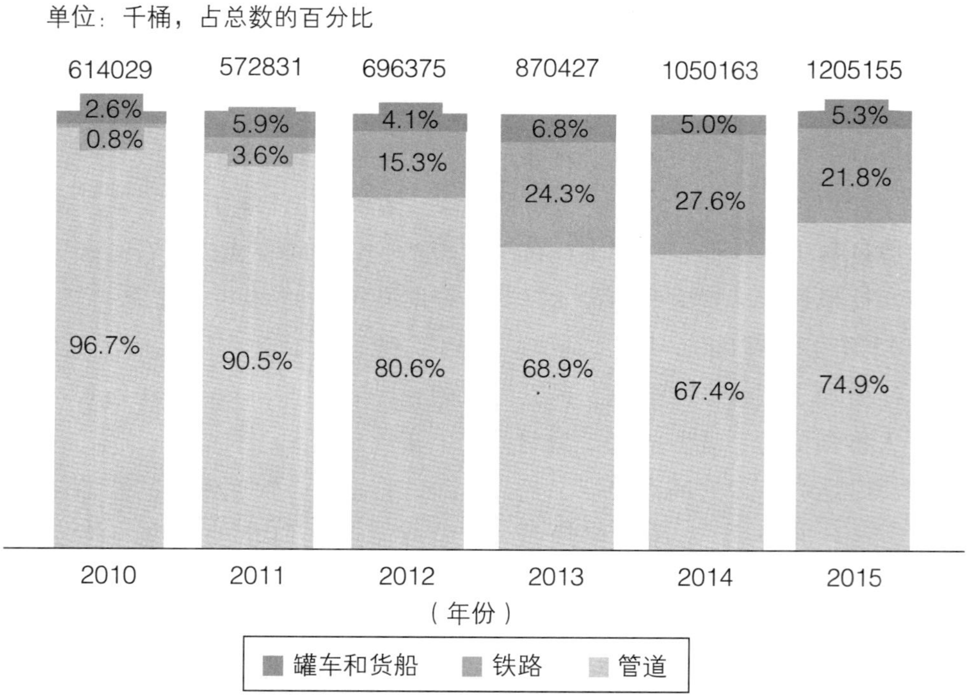

图 5　近几年全美管道运输的份额被其他运输方式蚕食的情况

注：PAD 指国防石油管理（petroleum administration for defense）。由于四舍五入，数字可能无法十分精确。

资料来源：美国能源信息管理局。

七、国际货运代理：买方市场

国际货运代理通过国际空运和海运公司联系托运人。科尔尼管理咨询公司估计，货运代理商承接了全球高达 90% 的航空货运和高达 50% 的水运。据市场研究公司的数据，国际货运代理在 2015 年的全球总收入为 1420 亿美元，其中北美贡献了 24% 。顶级代理的净收入（在支付运输成本之后）占总收入的 20% ~30% 。其结果是，国际货代对美国商业物流成本的净影响远低于 100 亿美元。

国际货运代理公司是全美国内货物流动的主要推动者，这些公司或是将入境的外国出口货物转运给国内供应商，或是自己运输进口货物。此外，不少货运代理商也应国内需求提供一些货运相关的服务，例如通关，供应链管理或合同物流。

目前有超过 25 家全球货运代理商以及上千家规模稍小的企业都在争相寻找客户，以填补空运和水运货运商的运力过剩。因为眼下有如此之多的货运代理商提供服务，承运人的每一单都会放出给多个供应商竞标，从而导致了行业激烈的价格竞争。如今，货运代理无疑是一个买方市场。在此背景下，一些货运代理公司通过收购兼并来扩大规模，缓解竞争压力，以及进入比如美国这样利润丰厚的新市场。例如，丹麦得夫得斯货运公司收购了优特埃国际物流有限公司，近畿日本铁道株式会社买下了美集物流，法国乔达国际集团收购了捷达顺国际物流有限公司。

Technavio 公司运输和物流方面的主要分析人士期望，国际货代部门以每年 6% 的健康速率增长，将在 2018 年达到 1690 亿美元（见图 6）。

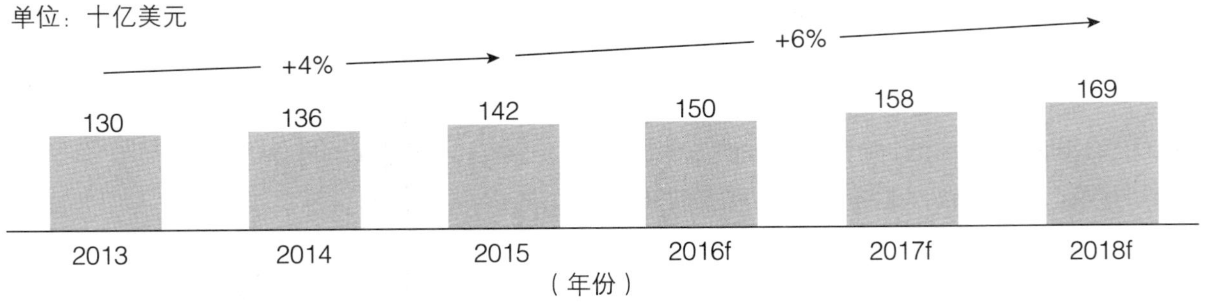

图 6　全球货运代理市场有望继续稳步增长

资料来源：《TechNavio Insights》；A. T. Kearney analysis。

八、第三方物流提供商：技术是驱动力

根据美国供应链调研与咨询公司的数据，2015 年约有 11% 的美国物流被外包给第三方物流提供商。第三方物流业包括四个主要服务领域：国内运输管理，国际运输管理，专用合同货舱，以及增值仓储和配送。Armstrong & Associates 公司的数据显示，自 2009 年以来，受核心和非核心物流管理活动外包增长的驱动，美国的第三方物流市场每年增长大约 7%（见图 7）。

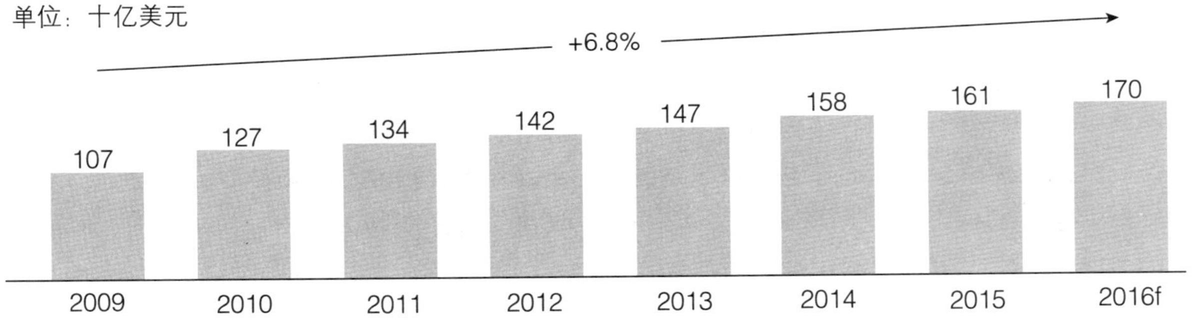

图 7　2009—2015 年美国第三方物流供应商收入增长走势

资料来源：Armstrong & Associates。

在外包物流业务中，零售、食品和杂货行业占最大份额，电子商务和医疗行业的物流外包业务增长速度最快。

随着第三方物流市场的发展，竞争格局正在发生变化。顶级供应商正在改进自己的市场定位，以成为针对特定行业的一站式第三方物流企业。根据 Armstrong & Associates 的报告，为实现该目标，2015 年的并购支出达到近 189 亿美元，其中 11 笔交易价值超过 1 亿美元。

为实现企业升级，市场上承运人对透明度以及对所有运输经营活动和资产的控制力的需求增强。为实现这样的透明度和控制力需求，

便要用到运输管理系统（Transportation Management System，TMS）。为享受基于 TMS 的服务，大多数承运人会转向第三方物流公司，与此同时，也有一些人会从把握住这个商机的提供商那里直接取得该项技术的许可。根据高德纳咨询公司的数据，TMS 软件业务收入在过去数年中以两位数的速率增长。面对这种竞争威胁，大多数第三方物流公司采取内部开发或者从外部收购一套 TMS 的方式来应对。

如何长期同时实现盈利和可持续增长是行业发展要解决的另一个问题。第三方物流和托运人之间的关系将继续发展，从交易价格下降，到总成本改善影响整体盈亏。这意味着，基于价格的征求建议书（Request for Propose，RFP）方式正在被一个新方式所取代，该方式以设计为基础，协作互动，能为很多第三方物流企业产生更高的盈余。

没有理由怀疑科技将继续为第三方物流市场的发展发挥显著作用。一个关键的可交付成果将会是透明性和控制力双双增强的端对端物流业务。两个重要例子可说明技术在其中所扮演的角色：①“控制塔”的启用使物流提供商领导者（Lead Logistics Provider，LLP）的概念成为可能；②云 TMS。

随着最大的第三方物流公司已将他们的产品组合重新包装为基于 TMS 的总物流编排，控制塔已进入物流行业的主流。一个 LLP 将负责管理承运人想要的一切物流活动，从网络设计，战略采购和货运管理到投标竞标，跟踪追踪，货运审计和薪酬支付。虽然有许多承运人从 LLP 那里获得了成熟的解决方案，但更多的承运人则报告说，这种技术还需改进，而系统界面和不平衡的功能则被划为重点改进之处。

未来 TMS 将会向着以云为基础的方向发展，成为新兴的干扰因素，推动业内非传统的新生公司发展。亚马逊物流正是这样的一个例子，它将最先进的云 TMS 与快速增长的国内运输队伍和自动化配送设施结合在了一起。

九、物流业展望

综观物流业的现状，可以确定：在新时代的风口浪尖之上，未来 10 年物流行业将发生重大变化，进入一个全新的时代。多方因素将以非线性的迅猛步伐从根本上影响全行业的发展。这些因素包括：技术——将在联通性，劳动力和资产方面创造飞跃式的变革；宏观经济走势——将决定新的贸易趋势；消费者需求——将驱使货运能力发展延伸；操作上的限制——将重塑游戏规则（见图 8）。谁能适应这些潜在的变化，谁就可成为行业未来的赢家。

虽然这四个干扰因素带来的相对影响可能会因模式的不同而不同，但是，不同领域的物流公司高管都要特别注意其中的两个因素：一个是技术应用。技术革新的两个本质，时间短和突破性，再加上它投入应用的速度，这些因素将在很大程度上影响供应链的资产，流程和人员。自动化技术与“优步模式 ”平台和优化工具组合在一起，有潜力转变资产利用率和司机需求。3D 打印技术则有望改变整个供应链的框架，构成和轨迹，与此同时，在替代燃料使用领域的进展有可能会彻底改变交通经济学，并且极大地改变模式组合。市场上应用了这种开创性技术的案例包括像 Transfix 这样的货运经纪公司，跟提供人工加技术解决方案的传统经纪公司相比，这些公司更倡导纯技术解决方案。在为卡车司机和承运人开发的免费网页和移动应用程序的支持下，先进的负载匹配算法以及从招标到交付的自动化处理正结合起来提供一个全新模式，用以替代需要更多人力的人工经纪人模式。

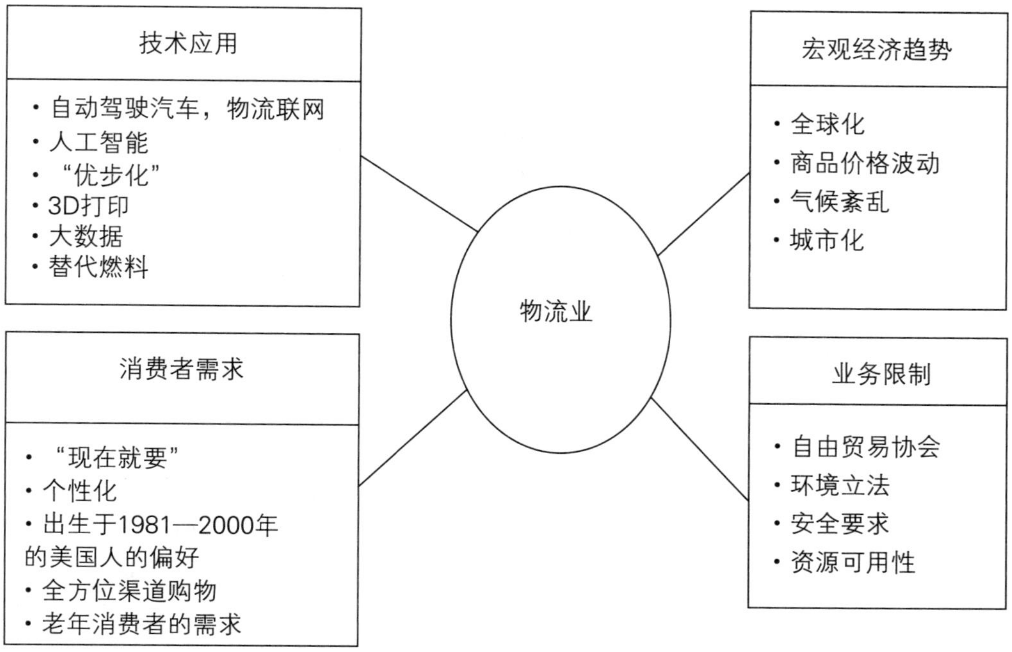

图8　物流业的干扰因素

资料来源：CSCMP；A. T. Kearney。

另一个是运营限制。比如法律法规和资源稀缺这类因素造成的运营限制将影响执行运输和物流活动的范围，规模，覆盖面和能力。环境，贸易，安全和劳动方面的法规变化可能会加快，减慢，或甚至在任意时刻改变政府决定的方向。基础设施规划不足或会加剧资源紧张，如公路或铁路拥堵。同样，诸如熟练司机和供应链资产这类的资源可能会面临永久性或暂时性短缺，这也会显著阻碍托运人的执行能力。

（翻译：俞苏宸　甘凯龙　校对：王国文　CSCMP中国代表处）

日本工业标准（JIS）及日本物流标准

一、日本工业标准（JIS）

（一）日本工业标准（JIS）内容

日本工业标准（Japanese Industrial Standards，JIS），是日本工业领域标准的代号，是日本国家级标准中最重要、最权威的标准，JIS由日本工业标准调查会（Japanese Industrial Standards Committee，JISC）负责制定。

根据日本工业标准化法的规定，JIS的制定对象是矿业品及工业制品。JIS标准对象除药品、农药、化学肥料、蚕丝、食品以及其他农林产品另制定有专门的标准或技术规格外，涉及各个工业领域。其内容包括：产品标准（产品形状、尺寸、质量、性能等），方法标准（试验、分析、检路与测量方法和操作标准等）和基础标准（术语、符号、单位、优先数等）。

JIS的行业可以细分为土木建筑、一般机械、电子仪器及电器机械、汽车、铁路、船舶、钢铁、非铁金属、化学、纤维、矿山、纸浆及纸、管理系统、陶瓷、日用品、医疗安全用具、航空、信息技术、其他共19项，如下表所示。

日本工业标准（JIS）的行业分类

编码	行业
A（土木、建筑）	一般、结构/测试、检验、勘察/设计、规划/设备、配件/材料、零件/建筑/施工机械、设备
B（一般机械）	基础机械/机械配件/自动化机械/工具、夹具/工具机械/光学仪器、精密机械
C（电子、电气机械）	测量、测试设备工具/材料/电线、电缆、电路用品/电气设备/通信设备、电子设备及配件/灯泡、照明灯具、配线设备、电池/家电产品

续 表

编码	行业
D（汽车）	测试、检验方法/通用零部件/发动机、底盘、车体/电气设备、仪器/施工车辆、工业车辆/修理、调试、测试、检验设备/自行车
E（铁路）	总线路/电气化线路/信号、安全设备/铁路一般车辆/机动车/客车、货车/缆索铁路、索道
F（船舶）	船体/发动机/电气设备/导航设备、仪器/各种发动机测试工具
G（钢铁）	分析/原料/钢材/铸铁、生铁
H（非铁金属）	分析方法/原材料/铜产品/其他材料/铸造制品/功能材料/加工方法、仪器
K（化学）	化学分析、环境分析/化学工业产品/石油、焦炭、焦油产品/脂肪酸、油脂、生物产品/染料原料、中间物质、染料、炸药/颜料、油漆/橡胶/皮革/塑料/感光材料、化学品、测量方法/试剂
L（纤维）	测试、检查/纱线/面料/纤维制品/纤维加工设备
M（矿山）	采矿/选矿、选煤/运输/安全/矿产品
P（纸浆、纸）	纸浆/纸张/纸质产品/测试、测量
Q（管理系统）	标准制品/管理系统等
R（陶瓷）	陶瓷/耐火材料、保温材料/玻璃、玻璃纤维/珐琅/水泥/抛光材料、特种陶瓷产品/碳制品/陶瓷特种设备
S（日用品）	家具、室内装饰/天然气、石油燃烧器具、餐具、厨房用具/个人物品/鞋类/文具、办公用品/运动器材/娱乐设备、音乐器材
T（医疗安全设备）	医疗用电气设备/一般医疗设备/牙科设备、牙科材料/医疗设施、设备/劳动安全相关设备/福利相关设备/卫生用品
W（航空）	专业材料/标准配件/机体/发动机/仪表/电气设备/地面设备
X（信息处理）	编程语言/图形、文件处理、文件交换/开放式系统互联参考模型、局域网、数据通信/输出设备、记录媒体
Z（其他）	物流设备/包装材料、容器和包装方法/通用测试方法/焊接/放射线/缩微技术/基本技术/环境、资料循环/工厂管理、质量控制

JIS 包括 A：土木建筑；B：一般机械；C：电子仪器及电器机械；D：汽车；E：铁路；F：船舶；G：钢铁；H：非铁金属；K：化学；L：纤维；M：矿山；P：纸浆及纸；Q：管理系统；R：陶瓷；S：日用品；T：医疗安全用具；W：航空；X：信息技术；Z：其他。目前，共有现行 JIS 标准 10399 个。在 JIS 中，都有相对应的代码。其中，产品标准 5000 多个，方法标准 2000 多个，基础标准 3000 多个，如图 1 所示。

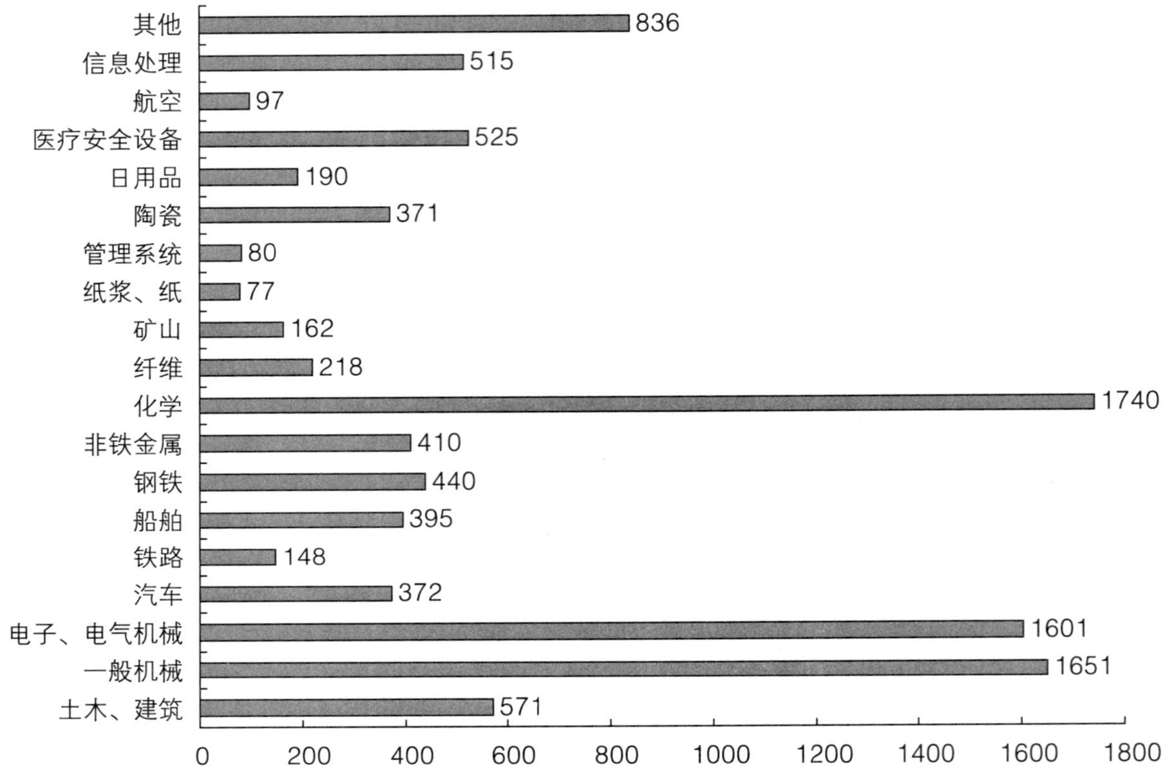

图 1 各行业日本工业标准（JIS）数量

（二）日本的认证制度及 JIS 标志

日本的认证制度分为强制性和自愿性两类。强制性认证以法律形式执行，认证的对象主要是消费品、电器产品、液化石油器具和煤气用具等。自愿性认证由企业自愿申请，适用于强制性以外的产品，采用 JIS 认证标志。日本的自愿性认证制度于 1980 年起向日本国外按 JIS 标准生产的产品开放，由国外制造厂商向日本各主管大臣提出申请，经审查后确认予以认可，由主管大臣签发证书，准予使用 JIS 标志。日本进口商在进口商品前，不仅要对国内市场进行调查做出分析，还要对产品进行质量认证，或对其生产工艺和生产方法进行合格评定。日本的质量认证按产品分类，由各有关的政府部门管理，并使用各自设计和发布的认证标志。日本最大的质量认证部门是经济产业省，其所管理认证的产品占全国认证产品总数的 90% 左右，如图 2 和图 3 所示。

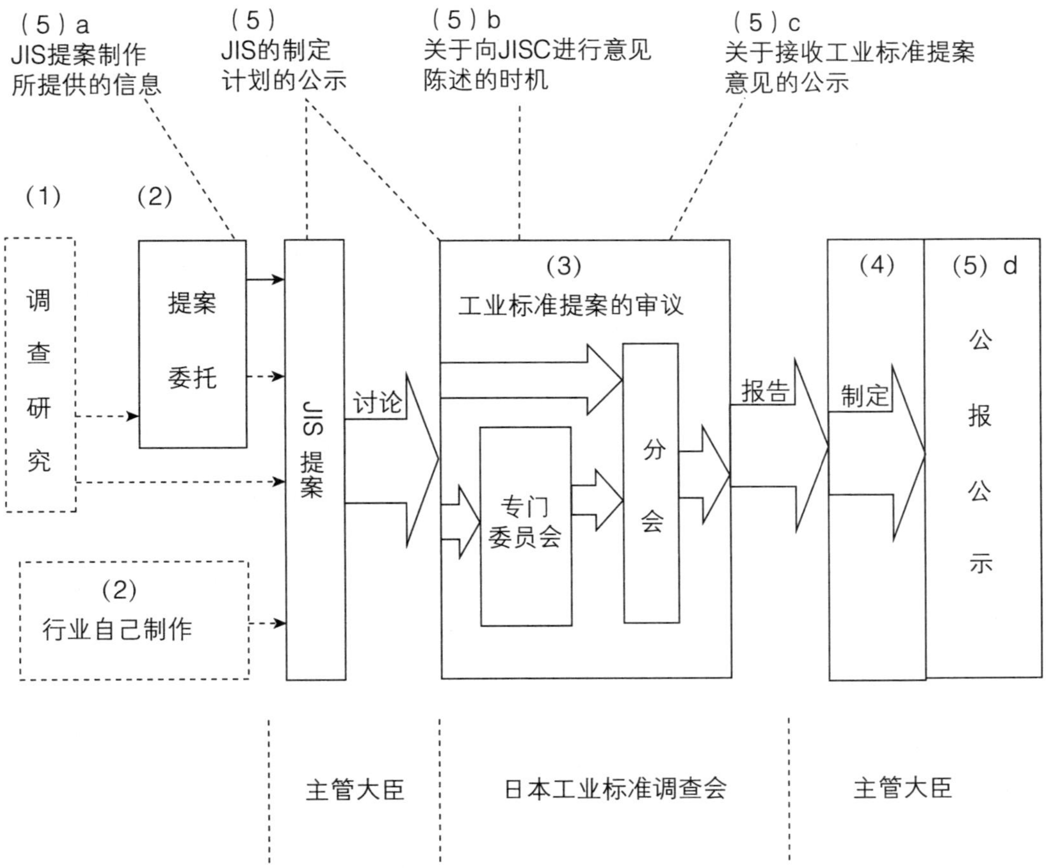

图2　JIS 制定的程序

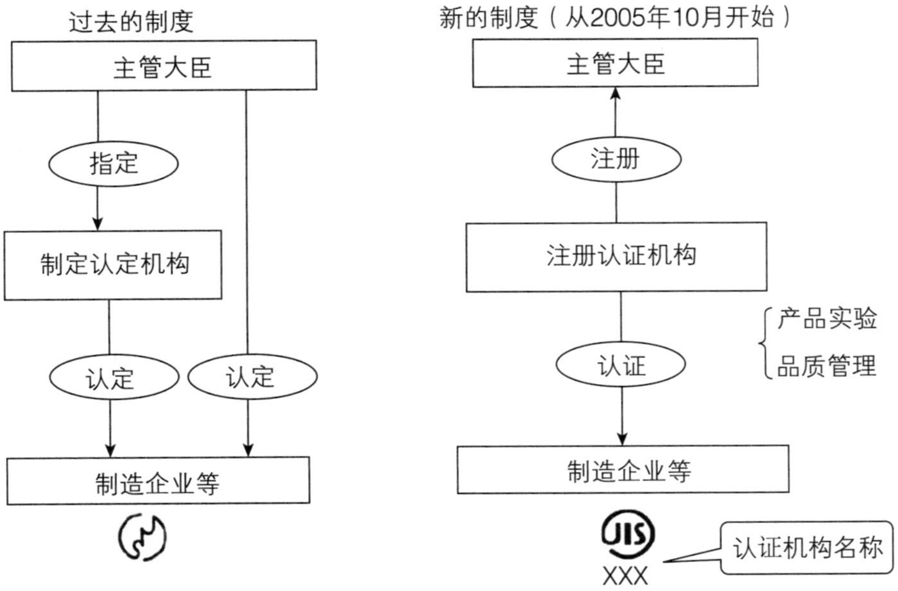

图3　JIS 认证制度的机制

根据日本工业标准化法的规定，日本自1949年7月开始实行质量标志制度。最初仅以产品为对象。1950年3月，水泥瓦、生铁等共10种产品获得了第一批JIS标志。1966年又将加工技术正式纳入JIS标志制度。1967年1月批准“工业用镀铬”为第1个JIS指定加工技术项目。从此诞生了加工技术JIS标志。

日本市场规模大、消费水平高，对商品质量要求高，市场日趋开放，进口的制成品比重提高。除产品质量认证制度与合格评定程序外，日本的技术壁垒体系主要包括技术法规、标准以及绿色技术壁垒。

1. 技术法规

日本是技术法规繁多的国家。在机械制造业中的法规有《劳动安全与健康法》《气瓶生产检验法》等；在化学工业中的法规有《化工产品制造与检验管理法》《药品管理法》《化妆品成分管理法》等；在农产品食品工业中的法规有《食品与日用消费品管理法》《蔬菜水果进口检验法》《肉类制品进口检验法》《包装与标签法》等；在汽车与各种车辆中的法规有《废气排放检验法》《限制噪声法》等；在纺织品工业中的法规有《产品含毒物质限制法》《商标管理法》《外国标签管理法》等。

2. 技术标准

日本的技术标准不仅数量多，而且很多技术标准不同于国际通行的标准。一种产品要进入日本市场，不仅要符合国际标准，还必须符合日本标准。日本对进口商品规格要求很严，在品质、形状、尺寸和检验方法上均规定了特定标准。只要有一项不符合标准，也不能进入日本市场。如对入境的农产品，首先由农业水产省的动物检疫所对具有食品性质的农产品，以食品的角度进行卫生防疫检查。日本进口商品规格标准中有一种是任意型规格，即在日本消费者心目中自然形成的产品成分、规格、形状等。

3. 绿色壁垒

日本对绿色产品格外重视，通过立法手段制定了严格的强制性技术标准，包括绿色环境标志、绿色包装制度和绿色卫生检疫制度等。进口产品不仅要求质量符合标准，而且生产、运输、消费及废弃物处理过程也要符合环保要求，对生态环境和人类健康均无损害。在包装制度方面，要求产品包装必须有利于回收处理，且不能对环境产生污染。在绿色卫生检疫制度方面，日本对食品药品的安全检查卫生标准十分敏感，尤其对农药残留、放射性残留、重金属含量的标准要求更为严格。

（三）日本工业标准化制度的两大支柱

日本工业标准化制度有两大支柱：一个是制定JIS标准，另一个是“JIS标志制度”。“JIS标志制度”是一种官方认证制度，它主要是通过对JIS生产产品的制造厂及产品本身进行审查，以判断该产品是否事实上符合相关JIS标准规定对产品进行识别标志，从而达到使产品的购买者放心、产品的生产者努力提高产品质量的目的，如图4所示。

1. JIS 的制定	2. JIS 的认证制度
科学技术的成果作为标准实施 ⇩	实现企业适宜产品的生产 ⇩
■生产的合理化	■改善技术的生产条件
■产业的发展	■促进统计的品质管理
■国民生活水平的提高	
■业务处理的简单化、公正化	
■为了国际经济交流的顺畅，提供技术的支撑	

图 4　日本工业标准化制度的两大支柱

（四）日本的标准化体系

日本标准体系与多数国家一致，以集权为主，但注意吸收美国元素，强调发挥民间力量。在世界推广领先技术时，日本原认为只要技术一流、产品质量高就不怕没人购买，因此吃了不少亏。这促使日本明白了：标准尤其国际标准是确立产业主流技术和产业发展方向的战略问题，而非技术和战术问题。日本的标准化制度也经历了一个不断调整和完善的过程，这种变化可以以日本在 1997 年对其《工业标准化法》修改前后作为一个分水岭。

日本标准化战略核心的内容是抢夺国际标准组织席位，通过国际标准推广自身的技术；跨国企业大量参与事实标准的设定；在国际化的同时，倡导区域化，且是通过走国际标准组织和区域标准组织的路线实现国际化和标准化战略。

二、日本工业标准调查会（JISC）

JIS 标准，由日本工业标准调查会（JISC）所制定的标准。在日本工业标准的制定中，（日本工业标准调查会）发挥着非常关键的作用。

日本工业标准调查会（JISC），是根据日本工业标准化法建立的全国性标准化管理机构。成立于 1949 年 2 月，总部设在首都东京。1921 年 4 月，成立工业品规格统一调查会（JESC），开始有组织、有计划地制定和发布日本国家标准。1929 年该会代表日本参加国家标准化协会国际联合会（ISA）。1946 年 2 月工业品规格统一调查会解散，并同时成立工业标准调查会。1949 年 7 月 1 日，日本开始实施《工业标准化法》，根据该法设立日本工业标准调查会。1952 年 9 月日本工业标准调查会代表日本参加国际标准化组织（ISO），1953 年参加国际电工委员会（IEC）。

根据日本现行行政管理体制，经济产业省（原通商产业省）负责全面的产业标准化法规制定、修改、颁布及有关的行政管理工作，具体工作由日本工业标准调查会（JISC）执行，其他各个行政管理省厅负责本行业技术标准的制定。由于日本政府机构历经多次调整和精简以及职能变化，因此，在不同时期，主管标准化事务的政府机构名称和其管辖的范围也不尽相同。

日本工业标准调查会（JISC）是日本官方机构，由经济产业省大臣和副大臣任 JISC 的正、副会长。日本工业标准调查会（JISC）是设在日本经济产业省下的一个机构，除了对属于由法律赋予权限的事项进行调查审议外，还可以对有关工业标准化的促进和相关大臣的咨询给予答复解释，或对相关大臣提供建议。日本工业标准调查会（JISC）办事机构是日本经济产业省工业技术院，工业技术院标准部是调查会的办事机构，负责调查会的日常工作，实际上是具体制定日本工业标准化方针、计划和落实计划的管理机构。工业技术院标准部下设标准、材料规格、纺织和化学规格、机械规格和电气规格 5 个课。

日本工业标准调查会（JISC）委员由有关从有经验的生产者、消费者、销售商和第三方的专家和政府职员中推荐，包括各方面专家、学者、政府部门及消费者代表，由经济产业省大臣任命，由 30 人以内的委员组成，任期 2 年。但如有特殊事项时，并不妨碍在其任期内解任。如需对特别事项进行调查审议且有必要时，可设临时委员。日本工业标准调查会（JISC）可设专门委员，专门委员接受会长的命令，调查专门事项，专门委员由会长提出申请，经济产业大臣任命。目前，共设有 2000 多个专门委员会，有专门委员会委员 2 万名左右。另设 258 名专门委员，负责调查专门事项，根据会长提议，由经济产业省大臣任命。成员主要任务是组织制定和审议日本工业标准（JIS）、调查和审议 JIS 标志指定产品和技术项目、就促进工业标准化问题答复有关大臣的询问和提出的建议，经调查会审议的 JIS 标准和 JIS 标志，由主管大臣代表国家批准公布。

遇有必要调查审议特别事项时，设临时委员，该事项调查审议结束，临时委员即行退任。调查会由总会、标准会议、部会和专门委员会组成。标准会议是它的最高权力机构，负责管理调查会的全部业务，制定综合规划，审议重大问题；审查部会的设置与撤销，以及规定专门委员会的比例，协调部会之间的工作。标准会议按审议工作范围设立土木、建筑、钢铁、有色金属、能源等 29 个部会。各部会由会长指定的委员组成，负责审查专门委员会的设置与撤销，协调专门委员会之间的工作，对专门委员会通过的 JIS 标准草案进行终审。专门委员会是每项技术专题设置一个，由生产、使用、销售等各方面的代表按比例选举产生，负责审查 JIS 标准的实质性内容。日本工业标准调查会（JISC）的组织架构如图 5 所示。

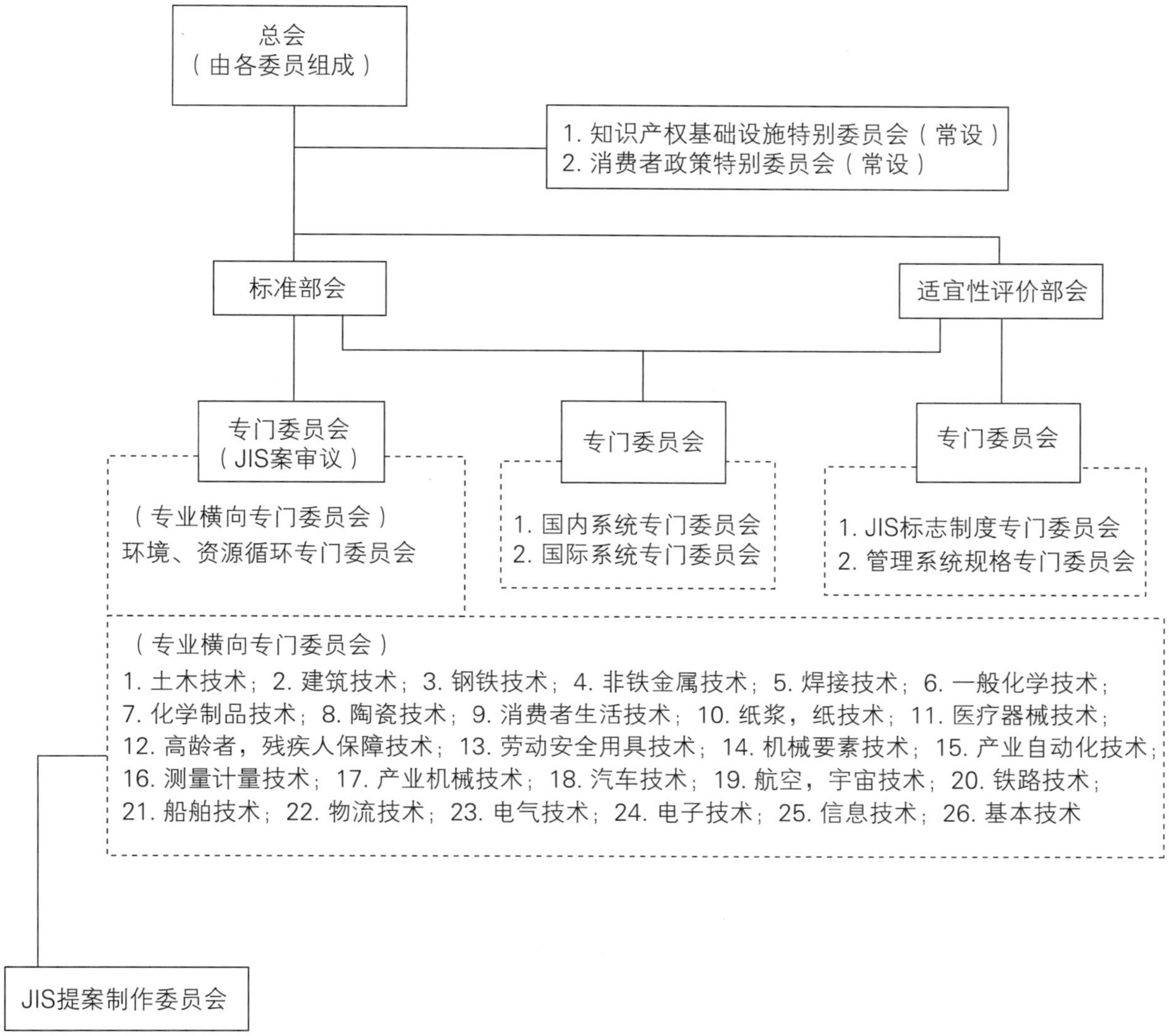

图5　日本工业标准调查会（JISC）组织构架

三、日本的物流标准

（一）强化物流信息应用标准的研究和应用

在日本，企业对物流技术平台的处理手段极为重视。几乎所有的专业物流企业都是通过信息管理系统来处理和控制物流信息，为客户提供全方位的信息服务。因此，日本特别注重物流信息标准化方面的建设。在1995年，日本就制定了国内物流标准信息（JTRN），如清洁空气法、综合环境责任法等。另外，日本支持行业协会对各种物流作业和服务制定相关的行业标准。近几年，物流标准信息电子数据交换（EDI）又成为日本科研机构研发的重点。

在日本，与物流相关的标准化研究和普及工作是1996年由在经济产业省（原通产省）和国土交通省（原运输省）的支持下成立的物流EDI推进委员会具体实施的。该委员会制定了物流标准EDI，以此为基础又确立了“高度物流信息化系统开发事业”。经济产业省（原通产省）于1998年度开始实施此项计划。该项计划通过向物流行业开发引入先进的信息系统及EDI手段，达到大幅度提高物流效率的目的，其特征是非常重视尤其是中小物流企业的信息化。2000年7月日本服装产业协会对该项计划进行了实地检测。

日本物流界通过实施物流EDI标准化，不仅有利于企业信息系统之间自动进行数据接口，避免了操作失误，还大幅度缩短了作业时间；而且实现了企业之间的无纸化沟通，削减了运营成本，有助于构筑通畅而高效的供应链。

（二）政府及协会对日本物流标准的作用

从日本的物流标准化建设来看，政府部门是国家标准的组织制定者和推广者，在国家标准的制定中扮演着重要角色，因而，对于现代物流业相关标准的制定，充分发挥了政府部门的组织协调和引导作用。

从日本物流标准化的研究和实践来看，行业协会组织都发挥了积极的作用，尤其是日本的标准化协会和各类物流协会在推动物流标准化进程的过程中发挥了重要的牵头作用。

（三）日本的物流标准体系

日本是对物流标准化比较重视的国家之一，标准化的速度也很快。日本在标准体系研究中注重与美国和欧洲进行合作，将重点放在标准的国际通用性上。已经提出日本工业标准（JIS）关于物流方面的若干草案，它们包括物流模数体系、集装的基本尺寸、物流用语、物流设施的设备基准、输送用包装的系列尺寸（包装模数）、包装用语、大型集装箱、塑料制通用箱、平托盘、卡车车厢内壁尺寸等。在日本现有的标准体系中，与物流相关的标准约有400余条，其中运输24条、包装29条、流通4条、仓储38条、配送20条等。通过集装箱、托盘的日本工业标准（JIS）国际化整合，推进了全程托盘化物流的发展。

（姜旭　北京物资学院教授）